右傳

右傳
反右派鬥爭史
下冊

朱正

香港城市大學出版社
City University of Hong Kong Press

國際統一書號:978-962-937-614-7

出　版　香港城市大學出版社
　　　　香港九龍達之路
　　　　香港城市大學
　　　　網址:www.cityu.edu.hk/upress
　　　　電郵:upress@cityu.edu.hk

Youzhuan: The History of the Anti-Rightist Movement in China (Volume 2)
(in traditional Chinese characters)

ISBN: 978-962-937-614-7

First published 2022
Second printing 2024

Published by　City University of Hong Kong Press
　　　　　　Tat Chee Avenue
　　　　　　Kowloon, Hong Kong
　　　　　　Website: www.cityu.edu.hk/upress
　　　　　　E-mail: upress@cityu.edu.hk

Printed in Hong Kong

目　錄

下冊

上冊目錄

第十八章

文藝戰線上的一場大辯論

　　文藝界的反右派鬥爭，大體上說，有兩大任務，或者說有兩條戰線。一個任務，是打擊蘇共二十大以後出現的、特別是百花齊放這方針所鼓舞起來的自由化傾向。1956 年提出百花齊放這口號之後，文藝界出現的一些作品（包括文藝理論方面的作品），已經使一些習慣於斯大林 ── 日丹諾夫文藝政策的人憂心忡忡。在《人民文學》雜誌上，像 4 月號發表的劉賓雁的報告文學〈在橋樑工地上〉，6 月號又是他的〈本報內部消息〉，9 月號又是何直（秦兆陽筆名）的論文〈現實主義 ── 廣闊的道路〉，這些都被認為是修正主義的作品，這些在反右派鬥爭中都是批判的對象。前面提到過的〈電影的鑼鼓〉當然也是。陳其通等四人的〈我們對目前文藝工作的幾點意見〉一文其實是文藝界反右派的第一槍。只可惜他們「超前」了幾個月，那時毛澤東還沒有下決心進行這一場反右派鬥爭，他們在沒有聽到號令的時候就先幹了起來，結果挨了好幾回批評，演了一齣《三岔口》。

　　文藝界反右派鬥爭的另一任務，是趁這一場鬥爭的機會用快刀斬亂麻的辦法來處理歷史遺留問題，像反對丁陳反黨集團，反對馮雪峰，就都是這一性質。像丁玲和馮雪峰，在三十年代就是左翼文藝運動的重要活動家。他們從來沒有，後來也沒有自由化傾向。如果反右派鬥爭的任務僅僅是打擊自由化傾向這一項，那是輪不到他們也劃右派的。丁玲在反右派鬥爭中作檢討的時候說到了這樣一件事：「反右派鬥爭期間，作協作家支部開會，楊朔同志談了對整風簡報的意見，我談了浦熙修來找我的經過，會議開得比較沉默。這時陳企霞發言了，提出文藝界反右派鬥爭，應討論何直的論現實主義一文，及鍾惦棐的〈電影的鑼鼓〉一文。……跟着艾青發言了，而常常是沉默的羅烽也跟着談到何直的文章，響應陳企霞。」（9 月 3日在作協黨組第二十四次會議上）丁玲沒有說她自己的意見怎樣，從她的轉述中可以知道，艾青、陳企霞、羅烽他們以為，成問題的是何直和鍾惦棐，而不是他們。可是跟他們的設想不同的是，他們在反右派鬥爭中受到鬥爭，還在何直鍾惦棐等人之前。

　　文藝界反右派鬥爭一開始，首先受到集中批判的，是所謂「丁玲陳企霞反黨集團」。這其實是 1955 年肅反運動的延伸。當年中共中央宣傳部秘書長兼機關黨委書記李之璉寫了一篇〈我參與丁、陳「反黨小集團」案處理經過〉說明了此案的始末。他說：

　　　　批判丁玲、陳企霞開始於 1955 年 8 月。從 8 月 3 日到 9 月 4日，中國作家協會黨組舉行了黨組擴大會，對丁、陳批判鬥爭，

參加者約七十人。9 月 30 日是以作協黨組名義把會議結果寫成
《關於丁玲、陳企霞進行反黨小集團活動及對他們處理意見的報
告》呈報黨中央。……批判丁、陳是中國作家協會黨組決定的。
黨組書記由中宣部副部長周揚兼任，作家協會的一切活動，也都
由周揚直接掌握。……中國作家協會黨組寫的題為《關於丁玲、
陳企霞等進行反黨小集團活動及對他們處理意見的報告》，是由
周揚主持起草，中宣部部務會議討論通過後，報送中央的。我是
這個部務會議的參加者。……

　　我讀了作協黨組報告和代中央草擬的「批語」後，有一個很
深的印象，報告題目和內容不符。題目是對丁玲、陳企霞反黨小
集團的活動及處理意見，內容卻很抽象很籠統，主要是屬於思想
作風，工作態度等方面的表現。……

　　報告中強調了陳企霞和並未列入「反黨小集團」的李又然兩
人的「托派嫌疑」，說「黨組決定開除此二人黨籍」（當時這二人
已由公安機關實行「隔離審查」）。對丁玲的處理，報告中則說要
「審查她被捕在南京的一段歷史並作出結論；對她的錯誤如何處
理，要看她對所犯錯誤的認識和檢討程度考慮對她的處分問題」。

　　這個報告引起我的一些疑問。「丁、陳反黨小集團」既是反
黨的，為什麼不着重揭露他們的反黨事實？既然是「丁、陳反黨
小集團」，為什麼報告中羅列的事實主要指丁玲，而對陳企霞只
着重他的托派嫌疑？既然丁玲是反黨小集團為首者，為什麼只決
定開除陳企霞和並未列入「反黨小集團」的李又然的黨籍，而
對丁玲是看她以後的態度？……這些疑問，從報告本身得不到
解答。……

　　1956 年 5 月初，陳企霞、李又然的「托派嫌疑」經作協肅
反五人小組和公安機關共同審查、審理予以否定。5 月 22 日他們
恢復了自由。……陳企霞被釋放後，要求同黨委談話，申訴作協
黨組對他所進行的批判與實際情況不符。5 月 24 日，由我主持，
機關黨委的專職副書記崔毅和作協黨組的代表參加，一起聽了陳
企霞的申訴。他把他和周揚之間的分歧作了全面的陳述。其中有
政治問題、學術問題、思想問題和相互關係問題。陳企霞認為，
黨組向中央的報告沒有根據，是捏造事實，對他進行「政治迫
害」。……李又然被釋放後，也要求同機關黨委談話。是崔毅主

持談的。他從頭敘述了他同周揚之間的意見分歧。我沒有參加這次談話。據崔毅同志向我反映，在他聽來，李又然同周揚之間的意見分歧，不見得李是錯的。……

丁玲在 1955 年被批判後，安排她到頤和園去「閉門思過」。1956 年夏，中宣部組成了以常務副部長張際春為組長的審查丁玲歷史（被捕問題）的專門小組，執行作協黨組向中央的報告中所提出的「審查丁玲歷史問題」這個任務。張際春、周揚、劉白羽、我，還有一位作協黨總支的同志，共五人組成專門小組負責進行。在審查丁玲的歷史問題上，周恩來總理曾有過指示，他說：「由於周揚同丁玲之間成見很深，在審查時要避免周揚和丁玲的直接接觸，以免形成對立，不利於弄清是非。」在審查過程中，張際春組長是認真執行這個指示的。專門小組同丁玲本人談話時都沒有讓周揚參加。……

調查核實的結果是，作家協會黨組 1955 年《關於丁玲、陳企霞等反黨小集團……的報告》中所揭發的丁玲反黨事實，主要問題都與事實不相符，絕大部分屬子虛烏有。比如，原來說：丁玲「拒絕黨的領導和監督；《文藝報》的領導人選，中國文聯黨組原來決定丁玲為主編，陳企霞、蕭殷為副主編，而丁玲在陳企霞個人的抗拒下，竟然違反黨的決定，把陳企霞、蕭殷也列為主編，出現了一個刊物有三個主編的怪現象」。調查結果是：這種提拔是丁玲同周揚商量，周揚同意後才宣佈的（周揚也承認這一事實）。原來說：「丁玲狂妄地吹噓自己，製造個人崇拜……1953 年，文學講習所在招待德國作家的時候，居然把丁玲的照片與魯迅、郭沫若、茅盾的照片並排地掛起來。」調查的結果是，這次會場不是丁玲本人佈置的，當她知道掛了魯迅、郭沫若、茅盾和她自己的照片時，她即批評了佈置會場的人，並把她自己的照片取了下來。（引者注：曾經這樣評價丁玲的不是別人，正是毛澤東。丁玲 1948 年 6 月 14 日的日記中記下了她在西柏坡見到毛澤東：「毛主席坐在空地的躺椅上，他很鼓勵我。他說『歷史是幾十年的，不是幾年的。……看一個人要從幾十年來看』，並舉魯迅為例；並將我與魯郭茅同列一等。我說我文章不好，不及他們。」見《新文學史料》1993 年第 2 期，第 7 頁。標題為〈四十年前的生活片斷〉。也許她同文學講習所的工作人員講過這段往事，於是他們就這樣掛像片了）原來說：丁玲提倡「一本書主

義」，説「一個人只要寫出一本書來，就誰也打他不倒，有一本書就有了地位，有了一切，有了不朽。」調查結果是：有一次丁玲和青年作家們談話，她説：「作為一個作家，首先是要寫出書來，有作品；一本書也寫不出來，還算什麼作家呢？」原來説：丁玲「常在一些同志面前説『某領導同志不喜歡你』或『某領導同志遲早要搞你』以挑撥這些同志和領導同志之間的關係」。（指的是周揚和胡喬木之間的關係）經向胡喬木同志調查，他表示「沒有這種感覺」，等等。……

　　1956 年 12 月的一次部務會議，由陸定一主持，專門工作小組張海等作了調查結果的彙報，最後提出「究竟應該根據落實的結果，實事求是地處理，還是按過去定性的『反黨小集團』結論處理？」要求明確指示。陸定一聽了彙報後，感到很尷尬，並對周揚有埋怨情緒。他説：「當時一再説要落實，落實，結果還是這樣的！」對今後如何處理，陸定一説：「也只能實事求是，根據查實的結果辦。」周揚這時表現得很不安。1955 年對丁玲的批判不是他建議，是黨中央毛主席指示的。他説，他當時「還在毛主席面前講了丁玲的好話」。……（《沒有情節的故事》，北京十月文藝出版社 2001 年版，第 1–12 頁）

　　在 1956 年 2 月的蘇共「二十大」上赫魯曉夫批評了斯大林，表示了政治上將有所鬆動。9 月舉行的中共「八大」顯然受到了蘇共「二十大」的影響。到了 1957 年，2 月，毛澤東就在最高國務會議上講正確處理人民內部矛盾問題。5 月，中共中央發佈關於整風運動的指示，宣佈要進行一次以正確處理人民內部矛盾的問題為主題，以反對官僚主義、宗派主義、主觀主義為內容的整風運動。在這個大氣候之下，中國作家協會黨組也不得不否定肅反運動中提出的「丁、陳反黨小集團」一案了。其實對於這一件冤案，群眾看在眼裏，早就有意見了。據當時新華社的一篇報導中國作家協會黨組從 5 月 20 日起連續召開了四次黨外作家座談會的《內部參考》透露：座談會上「提出了較為尖銳的意見。從他們的意見看來協會整風運動沒有很好開展，主要原因有：沒有接觸主要問題。例如周揚同志的教條主義，給文藝創作和理論批評的影響；外人不得而知的黨內宗派主義（人們最關心的是：『丁（玲）陳（企霞）事件』，希望向社會上公開這一事件的始末）」。（1957 年 6 月 10 日新華通訊社編《內部參考》）中國科學院文學研究所研究員楊思仲（即陳涌）1957 年 7 月 25 日在文學研究所整風領導小

組擴大會上的發言中也説：「唐達成談他對作協黨組批評陳企霞、丁玲很反感，覺得很多材料都不確實，還説他曾在黨組織會議上放過一炮，作協領導同志都不同意他的看法。」

李之璉在前面引了的那篇文章裏接着説：

> ……中國作家協會的整風運動，首先是動員群眾向領導提意見，向中宣部領導提意見。最集中的是對「丁、陳反黨小集團」的處理問題。因為，這是幾年來反覆幾次還沒有得到處理的大事。這種情況，引起了陸定一的重視。……1957年6月6日，作家協會黨組根據陸定一的指示，召開黨組擴大會討論處理丁、陳「反黨小集團」問題。會議開始，周揚先講話，在他的講話中有這樣的話：「1955年對丁玲的批判只有鬥爭沒有團結，對待像丁玲這樣的老同志，這樣做是很不應該的……」黨組的邵荃麟、劉白羽等同志也先後發言表態。有的説「丁、陳反黨小集團的結論是站不住的，不能成立」；有的説「批判有偏差，鬥爭過火」，「對揭發材料沒有核實就向中央寫報告，不慎重」。有的表示承擔責任等等。……但周揚等的講話只是承認了一些事實，沒有説明形成這種局面的原因，不能使人信服。因此，在黨組擴大會上提出的批評意見就集中在周揚身上。人們紛紛提出質問，問題愈提愈尖銳，態度也愈來愈激烈。丁玲、陳企霞也追問「是誰叫他這麼搞的？」……會議開了三次，再也開不下去了，只好休會。（《沒有情節的故事》，第13-14頁）

1957年6月8日，《人民日報》發表社論〈這是為什麼？〉，宣告反右派鬥爭開始。於是一切又都顛倒了過來。可是丁玲並沒有立刻想到自己在反右派鬥爭中會受到沉重的一擊。文藝界反右派鬥爭一開始，首先受到集中批判的，就是所謂「丁玲陳企霞反黨集團」。作協黨組擴大會休會一個多月之後，於7月25日復會。在休會的這段時間裏，現在人們已經知道，中共中央在青島召開過一次重要的會議，毛澤東寫了〈1957年夏季的形勢〉，為反右派鬥爭進一步加碼，明確提出右派分子「包括混入共產黨內和青年團內的一些同黨外團外右派分子政治面貌完全相同的人」，這也就為把丁玲陳企霞這些黨員作家劃為右派準備好了政策依據。具體到這一個案件，這一個多月的休會時間也正好為鬥爭做準備。據當時《文藝報》報導：「在第三次會議以後，中國作家協會天津分會在反右派鬥爭中，批判了與陳企霞有密切關係的柳溪的反黨言行，柳溪向中共天津市委宣傳部坦白交代了

丁、陳反黨集團的一些罪行，使這一個反黨陰謀得以進一步暴露，這個陰謀集團的缺口就被打開了。」（《文藝報》1957 年第 19 號）

7 月 25 日復會的作家協會黨組擴大會實際就是對右派分子丁玲等人的鬥爭會。據《文藝報》的這篇報導說，「會議範圍進一步擴大，參加會議的有黨和非黨作家、藝術家、中共中央宣傳部，中央人民政府文化部，文聯和各個協會的有關同志二百多人。」這一天開會的情形，李之璉在他題為〈不該發生的故事〉的另一篇回憶文中說得要詳細一點，他說：

> 作協黨組擴大會在休會多天後，於 7 月 25 日復會。主要是批判丁玲等「向黨進攻」，指責「反黨小集團」要翻案等等。會議主持者的調門同 6 月上旬會議開始時的認錯、向丁玲表示道歉的態度完全相反，恢復並大大發展了 1955 年批判時的作法。在會上積極鼓動揭發丁玲等的「反黨」活動；在會外則從多方搜羅材料，拼湊罪行，作為「反擊」的根據。從天津動員一位女作家交代她同「反黨小集團」的另一成員有不正當的關係，並且聽他講過一些對個別文藝方面的領導人不滿的言論。這些材料當時如獲至寶，並以此為「重炮」，作為反擊小集團的突破口。這位同志被迫承認了一些事也揭發了丁玲一些類似的對那位領導人的談論。這些都被認為是復會後的重大收穫。

> 7 月 25 日，作協黨組擴大會復會是在文聯禮堂召開的。先安排陳企霞作「坦白交代」並揭發丁玲。會議進行中有一些人憤怒指責，一些人高呼「打倒反黨分子丁玲」的口號。氣氛緊張，聲勢兇猛。在此情況下，把丁玲推到台前作交代。丁玲站在講台前，面對人們的提問、追究、指責和口號，無以答對。她低着頭，欲哭無淚，要講難言，後來索性將頭伏在講桌上，嗚咽起來……

> 會場上一陣混亂。有些人仍斥責丁玲，會議主持人看到這種僵持局面，讓丁玲退下。宣佈由我發言。……這個講話就成為我一次最大的違心之言。（《新文學史料》1989 年第 3 期）

在 7 月 25 日中國作協黨組擴大會議第四次會議上周揚發言。他說：他是以兩種身份參加這個會的：一、前年會議的直接主持者，二、代表中宣部。他說，上次會開了三次開不下去了，有人將了軍，提出質問。好像前年的會有陰謀，要追究責任。因此我不能不講話了。於是他講了三點：

　　第一點就是前年對丁陳的鬥爭，包括黨組擴大會，給中央的報告和
向全國傳達，我認為基本上都是正確的。前三次會議上肯定前年會議的同
志沒有發言，發言的同志大體上都是否定的，有的說鬥爭完全錯了，有的
說基本錯了，有的說要追查責任，彷彿背後有什麼不可告人的陰謀。周揚
說，前年的會議恰恰是保衛黨的團結和統一，和危害黨的利益的現象作鬥
爭的會議，因此是必要的、合法的，符合黨章的。不鬥倒是真正違犯黨章
的。現在鬥爭還沒有結束。周揚認為，講前年會議錯了的同志有些就是與
丁、陳的錯誤思想上有共鳴。

　　1956 年 4 月發表的〈關於無產階級專政的歷史經驗〉，說的是「必須
展開反對教條主義的鬥爭」，12 月的〈再論無產階級專政的歷史經驗〉說
的卻是「我們在堅決反對教條主義的時候，必須同時堅決反對修正主義。」
側重點是明顯轉移了。和這個態度的轉變相適應，周揚在這篇講話裏說：
「自蘇共二十次黨代會以後，特別是百花齊放、百家爭鳴的方針提出以後，
在國際國內形勢影響下，黨內自由主義、修正主義和右傾情緒有相當滋
長。另一方面也有教條主義，也必須反對。中央提出反修正主義，並不是
不反對教條主義。但有些同志沒有從階級鬥爭的觀點來看問題，所以，對
於反修正主義就不感興趣，而把正確的東西也當作教條主義加以反對了。
通過這次會議應該把這些大是大非弄清楚。」說「反對教條主義」，就是動
員人們起來鳴放；說「反對修正主義」，就是要把起來鳴放的人打成右派
分子。

　　周揚說：丁玲的錯誤不是一般的個人主義自由主義，而是極端嚴重的
個人主義自由主義，黨曾經把在文學方面的重要責任都交給了丁玲同志。
但丁玲同志卻把個人放在黨之上，完全辜負了黨的信託。丁玲的錯誤是嚴
重的，不鬥爭不行，對丁玲同志自己也沒有好處。

　　第二點是強調「至少丁玲和陳企霞的關係是反黨情緒的宗派結合」。第
三點「專門說一說丁玲同志的錯誤」，着重談丁玲的歷史問題。周揚說，對
黨忠誠的問題對丁玲來說，是關鍵問題。接着，他列舉了丁玲在南京被捕
的問題，在延安刊登了王實味的〈野百合花〉，以及自己發表〈三八節有感〉
的問題，「國民黨正好把〈野百合花〉、〈三八節有感〉和蕭軍的〈論同志
的愛與耐〉等三篇文章加以介紹推薦，印成專冊，作為反共的宣傳材料。
西安特務機關還把〈三八節有感〉編成戲上演。一個黨員寫了反黨的文章
被敵人當作文件印發，這能說是對黨忠誠嗎？」接着，周揚說：「全國解放

了，丁玲同志身負文藝界領導的責任，作品得到了斯大林獎金，是最順利的時候，應該沒有什麼不滿了吧。但這時候丁玲驕傲自滿起來，把個人放在黨之上，和陳企霞又結合在一起，把《文藝報》當作了他們的獨立王國。51年文藝界整風動員會上丁玲說了些什麼話？她說《文藝報》是他們幾個人辦的，領導上從沒有過問，實際就是說黨和文聯的領導糟糕得不行。她的作品中也常常表現出她的個人突出。好些讀者問為什麼丁玲寫文章總離不開一個『我』，把個人突出得那麼厲害？對他們的工作只能講好話，不能有一句批評。《文藝報》可以任意批評人，但人家卻不能批評《文藝報》。因此一到檢查《文藝報》，他們就惱羞成怒了。」

這一次中國作協黨組擴大會議第四次會議是休會一個多月以後復會的第一次開會。周揚作了這個主題發言，定下了會議的基調。從這一天開始，這樣的鬥爭會持續不斷地開了一個多月，什麼問題都搬了出來，包括經過調查明知不是事實的材料，例如說丁玲驕傲，把自己的像片掛在魯迅郭沫若茅盾一起，例如一本書主義等等。不但在鬥爭會上，報紙刊物上的批判文章也一再把這些材料搬出來。曾經在丁玲主持的文學講習所學習過的瑪拉沁夫，在〈清除靈魂裏的垃圾〉一文裏揭發丁玲說：

> 據說，前年批評丁玲的「一本書主義」時，她不服氣，申辯自己沒說過「一本書主義」這五個字，其實問題不在於是否說過這五個字，而是在於丁玲是否有這種思想。記得丁玲在1954年左右，突然到處強調作家最主要的是寫出作品來，寫出好的作品來。初聽起來，或從字面上看來，這句話本來沒有什麼錯誤，但是一次、再次老是聽她講這句話時，就使人感覺到這句話裏還摻雜着旁的一些情緒。那時，我們幾個學員曾經背地談論說，丁玲做了幾年文藝行政工作，沒做好，現在一再強調這句話，大概是想來顯示一下自己雖然行政工作沒做好，但有好作品，並以這來安慰自己吧！我們還說：「在這一點上，丁玲同志有點阿Q精神。」今天看來，這樣分析顯然太浮淺了。其實丁玲的思想實質並非這樣簡單。她給我們講過這樣一個故事：在她發表作品以前，人們看不起她，請胡也頻參加什麼聚會時，請柬上總是寫「也頻先生及其夫人」，她說，一看見這幾個字就生氣，她說不當別人的附屬物，因而拒絕出席。後來當她發表了作品，轟動了文壇，出了名時，那些過去瞧不起她的人，都開始向她巴結了，新聞記者們也蜂擁而來，要求拜見，可她以拒絕會見來給以報復。

有一天，忽聽有人扣她家門，她開門一看，原來又是那些記者，於是她只説了一句「我對你們説過，我不接見你們」，便「啪」的把門一關，把他們頂了回去。在舊社會，拒絕那些庸俗無聊的新聞記者的訪問，並不是什麼值得指責的事。在這裏，我引了她這段話，是説在三十年後的今天，丁對前去拜訪她的青年作者們，津津有味地大談這些話，不能説是「不過隨便談談而已」。這話裏顯然包含着這樣意思：當你一旦寫出好的作品來，身份即刻抬高百倍。腰板也就硬了。將這話再與最近報刊上揭發的丁玲所説的「一個人只要寫出一本書來，就誰也打不倒你」，以及她對許廣平先生所説：「你現在不管做多少工作，都算得什麼呢？寫東西才是自己的。」等等言論聯繫起來，就不是什麼一般的「家常話」了。

即使丁玲不承認説過「一本書主義」這五個字也不打緊，反正瑪拉沁夫以親耳聽到的話作證，坐實了這一點，這就比一般的揭發批判有力得多。揭發之後，還有一段章太炎〈謝本師〉式的文字：

> 作為一個學生，我曾向丁玲的作品學習過，作為一個文學青年，在藝術上我曾得到過她的幫助；因而我也尊敬過她。但是，丁玲，你不要以為你在我們這些青年作者當中有「影響」，不管你對你錯，都會聽你的；如果你仍反黨到底，你就會被群眾無情地拋棄掉！（《文藝報》1957 年第 22 期）

瑪拉沁夫的這種批判文章，比他的小説和散文作品更有影響更受重視。他就從這裏開始，一步一步做到了中國作家協會的黨組副書記，後來還以此身份到丁玲的家鄉去主持籌備紀念丁玲的活動。

還要批判丁玲的作品。像〈三八節有感〉，〈在醫院中〉，直到早年的作品〈莎菲女士的日記〉，都引來了多篇批判文章。不但她本人的作品，就是在她主編的延安《解放日報》文藝副刊上的一些文章，也要批判。根據毛澤東的指示，《文藝報》1958 年第二期刊出了一個「再批判」專輯，其中包括林默涵批判〈野百合花〉、王子野批判〈三八節有感〉、張光年批判〈在醫院中〉、馬鐵丁批判蕭軍〈論同志之「愛」與「耐」〉、嚴文井批判羅烽〈還是雜文時代〉、馮至批判艾青〈了解作家、尊重作家〉這些文章，並附上被批判各篇的原作。這時毛澤東正在南寧開會，也抽時間審閱了一部分稿子。他在給文藝報主編張光年、副主編侯金鏡、陳笑雨的信中説：

> 看了一點，沒有看完，你們就發表吧。按語較沉悶，政治性不足。你們是文學家，文也不足。不足以喚起讀者注目。近來文風有了改進，就這篇按語説來，則尚未。題目太長，「再批判」三字就夠了。請你們斟酌一下。我在南方，你們來件剛才收到，明天就是付印日期，匆匆送上。

又説：

> 用字太硬，用語太直，形容詞太凶，效果反而不大，甚至使人不願看下去。宜加注意。

毛澤東對按語作了修改，改寫和加寫了一些文字。他在這按語中説，這一批「奇文」「奇就奇在以革命者的姿態寫反革命的文章」，「謝謝丁玲、王實味等人的勞作，毒草成了肥料，他們成了我國廣大人民的教員。他們確能教育人民懂得我們的敵人是如何工作的。鼻子塞了的開通起來，天真爛漫、世事不知的青年人或老年人迅速知道了許多世事。」受到再批判的艾青和羅烽也都被劃為右派分子。蕭軍沒有被劃為右派分子，卻也跟右派分子同時在這文壇消失，直到 1980 年才同右派分子一道從地平線下冒了出來。

中國作家協會黨組擴大會從批判「丁、陳反黨小集團」開始，很快就牽連到馮雪峰的頭上。馮雪峰是 1927 年入黨的共產黨員，中國左翼作家聯盟的黨團書記，中華蘇維埃共和國中央執行委員會候補委員，紅軍長征的參加者，中國作家協會副主席和黨組成員，人民文學出版社社長。反右派鬥爭要反馮雪峰，主要的原因也是算他的歷史老賬。早在三十年代在上海從事左翼文藝運動時期，他就同周揚結怨了。魯迅提出「民族革命戰爭的大眾文學」口號，同周揚提出的「國防文學」口號發生爭論，也同馮大有關係。魯迅已經被尊為文化新軍的旗手，不好説他什麼，因而周揚要談三十年代的左翼文藝活動，就很有些地方感到文章不好做。如果馮雪峰劃為右派，就可以由他來承擔蒙蔽魯迅的責任，三十年代左翼文學史就容易寫了。

如果僅僅是周揚有此需要，還不一定能做到這一點。周揚知道，這時毛澤東對馮已經很不滿意了。一件事是馮任主編的《文藝報》壓制了李希凡、藍翎批判俞平伯〈《紅樓夢》研究〉的文章，毛專門為此事寫了一封信，説李希凡、藍翎的文章是「反對在古典文學領域毒害青年三十餘年的

胡適派資產階級唯心論的鬥爭」，說《文藝報》「容忍俞平伯唯心論和阻攔
『小人物』的很有生氣的批判文章」。（《毛澤東文集》第六卷，第 352、
353 頁）《人民日報》專就這事發表袁水拍署名的〈質問《文藝報》編者〉
一文，毛在審稿時加寫道：「《文藝報》在這裏跟資產階級唯心論和資產階
級名人有密切聯繫，跟馬克思主義和宣揚馬克思主義的新生力量卻疏遠得
很，這難道不是顯然的嗎？」（1954 年 10 月 28 日《人民日報》）馮雪峰挨
了批評，就在 11 月 4 日《人民日報》發表〈檢討我在《文藝報》所犯的錯
誤〉，從毛澤東對這篇檢討作的一些批語可以看出他對馮的意見有多麼大
了。例如，馮在檢討中說：「我犯了這個錯誤，不是偶然的。在古典文學研
究領域內胡適派資產階級唯心論長期地統治着的事實，我就一向不加以注
意，因而我一直沒有認識這個事實和它的嚴重性。」這裏「古典文學研究
領域內胡適派資產階級唯心論」顯然是從毛澤東的原信中引來的。可是他
僅僅就這個領域來作檢討，毛就覺得不滿了，批道：「限於古典文學嗎？應
說從來就很注意，很有認識，嗅覺很靈。」毛的原信中有這樣一句「他們
同資產階級作家在唯心論方面講統一戰線，甘心作資產階級的俘虜」，馮
即據以檢討說：「我對於資產階級的錯誤思想失去了銳敏的感覺，把自己麻
痺起來，事實上做了資產階級的錯誤思想的俘虜」，毛以為這樣檢討不行，
批道：「一點沒有失去，敏感得很。」馮的檢討說：「我感染有資產階級作
家的某些庸俗作風，缺乏馬克思列寧主義的戰鬥精神」，毛批：「不是『某
些』，而是浸入資產階級泥潭裏了。不是『缺乏』的問題，是反馬克思主義
的問題。」馮的檢討裏說他自己「不自覺地在心底裏存在着輕視新生力量
的意識」，毛批：「應說自覺的。不是潛在的，而是用各種方法向馬克思主
義作堅決鬥爭。」既然毛對馮的看法如此，作協黨組擴大會當然可以把他
拿出來鬥爭了。1957 年 8 月 27 日《人民日報》以〈文藝界反黨分子馮雪峰
是丁陳集團參加者、胡風思想同路人〉這樣一個長長的標題，報導了作協
黨組擴大會批判他的情況。

歷史的舊賬，是批判馮雪峰的一個重點。郭沫若的批判發言中就說：
「二十年前在上海分裂文藝戰線，鬧出兩個文藝口號之爭，完全是馮雪峰的
作怪，今天被揭發了，而他卻把責任全推在魯迅身上去了。」（9 月 28 日
《人民日報》）

這件事，夏衍在中國作家協會黨組擴大會議上所作的批判發言中講得
更加具體。他說：

　　1936 年雪峰同志從瓦窰堡到上海，據我們所知，中央是要他來和周揚同志和我接上關係的。雪峰到了上海不找我們，先找了魯迅先生，這一點，按當時情況完全是應該的，可是這之後，你一直不找渴望着和中央接上關係的黨組織，而去找了胡風，不聽一聽周揚同志和其他黨員同志的意見，就授意胡風提出了「民族革命戰爭的大眾文學」這個口號，引起了所謂兩個口號的論爭，這是什麼緣故？今天在座的有許多同志 ── 如沙汀、荒煤、立波等同志都可以證明，當時，由於抗日愛國運動的勃興，我們已經有了半公開活動的機會，我們已辦了許多周邊刊物，找我們是並不很困難的。事實上，我們知道雪峰到了上海，還是從救國會的非黨同志那裏知道的。雪峰同志可以找胡風、甚至可以找章乃器，為什麼不找我們。我們在上海的工作有錯誤，犯過左傾關門主義和宗派主義的錯誤，但是無論如何，我們是忠實地奉行着黨的政策。在白色恐怖中，在十分困難的情況下，我們終於保全了整個文化界的黨的組織，我們還聯繫着包括救亡團體和職業界團體在內的廣泛的群眾組織，我們領導着上海所有的進步劇團，和數以百計的合唱隊、掌握着三家影片公司的編輯部和四家進步書店，出版着十種以上的進步刊物，── 為什麼你要違反黨的指示而撇開我們呢？算我們是一支暫時失掉了聯繫的遊擊隊吧，中央要你來整理、領導這支遊擊隊，你可以審查我們，整頓我們，但你不能完全撇開我們而直接去找正在反對我們、破壞我們的胡風及其黨羽。退一步說，你聽了胡風的話，也該找我們來對證一下吧，你硬是撇開了我們，不是幫助我們，而是孤立我們，不，實際上決不止於孤立了我們，而是陷害了我們。章乃器等本來是向我們聯繫的，見了你之後，他向外公開說，我已經和「陝北來人」接上了關係，今後你們不要來找我，「陝北來人」說，上海沒有共產黨組織。我還聽人說，這位「陝北來人」曾告訴原來由我們領導的周邊人士說，周揚、沈端先等假如來找你，「輕則不理，重則扭送捕房」。還有，已經過世了的錢亦石同志曾告訴過周揚同志，雪峰在外面說，夏衍是藍衣社，周揚是法西斯，這不是陷害，還是什麼？這一切，今天在北京的章漢夫同志，王學文同志，鄧潔同志都可以證明。(8 月 14 日第十七次會議上)

這一天會上的情況，在場的黎辛後來在回憶文章中說，

　　8 月 14 日第十七次會議批判馮雪峰，這是最緊張的一次會議。會上，夏衍發言時，有人喊「馮雪峰站起來！」緊跟着有人喊「丁玲站起來！」「站起來！」「快站起來！」喊聲震撼整個會場，馮雪峰低頭站立，泣而無淚；丁玲屹立哽咽，淚如泉湧。夏衍說到「雪峰同志用魯迅先生的名義，寫下了這篇與事實不符的文章」（引者注：指馮雪峰寫出初稿由魯迅補充修改定稿的〈答徐懋庸並關於抗日統一戰線問題〉），「究竟是什麼居心？」這時，許廣平忽然站起來，指着馮雪峰，大聲責斥：「馮雪峰，看你把魯迅搞成什麼樣子了？！騙子！你是一個大騙子！」這一棍劈頭蓋腦地打過來，打得馮雪峰暈了，蒙了，呆然木立，不知所措。丁玲也不再咽泣，默默靜聽。會場的空氣緊張而寂靜，那極度的寂靜連一根針掉地的微響也能聽見。爆炸性的插言，如炮彈一發接一發，周揚也插言，他站起來質問馮雪峰，是對他們進行「政治陷害」。接着，許多位作家也站起來插言、提問，表示氣忿。（黎辛，〈我也說說「不應該發生的故事」〉，載《新文學史料》1995 年第一期，第 78 頁）

這時馮雪峰萬般無奈，在作協黨組擴大會上作了檢討，他說：

　　我對於周揚同志等，在 1933 年的時候，已經形成了宗派主義的成見。1933 年底我離開了上海，1936 年 4 月底回上海時聽了胡風、周文等人的一面之辭，立刻又加深了我的宗派主義的看法。因此，我沒有事先同周揚同志等商量，而倒是聽了胡風的意見，提出了「民族革命戰爭的大眾文學」這口號。這首先是違背了黨的組織原則的做法，是撇開了黨的做法，是我的反黨行為。1936 年 7 月至 9 月之間，我的宗派主義、狂妄自大、我個人就是黨的那種最惡劣的態度和作風，發展到極端的地步。我竟至於懷疑周揚同志等，要調開周揚同志，並且要停止當時的黨團對上海文藝界的領導工作，由我來通過群眾加以領導。但調開周揚同志和停止黨團活動，都沒有成功，我就從外面對周揚同志等加以打擊，也就對上海黨組織加以打擊，這就是魯迅先生的〈答徐懋庸的信〉和我以呂克玉筆名寫的那篇文章。這是我給同志以宗派主義的打擊和違背黨組織原則的反黨行為登峰造極的表現。（9 月 4 日在第二十五次會議上）

這些檢討，顯然都是不得已的違心之言。多年之後，他私下把「民族革命戰爭的大眾文學」這口號的來歷告訴了樓適夷。樓適夷在給黃源的一封信（1973 年 9 月 7 日）中說：

> 馮雪峰對我說過，「民族解放戰爭文學」這個口號，實際是馮從陝北帶來的，魯迅先生接受了這個口號，加上了「大眾」的字樣。這件事還是在反右以後私下說的，他一直不敢公開說這個話。（《黃源樓適夷通信集》上冊，浙江人民出版社 2006 年版，第 31 頁）

可是在中國作家協會黨組擴大會上，他只能按照大權在握的周揚所劃定的框架來作檢查，對當年魯迅和周揚的矛盾承擔責任，心裏還是很覺委屈的。在私下的談話中還是忍不住把這口號的來歷告訴了樓適夷。

1936 年派馮雪峰從陝北到上海工作這件事，是張聞天決定的。張聞天之妻劉英在她的回憶錄中記述道：

> 東征途中，上海地下黨也有人來。本來早就想恢復同上海黨的聯繫，現在可以付諸行動了。派誰去合適呢？聞天想到了馮雪峰。三十年代初聞天在上海臨時中央當宣傳部長的時候，雪峰就是他的助手。不論在瑞金還是到了陝北，雪峰到我們家來，津津樂道的是魯迅，他對魯迅充滿着崇敬。聞天覺得，此去上海，恢復組織，馮雪峰是一個最合適的人選。他可以通過魯迅、茅盾等的關係，摸清情況，然後恢復、整理黨的關係。恩來同志也認為雪峰合適。4 月初，聞天和恩來已從河東回到瓦窯堡。馮雪峰同志是地方工作委員會的委員之一，還在河東工作，即把他調回來，由恩來與聞天分別交代了任務。記得臨走之前，我們還在自己窯洞裏請雪峰吃了一餐飯。聞天交代雪峰：「到了上海，先去找魯迅、茅盾，他們是靠得住的。」還叮囑他要謹慎小心，注意隱蔽。雪峰很精幹，對上海的文化人熟悉，關係多。他到上海後，很快就建立了上海 —— 西安 —— 陝北的交通線，後來又設好了秘密電台，和陝北通報。那時聞天、恩來等中央領導同志談到李先生（馮雪峰的化名）和上海的工作，都覺得幹得不錯，對他是滿意的。（劉英，《在歷史的激流中》，中共黨史出版社 1992 年版，第 98 頁）

　　劉英説當時張聞天周恩來對馮雪峰在上海的工作感到滿意，是有文獻作證的。1992 年有人在中央檔案館發現了 1936 年 7 月 6 日張聞天周恩來（聯合署名為「洛恩」）寫給「李（允生）兄」即馮雪峰的一封信。其中明確地説：「你對周君（指周揚）所用的方法是對的。」其中還談到魯迅：「你的老師（指魯迅）與沈兄（指茅盾）好嗎？甚念。你老師送的東西雖是因為交通的關係尚未收到，但我們大家都很感激。他們為抗日救國的努力，我們都很欽佩。希望你轉致我們的敬意。對於你老師的任何懷疑，我們都是不相信的。請他也不要為一些輕薄的議論而發氣。」（1992 年 7 月 6 日《人民日報》）在反右派的鬥爭會上，馮雪峰當然不能以當年洛恩的信件來為自己辯白，只能承認當年他對周君所用的方法是不對的了。

　　馮雪峰在檢討中，説了不少自責的話，但也還是堅守了他認為不能讓步的地方。比方，他在檢討中説：「我到上海之前，周揚同志等同魯迅先生之間的隔閡，是已經形成的；但我到上海之後，我不但沒有向魯迅先生解釋，進行團結工作，反而隔閡加深了，這也是我要負責的。」事實上，這豈不正是説我對此並無責任嗎？特別是像「魯迅先生的〈答徐懋庸的信〉」這樣的話，周揚聽來就特別刺耳。這次鬥爭馮雪峰的一個重要的具體目的，就正是要他為魯迅這一篇點名批評了周揚、夏衍等「四條漢子」的〈答徐懋庸的信〉承擔責任。為了這件事，馮雪峰承受着極大的壓力。牛漢在〈為馮雪峰辯誣〉一文中記下了雪峰對他説的一件事：

　　　　反右後期，有一天，荃麟來找我，向我透露了中央對我的關懷。我很感激，激動地流出了眼淚。我不願離開黨。荃麟對我説：「中央希望你跟黨保持一致。」向我提了一個忠告：「你要想留在黨內，必須有所表現，具體説，〈答徐懋庸並關於抗日統一戰線問題〉所引起的問題，你應當出來澄清，承擔自己的責任，承認自己當時有宗派情緒，是在魯迅重病和不了解情況之下，你為魯迅起草了答徐懋庸的信。」我對荃麟説：「這個問題有人早已向我質問過，我都嚴詞拒絕，我決不能背離歷史事實。」之後我痛苦地考慮了好幾天才答覆。我意識到這中間的複雜性，荃麟是我多年的朋友，過去多次幫助我渡過難關，這次又在危難中指出了一條活路。上面選定荃麟來規勸我是很用了番心機的，他們曉得我與荃麟之間的交情，換了別人行不通。他們摸透了我的執拗脾氣。當時我的右派性質已確定無疑，黨籍肯定開除。面對這

個天大的難題，我真正地作難了。我深知黨內鬥爭的複雜性，但也相信歷史是公正的，事情的真相遲早會弄明白的。但是這個曲折而嚴酷的過程可能是很漫長的，對我來說是難以忍受的屈辱。我對荃麟誠懇地談了我內心的痛苦。荃麟說，先留在黨內，再慢慢地解決，被開除了就更難辦。但我知道荃麟傳達的是周揚等人的話，實際上是對我進行威脅。荃麟不過是個傳話的人，他做不了主。我清楚，荃麟說的中央或上邊，毫無疑問是周揚。在萬般無奈之下，最後我同意照辦。這是一件令我一生悔恨的違心的事。我有好多天整夜睡不着，胃痛得很厲害，我按他們的指點，起草了〈答徐懋庸並關於抗日統一戰線問題〉的有關注釋。我以為黨籍可以保留了。但是，我上當了，我最終被活活地欺騙和愚弄了。為了自己的人格的尊嚴，最後只有一死，以證明自己的清白，我幾次下決心到頤和園投水自殺，但我真的下不了這個狠心。我的幾個孩子還小，需要我照料，妻子沒有獨自為生的條件，再痛苦也該活下去，等到那天的到來：歷史最後為我澄清一切。(見《沒有情節的故事》，第153-154頁)

就這樣，利用一個老黨員對黨的深情，利用他不願離開黨的心理，狠狠地愚弄了他一回。馮雪峰違心地草擬的注文，經過周揚、林默涵的修改，印到1958年4月出版的《魯迅全集》第六卷中，說什麼「魯迅當時在病中，他的答覆是馮雪峰執筆擬稿的，他在這篇文章中對於當時領導『左聯』工作的一些黨員作家採取了宗派主義的態度，做了一些不符合事實的指責」。就用這手段達到了否定魯迅這篇文章的目的。

除了要將這歷史的舊案翻過來，馮雪峰在整風運動中的表現也是批判的內容。據作協黨組擴大會的新聞報導：

據王任叔、徐達等揭發：在大鳴大放期間，馮雪峰看到資產階級右派分子大舉向黨進攻的時候，他興奮地說：「洪水將衝破大門。」他一反平常的沉默、抑鬱的狀態，在人民文學出版社的各編輯部門到處放火，向黨發動進攻。

在整風座談會上，他號召對黨不滿和反黨的分子：「有冤報冤，有仇報仇。」又說：「黨內對黨外應和風細雨，黨外對黨內暴風驟雨也不妨；上級對下級應和風細雨，下級對上級暴風驟雨也未嘗不可。」

他還在全社的整風動員大會上污衊人民文學出版社的肅反工作有「重大錯誤」，並說：「必要時也可暴風驟雨，大民主也不要緊。」他到該社第二編輯室，有人問他：「整風中罵人、拍桌子、打人可不可以？」他說：「也可以。」在共青團的座談會上，他說：「我向來是喜歡青年的，你們有什麼儘管說，沒有什麼可怕，大民主也不妨。你們不是造社會主義的反，不是造共產黨的反，反的是三害嘛，你們就是打我們一頓也不算什麼。比如兒子打老子，老子不對就該打。」（8 月 27 日《人民日報》）

最後，丁陳反黨集團擴大成了包括丁玲、馮雪峰、陳企霞、艾青、羅烽、白朗和李又然七人的右派反黨集團。

文藝界的老共產黨員劃右派的還有江豐，他是中央美術學院院長、中國美術家協會副主席、黨組書記。緊接在 7 月 25 日作協黨組擴大會鬥爭丁玲之後，從 7 月 28 日開始文化部又一連幾天召集首都美術界開會鬥爭江豐。和別的右派分子不同的是，江豐是站在左邊來反對黨的。鬥爭會上，揭露了他這樣一些反黨言論：黨內黨外出現的右傾機會主義及單純技術觀點，是因為八大決議和黨提出了「百花齊放、百家爭鳴」方針的緣故。百花齊放在社會上可行，在我們學校內不行；我們校內只容許開一朵花，就是社會主義現實主義。江豐也不同意毛澤東對陳其通等人文章的批評，他說，我過去是同意陳其通的，現在，我的腦袋不是燈籠，也不會隨風轉。鬥爭會上，還揭發了江豐另外一些右派言行，例如他說，肅反運動有什麼成績？許多人都說肅反成績是主要的，在群眾運動中有偏差是不可避免的，這種理論非常可怕。又說：文藝界又肅出了什麼特務。這篇報導還說，江豐同情和拉攏在肅反運動中受黨審查過的人，反對領導肅反的同志。（《新華半月刊》1957 年第 17 號，第 190–192 頁）

據 1957 年 12 月 8 日中央宣傳部《關於著名的文藝、藝術、新聞、出版界右派分子的處理意見向中央的報告》，他「主要的右派言行」有這幾項：

1. 以美術學院為據點，組織反黨集團，抗拒黨對國畫的政策和百花齊放政策。

2. 組織美術界人員向文化部示威，煽動他們在會議上污衊攻擊黨的文藝政策。

3. 支持龐薰琹反黨集團的反黨活動，主張民主辦校。

4. 反對黨的肅反運動，説肅反是整人，文藝界沒有肅出特務。認為黨的選舉不民主。公開污衊黨的八大決議模糊階級鬥爭。

這樣，他就被劃為極右分子。

10月13日毛澤東在最高國務會議第十三次會議上説：「共產黨裏頭出了高崗，你們民主黨派一個高崗都沒有呀？我就不信。現在共產黨又出了丁玲、馮雪峰、江豐這麼一些人，你們民主黨派不是也出了嗎？」（《毛澤東選集》第五卷，第488頁）

丁玲、馮雪峰、江豐，都是反右派鬥爭中文藝界劃出的著名右派分子，可是他們並沒有什麼自由化傾向。雖然也有批判文章給他們戴上「修正主義文藝思想」這樣的帽子，其實是冤枉的。像江豐，甚至在毛澤東批評陳其通等的文章之後還表示同意陳其通，甚至連百花齊放的口號都不能接受，更不要説有什麼修正主義或者自由化的傾向了。而反右派鬥爭的任務，更本質地説，卻是要打擊文學藝術界剛露出苗頭的所謂修正主義或者自由化傾向。這種傾向一個最引人注目的代表作，是何直（秦兆陽筆名）的〈現實主義——廣闊的道路〉一文。這篇文章對「社會主義現實主義」的定義提出了自己的疑惑。對於蘇聯作家協會章程裏提出的「社會主義現實主義」這個定義，即使在蘇聯文學界，這時也已經有人提出異議來了。何直的文章就引證了西蒙諾夫很長一段議論。西蒙諾夫指出：這個定義所規定的「藝術描寫的真實性和歷史具體性必須與用社會主義精神從思想上改造和教育勞動人民的任務結合起來」，「好像真實性和歷史具體性能夠與這個任務結合，也能夠不結合；換句話説，並不是任何的真實性和任何的歷史具體性都能夠為這個目標服務的。」而那些粉飾太平的作家，「他們藉口現實要從發展的趨向來表現，力圖『改善』現實」。何直完全同意西蒙諾夫的這些意見。他進一步指出了這個定義的不合理性：

首先，如果認為「藝術描寫的真實性和歷史具體性」裏沒有「社會主義精神」，因而不能起教育人民的作用，而必須要另外去「結合」，那麼，所謂「社會主義精神」到底是什麼呢？它一定不是存在於生活的真實和藝術的真實之中，而只是作家腦子裏的一種抽象的概念式的東西，是必須硬加到作品裏去的某種抽象的觀

念。這就無異於是說，客觀真實並不是絕對地值得重視，更重要
的是作家腦子裏某種固定的抽象的「社會主義精神」和願望，必
要時必須讓血肉生動的客觀真實去服從這種抽象的固定的主觀上
的東西；其結果，就很可能使得文學作品脫離客觀真實，甚至成
為某種政治概念的傳聲筒。

其次，這所謂「社會主義精神」既是作家主觀上的一種觀
念，那麼，它必定是作家的世界觀的一部分。……作家的思
想──世界觀，是在探索、認識、反映客觀真實時，伴隨着形
象思維，起其能動性的作用，因此，這種作用是有機地表現在藝
術的真實性裏面，是無須乎在藝術描寫的真實性之外再去加進或
「結合」進一些什麼東西去的。

再其次，所謂「從現實的革命發展中真實地、歷史地和具體
地去描寫現實」，所謂「藝術描寫的真實性和歷史具體性」，從
文字含義上和從習慣上我們都可以把它與「典型環境中的典型性
格」這一原則聯繫起來進行了解。……在我們今天的時代裏，離
開了革命發展所給予人民生活的複雜影響，離開了現實在革命發
展中的面貌，是難以想像如何去描寫典型環境中的典型性格的。
反之，如果離開了典型化的方法，也就很難去描寫革命發展中的
現實，很難去達到藝術描寫的真實性。……但是，由於社會主義
現實主義的定義規定，在「從現實的革命發展中真實地……描寫
現實」時，又要求「同時藝術描寫的真實性……必須與用社會主
義精神……教育人民的任務結合起來」，於是，我們又不能不懷
疑，所謂「從現實的革命發展中……描寫現實」，所謂「藝術描
寫的真實性和歷史具體性」，既是似乎可以與思想性（所謂「教
育……人民的任務」）分離，自然也就可以與典型問題分離；因
為典型性與思想性本來是分不開的，因為現實主義文學本來是將
文學描寫的藝術性、真實性、思想性，與典型問題和典型化的方
法緊密地有機地溶合在一起的。

何直的文章還指出：「所謂舊現實主義，也並非絕對的只是批判的現實
主義。……想從現實主義文學的內容特點上將新舊兩個時代的文學劃分出
一條絕對的不同的界線來，是有困難的。」「企圖在幾句簡單的詞句裏對於
社會主義革命時代的現實主義和現實主義文學作出硬性的規定和說明來，
這是很困難的，因而也是不聰明的。」何直的文章表示，也許可以用「社
會主義時代的現實主義」這個提法取代「社會主義現實主義」的提法。

聯繫到中國。何直的文章提出：社會主義現實主義定義所產生的一些庸俗的思想，「在我們中國還跟另外一些庸俗的思想結合起來了，因而更加對文學事業形成了種種教條主義的束縛。這些庸俗思想，就是對於《在延安文藝座談會上的講話》的庸俗化的理解和解釋，而且主要表現在對於文藝與政治的關係的理解上。」

談到文藝與政治的關係，何直的文章針對當時的流行病，指出：

> 首先，必須考慮到，文學藝術為政治服務和為人民服務應該是一個長遠性的總的要求，那就不能眼光短淺地只顧眼前的政治宣傳的任務，只滿足於一些在當時能夠起一定宣傳作用的作品。其次，必須考慮到如何充分發揮文學藝術的特點，不要簡單地把文學藝術當做某種概念的傳聲筒，而應該考慮到它首先必須是藝術的、真實的，然後它才是文學藝術，才能更好地起到文學這一武器的作用；即或是一篇雜文，一段鼓書，一篇特寫，也不要忘記了它的文藝性。此外，還必須要考慮到各種文學形式的性能，必須考慮到各個作家本身的條件，不應該對每一個作家和每一種文學形式作同樣的要求，必須要儘可能發揮——而不是妨害各個作家獨特的創造性，必須少用行政命令的形式對文學創作進行干涉⋯⋯

> 說「政治標準第一」，是因為，自古以來沒有無傾向性的文學；是因為人民所需要的是那種為自己的利益服務的文學。但是，並不能由此得出結論，以是否配合了每一個臨時性的政治任務為文學作品的最重要的標準；也並不能由此得出結論，說是藝術標準並不重要。政治標準和藝術標準必須統一。

> 正因為我們在這些問題上有一些糊塗觀念，於是，就發生了多種多樣的、在一些具體問題上的混亂思想，例如：不應該寫過去的題材呀，過多地從是否配合了任務來估計作品的社會意義呀，出題目作文章並限時交卷呀，必須像工作總結似地反映政策執行的過程呀，以各種工作方法為作品的主旨和基本內容而忘記了人物形象呀，不應該寫知識分子呀，不應該以資本家或地主富農為作品中的主要人物呀，作家最激動和最熟悉的「過去的題材」不要寫而硬要去寫那些不激動不熟悉的東西呀，生活本身就是公式化的呀，離開了形象及其意義去找主題思想呀，用行政命令的方式去領導創作呀，政治加技術（藝術）呀⋯⋯還有：我提倡

寫新人物，你就不應該寫落後人物呀；如果你寫了落後黨員，就是「歪曲共產黨員的形象」呀；創造新人物最好是按照幾條規則來進行呀；大家都習慣地把人機械地分成先進人物與落後人物兩大類呀；寫先進人物不應該寫他有缺點和一定要寫缺點呀；機械地把生活內容分成主要矛盾和次要矛盾，並用之作為衡量作品的標準呀；把對作品的批評變成對作家的政治鑒定呀；文藝刊物都機械地忙於配合當前任務呀……還有：你說描寫新英雄人物才是「社會主義精神」呀，我又說反映矛盾衝突才是「社會主義精神」呀，而他又說人道主義精神才是「社會主義精神」呀……（秦兆陽，《文學探路集》，人民文學出版社 1984 年版，第 136-166 頁）

　　文章寫得很概括，反映的正是幾年來文藝界的情況，說遠一些，也包括了延安文藝座談會以來解放區文學的情況。儘管作者沒有用刺激性的語言，但是以它內容的尖銳性立刻引起了注意，不少作家和批評家是歡迎它的，贊同這些意見。當然也有人反對，認為這是修正主義觀點。反右派鬥爭起來，它就遭到了集中的批判。1956 年 12 月號《長江文藝》發表了周勃〈論現實主義及其在社會主義時代的發展〉，提出了同何直文章近似的意見，批判者常常是把這兩篇放在一起來批判。姚文元在 1957 年 9 月號《人民文學》上發表了一篇近三萬字的長文〈社會主義現實主義文學是無產階級革命時代的新文學〉，副題是「同何直、周勃辯論」，他說：

　　　　自從去年 9 月何直的文章在《人民文學》發表以後，在文學理論中逐漸出現了一種修正主義思潮。這種修正主義思潮強調現實主義的中心是「寫真實」，強調社會主義現實主義同過去的現實主義沒有方法上的不同，因此不能成為一個獨立的流派；強調現實主義方法對藝術的決定作用，而把作家的思想同創作方法完全隔裂開來，以為有了藝術性就一定會有思想性。他們把社會主義現實主義歸結為「社會主義時代的現實主義」。

　　　　在「寫真實」「社會主義時代的現實主義」「不要外加的社會主義精神」等等口號下，是不是有人在作思想上的倒退呢？我覺得是有的。他們以為不要馬克思列寧主義就能夠達到藝術上的真實性，卻不了解這樣做的結果是遠離了生活的真實。（姚文元，《論文學上的修正主義思潮》，新文藝出版社 1958 年版，第 50-94 頁）

　　姚文元這篇文章，洋洋灑灑，從海涅扯到維爾特，又從雨果扯到巴爾扎克，可是對何直文章中概括地例舉的教條主義在文藝界的表現並不加以辯駁，也沒有否認存在這些現象。何直的文章論證了是社會主義現實主義定義的缺點導致了這些現象的出現的，而姚文元的批判文章卻説，「公式化概念化並不是社會主義現實主義本身的產物」，為什麼不是的呢？他沒有説。這種不需要邏輯論證，就如同寫判決書一般的姚文元風格，這種後來反映在〈評新編歷史劇《海瑞罷官》〉、〈論林彪反黨集團的社會基礎〉等文章中的風格，這時就已經完全定型了。

　　姚文元的文章還説：「如果我們再從某些具體作品去分析，就可以更明顯地看到這種修正主義思潮的影響。」他舉出了「一些去年9月以後發表的作品」，其中包括宗璞的短篇小説《紅豆》，李國文的短篇小説《改選》等等。姚文元説：「像《改選》這樣的作品，至少是代表了一種和社會主義現實主義完全不同的流派的創作傾向的。細緻地分析這些作品，將有助於我們理解馬克思列寧主義思想在創作中的地位，以及真實性同思想性的不可分割的關係，並且將有助於説服一部分作者認識沒有政治立場的『寫真實』的虛幻性，認識把社會主義現實主義方法同馬克思列寧主義思想割斷將會把我們引導到什麼方向去。」有了這一紙判決書，《改選》的作者李國文就被劃為右派了。

　　姚文元這一類批判者吞吞吐吐想説而又沒有説清楚的意思，倒是秦兆陽即何直後來給他説破了：他們「認為只要是提倡現實主義，就是提倡『寫真實』論，就是不要馬克思主義的世界觀，就是提倡資產階級的批判現實主義，就是提倡揭露社會主義的陰暗面，就是反社會主義」。（秦兆陽，〈現實主義──艱苦的道路〉，見《文學探路集》，第200頁）難道他們的「社會主義」竟是同真實如此不相容的麼？

　　作品受到集中批判的，還有劉賓雁。當時劉是中國青年報編委，新聞界反右派已經鬥爭過他了，批判了他在報紙上刊出的〈上海在沉思中〉等篇通訊。可是他1956年又發表了〈在橋樑工地上〉、〈本報內部消息〉等幾篇報告文學作品，引起了強烈反響，這些也得批判。

　　〈本報內部消息〉寫的是報社領導人陳立棟和青年記者黃佳英的衝突。姚文元在〈文學上的修正主義思潮和創作傾向〉一文中批判説：

他用自己反黨的眼光把陳立棟醜化了，他恨陳立棟執行黨的指示，所以他就把陳立棟醜化成一個沒有任何優點的人。作者在竭力假造出這樣的一個公式：執行黨的指示＝官僚主義＝獨斷獨行＝教條主義和黨八股。同其他右派一樣，他在這裏攻擊的不是官僚主義，而是黨的領導。

作者把黃佳英當作英雄的先進人物來表現的，在黃佳英身上寄託了他反對「官僚主義」的全部理想。然而黃佳英是怎麼樣一個人呢，那是一個被美化了的「反現狀」的個人主義者。但儘管作者想把她寫成娜斯嘉型的人，在劉賓雁的筆下，在階級鬥爭十分尖銳的中國，黃佳英卻不是娜斯嘉，而是反黨的個人主義者。（姚文元，《論文學上的修正主義思潮》，第 207、211 頁）

這裏說的娜斯嘉，是蘇聯尼古拉耶娃中篇小說《拖拉機站站長和總農藝師》中的主人公。這是斯大林死後出現的最早一批對蘇聯現實有所批判的作品之一，中譯本在不久以前出版，引起了強烈反響。這時姚文元還沒有權力把外國作家劃為右派分子，所以就硬說黃佳英不是娜斯嘉。

李希凡也批判了這篇作品。他在〈從《本報內部消息》開始的一股創作上的逆流〉中說：

絕不能低估〈本報內部消息〉在一部分青年中的影響，尤其是在有着濃厚的資產階級、小資產階級思想的青年中間，黃佳英起了極大的煽動作用。在反右派鬥爭中，很多青年右派分子，正是披着黃佳英的外衣出現在群眾的面前。別的右派分子的歷史我不清楚，赫赫有名的林希翎，這個卑劣透頂的人物，我非常清楚她是怎樣走上舞台扮演黃佳英的（報紙上已經全部揭露了她的醜惡面目，我在這裏不再細談了）。難道林希翎之流不正是劉賓雁的黃佳英的模特兒嗎？

不能把〈本報內部消息〉的出現，看成是文藝創作上的孤立的現象。〈本報內部消息〉是文藝上反黨逆流的最初的浪頭。當然，早在劉賓雁的第一篇特寫〈在橋樑工地上〉裏，就已經流露了陰暗的反黨思想，如把老幹部寫成不學無術，思想僵化，不能領導複雜的現代化工業的人，誣衊我國建設進度緩慢，並武斷地說我們建設中的缺點不是由於缺乏建設經驗等複雜的原因所造成的，根源好像全在領導上的保守無能等等。不過，這篇特寫的

缺點究竟還非常隱蔽，劉賓雁在當時也不敢露骨地大膽地宣傳他的反黨思想。只有在他的〈在橋樑工地上〉發表，並受到《文藝報》、《人民文學》等大肆捧場以後，劉賓雁才敢於寫〈本報內部消息〉這樣露骨的反動作品。自從這篇作品又受到某些報刊的讚揚以後，所謂「揭露生活的陰暗面」，和歌頌黃佳英之流的「青年勇士」的作品，就大量出現了。〈組織部新來的青年人〉裏的（主要是經過人民文學編者修改後的）林震，實際上是黃佳英的男性的翻版。（9 月 17 日《中國青年報》）

　　〈組織部新來的青年人〉這篇作品，李希凡以前評論過的，可是在全國宣傳工作會議上，毛澤東說了，北京甚至中央都有官僚主義，小說反官僚主義並沒有錯，表示不同意李希凡對它的評論。現在李希凡趁批判劉賓雁的機會再一次提出這篇小說。既然林震實際上是黃佳英的男性的翻版，那麼這篇也就如同〈本報內部消息〉一樣是露骨的反動作品了。看來李希凡的批評標準比毛澤東的還更嚴一點。當然，他在括弧中加注，說是經編者修改過的。因為，這時他已經知道，毛澤東對人民文學編者改稿一事大為震怒，提出要公開批評。

　　艾青也受到批判。在 8 月 28 日中國作家協會黨組擴大會議的第二十二次會議上，徐遲作批判艾青的發言，說「艾青非常驕傲，別人的作品不在他眼裏。他誹謗郭沫若同志。對臧克家同志、田間同志，他也瞧不起」。臧克家就在《文藝學習》（1957 年第 10 期）上發表〈艾青的近作表現了些什麼？〉一文，批判說：

　　　　艾青是一位詩人，去年 7、8 月裏他忽然寫起寓言來了，寓言這種文藝形式，在過去反動統治的時代裏，作家們受着壓迫不能暢所欲言地直接表現個人的思想，往往取這種借物寓意、指桑罵槐的表現形式，去諷刺打擊反動的壞東西，但艾青的諷刺對象卻是正面的新事物。

　　詩人不去寫詩，卻來寫寓言，這已經是不正常的現象了，可批判者一；何況寓言諷刺的對象還是正面的新事物，可批判者二。於是批判者就來具體分析這些寓言了，一篇是〈養花人的夢〉：

　　　　這篇寓言等於一篇宣言，鮮明地表現了艾青對「百花齊放」方針的惡意諷嘲。艾青首先諷刺了那位院子裏「種了幾百棵月季花」的養花人，說他的「院子裏呈現了一種單調的熱鬧」。於是，

在艾青的筆下，出現了「自尊」的牡丹；「冷淡裏就含有輕蔑」的石榴；「能體會性格美」的白蘭；「帶來了信念」的迎春；説着「只愛溫順的人，本身就是軟弱的；而我們卻具有倔強的靈魂」的仙人掌。……他的思想，他的情緒，表現了對社會主義現實主義主導力量的不滿，對毛主席所提出的文藝工農兵方向的抵觸。他覺得月季花雖然「專寵」但「實在寂寞」。艾青對我們的新社會制度（月季花就是它的象徵）是不滿意的，他感覺它「太單調了」，「太窄狹了」。對於那各種各樣的花他付以最大的熱情。他讚美她們的「輕蔑」、「性格的美」、「倔強的靈魂」……而為她們的不「被理解」而憤憤不平。艾青不是站在黨的立場、社會主義的立場，對於一切非工人階級思想的東西去進行鬥爭、説服，反倒以極度熱情去鼓吹資產階級思想化身的東西向社會主義制度進攻。艾青近兩年來，由於政治熱情的衰退，由於遠遠地脱離群眾，由於資產階級個人主義思想情感的濃重，他對於新社會的事物，不但不感覺興趣，有時發生抵觸的情感。最近被揭露的他的反黨言行，就是他寫這類反社會主義作品的根源。

臧克家趁此機會還表白了他的一個大見識：百花齊放即思想改造。他在這篇文章裏説：「『百花齊放』的過程，也就是作家們思想改造的過程，而最終的目的是使所有的作家一步步達到社會主義現實主義。」

臧克家和艾青積怨甚深。1983 年 12 月艾青對前來協助他編輯《中國新文學大系・詩集》（1927–1937）的宮璽談往事，他説：

> 臧克家在我沒平反前到處説，艾青不能平反，平不了。他這話有人告訴了我。他還説我同姚文元有什麼關係，其實我五十年代到上海，是葉以群當作協副主席，讓我講話，葉以群指着坐在門口的一個青年説，他是姚文元，姚蓬子的兒子。後來姚文元寫文章罵我，罵的話同馮至罵我的話一樣。不久前我在文章中沒點名批了姚文元，香港有人看了，説我批馮至，説馮至會出來説話，可馮至一直沒講話。實際上那次批我，是何其芳讓馮至批的，否則，馮不會批。（宮璽，〈聽艾青議詩〉，見《開卷》2004年第 5 期）

在《文藝報》「再批判」專輯裏，批判艾青的〈了解作家、尊重作家〉這份差事是讓馮至承擔的。這件事他一直耿耿於懷。他的學生余匡復在〈馮至老師〉一文中説：

　　馮先生晚年常對人說起他一生的兩個「心病」，一是 1958
年時文藝界領導要他寫的批判艾青的文章，一是 1958 年「大躍
進」時他主編的《德國文學簡史》。……馮至去世前不久，曾去
病房看望同住協和醫院的艾青，艾青看見馮至拄着拐棍步履維艱
地走來，感動地伸出大拇指向馮至致敬，馮至也伸出大拇指以示
回敬，兩位老詩人，前嫌頓釋，把這個歷史造成的恩怨還給了歷
史。（2008 年 9 月 10 日《文匯報》）

　　這裏，可以順便講一件二十多年以後發生的事情，以見臧克家一直念
念不忘知識分子思想改造的態度。1981 年 6 月的中共十一屆六中全會上胡
耀邦取代華國鋒擔任中共中央主席。臧克家寫信給胡耀邦，建議他在「強
調思想解放的同時，也要強調思想改造」。11 月 8 日胡耀邦在給他的回信
裏，在有禮貌地表示「你主張強調思想解放的同時，也要強調思想改造，
按理說，這是對的」之後，明確告訴他：

　　但中央沒有重提思想改造這個口號，更不準備專向黨外朋友
和知識界同志重新恢復這個口號。這是因為（一）由於我們工作
中的失誤，這個口號在實踐中產生了許多弊端，多數人對這個口
號很反感；（二）在當前條件下，重提這個口號，很容易造成一
部分人歧視、批判、排斥另一部分人的錯誤作法。這種考慮我認
為是正確的。

　　現在的問題是：我們許多革命者首先是一些領導者缺乏這種
自我改造的自覺性。明明是自己的主觀世界同客觀世界相脫離，
自己的設想、主張、意見、著作同革命實踐，同人民群眾的要
求、願望、意志不合拍，甚至相抵觸，而不願意改正；明明是情
況變化了，歷史前進了，卻仍然停留在過去，堅持過去的主張、
作法和經驗。這就是我們黨中央所說的思想僵化。僵化到似乎整
個人類命運都要服從我的設想、願望和意志，那就是極端的唯我
主義了。從這個角度來說，思想解放和思想改造是相通的。（黎
之，《文壇風雲續錄》，人民文學出版社 2010 年版，第 304 頁）

　　從這一來一往的兩封信中，可以看出改革家胡耀邦的事業有多麼艱
難。哪怕在知識界，也有人建議他回到老路上去。由此也就可以知道：
思想改造運動，反右派鬥爭，乃至文化大革命，都不能說是沒有群眾基礎
的。胡耀邦的最終命運也就是可以理解的了。這是後話，不必多說，還是
接着來說當年對艾青的批判吧。

不但批判艾青的作品，還揭發他的反黨言行。例如徐遲在〈艾青能不能為社會主義歌唱？〉一文中揭發說，「他一直是抗拒着黨對文藝工作的領導的。他刻薄地說：『現在有一些人，創作不出來了，就搞理論，理論也不行了，就幹行政。結果呢，行政管理論，理論又管創作。一層管一層，創作就給管得枯萎了。』」（9 月 24 日《人民日報》）

根據姚文元的判決，艾青是完了。姚在〈艾青的道路 ── 從民主主義到反社會主義〉一文中說：「艾青的『時代』就這樣地在人民的憎恨中結束了。從資產階級的民主主義到反社會主義，艾青走完了他自己的路。」（姚文元，《論文學上的修正主義思潮》，第 358 頁）這大約是後來文化大革命中提出的「從民主派到走資派（走資本主義道路的當權派）」公式的最早表現形式吧。

在二十世紀四十年代後半期中國詩壇上，曾經出現過一個「九葉派」。他們是：王辛笛、陳敬容、杜運燮、杭約赫（曹辛之）、鄭敏、唐祈、唐湜、袁可嘉、穆旦（查良錚）等九位詩人。當年他們發表在《詩創造》、《中國新詩》這些刊物上的作品很受到讀者的歡迎。在反右派鬥爭中，他們之中的袁可嘉、曹辛之、唐湜、唐祈、杜運燮五人都在各自所在的單位被劃為右派分子，袁可嘉（1921–2008），外文出版社翻譯；曹辛之（1917–1995），人民美術出版社編審；唐湜（1920–2005），《戲劇報》編輯；唐祈（1920–1990），《詩刊》編輯；杜運燮（1918–2002），新華通訊社國際部幹部。他們被發配到北大荒等地勞動。穆旦甚至被判為歷史反革命分子。

年初發表的流沙河名噪一時的散文詩《草木篇》也受到了批判。7 月19 日四川文藝界開會批判流沙河和成都《星星》詩刊執行編輯石天河（原名周天哲）。猝然遇到巨大的壓力，流沙河為了自保，在承認他是站在右派立場向黨進攻，在鳴放中的發言是撒謊造謠，《草木篇》是反社會主義的毒草的同時，還極力揭發最支持他的好友石天河，交出了石天河給他的私信，並說石天河是曾經受過特務訓練的，揭發了這年 1 月，石天河還說，「要是我在匈牙利，我也會拿起槍桿起來。」流沙河的合作的態度並沒有使自己免於劃為右派分子的結局，可是他並沒有像別的右派分子那樣去勞動改造，勞動教養，只是留在文聯機關監督勞動，算是從寬發落；而被他檢舉的石天河遭遇更悲慘，以反革命罪判刑十五年，結果坐了二十二年的牢。他平反之後，一直對流沙河耿耿於懷。

　　批判容易招惹是非的雜文也是反右派的題中應有之義。一年來雜文寫得勤又寫得好的，徐懋庸要算一個。中國科學院哲學社會科學部和中國作家協會 11 月 26 日到 29 日一連幾天聯合開會鬥爭徐懋庸。據這個會上的統計數字，「徐懋庸從去年 11 月到今年 8 月，在北京、天津、上海、武漢等地的報刊上發表了近一百篇反黨、反社會主義的文章。」（12 月 2 日《人民日報》）姚文元〈在文學上的修正主義思潮和創作傾向〉一文中摘引徐的〈不要怕不民主〉和〈苦悶〉這兩篇，即據以批判道：

> 　　徐懋庸之流高喊「不怕黑暗」、「揭露陰暗面」的人，卻把我們社會說成似乎沒有「民主」，要「享受民主」，就要向「官僚主義者」爭取。徐懋庸的腦子裏，其實是裝滿了的資產階級民主，他所要「享受」的，是一種不要集中的絕對民主。「我們就不能等到他們自己放手」，這「我們」和「他們」，就表示在根本立場上他是把自己同各級領導幹部（他們當然可能有某些缺點）處於對立地位，同黨的領導處於對立地位，既然「他們」不肯「自動放手」，那就只有「鬥爭」了。於是當社會上右派瘋狂進攻，「言論一放，意見紛紛」之時，徐懋庸也就挺身出來作右派的喉舌，他大呼「這是好現象」，「現在的人愈多地感到社會的苦悶」，「苦悶多極了」。怎麼擺脫這不是個別事件而是整個「社會的苦悶」呢，而就是要在社會主義思想之外「生出更好的思想來」。這「更好的思想」是什麼？——恐怕每一個工人、農民、革命知識分子都會明白的。我們在某些「揭露陰暗面」的作品中所看到的，不就是徐懋庸所推銷的反對領導、反對民主集中制的「更好的思想」嗎？（姚文元，《論文學上的修正主義思潮》，第 200–201 頁）

　　徐懋庸當然被劃成了右派分子。不過這倒是真有一點冤枉。幾年以前他擔任武漢大學黨委書記、副校長的時候，也是一位「左得可怕」（魯迅對他的評語）的領導人。這也說明了人的複雜性。當他以武漢大學黨委書記的身份出現的時候，他覺得自己就是黨的化身，就是無產階級的化身，就是馬克思主義的人格化，覺得他如果不努力去糟蹋和羞辱知識分子就沒有盡到自己的職責。而當他用回春、弗先等等筆名寫雜文的時候，卻是一個「對於有害的事物，立刻給以反響或抗爭」（魯迅語）的雜文家了。這當然是反右派鬥爭必須打擊的對象。就在反右派鬥爭開始以後，他還在 1957 年 7 月號《人民文學》發表的〈《蟬噪居》漫筆〉裏批判右派分子說：「自然，歷史上的最壞的人都不敢在公眾面前說老實話的，現在的反對社會主義的

右派分子也如此。」（《徐懋庸雜文集》，三聯書店 1983 年版，第 831 頁）
還完全沒有料到自己馬上就要劃為「反對社會主義的右派分子」了。

宋雲彬也是個重要的雜文作家。在反右派鬥爭中他的一些雜文受到批
判，還不僅僅是因為文章寫得鋒利，還因為其中公開了一些尷尬的事情，
例如浙江龍泉金沙寺塔被毀事件，還有，「去年春間，不知道是杭州市哪
一個機關發動的，在二十幾小時以內，把西湖上的陶成章烈士、馮小青、
蘇曼殊以及武松等等的墓統統給挖掉了，後來經許多人提出抗議，官司打
到北京，才又於二十幾小時以內把那些墳墓統統恢復了原狀。說起這些事
情，使人哭笑不得。」（6 月 4 日《文匯報》）這種文章也真夠叫人頭痛。
劃他做右派，也就更好批判這些文章了。其實，宋雲彬即令一篇雜文也不
寫，大約也不能躲過當右派分子的命運。因為他是中國民主同盟浙江省委
員會副主任委員，也就是章羅同盟駐浙江的重要代表。

發表了不少雜文的上海作家王若望也被劃為右派分子。他是 1937 年入
黨的共產黨員。這時擔任《文藝月報》編委，中國作家協會上海分會理事。
他寫的〈釋「落後分子」〉一文說：

　　　　被人誤會了，還可以發表聲明，要求組織核對事實；唯有被
　　稱為「落後分子」者，卻無法聲明。我還從來沒遇到過有人向組
　　織上去聲明，說：「我並非落後分子呀！」因為「落後分子」這
　　頂帽子可大可小，能伸能縮，沒有具體事實，單憑印象也可以扣
　　得上去，要想摘下來卻頗不容易。

　　　　在我們黨內有一些同志固定地、絕對地了解「落後分子」的
　　含義，並且在群眾工作中喜歡採取簡單化的排隊方法，把群眾分
　　為積極分子，落後分子，中間分子的這種做法，已經成為培養宗
　　派主義，造成群眾對黨隔閡的根源之一。（1957 年 5 月 20 日《文
　　匯報》）

在肅反運動中，把那些原來打成的「反革命集團」因材料不足改稱「思想
落後集團」，王若望的這一篇可以解釋為攻擊肅反運動。

他寫的〈一板之隔〉一文說：

　　　　許多地方的黨員和群眾之間有一道牆壁；為了解決內部矛
　　盾，唯有拆去這道牆壁才是。如果真有一道磚砌的牆或水門汀的
　　牆在那裏，只要「牆倒眾人推」，倒也容易。問題是這道牆是用

一種特別的材料造的，……我這裏要説的卻是另一種用木板做的牆，拆起來很容易。這道木板牆在哪裏？就在某些專業公司裏。以及公私合營的企業裏，甚至在市人民委員會的某些局的辦公室裏。在這些地方，有一個共同的也是有趣的情形：就是非黨的經理或副經理和共產黨員的經理或副經理總不肯坐在一個房間裏辦公，當上級機關把他們擠在一起的那天起，他們之間就用一塊木板牆隔開着。……我主張：拆牆先要拆去這道有形的板壁，然後再努力消除意識方面的牆；而拆去這道板壁，也就表着我們的公方代表有撤除一切牆壁的決心！（1957 年 5 月 7 日《新聞日報》）

他還寫了〈不對頭〉一文，是看了 5 月 21 日《解放日報》上的一篇通訊〈如何正確認識人民內部矛盾，老工人暢談自己見解〉以後寫的。這篇通訊的導語説：「許多老工人在發言中，都從自己的切身經驗談到工作中的成績應該是主要的一面。目前報紙上充滿着批評缺點的氣氛，這好像給人一個印象，似乎我們的工作盡是缺點，沒有成績。」這篇通訊最後還説：「光講一面，有點是非不清。要解決矛盾，一定要分清是非。」而在同一張報紙上刊登的柯慶施在宣傳會議閉幕時作總結發言説的：「大多數同志的發言是誠懇的、善意的，他們從愛護黨的立場出發批評了黨的工作中所存在的缺點和錯誤，這對説明黨內整風有很大作用。」同在這一張報紙上轉載的《人民日報》社論〈繼續爭鳴，結合整風〉裏也説當時出現的「寫得尖銳的批評」，「對於我們黨的整風運動是一個積極的直接的幫助」。於是王若望寫了這篇文章，指出《解放日報》的這篇通訊「是和上面柯慶施同志的總結以及《人民日報》的社論不大對頭的」，而且「給讀者的印象不是鼓勵爭鳴，而是提醒大家：『快要收了』。」作者把這篇文章投寄給《解放日報》，可是沒有發表，卻成了供批判用的材料。

反右派鬥爭開始，王若望受到了批判。不但批判他發表的文章，還要（或者説更要）批判他還沒有發表的文章。據《文匯報》報導：7 月 26 日上海文學界舉行反右派鬥爭座談會，批判王若望：

姚文元揭發王若望的卑鄙行為：王若望曾經化名「俞田」在文藝報上向作協上海分會的黨組織的一位領導人作人身攻擊。在右派分子猖狂進攻時，老工人的座談會是上海反擊右派的第一聲響亮號角。但是王若望是抱着什麼態度呢？姚文元説，王若望寫了〈不對頭〉反對老工人座談會的文章（這篇文章是寫給《解放日報》的，未發表），王若望説，「老工人當然可以談他們的體

會，他們同樣可以鳴，即使唱對台戲我們也很歡迎。」姚文元憤怒地責問：「我們」是指誰？這是自覺地站在右派一邊，愛憎是很分明的。姚文元接着指出，右派對黨扣了多少帽子：「黨天下」、「大和尚」、「小和尚」、「便衣員警」……，王若望不吭一聲，老工人批評了李康年定息二十年的錯誤「建議」，王若望就在〈不對頭〉中說這是給李康年扣帽子，王若望的資產階級感情為什麼這樣明朗？

唐弢說，過去只認為王若望是一個個人主義、自由主義思想很嚴重的人，實際上並不那麼簡單。在一次作協擴大會議小組會上，他曾經「代表」《文藝月報》，向徐中玉道歉，說以前對徐的錯誤言論批評不妥當。他有什麼權利代表，又為什麼要這樣做？他還在公開場合中說老區作家對國統區作家有宗派主義。王若望在大鳴大放期間發表了一系列的反黨文章，落後的資本家在向他叫好，他們說「王若望都在為我們說話了，我們為什麼不說話呢？」唐弢指出：因為王若望披着黨員作家外衣能迷惑人，甚至在《文藝月報》內部也有他的市場，應該消毒。（1957 年 7 月 28日《文匯報》）

據中共上海市委《對右派分子王若望的處理結論》宣佈，他的主要反動言行有：

（一）鳴放前後，寫過〈釋落後分子〉、〈一板之隔〉、〈不對頭〉、〈身價十倍〉、〈觀風測雨〉等十餘篇文章，攻擊公私合營企業中的公方代表，攻擊從政治上劃分人的先進和落後，攻擊「鳴放」及「百花齊放，百家爭鳴」中的政治標準，並化名對作協黨內負責同志進行人身攻擊。甚至公然反對老工人座談會對右派的反擊，對黨的各項政策，對社會主義制度作了全面攻擊。

（二）鳴放期間在市委座談會上，首先出來污衊作協黨內有牆，牆外有溝，起了放火作用。在其他黨內外會議上，攻擊作家協會黨內有宗派集團，並污衊肅反等政治運動是作協黨內的宗派打擊，宗派排擠，說作協肅反四個月，有三個半月是搞自己人，是搞以夏衍同志為首的吳強、孔羅蓀、柯藍、王若望四個人；說《解放日報》上批評《文藝月報》未轉載胡風反革命集團的三批材料，是對《文藝月報》的宗派排擠，《文藝月報》是宗派打擊的犧牲品。

處理結論是：開除黨籍。撤銷原有職務，另行分配待遇較低
的工作（由文藝四級降為文藝八級）。

戲劇界最著名的右派分子是吳祖光。多年之後，他在哀悼妻子新鳳霞
的文章中回憶往事，說：

鳳霞受苦受難的原因完全是由於我被打成右派所致，而我這
右派又從何而來呢？現在──事隔近半個世紀之後，我才明白，
竟是受了一個我的老朋友又是同行的陰謀陷害所致，這個「老朋
友」就是備受尊重的前輩劇作家田漢。1957年田漢是中國戲劇
家協會主席，當黨主席掀起反右派運動時，他以與我觀點類似的
反對外行領導內行的意見，發表了與我意見相同而措詞比我更為
尖銳的言論。在他自己看來大禍臨頭之時，和當時幾個上層人物
如周揚、夏衍──有他參加策劃太出乎意外了──共商挽救之
策，決定移禍於我，就派人邀我去參加一個少數人的「提意見」
座談會。至今我還記得，當時鳳霞極力攔阻我，而我認為是對黨
提意見我非去不可。鳳霞甚至攔在門口，我用大力將她推開，幾
乎將她推倒。我去參加了這個提意見會，有金山，還有一位女同
志等兩個人，只有這四五個人而已。我提的意見是當時極為普遍
的現象：一些沒有文化、沒有專業知識的低能幹部高高在上領導
一些專家、有知識的、高水準的優秀人才的現象。我不知道這是
他們設下的圈套，一同出席的幾個簡直沒有提什麼意見，匆匆散
會，看來他們都體會出這是一個預先設下的「鴻門宴」，而我完
全是自投羅網。我的意見被登在當時出版的劇協刊物《戲劇報》
上，大標題是田漢擬的：〈黨趁早不要領導文藝工作〉。（1998年
7月香港《鏡報》第252期）

這次座談會5月31日開的。吳的發言摘要刊登在戲劇家協會的機關刊
物《戲劇報》1957年第十四期，同時在《文藝報》刊出，兩刊所載內容及
標題相同。據陳明遠所作〈田漢和吳祖光的一段歷史恩怨〉一文說，當時
擬定這〈黨「趁早別領導文藝工作」〉這標題的，並不是田漢，而是周揚。
（《縱橫》1999年第1期，第59頁）

在這次座談會上，吳祖光提了這樣一些意見：

文藝界「鳴」「放」之後，陳其通同志的文章表示了怕「亂」，
他是很有代表性的。但我的看法：事實上早已亂了。「百花齊

放、百家爭鳴」就是為了平亂。我活到四十歲了，從沒看到像這幾年這樣亂過。遇見的人都是怨氣沖天，不論意見相同或不相同，也不論是黨員或非黨員，領導或被領導，都是怨氣沖天，這說明了「亂」。黨中央提出整風是為了平亂，使今後能走上合理發展的道路。過去從來沒有像這樣「是非不分」，「職責不清」，年青的領導年老的，外行領導內行，無能領導有能，最有群眾基礎的黨脫離了群眾。這不是亂，什麼才是亂？

解放後有一個現象，那就是組織的力量非常龐大，依靠組織，服從組織分配，已成為人民生活起碼的道德標準。組織和個人是對立的，組織力量龐大，個人力量就減小。過去作家藝術家都是個人奮鬥出來的，依靠組織的很少。馬思聰之成為馬思聰是他個人苦學苦練的結果。現在一切「依靠組織」，結果，變成了「依賴組織」。個人努力就成了個人英雄主義。

作家、演員，長期不演不寫，不做工作，在舊社會這樣便會餓死，今天的組織制度卻允許他們照樣拿薪金，受到良好的待遇。做了工作的會被一棍子打死，不做的反而能保平安。聽說一個文工團的團長寫了一個劇本，其中寫了一個反面人物，結果受了批評，把立的功也給撤銷了。鼓勵不勞而食、鼓勵懶惰，這就是組織制度的惡果。解放後我沒有看到什麼出色的作品。一篇作品，領導捧一捧就可以成為傑作，這也是組織制度。

組織力量把個人的主觀能動性排擠完了。我們的戲改幹部很有能耐，能把幾萬個戲變成幾十個戲。行政領導看戲，稍有不悅，藝人回去就改，或者一篇文章，一聲照應，四海風從。這是因為黨有如此空前的威信，政府如此受人愛戴。但是聲望應起好的作用，現在卻起了壞的作用。過去，搞藝術的有競爭，不競爭就不能生存。你這樣作，我偏不這樣作，各有獨特之處。現在恰恰相反，北京如此，處處如此。北京是《白蛇傳》、《十五貫》，於是全國都是《白蛇傳》、《十五貫》。

我感覺黨的威信太高了，咳嗽一下，都會有影響，因之作為中央的文藝領導就更要慎重、小心，當然，不可能有永遠正確的人。有些作家藝術家兼任行政領導，他自己也口口聲聲說不願作，但是作官還是有癮，作官跟作老百姓就是不同，政治待遇、群眾看法等都不一樣，所以有些作家，他們打心裏還是願意作官的。很多作家，藝術家原是朋友，但現在卻成了上下級了。

組織制度是愚蠢的。趁早別領導藝術工作。電影工作搞得這麼壞，我相信電影局的每一個導演、演員都可以站出來，對任何片子不負責任，因為一切都是領導決定的，甚至每一個藝術處理，劇本修改……也都是按領導意圖作出來的。一個劇本修改十幾遍，最後反不如初稿，這是常事。

吳祖光還說了些文藝工作之外的問題。關於吸收黨員問題，他說，「因為積極鬥爭別人而入黨的人，假如現在證明鬥錯了，這樣的黨員的人格就有問題。這樣的黨員多了，非黨之福。」關於肅反問題，他說，「肅反是搞重了，面搞寬了。北大、戲曲學校……都很嚴重。肅反很欠思考。有些人解放前對革命忠心耿耿，做了很多工作，而肅反中卻狠狠地鬥了他。這是不公平的。」他還舉了個例：「如電影局，在肅反時，有一位同志被鬥，她的愛人因之便和別人結了婚，後來證明她是被鬥錯了，結果卻拆散了人家的夫妻。」

不僅有座談會上的發言，吳祖光還在《戲劇報》第十一期發表〈談戲劇工作的領導問題〉一文，其中說：

我們誰都會談所謂「社會主義制度的優越性」，可是它在培養文學藝術人才這一方面表現了什麼呢？對於解放以來，工、農、兵的每一條戰線上都是人才輩出，蓬勃前進，而文藝戰線上獨獨新人寥落的具體現象我們又該如何解釋呢？

解放以後的新社會產生了新的生活習慣，這種新的生活習慣形成了新的制度，我感覺到這種制度可以叫做組織制度。革命的成功正是把全國人民的力量組織起來的結果，這是誰也不能否認的事實。但是就文學藝術的角度看來，我以為組織力量的空前龐大使個人力量相對地減少了。

從黨中央提出黨內整風以來，在這短短的時期內，僅從報紙雜誌上看到的一些被壓制埋沒的人才的事實就真足以使人觸目驚心。我們今天的生活制度由於組織一切包乾的結果，竟使不勞而食成為合理合法的事情，因為恰巧有許多辛勤勞動出來的作品反而受到了無情棍棒亂敲亂打，於是索性不寫不做反而落得平安無事。可惜的是藝術家們和剝削階級不同，他們對於不勞而食並不認為是幸福，而認為是恥辱與痛苦。

「服從組織分配」在革命鬥爭當中，在軍事行動當中，我想它都應當是屬於鐵的紀律。但是到了今天，在我們的文藝園地裏施行組織分配的辦法就使人很難理解了。無論如何，寫作、演、唱總是屬於個人的行動；一個口齒不清的人總不能由於集體力量、大家幫忙而能使他變得伶牙俐齒起來；但是在我們的工作當中，由於萬能的組織分配的結果，卻是什麼樣顛倒因果、亂點鴛鴦的事情都做得出來。我想在文藝工作的安排上，「組織分配」決不能絕對化。如果「組織分配」只佔五分（而且是經過深思熟慮公平合理的分配），自願亦佔五分的話，事情便會變得好一些的。

所謂「組織」亦就是指的領導。領導的許可權無限擴展的結果，必然是日深一日的目空一切，自以為是。從主觀主義開始，教條主義、宗派主義、官僚主義必然接踵而來。從文藝工作說來，誰都懂得「為人民服務」的道理，但是今天無數的藝術團體的領導，偏偏就從不估計人民群眾的需要，認為群眾渾噩無知。對群眾喜愛的東西，用無數清規戒律斬盡殺絕，把群眾不喜愛的東西塞給群眾作為對群眾進行教育。

我們的傳統戲曲藝術有着悠久的歷史，我們的優秀的表演藝術家們代代相傳，每一個都身懷絕技。作為新文藝工作者得到與民間藝人合作的機會正應該抓住機會好好地向他們學習一下；但是絕大多數的同志們卻是頤指氣使，發號施令；還沒有摸到傳統藝術的規律，便神氣活現地以改革者自居，把自己的一知半解硬去套人家的脖子。中國的傳統戲曲節目之豐富是盡人皆知的，但是這些年來把擁有幾萬齣戲的古典戲曲生生擠兌得只剩了寥寥幾齣戲在舞台上苟延殘喘，這種大殺大砍的手段真是令人驚佩。「成事不足，敗事有餘」，真是這些戲改幹部的活活寫照。

對於文藝工作者的「領導」又有什麼必要呢？誰能告訴我，過去是誰領導屈原的？誰領導李白、杜甫、關漢卿、曹雪芹、魯迅？誰領導莎士比亞、托爾斯泰、貝多芬和莫里哀的？……

有了這樣的發言和文章，吳祖光當然要被劃為右派分子。中國戲劇家協會在 6 月 23 日和 7 月 1 日開了兩次會，鬥爭吳祖光。會議由戲劇家協會主席田漢主持，會上有二十多位劇作家、導演、演員發言。周信芳就領導的重要性以及解放以後戲劇界出人才少的問題批判吳祖光。他說，戲劇事業在黨的領導下才有發展，只要看民間職業劇團努力爭取加強對他們的領

導就是證明。袁雪芬曾對他說，如果沒有黨的領導、沒有新文藝工作者的幫助就沒有越劇。周信芳說這也是越劇發展特別快的原因。他認為黨這幾年來在培養戲劇界的新生力量方面也已作出很大成績，可是從解放到今天也不過七、八年，一株幼苗不能立刻變成參天大樹。一個演員要在藝術上有所成就也不是一朝一夕之功，要達到楊小樓這樣成熟的境地，也要有楊小樓的歲數。(7 月 8 日《新華社新聞稿》)

吳祖光 6 月 23 日的日記：

> ……午後到劇協開會，田漢主席，是整我在《戲劇報》上發表的文章的。田聲色俱厲，此為我平生第一次挨此等大會的批評。深覺出言過火，悔之不及。但自問是從善良願望出發，決心今後不再提任何批評意見了。對戲改幹部尤覺歉然也。田漢提到的文章三篇：1、葉聖陶：領導這個名詞，作家自己的哲學。2、白塵：話劇需要領導。3、我的發言。四時人民日報記者來接，去天橋。決定好生寫劇本，今後亦不打算再接近戲曲了。

> 夜十一時半戲劇報張郁來，十二時文藝報張保華來，均談及我走後田漢對到會之人點名發言，一時謾罵，扣帽子，鑼鼓齊鳴。我幸而走掉，否則真會氣死，此種會不知對我有什麼幫助？不知何人挾嫌誣陷（因並無一人談理論也）開此鬥爭大會。當夜致電夏公、周揚同志，韋明則未找到。周表示願指示新華社發消息要慎重，並殷殷勸以不要緊張。(《吳祖光日記》，大象出版社 2005 年版，第 234-235 頁)

從周揚「殷殷勸以不要緊張」來看，這時還沒有最後決定吳祖光的命運。黎之的回憶錄中講了這樣一件事：「6 月 8 日《人民日報》發表社論後，周恩來同康生（當時康經常過問文藝界的事）約請了部分文藝界代表人物座談，讓大家對反右有思想準備。周恩來反覆講了要把正確的批評與右派進攻區別開來，要把講了錯話與右派言論區別開來。記得當時他特別提到兩個人，一個是吳祖光，說他雖然講了一些錯話，但還不能說是右派言論，提到的另一個人我記不得了。」(黎之，《文壇風雲錄》，河南人民出版社 1999 年版，第 107 頁) 可見按照周恩來的尺度，上面所引吳祖光的那些，不過是錯話，還算不上右派言論的。只不過周恩來的這個意見並不能左右當時的局勢，最後，吳祖光還是被劃為右派分子了。

　　吳祖光的妻子新鳳霞是深受觀眾喜愛的著名評劇演員。這時，她的一位領導找她談話了：「吳祖光已經完了，你要考慮自己呀！要劃清界線，你這麼年輕，戲演得好，有這麼多觀眾喜歡你，黨也重點培養你，你要站穩立場啊！」並且告訴她，要把吳送去改造。可是她不肯劃清界線，回答說：「王寶釧等薛平貴十八年，她是靠挖野菜活着；我會唱戲，我等他二十八年。」這位領導憤怒了，拍着桌子高聲說：「你走吧，後果你自負哇！走！」新鳳霞雙手捂着臉哭着出了門。這後果果然是可怕的，第二天，這一位領導在劇院的大會上宣佈，給新鳳霞戴上右派分子帽子，照常演出，不登報公開，內部控制。（見新鳳霞著，《我叫新鳳霞》，北京出版社 1998 年版，第 31–32 頁）

　　當時大約沒有誰預料到：這天主持開會的田漢、發言的周信芳，幾年之後的遭遇會比今天挨鬥的吳祖光還要悲慘。

　　戲劇界的右派分子還要說到北京市京劇一團團長李萬春。他是中國農工民主黨黨員。報紙上說他「在章伯鈞、李伯球等指揮下，策劃了進攻戲曲界的一整套計劃」，報紙還說，章伯鈞、李伯球表示：「將來成立了農工民主黨戲曲支部，由他擔任書記，就可以和共產黨分庭抗禮。」（8 月 27 日《光明日報》）

　　還有中國京劇院的葉盛長，他是著名演員葉盛蘭的弟弟，也是中國農工民主黨黨員。6 月 6 日他在農工民主黨北京市委員會邀集的一次京劇界座談會上發言，說「京劇院行政幹部對業務不內行，國務院應考慮內行來領導，換一換人」。還說：「京劇院清一色，會拍馬就可以入黨。」報上說他是「章伯鈞、李伯球右派集團向中國京劇院進攻的急先鋒」。（8 月 17 日《人民日報》）

　　還有豫劇女演員陳素真。據報載：「陳素真在北京時，曾幾次拜訪右派分子吳祖光。就在吳祖光的反動論點受到批判以後，她還向吳祖光表示贊同和支援吳的全部論點。特別惡劣的是，陳素真當時就住在中國戲劇家協會主席田漢家裏，她竟將聽到的有關情況，暗地派人給吳通風報信。」除了公佈她的右派言行之外，這篇報導還寫到了她的歷史：她原是國民黨高級軍官的太太，有相當長的時間完全脫離了舞台。（9 月 17 日《人民日報》）

　　北京人民藝術劇院弄出了一個「以戴涯、文燕為首的右派小集團」。（《戲劇報》1957 年第 16 期）他們劃為右派的材料牽連到焦菊隱，戴涯和他談過想要以恢復中國旅行劇團的名義搞同人劇團的事，並且希望他參加。這樣焦菊隱也就面臨被打成右派的危險了。焦菊隱（1905–1975），天津人，曾經留學法國學習戲劇，獲得文學博士學位。回國以後，先後在幾所大學任教。1948 年潛赴解放區。進城以後任北京師範大學文學院院長。1952 年受命和曹禺、歐陽山尊、趙起揚合作，創建北京人民藝術劇院，焦菊隱擔任劇院副院長兼總導演。擔任副院長兼黨委書記的趙起揚知道焦菊隱是劇院不可缺少的人，就竭力保護他過關。趙向中共北京市委彙報，「市委某領導聽後說：『這個人對你們有用沒用？有用就留下，沒用就劃成右派。』老趙忙說：『有用，有用，我們回去一定要再對他進行批評幫助。』」（《北京人藝》2013 年第 2 期，張帆文）這樣，焦菊隱算是逃過了這一厄。

　　中央戲劇學院反出了一個以孫家琇（戲劇文學系主任、民盟北京市委員會委員、民盟中央婦女委員會委員）、徐步（導演系講師、戲劇學院民盟小組組長）為首的民盟右派小集團。這個小集團的骨幹分子有堯登佛（翻譯組的翻譯，整風初期被孫家琇介紹入盟的盟員）、屈白宇（導演系助教、戲劇學院民盟小組副組長）等人。（《戲劇報》1957 年第 17 期）

　　中央戲劇學院舞台美術系講師李暢、徐廷敏，和解放軍總政話劇團演出隊隊長趙森林、解放軍總政話劇團舞台美術設計劉世彩等幾個人，用「中央戲劇學院舞台美術系全體師生大會」的名義，向全國各地戲劇團體發出了一份《呼籲書》，聲討解放軍總政治部宣傳部副部長陳其通。陳其通等四人文章，毛澤東多次批評過。毛澤東批評則可，他的部屬聲討則不可。他們被劃為一個右派集團。據《戲劇報》說：「舞台美術界的『縱火』案在這次反右派鬥爭中已初步查明真相，以李暢、趙森林為首的反動集團亦已在首都戲劇界的猛烈追擊下開始崩潰了。中央戲劇學院的黨總支副書記白鷹同志和表演系主任嚴正同志在這一事件上嚴重地喪失立場，也在大會上作了初步檢查，但是不深刻，群眾不滿意。中央戲劇學院已作嚴肅處理。劉芝明副部長、田漢、曹禺、吳雪、歐陽山尊、丁里、華君武、劉露等同志都在大會上發了言。」（《戲劇報》1957 年第 16 期）

　　關於李暢其人，張淑芬在 2016 年自費出版的《我記憶中的右派》一書中說：

安徽人，三十來歲，大高個子，白淨面皮，寬闊的臉堂，鼻子大大的，言語隨和。李鴻章是他的叔祖。他多才多藝，京劇唱得也很好，寫字作畫，都是好手。他去過當時的東歐幾個人民民主國家。他是天安門廣場「人民英雄紀念碑」的主要設計人，因劃了右派，落成典禮時，就把他撇開了。他愛人是人民藝術劇院演員，扮演過契訶夫《三姊妹》中的瑪莎。他們有三個孩子。

有一次，德茂要佈置禮堂，由他主持，讓我給他打下手，他一會兒四川話，一會兒北京話，人很風趣的。他對我說：他在重慶呆過八年，所以會說四川話。他在大禮堂畫了許多大躍進的宣傳畫，什麼兩個娃娃抬一個大桃之類。他還在大禮堂扮演過京劇《打面缸》中的縣太爺。

改革開放以後，他任過中央戲劇學院校長，他在海外開過畫展，很有成效。我在網上看過他的照片，還和當年一個樣，他的突出的鼻子，給我印象深。

音樂界也唱響了反右派的大合唱。

北京藝術師範學院籌備委員會副主任、民盟支部主任委員、作曲家劉雪庵被劃為右派分子了。文化部、中國音樂家協會自 8 月 6 日以來，連續舉行了五次座談會，揭發和批判劉雪庵反黨反社會主義的言行。北京藝術師範學院籌備委員會主任老志誠，副主任蘇靈揚和該院民盟支部委員陶佩霞揭發了劉雪庵在該院整風以來一系列的反黨言行和他的無恥的兩面手法。在座談會上發言的有原在北京，和從天津、上海、南京特地趕來參加會的音樂家。(8 月 14 日《人民日報》)

還有女高音歌唱家張權（1919-1993），江蘇宜興人。在美國伊斯曼音樂學院獲音樂文學碩士學位。1951 年底回國。不久，和丈夫莫桂新一起安排到中央實驗歌劇院工作。她擔任獨唱演員、聲樂教師，丈夫莫桂新（1917-1958）是歌唱家、指揮家。1955 年的肅反運動中，莫桂新成了肅反對象，最後雖然沒有查出他什麼反革命問題，還是處分了他。整風開始，莫桂新就把這個問題提了出來，他問：他的結論「是內部問題還是外部問題？是內部問題處理就重了，是外部問題處理就輕了」。反右派鬥爭中就說他攻擊肅反運動。當然是右派分子。張權在《文藝報》上發表了一篇〈關於我〉，說了一些自己在這幾年裏的遭遇。如她「參加出席第四屆青年聯歡節的選拔演出，……那次選拔演唱，群眾反映也還不壞，但出國終於沒有

我的份。而未經參加選拔的王昆、郭蘭英等同志卻都出國了。」「五四年到河南學梆子，教我的老師父很滿意，回京後彙報，大家也很滿意；覺得初次接觸戲曲，對自己的演唱方面，確有很大幫助。《人民音樂》要我寫篇文章，談談學習的體會，刊出後，黨總支竟向我提出：『寫文章應經院領導審閱，為何擅自發表？』此後有位新華社記者讓我談劇院方針，我就更不敢講了。」「劇院裏教員的意見很不被重視，挑選角色，教員無權過問，有的同志作戲較好，但聲樂水準不夠，卻被挑上，就讓教員想急救辦法，擴大音量或提高音域，嗓子因此而唱垮了，責任也歸之教員。這些技術細節，當我提出請領導注意時，卻得不到回答。」（《文藝報》1957 年第 7 期，5月 19 日出版）

在 5 月 11 日文藝報社邀集的歌唱家和演奏家座談會上，張權還說了這樣一些意見：「有一次我被邀參加中央樂團的演出，竟受到領導批評，說是自由主義。我和幾個同志曾在一起商量過，想組織起來試排一下《王貴與李香香》作為學習，但也被稱為非法組織。」「實驗歌劇院的樂隊因過度勞累，有十幾個拉提琴的同志手壞了，吹管樂的也有人把嘴吹爛了；蘇聯歌劇院是三個樂隊輪着伴奏，這條件我們不能比，但，為什麼不可以適當地照顧休息呢？」（《文藝報》1957 年第 8 期，5 月 26 日出版）

張權的這一篇〈關於我〉是怎麼來的呢？多年之後她回憶說：

> 1957 年春，到處都提倡大鳴大放，給本單位提意見，既然是毛主席號召的，我也就響應吧。恰恰文藝報一位記者讓我談一談，我便拉拉雜雜地說了一些，比如有位領導說：「像張權這樣的美國婦女，若是站在人民的舞台上，簡直是不能容忍的。」我覺得很傷心；我發表一篇學習河南梆子的文章，院領導問我為何擅自發表，我也覺得不能接受……意見無非是這些，我還沒有提得更深刻些的水準。但我卻被打成右派，而且批判的調門愈來愈高，說我「向黨向社會主義猖狂進攻」。我不明白這是為什麼，感到十分委屈，但是一切辯解都是無用的。（《張權自述》，見《人物》1990 年第 3 期）

反右派鬥爭開始，《文藝報》第二十一期上發表中央實驗歌劇院通訊組的〈關於張權〉一文，逐條反駁她的〈關於我〉和她在文藝報社的座談會上講的那些話。11 月，北京音樂界連續開會六天，批判右派分子張權、莫桂新。文化部藝術局辦公室主任兼戲劇音樂處處長周巍峙最後發言，說張

權、莫桂新是「要篡奪國家歌劇事業的領導權」，說「莫桂新早就說過劇院
領導不懂業務，不能領導歌劇，只有張權才能當歌劇團團長」。

夫妻二人都劃為右派分子了。莫桂新被送到凱興湖農場勞動教養，
1958 年 8 月 15 日，因食物中毒死亡。

還有作曲家陳歌辛（1914-1961），上海人。一生創作了《永遠的微
笑》、《薔薇處處開》等二百多首歌曲。他被劃為右派分子之後，送到上海
市公安局所屬的安徽白茅嶺農場勞動教養，因為饑餓和勞累，1961 年 1 月
25 日就死在那裏了。（艾以，〈音樂家陳歌辛的最後歲月〉，見《炎黃春秋》
2010 年第 8 期）

翻譯家傅雷，這時是中國作家協會上海分會書記處成員。幾個月之前
他赴北京出席中國共產黨全國宣傳工作會議，聆聽了毛澤東的講話，真是
五體投地的佩服。當鳴放轉變為反右，他也被劃為右派分子了。當時中共
上海市委宣傳部副部長兼作協分會黨組書記周而復在《往事回首錄》中說：

> 著名翻譯家傅雷在「鳴放」中說了一些不妥的和錯誤的話，
> 我和他有些交往，平時出席作協上海分會的什麼會議，他發言並
> 不積極。這次市委召開文學界座談會和宣傳會議，邀請他參加，
> 幫助黨整風，態度轉趨積極，不止一次發言，提出批評意見。柯
> 慶施同志親自處理，要劃他為右派。我認為根據中央劃右派的條
> 例，傅雷可以不劃為右派，最多是屬於可劃可不劃的範圍。對柯
> 慶施的決定，我保留意見。宣傳部負責同志傾向贊成我的意見，
> 但因為是柯慶施決定，他也沒有提反對意見。恰巧周揚同志到了
> 上海，我將傅雷的情況向他彙報，他同意我的意見，可以不劃為
> 右派，並向柯慶施彙報。柯慶施沉思了一下，說：可以不劃傅雷
> 為右派，要他檢討一下過關。我高興柯慶施終於接受了意見。我
> 根據柯慶施的指示，找了柯靈同志，傅雷的老朋友，轉達了市委
> 的意見，委託他找傅雷談一次。柯靈欣然受命，親自找了傅雷，
> 告訴他檢討一下，就可以過關，不劃為右派。傅雷聽了很高興，
> 立刻認真準備，作了檢討。我把傅雷的檢討送給宣傳部負責同
> 志和柯慶施。過了兩天柯慶施批示下來，仍然把傅雷劃為右派。
> 柯慶施除了是中共上海市委第一書記，同時是中共中央上海局書
> 記，兼管江蘇浙江，對於中央各部委負責人的意見不大尊重，更
> 不高興這些人過問上海市委的工作。柯慶施堅持把傅雷劃為右
> 派，無可挽回了。（《新文學史料》1995 年第四期，第 54 頁）

　　想來柯慶施原來説的只要傅雷檢討一下，可以不劃右派，並不是假話。在他，傅雷也好，別的什麼人也好，要劃都可以劃，要不劃都可以不劃。只是不能讓中央宣傳部一個副部長來過問上海市的工作。為了偏不給周揚面子，於是更要把本來也表示過同意不劃右派的傅雷劃上了。在傅雷，當然是立刻毀了他的名譽，他的事業，幾年之後還搭上他和妻子兩人的性命；在柯慶施，這只不過是賭桌上的一枚籌碼：他贏了，周揚輸了。

　　傅雷被劃為右派分子這件事，和徐鑄成有一點關係。1957 年 7 月 9 日新華社《內部參考》所載〈徐鑄成承認文匯報有另外一個右派系統：「羅隆基 —— 陸詒 —— 王造時 —— 傅雷 —— 徐鑄成」〉一文説：

　　　　新華社北京 9 日訊　徐鑄成 7 月 8 日在廣東省代表小組會上承認：文匯報在前一個時期所以走上資產階級方向，首先是章羅聯盟在思想上俘虜了他，然後通過浦熙修來影響文匯報。徐鑄成説，人民日報指出「羅隆基 —— 浦熙修 —— 文匯報編輯部」是文匯報的一個民盟右派系統，完全是事實；同時他感覺文匯報可能還有另外一個右派系統，那就是「羅隆基 —— 陸詒 —— 王造時 —— 傅雷 —— 徐鑄成」。

　　　　徐鑄成説，上海的民盟右派分子孫大雨、陸詒等人跟他沒有直接聯繫，他們主要是通過傅雷（文匯報社外編委）對他進行影響。至於傅雷跟陸詒、王造時之間的聯繫活動，他希望調查一下。

　　　　徐鑄成説，解放前傅雷就和他來往很密切，他在傅的影響下曾使文匯報出現過反蘇言論。徐鑄成説，傅雷曾對他説，共產黨的「鳴」、「放」政策是假的，文匯報應多登些右派分子的文章。

　　　　徐鑄成説，文匯報前一時期走上資產階級方向，傅雷在幕後起了很大的鼓動、策劃和組織作用。徐鑄成説，當時文匯報刊登的許多向黨進攻的文章，都是傅雷説明組織的；傅雷還出題目、提供採訪線索，讓文匯報記者到處點火。例如，傅雷説上海市作家協會的官僚主義、主觀主義和宗派主義要由中共上海市領導人負責，文匯報應該報導；上海市的音樂專科學校和北京市的工藝美術學院的問題都很大，文匯報應派得力記者分頭去找沈知白和龐薰琹採訪。文匯報記者呂文在中共上海市委宣傳會議上發表反黨言論後，文匯報只登了摘要；傅雷就向徐鑄成説：「呂文的發

言是昨天最精彩的發言，你們拿這麼少；金仲華的發言你們全文發了，其實沒有什麼內容。」徐鑄成説，現在看來，傅雷對文匯報是有一整套體系的，很明顯他是與右派分子有聯繫的。

徐鑄成還説，文匯報內的民盟組織在文匯報這次走資產階級方向的事件中，也起了壞作用；組織點火最積極的記者、編輯中，民盟成員很多。他説：「我自己在報社內，的確有利用盟組織對抗共產黨領導的企圖。」但是，徐鑄成再三聲明，他不是章羅集團的人，在上海也沒參加他們的集團；他的錯誤只是由於他的反黨思想被章羅集團利用了。

傅雷後來知道了這件事，認為這跟他被劃為右派大有關係，一直到死也沒有原諒徐鑄成。

文化大革命期間，徐鑄成奉命寫的〈交代我的社會關係〉這篇材料中談到：

傅雷是反右鬥爭初期我在北京交代時首先揭發他的反黨罪行的，他對我一直懷恨。1960 年，統戰部的江華一再要我去看他，做他的「思想工作」，我剛進他家的門，就被傅雷的老婆推了出來，説傅生病，不能見人。直到 1964 年春節，有一天魏文伯在文化俱樂部請吃飯，才看到了傅雷，也沒有交談，從此就沒有再看到他。（《徐鑄成自述：運動檔案彙編》，三聯書店 2012 年版，第 51 頁）

文學翻譯家劃為右派分子的還可以説到張友松。張友松（1903–1995），湖南醴陵人。1952 年 1 月，宋慶齡主辦的大型綜合性月刊《中國建設》英文版在北京創刊，他在這裏做了兩年編輯。後來他辭職當了一名專業翻譯家，靠譯書的稿費為生。經他的老朋友金燦然介紹，為人民文學出版社翻譯馬克·吐溫的作品。先後出版了《馬克·吐溫短篇小説集》、《湯姆·索亞歷險記》、《王子與貧兒》、《鍍金時代》四部書。稿費收入一萬一千多元，比原來的月薪要高出不少。他在和人民文學出版社三年多的業務往來中，積累了不少不滿。1957 年「大鳴大放」期間，他就在《文藝報》1957 年第九期（6 月 2 日）發表〈我昂起頭，挺起胸來，投入戰鬥！〉一文，把他的不滿發洩出來了。這篇以「對人民文學出版社及其上級領導的批評」為副題的長文説：「『人文』的社長老爺們都是些懶蟲，他們不懂業務，又不肯學習業務」，「終日挖空心思，把出版社的『利益』與作家和譯

者的利益對立起來，以致出版者與作家和譯者終於搞成了冤家死對頭，嚴重地危害了人民的出版事業。」「社裏的負責同志們一向是以施主自居，把一般作家和譯者當做乞丐似的。」「『人文』的領導同志們之主觀，可謂登峰造極。」文章裏，還舉出了他和副社長樓適夷、王任叔，副總編輯鄭效洵打交道的時候一些很不愉快的具體事例。反右派鬥爭開始以後，這篇文章可是惹禍上身了。《文藝報》第 16 期（7 月 21 日）上刊出了署名「石人」的文章〈張友松究竟是一股什麼勁？〉，文章說：「儘管張友松所列舉的事實中，據我了解，有些是接近事實的，但不符事實的極多，雖然如此，然而張友松的基本態度是否定一切而不是與人為善的，張友松口口聲聲說不是『惡意攻擊』，不是『詆毀和興風作浪』，但是實際上恰恰是如此。」就這樣，張友松被劃為右派分子了。

他被劃為右派分子，還有一條罪名：1957 年 9 月 2 日的《人民日報》刊出了署名袁木批判他的文章，說山東師範學院揭發出了一個右派反共小集團，這個集團的組織者是披着專業翻譯家外衣的張友松，他在這個集團中自任「主帥」，坐鎮在北京的「大本營」。這個集團主要成員李金聲、戴天慶和莊維石分擔「軍師」、「秘書」和「窩主」的任務，在山東師範學院積極進行反黨活動。他們訂下「執法如山」的紀律，有計劃地向共產黨發起無比瘋狂的進攻。這是怎麼一回事？看了 7 月 28 日的《人民日報》刊出的那篇〈四十多封密信〉為題的文章就明白了，那篇文章摘錄了他寫給山東師範學院的莊維石、李金聲和戴天慶的信中一些字句：

> 我指揮着由無到有的隊伍，先後開闢了兩個戰場。
>
> 本帥執法如山，抗命者斬！！！
>
> 倘再誤戎機，定以軍法從事！！！

這一位馬克・吐溫的中譯者，大約文章風格也受到馬克・吐溫的感染，在給友人寫信的時候也來一點馬克・吐溫式的諷刺和詼諧。這可糟了。《人民日報》就根據這些字句，說這是「一個有組織、有綱領、有紀律、有經費的反動集團」。真是開玩笑也有罪了。

不過把他劃為右派分子，有一個問題：1958 年 1 月 29 日國務院第六十九次全體會議通過的文件，標題是《中共中央、國務院關於在國家薪給人員和高等學校學生中的右派分子處理原則的規定》，這就是說只在國家薪給人員和高等學校學生中劃出右派分子。張友松這時是以版稅為生活來

源的專業翻譯家，並不領取國家薪給，按說並不屬於劃右派的範圍。可見劃他為右派分子是真正的擴大化了，擴大到規定範圍之外去了。到了要落實中共中央 1978 年五十五號文件，給錯劃為右派的人予以改正的時候，問題就出來了。據張立蓮〈懷念我的父親張友松〉一文說：「1979 年父親的問題得到了『改正』（直到這時才知道，當年劃他為『右派』時，連一點書面材料也沒有）！」（載《新文學史料》總第 71 期）這時才發現張友松不屬於「國家薪給人員」，「改正」錯劃右派的時候，並沒有適用於這種人的政策規定啊。最後只好作為一個特例，把他安排為北京市政協委員，由市政協發給他生活費。

翻譯家劃右派的荒蕪（1916-1995）。荒蕪本名李乃仁，安徽蚌埠人。他不但是翻譯家，還是一位詩人。1937 年在北京大學畢業以後，先後在重慶市蘇聯駐華大使館、檀香山美國陸軍學校華語訓練班任中文教員，在上海任《文匯報》和法國通訊社編輯。1948 年進入解放區，1949 年任國際新聞局《爭取人民民主、爭取持久和平》中文版主編，1952 年任外文出版社編輯部副主任。1956 年調入中國科學院文學研究所專事美國文學研究工作，1957 年就在外國文學研究所被打成右派分子，送到黑龍江東陲完達山（北大荒）原始森林去伐木，留下了一部《伐木日記》，記下了他們這個一百多人的伐木隊裏一些人的生活，是一份極其珍貴的歷史見證。他主要譯作有：《瑪律茲短篇小說集》、《瑪律茲獨幕劇選》、瑪律茲的劇本《雨果先生》、《奧尼爾劇作選》、《麥凱自傳》等多種。還有舊體詩詞集《紙壁齋集》及續集。我是他的《紙壁齋續集》（1987 年湖南人民出版社出版）的責任編輯。

1957 年 9 月 16 日，中國美術家協會主席齊白石去世。許多報紙和刊物都發表了紀念文章。22 日《人民日報》刊登了老舍寫的〈白石夫子千古〉，文章和當前的反右派鬥爭密切聯繫了起來。文章說：「夫子病逝的時候，正值北京國畫界進行着反右派鬥爭。國畫界的右派分子的首要罪行，即在打擊新生力量，打擊新的創造，以便他們抱殘守缺，而自居優良傳統的繼承人與保衛者，稱霸畫界，壟斷市場。他們既破壞了團結，又阻礙了繪畫的向前發展。他們與白石夫子所走的顯然不是同一道路。他們的小集團，惡毒地攻擊集團以外的一切畫家。這又與白石夫子完全不同。」文章還說：「白石夫子與我們長辭了，我切盼國畫界能夠深入再深入地繼續反右派鬥爭，徹底打垮反黨反社會主義的小集團。」現在出版的《老舍全集》第 14

卷所收的這篇文章這一段話已被刪除。這裏是據張桂興編著的《〈老舍全集〉補正》(中國國際廣播出版社 2001 年版，第 516 頁) 引用的。其實齊白石的死與反右派並無關係，寫紀念文章也不必提到反右。老舍如此作文可謂緊跟形勢。沒有想到他結局如此之慘，不免令人歎息。

美術界被劃為右派分子的，除了前面已經說過的江豐和莫樸之外，國畫家裏還有中國畫院副院長徐燕蓀，據報紙揭露的材料，說他「經常強調『國畫界的事應由國畫家來辦』，『決不能叫共產黨來把持』。」還有王雪濤，他們兩個都是中國農工民主黨的黨員。(8 月 2 日《人民日報》)

還有工藝美術家龐薰琹，他是中央工藝美術學院副院長，中國美術家協會常務理事，工藝美術組組長，又是中國民主同盟中央工藝美術學院區分部主任委員。《辭海》上有他的詞條：

> 龐薰琹 (1906–1985)，中國工藝美術家、工藝美術教育家、畫家。字虞鉉，號鼓軒，江蘇常熟人。早年從事繪畫創作，1925 年赴法國，分別在巴黎敍利恩繪畫研究所及格朗歇米歐爾研究所研習。1930 年回國。在上海組織現代美術團體決瀾社。1940 年任四川省立藝術專科學校教授兼實用美術系主任，1947 年任廣東省立藝術專科學校教授兼繪畫系主任、中山大學教授。建國後先在中央美術學院華東分院任職，1953 年赴北京，負責籌備成立中央工藝美術學院。1956 年中央工藝美術學院成立，任教授、副院長。有《薰琹隨筆》、《工藝美術設計》、《中國歷代裝飾畫研究》、《圖案問題研究》、《龐薰琹畫輯》等。

反右派鬥爭中，中央工藝美術學院打出了一個以副院長龐薰琹為首的右派集團。據 1957 年 12 月 8 日中央宣傳部《關於著名的文藝、藝術、新聞、出版界右派分子的處理意見向中央的報告》，他「主要的右派言行」是這樣的：

> 龐是工藝美術學院反黨集團首領，企圖篡奪工藝美術學院黨的領導，要趕走黨員院長和副院長，進而奪取全國工藝美術界的領導。提出反黨的十點建議，要求民主辦校，排擠哪個團員幹部，誣蟻說是「監督我們的」。鳴放期間龐派人去無錫、蘇州、上海等地點火，煽動向黨進攻，說「文化部是忍心的父母」，「手工業管理局是外行，不能領導工藝美術。」把持「工藝美術通訊」向全國工藝美術界散放毒素。

7月28日《人民日報》刊出王孔誠的〈一個毒辣的右派集團〉一文說，這個集團「企圖先奪取這個學院的領導，進而奪取全國工藝美術界的領導」。「它的主要成員是教授鄭可，院長辦公室秘書劉守強，工藝美術科學研究所秘書何燕明。劉、何兩人都是共產黨員，但被龐拉下泥坑成為右派集團的重要分子。」龐被劃為極右分子。

中央美術學院教授李宗津和王遜，又都是中國民主同盟的盟員。報紙上說，他們是「江豐集團的『軍師』」，就被劃為右派分子了。（8月28日《人民日報》）李宗津的最後結局，後來擔任過中央美術學院副院長的畫家徐冰在〈愚昧作為一種養料〉一文裏說：

> 油畫家李宗津先生，這是我上美院之前求教過的、唯一的專業畫家。李先生住北大燕南園厚牆深窗的老樓，他拿出過去的小幅油畫寫生給我看，那是我第一次感受到真正的油畫魅力。
>
> 有一次，他家小屋裏掛着一張巨幅油畫，頂天立地。原來這是他的代表作《飛奪瀘定橋》，從歷史博物館取回來修改。
>
> 最後一次去，怎麼敲門也沒人應，後來問人才知道，李先生前幾天自殺了。原來，他一直戴着右派帽子。過去在中央美院，反右後被貶到電影學院舞美系。文革期間不讓這類人畫畫，最近鬆動些，可以畫畫了，卻又得了癌症，他受不了這種命運的捉弄，把那張代表作修改了一遍就自殺了。（北島、李陀主編，《七十年代》，三聯書店 2009 年 7 月版，第 21-22 頁）

被劃為右派分子的，還有著名畫家劉海粟，他在〈情思不盡憶故人——懷念摯友傅雷〉一文中說：

> 1957 年的整風反右，我倆都被戴上「帽子」。我被戴上「帽子」的原因之一，是在有人提出藝專要搬家的問題時，我頂了一下。我反對華東藝專遷至西安，倒並非華東藝專前身是上海美專，是我半個世紀來慘澹經營、嘔盡心血的教育事業。我這個人，沒有多高的覺悟，惟知全國解放後，我把一切包括我自己都交付給人民，交託給中國共產黨了。但是把一個華東有影響的美術專科學校遷到西北，離開上海這個中國重要的文化中心，無論用「一盤棋」什麼的理由，都無法掩蓋。如果離開了地理上這個十分重要的文化中心，將會給藝專帶來嚴重後果這一基本事實。

我這意見，曾當面向毛主席提過，因他十分誠懇地徵求我的意見。同樣的話，我也向周總理說過多次，甚至直接指名道姓，總理並不介意。但是，這件事給我帶來了厄運。我這人好說話，口無遮攔，不顧上下左右的「人際關係」，狂士之言，在某種不正常的政治氣候裏，便成為悖逆之詞。所以我被戴上「帽子」，可以說是「咎由自取」。（《人物》雙月刊，1990 年第一期，第 20 頁）

被劃為右派分子的畫家還有陸儼少。《辭海》1999 年版有他的詞條：

陸儼少（1909 年－1993 年），中國書畫家、美術教育家。原名同祖、砥，字宛若，別署骫道人，江蘇嘉定（今屬上海市）人。1927 年從馬超然習山水畫。抗日戰爭時至四川，抗戰勝利後乘木筏東歸，親歷三峽險水，熟觀洄洑激蕩之狀甚詳，遂畫雲畫水而成獨步。作畫出自「四王」，上接宋元，創有「留白」、「墨塊」、「鉤雲」、「畫水」和「勾點潑融合」等技法，筆沉墨酣，自開新風。精書法，得力於楊凝式和龍門二十品。曾任中國美術家協會理事，浙江畫院院長，浙江美術學院教授等。有《山水畫芻議》、《陸儼少畫集》、《中國名山勝景圖》等。

他的經歷可以補充的是：1957 年，當選為上海市人民代表。反右派鬥爭中，因為他在座談會上說了「上海美協不掛中國畫，像外國美協」這樣的意見，就被劃為右派分子。從此「陸儼少被取消了作畫的權利，分配到畫院資料室管理圖書。」1978 年畫院宣佈右派屬於錯劃，後來被選為第六屆、第七屆全國人民代表大會代表、擔任了上海中國畫院畫師、浙江畫院院長、浙江美術學院（今中國美術學院）教授、中國美術家協會理事等職。1984 年參加在西德舉行的五人畫展。1987 年應邀去香港中文大學講學。

被劃為右派分子的國畫家還有尹瘦石，劃右派之後曾到北大荒勞改。

劃為右派的木刻家有彥涵。江蘇東海人，1938 年去延安，同年 10 月加入中國共產黨。這時是中國美術家協會創作研究室研究員，版畫組副組長。在 1955 年的肅反運動中被列為審查對象。據 1957 年 12 月 8 日中央宣傳部《關於著名的文藝、藝術、新聞、出版界右派分子的處理意見向中央的報告》，他「主要的右派言行」是這樣的：彥涵是江豐反革命集團骨幹分子，積極策劃推翻美術界的領導，是反黨的 5 月會議的主要組織者。對肅反不滿，說「肅反成績不是主要的」。1957 年夏，彥涵到處點火，積極為

江豐反黨集團招兵買馬，把黨對江豐的批評説成「宗派打擊」「毛主席偏聽偏信」，「為江豐、莫樸策劃抗拒黨中央對美院華東分院的檢查」。他就因為這些被劃為極右分子。

木刻家被劃為右派分子的還有鄭野夫（1909-1973），浙江樂清人，曾經加入中國左翼美術家聯盟。與魯迅時有交往。1934 年春魯迅將中國左翼木刻家作品五十八幅送巴黎「革命的中國之新藝術展覽會」展出，其中有他的《災民》、《都會的早晨》（即《黎明》）等六幅。1935 年鄭與江豐、溫濤、力群、新波、沃渣等發起組織鐵馬版畫社，出版畫輯《鐵馬版畫》。此後他長期從事木刻創作。1949 年以後曾任浙江美術學院教授、中國美術家協會副秘書長。1957 年被劃為右派分子。據《文匯報》刊出的〈龐薰琹的幫兇江豐的助手，野夫火燒工藝美術界，他企圖把黨員領導幹部一起「掃地出門」〉一文説他「一貫披着進步木刻家外衣、以魯迅弟子自居」，文章説：「早在抗日戰爭期間，鄭野夫曾一度入黨，不久被捕，他在敵人的法庭上供出自己的同志，做了可恥的叛徒。全國解放後，黨不咎既往，把鄭野夫放在重要的領導崗位上。但鄭野夫不但不洗心革面，重新做人，反而恩將仇報，一貫咒罵黨是『黨氣薰人』、『像土匪』，在反右派鬥爭開始、龐薰琹反黨陰謀被揭發後，他説是『冤枉好人』、『一棍子打死』。」文章説：「鄭野夫是隱藏在中國美術家協會內部、身居高位的右派分子和反黨野心家，他是江豐、龐薰琹反黨集團的謀士和積極支持者。」（1957 年 9 月 8 日《文匯報》）

比較起來，漫畫家更容易被劃為右派分子。像《人民畫報》副總編輯丁聰、《人民日報》文藝部的沈同衡，《北京日報》美術組的李濱聲、王復羊，還有廣州的廖冰兄，就都是因為畫了諷刺性的漫畫而被劃為右派分子了。丁聰劃右派，可能還有一個原因，就是和外文局的蘇聯專家的關係不好。據黃苗子在〈吳祖光和他的日記〉一文裏談到吳祖光因為他和蘇聯專家的矛盾吃了大虧，接着説：「丁聰也是吃這個虧，他在外文局也和蘇聯專家吵架。1957 年這都成了他們的罪狀。丁聰主要為此劃成了右派。」（2004 年 12 月 31 日《文匯讀書週報》）

解放之後最忌諱小集團，幾個人接近一點就可疑。在提出「百花齊放、百家爭鳴」的方針之後，在文學界，在大學生中，出現了一些自發地結成的社團。反右派鬥爭起來之後，這些自發地結合起來的文學社團也多遭到了批判。

　　這裏只舉一個例。江蘇省一些青年作家、翻譯家陳椿年、高曉聲、葉至誠、方之、陸文夫、梅汝愷、曾華等在 1957 年 6 月初發起組織《探求者》文學月刊社，他們不過是有此意願，並沒有成為事實，就因為反右派鬥爭而中止。他們草擬的「章程」和「啟事」也作為供批判用的材料公佈出來。

　　〈探求者文學月刊社啟事〉說，對於目前有一些文藝雜誌的辦法，我們很不滿意；編輯部缺乏獨立的見解，顯示不出探討人生的精神；特別在藝術問題上，沒有明確的目標，看不出它們的藝術傾向。這是用行政方式來辦雜誌的必然結果。用行政方式辦雜誌的缺點在於它是「官辦的」，儘管申明並非機關刊物，但是卻擺脫不了機關刊物的性質。〈啟事〉在概述了機關刊物難免的缺點之後說，我們這樣來辦雜誌，我們是同人刊物，有自己的主張，自己的藝術傾向；我們把編輯和作者混同一起，稿件的主要來源就依靠同人，我們將在雜誌上鮮明地表現出我們自己的藝術風貌。刊物的政治見解和藝術主張，〈啟事〉說：

　　　　我們認為：社會主義制度是目前世界上最好的制度，它具有偉大的生命力。我們願意為這個制度的勝利，貢獻出全部力量。目前，中國的社會主義制度剛建立不久。如果說建成社會主義的道路還在探索，需要不斷地積累經驗，吸取教訓，那麼，在建成社會主義的過程中，人生的道路就更為複雜，更需要多方面進行探討。

　　　　思想意識的改變是一個艱苦的過程。舊時代遺留下來的思想意識中間，有壞的，也有好的。必須加以辨別。壞的要剷除；好的要繼承，要發揚。這是一件細緻複雜的事情。在新思想、新意識建立的過程中，有益的和有害的、正確的和錯誤的經常同時出現，錯綜地交織在一起，也必須加以辨別。有益的和正確的要扶植，要幫助他們成長；有害的和錯誤的要批判、要糾正過來。這更是一件細緻複雜的事情。近幾年來，把一切舊東西看成壞的，把一切新東西看成好的，這種教條主義的觀點已經造成了嚴重的危害，阻礙了思想意識的的健康發展，更特出地妨礙了年青一代的成長。教條主義又把浩瀚統一的社會生活歸結成支離破碎的教條，僵化了人們的正常生活。

　　再者，我們過去在長期的階級鬥爭中，由於當時的需要，把政治態度作為衡量人的品質的主要標準，往往忽略了社會道德生活的多方面的建設。階級鬥爭有它歷史的必然性和必要性，但是，在階級鬥爭基本結束，社會的主要矛盾表現在人民內部的今天，我們看到了人們道德面貌上存在着各種缺陷，也看到了階級鬥爭給人們留下了許多陰影，妨礙了人們之間正常關係的建立。人情淡薄，人所共感。

　　鑒於以上種種，我們將勉力運用文學這一戰鬥武器，打破教條束縛，大膽干預生活，嚴肅探討人生，促進社會主義。

他們在文學方面的主張，〈啟事〉說：

　　文學創作有過漫長的歷史，積累了多種多樣的創作方法。今天看來，就像打仗可以用各種各樣的兵器一樣，只要對社會主義有利，各種創作方法都可以運用。我們不承認社會主義現實主義是最好的創作方法，更不承認它是唯一的方法。

　　〈啟事〉還談到這樣說的理由：「現實主義是否隨着社會主義革命的發展而起質的變化，成為社會主義現實主義，還是一個值得研究的問題」，「社會主義的文學有了幾十年的歷史，出現了許多好作品，這些作品的創作方法是否就叫作社會主義現實主義的創作方法，我們認為尚有待於對具體作品進行認真分析研究，目前難下定論。」

　　儘管不承認社會主義現實主義這個創作方法，〈啟事〉還是表示了應該說是很好的態度：「不斷地學習馬克思、列寧主義。在辯證唯物主義世界觀的指導下，運用現實主義的方法進行創作，就是我們的主張。」

　　〈探求者文學月刊社章程〉有這樣一些內容：「刊物不發表空洞的理論文章，不發表粉飾現實的作品。大膽干預生活，對當前的文藝現狀發表自己的見解。不崇拜權威，也不故意反對權威，不趕浪頭，不作謾罵式的批評，從封面到編排應有自己獨特的風格。」「本刊系一花獨放、一家獨鳴之刊物，不合本刊宗旨之作品概不發表。」等等。（《雨花》月刊 1957 年 10 月號）

　　一些青年作家只是在想辦這樣一個刊物，於是就成了一個「集團」，必須批判了。姚文元在〈論《探求者》集團的反社會主義綱領〉一文中批判說：

看一看《探求者》的啟事中說的：「建成社會主義的道路還在探索」，其反動性就非常清楚了。這「探索」兩字只是一種幌子，實際上它是在「探索」的掩蓋下否定了由蘇聯所開闢的建設社會主義的基本道路，要「探索」另外一條同十月革命的道路、同總路線規定的道路完全不同的道路。然而，反對早已肯定了的社會主義道路，否定社會主義建設的共同規律，就必然是走資本主義道路。二十世紀全部的歷史就證明了沒有什麼介乎社會主義路線同資本主義路線之間的「中間路線」。《探求者》先生們既然否認了早已確定的基本道路，他們走資本主義道路、夢想資本主義在中國復辟的企圖就十分明顯了。這是口頭上說什麼「我們認為：社會主義制度是目前世界上最好的制度」等等所決不可能掩蓋的。

中國人民和中國文學，從五四運動以來，早已離開了探索時期了。十月革命一聲炮響，傳來了馬克思列寧主義。從此以後，中國的革命已經從舊民主主義革命轉變為無產階級領導的新民主主義革命，許多先進的愛國人士屢次探索又屢次失敗的革命道路問題，十分明朗地放在中國人民面前了。誰要是離開了這條道路去「探求」另一條道路，那就完全是反動的了。

《探求者》們的反社會主義的綱領中，很明顯地可以看出他們是國內外修正主義思潮無保留的狂熱的擁護者。他們自己並沒有什麼了不起的一整套的主張，即使就資產階級文藝的知識來說，他們也是淺薄的、一知半解的，他們的反動綱領，不過是國內外修正主義思潮湊合起來的一碗雜碎湯罷了。他們在理論上是秦兆陽的弟子，他們手裏揮舞的也不過是從秦兆陽的修正主義那裏搬來的破刀爛槍而已。然而當這種修正主義思想被他們剪貼起來湊成一套主張時，就成為非常完整的一個反社會主義的綱領。」
（姚文元，《論文學上的修正主義思潮》，第 247-272 頁）

中共江蘇省委機關報《新華日報》的社論〈《探求者》探求什麼？〉說：

不滿意馬克思主義的思想領導的現狀，不滿意社會主義革命的現狀，不滿意共產黨領導的現狀，這就是《探求者》要去「探求」另外什麼東西的原因。

他們既然不滿意現狀，當然只能探求到現狀的反面去。離開馬克思主義的指導思想，離開共產黨的領導，離開社會主義道

路，必然走向資本主義道路。二者必居其一，這是不用探求就很
明白的常識。因此，他們所謂「打破教條束縛」，就是要打破馬
克思主義和共產黨的領導；所謂「大膽干預生活」，就是反對社
會主義的制度；所謂「嚴肅探討人生」，就是否認辯證唯物主義
的世界觀和人生觀；這就是他們所謂「探求」的實質。至於所謂
「促進社會主義」，也就是要把社會主義「促進」到他們所「探求」
的那些方向和目標去。（10 月 9 日《新華日報》）

這一場批判的結果是：高曉聲、陳椿年、梅汝愷、曾華被劃為右派分子，
陸文夫、方之、葉至誠沒有戴右派帽子，但是處境比右派分子也好不了
多少。

當年擔任江蘇省長的惠浴宇在他的口述自傳中講到，探求者一案，一
時鬧得那麼大，原來是康生坐鎮蘇州督辦的。他說：

　　那時江蘇文人中有個自發的文學社團叫「探求者」，康生坐
鎮蘇州叫查辦。名單報上來一看，都是解放後成長起來的年輕作
家：方之、葉至誠、陸文夫、高曉聲、梅汝愷、陳椿年……只有
艾煊是新四軍出身。當時省委開常委會，常委中沒有一個不想保
他們的。江渭清、劉順元都說：「這是我們自己培養的人啊……」
我和陳光說：「我們江蘇一共就這麼幾個小作家……」俞銘璜說
着說着，眼淚汪汪。他不像我，只認識其中的艾煊、葉至誠，他
當宣傳部長，這些人都是他的小朋友。就是這樣，還是沒有保得
住。「探求者」一共是活動了十八天，卻遭了二十年罪，是誰也
想不到的。「文革」中，許家屯揭發江渭清和我「包庇探求者」，
拿了姚文元批「探求者」的文章來批我。我不服氣地想：你當時
不也是主張從輕處理的嗎？早知道，當年索性拼命地「包庇」一
下。直到「文革」後落實政策，我才了解到，姚文元和上海的幾
位工人作家，也曾報名參加過「探求者」，方之、陸文夫他們講
點小兄弟的哥們義氣，商量好了不連累上海的朋友。沒想到姚文
元卻搶先發文章批他們。如果當時他們把姚文元揭發出來，「四
人幫」不就剩了三人幫了嗎？（惠浴宇口述、俞黑子記錄整理，
《朋友人》，江蘇人民出版社 1996 年版，第 220-221 頁）

這幾個當年被姚文元斥責為淺薄的、一知半解的年輕人，在二十多年
之後，方之拿出了小說《內奸》，陸文夫拿出了小說《美食家》等篇，高曉

聲拿出了小説《陳奐生上城》、《李順大造屋》等篇，梅汝愷拿出了所譯顯克微支幾百萬字的小説之外還拿出了自己的幾部創作小説。這些作品都擁有大量的讀者，也能經受時間的考驗。而姚文元的書，除了有幾個如我似的倒運的讀者還不得不去讀它之外，一般讀者大約已經無意一顧的吧。

文學編輯被劃為右派分子的，可以舉湖北人民出版社副總編輯兼文藝編輯室主任江雲（女）為例。據中共中央辦公廳編印的《情況簡報（整風專輯）彙編》（三）裏面湖北省委整風辦公室主任梅白彙報的材料説：

> 右派分子中還有少數黨員，甚至是比較負責的黨員幹部。如湖北人民出版社副總編輯兼文藝編輯室主任江雲（女）在武漢市作協黨外人士座談會上，發表了激烈的反黨、反社會主義的言論，主要内容是：

> （一）公開説黨不能領導文藝。説武漢市委書記李爾重寫的《揚子江邊》是公式化的作品，張平化、王任重還認為是好作品，那是因為他們根本不懂文藝的緣故。説許道琦同志（省委分工領導文藝工作的）是「沒有嘴巴的葫蘆」。污衊黑丁同志根本沒有黨性，如果説有，那就是聽黨的話，省委説什麼都聽。而真正的黨性「應當是向官僚主義、向沒良心的人作無情的鬥爭」。對毛主席提出的工農兵方向表示很反感。出版社決定搞大眾化、通俗化……等「三化」，以便具體貫徹為工農兵服務方針，她堅決反對，説：「如果這樣搞，就會沒有一本書可以出版了。」她認為《草木篇》不是毒草，而是香花。

> （二）反對培養青年作家。説培養高玉寶是「事倍功零」，沒有意思。

> （三）對歷次政治運動都表示懷疑。説三反只有兩個結果：死了一些人，黨群關係更隔閡了。認為聲討胡風時，全國沒有發表什麼有力的論據，胡風究竟是怎麼回事，還不能定案，難怪有些人要求重新審查胡風問題。

> 她實際上操縱出版社領導的實權（總編輯比較軟弱），右派分子都團結在她的周圍。反擊運動開始時，她説：「出版社沒有什麼右派分子言論，即使有些錯誤言論，也是可以原諒的；出版社就那麼幾十個知識分子，有幾個右派分子又怕什麼呢？」

　　江雲於 1945 年參加工作，1948 年入黨，幾年來提拔得很快。她的父親是國民黨統治時期航空公司的一個站長，哥哥也是舊職員，兩人政治上都很落後，都是肅反運動中的鬥爭對象。江雲本人沒有政治問題，但驕傲自滿情緒很嚴重。

　　簡單說一下中國作家協會本身的反右派鬥爭。這是由作協黨組副書記劉白羽主持的。具體情況韋君宜在回憶錄中說：

　　　　劉白羽本人是作家，但是那一陣他在作家協會表現真厲害。在作家協會的一次全體大會上，他作報告說，「中國作家協會藏垢納污，等於一個國民黨的省政府！」而這個人又真奇怪，當散了會之後，你去單個拜訪他，他會真的像一個作家一樣，跟你談什麼作品呀，普希金呀。……好像與作報告意欲將別人置之死地的人，不是一個人。他手下最得力的是一班女將，當時編制在作協的一班作家們，一聽說她們，真是聞風喪膽。我記得那一次開全體會由其中一位主持會議，她宣讀劃羅烽、白朗為右派的決定，那聲音剛脆，森冷逼人。簡直使人覺得那聲音本身就有殺傷力，每一句就是一把刀。真可怕！還有一位，用纖手指着一個老編輯，說：「就是要狠狠地整你！」那模樣至今仍在我眼前。她們幾位，都是只有中學程度（大約是初中）的幹部，參加革命卻很早。在革命的學校裏飽受黨領導一切的教育，然後出來就在作家們中間做黨的工作，儼然變成黨的化身。但她們實在不懂文藝。（這並非貶低她們，當時的我，也比她們高得有限，我是後來幾經挫折，才覺悟了這一點的）於是，在從上邊來的各種指令之下，由她們動手來搞這個運動那個運動，整人。而她們還覺得自己是在執行神聖任務。（韋君宜，《思痛錄》，人民文學出版社 2013 年版，第 50-51 頁）

　　反右派鬥爭那時，韋君宜是《文藝學習》月刊的主編，這是作家協會的刊物之一，她了解情況。當時她的同事黃秋耘後來在回答訪談者黃偉經提問的時候說：

　　　　中國作協的反右派鬥爭，主要是由劉白羽領導的。因為當時作協黨組書記邵荃麟，他自以為「幫助黨整風」，到過浙江去「煽風點火」，到反右派運動一來，他自己有很大顧慮，不敢放手領導這個運動。副書記有兩個，一個郭小川，一個劉白羽。郭小川，他這個人是詩人氣質，不願意搞這個政治運動，況且領

導上對他也不大放心。就主要由劉白羽抓。劉白羽為了抓反右派鬥爭，他組織了一個班子。那班子裏的人不是一些有名的人，都是作協裏邊一般的工作人員。其中主要的一個叫王翔雲，作協的辦公室主任。還有一個丁寧，還有一個羅立韻，還有一個叫林心，這人是從體委調來的。還有一個胡海珠，這個人有個缺點，文化水準比較低，政治上可說是非常淺薄、盲從，上邊說什麼，她就執行什麼；只要劉白羽說這個人很壞，她就整理材料說明這個人很壞。劉白羽就把她們這幾個人組成一個班子，搞內查外調工作。作協下邊有五個單位，每個單位有一個黨支部，每一個黨支部就分配一個人去做調查員。實際上，她們是劉白羽安插到各個支部裏邊的工具。作協裏邊整個反右派運動的動向，控制在他劉白羽手裏。有了這樣的佈局，作協就在劉白羽領導下開展起反右派運動。所以，後來好多專案搞得一塌糊塗，有些根本不屬於反右派範圍的問題也搞成右派，有些算不了什麼的很輕的事情也搞得很重很重，步驟也非常亂。劉白羽寧可利用這些人讓有些人冤枉。因為政治上比較成熟的人，不可能完全同意他的做法。比如林心，這個人頭腦非常簡單，她把根本不是什麼政治問題的事情，也給人家搞成右派。（《黃秋耘文集》第四卷，第313–315頁）

黃秋耘的這篇訪談錄在《新文學史料》（1998 年第 1、2 期）發表以後，擔任過中國作家協會黨總支書記的黎辛發表〈關於中國作家協會的反右派鬥爭及其他〉一文，對訪談錄中說錯了的地方有所訂正。認為那五位女士「應當說都是好同志，您太委屈她們了」，至於說她們「文化水準比較低」，黎辛的文章說：「她們參加革命前讀書不多，是日本侵略者逼迫的，或因為家庭貧窮」。黎辛的這篇文章並且提出職位比劉白羽高的周揚應該負更大的責任：「周揚主持文藝戰線劃右派的會議，說一句『劃吧！應該劃』幾個字，就決定了文化藝術界全部大右派的命運，根本沒說過『請示上面』，這個戰線會在中宣部教育樓小會議室開，我是參加人之一。」（2000 年 3 月 19 日《文藝報》）

這韋君宜、黃秋耘二位本人也是只差一點點就要劃為右派分子的漏網之魚。韋君宜是怎樣倖免的呢？《思痛錄》中說：

　　我知道，自己很有劃成右派的可能。我回家把此事告訴了楊述（引者注：她的丈夫，時任北京市委宣傳部長），他便轉告

了蔣南翔（我的入黨介紹人）。蔣南翔打了個電話給胡喬木，說：「你把韋君宜調到作協，現在她快要劃成右派了，要開批鬥會了，你管不管？」胡喬木打了個電話給劉白羽，說我大約尚非右派。同時，楊述把這事也報告了彭真（我是個「一二・九」幹部，彭真知道）。我大概就是這樣才得倖免的。不過批鬥會還是要開，要我一面挨批鬥，一面在編輯部主持工作，繼續發批判稿批判別人。（第42頁）

黃秋耘被劃為右派的危險就更大了。他在不久前發表的〈不要在人民的疾苦面前閉上眼睛〉等幾篇雜文，寫得很尖銳很刺激，足夠據以定案為右派分子了。他為什麼竟能漏網呢？首先是有人保他。韋君宜對作協領導說，要是把黃秋耘劃為右派的話，應該把她也劃上。邵荃麟也想保他，叫他主動發表一篇〈批判我自己〉，邵自己還在《文藝報》發表一篇批評「黃秋耘同志」的「修正主義文藝思想」的文章，包庇他過關。當然，如果上面一定要劃他，像韋君宜邵荃麟這樣的保護並不會有多大的作用。周揚、劉白羽最後都決定不劃他右派，是因為他有一段特殊的經歷。他在訪談錄裏記下了周揚同他最後一次相見時候的談話，周揚坦率地對他說了不能劃他右派的原因：

> 我反覆考慮過，也請示過上面……翻過一下你的檔案，曉得你有一段時間做一種很需要的工作（他沒有具體說出情報工作）。對這一類人，黨內是要保護的。因為這不是個人的問題。要是把你劃了右派，跟判刑不一樣，不能關起來，還是在外面逍遙自在，你一跑就可以跑出去。我曉得你在國外有好多親戚朋友，包括一些外國人，跟你都有直接聯繫。你跑了出去之後呢，外國就會如獲至寶，把你養起來諮詢諮詢，你把你做過的工作都講出來，那可能損失很大。當然，相信你不至於這樣。……你過去做的那一類工作，時間相當長，而且牽涉面也相當廣，包括搞策反工作、打進日本人機關這些事，要是都說出來，那可不是好玩的。所以，對你這樣的人，我們黨就不能拋出來劃右派。（《黃秋耘文集》第四卷，第303-304頁）

作為一個有正義感的作家，黃秋耘是幾乎要劃為右派了。叨了前情報人員這一重身份的光，倖免於難了。

中國作家協會系統劃出了多少右派分子，據韋君宜《思痛錄》說，「作家協會總共不過二百人，右派劃了五十多個，『踩線』的還不算。」（第

42 頁），她這是憑記憶説的，説多了。實際是打出了三十名右派分子。他們是：專業作家丁玲、艾青、羅烽、白朗、李又然、陳明。文藝報的陳企霞、蕭乾、唐因、唐達成、侯敏澤、羅仙洲、馬敏行、湯浩。人民文學的秦兆陽、李清泉、杜黎均、高光啟、俞林。文藝學習的李興華、楊覺。新觀察的戈揚、張鳳珠、黃沙、盧盛法。詩刊的唐祈。文學講習所的公木。作家協會機關的黎辛、楊犁、何壽亭。

這裏説到了劉白羽在反右派鬥爭中的作為，為了公正起見，應該指出，多年之後，他表示了追悔的意思。2001 年 3 月 29 日，他在寫給被他打成右派的徐光耀的信中説：「你在那歷程中所承受的痛苦，都是我的罪孽所造。光耀同志，我羞慚，我慟心，我無顏求你原諒，但我要説出我永恆的遺憾，包括在那失去理智時代，我對你不禮貌的行動，我只有在遠處向你深深地謝罪、謝罪。」（《炎黃春秋》2001 年 6 月號）

周良沛在〈寫給自己的悼文〉這篇文章中説起劉白羽當年的一個情況：「當年見他（劉白羽）每次從中南海書記處回來，都把領導交代的話，説個明白，特別講明是『小平同志』交代的。他這麼説，當時可以解讀為拉虎皮當大旗，為自己有來頭、有靠山以炫耀。現在情況變了，自然可以解讀為推卸責任。可他領受誰的命令，叫他怎麼幹的話，過去，現在，都説得一樣，幾乎一字不變，往下傳達，照本宣讀。」（見周良沛著，《挽歌五重奏》，香港天行健出版社 2012 年版，第 65 頁）這個情節確實可以為劉白羽推卸一部分責任，也可以了解到鄧小平在反右派鬥爭中的權威。

批判丁玲、陳企霞反黨集團的中國作家協會黨組擴大會議在 9 月 16 日、17 兩日舉行總結大會，這實際上也是文藝界反右派鬥爭的總結大會。陸定一、周揚、郭沫若、茅盾等人都講了話，作家協會黨組書記邵荃麟作總結發言。

陸定一説，這次鬥爭很重要，對於文藝工作的今後發展是有很大的意義的，它將會大大地鞏固黨對文藝工作的領導。陸定一強調地提出了作家的思想改造問題。他説：作家的職業，像戰場上的哨兵一樣，是光榮的，也是危險的，容易被敵人俘虜。因為文藝家的工作方式是手工業的方式，容易產生個人主義和自由主義的思想；作家又容易出名，出了名，就容易驕傲自滿，成為資產階級思想的俘虜。他提出：作家應該徹底改造思想，把「我」放在集體之下，把人民群眾，把黨的事業放在最崇高的地位。大

約是為了加強對作家的思想改造，陸定一還提出黨員作家應該編入生產單位或城市街道的黨的基層組織，過黨的生活。最後，他提出要狠狠地反右派，狠狠地改進工作，狠狠地改造思想。

郭沫若說，文藝界反右派鬥爭是整個反右派鬥爭中的一個重要戰線，文藝界鬥爭的勝利不僅可以純潔文藝隊伍鞏固黨對文藝的領導，並可以鼓舞全國各界的戰鬥，使社會主義教育能夠更普及更深入。他說，我們一定要堅持繼續鬥爭，爭取徹底勝利，使我們文藝界的每一個人都能成為無產階級的知識分子；我們必須努力改造自己，成為一個無產階級的文化工人。

周揚說，在我們的革命文藝隊伍中，有許多人是出身於剝削階級家庭，受的是資產階級的教育，許多人是背着資產階級個人主義的「包袱」參加革命的。一種人在革命的鬥爭中，經過磨煉，逐漸地把個人主義的「包袱」摔掉，改造自己成為集體主義的戰士，在革命隊伍中感到自由、輕快；和黨一條心。另一種人，卻始終背着個人主義的「包袱」不放，拋不開個人得失，個人恩怨；有一點成績就向黨居功，碰一點釘子就對黨不滿，因此他們不但摔不掉那個「包袱」，反而增加了「包袱」的分量。黨和革命的力量愈強大，他們便愈感到「不自由」，愈感到格格不入。他們對黨不是向心，而是離心。遇到重要關頭他們就經不起考驗，最後就走上反黨以至叛黨的道路。現在我們要過社會主義這一關，黨的作家應當努力做堅定的共產主義戰士，不要墮落成為個人主義的野心家。

周揚說，對一本書主義的批判是關係到用共產主義世界觀，還是用資產階級個人主義思想去培養青年作家的重大問題。我們提倡作家應以自己的創作全心全意地為人民服務。寫一本書，畫一幅畫，導演了一部影片，就認為自己了不得，就以為從此可以向黨討價還價，甚至和黨分庭抗禮，這是資產階級個人主義世界觀的極端惡劣的表現。他們忘記了他們的名譽、地位，是黨和人民給予他們的，因而也是可以從他們手中收回的。（9月27日《人民日報》）

事後有人回憶說，當時周揚說的有些話，「整理成文章發表時省略了，如：對文藝界的錯誤不僅要敢於鬥爭，還要善於鬥爭，敢鬥、善鬥，才能取得勝利，又如：我們笑，要像外國諺語說的那樣，不要笑得太早，要笑到最後！」（黎辛，〈我也說說「不應該發生的故事」〉）流露出了壓抑不住的得意之情。

周揚這篇講話的正式發表，毛澤東以為「這是一件大事，不應等閒視之」（轉引自黎之，《文壇風雲錄》，第 113 頁）。他要求「以小平為首的會議各同志」，胡喬木，「和其他幾位文藝領導同志參加」，對這篇「作一二次認真的討論」，他自己也在稿子上和校樣上作了修改。經過這樣的反覆整理、補充，最後成了一篇全新的大文章，題為〈文藝戰線上的一場大辯論〉。毛澤東審稿時加寫了一些話，後來經常被人們引用的一大段是：

> 在我國，1957 年才在全國範圍內舉行一次最徹底的思想戰線上和政治戰線上的社會主義大革命，給資產階級反動思想以致命的打擊，解放文學藝術界及其後備軍的生產力，解除舊社會給他們帶上的腳鐐手銬，免除反動空氣的威脅，替無產階級文學藝術開闢了一條廣泛發展的道路。在這以前，這個歷史任務是沒有完成的，這個開闢道路的工作今後還要做，舊基地清除不是一年工夫可以全部完成的。但是基本的道路算是開闢了，幾十路、幾百路縱隊的無產階級文學藝術戰士可以在這條路上縱橫馳騁了。文學藝術也要建軍，也要練兵。一支完全新型的無產階級文藝大軍正在建成，它跟無產階級知識分子大軍的建成只能是同時的，其生產收穫也大體上只能是同時的。這個道理，只有不懂歷史唯物主義的人才會認為不正確。（1958 年 2 月 28 日《人民日報》）

毛澤東在給林默涵的信中，說這篇經過他修改的文章「寫得很好」，指示在《文藝報》和《人民日報》同時發表。

多年之後，周揚本人經歷了文化大革命的劫難之後，他對這一篇傷害了許多人的講話有所反省，那是在 1979 年 10 月，他要在全國文聯第四次代表大會上作主題報告，據參加報告起草的劉再復說：

> 初稿完成後，周揚在人民大會堂召集了大約有四百個文藝界著名人物參加的徵詢意見會。在這個會上，丁玲、艾青、蕭軍站起來走到周揚面前，痛斥他過去的「專橫」，一點也不給周揚「面子」。那時我坐在離周揚只有幾米遠的地方，看到他恭恭敬敬地傾聽着這些滿懷義憤的「痛罵」，眼睛直愣愣的，一句話也沒有回答。那一剎那，我覺得周揚真是可憐。作為反革命修正主義黑線的頭目被打得尚未直起腰桿，這些作家又要向他討債而他又確實欠了債。……散會後的第三天我在頤和園清華軒見到他，當時其他寫作人員都回城裏了，只有馮牧和我在。我們就陪着周揚聊天，並自然地說起這次徵詢意見會。周揚用一種負咎的、低沉

的聲音說：「五七年傷太多人了，那篇批個人主義的文章太激烈了，他們有氣，他們都吃了苦了。」說完就落淚。（劉再復，〈周揚紀事〉，載《萬象》2010 年 10 月號）

後來要出《周揚文集》了。據當時擔任人民文學出版社副總編輯的李曙光（筆名黎之）說，「編輯過程中自然要涉及到一些有爭議的文章，特別是幾篇重要講話，其中首先遇到的是〈文藝戰線上的一場大辯論〉。當時有人主收，有人不贊成收，兩種觀點，議論紛紜。周揚自己想加入說明收錄。」（黎之，《文壇風雲錄》，第 116 頁）

龔育之的〈幾番風雨憶周揚〉一文中也談到了這篇講話編不編入《文集》的事。他說：

> 八十年代中期的一天，正是《周揚文集》第一卷就要編成出版的時候，我去看望周揚，他同我談起他的文集，談起保留歷史原貌的編輯方針，並且具體地談到〈大辯論〉這樣的文章都要原樣收入，另加附記。他也說了附記難寫，但表示很有信心。……後來，聽說對這個編輯方針還有不同的考慮。在又一次去看望周揚的時候，……他告訴我，主要是文藝界有一些同志非常地不贊成他把〈大辯論〉這些文章再編進今天出版的文集中去。這樣的意見我也能理解。提出這種意見的同志是好意，擔心收入和重印這些給過許多同志以傷害的文章，會重新觸動歷史的瘡疤，並不是想「湮沒」這些文章，隱去周揚的過失。但是我想，只要不是採取重新肯定這些錯誤批判的態度，而是採取保存歷史、糾正歷史錯誤、總結歷史經驗教訓的態度，來收入和重印這些文章，是不致於引起誤解的。周揚向我表示，他贊成這樣的看法，這也是他本來的意見，他準備堅持原定的編輯方針。（《龔育之文存》下卷，第 1375–1376 頁）

周揚的堅持最後也沒有結果。〈文藝戰線上的一場大辯論〉這樣的文章沒有能夠收入《周揚文集》。這樣，周揚也就沒有能夠得到在「附記」中作一次最後陳述的機會。

第十九章

科學技術界的反右派鬥爭

鄧小平《關於整風運動的報告》中說：「右派分子活動的主要場所是知識分子成堆的地方，如高等學校、某些國家機關、新聞出版機關、文藝團體、政法界、科學技術界、醫藥界等。」（10月19日《人民日報》）教育界、新聞出版界、文藝界反右派鬥爭的情況已經簡單說過了，下面來說一說科學技術界的反右派鬥爭。

先說科技界。前面已經說過，5月13日民盟中央決定成立四個臨時工作組，其中一個組是研究「科學規劃問題」的。這個組由曾昭掄、千家駒、華羅庚、童第周、錢偉長五位科學家負責。他們向國務院科學規劃委員會提出了一份書面意見。這篇〈對於有關我國科學體制問題的幾點意見〉發表在6月9日《光明日報》上。到了反右派鬥爭中，這事也被宣佈為章羅同盟反黨反社會主義的陰謀活動。這一篇〈幾點意見〉受到了集中的批判。最早來批判的是郭沫若，他以中國科學院院長的身份，在全國人大一屆四次會議作大會發言，題目就是〈駁斥一個反社會主義的科學綱領〉。人家不過是提了幾點意見，一共才談五個問題吧，而批判者稱之為一個「科學綱領」，真是抬高它了。

這個〈幾點意見〉提出的第一條意見，是關於「保護科學家」的問題。郭沫若批判說：「這個意見書中提出了所謂『保護科學家』的口號。這顯然是企圖造成一種印象：我國科學家受到威脅，或者迫害，需要加以『保護』。事實上有人說過這樣的話：『解放以來，中國知識分子遭了浩劫。』他們這樣不顧事實危言聳聽的目的，不外是想離間科學家同黨和政府的關係，引誘他們走上錯誤的道路。」這樣的批判很有分量。只是這意見書的原文中並沒有「解放以來，中國知識分子遭了浩劫」這樣的話，原來這是批判者從別處移來以坐實「危言聳聽」這個斷語的。而且，原文說「保護」，並不是指受到威脅或者迫害的意思。原文對「保護」所作的說明是：

> 我國目前科學家還很少，科學基礎還相當薄弱，要開展科學研究，爭取幾年內使我國最急需的科學部門接近世界先進水準，必須「保護科學家」，就是採取具體措施保證科學家，特別是已有一定成就的科學家有充分條件從事科學工作，扭轉目前科學家脫離科學的偏向，首先要協助他們妥善地解決時間，助手，設備，經費以及合理安排使用等問題，使他們真正能夠坐下來，好好安心工作。

可見這裏所用的「保護」一詞，只不過是一種特別強調的修辭手法，意思不過是格外強調保證科學家工作條件的意思。其實像保證工作時間，解決圖書資料和工作設備，配備助手等等問題，都是周恩來在關於知識分子問題的報告中已經提出來了的。(《周恩來選集》下卷，第 171 頁) 周提出這些，是改善黨同科學家的關係；民盟跟着提出這些，郭沫若就認為是離間科學家同黨的關係了。說相同的意思都不行，就更不要提不同的意見了。

這意見書說，「科學研究工作應該有領導地進行，國務院成立了科學規劃委員會，這對加強科學研究的領導有積極的作用。……至於學術領導、和科學研究的『火車頭』，我們認為應該在實際工作中逐漸形成，不要主觀地先行規定誰是領導、誰是『火車頭』。」又說，「科學研究工作除少數必須集中外，應儘可能把研究工作去『就人』，科學家在哪裏，研究工作就放在哪裏。」

郭沫若批判說，這就是「反對有計劃有重點地發展科學工作，反對科學工作的統一領導，其結果就是要使我國不能充分利用社會主義制度的優越性來發展科學事業，就是要使我國科學工作長期停留在落後的狀態。」這前提和這結論之間有着怎樣的邏輯關係，郭沫若沒有說。

意見書說，「過去在升學、升級、選拔研究生、留學生時，有片面地強調政治條件的偏向，我們認為今後應當業務與政治並重。人民內部在培養機會上應一視同仁，對於有培養前途的青年都應當平等地看待。」主張的只是業務與政治並重，而且一視同仁的僅限於人民內部，屬於敵我矛盾性質的當然不包括在內，應該說是下筆時很有分寸感的。可在郭沫若看來還是不行，認為這是「企圖以資產階級虛偽的『平等』觀，在青年中進行挑撥和煽動，指望造成一部分青年對黨和政府不滿。」資產階級虛偽的平等觀當然不行，與之對立的，應該是無產階級真實的不平等觀才是好的了。郭沫若闡述了這種無產階級觀點，他說，「如果要『一視同仁』，那倒真正是不平等了。先說工農學生吧。大家知道舊中國在反動統治之下，工農子女被剝奪了受教育，特別是受高等教育的權利。現在，反動統治已經推翻了，對於這個不合理的不平等的狀況，難道我們不應該盡最大力量來加以改變嗎？」

關於社會科學的問題，意見書提出，首先要改變對待舊社會科學的態度。它說，某些學科解放後竟被廢除，或不成為獨立科學。過去研究社會學、政治學和法律學的人很多轉業了。過去許多課程因為蘇聯沒有就被取消了。意見書認為，對待舊社會科學應當是改造而不是取消。因此，應當恢復的應即採取適當步驟予以恢復。對於這種意見，郭沫若批判說，「在我看來，今後為了發展社會科學，首要的任務就在於繼續擴大馬克思主義的社會科學的隊伍，提高馬克思主義的水準，而不是什麼發展資產階級社會科學。那種『恢復』資產階級社會科學的主張，實際上是開倒車，反對用馬克思主義來研究社會科學。如果按着這個主張去做，其結果是削弱馬克思主義的思想領導，而使資產階級唯心主義思想重新氾濫。」

這個意見書中還有這樣一段：

> 在社會科學方面的另一偏向是往往把政策措施或政府法令當成客觀規律，例如，有些財經上的重要政策問題，如果政府部門的負責人作過報告，學者們也就只能作些宣傳解釋工作。這樣是不夠妥當的。開國以來，在政法、財經等方面所採取的方針政策，基本上是正確的，但也不能說每一措施、每一階段或每一環節都是毫無缺點的。我們認為應該鼓勵社會科學研究工作者重視調查研究工作，根據實事求是的精神，對政府的政策法令提供意見。

對於這段話，郭沫若在這次大會發言中卻沒有加以批判。不是不想批判，而是一時還沒有想好怎樣立論。過了兩個多月，他想好了，9月18日他在中國科學院召開的座談會上這樣批判說：「他們在這裏，一方面污衊共產黨和政府的政策措施等等都是盲目的，而不是依據客觀規律的，另一方面又污衊共產黨和政府不准『學者們』從事科學研究，只准他們作些政策方面的『宣傳解釋工作』。事實是這樣嗎？暫且不說黨和政府的政策法令是體現着客觀規律的，也暫且不說許許多多的社會科學研究工作者，是把宣傳解釋黨和政府的政策，作為自己光榮的職責的，現在我們只問問右派先生們：黨和政府究竟在什麼時候禁止過『社會科學研究工作者』對客觀經濟規律進行研究呢？」（9月19日《人民日報》）一個說是「偏向」，一個說是「光榮的職責」，同右派分子真不可能有共同的語言了。

不但要批判意見書寫了什麼，還要批判它沒有寫什麼。郭沫若在人代會的那篇發言說，「黨和政府的方針是，科學研究工作要為社會主義建設服

務，意見書中對於這點一字不提。」據此就定性說，這「意見書是一個徹頭徹尾反黨反社會主義的科學工作綱領」。沒有提到什麼就是反對什麼！

郭沫若總結說，「這不是一個孤立的文件，而是章伯鈞等右派分子企圖奪取國家領導權，首先是文教工作的領導權的陰謀的一部分。」最後，他代表中國科學家們宣誓：要對右派分子進行堅決的鬥爭，更加緊密地團結在黨和政府的周圍。（7月6日《人民日報》）

意見書的五位作者中，曾昭掄和錢偉長二人被劃了右派分子。另外三人聯名在 6 月 26 日《光明日報》上發表檢討〈我們也被右派分子利用了一次〉，承認自己政治警惕性不夠，也為自己作了點解釋，說是他們因事因病沒有完全參加會議，特別是最後由不在五人小組之內的費孝通修改過的文件沒有徵求大家的意見就送走了。這一篇檢討的來歷，千家駒在〈從追求到幻滅〉中有所說明：

> 中央統戰部的一位同志事先和我打了招呼，說你們這份「意見書」犯了「嚴重的政治錯誤」。你和華羅庚、童第周三人可以聲明一下，我當即找了華羅庚同志，商量此事，當時童第周還在青島進行研究工作，我和華君去了民盟總部，給童第周去了長途電話，告訴他意見書出了問題，犯了「嚴重錯誤」。童第周還回答說：「我們的意見書不是很好的嗎？怎麼會犯錯誤呢？」我說：「不得了，嚴重的政治錯誤，我們非聲明不可呵！」童第周說：「好吧，你跟華羅庚商量此事該怎麼辦就怎麼辦吧，我完全同意。」於是我們當夜就在民盟總部起草了一份題為〈我們也被右派分子利用了一次〉的文章，第二天就在《光明日報》第一版的地位登出來了。這件事老實說我心中是有內疚的，但在當時不得不這樣做，否則非但於事無補，而且我們三人也會被劃成右派。（第 221 頁）

華羅庚在聽了郭沫若的批判發言之後，表示完全接受。他在這次人代會上的大會發言中說，「郭老這些意見是完全正確的，並且遠遠地比我們 6 月 26 日的初步檢討為深刻。」（7月14日《人民日報》）他還說，雖然他和童第周只參加了兩次碰頭會，並沒有參加定稿，但是在見到該稿並且發現其中有一些原則性錯誤的時候，卻未加否認，這是不能容忍的自由主義態度。他說，以自由主義態度來對待政治生活，是隨時會上右派分子的當的。他表示願以這個事件作為教訓，加強馬克思主義的學習，逐步建立共產主義的世界觀，堅決與右派分子鬥爭到底。

7月14日，中國科學院召集在北京的科學家一百多人開座談會，批判民盟提出的這個文件。主持座談會的郭沫若說，民盟中央「科學規劃問題」臨時研究組提出的〈對於有關我國科學體制問題的幾點意見〉，是一個徹頭徹尾的反黨反社會主義的科學綱領。郭沫若問曾昭掄、錢偉長說，你們身為科學院學部委員，惟恐中國科學院工作不陷於無政府狀態，是何居心？

曾昭掄、錢偉長在會上交代了起草意見書的過程。曾昭掄說，他一再熱心發起對於科學體制問題的討論，主要是想讓民盟搶先一步走，是與共產黨分庭抗禮的思想在作怪。錢偉長說，他的錯誤主要是出於個人野心，他十幾年來打算在中國辦一所像美國加里福尼亞理工學院一樣的理工大學，這所學校在各方面都起領導作用，這個學校以科學研究為主，教學為輔。在科學規劃問題上，他是要兩面派，為了個人野心，他不同意把科學研究集中到科學院去，但他在科學規劃委員會說了謊話，只說高等教育部不重視科學研究。

參加起草意見書的另外三個人也在這天的座談會上發了言。千家駒質問曾昭掄搞科學體制問題是否有不可告人的動機。童第周又說了一下他參與此事的經過。華羅庚又一次表示了悔恨：我嗅覺十分不靈，犯了錯誤，對不起人民，要作為教訓，今後下功夫學習馬克思列寧主義，站穩立場，明辨是非。他並從他的親身經歷說明今天有了黨的領導，科學家的工作條件，比解放前不知要提高了多少倍，而右派分子竟提出要「保護科學家」的口號，是一種血口噴人的誣衊。在這天的會上，李達、王亞南、茅以升、杜國庠、何作霖等人也對民盟的這個意見書作了批判。(7月15日《人民日報》)

座談會在7月16日、22日、24日這幾天繼續舉行。幾天裏共有六十三人發言，還有九人作了書面發言。發言的有趙九章、錢學森、楊石先、張光斗、黃子卿、張維、翦伯贊、馮德培、陳望道、侯德榜、傅鷹、陳建功、石志仁、鄭奠、王葆仁、杜慶華、傅承義、嚴濟慈、楊鍾健、柳大綱、侯外廬、關肇直、范文瀾、施履吉、范長江、尹達、郭永懷、吳有訓、羅常培、劉東生、巫寶三、陸元九、林鴻蓀、林榕等人。作書面發言的有鄭振鐸、羅爾綱、陸學善等人。

千家駒在22日的會上作了〈接受慘痛教訓，深刻檢查自己〉的檢討。他承認在提出這個反社會主義的科學綱領上負有一定的政治責任。他說，

這一反黨反社會主義的科學綱領，在政治上是章羅聯盟向黨進攻的第一炮；在思想上，這是資本主義思想體系和社會主義思想體系誰戰勝誰的問題。他說，我是研究社會科學的，而且一向研究馬克思主義政治經濟學的，竟至於政治麻痺到這樣不可救藥的程度，可以解釋的唯一理由就是在我思想深處有和這個反動綱領相通的反黨、反社會主義的東西，可以和這個反動綱領起共鳴，還不只是「和平共處」而已。他說，反動綱領中的反動論點和我在今年4月底在中國科學院學部委員大會中的一次發言對照，可以看出它們是互相合拍的。第一，我在學部大會發言中主張培養年青一代的科學家要搞點「自由市場」，作為社會主義統一調配的補充。我主張對於研究工作幹部的人事調配，應決定於指導研究的科學家，而不是決定於人事部門。我反對過去人事部門對科學研究工作者「統」得太死，主張開放科學研究工作者的「自由市場」。這不就是反動綱領中所謂培養幹部一視同仁等論調的張本嗎？搞點「自由市場」，這就是否定國家對科學研究工作有計劃的調配人力的必要性，也就是反對集中的民主。這種思想發展下去，就是無政府狀態，也就是主張無領導的絕對的「自由」。第二，我在學部大會發言中提出「有的人就只能以領導的發言或政府的政策措施當成客觀的經濟規律。找點材料來引證一下或宣揚一番，即算盡研究之能事。固然，政府制定政策方針是十分慎重的，基本上也是以客觀情況做依據的。但亦不可能設想政府的經濟政策或經濟措施，在每一階段每一環節都是完全符合客觀事物發展規律，盡善盡美的。」這一段話就是反動綱領中所提出關於社會科學的問題第三段話的根據。我在發言中還有一段說：「有人說，今天做經濟工作只有三條路，一搬弄教條；二研究經濟思想史或解放前的經濟史料；三研究外國經濟問題。」這裏，雖反映有的人有這樣一種看法，但這樣的看法顯然不符合事實的。第三，反動綱領中錯誤嚴重的就是提出首先要改變對待資產階級社會科學的態度和「恢復」資本主義社會科學一段話，這是典型的資本主義復辟思想赤裸裸的暴露。這一段話雖然是費孝通的得意之筆，「應當恢復」和「應當重視」兩句是費孝通親筆加入的。但在我的思想深處也是有共同的基礎的，我在學部大會發言中曾經說：「對於資本主義國家的社會科學，不要採取一律否定，一棍子打死的辦法。資本主義國家的社會科學，基本上屬於資產階級思想範疇，為資產階級服務的，但是其中，也不無可取的地方，如能加以吸收，錯誤的加以批判，正確部分加以繼承，即可發揚馬列主義，豐富馬列主義。不幸過去幾年，有些學科，只要蘇聯所沒有的，我們就一律否定，認為一無是處，如社會學、政治學、心理學、法律學等等都全部加以否定，這種故

步自封的辦法，實在是十分幼稚可笑的。」這一段話雖然與費孝通的有辭句上程度上的不同，本質上卻是一樣的。這真是我自己資產階級思想最突出的表現。社會科學是階級性最強的科學，資本主義國家的社會學、政治學、法律學是完全為資產階級服務，鞏固資產階級專政的思想武器，我們要加以「恢復」，這不是為資產階級復辟打掩護是什麼呢？我雖然沒有提出要「恢復」的話，但主張不要全部加以否定，這和費孝通的「恢復」論也不過五十步笑百步之差而已。第四，我把解放後舊知識分子的進步性估計過高，這一點雖然沒有在反動綱領中反映出來，但我在科學院發言中卻特別暴露了我這一錯誤觀點。我說：「對於我國解放前學習資產階級社會科學的舊知識分子，我們也是對他們的作用和進步估計不足的……把舊知識分子看成永遠是舊知識分子，這是十足的形而上學的觀點，不是辯證法的看法。」現在看來，對舊社會來的知識分子不是估計過低而是估計過高的問題。從這次對右派分子反黨、反人民的鬥爭中，暴露出來的右派分子絕大多數不是高級知識分子嗎？以自己來說，我平時是以進步的知識分子自居的，但從這次作為民盟五人小組的一成員，竟不認識這樣重大的反黨反人民的科學綱領的反動性質，我是否還是一個進步的知識分子，也就大成問題了。這證明知識分子的思想改造是一種脫胎換骨的改造。千家駒說，這一事件給了我生平一次最深刻的階級教育。我要以這件事為教訓，進一步改造自己的思想，學習馬列主義，徹底拋棄資產階級的世界觀而樹立無產階級的世界觀。(7月17日《人民日報》)

從千家駒的這篇檢討中可以知道，民盟提出的這一份意見書，有些段落是以他的一篇發言為張本的。然則他同這一文件的關係不可謂不深了。可是他並沒有因此而被劃為右派分子。這是又一個例證，證明有無右派的思想言行與是否被劃為右派分子並無必然的聯繫。這件事，後來千家駒本人作了一點說明：「反右開始後，中國科學院把我的發言記錄整理出來了，他們認為這是典型的右派言論，是要為資產階級社會學復辟。科學院要把我劃為右派，但劃右派是要本單位同意的，我工作的單位是中央工商行政管理局，我的單位黨委不同意，這事也就算過去了。」(《夕陽昏語》自序，香港天地圖書有限公司1995年版，第4頁)

在座談會上作檢討的還有中國科學院副院長陶孟和，他說，我在《大公報》(6月16日)上發表的談話裏，可以說全篇充滿了不能容忍的錯誤。我說「阻礙高級知識分子發展的原因之一，是過去執行政策中的一些錯誤

和偏向，如『三反』『五反』，思想改造等運動傷害了一些高級知識分子，院系調整、教學改革也傷害了一批人。」在這裏我強調了我們國家重要政策執行中的錯誤和偏向，而不說它們的重要性和成績。這是因為在我的心目中，只注意到舊社會科學工作者，以至連國家的五大運動、文教政策的優越性都忘掉了。我承認這是完全錯誤的。我說「特別是社會學一門科學等於連根都拔掉了」。我沒有考慮整個院校調整教學改革是有計劃的，有步驟的，並且完全是正確的，而偏偏舉出社會學學科來說是連根拔掉，這是我偏愛社會科學。我說「文教政策沒有照顧接受過去遺產，在原有的基礎上發展，特別是社會科學更慘」。這是誣衊黨的文教政策。接受民族遺產、發揚我國民族文化的優秀傳統，是黨的文教政策的重要內容，這方面的成績也是十分巨大的。我說「過去對高級知識分子的做法是：否定過去一切，割斷歷史。如果把過去一班人弄掉，而能把接班人搞好也好。但是最大的錯誤是對留學生的政策」。我這裏籠統地批判了留學生政策是錯誤的。我所說否定過去一切，割斷歷史完全是違反事實。黨和政府對從舊社會來的知識分子，包括資產階級的社會科學家在內，對他們的安排和照顧是十分周到的。這些是我所身受的，但卻誹謗國家的知識分子政策。對於十二年裏趕上世界先進水準，我說，「我大膽說一句，像現在這樣的情況，趕不上」。事實上，我們現在有許多門學科已經趕上世界先進科學水準了。我說「我們在科學上幾乎缺五代」（按：陶孟和把大學四年畢業算為一代，從抗戰算起共五代）。把解放以來八年間所培養的一大批一大批的青年都給抹煞了，這是荒謬的。我說「無知，實在害人不淺」。我用這種字眼嘲弄社會科學領導方面，乃是態度極端惡劣的表現。這說明了我自己還保存着資產階級知識分子自高自大目空一切的卑劣作風。陶孟和說，通觀他在《大公報》上發表的全篇談話，實際上起了為右派分子張目的作用。他還檢討了6月8日在中國科學院黨組召開的座談會上說的「知識分子遭受了一次浩劫」，他說，用「浩劫」兩字形容舊社會學家是十分荒謬的說法。陶作檢討之後，嚴濟慈、楊鍾健都對他作了批判。楊鍾健說，陶的檢討是不深刻的。陶發表的一些反動言論，實際上是給反動的科學綱領作了注腳。

民盟的意見書中有這樣一句：「除少數例外，有領導科學研究能力的科學家，儘可能不擔任行政工作，特別是六十歲以上的老科學家，急需傳授後代，更應如此。」在這天的座談會上，化學研究所研究員王葆仁把這一項原則性的建議具體到人。他批判說，科學院的院長、副院長除了張勁夫副院長以外，都是六十歲以上的人。這句話的意思就是要六十歲以上的

院長、副院長下台，讓六十歲以下的曾昭掄、錢偉長上台。張副院長雖然不滿六十歲也還是要下台，因為曾昭掄還有另一條所謂「外行不能領導內行」。（7月23日《人民日報》）

中華全國自然科學專門學會聯合會（簡稱科聯）全國委員會從7月17日開始，連續開了四天擴大會議。批判民盟提出的這個意見書是會議的重要內容。發言的有錢三強、吳有訓、秉志、任鴻雋、陶述曾、方石珊、李宗恩、張維、涂長望、程孝剛、黃子卿、陳一得、趙祖康等人。據報紙報導說，曾昭掄、錢偉長向到會科學家作了交代，「他們在交代中表示願意向人民低頭認罪，並將向組織徹底交代他們的反黨反社會主義的言行。但是他們對自己的罪行只重複了報紙上已經揭露過的一些內容。科學家們對曾、錢今天的交代表示憤慨，嚴正地要求他們作徹底交代，不要自絕於人民。」

國務院副總理聶榮臻在會議開幕時講了話。他說，在發展科學事業中，走社會主義的道路，就是一定要有黨對科學工作的領導，而走資本主義道路則反對黨對科學工作的領導，認為黨不能領導科學工作。前一條道路就是我們現在正在走着的道路，我國大多數科學家也是贊成走這條道路的。幾年來我國在科學事業中取得的成績正證明了這條道路的正確。今後我們還要繼續走這條道路。主張走後一條道路的可以民盟反社會主義的科學綱領作代表。聶榮臻說，右派分子的反動綱領是以對有關科學體制問題提供意見的方式提出來的。其實完全不是那麼一回事。對這點郭沫若院長早就揭穿了。可是有的右派分子被揭露後，在他們作檢討時，彷彿人民批判他們，僅僅是因為他們對工作不該提出這種或那種意見，這種說法是必須予以駁斥的。任何善意的意見和批評一向都是為我們所歡迎的。右派分子的言論之所以必須反對，決不是由於他們提供了意見，而是因為右派分子的這些言論包含了對社會主義的深厚的敵意，是因為他們企圖反對社會主義，反對共產黨領導，篡奪國家領導權。（7月18日《新華社新聞稿》）

對於這個受到猛烈批判的「科學綱領」過了二十多年之後才有了一個新的說法，1980年5月8日中共中央統戰部《關於愛國人士覆查問題的請示報告》中說：「在批判『章羅同盟』時，曾經把民盟中央的〈對於我國科學體制問題的幾點意見〉和〈我們對於高等學校領導制度的建議〉，說成是『章羅同盟』的反動綱領，事實上，這兩份意見書不是章、羅二人提出的，而是民盟中央分別由曾昭掄和黃藥眠負責的兩個小組起草的。在這次覆查中，我們和有關部門及民盟中央都認為，這兩份意見書的基本內容是可取

的，不是反黨反社會主義的，不是『章羅同盟』的綱領。」為什麼這時候要給這個文件平反呢？千家駒在〈從追求到幻滅〉中有所説明：

> 這個「反社會主義的科學綱領」的冤案，究竟是哪一年平反的呢？是在 1980 年。也就是二十三年之後。中國共產黨原定於 1981 年召開十二大（後改為 1982 年 9 月 1 日舉行），討論兩個問題：一是經濟體制改革問題，一是教育體制改革問題。中國民主同盟為了響應黨的號召，1980 年要成立一個「教育工作組」（因民盟成員中從事教育工作的最多）起草一份改革教育體制的意見以供中共十二大的參考。小組以楚圖南為組長，費孝通、錢偉長和我三人為副組長。我就説：1957 年我們為幫助黨整風，成立了一個「科學體制工作組」，我們提出了建議書，結果卻説我們的建議是「反黨反社會主義的」，而曾昭掄、錢偉長同志被打成右派，現在曾、錢雖已平反，但這份「意見書」究竟是不是「反黨反社會主義」的「毒草」呢？至今未有正式結論。現在民盟中央又要成立「教育工作組」，要我們對教育體制改革提出意見，萬一我們提去的建議，又成為「反黨反社會主義」的「毒草」呢？所以在中共中央未對 1957 年的「科學體制意見」做出結論之前，我是不打算參加教育工作小組的。

> 可能我的意見反映上去了，中共中央終於在 1980 年六十號文件中正式為該文件平反。肯定 1957 年的〈對於我國科學體制問題的幾點意見〉，「不是反黨反社會主義的，是有益的」。（第 221–222 頁）

在反右派鬥爭中，對一些自然科學家，是有意識地保護過關了，比起另外一些界別來，劃出的右派分子要少些。例如，據報紙報導，在 7 月 23 日北京科學界的座談會上，「許多科學家對華羅庚 22 日的檢討提出了一些批評」。（7 月 25 日《人民日報》）批評的內容沒有報導，顯然含有保護的意思。9 月 3 日，中共中央更發出了周恩來主持制定的《關於自然科學方面反右派鬥爭的指示》，《指示》説，在科學界高級知識分子中間必須認真開展反右鬥爭，決不能有溫情主義。但要區別社會科學和自然科學的不同情況，區別對待。這裏，鄧小平在《指示》原稿上加寫了這樣一句：「特別是對於那些有重大成就的自然科學家和技術工作人員，除個別情節嚴重非劃不可者外，應一律採取堅決保護過關的方針。」這個《指示》還規定了：在反右派鬥爭中，對掛帥點火的，進行深入的揭露批判；對有較高科學成

就的，不可輕易劃為右派，必須劃的，也應「鬥而不狠」；對有的人，「談而不鬥」。對於老右派，主要應該拿過社會主義這一關的政治標準來衡量；而不可簡單地拿他們在民主革命階段是否右派來衡量；對在日內瓦會議後爭取回國的歐美留學生，一般要「不劃不鬥」。

被劃為右派分子的最大的科學家是物理學家束星北（1907-1983），江蘇省南通市人。曾經留學美國、德國和英國。在英國愛丁堡大學曾經師從著名的理論物理學家惠特克和達爾文博士，後來又在劍橋大學師從著名的理論天體物理學家愛丁頓博士，在他的指導下研究相對論。1930 年 8 月，愛丁頓博士推薦他到美國麻省理工學院做研究生和數學系助教。在這裏，他完成了〈引力與電磁合論〉、〈愛因斯坦引力理論的非靜力場解〉兩篇文章，表現出了他過人的專業水準。回國之後，因親戚介紹，到南京中央陸軍軍官學校擔任物理教官，不久辭去。應浙江大學校長竺可楨之聘請，前去擔任了物理系教授。1937 年 5 月，丹麥物理學家玻爾（1885-1962）訪問中國期間，應邀到浙江大學作學術報告，浙大物理系的束星北、王淦昌同他進行了熱烈的爭論，給他留下了深刻的印象。後來有中國學生向他表示出國留學的願望，玻爾總是回答說：中國有束星北、王淦昌這麼好的物理學家，你們為什麼還要跑到外邊去學習物理呢？

抗日戰爭爆發以後，束星北隨學校西遷貴州遵義、湄潭。在戰爭最艱苦的時候，1944 年初，應軍令部技術室之請，帶了幾個學生，幫他們研究製造了幾種軍用器材，最重要的是製成了一台雷達。這是直接為戰爭服務，他說，他是「欣然同意」去做的。可是他不能接受軍紀的約束，拒絕接受「少將副主任」的職位。1945 年 8 月戰爭勝利結束，9 月他就回到湄潭浙江大學去了。

1947 年 10 月 26 日，杭州國民黨特務逮捕了浙江大學學生自治會主席于子三，將他在獄中殺害。為了抗議，束星北在全校教授的集會上首先發言，他說：「我向來不贊成學生搞政治活動。但是，政府如此殘酷地摧殘我們苦心培育的學生，如此踐踏人權，我們無法容忍。教授會應該以罷教來抗議政府的暴行。」到會的七十多位教授都贊成這意見，即通過決議：全體教授罷教一天，並且發表宣言，譴責政府暴行，要求保障人權。

這樣一個人，到了 1951 年的鎮壓反革命運動中，當然就會遇到麻煩了。他的學生許良英在一篇材料中說：

一年以後，全國開展勢頭很猛的鎮壓反革命運動。杭州市學校系統的逮捕名單的審查和確定工作，由中共杭州市學校黨委會負責。當時我是學校黨委會的宣傳委員，上述那位學校保衛科長是保衛委員。開會時，他拿出了一遝準備逮捕對象的檔案材料，我意外地發現，裏面竟有一本束先生的檔案。要逮捕束先生，我當然不能同意，指出束先生沒有參加國民黨和特務組織（在軍令部工作的有很多參加了軍統），他的問題是思想認識問題，不屬於政治上的反革命；而且他在科學上的造詣很深，是國家難得的人才，應該受到重用。主持會議的學校黨委會書記（市委宣傳部長兼）和其他同志都同意我的意見。這樣，束先生總算被保了下來，在這次運動中沒有受到衝擊。這件事，束先生恐怕一直都不知道。

1952 年，對全國高等學校進行院系調整，浙江大學是重災區，已經有七個學院的綜合性大學調整為一個工業大學，大批著名教授都調了出去。束星北調到了青島山東大學。山東大學成立於 1901 年，1951 年 3 月 15 日與解放區的華東大學合併，老幹部華崗擔任校長。這華東大學性質就和原來延安抗日大學一樣，是培訓幹部的速成學校。束星北來到的，就是這個有一半革命大學性質的山東大學了。不久，他就和華崗校長發生了一場爭論。華崗是一位馬克思主義理論家，講他的馬克思主義，束星北是一位科學家，講他的科學，當然就會發生爭論了。後來，1955 年 8 月 29 日，束星北在寫給老朋友王淦昌的信裏簡單說了一個大概：

> 這事的原因是 1953 年學習唯物辯證法時，我不同意華崗校長所標榜的「哲學一定要管科學（自然科學），唯物辯證法一定要管物理、化學」。一方面我認為哲學是有「階級性」的，自然科學本身是沒有「階級性」的。另方面「管」字很不妥。不獨哲學不應當「管」科學，連「物理」（現在的）也不應當「管」「物理」（未來的）。一「管」就限制了物理學的發展（華崗校長的言論載在《新山大》83 期，1953 年 4 月 4 日）。我不贊同。同時，山大提倡的（在）我看來，（在）很多人看來（這些人本來全在我「反革命集團」內的）。山大提倡的是奴隸的盲目服從，而我居然敢不吃那一套，遇事要「研究研究」（也是我的「罪名」之一）。

這裏說的「反革命集團」是怎麼一回事呢？那是在 1955 年緊接着肅清胡風反革命集團而開展的肅反運動中，束星北在山東大學成了一名肅反對

象，而且打出來了一個「以束星北為首的反革命集團」，據宣佈，這個「反革命集團」的成員有物理系教授周北屏、醫學院教授潘作新，馬賢成、化學系教授劉遵憲、歷史系教授許思園、水產系教授鄒源琳等十多人。

束星北和他的這個「反革命集團」在肅反運動中受盡了折騰，可是最後什麼問題也沒有查出來。1956 年 4 月 1 日，中共青島市委肅反領導小組向中共中央以及中共山東省委兩級的肅反領導小組呈交了一份《關於山東大學教授束星北專案結案材料綜合報告》，其中說：

> 經調查目前尚未發現其反革命政治身份。只證實其任過反動職務，且無政治背景。解放以來對其所揭發的問題大部分屬反動言論，尚無以反革命為目的的破壞活動，因此不應屬反革命範圍。應摘掉反革命的帽子。但該人不宜做大學教授工作，可調離做專門科學研究工作。

7 月 20 日，山東大學黨委給束星北的覆信中也說：

> 你的問題不屬於反革命性質的問題。政治嫌疑應予取消，反革命分子的帽子應予摘除；思想作風上的缺點，要在今後以同志式態度，通過誠懇的批評與自我批評的方式加以解決。

肅反運動在山東大學最引起轟動的事件是，校長華崗也成了一名肅反對象。華崗（1903–1972），原名華少峰，浙江省衢縣人。1925 年加入中國共產黨。1928 年到莫斯科出席中共第六次全國代表大會和共產國際第六次代表大會，1928 年 7 月到 1930 年 8 月擔任中國共產主義青年團中央委員兼宣傳部長，8 月到 9 月擔任長江總行動委員會委員。1932 年被捕，1937 年因抗日戰爭爆發出獄。1937 年 10 月到 11 月擔任中共湖北省工作委員會宣傳部長，隨即去重慶擔任《新華日報》總編輯。1945 年 12 月到 1946 年 5 月擔任中共重慶（南方）局委員，1946 年 5 月到 1947 年 3 月擔任中共南京局上海工作委員會書記。解放後，任山東大學教授、校長，並當選為第一屆全國人大代表。他在肅反運動中被打成反革命分子，1955 年 8 月 25 日被捕。罪名是「胡風反革命分子」和「反黨」。束星北不相信，他對人說：華崗不是「胡風反革命分子」，一定是弄錯了。

1957 年的春天是個不平常的春天。2 月，毛澤東在最高國務會議上講怎樣處理人民內部矛盾問題，提出百花齊放百家爭鳴的新方針。3 月，他又召開了有黨外人士參加的全國宣傳工作會議，並且要求各地都要開這樣

的會。5 月，中共山東省委按照這個模式召開了宣傳工作會議，束星北受到了邀請。他在會上發言的題目是：〈用生命維護憲法的尊嚴〉。他說：

「鳴」和「放」的問題其實在三年前就已經解決了。《憲法》就是 1954 年黨領導人民制定的根本大法，第八十七條上明白地寫着「中華人民共和國公民有言論、出版、集會、結社、遊行、示威的自由，國家供給必需的物質上的便利，以保證公民享受這些自由」。即使在革命的動盪時期，毛澤東也早就提出：「知無不言，言者無罪」的方針。但是為什麼直到現在，還是「不能鳴，不敢鳴」，「不能放，不敢放」呢？還要一再強調這種方針呢？什麼原因？什麼障礙？我認為主要的關鍵在於我國一向沒有「法治」的習慣，因而，當有些人不尊重憲法甚至公然破壞憲法的時候群眾也並不以為奇怪，不及時制止；也因為這樣，這些違背憲法的人能夠得到官僚主義者的包庇和諒解，這樣問題就不能解決了。例如憲法上明確規定：「公民住宅不受侵犯，通信秘密受法律保護」，但是在「肅反」中，這一條憲法不幸被粗暴地破壞了。而破壞的並沒有聽說有何處理。憲法上明明寫着「中華人民共和國公民的人身自由不受侵犯」，在「肅反」中就有打人罵人的現象發生。青島的中學老師在 1954 年的「肅反」時，不管男的女的老的少的，只要是老師，就全部「集中學習」，不准出入，母子不能見面，夫妻不能見面，一兩歲的孩子也幾個月不能見母親的面，只因為母親是中學教員！對於這些侵犯人身自由的事，除了「打人」之外，其他似乎並未引起群眾的憤慨，領導也未重視，這就說明我們對憲法絲毫沒有認識。

據說青島九中一個物理教員被關進牢房好幾個月，稀裏糊塗地被關，稀裏糊塗地被放，問什麼罪？公安局不知道，檢察院不知道，法院不知道，到現在還不知道是誰關的，為什麼關，你推我賴，沒人負責。這說明即使像「逮捕」這樣一件大事也被視同兒戲！人身、住宅和信件的搜查，更不用談了。

當人身自由還沒有保障的時候，誰能相信會有言論自由呢？

因之要人們敢於揭發矛盾，揭發三害，第一個必須的條件，就是要憲法得到保障，違反憲法的必須處分。

為什麼我們有些同志不重視憲法呢？我想可能是下面的原因：幾千年來，我們一直習慣於「人治」，如「歌頌清官」，「痛

恨貪官」。這當然是對的，但直接反映了「人治」的風氣；我們的
命運操縱在掌權者的手裏——掌權者如果好，我們就好，掌權者
如果壞，我們就壞——而不是掌握在自己的手裏，所以黨在摧毀
三大敵人之後，第一件大事就是制定「憲法」。人民憲法保證了
「人民的命運掌握在人民自己手裏」，從此以後，我們的命運就不
再被「某一個」執政者掌握了，想「壞」也「壞」不到哪兒去。
人民可以依照憲法罷免任何不稱職的官員。但是幾千年的「人治」
風氣一時扭不轉（俄國沙皇時代和中國宣統時代「法治」的風氣
也未養成），還是習慣於歌頌「人」而不習慣於歌頌「憲法」。「鳴」
和「放」一定要等毛主席提出來後才引人注意，而忽視 1954 年黨
與毛主席以及全國人民制定的，稱為中國人民一百多年來英勇奮
鬥總結的，鞏固人民革命成果的憲法，這樣就很危險。

談到人，即使毛主席也不能保證沒有偶然的錯誤，如肅反
時毛主席偶然說了一句「反革命分子可能只有百分之幾」一句估
計猜度的話，但是後來竟成了肅反的指標，據說安徽省有一個銅
礦，銅礦裏有一個領導就按百分之五的定額把四百人抓起來了。
為什麼百分之五？大約是毛主席沒說百分之六或是百分之十幾，
就按平均數百分之五。我們看靠「人治」是多麼危險。

有人問，假使某一個野心執政者自己本身破壞憲法怎麼辦？
（由此可以看到）這就是「養成風氣」的重要性。當一切人民已
習慣於愛護憲法、保護憲法的時候，任何人想公然破壞憲法就很
難了。

斯大林在他的執政期間沒有重視過法制，他自己不尊重「法
治」，也沒有養成人民的「法治」精神，以致犯了錯誤，也沒人
敢提出批評或公然反抗。因之使他犯了更大的錯誤，造成了使人
痛心的斯大林悲劇。只有當人民憲法得到普遍的尊重和愛護之
後，人身的自由，言論的自由才會有保障，「三害」迫於輿論，
迫於憲法，也就不能橫行了。

6月8日，反右派鬥爭正式開始。很快，束星北就被劃為右派分子了，
而且還是「極右分子」，而且再一次翻出他的「歷史問題」，中共山東省委
肅反領導小組在給青島市的一個批件中，把他在抗日戰爭時期為中國軍隊
製造先進裝備的努力說成是「罪惡活動」，並且「同意你們定為反革命分
子的意見」。山東大學黨委的《關於極右分子束星北的處理報告》說他「理

應與反革命問題併案嚴加懲處。但因束星北在物理學上尚有一定水準，原系二級教授，並在全國物理界稍有影響需給予照顧，不過因其情節甚為惡劣，處理已需嚴肅，為此建議法辦判處管制使用，調離學校。」1958 年 10月 15 日青島市市南區人民法院就給他判處管制三年。不久他就和一批右派分子一起送到月子口水庫工地勞動改造去了。

　　這以後十多年的改造生涯不必細說。到了 1972 年才意外地出現了轉機。諾貝爾獎金物理學獎 1957 年得主之一李政道，是束星北在貴州湄潭浙江大學教過的學生，這時回國來了，他想看望當年的恩師。這件事，後來李政道在他為《束星北檔案》一書寫的序言中說了：

　　　　1972 年 10 月 17 日，是我 1946 年去美國後第一次回國。國家領導人在人民大會堂會見了我。周恩來總理希望我能為解決教育人才「斷層」的問題做些工作，如介紹一些海外有才學的人到中國來講學等等。我談了自己的一些看法，我說中國不乏解決「斷層」問題的人才和教師，只是他們沒有得到使用。比如我的老師束星北先生。那時我不知道束星北老師在哪裏，在做什麼，我很想能見他一面，可是最終未能如願。

　　據說，當時確實研究了怎樣能夠讓這師生倆見一面的問題，想來想去無法安排，最後以束星北先生身體不適為由，將這事推掉了。李政道只好給老師寫了這樣一封信：

　　束先生：

　　　　自重慶一別，離今已有差不多廿八年了。對先生當年在永興湄潭時的教導，歷歷在念。而我物理的基礎，都是在浙大一年所建，此後的成就，歸源都是受先生之益。

　　　　此次回國，未能一晤，深以為恨。望先生小心身體。

　　　　特此

　　敬祝

　　工作順利，身體健康

　　　　　　　　　　　　　　　　　　　　生 李政道上
　　　　　　　　　　　　　　　　　　　　10 月 14 日

　　這師生倆見面的事雖然沒有成功，但是李政道向高層提出了束星北來，卻很快改善了他的處境，在中共中央通盤解決整個右派分子問題之前，他就摘去了右派分子和反革命分子帽子，回到講台講他的物理學了。只是夕陽無限好只是近黃昏，1983 年 10 月 30 日去世了。（關於束星北一案，全部取材於劉海軍著，《束星北檔案》，作家出版社 2005 年出版）

　　自然科學家中劃出的右派分子還應該說到許良英。他是 1942 年在浙江大學物理系畢業的，物理學家王淦昌的得意門生。他畢業的時候，王淦昌再三要他留校當助教，做自己的研究助手。他謝絕了，這時他一心想投身革命。1950 年擔任中共杭州青委學生部長。1952 年調到中國科學院。1956年他在中國科學院哲學研究所研究科學哲學。正好在這時候毛澤東提出「百花齊放，百家爭鳴」的新方針，許良英熱烈歡迎這一方針。毛澤東關於正確處理人民內部矛盾的講話、在全國宣傳工作會議上的講話，都使他大感振奮。後來他回憶當年的思想狀況說：

> 　　由於我長期來對共產黨和毛澤東的盲從迷信，根本不可能有任何偏離共產黨的思想，因此在鳴放期間我不僅沒有放過任何所謂反黨的「右派言論」，相反，在聽到這類言論時，我都要予以反駁。例如在哲學所一次黨員骨幹座談會上，有一個老黨員提出，科學院的主要矛盾是「外行領導內行」，我即表示反對，認為實質上這是否定黨的領導，而當前科學院的矛盾是：客觀任務大，主觀力量小。在場的多數黨員都不同意我的意見。（許良英，《科學，民主，理性》，明鏡出版社 2001 年版，第 340 頁）

　　他怎麼又會成為右派分子的呢？那是因為反右派鬥爭開始，他看到了6 月 8 日的《人民日報》「完全變了臉」，「我怒不可遏，認為這會使黨失信於民」，認為這是有人「背着毛澤東幹的，於是就以『捍衛毛主席路線』的忠誠黨員自居，公開反對反右派鬥爭。在隨後召開的兩次黨員骨幹會議上，我都第一個發言，把不滿情緒全盤倒了出來。」他就因為反對反右派鬥爭成了一名極右分子。

　　科學家被劃為右派分子的，還有一些當時不很知名的中青年。例如陳耀祖（1927–2000），湖南長沙人。1949 年在浙江大學化學系畢業後留校任助教。1952 年院系調整，調上海復旦大學任教。1955 年調蘭州大學。反右派鬥爭中，復旦大學將他對審幹運動有所批評的信件轉給蘭州大學，於是他被劃為右派分子。他在極其困難的條件下仍不放棄自己的研究工作，用

「反應質譜法」測定植物鹼、氨基酸等有機分子的絕對構型，受到國內外科學家的高度評價。由於他在國外科學界的聲望，1991 年當選為中國科學院院士，被稱為中國有機分析化學奠基人之一。他的科研成果都是右派改正之後才發表出來的，不能說他在 1957 年就已經是一位大科學家了。但是從他這一例可知當年是把一些有希望成為大科學家、成為院士的青年人打成右派了。

　　像陳耀祖這樣，先被劃為右派分子，後來當選為中國科學院院士的，還應該說到張景中（1936-　），他是河南省開封市人，北京大學數學力學系學生。1957 年因參加北京大學的「五・一九運動」，被劃為右派分子。1958 年被開除學籍送去勞動教養，分配到天津附近的茶淀站清河農場勞動，1962 年解除了勞動教養，留在農場當「就業人員」。好友楊路仍然在北京團河農場勞動教養。二人常常通信交流關於數學問題的思考心得。這樣的書信交流，彼此視為「一種精神上的享受」。1966 年和許多就業人員一起被集體調往新疆生產建設兵團，在那裏待了十三年零四個月，任務是修一條從新疆庫爾勒到若羌的全長四百公里的公路。每天挖土、抬土、澆灌水泥、製磚、建橋鋪路，徹底與數學隔絕。1979 年，北京大學改正了他的右派問題。他被調到合肥的中國科技大學任教。1995 年當選為中科院院士。1999 年當選中國科普作家協會理事長。1992 年到美國維奇塔大學，和高小山、楊路等一起把消點法推廣到立體幾何和非歐幾何，在計算器上生成了一批非歐幾何新定理的可讀證明。他已經出版的著作有：《幫你學數學》、《數學家的眼光》、《新概念幾何》、《漫話數學》和《數學與哲學》等。

　　還有謝學錦，1957 年他是地質部物探所的工程師，在地質部的鳴放會上，他提了兩點意見：一點是研究工作計劃性不能太強，研究工作往往有出乎意料的發現，要給研究人員一定的自由度。另外一點，出國去參加學術會議，最好是讓寫論文的人去，不要派沒有寫論文的人去。他這發言其實很平淡，卻得罪那位沒有論文倒去了蘇聯開會的同事，那人就攻擊他「和他父親唱的是一個調子」。他父親謝家榮是地質部地礦司的總工程師，這時已經被劃為右派分子了。謝學錦也就這樣成了右派分子。現在他是國際知名的勘查地球化學家，1980 年當選為中國科學院院士。

　　順便講一下他的父親謝家榮，他的事蹟，《辭海》設有專條，現在轉錄如下：

謝家榮（1898-1966），中國地質學家、礦床學家。字季驊，上海人。1916年農商部地質研究所畢業，後赴美學習。曾任農商部地質調查所技正，清華大學、北京大學教授，中國地質學會會長。建國後，任全國地質工作計劃指導委員會副主任，地質部地礦司總工程師，全國地質普查委員會常委。中科院地學部委員。曾先後發現安徽鳳台磷礦、淮南八公山煤田、南京棲霞山有色金屬礦及甘肅白銀廠銅礦等，對大慶等油田的發現也作出了重要貢獻。對石油、天然氣、煤、金屬、非金屬礦產的成礦規律、找礦方向及成礦理論等都有論述。著有《中國中生代末第三紀初之造山運動、火成岩活躍及其與礦產造成的關係》和《北平西山地質構造史》等。

應該給《辭海》未說的補上兩點：一，他在1957年被劃為右派分子；二，文化大革命初起，他受到迫害，1966年8月12日晚上，他在一次批鬥會之後，服安眠藥自殺。（據鐵流，〈兩代地質學家的悲壯人生〉，見《炎黃春秋》2010年第4期）

謝家榮的學術地位，他在地質學界的聲望，這裏可以講一件舊事。1934年2月16日地質學家翁文灝在京杭國道因車禍受重傷。這時另外一位地質學家丁文江也在病中。1934年2月17日胡適寫給行政院長汪精衛的信中說：

午間到協和醫院看在君（即丁文江），他見我良久不能作聲，眼淚雙垂，我雖勸慰他，心裏也很難過。他在病榻不能作書要我代達先生：倘詠霓（即翁文灝）萬一有生命危險，或傷重須靜養，萬望先生敦囑公博兄（即實業部部長陳公博；地質調查所歸實業部管）不可隨便派人來做地質調查所長。在君之意以為謝家榮君（現為北大地質研究教授）資格最適宜，如有必要時，可以代理地質調查所所長。在君甚望先生以此意轉告公博兄。此所為在君、詠霓兩人二十年心血所寄，故在君拳拳繫念，其意甚可感，故代為轉陳。

這就是說，在丁文江看來，能夠接替翁文灝地質調查所所長職務的，謝家榮是最有資格的人選。

當年大學生裏劃出的右派分子，有一些沒有當選院士，卻在專業方面作出了突出成績的，就更多了。例如北京師範大學數學系的羅里波，就是

前面説到過的那個署名「呵欠伯」的大字報〈豈不令人深思〉的作者。此人改正後堅持回師大讀研究生，他的導師也堅持要他。據説八十年代去了美國，獲美國密西根大學數學博士，回國後任北師大教授、博導、《數學學報》編委。（范亦毫，〈我的帽子祭〉，見《不肯沉睡的記憶》，第 37–73 頁）北京大學中文系的王國鄉，1998 年退休的時候是中國金融學院國際金融系主任、教授，兼任中國人民銀行研究生部導師，獲得國務院特殊津貼專家稱號。

淮南煤礦工業專科學校物理學教師陸正亞，發現所用的教材裏採用的蘇聯杜伯夫編著的《物理學教程》裏關於角動量守恆演示實驗是不對的，如果按照書中所説的這個角動量守恆定律的演示，實際上就成了一種變相的「永動機」了，這在物理學上早已證明是不可能的。他於是寫信給上海交通大學物理教研室提出這個意見，並很快得到回信：

淮南煤礦工專物理教研組陸正亞先生：

您所提出的關於角動量守恆示範實驗的意見，十分正確。下次修改講義時決定遵照您的意見將此節重寫。謹此致謝，並請隨時對本講義提出意見。

此致

敬禮

交通大學物理教研室啟 一九五五・三・三

可是到了 1957 年反右派運動中，陸正亞批評蘇聯書籍這件事成了他反蘇的罪證，被戴上「極右分子」帽子，開除公職，押送白湖農場勞動教養四年多。1962 年初出現了短時間政治空氣寬鬆的情況，陸正亞於 6 月調回合肥工業大學。還沒有來得及平反，風雲突變，全國右派甄別平反工作停止，還大批「翻案風」。陸正亞又從教學崗位上被拉下來。

不過他的問題的解決比大多數右派分子要早。1969 年中蘇交惡，即使真的反蘇也不再成為一種罪名，何況陸正亞不過批評了蘇聯書籍，就更不算一回事了。1969 年 11 月 17 日，由駐合肥工業大學工宣隊、軍宣隊和校革委會作出《關於陸正亞問題的處理決定》，認為劃陸為「右派（極右）分子」是不當的，應予糾正。

在工程技術界，建築工程部劃出的最重要的一名右派分子是建築科學研究院機械施工組研究室副總工程師李溫平。他在抗日戰爭中因為修築滇緬公路的功績，抗戰勝利後，國民政府向他授予了兩枚勳章，美國總統杜魯門也決定授予他一枚自由勳章。他因忙於搶修黔桂公路而未及赴美領取。1949 年國民黨敗退台灣前，要求時任第一機械築路總隊隊長的李溫平將所有重型機械運往台灣，而他卻決心留在大陸，把這些機械設備悉數保管，連同總隊的財產美鈔、黃金全部移交給了中共。整風鳴放他沒有發表什麼右派言論，就因為他是農工民主黨北京市委聯絡委員，再加上接受國民政府勳章這些歷史問題，被劃為右派骨幹分子，受到「開除公職、勞動教養」的處分，送到黑龍江興凱湖勞改農場去了。

1957 年 8 月 7 日的《人民日報》刊出〈在章伯鈞直接指揮下，李溫平在工程界搞亂〉說：

> 李溫平在章伯鈞的直接指使下，企圖篡奪北京工程技術界領導權。他參加了 5 月 8 日章伯鈞在政協俱樂部召開的策劃反共的陰謀會議，這次會議成立了工程技術、醫藥衛生、交通運輸、農田水利、科學研究等六個點火小組，李溫平就是技術組的負責人。5 月 17 日，章伯鈞在北京飯店請工程技術人員吃飯，名單就是李溫平提出的。整風開始，李溫平調查了本院工程師以上技術人員的歷史，找出每個人的缺點和同共產黨關係中的「缺口」，加以挑撥和利用。他還把科長以上的共產黨員排了隊，搜集他們的缺點和錯誤，加以渲染誇大，以便攻擊黨。他還企圖串聯本院其他民主黨派共同推翻黨對建築科學院的領導，主張本院的方針任務和人事安排等，都先由民主黨派和他們看中的無黨派人士開會討論，提出方案，而後交給共產黨執行。李溫平還不折不扣地執行章伯鈞關於發展組織的指示，計劃把建築科學院工程師以上的技術人員「一網」吸收入農工民主黨，以便擴大他們的政治資本。

李溫平的右派問題改正以後，1984 年獲准赴美，領取那枚杜魯門總統授予的自由勳章。

北京市設計院的兩位總工程師華攬洪和陳占祥也都被劃為右派分子了。華攬洪（1913-2012），北京人。1928 年即赴法國留學，先後在法國土木建築工程學院和法國國立美術大學建築系學習，1942 年在美術大學里昂

市分校獲得國家建築師文憑，在馬賽市開設建築師事務所。中華人民共和國成立，他在法國的事業蒸蒸日上的時候，毅然於 1951 年回國參加祖國建設。梁思成推薦他擔任北京市都市計劃委員會第二總建築師、北京市建築設計研究院總建築師。主持設計了北京市兒童醫院等很大的建築專案。他主持制定的北京市城市總體規劃甲方案，包括保留城牆、廣開門洞、保存絕大多數胡同等項內容。結果被蘇聯專家否定了。

陳占祥就是和梁思成一起反對拆毀北京城牆的建築學家。他曾經和梁思成共同擬出了一個〈關於中央人民政府行政中心區位置的建議〉，不贊成將中央行政中心設在北京舊城，建議設在月壇以西公主墳以東的位置。他們的理由是：現代的政府機構總起來需要六至十幾平方公里的面積，這樣龐大的機構沒有中心佈局顯然是不適當的，而市內已經沒有足夠的空地。北京的居民所應有的園林綠化遊息面積已經太少，如果將中央政府的機構分散錯雜在全城，會帶來交通等各方面的不便，同時也破壞了北京城原有的完美佈局。不久，「梁陳方案」被指責為與蘇聯專家「分庭抗禮」，與毛主席的「一邊倒」方針背道而馳，而被否定了。(林洙，〈憶建築師梁思成〉，見《人物》1991 年第 2 期)。

9 月 5 日《人民日報》刊出了新華社的報導〈首都建築界展開大論戰，華攬洪陳占祥惡意攻擊首都建設的種種謬論一一破產〉，説：

> 華攬洪和陳占祥是北京市設計院的總工程師。他們抱着仇視的態度，污衊在中共北京市委和市人民委員會領導下制訂的「北京市總體規劃初步方案」，説這個方案是一本所謂「天書」，是「閉門造車，脫離群眾，形式主義」。他們主張取消總體規劃，主張用資本主義的「新陳代謝，迴圈建設」的方法來盲目地自發地建設北京。因而他們對黨作了一系列惡意的攻擊。為了反擊右派分子的惡毒的進攻，辯明城市建設方面的大是大非，首都建築界已先後召開了七次大小辯論會。

這篇文章説，在北京市都市規劃委員會經濟資料組組長儲傳亨和四十多個建築師、工程師們發言批判之後，

> 華攬洪面對這些事實，無言對答。只説他「動機是好的，效果不好」。這時，曾被華攬洪拉下水的建築師潘昌侯，當場氣憤地揭露：「當我幫你整理『萬言書』時，你明確地聲言，中心思

想要說明『失敗是主要的，成績可以說沒有』，這難道能說你的動機是好的嗎？」

9月9日的《北京日報》上還刊登了北京市都市規劃委員會水利規劃組組長鍾國生的文章〈華攬洪、陳占祥反黨聯盟在替誰叫囂？〉一文，批判陳占祥的〈北京市總體規劃和城市建設〉一文，說他的這篇文章「全盤否定幾年來民用建築的成就，挑撥共產黨和群眾的關係」，「他們到處散播說中共北京市委是『宗派主義』」。鍾國生的文章還批判華攬洪：「華攬洪假惺惺地披着『學術探討』的外衣，裝着『關心人民』的樣子，大聲疾呼：『黨不重視居住建築』『居住建築遠遠不夠』，還說什麼『解放後人民居住水準比解放前降低百分之三十！』華攬洪這純粹是無恥的造謠！」不過這篇文章沒有提到陳占祥反對拆毀北京城牆這事。

以上所寫華攬洪的個人材料，都是根據《北京觀察》2013年第十期刊出的顧孟潮作〈華攬洪先生與北京城市建設〉一文。這篇文章還說到了他後來的情況。他被劃為右派分子之後，還從事了一些專業工作，如「1973年，他還創造性地設計了北京第一座為自行車使用者着想的，也是全球第一個讓汽車和自行車分道順暢行駛的三層立交橋——建國門橋。」毛澤東死後，政治情況有一點鬆動，他於1977年獲准移居法國。1983年加入法國國籍。文章說他定居法國以後，還「為中法建築文化交流做了很多工作。如成功地協助中法兩國在巴黎蓬皮杜文化中心舉辦『中國建築、生活、環境發展展覽』，展覽盛況空前，每天參觀人數近兩萬人」，「還作了五項規劃和設計，包括為中國駐法大使館文化處作的改造設計項目。」

北京市機關房管局（房建局前身）副局長馬陵也被劃為右派分子。他是1941年入黨的共產黨員。據中共北京市房管局第二支部委員會《關於開除右派分子馬陵黨籍的決定》宣佈，他的錯誤有這樣一條：

> 同情和宣揚右派分子華攬洪的謬論。他說：「我們建房按人口比例比解放前降低了30％。我們重建不重管，不如英國、日本，他們都有管房大臣。」他又否定1956年房建局的工作和總支工作的成績（這一年馬去學習了）說：「1956年的工作成績是不是主要的，還是缺點是主要的，我有懷疑。」

紡織工業部基本建設局設計公司工程師吳厚福被劃為右派分子的材料，據報載，他的右派言論有這樣一些：「儲安平的『黨天下』，陳新桂給

找出理論根據來了。」「北大就有人上講壇說胡風不是反革命分子……胡風在現在就不會當反革命分子了。」「知識分子生活降低了，黨員生活提高了。」「共青團員充當『打手』、『包打聽』，黨員就利用這種統治方式，高高在上，聽彙報，是特務方式。」（9月12日《大公報》）

醫藥界對反右派鬥爭並不能免疫。

北京醫學院藥學系主任、中國藥學會理事、第一屆全國人民代表大會代表薛愚被劃為右派分子。據報紙上刊登的材料，說「在整風開始前後，薛愚發表了一系列用心險惡的文章和言論，惡毒地攻擊黨的方針政策，攻擊衛生部。他說衛生部是『黨天下』，衛生部『上自部長、司長、科長等頭目都是黨員』，『政治不懂，技術更不行』，而且還『不信任、不使用黨外知識分子』，『不重視非黨專家』。」（7月31日《人民日報》）

協和醫學院院長、第二屆全國政協委員李宗恩也被劃為右派分子。他又是農工民主黨協和支部主任委員，就由農工民主黨北京市委員會和醫學院支部開會鬥爭他。會上揭露的材料說，李宗恩竭力為美帝國主義保存協和這個據點，抗拒人民政府的接管。朝鮮戰爭爆發以後，他還給美帝國主義分子婁克斯寫信，歡迎他們重來中國。還有就是他在農工民主黨內深得章伯鈞器重、以及為農工民主黨拉人的情況。例如他對人說：「農工是共產黨的外圍組織，加入了就都是進步的。」（7月25日《人民日報》）

曾經長期擔任國民政府行政院衛生署署長、衛生部次長和部長的公共衛生專家金寶善，回到大陸之後，安排他擔任了衛生部技術室主任，第二屆全國政協委員，還擔任了九三學社衛生部支社主任委員。這時也被劃為右派分子了。北京醫學院衛生系副主任葉恭紹的批判文章揭露了他的這樣一些右派言論：「醫學教育部門沒有注意培養衛生防疫人才，而只培養看病的醫生。」「他甚至說解放以前的一些好的預防保健制度，現在也取消了。產生這些缺點的原因是因為『從衛生部直到中共中央的領導人就沒有預防思想』。」「目前衛生部的司局長很弱，不大解決問題，比以前國民黨時（他當衛生署長時）的衛生部差得遠」。他還攻擊黨的中醫政策，說：「對中醫只能當它作一項文化遺產來研究，而不應當作現代科學來接受。」針對黨所提出來的「學習蘇聯先進經驗」的要求，他「對學生宣揚美國的科學水準比蘇聯高」。（8月24日《人民日報》）

1957 年 10 月 13 日毛澤東在最高國務會議第十三次會議上講話，談到對右派分子的處理問題，舉了幾個例。他說：「比如錢偉長，恐怕教授還可以當，副校長就當不成了。」（《毛澤東選集》第五卷，第 493 頁）多年之後錢偉長對來採訪他的記者說，「毛主席說錢偉長是好教師，所以要保留教授，就是說我還能講課，所以還給工資的。我這右派是保留教授資格的右派，假如沒有這個我就到北大荒去了。」他認為，他能受到優待，「這是毛主席保的。」不過這保護也很有限，1968 年就要他到首都鋼鐵公司去當一名爐前工，勞動改造了。這是一種很重很苦的勞動。而且，因為受到他當右派分子的連累，他的兒子和女兒都沒有能上大學。（據《百年潮》月刊，2007 年第 2 期）

這裏簡單說一下中國科學院上海分院的情況。有機化學家黃龍鳴在鳴放期間，先後到解放軍醫學科學院、南京藥學院演講，提出了「教授治校」「專家治院」的主張，在中共上海市委召開的宣傳工作會議上，他說的也是這些意見。也是在這次宣傳工作會議上，生物化學家鄒承魯表示不贊成大學生統一分配制度，認為招研究生時應當先生選學生，學生選先生；對有海外關係的人不要歧視。因此有人提出要劃這兩位科學家為右派分子。分院負責人王仲良向市委彙報的時候，竭力保護他們。「柯慶施說：你說來說去，爭來爭去，就是這些人不應該是右派，是不是這樣？王仲良說：是的，我認為他們不是右派。柯慶施說：那麼你就是右傾！你應該認識到這些人本質上就是右派，但從策略上考慮，我們可以不給他們戴右派帽子，不給他們劃右派。」就這樣，這兩位院士就保護了下來。顯然柯慶施已經收到了中央關於自然科學方面反右派鬥爭的指示，才同意網開一面的吧。結果中科院上海分院所劃出的五十一名右派分子中沒有一個是副研究員以上的科學家，都是在中級、初級研究人員和行政幹部中間劃的。民盟成員林吉強、鄒承魯的學生李文傑都劃為右派分子了。（據《社會科學論壇》2006 年 4 月上半月所載〈政治風浪中的中國科學院上海分院〉一文）

中國科學院反右派鬥爭的情況。副院長竺可楨 1957 年 8 月 31 日日記裏有一點反映：

> 九點至院，張勁夫副院長作了整風報告，說在這次運動中高級知識分子是重點。鳴放期間大部意見是善意的，全部意見有幾千條，匯成 399 條，分為七類，其中有 222 是積極性的，惡性批評只卅條，佔 8%。整風運動於 5 月初開始，反右始自 6/8 以

後。在北京本院 7327 人中有 118 人是「右派」，幹部四千人中佔
1.6%；研究人員 2,360 人，有 69 名「右派」，[佔] 3%；技術人
員佔 1%；編輯十人，佔 4.7%；助理業務人員（2648 人）佔 0.8%；
行政人員 2,023 人，有 17「右派」，佔 0.8%。高級研究人員 370
人中有許良英、陳夢家、孫玉堂（經濟）、榮孟源（史二）、錢
偉長、曾昭掄、崔克信、羅開富、聶光坻、王天一、王審時（哲
學）、陳榮（文學）等十三人。尚有向達、朱弘復等正在檢查中。
在京單位中，以兩個物理所十數單位和科普做得好，有二十個單
位做得慢，有十一個單位沒有「右派分子」，如幹部局、技術科
學部等。心理所曹飛自殺，迄今情況不明。（《竺可楨全集》第
14 卷，上海科技教育出版社 2008 年版，第 643-644 頁）

應該指出：這裏記下的並不是最後的結果，情況還在繼續發展，張勁夫作
報告的時候，反右派鬥爭還在進行之中，例如顧準，就是在這以後才劃為
右派分子的。

第二十章

社會科學界的反右派鬥爭

社會科學界比起自然科學界來受到的打擊就更重一些了。在批判民盟關於科學體制問題意見書的時候，着重提出了一個資產階級社會學復辟的問題。中國人民大學計劃統計系教授吳景超在 1957 年 1 月號《新建設》雜誌上發表〈社會學在新中國還有地位嗎？〉一文，其中說：

> 在解放以前，中國許多大學中都設立了社會學系。1952 年院系調整之後，這些社會學系都一概取消了。過去搞社會學的人，大部分都改業了。

> 整個地說來，資產階級的社會學，其立場、觀點與方法，基本上是錯誤的。但是在百家爭鳴的時代，我認為在我國的哲學系中，還有設立社會學一門課程的必要。在這一門課程中，可以利用歷史唯物論的原理，對於資產階級社會學進行系統的批判，同時也儘量吸收其中的一些合理部分，來豐富歷史唯物論。

> 舊社會學還有其他一些部分，如人口理論及統計、社會調查（都市社會學與鄉村社會學都可併入社會調查之內）、婚姻、家庭、婦女、兒童等問題，社會病態學中的犯罪學部分，都可酌量併入其他學院有關各系之內。開設這些課程，當然不能採用舊的課本，講授時也不能採取舊的立場觀點與方法。但是以歷史唯物論的知識為基礎，來研究這些問題，對於我國社會主義社會的建設，也還是有用的。

4 月 10 日在新建設雜誌社召開的關於社會學的座談會上，吳景超更提出設立社會學系或社會學專業的主張。反右派鬥爭中他寫的一份書面交代中說，「在百家爭鳴的口號提出之後，恢復舊社會學的思想，逐漸發展起來。我是第一個人提出社會學在中國是否還有地位這一問題的。」

6 月 9 日，也就是民盟關於科學體制問題意見書在《光明日報》刊出的這一天，費孝通、吳景超、陳達、李景漢等人開了個社會學工作籌備委員會，推陳達為主任，提出要團結和聯繫原來社會學界同人成立社會學學會。所有這些，就被指摘為圖謀復辟資產階級社會學的陰謀活動。在反右派鬥爭中，這是社會科學界批判的一大目標。

郭沫若在中國科學院召開的座談會上批判說：「中國共產黨和一切馬克思主義者對於現代資產階級的反動的哲學和反動的『社會科學』，包括社會學、經濟學、政治學、法律學、歷史學等等，不論過去和現在，都只能採

取原則否定的態度。但是資產階級右派居然公開要求我們改變這種態度，並且用一切卑鄙的手段，來辱罵、污衊和醜化馬克思列寧主義的真理，企圖打倒馬克思列寧主義這面戰鬥的旗幟，以便為資產階級『社會科學』的復辟，為資產階級反動統治的復辟，鋪平道路。在這個問題上，我們難道能夠作絲毫的讓步嗎？」

對於費孝通的一些具體論點，郭沫若批判說：「關於資產階級右派所謂『恢復』舊社會學的問題，我想請大家看一看費孝通 2 月 20 日發表在《文匯報》上的一篇題為〈關於社會學，說幾句話〉的文章。在這篇文章裏，費孝通表示，『社會學』這塊牌子是否恢復，他並不重視，他所真正關心的是要在實際上用資產階級社會學來進行『社會調查』，來『研究』『有關人民民主專政的一系列問題』，例如：『黨和非黨的共事合作關係』，『階級消滅後的人和人的政治關係』，『人民代表大會制的運用』，『民主黨派的相互監督』，『知識分子的思想變化』，『人才的使用和安排』與『人事管理制度』等等問題。費孝通的這些文章充分表明了主張『恢復』社會學的真正用意，這種主張和章羅聯盟的整個政治陰謀完全合拍。正如大家所知道的，費孝通所提出的這些問題正是資產階級右派這個時期中反共反社會主義的主要題目。右派所以注意『黨和非黨的關係』，『人和人的政治關係』，就是要煽動黨外人士起來反對共產黨。右派所以注意『人民代表大會制的運用』，就是要用資產階級的國家制度，來代替我們的人民代表大會制度，例如採用『兩院制』之類。右派所以注意『民主黨派的相互監督』，就是為了用民主黨派來和共產黨分庭抗禮，以使民主黨派成為反對共產黨對國家的領導的工具。右派所以注意知識分子問題，就是為了反對知識分子的思想改造，把知識分子引上反共反社會主義的道路。右派之所以要討論什麼『人才的使用和安排』，『人事管理制度』等問題，意思那就更明顯了。他們不是大喊大叫我們沒有充分『發揮』右派知識分子的『力量』嗎？好讓資產階級右派知識分子出來染指國家工作的決策嗎？」(9 月 19 日《人民日報》)

在這座談上作批判發言的還有夏康農、侯外廬、齊燕銘、孫定國、陳翰笙、孫冶方、鄧初民、金岳霖、黃子通、吳半農、王學文等人。關鋒發言批判吳景超的〈社會學在新中國還有地位嗎？〉一文，說這篇文章寫得文不對題不合邏輯，這是吳景超故意這樣做的，例如他提出院系調整時取消若干大學的社會學系的問題，但他不從正面來反對，卻拐了一個彎，說是在舊社會中，有人口理論及統計、社會調查等八個課程可以分別在大學

裏的各系開課。接着吳景超說，舊社會學中的這八個項目，要以「歷史唯物論的知識為基礎」來進行研究。試問：像人口理論和統計、社會調查這樣的問題，既然用歷史唯物論的知識來研究，那麼這又和「舊社會學」有什麼關係呢？如果這些問題，要在歷史唯物主義的基礎上進行研究，那就根本不發生什麼有沒有地位的問題。吳景超在這裏不是故意混淆視聽，欺騙讀者嗎？（《新華半月刊》1957 年第 20 號，第 85 頁）關鋒過去並不是一個怎樣知名的人物。反右派鬥爭給了他脫穎而出的機會，到了 1966 年 5 月 28 日成立中央文化革命小組，他是成員之一，成了文化大革命前期能夠呼風喚雨的一人。

這費孝通、吳景超、陳達、李景漢等人後來都被劃為右派分子了。社會學家被劃為右派分子的，還應該說到吳文藻，《辭海》裏有他的詞條：

> 吳文藻（1901-1985），中國社會學家、民族學家。江蘇江陰人。1923 年赴美留學，獲社會學博士學位。1929 年回國，在燕京大學先後任教授、社會學系主任、文學院院長。1937 年後，在雲南大學創辦社會學系並擔任主任、文學院院長。1953 年起歷任中央民族學院教授、圖書館館長、顧問，並為第二、三、四、五、六屆全國政協委員，民進中央常委。著有《民族與國家》。

應該補充的是：抗日戰爭勝利以後，吳文藻擔任了中國駐日代表團政治組組長，兼任盟國對日委員會中國代表顧問。中華人民共和國成立的時候，他正在東京任職。他是怎樣回國來的呢？他的妻子、作家冰心在 1986 年寫的《關於男人》一書中回憶說：

> 我們有一位姓林的朋友──他是橫濱領事，對共產主義同情的，被召回台灣即被槍斃了，文藻知道不能在代表團繼續留任，1950 年他向團長提出辭職，但離職後仍不能回國，因為我們持有的是台灣政府的護照，這時華人能在日本居留的，只有記者和商人。我們沒有經商的資本，就通過朱世明將軍（注：中國駐日代表團團長，吳文藻清華大學的同學）和新加坡巨賈胡文虎之子胡好的關係，取得了《星檳日報》記者的身份，在東京停留了一年，這時美國的耶魯大學聘請文藻到該校任教。我們把赴美的申請書寄到台灣，不到一星期便被批准了！我們即刻離開了日本，不是向東，而是向西到了香港，由香港回到了祖國！

他們回國之後的情況，冰心在這篇文章裏接着說：

　　1953 年 10 月，文藻被正式分配到中央民族學院工作。新中國成立後，社會學和其他的社會科學如心理學等，都被揚棄了竟達三十年之久。文藻這時是致力於研究國內少數民族情況。他擔任了這個研究室和歷史系「民族志」研究室的主任。他極力主張「民族學中國化」，「把包括漢族在內的整個中華民族作為中國民族學的研究對象，讓民族學植根於中國土壤之中」。

　　1958 年 4 月，文藻被錯劃為右派，這件意外的災難，對他和我都是一個晴天霹靂！因為在他的罪名中，有「反黨反社會主義」一條，在讓他寫檢查材料時，他十分認真地苦苦地挖他的這種思想，寫了許多張紙！他一面痛苦地挖着，一面用迷茫和疑惑的眼光看着我說：「我若是反黨反社會主義，我到國外去反好了，何必千辛萬苦借赴美的名義回到祖國來反呢？」（據《清華校友通訊》叢書第 17 冊，清華大學出版社 1988 年 4 月版，第 164–165 頁）

　　冰心在這篇裏說的「1958 年 4 月，文藻被錯劃為右派」，看來是年代久遠記憶有誤。1957 年 8 月 16 日《人民日報》刊登的一篇〈請看李景漢的反動面目〉中點名的右派分子有費孝通、吳景超、吳文藻、潘光旦等人。可見早在 1957 年 8 月吳文藻就已經被劃為右派分子了。

　　經濟學界反右派鬥爭的一件大事，就是批判陳振漢等六人的意見書。陳振漢是北京大學經濟系教授，民盟北京大學支部副主任委員。1957 年 5、6 月間，他和北大經濟系的徐毓枬、羅志如兩位教授（都是民盟成員）、郵電部副部長谷春帆（民革）、中國科學院經濟研究所副所長巫寶三（民進），以及中國人民銀行總行幹部學校副校長甯嘉風（九三）六人，集會兩次，座談經濟學的現狀及今後發展方向問題，座談的結果，寫成〈我們對於當前經濟科學工作的一些意見〉一文。此文已寫出第二次稿，因為反右派鬥爭起來，沒有最後定稿即中止了。作為一種供批判用的反面材料，在《經濟研究》1957 年第五期上將這篇的第一次稿（原稿）、第一次稿（修正稿）和第二次稿同時刊出。在這裏，人們可以看到這樣一些話：

　　　　一個國家應當怎樣建設社會主義，馬克思列寧主義的經典作家不可能留下來放之四海而皆準的具體方案。因為關於社會主義建設我們不能從馬列主義經典作家的著作中找到現成的和四海皆準的規律。

從全國解放以來的八年中間，我們國家在國民經濟的恢復，社會主義的經濟建設工作基本上是在摸索着前進的。

我們的各項具體工作，無可諱言，多半是從摸索着前進的，我們的財經政策和設施，不少是盲目地搬用蘇聯成例，即是碰碰試試，主觀主義，盲目行事，並未遵循什麼客觀經濟規律，也不知道有什麼規律可資遵循。由此，我們的工作並非沒有錯誤，甚至是嚴重的錯誤，也並非不出偏差，往往是幅度很大的偏差。也因為如此，雖然總的說起來，我們這些年來經濟建設突飛猛進，獲得了燦爛的成就，雖然錯了就改，偏了就糾，而因此造成的損失卻是影響不小。

我們目前的經濟科學還是停滯在相當幼稚的階段，除了教條地搬運蘇聯教科書的一些東西以外，就是一些現行制度的描述。因而也還不能起指導實際的作用。

如何對待經典著作問題：現在的風氣是經典著作上的一字一句都是金科玉律，只能引證訓詁，逐字逐句轉述背誦，甚至連手民排校的錯誤或翻譯上的錯誤，詰屈聱牙的譯文也神而敬之地在那裏體會「精神實質」。

許多經典著作寫作於百年以前，對於百年來的事物只能預見其大，不能洞燭幾微，只能預見趨勢，不能先卜年月時地，十月革命爆發於工業落後的俄羅斯不就是顯例嗎？而且馬克思的許多著作都是出版於身後，又怎能保其每字每句都是珠玉呢？然而在我們這裏多少年來又有誰敢公開提出關於「絕對貧困論」的懷疑？不僅思想內容和概念方面如此，即是在闡述說明問題的體例形式我們也不能加以絲毫變動。例如現在政治經濟學教學中關於資本主義部分的講授大綱，完全是因襲《資本論》的體例，而且一般還認為這一部分是整個全部政治經濟學裏面體例最完整的部分，但是我們經常感覺這樣一種從完全抽象商品二重性的概念開始的體例是和我們從具體到抽象的認識過程相顛倒的，事實上對於教師和學生，這開宗明義第一章無異是當頭悶棍，有的人甚至就此終生被這一關擋住在政治經濟科學的門外。然而直到今天又有誰曾想到變動一下我們教科書中資本主義部分的體例呢？

我們當然也都知道馬克思列寧主義並非及馬克思列寧之身而止，而是在繼續發展和豐富中的。因此究竟怎樣才算發展，怎樣

又是修正主義的泥淖，在籠統概念上好似容易劃分界限，到了具體問題總是往往易於混淆。結果為了避免修正主義這樣可怕的名聲，誰也不願多惹是非，這也就堵住了經濟科學上任何創造性發展的可能而助長教條主義的氣焰。

這意見書還談到研究資料的保密問題：

　　有的材料在帝國主義國家裏已經眾所皆知，在我們卻還是國家機密。我們認為保密是必要的，但保密範圍很可以縮小，並且應當明確。例如銀行方面的鈔票暗記、電報密碼、外匯頭寸、黃金庫存應該保密，至於存款、放款，乃至銀行發行數字，似乎就沒有保密之必要，因為這類數字公開了不會產生什麼毛病，不公開也並不真能保持秘密。有人假使一定要知道，不難從別的已經公開的數字中推算出來的。例如假使有赤字發行，即令發行數字保密，難道連物價變動和物資供應情況也能一概不讓人看見嗎？公開出來，讓大家了解情況，對政府進行監督，提供建議，是不是更有利於工作的改進？明確和縮小保密範圍，解除過去對於保密問題的顧慮，大力宣傳資料的重要性是使解決資料供應問題的前提條件。

意見書對於不怎麼懂經濟學的財政經濟幹部表示了有點不佩服：

　　聽說一些領導財政的同志根據幾年來的經驗總結出來這樣一條規律，即是國家的財政收支如果不能平衡，勢將導致物價的上漲和物資供應的緊張狀態。其實這是經過千錘百煉的經濟規律。連這樣的規律還要從親身經驗裏面去總結，我們的財經政策就未免過於忽視既有的經濟知識了。有的財經領導同志在公開會議上認為，貨幣發行如果是適應需要，如為農貸及收購農產品的，不能說是通貨澎脹，也是違背經濟常識的說法。說明我們的業務部門領導同志好憑一己經驗領導工作的作風還是嚴重的，這樣也就看不起經濟科學工作的作用，也就不會重視科學研究。

這意見書認為當前經濟學界的力量還是十分薄弱，而業務部門又需要許多經濟科學工作者，經濟科學需要一個更壯大的隊伍，從而提出了加強黨內外經濟科學工作者之間的團結問題。意見書說：

　　可是一年多來，有些人為的牆和溝還依然存在着，例如在不少高等學校和個別科學研究機構裏面，政治經濟學的教學和研

究，主要由黨內同志進行，一般黨外經濟科學研究工作者仍只能以經濟思想史、經濟史，或資本主義國家的經濟等的博古通今工作作為安身立命之所。又如同在業務部門的經濟研究機構裏的工作人員，黨內和黨外的同志所能看到資料的機會並不均等；又如對科學學術見解上的簡單否定，對於科學成就的不同估價也還不能完全摒除。諸如此類的界限的存在，我們認為這樣是不利於發揮黨外經濟科學工作者的積極性的。我們認為黨內經濟科學工作者，不論是在業務部門，在高等學校和在科學研究機構的，應該加強和黨外同行的聯繫，增進對於他們的認識和了解，歡迎他們參加適合參加的工作，和他們分享自己所能享受的工作便利。

意見書還提出了對待資產階級經濟學的態度問題：

> 馬克思列寧主義政治經濟學的一大特色，便是批判地吸收和利用資產階級經濟學家的研究成果。馬克思的《資本論》和列寧的《帝國主義論》是這方面的最好的典範。馬克思和列寧以後，隨着帝國主義形勢的發展，資產階級經濟學也有了很大的發展，其中是否有某些地方反映了（哪怕是歪曲地反映了）現代資本主義的實際情況，可供我們批判地吸收利用呢？資產階級經濟學所用的一些方法，是否也可以用來替社會主義經濟學或社會主義經濟建設服務呢？

> 泥古不化本身是違反馬克思主義的。適用於一定歷史時期的理論解釋或理論總結，不一定適用於另一段歷史時期。例如貨幣的購買力（價值）是否必須以黃金的價值來解釋，資本主義制度下工人階級的實際工資是否不斷下降，產業預備軍的百分比是否必然擴大，這些問題都可以根據現實情況重新研究，這些問題是客觀存在的，過去大家迴避它，不談它，實際並未解決，我們覺得只有在馬克思主義和黨在科學方面的領導下好好展開研究與爭辯才能解決這些問題。

有意思的是，這篇意見書是在 6 月 19 日毛澤東公佈《關於正確處理人民內部矛盾的問題》的修改本之後寫出第二次稿的。所以它的結尾處寫了這樣幾行：

> 我們有毛主席的六條標準，緊緊掌握這六條標準就可以解決問題而不會陷入修正主義的泥淖裏。我們堅決反對修正主義，我們肯定社會主義革命和無產階級專政的必然性和必要性，但是我

　　們同時也主張：對於現實經濟問題要作現實的探討，不能故步自封，是敝屣就要摒棄。

　　儘管表明了擁護六條標準、肯定社會主義革命和無產階級專政的態度，還是過不了關。中國科學院哲學社會科學部 9 月 3 日到 5 日連續開會批判陳振漢和他們的意見書。會上有二十多人發了言。中國人民銀行總行金融研究所楊培新批判說：

　　　　陳振漢說馬列主義沒有一套放之四海皆準的社會主義經濟建設的「方案」是毫無事實根據的。《共產黨宣言》、《哥達綱領批判》等著作以及中國共產黨關於對工業、農業、資本主義工商業社會主義改造的政策都說明馬列主義經濟學在這方面是有一套完整的理論的。建立無產階級專政，實現工業國有化、農業集體化，有計劃地發展社會主義經濟、文化，逐步提高人民生活水準，準備條件向共產主義過渡，這就是放之四海而皆準的真理。恩格斯在 1877 年在《反杜林論》中提出的理論，已預見到社會主義建設的規律，八十年來，這個規律已為實踐所證明。陳振漢把馬克思主義嘲笑為「和尚念經」，這只能證明陳振漢的反動立場。馬克思主義指導了九億人口的國家完成了民主革命和社會主義革命，這些國家的經濟建設的速度遠遠超過資本主義國家，馬克思主義的這個偉大勝利，證明了馬克思主義理論是生氣勃勃的行動的指南。

　　中國科學院學部委員王亞南批判說，馬克思主義政治經濟學是以辯證唯物主義和歷史唯物主義的世界觀為指導的，是在工人階級反對資產階級的革命鬥爭實踐中生長起來的，是為蘇聯、中國和其他人民民主國家的經濟建設的經驗所豐富和發展起來的，說馬克思主義政治經濟學是教條，只是一種無恥的污衊。

　　經濟研究所副所長嚴中平揭發說，陳振漢在十多年前就主張：在中國的外國資本和外國工廠增加的結果並不阻礙而且幫助民族資本的積累，說是因為外國資本輸入或外國人在中國辦工廠的結果，與民族資本一樣，是增加本國人民的生產能力，也就是增加他們的所得。嚴中平認為這是陳振漢由來已久的買辦資產階級的反動觀點。

　　讓我們暫時離開一下鬥爭的會場，插說一點後來的事情。1980 年鄧小平對外國記者說：「吸收外國資金、外國技術，甚至包括外國在中國建廠，

可以作為我們發展社會主義社會生產力的補充。」（《鄧小平文選》第二卷，第 351 頁）從那時以來，外資企業，合資企業，在中國經濟發展中所起的作用是大家都看見了的。同樣意思的話，當年右派分子說了惹禍，主持反右的人後來說了就是政治智慧。現在，我們又回到當年的鬥爭會場上去。

北京大學教授樊弘揭露陳振漢以主張「競爭平衡論」來宣揚資本主義的優越性，說是在資本主義制度下通過競爭可以使生產中偏差得到平衡，而社會主義制度下的經濟建設卻會產生嚴重的偏差，並且因為社會主義必然產生官僚主義，所以這種偏差不可能消除。

這篇報導還說：「在會上發言的人對陳振漢的兩次交代表示不滿，指出他的態度是極不老實的，沒有接觸問題的實質。」（《新華半月刊》1957 年第 20 號，第 82 頁）

郭沫若在中國科學院 9 月 18 日的座談會上也批判了陳振漢。他說：

> 陳振漢秉承章羅聯盟的意旨，首先對中國共產黨領導的我國社會主義經濟建設工作大肆攻擊，說我們國家的經濟建設工作，其中包括計劃工作、財政工作、金融工作等等，都是「盲目的」，根本沒有遵循什麼客觀經濟規律，以致偏差頗大，錯誤很多，損失不小。其所以如此，據陳振漢說，一方面是因為馬克思列寧主義政治經濟學已經成為「過了時」的「敝屣」，不能指導當前的國家經濟工作，另一方面是因為，我們的國家經濟部門的負責人員不懂得經濟學常識，是一些教條主義者、經驗主義者、官僚主義者和宗派主義者。這個局面豈不是糟糕透頂嗎？那末怎麼辦才好呢？陳振漢代表資產階級右派回答：這好辦得很！他的辦法的第一條是：馬克思主義政治經濟學既然早已過時，「是敝屣就應揚棄」，乾脆把它扔掉，改用資產階級的經濟學，特別是現代壟斷資本的辯護人凱因斯的經濟學說，把它作為國家的經濟工作的指導思想就好了。辦法的第二條是：現在的國家經濟工作部門的負責人員，既然不能擔負領導的重任，那末乾脆請他們下台，讓這批資產階級右派的「經濟學家」或者喜歡這批「經濟學家」的人上台就好了。經濟工作方面應該如此這般，經濟科學的教學和研究工作方面，也應該如此這般。陳振漢的「意見書」數易其稿，洋洋數千言，其主要內容，事實上就是這樣。（9 月 19 日《人民日報》）

　　中國科學院經濟研究所研究員林里夫（1909-2001）也被劃為右派分子了。他是遼寧西豐人，1929 年入黨的共產黨員。當時宣佈他的反黨反社會主義言行有這樣一些：他說過：現在「哪裏是什麼無產階級專政，科學院就有許多資產階級人物副院長、所長，並且副所長在領導着我這個共產黨員。」他說：「像他這樣的老黨員還要接受一些解放後才參加革命工作的人領導，比如要接受某副所長，甚至還要接受像巫寶三這樣的副所長領導，另外像傅作義這樣的舊軍閥也當了中央的部長，因此他便得出了一個奇特的公式：老革命不如新革命、新革命不如不革命，不革命不如反革命。」他說：「現在社會上有兩種人，一種是地位高名氣很大，但無真才實學，如郭沫若就是其中的一個；另一種是很艱苦地做學問，學術水準高，但地位不高，名氣不大。」宣佈的材料還有：「林里夫一再主張政策可以爭鳴……他一再強調說，政策不等於規律，政策不一定反映規律，政策常常可能是違反規律的、錯誤的，而經濟學家的任務是研究規律來糾正不正確的政策的錯誤。在他看來，國家對資本主義工商業和對農業進行社會主義改造的政策都是有問題的，違反客觀經濟規律的。」「他引導過大家討論國家重要政策，甚至黨和國家的總路線和總任務能否爭鳴的問題」。林說「如果政策不允許爭鳴，經濟科學就很難『百家爭鳴』。」「今年 4 月中旬，在院黨代會召開之前，黨委徵求各所支部黨員的意見。林里夫認為這是攻擊黨組黨委最好的合法機會。他利用大會、小會、與黨內外同志的個別談話，歪曲事實，製造輿論，煽動全體黨員對黨委的不滿。最惡劣的是他在整理支部提案時，擅自按照自己的意見加以篡改，使其失去了原來的面目，作為向黨進攻的依據。」還有這樣一件事：材料說：在右派分子篡奪光明日報時期，林里夫公開發表文章號召全國青年向團中央、高教部、科學院作鬥爭：「林里夫在 4 月 23 日光明日報上，發表了一篇殺氣騰騰的反黨文章。這篇文章的刊登是費了周折的。事前，曾送人民日報社，黨報發現了他文章的反黨情緒，拒絕刊登，並指出他的情緒不對頭。從而，林里夫對鄧拓同志懷恨在心，後來，林又將該文送到某領導機關審查，結果亦未如願。在黨領導的各機關，林里夫的陰謀不能得逞，便把該文送交章羅聯盟所把持儲安平當總編輯時代的光明日報，於是，林里夫的反黨文章就發表出來了。」材料還說他同右派內外呼應，反對黨在科學院的領導。「科學院是副秘書長專政。而這些副秘書長對科學研究都是外行。」能夠參加黨組決定科學院的大政方針的多半是非科學家，不大懂得科學的行政工作的黨員幹部，這就很難避免不作一些外行的決定。」「科學院都是些外行在那裏領

導。」（據《中國科學院右派分子言論材料彙集（一）》內部資料，中國科學院整風領導小組辦公室編印，1958 年 6 月）

　　還有中國科學院經濟研究所研究員孫毓棠（1911–1985），也被劃為右派分子。他在清華大學歷史系畢業後曾留學日本，抗日戰爭期間曾在昆明西南聯大任教。他被劃為右派分子的情況，據新華社 1957 年 9 月 12 日報導：

　　　　中國科學院經濟研究所，從 6 月 26 日展開對孫毓棠右派小集團的鬥爭以來，截至目前為止，已舉行了大小辯論會二十三次。他的反共反社會主義的陰謀活動，已經敗露。

　　　　孫毓棠是章羅聯盟科學綱領的擁護者和傳佈者。他曾參加了制定這個綱領的座談會，積極地出謀獻策，並到處叫賣。他的中心目的是在社會科學領域排斥馬列主義，取消共產黨的領導。孫毓棠非常同意費孝通恢復資產階級社會學和依靠資產階級社會科學家的濫調。他認為「現在已不是對付一下的問題，而是應該從根本上改變局面」。

　　　　他為了削弱共產黨在經濟所的領導，他和外面右派分子相配合，提出所謂「科學家辦科學」的口號。他認為，共產黨可以領導思想教育，不能領導科學，黨員科學家也不堪作領導。孫毓棠的同謀者章有義就提出一個具體主張：「研究員（包括副研究員）輪流當所長。」據他們自己交代說：經濟所副研究員以上的人員中，黨員極少，如果他們這個主張能實行的話，就可以「削弱一部分黨的領導」。

　　　　孫毓棠藉口反官僚主義，大肆攻擊社會主義制度，他說他過去在舊清華和英國牛津大學時，真是「如魚得水」，「頂天立地」，「上面沒有人來壓，下面也不壓助教學生」，而今天在他的頭上，卻是「一層層的樓閣亭台」，「行政在學術生活之上，把學術生活壓得像我犯了氣喘病一樣喘不過氣來」。他狂妄地提出學術不要計劃，說什麼科學院「十二年規劃是自上而下來的」，不切實際，有了「計劃檢查，實際就是干擾」。

　　　　孫毓棠造謠生事，利用兩面派的手法挑撥群眾同共產黨等方面的關係。他捏造了一些「事實」，說「黨對舊知識分子的知識積累估計不足」，對知識分子的使用「簡直是變相的勞動改造」。

他誣衊黨不關心青年，在黨支部面前說「青年人不服從領導」，在青年面前說「黨對青年的培養不負責任」，只有他是知識分子的同情者。

孫毓棠是經濟研究所的研究員、工會主席、民盟中國科學院支部組織委員。這個右派分子之所以如此猖狂地反共反社會主義是有其歷史根源的。孫毓棠原來是一個洋奴政客。1939 年後，他先後做了《當代評論》（由特務頭子朱家驊出錢主辦）和昆明偽《中央日報》的「史學」副刊的編輯；1943 年在昆明正式參加國民黨；1944 年在國民黨為美軍舉辦的譯員訓練班（政治訓練工作由陳雪屏、蔡維藩等特務頭子主管）中，他擔任教官；1944、1948 年兩度發表的〈中國民族的發展〉一文為蔣介石《中國之命運》中的民族沙文主義找「理論」根據。1947 年在國民黨的聯合國代表團中充當專門助理，作了國民黨賣國的「幫兇」。在解放前夕，他還在《新路》週刊舉行的「中美關係」座談會上，為美帝國主義的侵略行為塗脂抹粉，為蔣介石的垂死統治出謀獻策。孫毓棠同右派頭子羅隆基，右派骨幹分子費孝通、吳景超、潘光旦等，遠在解放前，就有着一種異乎尋常的親密關係。因此，解放後不久，孫毓棠即混進民盟，搖身一變而成為一個「進步學者」，並到處吹噓，騙取人民的信任。孫毓棠原來是個洋奴政客。（1957 年 9 月 14 日《人民日報》，原標題為〈過去媚美擁蔣現在反對共產黨　孫毓棠原來是個洋奴政客〉）

後來，孫毓棠的右派問題解決以後，曾在 1981 年至 1982 年任美國德克薩斯州立大學和美國華盛頓威爾遜研究中心客座研究員。

中國科學院經濟研究所劃為右派分子的還有副研究員章有義（1919–1992）安徽桐廬人。據宣佈，他的反黨反社會主義言行有這樣一些：

一、誇大缺點，抹煞成績，否定和攻擊社會主義制度。例如他聽到某地供銷合作社沒有及時收銷水果，致使農民受到損失，就說：「社會主義如果搞得不好，比資本主義還要壞」；看到計劃供應中的個別缺點就說：「計劃經濟搞得不好，對消費者更壞」；看到個別浪費現象就說：「新社會工作效率低。」他認為新社會的建設成績主要是由於「勞動強度的加強」，惡意諷刺說：「反正中國人的資源豐富嘛！」

二、攻擊人民民主制度。他誣衊我們國家裏「輿論一律」，「缺乏民主空氣，缺乏言論自由」，而欣賞資產階級的民主與自由。他誣衊肅反「是忽視人的政治生命」。

三、章有義誣衊黨是「統治者」，「黨員包辦一切」。他非常欣賞「黨天下」的謬論。他認為「民主黨派不過是聽用」，「意思意思而已」。

四、章有義對於黨對科學的領導抱有極大反感，贊成「內行辦科學」「科學家辦科學」，主張「研究員輪流作所長」。由於不甘心黨對科學的領導，他攻擊各級學術領導黨員同志，強調學術水準，意在抹煞政治水準的重要性，「有意打擊領導威信」。他批評按計劃工作是「任務觀點，不能深入問題」，企圖否定黨對科學的方針政策的領導。他特別反對黨加強對經濟科學的領導，喊叫「經濟學危機到了」，黨員經濟學家搞的不過是「官房學」。他主張資產階級「經濟學家參加政策問題的討論，並對國家機關經濟工作進行監督」。

五、他誣衊蘇聯制度，說斯大林事件是由於制度；破壞國際團結，說「匈牙利事件中蘇聯第一次出兵是干涉」。

六、以攻擊教條主義為名攻擊馬列主義。章有義讚揚修正主義，誣衊「馬列主義是束縛思想的框框」。他曾借工會學術報告會的機會公開宣傳托派觀點，企圖動搖中國革命的理論根據，攻擊「半封建半殖民地」這一結論。

七、章有義一貫挑撥黨同群眾的關係，打擊黨的威信，散佈反動言論，擴大矛盾與糾紛。他當面極力表示贊成編輯史料這一工作，背後卻說「這是對舊人的廢物利用」，諸如此類捏造領導低估和不信任舊人等等謊言來挑撥黨同老科學家的關係。在向科學進軍問題上，利用青年團內右派分子章良猷探聽黨團內部機密，用以製造和擴大黨與青年之間的矛盾。他在青年中散佈與領導尖銳對立的意見，激發有些青年的不滿情緒，在所務會議上卻批評青年，主張對待青年應該嚴格。他還以同樣辦法挑撥黨同業務助理人員和肅反審查對象之間的矛盾。

八、整風運動開始後，章有義認為時機到了，喊出「整人者人恒整之」「短兵相接」的口號。他四處煽動點火，經他點火的

不下三十餘人之多。同時與所內右派分子孫毓棠在背地裏共同策劃點火對象和向黨進攻的重點，在公開場合則彼此唱和。

九、章有義交代他的目的是：嚴重打擊黨的威信，造成一種形勢，迫使黨在領導權上大大讓步，使我有可能乘機操縱所務，並將自己的意志強加於黨，為所欲為，由削弱進而篡奪黨的領導權，把經濟所恢復成解放前的社會所。（據《中國科學院右派分子言論材料彙集（一）》內部資料，中國科學院整風領導小組辦公室編印，1958 年 6 月）

在中國科學院經濟研究所劃出的右派分子，還必須說到顧準。顧準（1915-1974），上海人，1935 年入黨的中共黨員，解放以後擔任過一些領導職務，1956 年調中國科學院經濟研究所任研究員。在整風運動中，他絕未在公開的會議上，或用文字參加過以「大鳴大放」為名的向黨進攻。他曾經表示過不同意儲安平的「黨天下」的謬論，不同意大學、研究所等類機構的黨組可以撤銷的意見。1957 年 4 月，在一次與章乃器的長談中，他也委婉地表示不同意章關於「共產黨員是特殊材料構成的」以及定息不是剝削的主張。他是以「反蘇」的罪名被劃為右派的。其實，他青年時代就讀了巴比塞歌頌斯大林的《從一個人看一個世界》和許多描寫蘇聯十月革命、內戰、建設的蘇聯小說，正如他自己說的，「蘇聯和斯大林的形象，對於我多少是聖潔的。」後來他同蘇聯有了些直接的接觸，對蘇聯的看法就現實得多了。1957 年初，他隨同中國科學院副院長竺可楨到海南島和雷州半島考察橡膠墾殖情況，看到由於蘇方片面撕毀兩個國家合作經營華南橡膠墾殖的協定，使我國蒙受巨大損失。1957 年 7 月，他參加了中蘇聯合黑龍江考察，擔任綜合考察委員會副主任，看到蘇方領隊涅姆欽諾夫對我方領導人竺可楨極其傲慢。無論在正式的會談中或非正式的會談中，他對竺可楨不時流露出一種老子教訓兒子的口吻，其實，論年齡，他比竺還小幾歲，論地位，竺是我國科學院副院長，他不過是蘇聯科學院主席團的成員，這種傲慢態度，絕不符合國際交往的起碼的禮節要求。看到這些之後，用他自己的話說，在這一年裏，他經歷了「從『聖潔』到『嫌惡』這樣巨大的變化」。涅姆欽諾夫也找顧準個別談話，後來，顧準在一篇材料中說：他的「談話也用一種很難忍受的指導者口吻。我和他談話時，在這種傲慢態度面前絕未表示出絲毫的恭順之意，反右鬥爭中也有人把這當作右派罪行加以揭發，我認為不是我錯了，而是揭發者自己錯了」。反右派鬥爭中，批判他的「反蘇」言論，着重在他說的華南墾殖投資和蘇方毀約、

東北拆遷機器、中蘇貨幣比價、遠東地區的領土和國界這些事。此外，還批判他對歷次政治運動的污衊，批判他對葛佩琦、雷海宗等人右派言論的同情言論等。他說，有一件叫他覺得奇怪的事：「批判大會上沒有一次發言涉及不久以前的中蘇黑龍江考察問題。我猜測，還是科學院黨組考慮對蘇關係後所採取的鄭重態度的結果。」1957 年 11 月顧準被劃為右派分子，1958 年 2 月 4 日中共中國科學院綜合考察委員會支部《關於開除右派分子顧準黨籍的報告》裏就寫了這樣一條：「大量散佈反蘇言論。說：『蘇中關係是父與子的關係，蘇中貿易是不等價交換』。並利用職權對蘇聯同志採取敵對態度和行動。違背領導指示，支援中國工程師擅自以中方名義發表錯誤主張，反對蘇方主張。當代表團內陳劍飛（黑龍江省副省長）同志批判了這種錯誤行為時，顧說：『陳沒有中國人的氣味』。」他因此受到監督勞動的處分，下到河北省贊皇縣勞動，後來又到河南省信陽專區的商城縣勞動，1960 年調回北京，下到清河飼養場勞動，1961 年 11 月摘掉右派帽子。1965 年 9 月 17 日經濟研究所又給他重新戴上右派分子帽子，這時，在無法抗禦的政治壓力之下，一直感情很好的妻子汪璧只好同他離婚，1968 年 4 月在絕望中自殺。在勞改中的顧準直到一年多之後才知道她的死訊。顧準在勞動和改造中間寫下了不少筆記和論文，在他死後二十年才得以陸續整理出版，被學術界認為這屬於二十世紀中國思想史上最重要的收穫。（本段材料均見《顧準自述》，中國青年出版社 2002 年版）

據 1958 年 2 月 4 日中共中國科學院綜合考察委員會支部關於開除右派分子顧準黨籍的報告中說，顧準的錯誤言行還有這樣一條：散佈修正主義毒素。他說：「修正馬克思主義與創造性運用馬克思主義並無差別」。並說：「為什麼中央可能有創造性，一般人就不能有呢？」

還有天津南開大學教授、經濟學家傅築夫（1902–1985），字作揖，河北省永年縣人。著有《中國古代經濟史概論》、《中國原始資本積累問題》等多種。也被劃為右派分子。1957 年 8 月 6 日《人民日報》以〈天津擴大反右派的戰線，若干教授的反動面貌被揭露〉為題，刊出了新華社天津 4 日電，說：

> 南開大學共開闢了五個反右派鬥爭的戰場。右派分子、經濟學教授李寶震，利用南開大學民盟支部副主委的職務，在教師中進行了一系列惡意挑撥和煽動……在這個小集團中有副教授任振威，教授楊敬年、傅築夫等人。

8月8日《天津日報》更以〈南大經濟系教師攻破傅築夫楊敬年等右派集團〉的大字標題，作了突出報導。這篇報導説：

> 初步揭發的材料，楊敬年和劉君煌並且擬定了一個名單，準備篡奪目前的領導，這個名單是：經濟研究所所長傅築夫、經濟系主任鮑覺民、經濟研究所秘書長任振威……傅築夫等還曾商定，如果這次的陰謀不實現，他們就裹脅在他們影響下的老教師全部離開南開大學，把南大經濟系搞垮。

這篇報導還公開了傅築夫的檔案材料：

> 右派分子傅築夫早在 1928 年即擔任國民黨河北省黨部秘書。在天津解放以前的一段時期內，他擔任國民黨中宣部直接領導的偽天津民國日報的總主筆，並兼任天津偽市府的名譽顧問和典試委員。

經濟學界的大批判還有一項重要的內容，就是人口問題。費孝通、吳景超、陳達、李景漢這幾個右派分子都是就人口問題發過議論的，吳景超在《新建設》3 月號上發表了〈中國人口問題新論〉，認為過多的人口不利於提高勞動生產率，不利於社會主義建設。農業科學院的研究員陸欽范寫了一本《人口問題拋磚集》的小冊子，自己花了三百數十元印了一萬份，送給全國人民代表大會。報紙説他用危言聳聽的筆法強調了人口問題的極端嚴重性。陸欽范説：

> 假如我是蔣介石或杜勒斯，我就希望大陸上每一個十五歲到五十歲的婦女以每年生一個孩子的速度進行生育。這樣在不到一年的時間裏，比匈牙利事件規模更大的騷亂，就會在中國發生了。雖然這種假設的極端情況，僅是寓言性質的，我希望文藝工作者，在此百花齊放之春，可以取材於此，寫一些產婦群眾們如何不滿，砸醫院，砸牛奶場，砸工會要求福利等，這是第一階段，接着父母們為了要求送孩子入學，砸學校，城市青年們要求就業，砸工廠，農村青年們為了擴大不了耕地面積，紛紛離開合作社，以至牲口們為了養犢育駒，要求飼料地等等。

農業科學院在兩個多月的時間裏開了三十多次大小會議鬥爭他，説他是一個以人口問題為幌子，企圖在我國挑起匈牙利事件的右派分子。可是他固執己見。據報紙報導説：「反右派鬥爭開始後，當群眾駁斥他的反共反社會

主義謬論時，他就出大字報，一一反抗，詭辯，誰批判他，他就找誰爭吵，態度十分橫蠻，妄想把批評者壓下去。後來他看到形勢不對，就大喊『要退出整風』，揚言今後不參加會議，不看大字報，不訂《人民日報》，並且閉門不出，企圖逃避鬥爭；…… 群眾到他辦公室去找他參加辯論會，他竟敢叫群眾『滾出去！』並想把群眾推出門去，還用棉花塞住兩耳不聽別人勸告，耍無賴態度。」這篇報導還揭發了陸欽范其他一些言論，例如「污衊共產黨『已成為一個權利集團』，惡毒地說共產黨是『世襲』，『比起土地私有制來更是真正的封建』；詛咒黨『終究會被時代的車輪所拋棄』。」等等。不過，據這篇報導說，陸欽范最後還是承認了錯誤。（9月8日《人民日報》）

可是，在人口問題上的代表人物並不是吳景超、陸欽范這些右派分子，而是馬寅初。他向一屆全國人大四次會議提交的書面發言，就是一篇洋洋一萬六七千字的學術論文〈新人口論〉。其論點與吳景超等人的並無原則的不同，只是更系統，更有科學性。要批判右派分子在人口問題上的主張，就不能不批判馬寅初。可是他的學術地位，過去他對蔣介石不買賬的名聲，特別是他現在政治上的合作態度，以北大校長的身份為學校黨委制辯護，都是不能劃為右派分子的。據童小鵬在《風雨四十年》（第二部）中提供的材料，「當時有人要把馬寅初劃為『右派分子』，中央統戰部領導向周恩來彙報了這事，周恩來明確表示說：『馬寅初這個人有骨氣，有正義感，是愛國的，他是我國有名的經濟學家，國內外都有影響，不能劃為右派。』這才使得馬寅初免遭厄運。」（中央文獻出版社1997年版，第257頁）因為他得到了周恩來的保護，於是當批判在人口問題上發表過意見的右派分子的時候，只是不點出姓名地附帶批判他一下。

10月4日的《人民日報》發表了北京大學政治系主任李普寫的專文〈不許右派利用人口問題進行政治陰謀〉，點了費孝通、吳景超、陳達、李景漢、陸欽范等右派分子的名，說他們是利用人口問題，節育問題來向黨向社會主義進攻，說費孝通、吳景超等人是「用算賬的辦法，來證明社會主義是搞不成的」。文章接着說：

> 算賬的還有一位經濟學家，他算的面更寬。他不僅從資金積累的狀況，擴大積累的要求，並且從擴大外匯和工業原料的來源，以及推進科學的研究等等方面，算了一大堆的賬。結論是：因為人口過多，資金積累太少，不敷分配，所以不能搞很多的大型工業，而只能多搞中小型工業。然後他抬出列寧的一句話來畫

龍點睛地點清了他這些話的意義。他説，列寧説過，「沒有大工業，就沒有社會主義」。這就是説，中國因為人口太多，所以搞不成社會主義。

右派要走資本主義道路，這點很明顯。現在問題在於，究竟怎樣走法？這點，章羅聯盟的人不敢公開説出來。可是前述那一位經濟學家的文章，倒無意中透露了一點消息。他説：要解決中國資金少，人口多的矛盾，不亦難矣哉。他指出了兩條道路。他説：「我們不屑向美國借款，我們亦不能用帝國主義剝削殖民地的方法來榨取資金；亦不能仿效日本，以甲午賠款作為工業化的本錢。我們只得自力更生，依靠自身的積累。」這確實是兩條截然相反的道路，這點完全沒有問題。不過他接着就説道：「但自身的積累與消費的比例，是百分之七十九與百分之二十一之比，可否把消費減少一些呢？一看我國的實際情況，這是帶有危險性的。」我們看，既然是這樣，那就只能走前一條路了。

李普的這篇批判文章認為，這樣提出人口問題，就是「把中國出賣給美帝國主義」的「理論根據」。

批判文章中所引「那一位經濟學家」的意見，都是摘引自馬寅初的〈新人口論〉一文。還有馬寅初的文章中並沒有寫出而讓批判者看出來的。例如文章批判陸欽范，説他「很注意挑撥農民，挑撥工農關係」的時候，捎帶一筆，説「這點，從吳景超和前述那位經濟學家的文章都可以看出來」。這「挑撥工農關係」可是一頂頗有分量的政治帽子。馬寅初雖沒有劃右派，也可算受了一次嚴重警告的處分了。

後來，1998 年 9 月 26 日，李普重新思考了這件往事，在給本書作者的信中説到了這篇文章的來歷：

> 我批馬老，不能全怪別人。但是全由我負責嗎，似乎也負不起。我記不起奉誰之命，奉命是無疑的，更重要的是有我自己的賬，欠賬要還，但除了上述概況，細節都不記得，説不清。（《李普自選集》第二冊，紐約柯捷出版社 2010 版，第 236 頁）

最後，李普償還了這筆欠債。他在《李普自選集》第一冊中全文照收當年那一篇欠賬的文章〈不許右派利用人口問題進行政治陰謀〉，後面加上「附錄」一篇：〈欠債是要還的〉。其中説：

> 我對人口問題沒有研究，卻曾經對馬先生的〈新人口論〉大
> 加撻伐。前些年，有個朋友從 1957 年的人民日報中翻檢出我的
> 一篇批判文章，複印送給我。這是批判費孝通、吳景超等人的，
> 通篇都是扣帽子，沒有講出什麼道理。雖然文章沒有點馬老的
> 名，其實和批判馬寅初是一回事。（第 34 頁）

> 現在想來，我批判他又有什麼根據，什麼道理呢？其實什麼
> 也沒有，有的只是一條：我是共產黨員，如此而已，豈有他哉！
> （第 36 頁）

像馬寅初這樣差一點就要劃為右派的還有陳翰笙（1897-2004）。他早
年留學美國、德國，獲柏林大學博士學位。1924 年回國即擔任北京大學教
授。1925 年由李大釗發展為中國共產黨黨員。他是著名的經濟學家、歷史
學家、社會學家和國際問題專家，曾經在美國、日本、蘇聯、印度從事政
治活動和學術活動。1932 年協助宋慶齡組建中國民權保障同盟。中華人民
共和國成立，被安排為外交部顧問和外交學會副會長。在反右派鬥爭中，
有人揭發他的右派言論。多虧外交部常務副部長張聞天極力保護才躲過了
這一厄。當時擔任外交部辦公廳副主任的何方回憶說：

> 他（指張聞天 —— 引者）先是在東南亞視察使館工作遲遲不
> 歸，直到周恩來一再電催才回來，這時已劃了一批右派。他接手
> 主管後，面對積極分子的熱情幹勁和對他的壓力，但他還是強調
> 慎重，提出能不劃就不劃。各單位提出要劃的對象後，他總是說
> 「再研究研究」，甚至找點藉口保護著名知識分子。如著名學者老
> 黨員陳翰笙，下面一定要劃，他拖不過去時，就提個理由說，鑒
> 於陳過去的歷史和貢獻，就把他看作「黨內的民主人士」吧，劃
> 成嚴重右傾也可以了。結果，外交部前後只劃了三十多人，不到
> 全體幹部的百分之一（連駐外使館約四千人）。所以 1959 年盧山
> 會議後的外事會議上就批判他包庇和保護右派。（何方，《黨史筆
> 記》增訂版，2019 年香港城市大學出版社版，第 117-118 頁）

陳翰笙就這樣被張聞天保護了下來。反右派以前，他原是第一屆全國人民
代表大會代表，這以後，他還繼續被安排為第二、第三屆全國人民代表大
會代表。

哲學家張岱年（1909-2004），河北獻縣人。北京師範大學畢業。曾經
擔任清華大學、北京大學哲學系教授。他被劃為右派分子這事，在他的自
傳《通往愛智之門》一書裏有簡單的記述：

　　1956 年，黨宣佈了「百花齊放，百家爭鳴」的方針，我非常高興可以說是歡欣鼓舞。在中國科學院社會科學部召開的一次座談會上，我還發言說，先秦時期曾經出現「百家爭鳴」，現在又要實行「百家爭鳴」了，但是，現在的「百家爭鳴」，與先秦時期的「百家爭鳴」，應有所不同。現在的「百家爭鳴」應是馬克思主義指導之下的「百家爭鳴」。這是我當時的認識，我是堅決擁護馬克思主義的。

　　嗣後，我訪問熊十力先生，熊先生告誡我：「你要注意，情況是複雜的；你如不注意，可能有人以最壞的污名加在你的頭上。」當時我覺得，我信仰唯物論，又擁護社會主義，不會有什麼問題。不意到了 1957 年秋，我遭受了平生第一次大厄大辱。

　　1957 年黨號召群眾給黨提意見，我很感動，覺得共產黨既然如此信任群眾，應將平日的感想說出來。5 月 17 日，在中國哲學史教研室工會小組會上，我發言說，「『三反』、『肅反』，我都積極參加了，但覺得也有一些問題。清華搞『三反』運動，一些老教授，如馮友蘭先生，潘光旦先生，檢查了三次才通過，未免傷了知識分子的感情。『肅反』運動時，本系開了王錦第的批判會，到事後才宣佈調查結論。說王錦第的問題早在解放初期就已經交代了，沒有新的問題。為什麼不先調查後結論呢？不先調查，卻先開批判會，這不合適。」

　　我接着又盛讚「雙百」方針的英明，當時也無人反駁。經過了一個暑假，到了 9 月初，忽然開會對我進行批判，認為我反對「三反」，反對「肅反」，宣揚資產階級的思想自由。於是扣上資產階級右派的帽子，當時我完全陷入迷惘之中。在批判會中，一些人深文周納，給我加上很多莫須有的罪名，剝奪我的教學權利。一些熟人，睹面如不相識，令我大有炎涼滄桑之感。（北京大學出版社 2011 年版，第 105-106 頁）

　　史學界也是反右派鬥爭的重要戰場。毛澤東在〈打退資產階級右派的進攻〉這篇講話中說，「大學裏，一個中文系，一個歷史系，唯心論最多。」（《毛澤東選集》第五卷，第 444 頁）

　　當時歷史系教授第一個受到批評是雷海宗（1902-1962），他原來是清華大學歷史系主任，1952 年對全國高等院校進行院系調整的時候，調到了南開大學。他在清華大學的學生資中筠回憶說：

對雷先生講課的風格印象很深，他記憶力極強，每堂課開始，一上講台首先在黑板上寫下本堂課要講的幾個年代：紀元前××年，相當於魯×公××年……也就是每講到西方發生的大事時，同時提醒大家此時中國處於什麼年代，我們自然就會聯想到中國在差不多時候發生的歷史事件。我首先對雷先生記性如此好，十分欽佩，因為在當時一般學生心目中記年代就是死記硬背，既枯燥又困難的事。後來發現，經雷先生這樣一「相當於」，年代就活起來，也不難記住了。更重要的是，他啟發我們隨時把中外歷史貫通起來考慮，這一點對我後來治學產生了潛移默化的影響，使我較早就養成一種習慣，甚至癖好，每涉及歷史事件，總是喜歡把中國和外國同時發生的事，或時代特點放在一起聯想、比較。歷史終究不是我的專業，我的修養有限，更談不到什麼比較歷史。但是這樣一種把中外歷史聯繫起來考慮的興趣大有助於我開闊眼界，對我在其他領域的研究，甚至「世界觀」都有影響。（《蜉蝣天地話滄桑──九十自述》，牛津大學出版社2019年版，第130頁）

1957年4月14日雷海宗在天津教授座談「百家爭鳴」的會上說：

對馬克思和恩格斯樹立的新的社會科學的看法，大家在理論上是一致的，承認馬列主義應該發展，可是實際上是停止了發展，還停留在恩格斯死時1895年的地方。1895年以後列寧斯大林在個別問題上有新的提法，但他們主要談當前革命問題。從了解整理幾千年來人類歷史經驗，建立新的社會科學來說，基本上停留在1895年。教條主義者就是這樣。馬克思恩格斯生平也是經常修改他們的學說，他們注意到當時每一個社會科學部門的發展情況，掌握科學研究的材料和成果。可是以後人們就認為他們已解決了一切問題，社會科學不能再發展了。事實上並不如此。1895年以後社會科學上新材料很多，對舊材料有很多新的認識。我們今天的任務，就是要把1895年到今天六十二年的課補上。這不是哪一個個人的問題，而是整個社會主義陣營的問題，工作艱巨得很。……另外歷史問題，如希臘史，六十二年來發現了好多材料。1890年在埃及發現的雅典憲法，可以說明好多問題。這本書恩格斯未看到，他如果看到，他在《家族，私有制和國家的起源》一書中在有些問題的提法上就會不同。社會科學是需要不斷發展的；在理論上大家都這樣說，在實際上卻認為社會科學是

停留在 1895 年的了。……我們要體會馬克思恩格斯研究問題的
方法，而不是先揣摩他們的結論。馬克思恩格斯是掌握六十二年
前的材料做出的結論，如果他們掌握了今天的材料，就會另作結
論。如果拿六十二年前馬恩研究希臘史時的結論來解決中國古代
史問題，這當然解決不了問題，而只會把問題搞得愈來愈糊塗。
（4 月 22 日《人民日報》）

《人民日報》在刊出這篇〈天津的教授們關於「百家爭鳴」的座談〉的
報導時，在編者按中明確提出：「其中雷海宗先生對馬克思主義的看法，是
我們所不能同意的」。並在他的發言的後面加了個五百字的「編者注」，反
駁說：

　　　　雷先生認為社會科學需要不斷發展，而為了發展社會科學，
　　這就需要反對教條主義，這個意見無疑是正確的。但是雷先生認
　　為列寧對於馬克思主義只是「在個別問題上有新的提法」，馬克
　　思主義「基本上停留在 1895 年」，這卻是違反了事實。馬克思
　　主義的社會科學，這是說馬克思主義關於社會發展的基本理論，
　　而不是說關於個別事實的個別論斷。列寧正是在社會科學的一系
　　列基本理論方面，首先是關於帝國主義，關於無產階級革命和無
　　產階級專政，關於社會主義建設等基本理論方面，向前發展了馬
　　克思主義。沒有這些發展，沒有同第二國際的機會主義的鬥爭，
　　就不會有十月革命和社會主義的蘇聯。各國共產黨人對於馬克思
　　主義的發展也都有他們的貢獻。我們中國共產黨人，把馬克思列
　　寧主義的普遍真理同中國革命的具體實踐相結合，克服了右的和
　　「左」的機會主義，也使馬克思列寧主義得到了新的發展，因而
　　能夠在中國實現民主主義革命和社會主義革命。這些都是人所共
　　知的。而雷先生所說的關於六十二年來古代史的發現，卻只是涉
　　及到馬克思、恩格斯著作中的個別論斷。古代史的研究者當然應
　　該根據新發現的事實，去補充以至修正那些個別論斷，但是補充
　　和修正這些個別論斷，並不影響馬克思主義的基本理論。這是我
　　們的看法，希望大家討論。

雷海宗看了報紙，當天就給人民日報寫了封信，表示完全同意這條
「編者注」的意見，信中解釋了他在座談會上沒有說清楚的本意，並把他半
個月以前在另一個座談會上的發言稿附來，作為補充。其中對這個問題是
這樣說的：

　　我們整個社會主義陣營的社會科學太薄弱，太貧乏，所有的東西幾乎都需從頭作起，不是短期間所能奏功。在人類歷史上，成為科學的社會科學是到資本主義時代才出現的，我們必須在這個基礎上建立我們新社會所需要的社會科學。資本主義的這些東西不能拿來就用，但是又不能不用，因為除此之外幾乎沒有可用的東西。馬克思、恩格斯在一百年前，站在無產階級革命的立場，在資產階級社會科學的基礎上，總結了過去幾千年人類的歷史經驗和科學知識，初步樹立了新的社會科學。恩格斯死在1895年，到現在已六十二年，在這六十二年之間，各國的工人運動和社會主義革命運動，積累了很多的革命經驗，豐富了馬克思主義；就中國最近的情形而論，我們黨的兩篇論無產階級專政的文章和毛主席方才提出的如何正確處理人民內部矛盾的報告，都是這方面的突出貢獻。在這一方面，馬克思主義是一直不停地在發展的，新的社會科學是不斷地在增加內容的。但社會科學還有另外一面。在這另外一面，在不斷深入地、日漸具體地總結人類全部歷史進程中的經驗教訓這一方面，這六十年來是幾乎完全處在停滯狀態之中。馬克思、恩格斯經常掌握當時世界科學、尤其社會科學的一切情況和全部成果。最近六十年來，世界的社會科學仍在不斷地有新的發展，不斷地增加新的材料，對舊材料不斷地有新的認識和新的解釋。但這些，對我們社會主義陣營的社會科學界來說，是等於不存在的，我們今天仍滿足於六十年到一百年前馬克思或恩格斯在當時的認識條件和資料條件下對問題所說的個別的語句。講我自己的本行，例如馬克思關於資本主義以前的各種社會的說法，我們基本上仍是一切遵照辦理，並且在談中國史時，也儘量去找材料來印證在一百年前的條件下他關於歐洲史所下的論斷，無證據處硬要找證據，實在說不通時，就說中國是例外，好像我們的祖宗在創造歷史時曾經故意地不遵守歷史發展規律似的。我們似乎不願意想，馬克思若在，他今日對於歐洲過去的歷史，在今天的條件下，究竟會如何看法。我們是如此地不去思考，整個社會主義陣營的社會科學界也是如此地不去思考！無產階級的國家，社會主義的國家當以全部人類文化精華的繼承者自豪，但我們不肯繼承這一份按理屬於我們的遺產，反倒把它拱手讓給資產階級學者去利用，而他們時常去濫用。但當他們去濫用時，我們也束手無策，也指不出他們的錯誤，因為我們不掌握材料。

這個極不正常的局面，今天應當糾正，在蘇共二十次代表大
會之後，在我們的黨提出百家爭鳴的方針政策之後，現在也有條
件糾正。(4 月 28 日《人民日報》)

雷海宗提出的這個問題和人民日報所表示的態度，在學術界引起了
反響。著有《西洋政治思想史》的學者吳恩裕，寫了一篇〈關於雷海宗
先生提到的《雅典憲法》〉：如果恩格斯看到了這一殘篇，就會對《家
庭、私有制和國家的起源》一書的某些內容有所補充，這是有理由的。
可是，對於《家庭、私有制和國家的起源》一書中論及雅典國家產生的
基本論點和提法，《雅典憲法》中卻並沒有包括着足以改變或修正這種基
本論點和提法的材料。他用《雅典憲法》中的材料論證了這些意見。文
章的結尾，他說：「在『百家爭鳴』的政策下，作為一個歷史學者，為了
要搞好世界史的教學和研究工作，雷海宗先生提出要掌握充分的材料，
要掌握最新的材料，我覺得這完全是合理的，正確的。關於雷先生發言
和致人民日報編者信中的一些其他看法，可能而且已經引起爭論。本文
雖然限於談《雅典憲法》一個問題，但我卻認為，我們應該把雷先生其
他看法所引起的爭論，都認為就是『爭鳴的一部分』或『一種爭鳴』，
不要把它認為是『爭鳴』之外的事情，甚至於是阻撓『爭鳴』。」(5 月
5 日《人民日報》) 雷海宗的同事、南開大學歷史系教授楊志玖寫信給
人民日報編者說：「在 4 月 21 日第七版的編者按下，你們已提出對雷先
生的看法不能同意，這就給我一個印象：雷先生一定犯了原則性的錯誤
了。但看了 22 日雷先生的發言和編者注，覺得貴報對雷先生的批評和雷
先生的原意並不相同。……事實上，在簡短的發言裏，雷先生已說出是
關於世界史方面的問題。雷先生是學歷史的，在歷史科學方面（特別是
古代史方面）說 1895 年以後沒有什麼發展並不是過甚其辭。雷先生提出
這些來，正是要我們注意掌握資料，用豐富的資料來補充發展馬恩創始
的歷史科學，而不要以為馬克思、恩格斯已經把歷史科學研究透了，用
他們的原理和結論就可以代替歷史科學的研究。這對於反對教條主義，
提倡獨立思考和刻苦鑽研方面，是有積極意義的。這比起硬把馬克思、
恩格斯、列寧、斯大林的個別原理和結論來套在中國歷史上的作法（這
種例證是很多的），無疑是更有益的諍言。」這信接着說，即令雷海宗
有「以一概全」的毛病，應該討論和批評，那也決不是他談話的重點，
應該肯定他的主要的地方。(5 月 7 日《人民日報》)

據新華社《內部參考》報導，京津教授對《人民日報》在發表〈天津的教授們關於「百家爭鳴」的座談〉記錄時對雷海宗的發言加的按語表示不滿：

新華社天津 28 日訊　《人民日報》在 21 日、22 日發表的〈天津的教授們關於「百家爭鳴」的座談〉記錄中，對雷海宗的發言加了編者按語以後，引起了南開大學、天津大學部分教師和學生的很多議論。

最近到天津來的北京大學羅常培和游國恩教授都去看望雷海宗，對他表示慰問。游國恩還以俞平伯的經歷來寬慰雷海宗。羅常培發表意見時說：現在有些領導幹部，對黨中央、毛主席提出的「百花齊放、百家爭鳴」的政策體會得很不夠，這是非常不幸的。《人民日報》發表陳其通等人的文章，對雷的意見加按語，都說明了體會政策不夠。雷先生研究世界史年頭很長，算不得權威也可以說是個專家，這些年他對馬克思主義做過一些歷史上的研究，佔有一定的資料，作為學術研究來說還是不可多得的。他覺得現在黨、科學院、南開大學、《人民日報》，都可以讓雷海宗來發表他的論述，更可以組織一些人來研究他所掌握的材料以及他分析這些材料的情況和問題。他說：《人民日報》以保衛馬克思主義的姿態對待雷海宗的爭鳴，是會阻礙爭鳴的，同時這樣也糟蹋了一次好機會，要不然在學術界很可能暴露出對馬克思主義的一些看法來。游國恩也說：《人民日報》的按語用的「我們」兩字，十分刺眼，是代表報紙編輯部呢？還是代表黨？他認為加按語可以說「雷先生提出馬克思主義停留在 1895 年水準的問題，是值得十分注意的，希望大家提出意見」就行了，用不着下斷語。

天津大學教務長潘承考和土木系主任張湘琳（預備黨員）都認為，《人民日報》這種做法影響爭鳴的開展。南開大學科學研究處副處長吳延璆教授說：《人民日報》的按語加得太早了，這樣一來，是否又會打了回去。歷史系楊志玖教授認為：雷海宗的發言提的是歷史問題，而《人民日報》按的是革命問題。報紙是應該保衛馬克思主義的，但是必須弄清事實。他還說：蘇聯的歷史科學近幾年來是沒有什麼發展的。

李何林教授說：現在黨報的水準不高。陳其通等人的文章發表了，挨了主席的批評；對雷海宗的發言便趕緊加個「不同意」

的按語。陳、馬是黨員、是領導幹部，他們出來反對「百花齊放、百家爭鳴」的方針，和雷海宗這樣無黨派的人發表自己的學術論點是完全不同的，而《人民日報》卻是「一視同仁」。邢公畹認為中國學術界的水準很低。目前爭的、鳴的都很浮淺，真正形成學術流派的東西很少。雷先生是「一家」，但是，他和馬克思主義不是「一家」，因此問題也就出來了。他把現在的人們分成三類：一類是沒有多少「本錢」成不了家的人，他們只有「隨大流」，講的話都是報紙上或領導方面來的；一類是自己有些見解，但是不多、不深，經不住風雨，別人一說他的論點不符合馬克思列寧主義，就改變主見；一類是下過工夫，掌握了材料的人，而這類人想做些事情往往卻要遇到些困難，因為懂得他們的和尊重他們的人還不是很普遍。

曾經參加上次座談會的鄭天挺說：「百花齊放、百家爭鳴」的方針提出以後，背教條的現象少得多了，但是謹小慎微，怕扣帽子挨「剿」的情形還是不少。毛主席的講話起了積極作用，但是人民日報來這一下又壞了。

此外，物理系主任江安才教授等（包括一些黨團員）也認為目前領導機關和報紙最好少出面，別急於斬草除根。應該相信群眾是能夠辨別香花毒草的。（1957年4月28日新華社《內部參考》）

在知識界許多人都對雷海宗表示了同情。

反右派鬥爭開始，雷海宗也跟着說了些正面話，在6月15日歷史系學生開的大會上，他說：「有些人蓄意要脫離社會主義路線和馬列主義的指導，那就是要走資本主義路線，因為第三條路線是沒有的，是虛假的。但是，歷史證明，資本主義路線走不通，因為帝國主義不讓我們如此，他們只願意讓我們作半殖民地。」（6月29日《人民日報》）

可是這種表態式的發言並不能逃避劃右派的命運。翦伯贊的〈右派在歷史學方面的反社會主義活動〉一文批判了史學界的幾個右派分子，第一個就是雷海宗：

雷海宗用一本所謂《雅典憲法》作武器，向馬克思主義的歷史科學進攻。他發表了荒謬絕倫的馬克思主義停滯論、過時論和不合國情論等等陳腔濫調。他誣衊地把社會主義國家的科學說成

一錢不值，而在另一方面則把他心愛的資本主義國家的所謂「社
會科學」捧上了天。他說：「整個社會主義陣營的社會科學太薄
弱、太貧乏。」「蘇聯歷史科學水準之低是驚人的，蘇聯學者的
著作，在資本主義學術界看來連評論的資格也夠不上，可以說不
是科學作品。」甚至說：馬克思主義「經典作家寫歷史的書很少，
僅有幾本也是趕任務的」。而在資本主義國家則「可以清楚地指
出它有哪些學派，哪些代表性的著作」。又說：「最近六十年來，
世界（資本主義世界）的社會科學仍在不斷地有新的發展，不斷
地增加新的材料，對舊材料不斷地有新的認識新的解釋。但這些
對我們社會主義陣營的社會科學界來說是等於不存在的。我們今
天仍滿足於六十年到一百年前馬克思和恩格斯在當時的認識條件
和資料條件下對問題所說的個別的語句。」他對於馬克思主義真
是極盡誣衊之能事。雷海宗的謬論，主要的是說馬克思主義過了
時，實際上過了時的，不是馬克思主義而是資產階級的所謂科學
方法。慢說資產階級已經臨於沒落的時代，就是在這個階級的青
年時代，資產階級的所謂科學方法，也是像馬克思所說的，「好
像是一匹笨重的馱馬，面臨本質與現象，結果與原因，就一籌莫
展了。」而雷海宗卻說這匹「笨重的馱馬」到了垂死的時候反而
出現了一日千里的奇跡，豈不是神話。

翦伯贊不但批判了雷海宗的馬克思主義停滯論，還批判了他對現實的
一些看法：

對於黨的領導雷海宗也放射了毒箭。他誣衊「中國知識分
子一言不發的本領在全世界的歷史上可以考第一名」。他說解放
後知識分子「一般地是一言不發的，或者只能希望他們發的一套
假言」。大家請注意雷海宗在解放以後所說的都是「假言」沒有
一句「真話」，大家都知道歷史學最基本的要求就是真實性，一
個言不由衷的專說假話的人，怎麼能給學生以正確的歷史知識。
我們希望他把心裏的真話說出來。雷海宗在文章中還談到不要黨
「發號施令」，並威脅地說，不然，知識分子就要說假話，或者
「不在其位，不謀其政」地消極怠工了。

翦伯贊的這篇文章，還批判了榮孟源和向達。說榮孟源「主張復古主
義，企圖用主要是封建主義的歷史學來代替馬克思主義的歷史學」，證據就
是他〈建議編撰辛亥革命以來的歷史資料〉一文中「沒有一個字提到馬克
思主義，而是以一種隱晦的筆調反對馬克思主義」。關於向達，翦伯贊批判

説，「向達在很多會議上的發言中對科學院的黨的領導大肆攻擊。他説科學院的領導是外行領導內行。一些行政領導的黨員幹部都是外行，『根本不懂業務』。他説科學院的黨的領導『有如張宗昌帶兵』，把共產黨比作北洋軍閥。他所謂外行就是共產黨。向達説：『現在史學界之所以奄奄一息是和范文瀾的宗派主義分不開的。』又説：『這幾年史學界的人意氣消沉。』他閉着眼睛問：『歷史界解放後這樣不行，黨裏負責的人要不要負責。』請問向達，你從哪裏看出現在的史學界是『奄奄一息』，『意氣消沉』？又從哪裏看出是和范文瀾的宗派主義分不開？」（10 月 4 日《人民日報》）

劉大年也批判了榮孟源。專門發表了一篇〈駁一個荒謬的「建議」——批判榮孟源反馬克思主義的歷史學觀點〉，文章説：

> 今年 7 月號的《新建設》上載有榮孟源寫的〈建議編撰辛亥革命以來的歷史資料〉一文。表面上看來，「建議」中是提出的重視資料，繼承傳統以及各種體裁並存的問題，實際上提出的是馬克思主義在歷史研究中處於何種地位和起什麼作用的問題。在後面這個問題上，他的答案是否定的。這值得引起史學界的注意，並有必要加以駁斥！

劉大年摘錄了榮孟源的幾句話：「目前辛亥革命以來的歷史，除去原始資料之外，多是夾敍夾議的論文。論文固然是必要的，但以論文來代替一切，那就妨害了歷史科學的研究。」「研究歷史如果只限於寫論文，許多人勢必擱筆；如果撰述各種體裁的史書，編輯各種資料，整理各個具體問題，那就有許多人可以發揮力量」，給他作了這樣的分析：「在這裏，清楚地表明榮孟源所説的『論文』，是指的以馬克思主義為指導思想寫出的論著，而『各種體裁的史書』則是指的不要馬克思主義或反馬克思主義的歷史述作。」這樣就給榮孟源坐實了「反馬克思主義的歷史學觀點」的帽子。（10 月 11日《人民日報》）

史學界的右派分子還應該説到北京大學圖書館學系主任王重民教授。《辭海》1999 年版有他的詞條：

> 王重民（1903-1975），中國目錄版本學家。字有三。河北高陽人。1929 年畢業於北京師範大學，長期在北平圖書館任職，1934 年作為交換館員赴法國國家圖書館，繼又受聘至美國國會圖書館工作。1947 年回國，任北平圖書館研究部主任。建國後一度

代理北平圖書館館長。1952 年起，專事教學工作，曾任北京大學圖書館學系主任、教授。編著有《英倫所藏敦煌經卷訪問記》、《敦煌古籍敍錄》、《美國國會圖書館藏中國善本書錄》、《中國善本書提要》、《敦煌遺書總目索引》等。

《辭海》的詞條寫得簡單，這裏可以稍作補充。1941 年 2 月，駐美國大使胡適派他到上海去，把存放在那裏的兩百箱善本書設法運來美國。這些書是 1933 年初，北平已經處於日本軍事威脅之下，為避免損失，北平圖書館將所藏古籍精選善本，裝箱運到上海保管的。這件事胡適 1941 年 1 月 29 日日記有記載：「今天上午去外部與 S.K.H[洪貝克] 商量上海存書的事。」又 2 月 1 日日記：「到國會圖書館，與 Archie MacLeish & A.W. Hummed [阿奇·麥克利什和 A.W. 恒慕義] 商量上海存書的事，決定由我派人去作一次實地勘察。王重民兄來談，決定派他去上海。」後來王重民 1947 年 3 月 5 日致胡適的信裏也回顧了這件事：「又想到 1941 年的這個時候，奉先生的命令來搬運善本書。那時路線稍有不同，從橫濱直航香港。」就是這樣，王重民從美國秘密潛回已經淪陷的上海。歷盡千辛萬苦將這兩百箱古書安全裝上輪船運到了美國，這些善本書於上世紀五十年代從華盛頓運抵台北，安放於台北的中央圖書館。還有，他在美國國會圖書館工作的時候，曾經協助美國國會圖書館遠東部主任恒慕義（A.W. Hummel）編輯《近三百年名人小傳》，這是一部學術價值很高的大書。他還是胡適學術研究的合作者，胡適的《水經注》研究就得到他不少幫助。

1957 年的反右派鬥爭中，王重民被劃為右派分子。當時他是因為什麼罪名劃為右派分子的，這個材料我還沒有找到。只是在 1979 年 2 月 3 日的《人民日報》上看出的〈調動一切積極因素為四個現代化服務 北京市一批錯劃為右派的同志得到改正〉這篇報導裏看到：

> 本報訊　北京市各部門在各級黨委領導下，認真貫徹執行中央關於對錯劃右派進行改正的指示。經過覆查，到春節前，全市已有二千五百三十一名被錯劃為右派的同志得到了改正。其中，原市、區、局級領導幹部和知名的教授、副教授王斐然、賀生高、羅青、錢端升、向達、陳達、薛愚、金寶善、孟昭英、王重民、王鐵崖、張岱年、孫念增、劉思職、于振鵬、張天麟、林傳鼎、沈啟無等三十五位同志都已得到改正。

可以知道他這一位知名的教授確實被劃為右派分子了。

王重民的結局，據他在北京圖書館的同事何兆武在〈北圖編目員〉一文中說：

> 1975 年，王重民在頤和園後山上吊自殺，當時都七十二歲了。據說批林批孔的時候「批儒評法」，把中國歷史說成是儒法鬥爭的歷史，要把歷代的法家挖掘出來。明末李卓吾是反儒的，不以孔子的是非為標準，於是就把他捧出來。當時發現了一部李卓吾的手稿，請王重民鑒定，王發現是假託的，領導當然不滿意，讓他再仔細審查，結果他認為還是假的，領導很不高興，一次開大會的時候說：「有的老右派還不老實，派給他個任務，還在那裏搗亂……」這給王重民的壓力很大，以為要整他，就自殺了。（《萬象》2006 年 8 月號，第 82 頁）

文物界也反右派。郭沫若在 9 月 16 日文物界反右派的會上發言，批判了文物界的右派分子葉恭綽、宋雲彬以及湖南的陳裕新。郭沫若反駁這些右派分子說：革命的破壞是在所難免的。經歷一次像土地改革這樣偉大的革命運動，古書文物哪能沒有一點損失！中國地方大，文物多，保護起來，很有困難。而且是否一切古物都碰不得，也值得研究。譬如城牆，在中國幾乎到處都有，往往一個小市鎮也有城寨。除了必須保存、可以保存者外，我看有很多城牆是可以不必保存的。凡是古物一律都動不得的思想，是一種封建的拜物狂，偶像崇拜的思想。宋雲彬把龍泉拆塔事件誇大起來，好像天下文物都被共產黨破壞了，這樣看問題是不合邏輯的。（9 月 30 日《人民日報》）

因為保護古文物而被劃為右派分子的還有朱偰（1907–1968），浙江海鹽人。歷史學家朱希祖的長子。留學德國，獲柏林大學博士學位。回國後在南京中央大學任教。南京是六朝的都城，有大量的文物古跡，朱偰課餘對此作了許多研究。先後出版了《金陵古跡名勝影集》、《金陵古跡圖考》、《建康蘭陵六朝陵墓圖考》等著作。解放以後中央大學改為南京大學，朱偰擔任南京大學經濟系主任。1955 年 5 月，他被任命為江蘇省文化局副局長，主管圖書館、博物館、文物保管和群眾文化工作。1956 年 6、7 月間，他忽然聽說南京市已經在着手拆毀中華門內甕城和石頭城，連忙跑到南京市政府去勸阻。他四處奔走，動員社會各界人士一同呼籲，寫文章在《新華日報》發表。結果中華門內甕城和石頭城雖然得以保全，他卻為此付出了沉重的代價。一年之後的反右派鬥爭中，他就背上了「反黨反社會主

義」，「到處煽風點火」的罪名，被劃為右派分子。文化大革命中受到進一步的迫害。1968 年 7 月 15 日含冤去世。他留下的遺囑說：「我沒有罪，你們這樣迫害我，將來歷史會證明你們是錯誤的！」（據《世紀》2006 年第 4 期紀維周文）

中國科學院考古研究所研究員陳夢家也被劃為右派分子了。陳夢家其人，《辭海》有詞條：

> 陳夢家（1911-1966），中國考古學家和古文字學家，浙江上虞人。早年是新月派後期頗有影響的詩人，後轉治古文字和古史。歷任西南聯合大學、清華大學教授，曾去美國芝加哥大學講學，並收集流散歐美的中國古代銅器。1952 年後任中國科學院考古研究所研究員。著有《殷墟卜辭綜述》、《西周銅器斷代》、《漢簡綴述》及《尚書通論》等，編有《新月詩選》。

他是以「反對文字改革」的罪名被劃為右派分子的。1955 年 5 月 1 日毛澤東在給他在湖南省立第一師範的同學蔣竹如的覆信中說：「拼音文字是較便利的一種文字形式。漢字太繁難，目前只作簡化改革，將來總有一天要作根本改革的。」（《毛澤東書信選集》，人民出版社 1983 年版，第 492 頁）1955 年 11 月 23 日，中國文字改革委員會黨組和教育部黨組向中共中央呈交《關於全國文字改革會議的情況和目前文字改革工作的請示報告》，提出「漢字必須改革，漢字改革要走世界文字共同的拼音方向，而在實現拼音化以前，必須簡化漢字」。1956 年 1 月 20 日，毛澤東在關於知識分子問題會議上講話，他說：「關於文字改革，採用羅馬字母，我很贊成。因為它字母很少，只有幾十個，向一邊寫，簡單明瞭。我們漢字在這方面實在比不大上。現在全世界大多數國家都用這個羅馬字母。凡是外國的好東西，有用的東西，我們就要學，並把它變成我們自己的東西。所以，這個羅馬字母是以學到為好，恐怕要採用。」（《毛澤東年譜》1949-1976 第二卷，第 514 頁）毛澤東的這個想法是從斯大林那裏來的。胡喬木在《回憶毛澤東》裏說：「文字改革。毛主席作了不少指示，下了很大的決心，以致在一次會上講要實行拼音化、拉丁化。後來毛主席的想法改變了，但漢字簡化、中文拼音方案，同毛主席的指導分不開。這件事的起因是毛主席同斯大林談話，斯大林提出漢字太難認，是否可以搞一個民族化的拼音方案，不一定按照別國的字母來設計。」（人民出版社，2004 年版，第 23 頁）1956 年 1 月 27 日，中共中央發出《關於文字改革工作問題的指示》，說「這個報告中關於我國文字改革的方針、關於漢字簡化的原則和步驟、

關於大力推廣普通話和積極準備文字拼音化的各項措施的意見，中央認為都是正確的。」（見《建國以來重要文獻選編》第八冊，第 91、93 頁）表明了要把漢字改革為一種拼音文字的決心。陳夢家認為漢字是我們祖國的一份文化遺產，不贊成漢字簡化和拼音化。鳴放期間，1957 年 4 月，他發表〈慎重一點「改革」漢字〉一文。正好章伯鈞羅隆基對於文字改革發表了一些批評性意見，反右派鬥爭中就說他是「章羅聯盟反對文字改革的急先鋒」。劃為右派分子以後，被送到河南去勞動改造。在極端困難的條件從事他研究工作。他的《武威磨咀子漢墓出土王杖十簡釋文》、《武威漢簡》、《東周盟誓與出土載書》，都是劃右派以後的研究成果。文化大革命開始即受到迫害，1966 年 8 月 24 日的批鬥會上，他跪在地上，有人往他頭上吐痰。他對朋友說：我不能再讓別人把我當猴子耍了。9 月 3 日他自縊身亡。

　　文物界被劃為右派分子的還有歷史博物館研究員、文物專家傅振倫和馬非百。傅振倫（1906-1999），北京大學歷史系畢業，曾經參加易縣燕下都發掘、居延漢簡的整理，還參與過在倫敦和莫斯科舉辦的中國古代文物的展覽會。整風鳴放期間，他應邀出席文化部文物局的座談會。後來他在《蒲梢滄桑——九十憶往》一書中回憶說：

> 在這次鳴放之時，5 月 19 日，馬非百應邀到文物局發言，次日邀我和沈從文發言，都由文化部副部長夏衍主持座談。沈從文說了一番肯定黨的成績的話，我也接着說了正面的話，夏衍插話說：「今天我是只帶耳朵來聽逆耳之言的，正面的話不必說，昨天馬非百的發言就很好！」我才接着說：「文物局把一批收到的古印璽六百多件，本來該撥給歷史博物館，不當撥給故宮博物院。領導要尊重專家。馬衡先生辦博物館多年，在生前，因事調到北京文物整理委員會，死後才受到重視，組織人力，整理他的遺稿。考古發掘出土的殘磚瓦、五銖錢等物很多，當該和國外博物館交換或處理。」並建議「恢復中國博物館協會」。（華東師範大學出版社 1997 年版，第 192-193 頁）

就憑這篇發言，再加上「對領導不滿，妄想篡奪領導權，想與領導平起平坐；參加文物工作而不知愛護古物」等等罪名，劃為右派分子。定案的時候，文物局局長王冶秋想保護他一下，說：「自 1936 年以來我就認識了傅振倫。他是個有正義感的人，就是解放後不重視學習，說了些過頭的話，

倒不必劃右派吧！」可是康生不同意，説：「歷博傅振倫和馬非百，知識最大，待遇最高，若不劃為右派，豈有此理！」

心理學家高覺敷也被劃為右派分子了。《辭海》裏有他的詞條：

> 高覺敷（1896–1992），中國心理學家。又名高卓，浙江溫州人。1923年畢業於香港大學。先後在湖南藍田國立師範學院、復旦大學、金陵大學等校任教授。建國後曾任南京師範學院教授、副院長，中國心理學會副理事長。長於心理學史特別是西方心理學史的研究。提出在研究中既要看到心理學發展受社會歷史條件的影響，又要看到它發展的內在邏輯，評價心理學流派及其代表人物時，應區別對待心理學家的世界觀與他們的科學成就。主要著作有《群眾心理學》、《西方近代心理學史》、《西方心理學的新發展》、《中國古代心理學思想研究》和《中國心理學史》等。

還可以補充一句的是：解放以後，他自覺學習馬克思主義，用馬克思主義的觀點來指導自己的研究工作。正是這種良好的政治態度，他才會被安排為南京師範學院的副院長吧。劃他為右派分子的原因，大約是他也感到了他這個副院長有職無權，整風鳴放期間，他在座談會上發了點牢騷，説：「討論科學研究方向問題時，學校黨委會説，這是方針問題，要由黨委會研究。問：要院長何用？説：我們決定了，由你們去貫徹。」他最幸運的是命長，右派問題解決之後，還做了不少事情。《辭海》裏提到的《中國心理學史》、《西方心理學的新發展》等都是右派問題解決之後的成績，還主編了《中國大百科全書・心理學卷》。

第二十一章

為了法治

　　譚惕吾、黃紹竑等許多人在整風、鳴放的座談會上提出的主張，是呼籲加速法制建設，希望能夠將一個革命政權改變為法治政權。到了反右派鬥爭中，這些當然成了必須集中批判的右派言論了。在法學界和司法界，提出這一類主張的人很多。所以，這裏就成了反右派鬥爭的一個重要戰場。

　　要講法學界和司法界的反右派鬥爭，得追溯一下前幾年的事。1949 年 2 月 22 日，就在建立中華人民共和國的前幾個月，中共中央發出了一個《關於廢除國民黨〈六法全書〉和確定解放區司法原則的指示》。《六法全書》是國民黨執政時期六種基本法規的彙編，包括憲法、民法、商法、刑法、民事訴訟法和刑事訴訟法，中共中央的這個指示宣佈予以廢除。

　　《指示》這樣說明了廢除的理由：

　　　　法律是統治階級以武裝強制執行的所謂國家意識形態，法律和國家一樣，只是保護一定統治階級利益的工具。國民黨的《六法全書》和一般資產階級法律一樣，以掩蓋階級本質的形式出現。但是在實際上既然沒有超階級的國家，當然也不能有超階級的法律。《六法全書》和一般資產階級法律一樣，以所謂人人在法律方面一律平等的面貌出現，但實際上在統治階級與被統治階級之間，剝削階級與被剝削階級之間，有產者與無產者之間，債權人與債務人之間，沒有真正共同的利害，因而也不能有真正平等的法權。因此，國民黨全部法律只能是保護地主與買辦官僚資產階級反動統治的工具，是鎮壓與束縛廣大人民群眾的武器。

　　　　不能因國民黨《六法全書》有某些似是而非的所謂保護全體人民利益的條款，便把它看作只是一部分而不是在基本上不合乎廣大人民利益的法律，而應當把它看作是在基本上不合乎廣大人民利益的法律。

　　廢除了《六法全書》之後怎麼辦呢？這份《指示》說：

　　　　人民的司法工作不能再以國民黨的《六法全書》作依據，而應該以人民的新的法律作依據，在人民的新的法律還沒有系統地發佈以前，則應該以共產黨的政策以及人民政府與人民解放軍所已發佈的各種綱領、法律、命令、條例、決議作依據。在目前，人民的法律還不完備的情況下，司法機關的辦事原則，應該是：有綱領、法律、命令、條例、決議規定者，從綱領、法律、命令、條例、決議之規定；無綱領、法律、命令、條例、決議規定

者，從新民主主義政策。同時，司法機關應該經常以蔑視和批判
國民黨《六法全書》及其他一切反動法律法令的精神，以蔑視和
批判歐美日本資本主義國家的一切反人民法律法令的精神，以學
習和掌握馬列主義——毛澤東思想的國家觀、法律觀及新民主主
義的政策、綱領、法律、命令、條例、決議的辦法，來教育和改
造司法幹部。（《中共中央文件選集》第十八冊，中共中央黨校出
版社 1992 年版，第 150-153 頁）

這個《指示》的背景，可以認為是對蔣介石元旦文告的一種反應。蔣在
1949 年元旦發表的求和聲明中提出了保留憲法和法統的要求。作為答覆之
一，就是宣佈廢除《六法全書》。這個《指示》說：

> 蔣介石在元旦救死求和哀鳴中，還要求保留偽憲法偽法統，
> 也就是要求保留國民黨《六法全書》依然繼續有效。因此，《六
> 法全書》絕不能是蔣管區與解放區均能適用的法律。

1949 年 9 月，中國人民政治協商會議通過了一個《共同綱領》，被認
為是臨時憲法。其中規定：

> 第十七條　廢除國民黨反動政府一切壓迫人民的法律、法令
> 和司法制度，制定保護人民的法律、法令、建立人民司法制度。

到了 1952 年，發生了兩件與此事有關的事情。一是開展了一場司法改
革運動；二是大體上與此同時，進行了高等院校的院系調整。

中共中央《關於進行司法改革工作應注意的幾個問題的指示》（1952 年
8 月 30 日）說：

> 各級人民法院機構的改造和反對舊法觀點是相互聯繫的，
> 應將二者結合進行。但肅清資產階級的舊法觀點，乃是長期的思
> 想鬥爭，而對法院的組織整頓，特別是清除那些壞的無可救藥的
> 舊司法人員，調換那些舊審檢人員，代之以真正的革命工作者，
> 則是可以在一次短期的運動中基本上解決問題的。所以這次司法
> 改革運動，必須是從清算舊法觀點入手，最後達到組織整頓之
> 目的。

> 現在司法機關的舊人員，原則上由司法部門儘可能地留用，
> 將原任審檢工作的舊司法人員調作技術性的工作，將不宜作重要
> 工作的調作次要工作。其不能留在司法部門的，也必須經由當地

黨政領導機關審查，或分配其他工作，或給以勞動就業機會，或資送還鄉生產，務使各得其所。

此外，各地還應利用這次機會，把大學政法院系的教授組織到司法改革運動中來，幫助他們進行思想改造。他們之中有不少人不能繼續擔任政法教授，對於這一部人尤須妥善安置，或改教其他的課程，或改任中學教員，或幫助其轉業改行。（《建國以來重要文獻選編》第三冊，中央文獻出版社 1992 年版，第 316-317 頁）

這次司法改革的得失，到了 1957 年整風鳴放期間就有人提出來了。復旦大學法律系教授、著名法學家楊兆龍在 5 月 8 日的《文匯報》上發表〈法律界黨與非黨之間〉，其中說：

過去司法改革是有一定收穫的。可是改革的結果，將大批非黨的司法工作者（尤其是審判人員）調出司法機關之外，有的被派到醫院去擔任事務工作或 X 光掛號登記工作；有的被派到火葬場去做雜務（如原華東分院外事審判組組長、精通外語和法律專業的沈鈞）；有的被派到房管處等機關去工作；有的被派到中小學去當教職員；有的在家賦閒。這些人中，一小部分是年老的，大部分是少壯者和青年。他們都是解放後被留用和錄用的，都經過審查，一般講來，政治上沒有什麼嚴重問題。他們對業務有專門的研究，對馬列主義理論及改革並非格格不入。

他們過去辦案或做其他司法工作，並非都是毫無成績。很可能在今天看來，他們工作的品質，在某些方面還是今天司法機關某些在職幹部所不及的，如果給他們適當的機會，他們並非完全不可能被改造為有用的司法工作者，可是他們的命運已註定和人民政權的司法工作絕緣。

司法改革後，在職的幹部中有不少是解放後從各大學法律系畢業的非黨青年，法律業務有一定的基礎，中文也有相當水準，可是好多年來一直沒有機會提升為審判員，而有些領導他們的黨員審判員或審判長等卻有時既不懂法律，中文水準又很低，甚至連獨立寫判決書的能力都沒有。

多年之後，郭道暉的〈從人治走向法治〉一文證實了楊兆龍所說的情況，並且補充了一些具體例證：

南開大學王明輝教授被迫改行教美術。原南京大學法律系趙之遠主任、吳學義教授，被調去學校圖書館當館員。上海英士大學的俞啟教授竟被派到市交通局管售票工作。……據統計，在司法改革運動中，總共清洗掉六千多名「舊法人員」，卻把大批從農村和部隊進城的、文化低、毫無法律知識的「法盲」調入法律部門，充任有生殺予奪權力的審判員。……僅據建國頭三年比較粗略的統計，在當時受理的六百多萬案件中，錯判的就達百分之十。如果以今天的法制標準來衡量，錯判的比例肯定還遠高於此。(載《百年潮》雜誌，1999 年 7 月號)

在院系調整方面，幾個私立的法學院乾脆被取消了。國立大學的，像有幾十年歷史的北京大學法律系、南京大學法律系等等，就被合併到幾個新成立的政法學院去。

這樣幹，當時有人看了，就覺得不妥。郭道暉的這篇文章說：「1952年實行司法改革，當時擔任最高人民法院黨組成員、院委兼刑事庭庭長的賈潛曾提出不同意見，主張舊法律體系被打碎之後，有的『磚瓦』還可以為我所用，後來竟被當作『右派言論』，受到嚴厲批判，賈潛自然也被打成了右派分子。」

右派言論更成系統的當然還是楊兆龍。1956 年他就在華東政法學院學報第三期上發表〈法律的階級性和繼承性〉一文，強調提出了法律繼承的重要性問題。他說：

法律中有許多規範的階級性不表現在規範本身，而表現在誰運用它們或用它們來對付誰。尤其在國際法裏面有許多一般公認的規範或具有國際共同性的規範。它們或是人類正義感的表現，或是被人類長期的經驗證明為有益於共同生活的規範，不但不應該將它們摒棄，而相反地對於其中某些部分是有必要更好地發揮其作用的。

實際上當一個新政權建立以後，它只能制定一些主導性的或關鍵性的法律規範，但這些主導性或關鍵性的法律規範，也不一定是完全從「無」中創造出來的，很可能是參考過去的或別的國家的法律或受其啟發而制定的。至於那些輔佐性或從屬性的法律規範，其牽涉面很廣，並且絕大部分是過去長期經驗智慧累積的結果，如果因為是前人或別的國家有過的而一概摒棄，其結果將不堪設想。

這些意見當然受到了批判。

他另一篇受到更猛烈批判的文章，是刊登在 1957 年 5 月 9 日《新聞日報》上的〈我國重要法典何以遲遲還不頒佈？〉，共分三節。第一節「立法和社會主義建設的關係」，其中説：社會主義法治是社會主義民主的構成部分，同時也是它的體現；社會主義民主是社會主義法治的指導原則，同時也是它的內容。無產階級的專政，雖然對於階級敵人不必講民主，但在人民內部卻必須實現真正的民主；至於法治，那就是對於階級敵人，也是不應該有例外的。

第二節「蘇聯及歐洲人民民主國家立法的經驗」，稱讚了保加利亞的刑法典，「在某些方面，比蘇聯的更合理，表現了更高的立法水準。例如，關於刑事被告無罪推定的原則，該法典第八條規定：『刑事被告，未經證明有罪前，被認為無罪。他有訴訟防衛權。』這無疑地為社會主義的立法樹立一個民主法治的先例，不能説不是一大貢獻。」還稱讚了捷克斯洛伐克的刑法典，説「它可以説是到現在為止社會主義國家最完美的一部刑法典。它第一個廢除刑法上的類推解釋的制度，第一個對刑法的原則及犯罪的構成要件與處罰作比較細密精確的規定」。

第三節「對我國立法應有的基本認識」首先談到 1949 年「廢除國民黨的六法全書及一切反動法律」這事，作者認為，「就當時國內的形勢來講，國民黨統治集團還未完全屈服，他們還想標榜舊『法統』以和人民政府對抗。為了端正大家的視聽起見，採取這個原則，也是可以理解的。」問題是在制定新的法律以取代舊法這一方面，作者認為，「我們過去八年的立法成就，和蘇俄在十月革命後第一個五年的成就及歐洲人民民主國家在 1952 年左右所達到的一般水準相比，還差得很多。」這篇文章説：

> 我們過去在立法方面的努力實在跟不上實際的要求。例如，平常與人民的基本權利的保障及一般社會關係的調整最有密切關係的刑法典，刑事訴訟法典，民法典，民事訴訟法典等至今還沒有頒佈。什麼是合法的，什麼是違法的，什麼不是犯罪，什麼是犯罪，以及應如何處罰等等，在好多場合，一般人固然無從知道，就是偵查，檢察，審判人員也沒有統一明確的標準足資遵循。這就使得我國法律制度的建設，在整個的社會主義建設中，變成了最薄弱的一環。上述這些法律的不及時頒佈使大家不能於事前在這方面得到應有的教育。因此就發生一些無根據的控告和不應有的錯捕、錯押、錯判的情況。無論在刑事或民事方面都難

免使壞人感到無所顧忌，好人感到缺乏保障，因而引起不必要的矛盾。在過去的七、八年中既沒有及時地頒佈過一部完整的法典，又沒有設法彌補這個漏洞（如由主管部門頒佈一些有系統的條例規程等），使許多事情長期沒有法規可以遵循，因而造成某些混亂現象，這不能不說是一種嚴重的事態。這種情況，如果繼續存在下去，很可能成為製造不安與矛盾的一個重要因素。

楊兆龍的這篇文章還對立法工作進展慢的原因提出了他的一些看法。例如他說，他在一位高級幹部處聽到過，主張立法，尤其主張及早系統地立法，就是「舊法」或「六法」觀點，甚而至於就是立場有問題。楊認為這種論調是幼稚可笑的。又例如他說有人誤認立法必須一勞永逸，而不知它是應該隨時配合國家的需要，隨時加以修改的，要想訂立一種一勞永逸的法律是不可能的。又例如他說，有人認為如果制定一套完密的法律，難免限制政府機關的應付事情的靈活性，楊兆龍指出，政府機關那種無明確的法律限制的辦事的「靈活性」有時頗足以破壞社會主義的民主與法制，因而影響人民對政府的信仰。

插說一句，這種「認為如果制定一套完密的法律，難免限制政府機關的應付事情的靈活性」的觀點，可能來自毛澤東，據吳冷西說，1959 年在廬山會議上，他建議加緊制定法律，完善法制，毛澤東一句話就頂回去：「你要知道，法律是捆住我們自己手腳的。」（見嚴家炎，《五四的誤讀》，福建教育出版社 2000 年版，第 35 頁）

楊兆龍的這些論點甚至遭到了周恩來的批判。周恩來在全國人大一屆四次會議作的政府工作報告，就為「無法可循」這一點作了辯解，一方面提出這幾年裏制定了多少法律和實際上起了法律作用的決定和指示，一方面也說明在過渡時期政治經濟情況變化很快，在各方面都制訂帶有根本性的、長期適用的法律是有困難的。

許多年之後，這事才有了不同的說法。1979 年鄧小平在同外國客人的談話中說：「我們好多年實際上沒有法，沒有可遵循的東西。……我們的民法還沒有，要制定；經濟方面的很多法律，比如工廠法等等，也要制定。我們的法律是太少，成百個法律總要有的，這方面有很多工作要做，現在只是開端。」他並且說，「這是建立安定團結政治局面的必要保障。」（《鄧小平文選》第二卷，第 189 頁）

可是，楊兆龍就因為這種主張被劃為右派分子。他的結局很慘。據前引郭道暉的文章説：「這位曾經是哈佛大學法學博士、柏林大學博士後，解放前在多所著名大學擔任過教授、法學院長，並曾在上海擔任過上訴法院法官、律師和審判日本戰犯的罪證調查室主任的正派老專家、老學者，在肅反中就因為曾在舊中國司法界擔任要職而解放時留在大陸未走，被懷疑是『埋伏特務』。反右中又因上述言論，被打成『右派』。1963 年又因莫須有的『反革命罪』被逮捕入獄。『文革』期間，1971 年被判處無期徒刑，終於冤死獄中。」

上海在批判楊兆龍，北京也在批判法學界的右派分子。中國人民大學法律系講師吳家麟在中國政治法律學會召開的座談會上發言，關於法律制度問題，他説，要作到「有法可依」，「有法必依」。有些部門沒有做到有法必依。中央最高領導機關法制觀念也不強，甚至還有不遵守法制的現象，應該堅決糾正，否則上行下效，貽害無窮。他舉例説，1955 年全國人民代表大會常務委員會通過了撤銷新疆省建制和成立新疆維吾爾自治區的決議，而憲法第二十七條第十一款規定批准省、自治區和直轄市的劃分是全國人民代表大會的職權。又如 1955 年 7 月全國人民代表大會第二次會議通過，授權常務委員會制定部分性質的法律，而憲法第二十二條規定全國人民代表大會是行使國家立法權的唯一機關。又如選舉法第四十四條規定選民名單應在選舉的三十天以前公佈，但國務院關於 1956 年選舉工作的指示規定「爭取在二十天左右完成一個基層單位的選舉工作」。（5 月 29 日《人民日報》）

《人民日報》刊出的一篇署名王水的〈駁「無法可依」和「有法必依」〉，有一段是指名反駁吳家麟的。説吳的提法極為荒謬。這篇文章説，憲法規定了，全國人民代表大會可以行使「認為應當由它行使的其他職權」，而人大常委會可以行使「全國人民代表大會授予的其他職權」，那麼，它接受全國人民代表大會授予的制定部分性質法律的職權，又有什麼「矛盾」呢？（9 月 9 日《人民日報》）至於吳家麟發言中所舉關於新疆和選舉法那兩個例子，這篇反駁文章沒有涉及。

中央政法幹部學校教員謝懷拭在中央政治法律學會召開的座談會上的發言，《人民日報》在〈法學界人士批評立法工作緩慢〉一稿中作了報導，這一段的小標題是「謝懷拭反對用政策代替法律的觀點」：

在 4 日下午的座談會上，中央政法幹部學校教員謝懷拭談到開國以來的立法工作，他說，法律之所以不完備，關鍵在於思想觀點上有問題。過去流行一種以政策代法律的觀點，認為有了政策就不需要法律。後來有了憲法，就滿足了於憲法，用憲法代替一切法律。

謝懷拭說，有的人認為過去的時期我們的法律不完備是理所當然的事，沒有害處，認為沒有民法刑法不足為奇。他表示反對這種看法，認為這就是用政策代替法律的錯誤觀點。（6 月 5 日《人民日報》）

出面來批判這種意見的，是中央政法幹部學校副校長徐平。他在〈為什麼只要法律不要政策？〉一文的開頭，先把論敵的論點作了這樣的概述：

在黨的政策和國家法律的問題上，右派分子叫嚷一切要「法治」，黨的政策都必須提到人民代表大會製成法律，黨不能直接向人民群眾發號施令，也不能在法律之外向黨員發佈指示，他們的說法是「不能以政策代法律」，這就是說，只要法律不要政策。

人家只是反對用政策代替法律，在批判者的筆下竟變成「只要法律不要政策」了。於是據以批判道：

為什麼右派分子卻大做其只要法律不要政策的文章呢？問題很明顯，右派分子是以資產階級虛偽的民主和法治來迷惑和煽動那些幼稚無知和思想糊塗的人們，向黨進攻。因為，既然政策不能代替法律，那麼，還沒有體現為法律的黨的政策就都成為「非法的私貨」了，那黨在今後就不能據以指導國家的政治生活了。

這篇文章對於右派分子所攻擊的立法工作緩慢，作了這樣的反駁：

假使在社會主義改造沒有完成以前就制定民法，那它就不可能充分反映社會主義的經濟關係，因而也就會成為農業、手工業和資本主義工商業改造的障礙。如果在革命的風暴時期沒有過去以前就制定刑法，那它就不可能充分反映敵我矛盾和人民內部矛盾發展變化的情況，因而在罪與刑的確定上就有可能失之偏頗，不符合革命形勢發展的需要。（9 月 12 日《人民日報》）

就這樣，用立法有害論駁倒了右派分子的立法緩慢論。批判者還舉出具體的例證，證明了執行政策比他說的「機械地執行法律」要好些。他說，「如

果沒有這樣明確的政策而機械地執行法律，那麼我們過去進行的鎮反、『三反』、『五反』以及前一時期的肅反運動，怎能使運動健康發展獲得巨大的成就呢？」這一系列運動確實像這位批判者所說的一樣，都是只有不去「機械地執行法律」才搞得起來，還可以補充一條：如果要「機械地執行法律」，眼前正在轟轟烈烈進行的反右派鬥爭也就搞不起來了。

對法學界右派分子的批判，重點還不是吳家麟、謝懷拭這些人，而是那些名氣更大的，像北京政法學院院長、中國政治法律學會副會長、民盟中央常務委員錢端升，最高人民法院顧問、民盟最高人民法院支部主任委員俞鍾駱，國務院參事、《政法研究》副總編輯楊玉清，北京市司法局副局長樓邦彥，國際法研究所所長王鐵崖，國務院參事、前法制委員會委員吳傳頤，國際關係研究所研究員陳體強，國務院參事譚惕吾等人。到 9 月中旬，首都法學界共開了四十一次批判右派分子的會。這是一場混戰。像北京政法學院教授于振鵬、講師杜汝楫，前幾次的會上還發言批判錢端升，不多久之後自己也被劃為右派分子受到別人的批判了。在北京政法學院參加反右鬥爭的教師和學生共有 1923 人，劃出了右派分子 176 人。（據《甲子華章——中國政法大學校史》）

關於陳體強，《辭海》裏有專條：

> 陳體強（1917-1983），中國國際法學家。福建閩侯人。清華大學政治系畢業。在英國牛津大學獲國際法學博士學位。1948年回國後歷任清華大學、外交學院、北京大學教授，國際法研究所、國際問題研究所研究員，外交部法律顧問，全國政協委員，中國人民外交學會常務理事，中國政法學會常務理事兼副秘書長，中國國際法學會副會長，並被選為世界性的國際法學會聯繫會員。畢生致力於國際法的教學和研究工作，為維護我國的外交政策作出了貢獻。所著《關於承認的國際法》被列為當代國際法必讀書之一。還著有《國際法論文集》。

《辭海》的專條裏沒有說他被劃為右派分子的事。1957 年 9 月 18 日《人民日報》上刊登了一篇〈陳體強妄圖在國際法領域中稱王〉的材料，說中國科學院國際關係研究所所長孟用潛在首都法學界座談會上發言，揭露和批判陳體強，說「5 月底 6 月初在國際關係研究所的座談會上，右派分子陳體強、田保生、陳公倬發動一個簽名運動，準備寫信給那時即將開的全國人民代表大會會議，那封信是一個反黨文件，他們在反對所謂高級幹部

特殊待遇的藉口下，將黨醜化成一個『反人民的、追逐享樂的封建特權階級』」。孟用潛還說：「陳體強積極支持錢端升提出的『院系再調整』，支持錢端升的不要共產黨領導的大法學院計劃和王鐵崖的大國際關係系計劃。在法學界座談會上，他公然說：『我國國際聯繫日益頻繁，將來聯合國、國際法院能派誰去？不能只憑立場而派老幹部，應派一些內行的人去，在那裏不能在開會時打電報回國請示，要有當機立斷的能力』。陳體強狂妄的個人政治野心在這幾句話裏暴露得十分明顯。」

在這一次首都法學界座談會上，北京大學教授、政法學會理事芮沐發言，批判也是北京大學教授的右派分子王鐵崖，說「王鐵崖一貫否定國際法科學的黨性階級性，相反地，他主張大量翻譯資產階級國際法的著作。到了共產黨整風的時候，他的醜惡面目和野心全部暴露出來。他陰謀計劃成立一個不要外交部領導的『大國際關係系』。」王鐵崖最幸運的是壽長，他活到了九十歲。1997 年在聯合國大會上當選為前南斯拉夫國際刑事法庭大法官，赴海牙上任了。

錢端升（1900-1990），上海市人。美國哈佛大學哲學博士。歷任清華大學、中央大學、西南聯合大學和北京大學教授。1952 年院系調整之後，他被任命為新成立的北京政法學院院長。他還是中國民主同盟中央常務委員。學院裏有不少老教授，如雷潔瓊、嚴景耀、吳恩裕、曾炳鈞、戴克光、黃覺非等，但是大部分老教授是不讓開課的，他們的任務是學習（思想改造）。在學院掌權的是黨的老幹部，以黨委書記劉鏡西為首，包括郭迪、劉昂、徐敬之、趙吉賢、魯直等，整個學院的領導權都牢牢地掌握在院黨委手中。錢端升想調進一個人，以解決夫妻兩地分居的困難，學院人事處也可以頂着不辦。據 7 月 20 日《人民日報》刊登的〈錢端升是政法學界的右派陰謀家〉一文說：「錢端升對院系調整是十分不滿意的，當時為了抗拒院系調整方針的貫徹，曾在清華大學和曾昭掄、錢偉長開會共商對策，又在樓邦彥家裏召集一些教授密議如何抗拒。事後他主張打亂院系調整後的新院系，來個『院系再調整』，推翻共產黨領導的課程改革，來個『二次徹底改革』。」至於他的大法學院計劃，不過是想搞個像倫敦經濟政治學院那樣的大政法學院的想法，8 月 11 日《人民日報》刊登的龔祥瑞〈錢端升小集團的陰謀「大法學院」方案〉一文批判說：「這個『大法學院』方案的目的不僅僅是推翻新院系，走資產階級法學的道路。『大法學院』不過是他們幹政治的工具、武器。他們真正的方案是通過『鳴』、『放』或者在

成立了『大法學院』之後通過講壇，吹倒共產黨 —— 推翻共產黨在政法界與外交界的領導。這就是錢端升小集團所作的大文章。」

俞鍾駱在首都法學界座談會上發言。據 9 月 14 日《人民日報》刊登的馮若泉的〈誰在「出入人罪」？ —— 質問俞鍾駱〉一文說，他「污衊我們的審判工作是『罪與非罪的界限不清』，他說：判案時因時、因地、因人作不同的處理，從好的方面說合乎馬列主義唯物辯證法，從壞的方面說是『出入人罪』」。馮若泉的這篇文章舉出了幾件與俞鍾駱有關的案例以及俞鍾駱歷史上擔任過汪偽大漢奸的辯護律師，就說「原來他就是慣於『出入人罪』的專家」。

廣州中山大學法律系教授端木正也被劃為右派分子。端木正（1920-2006），安徽安慶人。1947 年在清華大學法學研究所畢業後赴法國留學，1950 年獲得巴黎大學法學博士學位回國後，到廣州嶺南大學任歷史政治系代理主任，院系調整，即在中山大學法律系任教。1957 年 9 月 24 日《南方日報》以〈中山大學反右派鬥爭戰果巨大：右派分子陸續現出原形，大部分向人民低頭認罪　群眾政治思想覺悟提高，中間派很多人向左轉化〉為題發表的報導說：「在群策群力的揭露和搜索下，右派分子陸續現出了醜惡原形。除了臭名遠揚的右派分子董每戡、林楚君、羅應榮等之外，老右派葉啟芳、吳重翰、張良修、詹安泰、顧綬昌、鍾期偉、端木正等和學生中的右派分子都相繼暴露。這批右派分子對黨和社會主義一貫懷着深仇大恨，一貫散佈反對黨和反對社會主義的謬論，大放大鳴期間，借幫助黨整風的名義，從各方面瘋狂地向黨進攻。他們攻擊學校的黨委制，攻擊人民政權和現行制度，否定五大運動和三大改造的成績，以及對黨團員和社會生活的各方面進行各種無恥的污衊。」端木正的右派言論，有「中大發展黨員都是那些唯唯諾諾的，不敢批評黨的人，歷史系發展的黨員都是走私人路線」。（見《高等學校右派言論選編》，中共中國人民大學委員會，1958 年 8 月）

中山大學歷史系教授劉節的日記記載：

> 1957 年 9 月 9 日：上午聽反右派鬥爭動員大會報告，下午小組漫談。

> 10 日，下午教授副教授批評端木正大會。

　　15 日，自早迄晚批評端木正大會。

　　16 日，上午預備會，下午鬥爭端木正大會。（《劉節日記》，大象出版社 2005 年版，第 446-447 頁）

也可以想見當年的氣氛了。

　　1979 年通盤解決右派分子問題之後，端木正擔任了中山大學重新設立的法律系首任系主任，中山大學法學所首任所長，1985 年，他以專家身份被全國人民代表大會任命為《香港特別行政區基本法》起草委員會委員，參加政治制度小組，負責起草 1997 年後的香港政治制度部分。

　　1990 年至 2000 年端木正任最高人民法院副院長、審判委員會委員。最高人民法院院長任建新在全國人大常委會提請任命端木正的議案中，對他的評價是：通曉法、英、俄三國語言，在國內外法學界有一定聲望，擁護共產黨，熱愛社會主義。1993 年他被指派為常設海牙仲裁法院仲裁員。此外他還擔任中國國際法學會副會長、中國法官協會副會長、中國法學會常務理事和顧問等職務。2007 年 7 月，端木正塑像在中山大學揭幕。

　　法學家被劃為右派分子的還有不少，像參加過 1946 年至 1948 年在東京審判日本戰爭罪犯的遠東國際軍事法庭的那位中國法官梅汝璈，是在外交部條法司被打成右派分子的。

　　北京政法學院的青年教師江平，是新中國第一批留蘇學生。於 1951 年到 1956 年底在蘇聯學習法律。畢業後被分配到了北京政法學院任教。他被劃為右派分子的第一條材料是，他在整風運動的座談會上談到赫魯曉夫反對斯大林個人迷信的秘密報告說，斯大林問題的根源，赫魯曉夫認為這是他個人品質的缺陷造成的，而陶里亞蒂則認為這是制度的缺陷造成的。江平表示他是同意陶里亞蒂的觀點的。他在蘇聯五年的經歷，也感到這麼大的問題，僅用個人品質是無法解釋的。蘇聯制度層面的缺陷，正是現在我們黨要在整風時需要警惕並克服的。這就成為他的一條「反黨」言論，說他攻擊「社會主義制度」，說他認為「社會主義制度有缺陷」。又一條材料是一些青年教師推舉江平起草了一張大字報，大字報共有五項內容，包括一些老教師在肅反運動中背了黑鍋，應當予以澄清、道歉；以及現今工會的選舉不民主，是自上而下的指定，應當實行自下而上的民主選舉。有二十人在大字報上簽名，當時學院黨委書記劉鏡西還誇獎說大字報寫得不

錯。有了這兩條，到了反右派鬥爭時候，江平被劃為右派分子了。（據江平〈我的右派經歷與反思〉，見《炎黃春秋》2011 年第 2 期）

做過北京市法院法官的律師張思之，也被劃為右派分子了。1947 年他考入北平朝陽學院法律系學習，1948 年潛赴解放區，北平和平解放以後，他即被分配到法院工作。在肅反運動中，因為他十六歲的時候有一個曾經參加「學生志願遠征軍」開赴印緬前線和日本軍隊作戰的「歷史問題」，成了肅反對象，差不多被批判鬥爭了兩年。肅反結束後，調到北京市律師協會工作。反右派鬥爭開始的時候，他是第三法律顧問處主任。當時大字報和批鬥會上羅列他的罪狀有五條：一、攻擊肅反運動是打擊報復，政治陷害；二、在內部製造分裂，一貫反對黨的領導；三、主張把大字報貼上天安門；四、給右派分子陳建國出謀劃策，支持右派言論；五、參加歡送右派分子郭可宏的黑會，為右派分子撐腰。張思之就這樣成為第三法律顧問處唯一的右派分子，受到開除黨籍、撤銷職務、降低兩級工資的處分，下去勞改了十五年。他的右派問題解決以後，以律師為業。1980 年曾任「林彪江青反革命集團案」辯護組組長，為李作鵬作辯護。此外還參與過鮑彤、王軍濤、魏京生等人的「顛覆政府案」的訴訟。（據張思之口述、孫國棟整理，《行者思之》，香港牛津大學出版社 2014 年版）

張思之《行者思之》書中還談到他的朋友郭可宏的遭遇。他本來已經因為夫妻兩地分居的問題調到上海去了。北京市法院院長王斐然把他調了回來劃為右派分子，給予開除公職勞動教養的處分。結果夫妻雙雙自殺。後來王斐然本人，以及包括原來擔任副院長後來調任北京市司法局局長的賀生高在內，整個北京市法院、司法系統一共打出了六十多個右派分子。

據 1958 年 9 月 23 日中共北京市高級人民法院、司法局支部委員會《關於開除右派分子王斐然黨籍的決定》宣佈，他的反黨反社會主義主要言行有：

王斐然大量散佈「無罪推定」「有利被告」等反動論點，叫幹部在實際工作中「大膽參考偽六法」。1956 年最高法院工作通訊第四期刊登了「無罪推定」的文章，王親自起草通知各級法院幹部學習「無罪推定論」，並推薦給郭步岳同志，在貫徹全國第三屆司法會議精神的大會上說：「審判員一方面審案子，一方面可以作被告的辯護人。」對於「證據」、「坦白」、「前科」等也都要根據有利被告的論點去解釋。

關於賀生高的情況，據1958年3月28日中共北京市司法局支部委員會《關於開除右派分子賀生高黨籍的決定》宣佈的材料如下：

賀生高，男，四十五歲，陝西省清澗縣人，貧農出身，貧農成分，1934年參加工作，同年入黨。曾任縣保衛局長、陝甘寧邊區保安處副科長、專區保安處副處長、北京東郊分局局長、管訓處處長、北京市法院副院長，現任司法局局長。

肅反運動中，因袒護鬥爭重點張思之，阻礙肅反運動，被撤銷五人小組領導職務，後來又繼續與張思之進行非組織活動，始終不肯真誠檢討，受黨內嚴重警告處分。整風運動中因將中間分子梁文茜（現為右派分子）叫去參加左派分子會，洩露機密，嚴重喪失立場，被撤銷整風領導小組職務。

賀生高的主要反黨言行：

一、對肅反中的處分不滿，企圖翻案，乘黨整風之機，煽風點火

整風開始後，煽動肅反中重點張思之（現是右派分子）說：「肅反問題是個重點，其實他（指五人小組王斐然）把結論作出來，承認整錯了，在群眾中宣佈一下，就把大部分問題解決了。」並說：「肅反問題不解決，整風沒辦法。」「遇到機會你就講，讓群眾了解真相。我現在不能說什麼，我要談話，問題就複雜了，你們談，我把它搞成簡報。」在整風鳴放會上，又煽動肅反中被從寬處理的反革命分子郭可宏（右派分子）說：「老郭，你在市委（指市委召開的知識分子座談會）說了那麼多，為什麼現在不說了。」並多次讓郭將攻擊法院黨內不團結的問題寫成書面材料交給他，以證明肅反是打擊報復，當郭可宏和肅反鬥爭重點趙成侯、陳建國（都是右派分子）貼出反黨大字報後，他又鼓動說：「可以自由醞釀，不算自由主義。」並對郭說：「現在誰是不是反革命還不清楚嗎？！」當陳建國將潘守謙（反革命分子，現已開除）回機關鳴放情況告訴他後，他說：「放吧，放出來就是好事情。」又煽動周奎正（右派分子）說：「有問題你揭吧！不管什麼都可以揭。」當肅反鬥爭重點譚泉（右派分子）問他對肅反有意見怎麼提時，他即指示說：「就說是對肅反中的一些作法有意見，不是對肅反有意見。」

二、反右鬥爭中包庇右派，阻礙運動

反右開始後，司法局黨員幹部陳甲在支部會上批評了賀生高，並說周奎正、張思之、譚泉是右派，會後賀即為周撐腰說：「你在下次會上揭他（指陳），你的問題我知道，不是什麼大問題，你不要怕他，他說別人是右派，問問他是什麼派。」在政法學會鬥爭右派分子樓邦彥的會上，他同情地說：「夠啦！夠啦！有所檢討就行啦。」又對周奎正說：「你在批判他們時，找個時機檢討一下，自己就脫出來了。」當司法局整風領導小組確定張思之、譚泉為右派時，賀竟兩次找劉杰三同志說：「你說的話馮（基平同志）相信，你抽工夫親自找馮說一下，張思之沒什麼問題，過去肅反時是王斐然打擊報復。」右派分子張思之在被鬥爭期間到新華書店偷書被抓獲，賀還多方袒護包庇，說張是神經失常。為此張被釋放後，寫信感謝他，當市委多次找其追問此信時他假裝沒收到，向黨隱瞞這一反黨行為，直至張思之當面對證時，他才不得不承認，但拒不交出信件。

右派分子周奎正在會上揭發了他的反黨言行，群眾反映朱金濤有問題，他即對朱說：「注意周奎正要轉移目標。」「反右鬥爭你出了不少力，虛心一點，不要在群眾裏嚷嚷，大家屁股都有屎。」企圖讓朱隱蔽起來。司法局整風領導小組研究朱金濤（右派分子）的反黨材料，他百般為之辯護。會議通過之後，他又乘整風領導小組長楊義同志不在召開非組織會議研究朱的材料，並指定其中一成員給市委打電話的機會，暫時不要批。反右深入時，他說：「把能下放的幹部都下放，不要把幹部都弄成右派。」右派分子郭可宏揭發了他。他找郭談話，說郭交代問題有陰謀，並威脅說：「你的事我不管，等處理你的時候再說。」

三、攻擊黨對司法工作的領導，污衊鎮反政策

他說：「咱們的審判員憑空氣辦事，中央說寬就寬了，說嚴就嚴得要命」，「審判員辦案隨風倒，固然是問題，但主要是放風的（指中央的政策、方針）把風放得太大，放了十二級颱風。誰都吃不住，不倒也得倒。」他認為：「盲目長判不能怪下面，要找放風的地方。」

他擅自修改張友漁副市長批示的關於處理強姦幼女案件時，同志們批評他，他非但不接受，反說：「張友漁又不是金口玉

言，為什麼不能改。」他又長期不貫徹市委批示的《一九五七年全市司法工作計劃和提高案件品質》文件。並說：「不是市委批的，是政法部看的。」他還惡毒地攻擊歷次鎮反運動說：「我們遇到運動就要找典型，群眾一反映就判罪，找不到點心（典型）就要拿月餅。」

四、賀生高一貫依靠、重用有嚴重政治歷史問題的人，培植個人的反黨勢力，進行反黨宗派活動。肅反時化裝到前門外與鬥爭重點張思之訂立攻守同盟，阻撓張思之交代問題。並一再讚揚潘守謙（反革命分子）、張思之、譚泉（都是右派分子）「年青有能力，是法院的精華」。他還對潘、張說：「你們的歷史問題作不了結論，因為領導上意見不一致，我早就沒意見了。」「要不是我，他們（指黨組其他成員）早把你們整苦了，他們就是想把你們整成反革命。」張思之、譚泉肅反後政治歷史問題尚未作結論，賀即將他們分配到律師協會任法律顧問處副主任。並說：「市委政法部沒有同意，我就宣佈，還是我這個人大膽。」周奎正（右派分子）歷史問題很複雜，賀卻把周當作左、右手，並且先後要提周及鄭孟平（右派分子）為司法局辦公室副主任。又把肅反中被從寬處理的反革命分子郭可宏留在辦公室做秘書工作，並向其示意：「你有歷史問題在這兒還容易弄得清，在別處不了解你，可能搞成反革命。」機關肅反五人小組向他提出不應讓郭在辦公室做秘書工作，他說：「肅反作結論由你，使用幹部由我。」

檢察系統反右派鬥爭的情況，據 1957 年 12 月 10 日新華社《內部參考》報導：

本刊訊　截至目前為止，據最高人民檢察院和二十五個省、市、自治區人民檢察院（缺青海、新疆）與北京、天津、上海、安徽、福建、四川、雲南、河南、貴州、甘肅等二十個省、市、自治區的分、市、區人民檢察院的不完全統計，已揭發出右派分子三百五十二名。

檢察機關的右派分子，在整風運動的大鳴大放期間，除了竭力支持社會上右派分子章伯鈞、羅隆基、儲安平、葛佩琦等反黨反社會主義的言論外，還針對着黨對檢察機關的領導，檢察機關的性質、任務、肅反鬥爭以及幹部政策、人事制度等問題，進行

大肆污衊和攻擊。他們企圖取消黨對檢察機關的領導，纂奪檢察機關的領導權，改變檢察機關專政的性質。其主要言論是：

一、反對黨對檢察機關的領導。右派分子污衊「黨委不懂法律，不能領導檢察工作」，説檢察機關什麼事情都由黨委決定是「以黨代政」、「一黨專政」、「應取消黨組，以檢察委員會代替」。他們認為「黨只能在方針、政策上領導檢察機關，不應干涉具體案件的處理」，攻擊黨內審批制度是不合法的，是「以黨代法」。湖北省院右派分子説：「檢察院是司法機關，只要對法律負責，不要對一級黨委負責，檢察院不能作黨委的『應聲蟲』，要脫離黨委單獨幹。」遼寧省院右派分子提出，在肅反運動中「黨委定案組提出批捕、起訴、判刑的意見，檢察院履行法律手續，是不合法的，中央十人小組的政策界限也是不合法的」等等。

檢察機關的右派分子同時竭力反對共產黨員充任檢察機關的領導骨幹，污衊「檢察員必須是共產黨員」的規定，「是十足的宗派主義」，「是對知識分子不信任」，對非黨幹部的使用態度是「專政」的，「壓抑了非黨幹部的積極性」；更惡毒的是説，「人民民主專政，不是黨員專政，工人階級專政，不等於一黨專政」。甚至還猖狂地提出「如不改變這一規定，就讓一切非黨幹部退出檢察機關」。

二、污衊我們的司法工作，企圖改變作為無產階級專政工具的檢察機關的性質。他們誣衊我們「檢察機關的方針、任務不明確，『左』右搖擺，朝令夕改」。他們認為檢察機關是「最高監督」機關，檢察機關的主要任務是監督國家機關和國家幹部，而不是同敵人作鬥爭。他們反對公安、檢察、法院三個機關，互相配合，統一對敵，強調檢察機關去監督公安、法院的「違法」，攻擊1955年鎮反時的聯合辦公室，污衊這是「破壞了法制，失去了制約作用，許多錯誤由此而來」。他們説「法律本身有階級性，在辦案中不應有階級性，只能當包公」。「凡是違了法的，不管是反革命分子或幹部群眾，在法律面前一律平等」。他們並叫嚷「對地主、富農分子和反革命分子處理重了，對幹部輕了」，替地主、富農分子、反革命分子喊冤，有的竟提出「檢察機關應民主人士參加，只有像黃紹竑那樣，檢察機關才有朝氣」。有的還誣衊我們的法律是「騙人的」，「補辦法律手續是公開的作假」，是「明一套，暗一套」等。

三、攻擊黨的肅反方針、政策，否定肅反成績，謾罵肅反幹部。右派分子說，「肅反搞糟了，是毛主席說了大捕大殺搞糟的」，「中央規定 5% 和 2% 是主觀臆斷」，「肅反中的群眾路線，是產生錯誤的根源」，誣衊「肅反錯了 80%，搞得人家家破人亡」，「領導上有意地壓低了冤、錯案的數字」，「五五年鎮反的成績和缺點是半斤八兩，研究是人民內部矛盾，還是真正的反革命，要打個問號」。他們謾罵肅反幹部像「法西斯」，「是吃人的老虎」，罵「肅反辦公室是主觀主義的集團」。

四、歪曲黨的幹部政策，誣衊醜化黨員老幹部，要黨員老幹部下台。他們說黨不是「任人唯賢」而是「任人唯黨」、「重黨輕才」、「重資歷」，人事部門選幹部「只抓住是不是黨員這個簡便易行的天秤」，誣衊黨員是「金字招牌」，「黨員政治上衰退，思想上腐爛」，「黨、團員是便衣員警，是站在群眾頭上監督群眾的」，將老幹部醜化為「資格高高的，才能小小的」，「不懂法律，只憑資格老油條辦事」，是「飽食終日無所用心」。貴州省院三個右派分子還合寫了一篇《以老賣老》的打油詩，惡毒地污衊老幹部說：「繡花枕頭本來好，可惜裝的是稻草，單憑表面嚇虎人，天高地厚知多少，具體業務不鑽研，遇事唯有憑招牌，處處只講資格老，隨你怎麼說，反正我總是領導」。有的右派分子還猖狂地提出「檢察院的領導沒有學過法律，不能領導我們學過法律的」，主張發給老幹部資歷補助金，讓他們下台，讓那些所謂受壓制的新生力量上台。

從檢察機關揭露的右派分子中，可以看出以下幾個問題：

一、右派分子中，解放後參加工作的青年學生，佔很大的數量，據福建、吉林、內蒙、山西、河南五省，已揭露出的五十五名右派分子中，本人成分是學生的就有四十二名，佔 76.36% 強。這些青年學生不少是剝削家庭出身，大部分都未經過鬥爭的考驗，思想沒有得到很好的改造，還存在着很多反動思想，因而嚮往資產階級生活，反對社會主義制度，並且驕傲自滿目空一切，自認為有文化、懂法律，具有向上爬的條件，孜孜追求個人名位，達不到目的時，即心懷不滿。整風開始，他們認為時機已到，便向黨向社會主義進行了猖狂的進攻。

二、右派分子中，還有不少是本身歷史複雜，在三反、肅反中被審查鬥爭或其親屬被鎮壓被鬥爭的，據吉林、黑龍江、山西、內蒙、河南、陝西六個省四十七名右派分子的統計：本人在三反、肅反中被審查鬥爭的十五名，親屬被鬥爭被鎮壓的十一名，共計二十六名，佔 55.3% 強。這些人由於本質反動，與我黨有刻骨的仇恨，於是一遇到適宜的氣候，便原形畢露。這對我們今後挑選使用幹部是一個很好的教訓。

三、右派分子中不僅有一般幹部，而且還有一部分是領導骨幹，甚至是參加革命二十餘年的老黨員幹部，據現有的材料統計，專區分院檢察長以上的幹部就有十六名，其中包括高檢院正副廳長三名，省院副檢察長一名。這些幹部雖然受到黨的長期培養教育，除個別是混進黨內的階級異己分子外，大部由於非無產階級的思想沒有得到徹底改造，在社會主義革命的新形勢下，有的是資產階級個人主義的本質暴露出來了，有的則經受不住糖衣炮彈的攻擊，滋長了極為嚴重的資產階級個人主義思想，以至蛻化變質，墮落到資產階級右派的泥坑裏去，這是我們所有幹部應該引以為戒的。

從右派分子的反黨言論中還可看出，我們檢察機關，還有一部分幹部存在着嚴重的舊法觀點，他們沒有真正了解法律是統治階級意志的表現，我們的法律是有利於人民的。而他們脫離階級鬥爭去死扣法律條文，把法律和黨的政策對立起來，把檢察工作和黨的領導對立起來，說黨違犯法律，企圖以法抗黨。甚至以「無罪推定論」「有利被告論」等反動謬論來為敵人開脫罪責。今年夏季以來在檢察機關曾經比較普遍存在的右傾現象，顯然是與上述謬論有着一定程度的聯繫的，因此通過這次反右派鬥爭，徹底清除舊法觀點在檢察機關的影響，應是我們一個重要的任務。
（1957 年 12 月 10 日新華社《內部參考》）

各個報紙上，發表了許多批判法學界右派分子的文章。司法部部長史良在〈徹底粉碎右派分子向司法的進攻〉一文中說：

右派分子指責我們「強調了法與法學的政治性」，「階級性」，說我們「忽視了它的專門性和科學性」，因而，反對我們對舊法採取堅決廢除的方針，說我們對「舊法規範」應該「不輕易廢除」，宣傳法律的「繼承性」，要我們中國人民「繼承」舊法，

其實質，就是要我們恢復偽法統。……這真是借右派分子之屍，來還蔣介石之魂。

同右派分子的攻擊針鋒相對，司法部長提出了她對司法改革運動的評價：

在運動中，尖銳地批判了反人民的舊法觀點和舊衙門作風，使全體司法幹部進一步劃清了新、舊法的原則界線，同時結合思想鬥爭，整頓了人民法院組織，保持了人民司法機關在政治上，組織上和思想上的純潔性，為進行司法建設奠定了良好的基礎，使人民司法工作得以擔負起鞏固人民民主專政和保障社會主義建設事業順利進行的光榮任務。從當時的情況，後來的發展，特別是從這次右派分子的猖狂進攻來看，司法改革運動是絕對必要的，完全正確的。

針對右派分子對肅反運動的大肆攻擊，司法部長論證了肅反運動偉大的成績。她並且把右派分子和反革命分子聯繫了起來，說：

應當看出，在反黨、反社會主義這個問題上，右派分子與反革命分子是一脈相聯的。湖北漢陽反革命分子的暴亂事件，說明右派分子不僅在思想上，政治上與反革命分子是息息相通的，而且有的右派分子與反革分子在組織上和行動上互相勾結，這很值得我們注意。（8月21日《光明日報》）

她說的「湖北漢陽反革命分子的暴亂事件」，即本書第十三章已經說過了的以漢陽縣一中學生為了升學名額問題罷課遊行一事為素材、人為地製造出來的所謂「小匈牙利事件」，處死了三個無辜者。以其傷天害理的程度來說，在人類冤獄史上都應該算是罕見的案例。史良這樣說，不知她是不是相信自己所說的話。不論她相信這是真的，或者明明知道不是真的，她這樣說，都足以表明她的法律業務水準、良心道德水準、她作為部長的職業責任感，都不可問了。

批判法學界右派分子的文章連篇累牘地出籠，陶希晉的〈法律界的鬥爭〉一文說：

今天法律界的右派分子，居然又步着這些人的後塵，來要這一套早經拆穿的慣技。例如他們說：「無產階級專政的理論，在今天看來已不正確了」，他們歪曲列寧關於「專政是直接憑藉於

強力而不受任何法律限制的政權」的定義，荒謬地把無產階段專政説成為不要法律的排斥民主的「恐怖主義」。

法律界右派分子在惡毒地攻擊無產階段專政理論的同時，也就否認馬克思主義的法學原理是我們法學的指導思想，故意把它列為法學流派之一，指責它「太強調階級立場而有狹隘性」；説法律不是階級專政的工具，而是什麼「國民公共意志的表現」。（9月13日《人民日報》）

韓幽桐在〈粉碎法學界右派分子的復辟企圖〉一文中説：

世界上有各種法律學説，都自命為科學，但我們認為只有馬列主義的法律學説才是真正的科學的法律學説，其他都是非科學的。馬列主義法律學説中的普遍真理，例如無產階級專政的原理，不是像右派分子所説「不能解決問題」，而是真正給我們解決了敵死我活的大問題。

所謂「犯罪和不犯罪的界限不清」，好像很會提問題的樣子。犯罪和不犯罪的界限當然必須劃清。事實上，我們對這個界限是劃得很清楚的，但右派分子硬説是不清楚，則是因為他們把反動的舊法做為劃清界限的標準，自然我們認為是犯罪，他們就認為不是犯罪了。如在肅反問題上，我們認為肅反完全合乎憲法的規定，右派分子則大喊大叫：「肅反運動根本不合法。」（9月16日《人民日報》）

中國政治法律學會理事會副會長兼秘書長吳德峰，在中國科學院召開的座談會上，以〈法學界反右派鬥爭必須進一步深入開展〉為題作了發言。他在批判「無法可循」論的時候，是這樣説的：

建國以來，我們國家先後頒佈了數千件的法規，這些法規，曾經有效地指導和保障了我國各項工作的勝利開展。而右派分子硬不承認這個事實，叫囂什麼「無法可依」「有法難依」，那又是什麼原因呢？原來我們的法律是保護人民、鎮壓反革命分子的，而那些自命為「黃文正」「譚青天」所要的卻是壓迫人民、保護反革命的法律，自然，這就難怪他們説什麼「無法可依」、「有法難依」了。我們應該正告右派分子，你們要求的那種法律，在人民的國家裏，是永遠不會有的。

這裏說的「黃文正」和「譚青天」，是對積極為平反冤獄奔走呼號的右派分子黃紹竑譚惕吾的調侃的稱呼。

為了在肅反問題上駁斥右派，不只是由《人民日報》發表社論，還有更大的聲勢。當時為肅反對象鳴冤叫屈最起勁的有黃紹竑，現在要駁斥黃紹竑，那些想要通過他呼冤的人就得付出代價了。

例如，北京師範大學俄文系有個學生謝昕，肅反運動開始後不久被捕，關了一年多之後，北京市人民檢察院決定免予起訴，釋放回校。這就是說已經結案了。壞事的就是她幾年前在跳舞晚會上認識了黃紹竑，釋放之後托黃紹竑為她轉交一份申訴材料到人大常委人民接待室。為了駁斥黃紹竑，北京師範大學就在 7 月 3 日專門舉行了師生員工大會，揭發批鬥這個已經結案釋放了的人。會上，師生員工代表的發言，遞到主席台上的一百多張紙條，都要求對這個屢教不改的反革命分子嚴加懲處，要求學校開除其學籍，要求檢察機關重新處理她的案件。

還有一個是河北省龍關縣幹部業餘學校的教員韓國屏，在肅反運動中被捕，被龍關縣人民法院判刑八年，關了一年半之後釋放。釋放的原因，據人民日報記者集體採訪的〈黃紹竑保護的什麼人？翻的什麼案？〉一文說，是「河北省高級人民法院認為龍關縣法院判處稍重，撤銷了龍關縣人民法院的原判」。（7 月 19 日《人民日報》）2 月此人獲釋，3 月，黃紹竑在政協會上提及此事，說要不是河北省高級人民法院認真監督，此人就會冤沉海底了。現在為了駁斥黃紹竑，最高人民檢察院提出抗訴，最高人民法院撤銷了河北省法院教育釋放的判決，維持縣法院原判。9 月 7 日又將這個已經結案釋放數月的人重新收監執行。（9 月 14 日《人民日報》）

這篇〈黃紹竑保護的什麼人？翻的什麼案？〉除了提到這兩個案例之外，還寫了另外一些案例。

有一個是上海市第一醫學院的學生，1949 年上中學時參加了聖母軍，1955 年被捕，關了幾個月，判決免予刑事處分，教育釋放，回原校繼續求學。

有一個是廣州海關的工作人員。這篇文章在介紹了此人案情之後說，「當然，據此而判處三年徒刑，是比較重了一些，是可以加以糾正的。可是黃紹竑卻別有企圖地為反動分子叫屈，攻擊人民司法機關沒有法制，究竟

是站在什麼立場説話呢？」在人民日報駁斥黃紹竑的記者們看來，此案也是判重了的。只是《人民日報》這樣説則可，右派分子這樣説則不可。

還有一個是名人，即做過滬江大學校長的凌憲揚，1951 年 4 月被捕，1957 年初釋放，宣佈不追究刑事責任。幾乎關了六年。黃紹竑對此案的攻擊，有一條是「長期不審不判」。這樣説當然表現出他的隔膜。1951 年 4 月那時，正是第一次大規模的鎮壓反革命運動的高潮之中，處決了多少罪大惡極國人皆曰可殺的反革命分子。如果把凌憲揚算在罪大惡極國人皆曰可殺之列，也就可以處決了。「長期不審不判」正是他的造化。

為了駁斥，這篇文章把黃紹竑説過的這些案例都在報紙上概述一番，以表明這些人確是有罪的。像凌憲揚，他奉當時政府派遣同德國進行貿易的公務行為，被説成「他在抗日期間和法西斯德國勾結」，成了應由個人承擔責任的罪行。

還有一個譚惕吾，也是熱心為別人呼冤的。到了反右派鬥爭中，譚本人成了右派分子，那些她想給予幫助的人也都沒有好下場。據 1957 年 8 月 28 日《人民日報》刊登的〈請看譚惕吾所提出的「三害典型」案件的真相〉説：

> 資產階級右派分子譚惕吾，在 6 月 5 日民革中央小組擴大會議上，對我們司法機關的工作進行了惡毒的攻擊和污衊。譚惕吾説司法機關犯有嚴重的「違反法律、侵犯人權」的錯誤，並舉出石油工業部王裕豐事件和由山西省人民法院判決的郤磐石事件作例子，説「這兩個案件是『三害』的典型」，因此，譚惕吾「要以全國人民代表大會代表的資格提出嚴重抗議，要求政府立即釋放王裕豐，要求共產黨嚴格檢查郤磐石案件」。

接着文章用三四千字的篇幅説明原來對王裕豐、郤磐石兩個案件的處理是完全正確的。

對於賈潛、楊兆龍等人稱讚的「無罪推定論」，吳德峰的發言中把它當作一種右派言論加以批判，他説：

> 值得嚴重注意的是，有些右派分子竊據了專政機關的工作崗位，他們不僅到處散播什麼「無罪推定論」「審判有利於被告論」以及繁瑣的「證據論」等荒謬有害的觀點，而且還公然以這些論

點作為審理案件的「理論」根據，利用職權，以各種藉口為反革命分子和其他各種刑事犯罪分子開脫罪責，輕縱罪犯（這種事例在不少地區均已發現）。這種情況不僅説明法學界反右派鬥爭嚴重性，而且還説明這種鬥爭的更直接、現實的重要意義。（10月4日《人民日報》）

由吳德峰出面來批判右派分子的這些法學觀點是很有意思的事情。1951年他擔任武漢市市長的時候，武漢市第二醫院發生了一起公款被盜案。醫院的黨支部書記、老幹部王清偷了保險櫃內的公款，卻誣陷該院文書、青年團員紀凱夫，把他拘留關押，還要查他的特務問題，説是特務陷害老幹部，一個簡單的盜竊案變成了一個複雜的陰謀陷害案。當辦案人員向市長吳德峰彙報，查實了不少王清盜款的證據，這一位擔任過紅二方面軍保衛局長、中共中央晉察冀局敵工部長的人物，根據自己多年從事鋤奸保衛工作的經驗，竟説了這樣一句警句：「王清盜款的證據愈多，恰恰就是反證愈多。」（李之璉，《紀凱夫事件始末》，河南人民出版社2000年版，第27頁）他就是因為在這件誣陷案中的責任而被撤銷了武漢市市長的職務。比起《老殘遊記》裏所寫的剛弼辦案來，不知誰的水準更高一點。反正是決不會輕縱自己所認定的罪犯，二人卻是相同的，一個信奉「罪證即反證論」的人，怎麼能接受「無罪推定論」呢？

更權威的批判，是《人民日報》社論〈在政法戰線上還有嚴重的鬥爭〉。社論説：

> 右派分子為了抗拒我們黨對政法工作的領導，還提出了所謂「司法獨立」、「審判獨立」等口號，企圖把司法系統同人民民主專政對立起來。他們説，如果不讓司法獨立就是違反憲法，其實，我國現行的司法審判等制度是完全符合憲法的；倒是右派分子要在我國搬用西方資產階級國家的所謂「三權分立」的做法，這才是真正的違反憲法。右派分子自以為只有他們懂得法律，他們自稱「專家」，並且公然説，「現在誰夠條件就由誰來幹」。事實證明，他們除了死守住反人民的舊法觀點以外，對於人民的法律根本無知。（10月9日《人民日報》）

這樣，「司法獨立」，「審判獨立」也是必須反對的右派分子的主張。

三十八年過去，彈指一揮間。時間到了1996年，八屆人大四次會議修改通過的《中華人民共和國刑事訴訟法》第五條規定：「人民法院依照法律

規定獨立行使審判權，人民檢察院依照法律規定獨立行使檢察權，不受行政機關、社會團體和個人的干涉。」第十二條規定：「未經人民法院依法判決，對任何人都不得確定有罪。」因此全國人大關於修改《刑事訴訟法》的決定第三十四點說：「向人民法院提起公訴前，原『被告人』的稱謂修改為『犯罪嫌疑人』。」修改後的《刑事訴訟法》還注意保障了被告人的權利。當年《人民日報》社論的作者是不是預料到了「人民的法律」會有這些變化的呢？當年法學界被批判的一些右派言論，錯就錯在出現的時間：超前了幾十年。

當年為了法治而付出代價的，不僅僅有錢端升、楊兆龍這些法學家，這些政法院校的教授教員們。那些在政法部門工作的幹部，包括公安、檢察、法院、司法行政、監察這些部門的各級幹部，也有許多為此付出了代價。

中共安徽省委第一書記曾希聖在批判李世農的時候說的，「公安、司法、檢察機關和法院是人民民主專政的重要武器，是黨和人民執行對敵鬥爭的刀把子。這個刀把子一定要緊緊掌握在忠於勞動人民利益的堅定的革命幹部手中，置於黨的絕對領導之下。」（1958年3月10日《人民日報》）所以，公安、司法、檢察機關和法院，就是反右派鬥爭的一個重要的戰場。據《人民日報》公佈在中央政法部門擔任重要職務的黨內右派分子有：監察部副部長王翰；最高人民法院刑事審判庭庭長賈潛，副庭長朱耀堂，研究室主任魯明健；最高人民檢察院運輸檢察院副檢察長劉惠之，一廳廳長王立中。此外，據中共中央監察委員會辦公廳編的《關於清除黨內右派分子的決定彙編》第二輯的材料，還有：最高人民法院審判員劉寅夏、郝紹安、張向前、楊顯之、田明中；最高人民檢察院二廳廳長李甫山、三廳副廳長白洲、檢察員劉汝械，監察部一司司長、黨組成員李沐英。外省的有：吉林省高級人民法院院長、黨組書記鮑廷幹，遼寧省人民檢察院檢察長、檢察院黨組書記阮途，遼寧省監察廳廳長、黨組書記張靜超，副廳長、黨組成員方一臣，廣東省人民檢察院副檢察長鄭北辰、盧偉良，廣東省民政廳廳長、分黨組書記關山，河北省人民檢察院副檢察長閻偉鋒，浙江省高級人民法院副院長、黨組副書記鄔家箴，廣西壯族自治區人民檢察院副檢察長、黨組成員林芳，副檢察長徐江萍，湖南省高級人民法院副院長李子萱，山西省高級人民法院副院長、黨組成員韓林，山西省司法廳副廳長、黨組成員王志堅，上海市高級人民法院副院長韓述之、徐亞夫，上

海市司法局副局長、黨組成員、黨委書記鞠華，江西省高級人民法院副院
長鄧聲永，青海省西寧市人民檢察院檢察長金剛，四川省達縣中級人民法
院院長朱樂秋，蘭州市公安局局長、中共蘭州市委委員秦汝哲，濟南市中
級人民法院院長、中共濟南市委委員王斌。

王翰，原名陳延慶，江蘇省鹽城縣梁垛鄉人（現劃歸建湖縣），1932
年加入中國共產黨。他雖然只不過是監察部副部長、黨組副書記，可他是
中共八屆一中全會選出的中央監察委員會候補委員。當年中央機關所劃的
黨內右派分子中，在名義上這要算是最高的了。據 1958 年 5 月 24 日中國
共產黨監察部黨組關於右派分子王翰的處理決定説，他是監察部右派反黨
集團首領，並且列舉了他許多反黨反社會主義罪行。説他「反對社會主義
制度，宣傳社會主義制度有陰暗面的荒謬觀點。他否定我國社會主義建設
的成績，説『國務院所屬各部門的工作是一塌糊塗，經不起檢查』；攻擊我
國發展國民經濟計劃不是『冒進』就是『冒退』；認為現在的大學教育和建
築工程都不如解放以前；對黃紹竑的反社會主義言論十分讚賞，到處替黃
紹竑吹噓。」「王翰在監察部和右派分子彭達、陳達之等勾結起來，形成以
他為首的反黨集團，互相吹捧，打擊別人，抬高自己，揚言『黨組成員中
唯有王翰熟悉業務，監察部離開王翰不行』，暗示王翰應該當監察部長，甚
至吹噓王翰應該選為中央委員。」「整風開始，王翰積極煽風點火，篡改黨
組的整風計劃，大肆向黨進攻，企圖利用整風，搞垮黨組，奪取監察部的
領導權，以便實現他的一套反黨主張。反右派鬥爭開始，王翰抱着抗拒態
度，鄧小平同志傳達中央的報告他不去聽，部裏召開的各種反右派鬥爭會
議也極少參加，並積極為黨內幾個右派分子辯護。當二司批判彭達的反社
會主義言論時，王翰千方百計地加以包庇。當部整風領導小組確定彭達為
右派分子後，王翰立即向彭達通風報信，並訂立攻守同盟。1957 年 8 月 13
日黨組擴大會議討論毛主席〈1957 年夏季的形勢〉和佈置本部反右派鬥爭
的部署時，王翰竟憤然離開會場，公開宣佈以後不參加黨組會議，當晚又
給黨組寫信，進行威脅。」

據 12 月 5 日《今日新聞》上刊登的材料説，監察部連續開了十六次全
體工作人員大會鬥爭王翰，貼了他一千一百多張大字報，還辦了一個王翰
罪證展覽會。

8 月 20 日《人民日報》説，王翰還是監察部黨內右派集團的首領。
這個集團包括副司長彭達、研究室主任陳達之、研究室的翻譯室主任梁

建一、副司長安汝濤等人。據公佈他們材料的報導説，這些黨內的右派分子，還隱蔽在反右派鬥爭的領導小組中，「利用他們的職位，一方面千方百計地利用一切公開場合為正在被鬥爭的右派分子辯護和解圍。同時暗中還給他們『打氣』，對他們表示百般同情和支持。如當時還是研究室領導小組成員之一的右派分子陳達之就公開替被鬥的右派分子劉永的反動言行辯護，説什麼劉永基本上是擁護共產黨和社會主義的，他們的錯誤言行是由於領導上對他們使用不當所造成的，並公開向黨組提出『劉永不該劃為右派分子』，企圖替劉永開脱。另一個黨內右派分子梁建一還請正在被鬥爭的一個黨外右派分子吃飯、逛公園，看電影，要他『經得起考驗』。」

彭達的材料，據報導説，「5 月 18 日彭達在第二司全體幹部整風學習討論會上的發言中，直接攻擊社會主義制度，反對無產階級專政。他首先説，『不要迷信社會主義』。接着又説：『社會主義制度一切都好，這只是宣傳。』『社會主義制度有兩面性，有好的一面，也有壞的一面。』『無產階級專政帶來官僚主義。』」「彭達還惡意攻擊肅反運動，反對在肅反運動中採取群眾路線的作法。他否定監察部的肅反成績，誣衊監察部第二司的肅反是『人為地製造矛盾』。他還誣衊監察部五人小組領導人是『過於執』，表示自己要當『況鍾』。他經常打擊肅反積極分子，甚至辱罵肅反積極分子『是沒有頭腦的』。彭達為了拉攏第二司當時的一位肅反的對象，竟然向他洩露黨的機密，並在大鳴大放期間指使他在肅反問題上向黨進攻。」這裏的「過於執」是不久前上演的昆劇《十五貫》中的人物，劇中況鍾糾正了過於執錯判的案件。

這篇報導還公佈了彭達另一個大錯誤，這恐怕是他被劃為右派分子的最直接的原因：「彭達十分厭惡老幹部。他知道老幹部是黨的領導骨幹，一般説來政治思想水準比較高，比較容易覺察或識破他的反黨活動。因此，他總是惡意攻擊老幹部，説什麼老幹部都是些『萬金油』、『白帽子』、『甩袖子隊』、『吃老本，吃完了，就完了』；『老本就是資格和能講兩句馬列主義』等等。」（8 月 20 日《人民日報》）監察部部長錢瑛就正是一位老幹部，中共八屆中央委員。他罵的該不是錢瑛吧。

賈潛律師出身。1942 年參加革命工作，1946 年加入共產黨。擔任過晉冀魯豫邊區參議員，晉冀魯豫、晉察冀兩邊區高等法院院長，華北法院審判長。共產黨在全國執政之後，他當上了最高人民法院刑事審判一庭庭長。他吃虧就吃在懂得太多的法學。報紙上公佈了他一些這樣的右派言

論：「政策是政策，法律是法律，我們是司法不是司政策」（12 月 12 日《人民日報》），「黨對法院工作的領導是通過制定法律來實現的。法律是人民的意志，也是黨的意志，審判員服從了法律，就等於服從了黨的領導。因此，審判員只需服從法律，再不必有什麼黨的領導了。」「黨具體過問人民法院審判工作就是違法」。（12 月 24 日《人民日報》）報紙還說，賈潛打着「法律科學」的幌子販賣舊法觀點，片面強調「有利被告」、「無罪推定」、「自由心證」等主張，為反革命分子和其他犯罪分子減輕或開脫罪責，他們在審理案件時，對於有罪的人首先要求從「無罪」方面來考慮，對於有嚴重罪行的人首先要求從「減輕情節」方面來考慮，對於犯有死罪的人首先要求從「可以不死」方面來考慮。（12 月 12 日《人民日報》）

劉惠之的右派言論，據報紙公佈的有這樣一些：同犯罪作鬥爭不是檢察機關的專有任務。一般監督是社會主義檢察工作區別於資本主義檢察工作的根本標誌。報紙説他要把檢察機關對敵專政的鋒芒指向國家機關和幹部，企圖把一般監督工作凌駕於黨和國家機關之上，他違反我國憲法明文規定的黨在國家政治生活中的領導地位。把鐵路部門的黨委列為鐵路檢察機關的監督對象，説什麼「被監督的領導監督機關不合適」。關於檢察機關的偵查監督工作，他不強調協同公安機關一致對敵，也不強調互相制約，而只片面強調檢察機關應以監督者的身份監督公安機關的違法行為。關於審判監督工作，他主張把保護被告權利作為主要任務，而在實際上拋棄檢察機關揭發犯罪的作用。報紙還說，劉惠之提出：黨委的領導應該是方針政策的領導，屬於純業務性質的問題黨委不應干涉。（12 月 20 日《人民日報》）

這裏要作一點名詞解釋。「一般監督」是從蘇聯引進的一個法律術語，它是檢察機關的一項職權。一般監督是相對於特殊監督而言的。特殊監督是指偵查監督、審判監督、監所監督等等，有特定的監督對象和範圍。一般監督的對象和範圍，包括國家機關和國家機關工作人員除犯罪行為以外的各種違法行為。1954 年全國人大一屆一次會議制定的《中華人民共和國憲法》和法律，對此都有明確規定。《憲法》第八十一條規定：「中華人民共和國最高人民檢察院對於國務院所屬各部門、地方各級國家機關、國家機關工作人員和公民是否遵守法律，行使檢察權。」《中華人民共和國人民檢察院組織法》第八條規定：「最高人民檢察院發現國務院所屬各部門和地方各級國家機關的決議，命令和措施違法的時候，有權提出抗議。地方各

級人民檢察院發現本級國家機關的決議、命令和措施違法的時候，有權要求糾正；如果要求不被接受，應當報告上一級人民檢察院向它的上一級機關提出抗議。……對於人民檢察院的要求或者抗議，有關國家機關必須負責處理和答覆。」第九條規定：「人民檢察院發現國家機關工作人員有違法行為，應當通知他所在的機關給以糾正；如果這種違法行為已經構成犯罪，人民檢察院應當追究刑事責任。」劉惠之就是主張實行憲法和法律的這些規定，卻被認為是「要把檢察機關對敵專政的鋒芒指向國家機關和幹部」了。

王立中的大問題，據報紙上披露的材料説，是他「不經領導上審查批准，擅自以最高人民檢察院檢察員的身份在 1957 年 1 月 29 日的《光明日報》上發表了題為〈做好一般監督工作有什麼意義〉的文章，其中惡意地誇大了我國國家機關、工作人員和合作社的所謂違法的『普遍性』和『嚴重性』，將某地人民委員會《關於配設護林員以利開展護林工作的通知》中提出的『護林員有權制止或拘留盜伐、濫伐森林和引火燒林的不法分子送人民法院處理』的正確措施説成是『違法的』。」這篇報導還説，王立中的這篇文章「被香港反動報紙轉載，被台灣國民黨製成傳單散發」。（12 日 20 日《人民日報》）

上面所舉，都是 1957 年《人民日報》刊登的中央各政法機關所劃出的右派分子的材料。事實上，在這以後，從中央到各省市直到縣一級的政法機關，也有人因為堅持依法辦事而被劃為右派分子的。

公安部的反右派鬥爭，晏樂斌的〈1957 年公安部整風反右運動〉（載《炎黃春秋》2013 年第 2 期）一文有一個概括的介紹，下面從其中摘錄一些材料：當年公安部劃出了右派分子六十四人。其中有辦公廳研究室的謝光、廉英、廖賢金；辦公廳《人民公安》編輯劉恩啟，辦公廳秘書處打字員朱正洪；政治保衛局的有呂起超、繳濟東、楊昌郁；經濟保衛局的有徐泰雷、陳勝榮、袁皓；治安局的有王倫堂、韓贏洲；勞改局的馬煥仁、李中秀、李均服、陳守達等人。這裏只介紹幾個死於非命的人的情況。

一個是公安部辦公廳研究室主任謝光：

> 他十四歲參加八路軍，打仗負傷，曾任華北公安部辦公室主任，是公安部部長羅瑞卿選拔上來的優秀幹部。在一次整風會上，羅瑞卿點名讓他發言，他就在發言中批評了 1955 年的第二

次鎮反和內部肅反，他說：「據各地典型調查，第二次鎮反粗糙草率現象相當嚴重，在抓獲的人犯中，屬於可捕可不捕的佔百分之十五，完全錯捕的佔百分之五，按此比例推算，就有幾萬老百姓當成敵人關進了監獄。如果算算，對他們的親屬和社會影響，問題就更大了。以每個人都有五名至親好友計算，將有幾十萬、上百萬的人由此產生對政府的不滿情緒。希望部領導關注這個問題，做補救工作。」到了反右派鬥爭中，就把他劃上了。在開了批判他的會後，他就開槍自殺身亡。給他定的罪名是「攻擊黨的鎮反、肅反政策」，「攻擊一搞運動就追後台。」

一個是勞改局的李中秀：

　　李中秀同志與我是湖南岳陽縣湖濱中學（美國教會創辦）高中部的同學，1950 年 12 月，他與我響應政府動員青年學生「抗美援朝保家衛國」的號召，離開學校一同參軍，後我們分在中南公安幹部學校、中南軍政委員會公安部學習、工作（當時公安機關受政府和軍隊雙重領導），1954 年我們同調公安部勞改局，1957 年他在分管勞改工作的周興副部長參加的整風會上醜化周，導致了他悲劇的開始，最後被勞改局局長孟昭亮迫害致死。

　　情況是這樣的，李與我從中南調京後，被分在勞改局獄政管教處至 1957 年底。當時全國第一次、第二次鎮反結束，判刑關押了幾百萬犯人，監所人滿為患，政權剛建立不久，經費困難，為不使這些罪犯坐吃閒飯，狠抓勞改生產、勞改生產攤子建設是完全應該的，但是出現了讓犯人超體力勞動和勞改工作幹部打罵虐待犯人等違法亂紀情況，其中最為嚴重的是，安徽治淮勞改水利工程隊，為了趕工期，累死、病死犯人幾百人；王震領導鐵道兵修建鷹廈鐵路，調集犯人幾萬名的勞改工程隊，為了趕工期，不分白天黑夜地超體力勞動，每天勞動時間長達十七八個小時，加之當地潮濕多雨，瘧蚊又多，有病得不到及時治療，累死、病死犯人二千多人。當時有人向王震反映，王說：「死幾個人有什麼了不起，大驚小怪幹什麼？」特別嚴重的是在福建光澤縣境內，修路的犯人不堪強體力勞動，集體逃跑，王震將這些逃跑的犯人當成暴動，下令開槍鎮壓打死幾百人。後來這一情況被勞改局知道後，1956 年派出了獄政管教處處長夏新生、帶著本處的李均服同志，以公安部名義，與總參、總政、鐵道部、鐵道兵司令部，組成聯合工作組，對鷹廈鐵路勞改工程隊死人問題進行了調

查，後以這五個部門連署向中共中央、國務院作了報告。當時劉
少奇同志看了這個報告之後，他又派他的一位姓李的秘書到公安
部勞改局，找到去鷹廈鐵路調查和起草報告的李均服同志進行了
談話和核實情況，當時我在現場。劉少奇同志看了五個部門的報
告和李秘書的彙報之後，感到勞改工作出現如此嚴重情況，公安
部在此之前竟未發現，又未向中央報告，於是在五個部門連署的
報告上批示：「勞改工作必須堅持改造第一，生產第二的方針」，
後毛澤東批示同意劉的意見。可是，公安部，特別是勞改局的領
導對中央、毛、劉首長的這一重要批示不認真貫徹執行，連我們
在勞改局的工作人員都不知道有這一精神。後來李中秀得知這一
情況，他在 1957 年 5 月底在分管勞改工作的周興副部長參加勞
改局整風會上，就鷹廈鐵路勞改工程隊、安徽治淮勞改水利工程
隊等強迫犯人超體力勞動，勞改幹部違法亂紀，領導機關公安部
勞改局工作不到位，糾正不力，領導官僚主義進行了批評，實際
也是對分管勞改工作的周興副部長不點名地進行了批評。他在發
言中還說，有這麼不講政策的領導（指王震），就有不講政策的
下級（指孟昭亮，曾是王震三五九旅的鋤奸科科長），這就極大
地刺激了孟昭亮和周興。李中秀的錯誤是，他不應該在這個會上
醜化周興，這就激怒了周興和部長羅瑞卿。當晚，羅瑞卿緊急召
開了公安部黨組擴大會，就此進行研究與部署，提出：「繼續開
展整風提意見，難聽的話，刺耳的話，要硬著頭皮聽。」

事後我得知，李曾為公安部，特別是勞改局的領導對勞改幹
部中的違法亂紀、犯人中的非正常死亡糾正不力，存在嚴重的官
僚主義、不認真貫徹中央勞改工作方針政策與領導作風問題，草
擬了一份向毛澤東、劉少奇反映的材料，在這個起草的材料中有
一句「局裏個別領導與某女幹部關係曖昧」，這就更加刺激了孟
昭亮的神經（後來「文革」中揭露，孟與勞改局三個女幹部發生
過不正當男女關係，其中的一位在勞改局被他打成右派的人的妻
子，夫妻二人同調青海，孟任青海副省長後，與這個同志的妻子
發生不正當男女關係）。李的這一文稿，整風中被公安部整風辦
公室的兩名工作人員帶半強制性地騙走了（他們對李說：「李中
秀同志，聽說你寫了一份很好的意見書，借給我們學習學習，看
後立即還你。」）當時我在場，後不久李這份草稿被刪節，登在
公安部《整風動態》刊上，這就成了李中秀被定為極右的罪證。

公安部就這樣打出了一個以李中秀為首的右派反黨集團,包括李均服、陳守達等人。至於李中秀後來受了多少折騰,不必細說了。只說他的最後結局,是 1961 年春餓死在青海湖勞改農場。

還有一個也是勞改局的,馬煥仁:

> 勞改局的馬煥仁,抗日開始時參加八路軍,原在辦公廳研究室工作,孟昭亮從辦公廳選調馬到勞改局任獄政管教處長,1957年 3 月已調任司法部辦公廳副主任,在反右開始以後,孟昭亮等人以公安部名義又將馬煥仁從司法部要回公安部,因馬對勞改局領導單純追求勞改工作經濟效益,忽視對犯人的政治改造等勞改工作上存在的一些問題,在局務會議上或其他場合,多次提出過意見與建議,請求引起重視,反右開始後定為右派,送天津市郊團泊窪勞改農場監督勞動後,分到河北保定地區一個勞改隊工作,「文革」中遭受揪鬥批判,他的妻子檢舉揭發他翻 1957 年反右派鬥爭的案,這就加緊了對馬煥仁的迫害,不久迫害致死。

經濟保衛局的徐泰雷曾經寫過一首詩,其中有這樣的詩句:「浪濤洶湧澎湃,/ 沖向世界的東方,/ 啊!祖國!」這首詩被「分析」為希望中國發生「波匈事件」,煽動「反革命暴亂」。他被定為右派,1958 年在天津市郊團泊窪勞改農場監督勞動時溺死。

死得最慘的是治安局的韓贏洲:

> 韓贏洲,河北唐山人,大學生,在治安局整風反右時被定為右派,下放天津市郊團泊窪勞改農場監督勞動,1958 年底發配到青海省八寶勞改農場工作,「文革」中遭誣陷被開除公職,遣送回河北唐山老家,交群眾監督勞動。1972 年他由老家返回青海,向原單位提出申訴,說他是冤枉的,原單位不理,可是身上帶的錢用完了,便在西寧市的老城牆洞裏棲身,當時棲身在城牆洞裏還有外來的一些外流人員,韓因生活無著,一面打工找生活出路,一面申訴,後來找零散工作做也難了,他不得不出賣自己身上的鮮血,維持生計,一次他出賣血液獲得幾十元錢裝在身上,被一外流人員知道了,這個傢伙用城牆磚砸他,見他未咽氣,又狠砸他的腦袋,腦漿被砸得四濺,直到他死亡,將他身上的幾十元錢拿走。韓贏洲同志的女兒得悉他的死訊之後,從唐山匆匆

趕到西寧市，伏在父親的遺體上痛哭，訴說：「爸爸，你死得好慘啊！我要你不要到西寧申訴，你偏要來！爸爸，為什麼災難、冤枉老在你身上出現？這是什麼世道啊！哪有講理的地方。」她一面哭，一面訴說，在場的人無不動容流淚，後這個孩子哭得昏死過去，在場的好心人將她送青海省人民醫院急救，她才蘇醒過來，後該案已破獲，兇手是個四川人，被西寧市中級人民法院判處死刑。事後青海省公安廳勞改局為韓贏洲覆查，才糾正對他的誣陷。1978 年公安部改正了 1957 年對他的錯誤處理，給其恢復名譽。

四川省人民委員會政法辦公室副主任、省政法黨組副書記李俊成，廣東大甫縣人。他 1935 年加入共青團，1936 年轉為正式黨員。歷任：一二〇師教導團政治教員，南京市公安局辦公室副主任，西南公安部二處處長，最高人民法院西南分院副院長，據 1958 年 3 月 20 日中共四川省人民委員會辦公廳總支第四支部《關於開除右派分子李俊成黨籍的決定》說，李俊成的右派言行有以下這些：

> 他竭力主張「法院獨立審判」、「垂直領導」，反對黨委過問案件，提出「先由法院審判，再由黨委審批」。捏造「清案中埋怨情緒嚴重，埋怨錯在黨委和公安」，「各地錯案不少，本應報黨委後立即平反，但因有種種顧慮，遲遲不予糾正」；誹謗「公安機關粗糙，不慣於遵守法律，黨委偏聽偏信」，謾罵「達縣地委領導的清案小組是烏合之眾」，誣衊「黨委審批死刑案件，明知證據不足，先批死刑，後查事實」，達縣專區鄭成學貪污案，右派分子朱樂秋不執行地委決議，拒絕判處徒刑，李公開表示贊同和支持。去年省委批評政法部門嚴重右傾，他不但不積極貫徹和檢查糾正，反而聲稱當前「左」是主要的，並要省檢察院、法院搜集下面「左」的材料，妄圖用此來反抗省委的正確批評。他還散佈謠言，挑撥和破壞中蘇關係。李和其親信右派分子潘久維、袁鑒、侯開潮等，都是出身於官僚地主家庭，有的又是偽司法人員，政治上很反動，有強烈的個人野心，資產階級舊法觀點嚴重，情投意合，互相吹捧，互相包庇。由於原政法辦公室支部長期處於癱瘓狀態，對壞人壞事一直沒有展開嚴肅鬥爭，因而這些臭味相投、政治上一致的人，逐步糾合成宗派小集團，一方面散佈種種讕言，竭力反對黨的領導，惡毒攻擊無產階級專政；另方面他們投機取巧，對黨陽奉陰違，當面老實，背後謾罵攻擊，醜

化和誣衊黨組領導同志，挑撥黨和群眾的關係，破壞黨的團結；同時他們還宣揚腐朽的資產階級生活方式。

1956 年中央司法部巡視組來四川檢查工作，右派分子潘久維等綜合由他簽發的六個簡報，都是惡毒攻擊黨委，否定鎮反成績，誇大缺點錯誤，中央司法部王懷安前年來我省時，散佈一系列極其反動的謬論，惡毒攻擊大邑等地 1955 年的鎮反，李當時竭力讚同和支持，前年省黨代表大會上，李聽了閻秀峰同志代表省委所作的報告後，認為：「鎮反存在的缺點提得不深，錯捕好人不是個別的」，而對右派分子黃紹竑在全國人民代表大會上攻擊浙江、上海政法工作的讕言，卻大加讚賞和推崇，認為「黃對於判案中的違法問題，提出了比較深刻和嚴重的問題」。羅部長在全國第六次公安會議上講話時，對 1955 年鎮反成績、缺點作了正確估計，右派分子潘久維誹謗「羅部長粗暴，不懂法制，掩飾錯誤」，李亦隨聲附合說：「從法律上講，羅部長的報告就是站不住腳」。右派分子潘久維等在所寫 1955 年審批死刑案件總結中，捏造各地報來審批的四百四十一件死刑案件，主要事實不清的達百分之五十一點九，量刑失當的百分之二十七點二，李即借此攻擊鎮反，說「經過層層審批的死刑案件尚如此粗糙，其他案件可以想見」，誹謗「我們整個指導思想打擊面過寬，在判處上有重刑思想」，多次提出要檢查死刑案件。在清案工作中，他熱衷於查冤錯案，不談防漏防右，認為「捕後教育釋放和取保釋放都是錯捕的」，提出「冤錯案比例小的地區就是查得不深不透」，主張「事實不清的案件，一律先撤銷原判，重新調查審理」。他為了否定鎮反的必要性和正確性，從黨的領導、幹部作風和法制等方面，進行了極其惡毒的攻擊和誣衊。他歪曲事實，叫嚷「領導上作了某些違法和不切合實際的佈置，分配的鎮反數字有很大的盲目性，交代政策不清，運動中催得很急，形成過分緊張，下面當成生產數字去完成，造成不重品質，打擊面過寬，打擊不準，甚至錯打的現象」；攻擊「群眾運動和專門機關的工作沒有很好結合起來，加上『一竿子到底』的錯誤作法，群眾檢舉揭發材料未認真調查對證，全憑公安、檢察機關移送的材料辦事」；誣衊我們「把某些群眾基於所謂響應號召提出的懷疑和意見，以及某些群眾被恐嚇威逼出的虛構檢舉材料，也當成法律上論罪科刑的依據，甚至明知不實而予以誇大歪曲，以達到拼湊數字完成任務的情形」，詆毀「黨委根據這些不實事求是的材料，不可避

免地會作出一些不切合實際的審批，法院則機械按審批意見草率結案，甚至明知已錯，也要照批示宣判，檢察院則默默無言，安然無事」；誹謗「某些幹部在批判右傾麻痹後，錯誤地以為可以『左』一下，往往怕批評喪失立場，腦子一時發熱，就盲目打擊」，「某些幹部法制觀念薄弱，甚至品質惡劣的現象達到了驚人的程度」。因此，大肆散佈：「由於政策界限不清和草率判處的結果，往往違反人情常理，越出打擊界限，打到許多本來可以爭取改造和應當堅持教育的人的頭上，甚至打到某些基本群眾和完全無辜的好人頭上」等謬論。

他散佈資產階級法律觀點，為罪犯開脫罪責。李十分欣賞資產階級法律觀點，推崇封建王朝的法律，認為「唐律是一部好法律，歐陽修的《縱囚論》和《瀧岡阡表》很有閱讀價值」，工作中常參考這些東西，並到處宣揚反動的「無罪推定論」和「有利被告論」，說「律師在法庭上不能講對被告不利的話，犯人未經判決之前，都是無罪公民」。對於累犯再捉再判，他竭力反對，叫嚷「世界上沒有這個法律」，攻擊「審判人員不懂天理，不問人情世故」，主張「上訴案件只能減刑不能加刑」。對沒有改造好的犯人，他也主張提前釋放，認為「提前釋放，可以使犯人感恩」。認為「判刑亂世要重，治世要輕」，誣衊「我們處理死刑案件」對罪犯的歷史根源和社會根源認識不足，對促成犯罪的各方面的因素和犯罪者當時所處的環境、情況及犯罪的複雜心裏狀態等考慮不夠，思想感情上往往容易受犯罪手段殘酷和後果嚴重所激動，存在着對殺人犯一定要處死的報復主義情緒」。總之利用各種藉口為罪犯開脫罪責，縱容敵人破壞。

李俊成被劃為右派分子。受到開除黨籍的處分。（據《關於清除黨內右派分子的決定彙編》，中共中央監察委員會辦公廳編，1959 年 12 月）

雲南省富民縣因為一個李鳳英冤案的關係，縣公安、檢察、法院系統的幹部，有七人被劃為右派分子。這件事的起因是，1955 年，當時中共富民縣委第一書記李元慈在整頓合作社的工作中，偏聽偏信，堅持要把普濟鄉婦女主任李鳳英打成漏網富農、反革命。富民縣法院院長沈俊寫的〈法制在呻吟〉一文中回憶說：「李元慈不加調查偏聽偏信就認定李鳳英是『反革命』。立即要公安局下令逮捕李鳳英，公安局長王仕說：『把事實材料報批了才能逮捕。這是法律程序。』李元慈又跑到檢察院去找檢察長楊

明，叫他去逮捕李鳳英，楊明說：『檢察院只有申訴審批監督權，沒有逮捕權。』他沒有辦法，最後把我叫到縣委會，下令叫我去逮捕李鳳英，我說：『法院的任務是行使審判權，捕人是公安局的事，法院在審判中發現第三犯罪，防範第三者的破壞和逃跑才能行使逮捕權。』李元慈板起面孔說：『不行，你今天一定要把人抓來。』在李元慈的壓力下，我不得不指派劉光興去執行逮捕任務。李鳳英逮捕入獄後，在判刑上就成了問題。此案是審判員李明科承辦的，他以認真負責的態度進行多次審理，深入實際調查取證，根據人證、物證，都不能證明李鳳英有罪，李鳳英實屬錯捕。按法律規定，錯捕不能錯判，李明科把此案呈報審判委員會。審判委員會經過兩次討論都無法決定。」（見魏光鄴編，《命運的祭壇》上卷，作家出版社 2008 年版，第 489 頁）正好這時候「雲南省委農村工作部的楊大生，寫了富民縣委整頓薄弱社效果明顯〈普濟鄉反革命破壞合作化〉的報導在《雲南日報》上發表。」（同上書，第 490 頁）還配發了社論。這樣，就只能按照李元慈的決定，給李鳳英判了三年徒刑。李鳳英不服，上訴到楚雄地區中級法院，中院承辦此案的馬懷珍、汪光模二人到富民縣調查取證後，認定李鳳英實屬錯捕錯判，1956 年 12 月楚雄地區中級法院據以作出了覆查結論。可是李元慈對這個覆查結論置之不理，李鳳英還是關押在獄中。到了反右派鬥爭中，李元慈就把這幾個主張依法辦事的幹部都劃為右派分子了：縣法院院長沈俊，劃為右派分子，開除公職，送勞動教養。縣公安局長王仕，劃為右派分子，開除黨籍，開除公職，送回原籍農村，1978 年病故。縣檢察院檢察長楊明，因為在整風中說過李元慈「不懂法律」「惡霸作風」，就不僅劃為右派分子，還把他的家庭出身由貧農升為富農，再羅織一些罪名，判了他十五年徒刑。承辦李鳳英一案的審判員李明科，劃為右派分子，送農村監督勞動。當時分管政法工作、領導整風反右的縣委副書記李義，也因對此案與李元慈有意見分歧，被定為「全縣右派分子的統帥」，被開除黨籍，撤職、降級（十七級降為二十四級）。楚雄地區中級法院承辦覆查李鳳英案的馬懷珍、汪光模二人也因為此案的牽連被劃為右派分子。（《春風化雨集》下冊，群眾出版社 1981 年出版，第 259 頁）

再舉一例，看看某縣人民檢察院檢察員劉秀臣是怎樣成為右派的。

那時，他奉令進行案件覆查工作，在已經審結的刑事案件中，看有不有違反法律錯捕錯判的。在縣法院的檔案中他發現了這樣一案：判決書上寫的是：「1955 年 7 月 23 日晚九時許，被告人反動富農孟 XX 基於階級仇

恨，趁我縣公安局幹部譙 XX 在區公所駐地 XX 村露天戲場看戲之機，從場外向場內投擲瓦片擊中譙的頭部，故意傷害我公安人員，已構成反革命故意傷害罪。」這孟 XX 就被判了有期徒刑十年。

劉秀臣反覆閱卷，認為這裏有疑點：一、既然判決書認定被告人的行為構成故意傷害罪，其傷害的程度如何，是輕傷還是重傷？卷內為何沒有被害人的傷情鑒定證明？二、本案定案的根據是現場兩名目擊證人的證詞。而兩名證人的證詞又模棱兩可含混不清，不足以為證。既是證人作證為什麼不把事實講清楚？三、既然有目擊者作證，為什麼被告人的口供時供時翻？他是什麼情況下供認的，又是在什麼情況下翻供的？其中的背景因素是什麼？四、既然被害人在戲場內看戲時沒有身着警服，本人又沒有什麼其他特別不同的標誌特徵，在場外的被告人與在場內的被害人相距數十米遠且又是夜間，他又怎能準確無誤地以瓦片擊中夾在觀眾之中的被害人呢？五、本案的被害人是一名公安人員，而這一案件的偵查、預審、起訴，也都是公安人員，最後審判時的審判員又是公安局預審股股長兼任的。預審股長以審判員的身份自審自記（既無陪審員，又無書記員）之後，帶有傾向性地向法院審判委員會作了案情彙報，後即以反革命故意傷害罪判處被告人有期徒刑十年。這種獨攬一切、一包到底的辦案方法，既違反了法定的訴訟程序，又非法剝奪了被告人的申辯權和上訴權，這樣的判決是否有效？

劉秀臣經請示檢察長，得到同意，即着手覆查此案。他從覆核兩名證人的證詞入手。證人說：「我從來就沒有證實過他往戲場裏扔過東西」，至於那份證詞，「那是區公安特派員向我了解情況時記的材料，也沒有念給我聽，我又不識字，他寫完了就叫我按手印。」

第二步就是去調查那個被打的譙同志。他說：

> 那晚上我在戲場裏看戲時，不知是什麼人往戲場裏扔了一塊小瓦片，正好擲在我的頭上，將我的頭皮打破了，造成頭皮擦傷，我上區衛生院上了點藥包紮了一下，不到一個星期就好利索了，一點也沒耽誤上班。

他又說：

> 如果是階級敵人進行階級報復故意傷害公安人員，當時我既沒穿警服，又沒有什麼與眾不同的特別標誌，當地認識我的人很少，我站在人群堆裏看戲，他們怎麼會認出我來呢？再說戲場裏

的人那麼多，一個挨着一個，人頭攢動，晃來晃去，我是擠在人堆裏的，想打我的人就能打得那麼準嗎？據我分析，可能是小孩子想進去看戲，因沒錢買票看門的不讓進去，他們心裏有氣往戲場內扔石頭、瓦塊、起哄搗亂，這種可能性很大，倒不一定真是階級敵人搞破壞……

現在就需要聽取被告人孟XX的陳述了。這時，他正在佳木斯勞改農場服刑，地處北大荒，離最近的火車站還有六十多華里。劉秀臣冒着嚴冬的寒冷，坐了三天兩夜的火車，再步行了六十多里路，終於弄明白了他與此案毫無關係，是捆綁吊打刑訊逼供才使他招認的。

劉秀臣回來，把覆查的結果告訴了當初辦案的區特派員，問他這案是怎麼辦的。特派員語塞了，只作了這樣的解釋：「事情發生以後，因為是咱們的公安人員被打，我認為這可能是階級敵人搞階級報復，因為孟XX是反動富農，所以我才懷疑是他幹的。」

縣檢察院將覆查材料送交縣法院，縣法院重新審理，於1956年12月29日以原判被告人孟XX犯有故意傷害罪證據不足為由，改判無罪釋放。

劉秀臣就以這種態度辦了幾件案子。到了反右派鬥爭中，這些成了他「為地富反革命分子申冤翻案」的罪行，被劃為右派分子，受到了勞動教養的處分。（劉秀臣，〈我是怎樣成為右派的〉，見《黃河》雙月刊，1999年第2期）

還應該說說類似的一案，那更加有名。1955年，哈爾濱市宣佈偵破了一起潛伏特務案，1956年，並以此案為藍本，拍攝了一部反特故事片《徐秋影案件》在全國放映。其實這是公安局用逼供、誘供的手段製造出來的一起冤案。哈爾濱市法院副院長高霄雲認為證據不足，退回市檢察院覆查。市檢察院審判監督處的楊同喜奉命重新審理此案，擔任包括公檢法三家的聯合檢查組的組長。他們審查了一個月的卷宗材料，提訊了在押的當事人，還到瀋陽、長春查找了敵偽檔案，寫出了近三萬字的覆查報告，排除了當事人的特務嫌疑，認定這是一起錯案。覆查報告得到了市法院領導、刑庭庭長的支持。本來這一冤案是可以挽回的了。可是在不久之後的反右派鬥爭中，楊同喜等人卻因為此案被劃為右派分子，罪名是「為反革命殺人犯鳴冤叫屈」，「同情反革命一夥，思想右傾」等等。當然他再也不能對這一案件說一句話了。

在排除了右派分子的干擾之後，此案在 1959 年 4 月公開宣判：判處邵玉魁死刑，緩期二年執行，判處邵蓮魁、李子和死刑，立即執行，判處邵亞魁有期徒刑七年。被槍斃的兩個不會喊冤了，沒有被槍斃的卻不斷申訴。直到 1987 年 7 月 6 日，最高人民法院同意黑龍江省高級人民法院的意見，對邵玉魁宣告無罪，撤銷了對邵蓮魁、李子和的死刑判決。有人問楊同喜：「你為這起案子耽誤了半輩子，現在怎麼看？」他激動地說：「我並不後悔，因為我維護了人民的權利和法律的尊嚴。」（見陳模著，《徐秋影案件沉冤大白記》，文化藝術出版社 1998 年版）

反右派鬥爭對於司法工作有怎樣的影響，可以看看 1958 年 1 月 6 日新華社《內部參考》上記者魯影的〈上海市司法系統對右傾思想的批判不深不透〉一文，其中可以看到這樣一些事例：

> 有的幹部把「反右」看成是簡單的判刑期長短問題。基層司法幹部比較普遍地要求領導上最好拿出量刑標準。審判人員比較普遍的是不願暴露思想，怕戴「右傾」帽子，怕作批判對象，因此，對量刑不發表意見，判十年，判五年，都隨便，嘴裏不說，心裏嫌重。有的審判員在量刑時故意提重，如第一中級人民法院一個助審員（黨員），對只應判十年到十五年的反革命案，也提出判無期徒刑。庭、院長認為重了，他說：「我提得少你們要加的。」榆林區法院審判員汪雲章過去辦案一向很右傾，現在量刑，一提就是十年。

> 新成區法院審理一個日偽時期當過翻譯、有民憤的反革命分子李思貴一案時，承辦人判五年，庭長主張判十五年，審委會改判為十八年。

法學界的右派分子還應該說到刑法學家馬克昌（1926-2011），河南西華人。1950 年武漢大學法律系畢業後，入中國人民大學法律系作蘇聯刑法學家貝斯特洛娃教授的研究生。1956 年他以武漢大學法律系講師的身份參加起草《中華人民共和國刑法》的工作。在反右派鬥爭中，他就因為要求儘快制定刑法的主張被劃為右派分子，投入湖北省蘄春縣八里湖農場勞動改造。1979 年他的右派問題解決以後，參與重建了武漢大學法律系。1980 年奉調參加最高人民法院特別法庭審判林彪、江青兩個反革命集團的工作，他和中國人民大學法律系講師周亨元兩人擔任吳法憲的辯護律師。在法庭上他們為吳法憲作了辯護，結語說：「雖然吳法憲犯下了嚴重的反革命

罪行，但是他也具有一些從輕判處的條件。希望特別法庭在量刑的時候，對被告人從輕判處。」最後吳法憲被判處有期徒刑十七年，剝奪政治權利五年。吳法憲在《回憶錄》中説：「我對他們在法庭上對我的辯護表示感謝，認為他們的發言是有分析的，給了我一些鼓勵和安慰。」1986 年武漢大學法學院成立，他擔任首任院長，還擔任了中國法學會刑法學研究會名譽會長。

第二十二章

鬥爭百景

毛澤東在〈打退資產階級右派的進攻〉這篇講話中説，「對這些右派，現在我們正在圍剿。」（《毛澤東選集》第五卷，第 442 頁）怎樣圍剿呢？「群眾鬥爭的形式，就是大鳴，大放，大辯論，大字報。」（同上書，第 467 頁）擺事實，講道理。鬥爭會怎麼開法，各地大同小異。這裏舉一個例。

瀋陽師範學院的張百生、黃振旅二人合寫了一篇〈建設社會主義的新課題〉，本書前面第十一章已經説過了。這是反黨反社會主義的右派言論，於是他們學院在 6 月 28 日、29 日、7 月 1 日、3 日和 5 日連續幾天舉行爭辯會，批判他們。

在 6 月 28 日第一次爭辯會上，張百生首先聲明説，我國的社會主義建設有很大的輝煌的成就，寫文章時因為寫得很匆忙，而且是為了幫助黨整風，同時覺得一提成績千篇一律，所以寫得很少，今天要再估計，不得不簡單提一下。他説，比如沒有土改，就不會有新中國，不能奠定農業合作化的基礎；沒有抗美援朝，就很難設想有今天這樣讀書的環境；沒有三反、五反，就不能有今天資本主義工商業的改造，也不能保證有今天這樣廉潔奉公，為人民服務的政府機構；沒有鎮反，就不可能獲得抗美援朝的勝利，不知有多少工廠、橋樑要被破壞；「優先發展重工業」這個方針也是正確的，等等。但是，他又説，這些更正並不表示他們接受了批評。

不但有教師和學生發言批駁。7 月 1 日的爭辯會上，瀋陽縣姚千戶鄉鄉長姚恩林和五位農民聲稱代表全鄉農民發言。姚恩林説，我們農民從報紙上看到了張百生、黃振旅的文章，非常氣憤。大家都要放下鋤頭來找他們兩人面對面辯論。為了不影響生產，我們鄉、社幹部一再勸阻他們，最後派了我們幾個代表來與張、黃辯明是非。

姚恩林説，張、黃兩個人説合作化是「中央一聲號響」，「大多數的農民怕戴落後的帽子，不得不參加」。我做農村工作已經五六年了。1952 年和 1953 年我在北郊財落堡區工作的時候，看到事實是：「黑社」比我們政府批准的社還多。要不自願，為什麼要組織黑社？當時我們的幹部正像毛主席批評的那樣，是小腳女人，曾經去拆過「黑社」，因此我們下鄉的時候，老百姓不給我們飯吃，罵我們是絆腳石。自從毛主席批評以後，我們的腳步才邁開了。有沒有不自願的呢？有！有些地主、富農，特別是土改後新上升的富農，他們看到合作化後不能剝削人了，不大願意參加。但是廣大農民參加了合作社，他們孤立了，沒有別的辦法了，於是不得不也要

求入社。我們看到了這一點，也向他們交代了政策，他們一定要參加，也不能不讓他參加。這能叫做強迫嗎？誰要這麼說，就是替地主、富農和想走資本主義道路的人作辯護。事實證明，合作社的確是農民擺脫貧困的唯一道路。有個農民叫裴慶芳，1953 年秋他退社了。1954 年他就垮台了。車賣啦，拉下了饑荒，1955 年他又申請入社了。就是通過合作社這種優越性的教育，吸引了廣大農民參加合作社。這能叫做強迫嗎？

姚恩林說，張百生說合作化運動不顧時間、條件、地點，事實完全不是這樣。1956 年以前，農村的階級已有分化，一些單幹戶賣掉了土地，開始出賣勞動力，另外有些人卻成了富農。如果不合作化，階級的分化還要大。張百生說不顧時間，難道得等到恢復了封建社會，再搞一次土地改革，然後才來搞合作化嗎？這也不合乎社會發展規律啊！（掌聲）我們農民再不要給人扛大活啦！（熱烈的掌聲）

姚恩林說，張百生說合作化不顧地點，姚千戶鄉是個交通便利的地方，張百生先生不願意聽，那麼我們就談談離我們二十多里的鄰鄉——白清塞鄉豐收農業社，那裏百分之八十的土地是山地。合作化以後開了二千多畝的水田，能種花生的山地都種了花生，不能種地的山坡栽了樹，因此去年每個勞動日分兩元多錢。一個普通勞動力做二百五十個勞動日，就分五百元，按一戶五口人計算，每人就是一百元。另外還有副業。山區的合作社不但鞏固了，而且受到了政府的獎勵。這不是地點嗎？（掌聲）我們社是平原，張百生先生不高興聽，我就不說了。（掌聲）

姚恩林說，再講講條件。張百生說我們現在使用的還是兩千年前的農具。是的，生產關係先進，農具落後，用句新名詞，這是個矛盾。可是不能說彎彎犁就不能合作化，用舊農具我們也增產了。「五三」社去年打了四眼大井，安了一台鍋駝機、三台電力機，把一千多畝旱田變成了水田。沒有合作化就不可能做到這樣，我還沒看見舊社會的大地主能一下子把一千多畝地變成水田。

姚恩林說，張、黃兩個人說咱們下邊幹部水準低。的確沒念過中學，也沒進過大學，就是農民，一看就看出來了。（台下齊笑）開始的時候，工作混亂，真是腦袋疼。原來都是管自己那個小家，現在要管一千來戶的大家，不僅種地，還要養豬，養雞，還得擺弄機器。要大學生去，他們不去，要初中生來，他們說要升學，我們就不得不自己幹。那個沒戴帽子

的（他用手指着在旁邊坐着的農民代表朱恒普）就是我們的鍋駝機手。（鼓掌）他沒有文化，政府掃除了他文盲，又舉辦訓練班，叫他學習，他學來學去就知道了又是什麼活塞，又是什麼槓桿的。他不僅懂得了理論，操作非常熟練，還可以保證不出故障。（鼓掌，再次鼓掌）我不是抹煞學生的作用，可是不要把我們看得太不像樣子了。（熱烈鼓掌）這是舊社會的看法。黨和政府關心農民，採取了很多措施，培養和提高了我們。我們那裏也有專家。看起來養幾千隻雞不算什麼，那玩藝死起來沒治，可是就不死。（掌聲）

姚恩林說，農村最大的變化，不僅是遇不着要飯的啦，而且鰥寡孤獨、老弱殘疾都得到了「五保」待遇。所以有人要拆散合作社，「五保」戶們說我們找他算賬去。現在農村沒有扛大活的了，沒有賣地的了，沒有階級分化了。我們這麼說，寫文章的人如果晃腦袋，就一定領他們去看看！（掌聲）

姚恩林說，關於肅反問題，姚千戶鄉殺了兩個人，一個是員警署署長，後來又當了偽保長。是他先殺人，我們後殺人，他殺過人，我們才殺他。另一個也是這樣。這兩個人不殺，他們還要殺我們，這兩個人不殺，群眾也不答應。在唐家屯一個人也沒殺，因為他們沒殺人。

姚恩林說，張百生說一個社一個鄉裏代表不了全國。我們說：我們一個鄉一個社能辦好，在共產黨領導下，全國都會辦好的！（鼓掌、再鼓掌、再次鼓掌）

張百生、黃振旅在姚恩林發言之後作了一點辯解。說他們所說的「全面冒進」，不是指農業，而是指國家對農業、手工業和私營工商業的全面改造。

在 7 月 3 日的爭辯會上，瀋陽市鐵西區手工業生產合作社工人金寶榮就「全面冒進」一說駁斥張百生和黃振旅。他說在 1949 年瀋陽市就出現了第一個手工業生產合作社，到現在已有八年歷史了。早在 1954 年政府就在三個月內接到佔總數五分之一的一萬二千名手工業工人組織合作社的要求。當時幹部有右傾保守思想，不批准，他們就拿着報紙拉着幹部的手去找手工業局長，質問為什麼不執行黨中央指示。鐵西區在合作化高潮以前就有九個黑社。他問道：這能說手工業合作化是冒進嗎？他接着說：有一個一百零三個人的社，開初只有十二元資金，但是現在有四萬五千元了。

還有一個一百五十三個人的社，開辦時買兩元錢紙得向人家借，但是現在
卻有了十六萬元資金。全區百分之九十六的社員比合作化前增加了收入。
四十九個社中已有四十三個社實行了公費醫療，一個患肺病的社員治好病
花了一千六百元，他感動地説：若不是合作化，他生命和他一家人的生活
就得垮台。直到現在還有人在千山、湯崗子等療養院休養。合作化不僅使
社員經濟生活上升，也促進了他們文化的提高，三千四百人當中，如今有
一千多人進了文化學校。手工業工人們知道，這種生活是共產黨給他們
的，因此，當他們聽説張、黃要「取消共產黨的絕對領導權」時，怒火沖
天，表示堅決不答應。

農民、手工業工人發言以後，張百生、黃振旅仍不承認錯誤，説姚千
戶鄉不能代表全國農村情況。7月5日，從張百生的家鄉遼陽縣安平區四方
台、旭家溝、石橋子鄉的農民代表從一百多里外趕來參加爭辯會。

四方台曙明合作社的主任王惠齡説：我就是張百生一口咬住「冒
進」的四方台人，今天社員一定要我來跟他辯論辯論。他説，我們合作社
一百七十多戶農民，除了幾戶以外，都是歡欣鼓舞、自覺自願地參加合作
社的。只有幾戶我們沒有強迫，但也不是真心自願入社的。那就是：張百
生的姐夫，他原是富農，家裏有膠皮車，後來看到人家都入社了，僱人僱
不着了，沒有辦法才要求入社，入社前還把膠皮車賣了。另一家是張百生
的舅舅張振洲，是偽保長、反革命分子，當年耀武揚威，曾被判處勞動改
造一年，他當然不願入社。再有就是張百生的表兄張右明，富農、反革命
分子，曾被判處勞動改造三年，這樣的人自然也不大願意入社。張右明常
常誇張百生，雙手翹着大拇指説：「張百生這小子真這個，竟敢整黨中央和
毛主席！」

據報紙報導：「王惠齡揭這些底的時候，台下爆發出一陣陣掌聲，張百
生的臉色卻愈來愈難看。」

王惠齡一定要張百生回答兩個問題：一、説冒進了有什麼根據？這消
息是從哪兒來的？二、説合作化冒進，山區不該合作化，代表誰的利益？
王惠齡説，這是代表富農、地主説話，僅僅代表你舅舅、表哥、姐夫這些
反革命、富農的親戚！

張百生也真是罪孽深重，禍延他人，他的舅父、表兄、姐夫在多大程
度上受到牽連，不清楚，但至少是這回又讓人提出來數説一頓。

王惠齡還駁斥了張百生説農民生活趕不上合作化前的謬論。他列舉事實説：「現在青年穿皮鞋的有五六十個，我也有，今天沒穿；穿大衣的有二十多個。如果説生活低，為什麼過去沒有買，合作化以後才買呢？戴手錶的也有三個兩個，這是歷來就沒有的。」

旭家溝鄉紅星社主任徐文良説：我跟張百生是一個堡子的人，最知根知底。他小時候的事我知道，我小時候的事，他也知道。他説山區就不能辦合作社，我現在就講我們是怎樣辦起了合作社的。1955 年 12 月 23 日那天召開的入社報名大會，去的人非常多，各個都爭先搶報第一名，把玻璃都擠破了。這還不是自願嗎？張百生説山區合作化要慢慢來，我們村就是山區，愈是山區愈要合作化。合作化後我們南溝栽果樹，北溝放蠶，開了三百多畝水田。所以農民一聽説你主張「解散合作社」就來火了，一位七十二歲的老大爺（五保戶）跟我説：「主任！是要解散合作社嗎？誰説的我找誰，讓他養活我！」張百生！群眾都認為你是給地主説話，要拿起鋤頭打你。（7 月 11 日《人民日報》）

據報紙報導：張百生最後表示要向人民請罪。

7 月 4 日，南京大學五千師生員工開會批判〈要求共產黨第二次解放中國人民〉一文的作者劉地生，還請來了南京汽車制配廠十位青年工人代表參加。工人代表黃金水憤怒地譴責劉地生對人民忘恩負義的同時，要求他回答三個問題：一、他要求共產黨第二次解放中國人民，他所指的「人民」是哪些人？是否是地主、惡霸、還是反革命？二、他要取消學校中的共青團、少先隊的組織目的是什麼？大家知道，共青團與少先隊是黨的後備軍。他竟狠毒到如此地步，他反對共產黨不算數，還要把共產黨的後備軍搞掉。我們堅決不答應，堅決要你回答這個問題。三、他説中國人民處在苦難之中，請他把事實拿出來？關於工農生活在解放後的提高，周總理在政府工作報告中已談清楚，他為什麼閉目不看？黃金水最後説，劉地生是人民教師，是人類靈魂的工程師。但他自己的靈魂是如此骯髒，那又如何教育人民呢？因為劉地生的文章裏説了「由於農業合作化的冒進，大批幹部脱離了生產，又不懂企業經營。但他們握有經濟的絕對權力，壞的幹部就可以憑藉這種權力作威作福。」農民出身的化學系學生胡國有批判他説，我們承認，由於農業合作化的大發展，許多幹部還不善經營，但可以學得會，這正如劉地生也不是一生下來就會寫文章一樣。我們也承認，在個別地區有個別壞的幹部，但個別不能代表一般，正如劉地生這樣的個別

「寶貝」不能代表南京大學一樣。七十高齡的胡小石教授，以及陳瘦竹、趙
俊欣教授等一些人都作了批判發言。劉地生在會上作了自我批判，一再表
示自己寫文章動機是「好心」的。引起群眾嚴重不滿，條子像雪片一樣遞
向主席台，向他提出責問。黨委負責同志最後講話，表示對右派分子的鬥
爭，一定要堅決、徹底進行到底。（7月5日《新華日報》）

　　找來一些工人農民鬥爭右派分子，在當時是一個常用的辦法。像在上
海市人代會上鬥爭孫大雨的時候就是這樣做的，據報導：「工人代表衛雪
珍、吳良先、胡偉康等對孫大雨的反動言行進行了說理鬥爭。申太染織廠
工人代表王啟發說：孫大雨說肅反是『肅革』，證明孫大雨是完全站在反革
命分子的立場上說話。南洋煙廠女工代表衛雪珍等駁斥了孫大雨的『工人
階級沒有知識』、『不能領導革命』、『不能領導建設』等謬論。衛雪珍說：
我們廠裏一部車子兩個半工人生產，每年可以為國家創造一百一十六萬元
的財富，而兩個半工人每月只要一百七十元。她責問孫大雨：你每月拿了
國家四百六十二元，可買大米三千多斤。兩年拿了一萬元多塊，你到底為
人民做了些什麼事？有的代表說：人民把孫大雨送到十八層樓上去（孫大
雨住的十八層樓的公寓是政府照顧高級知識分子住的），孫大雨卻要把中國
人民踏到十八層地獄裏去，搞反共、反社會主義的資本主義復辟陰謀。孫
大雨完全是忘恩負義之徒。孫大雨在代表們的嚴正駁斥下臉紅耳赤，低頭
不語。代表們要孫大雨再作老實交代。」（8月22日《新華社新聞稿》）

　　多年之後，《解放日報》記者武振平寫了一篇〈我上門批判孫大雨〉，
揭穿了這件事的真相：

　　　　7月4日上午，當時負責《解放日報》日常領導的總編輯馮
　　崗，急急忙忙來到我的辦公室，把我拖了就走，說：「柯老」有
　　急事，要我們馬上就去。柯老是當時的上海市委書記，執掌上海
　　的黨政大權，是報紙的頂頭上司。跟着馮崗上了小車，趕到市委
　　「海格大樓」，柯慶施正坐在辦公室等我們。當時房間裏只有三個
　　人，他對我們面授機宜，親自佈置。原話已經記不清楚，但意思
　　很簡單明確：復旦正在批孫大雨，他到處罵人是「反革命」，罵
　　了金仲華，也罵了《解放日報》，但他賴在家裏不參加批判會，
　　就想到一個辦法，由《解放日報》和《新聞日報》兩報派人出面，
　　到他家裏上門批判，並且發表消息。當時聽了，覺得這個辦法有
　　點「怪」，但這是市委書記親自佈置，一言九鼎，得此「重任」，
　　哪敢怠慢。同到報社後，馮崗就派我和另一位記者，當天下午，

兩人一同來到錦江飯店南樓公寓孫家，進了小客廳，看到已經來了十幾個兩報的「人」，不一會孫大雨出來了，坐在凳子上，來人就圍著他不斷進行「責問」，電台的記者對好鏡頭，放好答錄機，我的任務是寫報導，記錄下大家對他的「批判」以及他的回答，大概搞了約一個小時，才結束收場。大家還未走出門，又聽到孫大雨氣憤地罵了一聲「可恥！」於是我們又回過頭來，繼續「批判」了一番。（《炎黃春秋》2013 年 8 月號，第 73 頁）

甘肅銀川地區甚至組織了聲討右派分子的遊行示威：

> 甘肅銀川地區 7 月 11 日至 13 日發生市民、郊區農民、工人、學生、部分機關幹部共約二至三萬人的遊行示威。遊行示威中群眾高呼口號、張貼標語，聲討右派分子，標語從市內鼓樓一直貼到姚立中（右派分子，曾任國民黨某軍少將參謀，現為銀川參事室參事）白宣成（右派分子、民盟盟員、文化館長）兩人家裏。12 日群眾（市民、工人、農民、學生）到參事室質問姚立中的，整天未斷，有些群眾去時將所帶之大字報貼在姚的身上。市上回民聽到副市長馬昆山也是右派分子，13 日也開始向街頭貼標語並有數百回民到民委去質問馬昆山。13 日專區召開了兩萬多人的聲討右派分子的群眾大會，地委書記梁大鈞在大會上講了話，主要是揭發全國及本省右派分子罪惡事實，教育大家提高警惕。會上通過了聲討書，並派了十幾個人到姚立中、白宣成家裏去質問，姚、白表示低頭認罪，坦白交代。與此同時，賀蘭、中寧農民打電話亦要來銀川聲討右派，地委告當地黨委予以勸阻。（中共中央宣傳部《宣教動態》1957 年第二七一期，7 月 23 日）

這些都是從當時報刊上摘錄的，當年大約是有意作為樣板加以推廣的吧。下面再摘錄一些事後回憶的場景。

叢維熙談當年北京日報社的情況：

> 徐鍾師是年長我一輪的老編輯了。我和他在一個記者組裏共過事。他工作兢兢業業，平日沉默寡言，是報社裏最不顯山不露水的人。但是他也被揪了出來，被當作挖出來的右派分子。

> 他走進會場來了，頓時使我吃了一驚：昨天他低頭走路時，濃密的頭髮還披在額角；此時昂首站在被審判席的他，竟然成了亮晶晶的光葫蘆頭。老徐不但剃光了頭髮，還刮淨了臉上平日的

鬍子拉茬。特別吸引我注意的是，他脫去平日皺巴巴的四兜制服，竟然在這樣的大會上，穿起中式蜈蚣扣兒的藍布褲褂。一種「士可殺而不可辱」的神色，溢於鬚眉之間。全場死寂了幾秒鐘後，沸騰起來了：

「你這是什麼意思？」

沉默。

「你是蔑視反右鬥爭！」

還是沉默。

「打垮徐鍾師的猖狂反動氣焰！」口號在會場轟鳴起來。

一呼百應，連我們也跟着喊起討伐之聲。

「先整他的態度！」

「叫他低頭！」

「這老右派是花崗岩腦袋！」

我的心怦怦亂跳，情不自禁地朝丁紫（徐鍾師之妻）望去，她面色蒼白如紙，嘴唇連連翕動。情緒沸騰的會場，淹沒了她的聲音。她焦急、尷尬、茫茫然不知所措。

好在因為徐的態度極端惡劣而會議中途夭折。當憤怒的群眾高舉着拳頭高呼「打倒」、「嚴懲」之類的口號時，徐鍾師竟然連連拱手抱拳，微笑，向群眾致謝：「感謝各位關照！感謝各位關照！」沒有幾天，徐鍾師被送勞動教養。案由麼，據說是同意大右派儲安平的「黨天下」謬論，態度惡劣至極。（據叢維熙，《走向混沌》，花城出版社 2007 年版，第 4-5 頁）

叢維熙還記下了在北京日報社新落成的四樓禮堂開會批判劉賓雁的時候戚學毅跳樓自殺的場景：

鬥爭劉賓雁那天，正是炎炎夏日，我坐在後排靠窗戶的地方，已熱汗淋淋。高高個兒大鼻子的劉賓雁，站在被批鬥席上不斷地抹汗。粗粗的男低音和尖利的女高音組成的討伐聲，正在大禮堂裏迴蕩之際，突然坐在我前幾排座位上的一個男人，離位站

起。當我還沒弄清是怎麼回事時，他突然登上四樓窗台，像高台的跳水運動員那樣，魚躍而下。麻線胡同一個挎着籃子買菜的老太太，被突然凌空而墜的龐然大物嚇得坐倒在路旁。

會場亂了。樓下亂了。街上亂了。

會議被這突然事件所驚呆。儘管掌握會場的主席，驚愕過後以精闢的語言指出這是反動分子干擾對劉賓雁進行批判的醜惡表演，說了些「物以類聚」「兔死狐悲」之類鼓動戰鬥情緒的話，但大會會場仍然被戚學毅之死蒙上了一層陰影。

血──我探頭往下看時，看見了鮮紅的血。

我頭腦裏總是盤旋着他邁上窗台，縱身跳向漠漠大氣的姿態。

我垂下頭。我捂上臉。

我不敢走出會場，也不敢再探頭下望。但耳朵裏傾聽的不再是那些義憤的討伐之詞，而在用全部神思傾聽樓下街頭上的嘈雜聲音。

我希望他還活着。我希望他僅僅跌斷了雙腿。

但是，我聽到有人在樓下呼喊：

「這個傢伙為右派分子殉葬了！」（同上書，第 6-7 頁）

黃秋耘的回憶錄也記述了這事：

在反右派鬥爭中，自殺的人大概沒有在「文化大革命」中那樣多，但是也為數不少。例如廣州就有一個參加革命多年、在香港《華商報》和東江遊擊區工作過而且頗有點名氣的新聞記者招麥漢從六榕寺的花塔頂上跳下來，當場肝腦塗地。我追悼他的詩中有「血濺階前色尚殷，一生功罪總難論」兩句，現在看來，他什麼罪也沒有。據當時在頤和園諧趣園的療養所養病的何禮同志告訴我，在 1957 年反右派鬥爭期間，他每天早上起來散步，常常看到後山歪脖子的老槐樹上吊着一兩個人，還有一些人是跳湖自殺的，身體插入湖底淤泥中，只有兩隻腳露出水面。這些殉難者並不全都是「右派分子」，也有些是由於親人或摯友被劃為右

派，悲憤填膺，憂鬱欲絕，因而走上這條絕路的。北京日報的一位青年記者戚學毅，他自己在反右派鬥爭中什麼問題也沒有，沒有受到過衝擊，只是因為劉賓雁被劃為右派，他又不願意去批鬥他、揭發他，就在批判會的現場從高樓上跳了下來。他在臨死前幾天告訴過韋君宜：「我讀過黃秋耘那篇〈鏽損了靈魂的悲劇〉，我可不願意自己的靈魂受到鏽損，帶着鏽損了的靈魂而活下去是沒有意思的！」蘇聯詩人帕斯捷爾納克說過：「詩行是會血淋淋地殺死人的！」這並不是危言聳聽，我那篇一千多字的散文就血淋淋地殺死了一個可愛的青年！（《黃秋耘文集》第四卷《風雨年華》，第 158–159 頁）

士可殺不可辱。在反右派鬥爭中自殺的還有不少人。據藍翎的《龍捲風》書中說，《人民日報》社在反右派鬥爭中有兩位副總編輯自殺，那就是楊剛和黃操良。本書前面第十七章已經說過了。

著名電影演員石揮，3 月份還應邀赴北京出席了全國宣傳工作會議的，反右派鬥爭開始，開了他幾回鬥爭會。他就跳黃浦江自殺了。

山西師範學院語文系教授田潤霖（1900–1957），字羽翔，山西汾陽人。北京大學畢業。書法家。著有《書法大綱》、《書譜研究》等行世。因為他又是中國民主同盟山西省籌備委員會委員兼組織部部長，以打擊民盟為首要目標的反右派鬥爭一開始，他立刻受到了衝擊。在太原市的人代會上（他是代表）連續挨了三天批鬥，9 月 19 日晚上開完鬥爭會以後，和師範學院的代表一同乘車回家，第二天清晨發現他已經懸窗自盡。（見謝泳，〈半個世紀前的一份「秘密」檔案〉，載《同舟共進》2011 年第四期）

胡適的小兒子胡思杜，不肯跟隨爸爸媽媽到台灣去，留了下來。1950 年香港《大公報》上還刊登了他和父親劃清界線的文章。胡適當然知道他的兒子為什麼會寫這樣的文章，1953 年 1 月 3 日他在新竹講〈三百年來世界文化的趨勢與中國應採取的方向〉中說：「從前無論怎樣黑暗的政治，我們還可以有不說話的自由。所謂『是非只為多開口，煩惱皆因強出頭』，就是說我們在家裏不開口不出頭，就沒有人來干涉你，你還可以保留良心的自由。現在卻不行了。你不說話，他要你說話，甚至把廣播稿子替你做好，要你廣播罵人，罵你的爸爸媽媽，你不罵還不行。我的小兒子在大陸上就是這樣。我的兒子罵我是帝國主義的走狗，人民的公敵。他這樣的罵我，由於他沒有說話的自由，也沒有不說話的自由。」

1957 年胡思杜是唐山鐵道學院的講師，他在整風運動中的言論，據新華社《內部參考》報導：

> 唐山鐵道學院民盟秘書、馬列主義教研室講師胡思杜（胡適的兒子）對記者說：《人民日報》連續發表的四篇社論、頭條新聞，各報也轉載了，這樣做是脫離時間和脫離群眾的。整風開始才不過四十來天，《人民日報》編輯部不懂得運動發展的不平衡性，只看到北京、上海鳴起來了，我們這裏十句話只說了二句，最多不過五、六句，還有四、五句話沒有講，而且這四、五句是更重要的話。他又引用一個老教授說的話：我這個鐵樹還未開花！我們耽心，人們又會用右派的法寶來壓我們。

> 他說：葛佩琦、王德周是反動言論，儲安平說的「黨天下」是胡說八道，但是儲安平、章乃器主要是思想毛病，應該像《若干歷史決議》中對王明的處理一樣，肯定其正確的一面。儲安平說的「黨天下」雖然影響極壞，但是否有值得黨吸取的地方？我看有合理的成分，應該注意「黨天下」這個趨勢。我們學院不是「黨天下」，卻有七、八成。四個院長是黨員，教研室秘書、系的助理也是黨員，黨員說了算，成了院長、秘書、助理專權專政，就連一個印刷廠也要搞一個只會摺講義的黨員當主任。十二個總理可不可以來個非黨人士的副總理，這是個問題，值得研究。

> 他又說：《人民日報》在第一版刊載了復旦大學的新聞，這樣會影響我們民盟的團結，大家感覺不出共同監督的味道。（1957 年 6 月 18 日新華通訊社編《內部參考》）

在 8 月 29 日的《河北日報》上報導了「揭發出右派分子胡思杜」的消息，9 月 21 日，他懸樑自盡，時年三十五歲。

在中共中央辦公廳編印的《情況簡報（整風專輯）彙編》（六）（1957 年 7 月 11 日）裏據中共四川省委秘書處長賈光厚彙報：民盟四川省委候補委員雅安市主任委員羅西玲，在民盟會議上經過三天的揭露批判後，於 7 月 10 日下午二時跳河自殺身死。羅現年五十二歲，1924 年參加國民黨，1925 年加入共青團，1927 年參加共產黨，1930 年叛變。歷史上和特務徐元舉、李世安關係密切。前在西康中學教書時，曾強迫學生參加三青團。今春以來，他在民盟中所說所行同趙一明所交代的是一致的；他是雅安農學院學生鬧事的積極推動者和支持者。據雅安地委說，在鳴放初期，張志和

給他寫過信，內容不詳。9 日民盟會議上，揭發了他歷史上的劣跡，並追問和趙一明的關係及張志和來信的內容，10 日，在民盟通知他開會時即跳河自殺。

在中共中央辦公廳編印的《情況簡報（整風專輯）彙編》（十三）（1957 年 8 月 14 日）裏據中共湖南省委整風辦公室張瑞潔彙報：7 月 21 日上午 11 時，長沙市政協副秘書長張以藩投江自殺身死。

張以藩（1906-1957），字次鄂。長沙人。早年以律師為業，1937 年任長沙基督教青年會總幹事，湖南省難民救濟處總幹事。長沙「文夕大火」發生，周恩來主持火災臨時救濟委員會，他任救濟組組長。1939 年任湖南省參議會參議員，抗日戰爭勝利以後任行政院善後救濟總署湖南分署副署長。後赴美留學，獲法律博士學位。長沙和平解放前夕組織「醫教聯」，被推為長沙市各界人民迎接解放聯合會主席團成員。這時是長沙基督教青年會總幹事、基督教三自愛國會全國委員會委員，該會省、市副主席、湖南省和長沙市人民代表，省、市政府委員、省、市政協委員兼副秘書長等職。鳴放期間，他在市委召開的民主人士座談會上，首先惡毒地誣衊人民司法工作，誇大肅反運動的缺點，說：「三反、五反、肅反是幾年來黨群隔閡加深的基本原因。」他把司法工作描繪成漆黑一團，說：「沒有完備的法律，就給違法亂紀分子開了方便之門」；「糾錯不應該由那些原來辦案的犯了嚴重主觀主義的『過於執』來搞，需要幾個客觀的『況鍾』來平反」；要成立專門機構，制定專門條例來糾錯，要起用舊人員，要制定『懲治誣陷的法律』等。7 月 19 日《長沙晚報》登出駁斥他的文章，他就在 7 月 21 日上午 11 時 40 分在湘江輪渡投江自殺身死。

在中共中央辦公廳編印的《情況簡報（整風專輯）彙編》（二十九）（1957 年 10 月 19 日）裏據中共吉林省委整風辦公室 9 月 25 日上午伍真電話彙報：長春電影製片廠編劇王震之自殺。王震之是 1938 年的黨員。9 月 23 日晨在長春市朝陽橋臥軌自殺。近月來，長影在揭發和批判右派分子沙蒙、呂班的反黨言行過程中，王震之的問題已逐漸暴露。在 9 月 7 日編導組反右派大會上，王震之交代他曾參與過呂班反黨集團的活動。

這時期在新華社《內部參考》上陸續刊出了好幾篇反右派鬥爭中有人自殺的材料。一篇是記者羅重璋寫的〈武漢高等學校反右派鬥爭中發生自殺事件〉（7 月 11 日）說：

武漢各高等學校在反右派鬥爭的第一個高潮中有一人自殺，一人自殺未遂。

自殺的是中南財經學院工業經濟系二年級學生彭成贊。彭是青年團員，湖南人，二十三歲。其繼父是特務現在勞改，其母在解放後因丈夫被捕生活無著，曾討過飯，因此彭對黨甚不滿。「鳴」、「放」開始後，彭在院內組織一「牛虻社」自為副社長，發表右派言論，反對正面意見。他還組織了一次肅反辯論會。該院反右派鬥爭開始以後，黨、團收集他的材料，為他所知，感到恐慌，同時「牛虻社」編輯部開會揭露右派言論，也集中在他一人身上。許多大字報都質問「牛虻」的方向是什麼，為何散佈右派言論，責任誰負？他看到聲勢較大，就在7月1日投江自殺。這一情況該院已向湖北省委書記彙報了。省委書記許道琦指示該院不能因此影響反右派鬥爭的進行。院方已將此事向全院宣佈，並進一步揭露彭的右派言論，團委會還宣佈了開除彭的團籍。據說學生中反映還好。

自殺未遂的是湖北醫學院馬列主義教研組哲學教師楊則俊。他是地主家庭出身，父親在勞改。楊在這次「鳴」、「放」中寫了八首右派言論的舊詩。據醫學院黨委會同志談，學院並沒考慮將楊劃為右派。只是大家點了他一下，質問他寫那些詩的用意何在，楊不同意大字報的批駁，要求開辯論會，學院答應他在3日下午開辯論會。楊在開會前注射了五枚嗎啡針還寫了一封「絕命書」。到開辯論會時楊出席了，並發言，待講到中途臉色就變了，旋口吐白沫，暈倒。經急送醫院救治，生命已無危險。

記者劉人傑寫的〈上海外國語學院在反右派鬥爭中有兩人自殺、兩人逃跑〉（7月13日）說：

上海外國語學院在7月5日至8日四天中，有兩人自殺、兩人逃跑。

該院一年級七班學生陸立時（女，二十一歲）於8日中午自殺身死。經過情形是這樣：當天上午班裏開會批判其右派言論，因陸態度強硬，激起了同學們的憤怒，曾高呼「只有老實交代才有出路，繼續抗拒只有自絕於人民」等口號，這時陸承認有反黨言論，並表示願在下午交代。會議結束後，校方為防止發生意外，曾派兩名女同學注意她的行動，吃飯時那兩個女同學沒有留

神，陸即奔宿舍，寫了一封簡短的絕命書，隨即用剪刀剪斷喉管自殺，發現後，經校醫急救無效，死亡。據初步了解，陸的父親是反革命分子，被判徒刑九年（後因表現較好改判三年），母親原是反動的青年黨黨員。陸平時受家庭影響很深，這次「鳴」、「放」中表現較壞，如說「反動標語是黨委自己貼的，這是為了轉移目標」，說反右派鬥爭是「一陣歪風」，是黨在「收」了，等等，並鼓動大家不要進考場。但她不是鬥爭的重點分子，只準備在班內作一般性批判。

另一個自殺的是工友施永豐（右派分子，出身地主家庭，當過偽鄉警，參加過忠義救國軍，有逼糧、強姦等劣跡，至今尚未交代），在「鳴」、「放」中曾大肆活動，煽動工友向黨進攻，與鬧事頭子有密切聯繫。反右派鬥爭開始後，黨委曾召開三次大會揭露與批駁他的反動言行。由於他滿不在乎的態度和醜惡的歷史，激起了群眾的憤慨。第三次會議上鬥爭氣氛異常濃厚，參加會議的一百多個工友中有三十多人發了言。不准他坐着交代，有的還憤怒地提出要取消施工會會員資格，扭送政府處理等。黨委看到形勢有些過火，就向群眾說明政策，促其交代問題。會後還派一個部對他進行幫助。但施自知問題嚴重，很害怕，於第二天服 D.D.T. 和硫磺粉自殺，由於毒量不多，已獲救。據黨委分析：施知道少量 D.D.T. 不會毒死，估計是以假自殺來威脅領導。

逃跑的兩人是俄語系三年級學生張真和二年級學生丁國光。

張真在 7 月 6 日上午聽說要鬥爭他，就逃跑了。第二天上午自動返校。並交出一封支持他的匿名信。信中說：「更殘酷的鬥爭還會有的，希望你機靈一些，倘使事情不妙就早溜掉。」

丁國光在 7 月 5 日出走，至今行蹤不明。出走當天他從郵局給班幹部寄來一封信，大意說：他是擁護社會主義、熱愛黨的，在「鳴」、「放」中對某某人提意見是為了幫助黨整風，有些話講得不妥當，要檢查，但黨員要報復，反正講不清楚，不如死去。據該院黨委說：丁的錯誤並不十分嚴重，原來只準備在班裏批評一下，不是該院鬥爭的重點。班裏只用大字報未指名地揭露過他的問題，他看了大字報後，主動找班長，再三要求開辯論會弄清其問題，在辯論會上因丁竭力為自己辯解，遭到全班同學的痛斥。7 月 4 日學校召開沒有右派分子參加的報告，事後丁說自己沒有參加很遺憾，第二天即離去。

記者石正章編的〈安徽省右派分子呂蔭南畏罪自殺〉(7月22日)，説：

安徽省右派分子、民革安徽省委常委兼組織處長、省文史館員呂蔭南畏罪自殺。在反右派分子鬥爭開展後，省文史館、民革省委會，先後揭發、批判了呂平日挑撥離間、對黨不滿以及在整風運動中陰謀活動的事實，但他仍不低頭認錯，在檢討中還強調他是一貫左傾進步的。連日各機關單位民革支部紛紛揭露他和儲文朗到處放火的事實，同時報紙又登載了呂家鄉人民揭露他歷史上罪惡的來信，他在拒絕認錯和畏罪的情況下，遂於7月12日夜服安眠藥自殺。死前他曾寫信給省文史館館長鄭伯川和省委統戰部鄭、姚、洪部長，對反黨反社會主義思想拒不認錯。

根據安徽日報揭露：呂蔭南是安徽省阜陽縣人，曾當過國民黨的阜陽縣長和省參議員，是一個大惡霸地主。他曾豢養過土匪，庇護過漢奸，霸佔過公房，搜刮過民財，並通過他的走狗殺害我方人員（已知的就有六人）。更嚴重的是在1945年黃泛時，他為了保護私人家產，派兵扒開了靠近沙河的元橋幹堤，結果洪水一直淹到鳳台縣，使三百多里以內的千家萬戶傾家蕩產。

〈重慶市反右派鬥爭中發生自殺事件六起〉(8月12日)，説：

重慶反右派鬥爭期間先後發生自殺事件六起，其中自殺已遂四起，死六人，未遂二起，傷二人。

死者除一人系小孩被父母自殺前殺死外，有黨員四人，共青團員一人。論職別：處長一，科長一，一般工作人員三。自殺未遂之二人，一為一般工作人員，一為學生。

自殺者一般都有政治歷史問題。如東林煤礦生產科長王彬1930年參加過國民黨，1941年加入中國共產黨。平時他有一系列的反動言論，大「鳴」大「放」期間，他又竭力為肅反對象「鳴冤」；其妻有殺父之仇，因此他們以全家三口自殺表示「不與共產黨同處一世界」。中共重慶市委統戰部第二處處長王寒生，家庭成分民族資產階級，1939年入黨，在這以前他曾加入過國民黨。他原是四川地下黨員，曾任過區長、科長等職，現任統戰部第二處處長。1955年肅反時，未讓他參加審幹領導小組，因此懷疑組織上是否信任他。其次，王認為黨重視老區黨員，不重視地下黨員，因而他對黨有些不滿。他在這次反右派鬥爭中又疑神疑鬼，

懷疑是否會鬥到他頭上。統戰部有幾次開會未通知他參加，他便懷疑是佈置鬥爭他的，情緒更加不好。領導上曾三次向他解釋，但他仍有顧慮。不幾天王就自殺了。王寒生的自殺是否還有其他原因，中共重慶市委正在調查中。

在自殺者中黨團員佔多數是這些自殺事件的一個特點。據了解，自殺事件大部發生於反右派鬥爭初期，可能是因來不及全面交代政策所致。

記者羅重璋寫的〈武漢各高等學校在反右派鬥爭中一周內發生自殺、逃跑事件十五起〉（9 月 26 日）說：

近一週來武漢各高等學校在反右派鬥爭中發生自殺、逃跑事件十五起，其中自殺的有五人（一人得救未死），逃跑的十人（有四人已回校）。發生這些事件的學校計有華中工學院（死學生一人）、華中師範學院（死助教一，逃跑學生一）、武漢大學（死教授一，逃跑學生八）、武漢醫學院（死學生一，一教授自殺未死）、武漢體育學院（逃跑學生一）。這些自殺和逃跑的人中間，有右派分子也有中右分子。如華中工學院自殺死了的一學生和華中師範學院死了的一助教都是中右分子。

發生這些事件，據分析可能是如下幾種原因：

（一）經過開學前的批判右傾思想後，開學後的反右派鬥爭聲勢很大，右派分子和中右分子感到壓力很大，驚惶不安。如華中工學院死了的一學生，原來是劃做中右，他在大鳴大放時只偷偷地寫過一張大字報，反右派鬥爭開展後也沒有跟任何人談，開學後思想鬥爭很激烈，一時轉不過彎來就自殺了。武漢大學物理系教授畢長林是一般右派分子，上學期未點他的名，暑假中他還和李達校長等一同去廬山休養，回來後也還未動他。上星期有一天晚上物理系一個老師到他家閒談，談到物理系開會時對他意見頗多。畢長林聽了後惶惶不安，晚上八時談的，十時即上吊死了；

（二）各校前一階段的反右傾思想，有的學校做得較好，採取黨員帶頭檢查，然後在左派中進行檢查，通過左派去帶動中間；但有的學校則操之過急，採取人人過關的做法，這就引起一些副作用，增加了中間分子的顧慮。在逃跑的學生當中中右分子佔多

數。據最近統計，武漢各高等學校的右派分子已上升到一千四百多人，其中極右分子二百一十七名。據省委整風辦公室同志談：在某些學校某些左派中簡單急燥從事的跡象已露頭。如武漢大學中文系四年級學生把右派排出來後，就一天一個接連地打下去，中間沒有休整和充分準備時間，在一次鬥爭右派分子時，叫班上所有右派分子站起來，企圖從表面上壓倒右派。此外，左派經過反右傾思想後，生怕右傾，有的有寧左勿右的思想。對右派的分化工作也忽視了。武漢大學中文系教工黨支部書記在反右傾思想時，檢查了平時還和右派分子往來、談話等。後來，有一次一個右派分子來找他談思想問題，他也不跟這個右派分子談，怕說是右傾。

記者任步芳寫的〈遼寧省部分地區右派分子自殺情況〉（9 月 25 日）說：

從反右派鬥爭開始到 9 月上旬止，遼寧省各地（不包括農村）已發生十九起右派分子及其家屬自殺事件，七人死亡，十二人自殺未遂。從 8 月中旬以來自殺事件急驟增加，共發生八起。

從自殺情節上看，少部分是堅決反動到底，企圖以自殺自絕於人民。大部分是以假自殺威脅領導和群眾，破壞反右派鬥爭。旅大市發生的七起自殺事件中，就有五起是假自殺。如石油七廠右派分子技術員董長貴（團員），在鬥爭會的中間休息時，一個人回到辦公室，後來有人發現他倒在地上，經檢查一切正常，他說喝了三百瓦三十五度的硫酸，經化驗證明，僅僅喝了一杯濃度一點二度的硫酸，對身體根本無礙。大連小五金廠私方人員楊家茂，連日被鬥之後，躺在床上用刮臉刀片割壞脖子，大哭大叫，經檢查只有一處刀痕略微出血，瀋陽公路工程學校右派分子毛為漢（教員），選擇了一塊平坦沙地，從三樓以跳遠姿勢跳下，經檢查只後脊骨折斷一節，一個月內即可痊癒。

〈目前吉林地區部分右派分子動態〉（9 月 27 日），說：

繼人民大學右派分子丁則良在京投湖自殺之後，又有師大講師右派分子王俊懿於 8 月 30 日自縊身死；最近得知師大學生右派分子左寶臣於放假期間在黑山縣其家中投井自殺。

應該指出的是，當年這許多自殺的人，太性急，沒有等到寫出定案材料就去尋死了。顯然都不包括在那已經定案的五十五萬右派分子的統計數字之中。如果誰要做右派分子名錄，就得把這些提前自殺的人另做一份。

右派分子有自殺的，也有行兇殺人的。據 1958 年 1 月 28 日新華社《內部參考》報導：

> 新華社天津 28 日訊　天津大學建築系二年級學生右派分子林茂才（男、二十四歲）對在反右派鬥爭中揭發過他的反黨反社會主義言行的黨團員和積極分子懷恨在心。1 月 17 日下午二時許，林用六開刀刺殺同屋正在睡覺的共青團員李珍祿。李的喉、頭、胸等部被刺了十二刀（重傷五刀），傷勢嚴重，現正搶救，尚未脫離危險期。林犯現已逮捕。林系由南越歸國的華僑，平時就表現反動，在行兇前即有可疑行跡，但未引起警惕。

又據 1958 年 2 月 6 日新華社《內部參考》報導：

> 新華社成都 6 日訊　最近，四川省各地在處理右派分子、反革命分子和壞分子中，連續發生右派分子和反革命分子兇殺案件。
>
> 成都第十五中學反革命分子曾炎琦趁該校副校長潘清雍（黨員）和黨支部書記陳菊元和他談話的時候，抽出早已準備好藏在身邊的斧頭向潘清雍頭部砍去，潘立即用手阻攔，高聲呼救。陳菊元從曾犯身後將他抱住，在撕扭間，潘被砍三次負傷。這時，校工和同學聞聲擁入，當場捉住曾犯。公安局隨即趕到將曾犯當眾逮捕。
>
> 今年 1 月 13 日晚，合川市稅務局右派分子向幹丞，乘同寢室住的梁伯年同志熟睡之際，用烙鐵將梁打死，嗣後兇犯畏罪自縊身死。原因是梁伯年在反右派鬥爭中揭發了向幹丞的反動言論。向就懷恨在心，故乘梁熟睡之際將梁打死。

鬥爭右派分子的會，各行業各系統都在開。一個右派分子有幾重身份，就有幾個系統去鬥爭他。例如章伯鈞，就得出席民主同盟的鬥爭會、農工民主黨的鬥爭會和交通部的鬥爭會；錢偉長就得出席民盟、清華大學和科技界的鬥爭會等等。9 月 11 日在中國婦女第三次全國代表大會上，又

鬥爭了丁玲、劉王立明、譚惕吾、彭子岡、李健生、浦熙修等人。其實她們早已分別在文藝界、民盟、民革、新聞界、農工民主黨和各自所在的單位挨過鬥爭了。這一次又給加上一個「婦女界右派分子」的名義再鬥爭一次。這也顯出了做一個男人的幸福，因為只有婦聯沒有男聯，一個男人被劃為右派分子，並不會因為他具有男人這種身份而多挨一次鬥爭。

當年精心組織規模最大的鬥爭場景是在廣東：對右派分子羅翼群的鬥爭。羅說的農民「接近餓死的邊緣」這話，是太犯忌諱了。於是不惜花大力氣組織了鬥爭他的這一幕，安排他到農村去「視察」。下面是《人民日報》這篇報導的摘錄：

> 6月11日到16日，羅翼群在興寧「視察」。他見到農民就先問：糧食夠不夠吃？油、肉夠不夠吃？你的臉色為什麼這樣黃？甚至面對着體格非常結實的農民也問：你為什麼這樣瘦弱？當然，他沒有得到使他滿意的回答。

> 羅翼群在回到他的家鄉興寧縣龍田鄉以前，更先寫了幾封信給村裏的地主分子、被管制的反革命分子和舊軍官，要他們搜集材料。羅翼群到了以後，又立即作了佈置，並且串連了一些人開了兩次會，專門搜集「農民接近餓死邊緣」的材料。

> 但是羅翼群從興寧到平遠，到蕉嶺，從農村跑到學校，不知走了多少地方，不知碰到多少人，不知費了多少力氣，就是找不到「農民接近餓死邊緣」的材料。

> 他的活動，受到了反革命分子、地主分子和被管制分子一小撮人的喝采。他所到之處，謠言四起，敵人囂張。有的地主分子編山歌諷刺農民。有人叫囂「看幹部和社員的頭幾時會掉」。反革命分子造謠：「國民黨在汕頭登陸了」，「國民黨將廣州炸濫了」。在羅翼群到過的篤坡鄉，更出現了，「打倒共匪」、「農民到餓死邊緣，行動起來打倒共匪的時機成熟了」的反動標語。

> 羅翼群在蕉嶺縣的五天當中，就已經陷入當地農民、學生、職工的重圍之中。24日，蕉嶺縣第二中學教職員和學生就曾當場質問羅翼群：你為什麼說廣東農民接近餓死的邊緣？25日，第二中學又派了代表幾十人到縣城請他參加座談會，準備繼續駁斥他的謬論，但是羅翼群拒絕了。

　　第二天，第二中學師生、一中老師、一些機關職工，一起與羅翼群舉行了五小時的座談。羅翼群不能為他的謬論開脫，竟又詭稱「我說餓死邊緣指的是城市並不是農村，指的全國不是指你們這裏」。28 日，蕉嶺縣城一千多名農民、學生、職工又在文化館舉行座談會，發言人接連舉出事實駁斥羅翼群的謬論。羅翼群理屈詞窮，狼狽不堪地說：「在蕉嶺沒有到餓死的邊緣，絕對沒有。」一看事情不妙，29 日清早六點鐘，羅翼群便偷偷地離開了蕉嶺，溜之大吉了。

　　6 月 29 日上午九點鐘，當羅翼群來到梅城鎮的消息傳出後，梅城鎮的居民、工人、學生、機關幹部約二千多人，懷着憤怒的心情到他的住所去質問他：「農民接近餓死的邊緣的根據何在？」接着，附城、水白、扶大、城東、城西、西陽等鄉的農民聽到消息後，也派了代表一千多人趕來和羅翼群講理。羅翼群卸下行裝大約有三十分鐘，整個旅社的四層樓內和門口、大街上都站滿找他辯理的人群。上午十一時左右，在梅縣人民電影院，三千多工人、農民、居民、幹部，向羅翼群展開爭辯。許多人都用切身經歷的事實駁斥了羅翼群的謬論。羅翼群不能作答，竟嫁禍於人，說他的「餓死邊緣」的謬論是被《南方日報》斷章取義弄錯了！十二時左右，梅城鎮大街小巷出現了各式各樣的「反對右派分子羅翼群」，「擁護共產黨」，「堅決走社會主義道路」的標語。下午三時半，又有約一千名工人、教師在工人文化宮集會，駁斥羅翼群的謬論。

　　30 日清早，他離開梅縣去到興寧。距離興寧縣城四十里的官田鄉的農民，為了當面和羅翼群辯論，預先在公路上等他。當羅翼群乘車到達後，五十多個農民立即包圍了他。只是由於興寧縣城的工人代表和城郊農民代表反覆向當地農民說明，要趕快把羅翼群送到縣城去，農民才放他走開。羅翼群進城到了旅館門前，又立即被愈來愈多的群眾所包圍。經過維持秩序工人的一再勸說，群眾才給羅翼群讓開路來。

　　不久，工人和農民的代表進入旅館訪問羅翼群。一個工人代表說：我們這些有汗酸味的人訪問你來了！羅翼群回答說：我要休息。隨後有人質問他：現在你被你所說的「接近餓死邊緣」的人們包圍起來，你有什麼感想？羅翼群竟無恥地否認他說過「農民接近餓死邊緣」的話。

當天下午，興寧各界人民舉行了駁斥羅翼群謬論的座談會。這個會議原來邀請了一百五十人參加，但在會議進行中，工人、農民越愈來愈多，一直增加到一千五百人。會上發言的工人和農民的代表，用無可辯駁的事實駁斥了羅翼群。

7月1日，興寧縣五萬群眾集會遊行，繼續痛斥羅翼群的謬論和他進行的反動活動。當天，有兩個群眾集會要羅翼群去辯理。但羅一出門，即被群眾包圍。縣人民委員會只好備汽車把羅翼群載到大會會場去，一路上，要靠人民警察的開路，汽車才慢慢地走動。大會結束後，羅翼群剛從台後溜出來，去路就被幾萬憤怒的群眾擠得水泄不通，連汽車都上不去。大家高呼，要繼續和羅翼群辯理，有人恨得想用雨傘柄戳他；羅翼群在民警、工人糾察隊保護下進了汽車。汽車開動時，人群還緊緊地圍着汽車跑。一路上，沿街店戶的商人、店員、小販也都圍上來，痛罵羅翼群。這樣，汽車只能在群眾的緊緊包圍中蝸牛似地開行，從大會會場到縣人民委員會雖然只有一里多的路程，卻足足開了四十多分鐘。

7月2日，羅翼群仍然陷在群眾的包圍之中。

在興寧縣期間，羅翼群不敢離開人民警察。憤怒的群眾，使這個猖狂一時的政客驚慌失措起來。他甚至不敢住在旅館了，因為每天有大批工人和農民到旅館中來和他辯理。他向縣長要求住到縣人民委員會去。他的要求得到了應允。但無論住在哪裏，羅翼群只要一出門，就有幾百人甚至幾千人圍上來。沒有三、四個員警保護，他便不能離開宿舍一步。他要理髮，雖然理髮店離開縣人民委員會只不過百步之遙，但是已經寸步難行的羅翼群，怎麼能平平安安地跨過這段短短的距離，到達理髮館呢？於是只得把理髮師請到宿舍來理。

沒有為自己的謬論尋到任何根據，又受到群眾的反擊，羅翼群決定要回廣州了。7月5日，他乘車由興寧出發，但中午車到河源，又被從四面八方到來的群眾包圍起來，要和他辯理。羅翼群縮在車廂裏發抖，被群眾簇擁着進了河源縣人民委員會。河源縣長在群眾的要求下，同意組織河源縣各界人民代表反右派分子籌委會，同羅翼群辯理。當晚，城鄉五千群眾冒雨參加了大會，對羅翼群的謬論進行了嚴厲的斥責。

　　河源城到廣州，中間要經過博羅、增城等地。5日晚，6日早晨，這兩縣有許多群眾準備等待羅翼群説理。在這種形勢下，羅翼群如何才能回到廣州？河源縣向廣東省人民委員會請示。省裏考慮到廣東省、廣州市還有更多的人要同羅翼群辯論，又念他年紀大了，便決定派省政協副秘書長乘專車到河源接他回來，並且打電話告訴博羅、增城兩縣的領導幹部，説服群眾，不要半路攔車。

　　6日上午，羅翼群從河源縣人民委員會剛出來，又被一百多群眾包圍，要留下他繼續辯論。經過縣長一再説服，群眾同意他走了，但是在車身上貼滿了標語。

　　車身貼滿標語，一定會被群眾認出，於是，一出城，馬上就用水把標語刷洗乾淨。同時，車上準備了麻袋，讓羅翼群躺在車後放行李的地方，告訴他一看到群眾，就把身體用麻袋遮起來。看來，羅翼群是衷心地感激政協副秘書長的安排的。他安靜地躺下來，用兩條麻袋遮好肚子和兩腿，兩隻手警惕地捏着麻袋邊，只要看到人群和村莊，他立刻用麻袋把自己蓋嚴。

　　汽車以每小時八十里的速度向廣州開進。快到增城的時候，在一個村莊旁邊豎着一塊門板，上面寫着「質問羅翼群」五個大字。還聚集着一些人用懷疑的眼光注視着這輛急駛的車子。羅翼群發現了，連連求人告訴司機，繼續加快速度。羅翼群説在這附近的一個鎮子上絕不能停車，不然，他認為增城肯定過不去。問他為什麼？他答道：這個鎮上有興寧的許多商人，他們能認出我來。車子進入增城時，車上的人都捏着一把汗。因為滿街都是質問羅翼群的群眾。這輛時速已經超過四十公里的車子，引起了大家的懷疑和注意，有些人探頭看着坐在車子裏的人，顯然是在找尋車上是不是坐着他們久等的羅翼群，可是，車子開得這樣快，羅翼群又被麻袋蓋得那樣嚴，群眾怎麼能發現呢？就這樣，羅翼群終於在周密的保護下混過了沿途群眾的耳目。雖然是十分狼狽，但他卻平安地回到了廣州，結束了他這一次不平常的「視察」。(7月13日《人民日報》)

這一場演出前後歷時二十餘日，經過興寧、平遠、蕉嶺、梅縣、河源、博羅、增城七個縣和一些集鎮，每個城鎮都動員了成千上萬的群眾，7月1日興寧縣就有五萬人集會遊行，在河源縣，冒雨前來的有五千人，

而且組織得如此井井有條，顯出了很高的領導水準。想來只有省一級的領導人才能編導這樣一場演出吧。羅翼群受到這樣高規格的待遇也說明了對他身份的重視。當年孫中山大元帥開府廣州，任命他為大本營軍需總局局長、廣東全省籌餉總局總辦，為孫中山籌措軍費出力不少，頗得孫倚重。後來做了國民黨中央委員。1949 年 9 月在香港簽名參加通電起義，做了國民黨革命委員會的中央委員、廣東省參事室的副主任。大約平日以天下之大老自居，說話也肆無忌憚，這下被捉弄一回。

鬥爭會大同小異，也有別出心裁花樣翻新的，但水準不會超過捉弄羅翼群這一幕，就不多說了。這裏只說一件事，就是利用右派分子所寫的「密信」作為鬥爭的武器。

這裏得解釋一下名詞：何謂「密信」？當時的《中華人民共和國憲法》第九十條規定：「中華人民共和國公民的住宅不受侵犯，通信秘密受法律保護。」按照這個規定，除了原來寫的就是公開信，或事後寫信或收信的一方有意公開發表的信函，都是「密信」，而且這秘密是受到憲法和法律保護的。在反右派鬥爭中宣稱一些信函是「密信」，意思就是強調它是詭秘的，有着不可告人的黑幕的。像鬥爭羅隆基，就把他一些私人間的通信作為材料。7 月 2 日的新聞工作座談會上，正是《人民日報》七一社論提出羅隆基 —— 浦熙修 —— 文匯報編輯部這一條線之後，浦熙修在會上念了羅隆基給她一封信的一些片斷：

> 我十分希望他們能夠團結，能夠把文匯報搞好，這事值得他們努力，我絕對站在幫忙的地位。

> 表面上我總是一股子勁，誰又知道我心窩裏的矛盾呢？逢人都說我積極，只有我自己知道，這「積極」與「創造」是不相干的。

> 我以為所有跑龍套人都換換班，那就謝天謝地。像我這樣無事忙，絕對沒有時間做一點自己想做的事，真不甘心。

找不到別的證據，只好用這些來坐實《人民日報》社論的論斷吧。為了證明這確實是反對共產黨的證據，報紙在「跑龍套人」後面用括弧加注「指共產黨的領導人」。不知道這注解是浦熙修加的還是報社的記者編輯加的。任何一個知道京劇中所謂「跑龍套」是什麼意思的人都明白，這是指舞台上最無足輕重的角色。羅是把自己的冷官位置比做跑龍套，並且對此

表示厭倦，希望能換換班，讓別人來跑龍套，留點時間做一點自己想做的事。他這話當然反映了一種消極情緒和不很願意合作的態度，但是作為反共的罪證分量還嫌不足，所以一定要以括弧加注，似乎他在主張共產黨換班。這一例又說明：要以「密信」作武器，常常必須加以曲解。

9月3日《光明日報》以〈羅隆基反共集團的一批密信〉為題，刊出了民盟中常委薩空了在民盟中央整風座談上的發言摘要，摘錄了羅隆基與潘大逵、趙文璧、范朴齋、彭文應等人的來往信件。

第二十三章

一次偉大勝利的大會

在反右派鬥爭高潮中舉行的第一屆全國人民代表大會第四次會議，又把鬥爭推到新的高潮。1957 年 7 月 15 日會議閉幕，《人民日報》就此發表社論，題目就是〈反右派鬥爭的一次偉大勝利〉。社論這樣描寫了這次會議：

> 從大會的各項報告到小組討論和大會發言，一直充滿了反對資產階級右派的革命精神。代表們用自己親身經歷的事實駁斥了右派分子散佈的錯誤言論，證明中國必須堅持走社會主義道路，而要走社會主義道路就必須堅持共產黨的領導。不論在大會發言中和小組討論中，代表們（除極少數右派分子以外）都表現了對右派分子的極端憤慨，表現了對共產黨的路線政策和對國家的根本制度的熱烈擁護。代表們還揭露了許多右派分子的反動活動。他們的義正詞嚴的責問，迫使代表中的右派分子不能不低頭認罪。這是反右派鬥爭的一次偉大勝利。

這一段話可以看作對這次會議確切的、概括的說明。

報紙上曾經公佈：已經決定第一屆全國人民代表大會第四次會議於 6 月 3 日在北京召開，要求所有代表在 5 月 30 日以前報到。過了一個星期，報紙上又公佈了會議改期舉行的決議，改為 6 月 20 日召集，推遲了十七天，沒有說明改期的原因。

改期的原因也許不止一個。但顯然最重要的一個原因是，要等到《關於正確處理人民內部矛盾的問題》修訂本正式公佈之後再開會。最初決定的 6 月 3 日，是無論如何來不及了，只好推遲會期。曾經準備在 6 月 15 日左右在報上公佈這個文件，因此就決定改 20 日為召集的日期。這也就是為什麼這文件終於在 19 日見報的緣故：不能更早，也不能更遲了。

20 日至 25 日這幾天是預備會議。據新華社報導：「預備會議期間，各代表組將討論毛澤東主席今年 2 月 27 日在最高國務會議第十一次會議上《關於正確處理人民內部矛盾的問題》的報告，並對預決算和年度計劃等問題進行座談。」跟 2 月間開幕的全國政協第二屆第三次全體會議不同，那一次是從與會者列席最高國務會議直接聆聽毛的這篇講話開始的；也同 3 月間舉行的全國宣傳工作會議那樣聆聽毛的講話錄音不同，這一次可沒有錄音聽了，他們只是閱讀剛剛公佈的已經同錄音有了許多不同的文本。代表們就根據這個文本，特別是其中新添加的六條政治標準，發出對右派分子的批判。

　　預備會議的小組座談中，反右派的氣氛已經相當濃烈了。代表中的工農業勞動模範都斥責了右派分子，一些知識分子身份的代表也斥責右派分子。湖南省代表、復旦大學教授周谷城說，右派把中共提出的長期共存、互相監督的方針，誤解為要把資產階級思想與社會主義思想長期共存下去的想法。他說，那些忘記了社會主義，企圖把資產階級思想鞏固下來，甚至要恢復資本主義的人，他們是大錯而特錯了。（6月22日《人民日報》）

　　預備會議期間，許多小組代表批判了章伯鈞、章乃器、羅隆基、龍雲、黃紹竑、儲安平等人。費孝通在江蘇代表小組會上作了自我批評，他說，台灣報紙利用了他的〈知識分子的早春天氣〉一文，這說明了他的立場和思想感情都是有問題的。他說，他已經向右跑了，他感到很危險，要轉變過來。（6月23日《人民日報》）山東省代表、北京大學副校長江隆基談到他們學校的一些情況，他說，有小部分學生受了無政府主義思想、資產階級思想以及極端的個人主義思想的影響，他們公然反對社會主義、反對人民民主專政、反對共產黨的領導，謾罵老教授「愚蠢」、「無知」，甚至製造謠言，向外校和其他城市的大學散佈反動言論，校內校外的右派分子相互呼應，相互影響，這就值得我們嚴重注意。（6月23日《人民日報》）

　　幾天預備會議之後，26日會議正式開幕，周恩來作政府工作報告。這個從頭到尾貫串了反右派精神的報告後來沒有編入《周恩來選集》，這裏只能據當時報紙引用。周在報告中說：

> 　　現在有些右派分子藉口幫助共產黨整風，發出了許多破壞性的言論，其中有不少是直接向我們國家的基本制度進攻的。他們從資產階級民主的觀點出發來攻擊我們的國家制度；他們誣衊人民民主專政制度是一切錯誤和缺點的根源，他們企圖用否定成績、誇大缺點的方法來詆毀我們的國家制度。他們企圖在我們最高國家權力機關——全國人民代表大會以外，另外成立某種國家權力機關，例如所謂「政治設計院」、「平反委員會」之類，他們的目的不外是想使我們的國家政權離開工人階級和它的先鋒隊——共產黨的領導。

這是批判章伯鈞羅隆基等人的。報告中還有：

有人主張或者贊成把股息延長到二十年，有人想要把二十年的股息一次付清，有人說股息不是剝削，僅僅是「不勞而獲」，說資產階級分子和工人階級分子已經沒有本質的差別，甚至說「官僚主義是比資本主義更加危險的敵人」。

這是批判章乃器以及李康年等人的。章乃器表示過對於「脫胎換骨」這提法的反感，周恩來問：資產階級得到脫胎換骨的本質改造，又有什麼不好呢？報告還說：

有些右派分子把共產黨對國家政治生活中的領導地位說成是什麼「黨天下」，這完全是惡意的誹謗。

這是批判儲安平的。報告還說，「中華人民共和國成立以來，我們在頒佈憲法前後，已經制定了許多重要的法律」，「並不像有些人所說的『完全無法可循』」，這是批判楊兆龍等人的。

報告中說，「有人認為統購統銷糟透了，這是直接攻擊了社會主義經濟制度。」這是批判彭一湖等人的。不久以後制訂的《劃分右派分子的標準》中把統購統銷列為不容反對的基本政策之一，誰反對了誰就是右派分子。

對於一些最普遍的右派論點，這篇報告都作了反駁，例如外行不能領導內行，報告是這樣反駁的：

如果「外行」不能領導「內行」的說法意味着只有本行才能領導本行，這不僅否定了政治對於科學的領導，而且實際上也否定了科學研究工作中的統一領導的任何可能，因為學術上的專業是分門別類的，而世界上同時精通各種科學專業的科學領導幹部是不存在的。

作為一種抽象的論辯，這應該說很是高明。只是迴避了一點：這問題為什麼提得這樣普遍？是不是因為共產黨內專業人才不足，就把相當大數量一批並不稱職的黨員擺在領導崗位上去了呢？一定要把內行擺在被領導的地位，把外行擺在領導的地位，不過是宗派主義的一種表現形式。為外行領導辯護，就是為宗派主義辯護。

發言的代表都表示擁護周恩來的報告，聲討可惡的右派分子。湖南省代表舒新城在小組討論中說，這個報告對右派分子擊中了要害，駁斥得有力。他說，當初他聽到「黨天下」的說法和「定息不是剝削」的謬論時，

只感到他們的話荒謬，連常識問題都不懂，沒有想到這是反對社會主義、反對黨的領導的重大問題。他認為知識分子必須認真改造自己，只有有了勞動人民的感情，才有勇氣站出來和右派分子作鬥爭。(6月28日《人民日報》) 江蘇省代表小組的鄭振鐸和王紹鏊都説，共產黨領導、走社會主義道路是憲法規定的。右派分子不是不懂憲法，而是別有用心。(6月28日《人民日報》)

文化部長沈雁冰在大會發言中説，正像周總理所説的，如果「外行」不能領導「內行」，意味着只有本行才能領導本行，就不但否定了政治領導，也否定了統一領導的任何可能。人們當能記得，在中共中央統戰部召開的民主人士座談會上，沈雁冰以文化部的情況為例説到外行領導內行這問題，真是説得又痛切又生動。兩個月過去，他的見解大有提高。在這篇大會發言中，他又是以文化工作為例，説，看目前的事實，決不能説所有負責文化工作的領導幹部都是外行。而且「內行」和「外行」也是相對的、可變的。有些同志即使過去是外行，現在卻已經或者正在變成內行，或者經過學習以後可以變成內行。(7月14日《人民日報》)

周恩來的報告中説：「右派分子還攻擊我們的選舉制度。他們認為，只有像資本主義國家的選舉才是最民主的。」周恩來批駁了這種意見，他説，在我們這裏，「選舉制度首先是要保障工人、農民和其他勞動人民的民主權利，同時又照顧在全國人口中佔極少數的資產階級分子和其他愛國人士，使他們在國家權力機關中也有一定比例的代表。」周恩來的這個論點也在代表中得到了回應。遼寧省代表、勞動模範施玉海在小組討論中説，右派分子説我們國家不民主，如果不民主，我們這些勞動人民能在這裏開會討論國家大事嗎？北京市代表小組討論時，老舍、樂松生和張友漁等代表也都表示，我國的選舉是真正的民主選舉，主要體現在選舉時都經各民主黨派反覆協商，又在選民中充分醞釀，保證各階層各民族都有代表當選。他們説，不然，像章伯鈞、羅隆基和章乃器等人是很難當選為人民代表的。(6月30日《人民日報》) 這議論很精彩：既宣揚了現行選舉制度的優越性，又調侃了不識相的右派分子。稍有一點自相矛盾之處的是，一定要把選民所厭棄的章伯鈞、羅隆基和章乃器等輩選出來，是不是也算是對選民的意志不夠尊重呢？

周恩來的報告中還説：「現在還有人企圖抹煞蘇聯對我國真誠援助的巨大意義，這顯然是在有意挑撥中蘇友誼，破壞國際團結，從而破壞我國

的社會主義建設事業。」這説的是龍雲在人大常委會討論國家決算預算時發表的反蘇言論。龍雲這些意見，當時在人大常委會上就遭到了批評。現在國務院總理在向人大作的政府工作報告中又提出批評。在這次人代大會上，好些代表都在大會小會上批判龍雲。廣播事業局局長梅益在雲南省代表小組討論中説，蘇聯對我們進行了史無前例的真誠無私的幫助，蘇聯和中國都在進行建設，我們不能損人利己。假如採取「我的是我的，你的還是我的」的態度，還能算朋友嗎？假如削弱了蘇聯，就是對整個社會主義陣營和我們自己的削弱。關於蘇聯軍隊解放東北時運走一些機器的問題，梅益認為蘇軍當時這樣做是必要的，當時國民黨正在進攻東北，蘇聯運走的機器多是軍火工廠的裝備，龍雲是不是主張把這些軍火廠留給國民黨政權製造槍炮來屠殺人民呢？（7 月 2 日《人民日報》）梅益的出發點是黨派的利益高於國家民族的利益，這也正是這次反右派鬥爭的出發點，他在此時此地説這些話，是很合時宜的。至於他説運走的多是軍火工廠的裝備，那恐怕是他不怎麼了解情況。據夏衍説，「蘇軍運走了所有日偽留下來的工業設備，則是連塔斯社也不能否認的。」夏衍還談到當時這事引起上海的一次群眾示威，説，「這一次蘇聯對盟友的掠奪行徑，卻給了國民黨以一個反蘇反共的機會。説實話，即使在當時，我們的心情也是很矛盾的。」（夏衍，《懶尋舊夢錄》，三聯書店 1985 年版，第 559 頁）夏衍説的是「所有」，即無所選擇，梅益説多是軍火工廠，即有所選擇；夏衍説，塔斯社不能否認，梅益卻能否認；夏衍心情矛盾，梅益心情不矛盾。這就是説，梅益的態度不但與右派分子龍雲不同，也與未劃右派的夏衍不同。

　　在中共中央辦公廳編印的《情況簡報（整風專輯）彙編》（六）（1957年 7 月 11 日）裏作為示眾的材料，以〈化學工業部一個右派分子寫了一篇反動文章〉為題，説：「化學工業部勘察公司保衛科科員閻義采（預備黨員）於 7 月 5 日寫了一篇題為〈兩黨制適合中國國情〉的文章」，並且全文轉錄，文章中説：「有人説，美軍在中國橫行霸道，強姦婦女，我倒沒有看見，蘇聯的軍隊拉走東北的機器、強姦東北的姑嫂姐妹，我倒親眼看到的事實，也是東北人民有目共睹的事實，有的六十多歲的老太太為了躲避蘇軍的姦污，被迫落髮，當了家庭的老尼姑。」有人提出質問：「你在文章中污衊蘇軍的事實，是否你親眼見到的？」他回答説：「是，蘇軍的確在東北姦淫婦女，搶走機器，那時我在軍隊上，到處聽到老百姓講蘇軍姦淫婦女之事。至於六十歲的老太太，剃光頭的事，我好像是見到過……拉機器我是親眼看見的。」

這裏還可以引用《湖南歷代人名辭典》一個詞條：

> 盧冬生（1908-1946），湘潭人。1925 年入唐生智部當兵。1927 年在賀龍部當副官，參加南昌起義，力救身負重傷的陳賡同志。同年 12 月加入共產黨。次年擔任中共中央聯繫湘鄂西蘇區的交通員，工作出色。1929 年入紅軍，遞升至師政委、師長。1935 年參加長征。抗日戰爭中擔任一二〇師三五八旅旅長。1939 年赴蘇聯伏龍芝陸軍大學特別班學習，畢業後，任遠東地區蘇聯紅軍軍官。1945 年 8 月隨蘇軍進入東北。次年 2 月任松江軍區司令員。因制止個別蘇軍士兵不法行為被蘇聯士兵秘密槍殺。

他就是在哈爾濱因為阻止蘇軍士兵搶劫，被槍殺滅口的。

關於這一歷史事件，這裏順便提供一項資料。《陳誠回憶錄 —— 抗日戰爭》中說：

> 說到蘇俄掠奪我東北物資，尤堪使人髮指。自九一八日本據有東北後，刻意經營各種輕重工業，十餘年來，投下資金，在一百億美元以上。俄軍侵入後，竟以此項工業設備，視為戰利品，建議由中、蘇雙方共同經營，我方提出對案，指定南滿鐵路及其附屬事業、水電工廠、撫順煤礦、鞍山鋼鐵廠、東北航空及松花江航運，均不在共同經營之列。蘇俄不以此項對案為然，公然拒絕我方接收，並將我政府所派之東北礦區特派員張莘夫一行八人，加以殺害，蘇俄之面目，至此已暴露無遺。

> 美國國務院於三十五年（1946）2 月 11 日，照會中、俄兩國政府，認為日本在國外財產，應由盟國組織日本賠償委員會作最後分配之決定。蘇俄亦全然不睬，在此以前，蘇俄對東北之工業設備，除可劫掠者外，即予破壞，至此仍依舊進行。三十五年 12 月 15 日，美國國務院發表盟國日本賠償委員會美國代表鮑萊關於東北工業狀況的調查報告中有云：「估計該地於俄軍佔領期內，工業上的直接損失達八億五千八百萬美元，如果計算工業設備的復置費用和品質的變壞損失額，應為二十億美元。」（東方出版社 2009 年版，第 139 頁）

在《美國對華情報解密檔案》第一卷裏（第 390-411 頁），有一份美國國務院 1948 年 10 月 8 日的《蘇聯從滿洲拆運日本工業設備的質詢報告》（檔案號 ORE 4727），這一份三萬多字的報告詳細記載了蘇聯從我國東北哪

些城市哪些工廠拆走了哪些設備，又經過海運或者陸運運到蘇聯哪一個城市。可見這是一場真正的洗劫。現在從這份材料中摘錄一點，以見一斑：

> 蘇聯到目前為止運走的大部分設備是發電機、變壓器和電動機。奉天（引者注：今瀋陽）的兵工廠也被拆卸。其他類型的設備也在質詢報告中反覆被提及，主要是通訊設備、採礦機械，以及一些用於伐木、紡織、造紙、化工、煉油、重型運載和機器製造修理的設備。最常提及的機械設備就是車床和磨粉機。質詢報告也證實了波利報告中的如下兩點：（1）拆運對滿洲經濟的損害超過了拆運設備的實際價值，因為許多有價值的輔助設備的移除以及動力和運輸系統的毀壞，導致殘留的設備也都不能使用。（2）蘇聯人明顯拆走了最新的和最好的設備。

> 大約六千工人工作三個月將撫順和哈爾濱之間的鐵軌加寬，以便將設備用鐵路運往西伯利亞。

> 蘇軍拆卸了滿洲大約百分之七十的蒸汽機車和車廂。（第392頁）

僅僅看了這片斷的材料，也就可以判斷論辯雙方誰是誰非了。

後來毛澤東1969年4月5日在中共「九大」時候對謝富治等人說：「蘇修兵很窮，紀律不好。蘇軍進東北時，紀律壞透了。蘇修兵一年只發一套衣服，還要人家拿錢。他們一是要東西，二是要女人，三要面子。」可見他了解當年蘇聯紅軍進軍東北時候的表現。

現在再回到人民代表大會的會場上。在河北省代表小組會上，王芸生說，去蘇聯訪問，龍雲是參加的，每一個去訪問的代表都受到很大的教育。但是龍雲沒有受到教育。毛主席多次教導我們「一邊倒」，我們都知道中蘇兩國的友誼是中國人民的最大利益，沒有蘇聯的援助，我們的抗美援朝和社會主義建設都不能取得這樣偉大的勝利和成就，這難道不明白嗎？（7月2日《人民日報》）

中蘇友好協會總會秘書長錢俊瑞在大會作了書面發言，批判羅隆基、章伯鈞和龍雲的反蘇立場，特別着重批判龍雲，說他「放肆地挑撥中蘇關係」。錢俊瑞說，龍雲先生，你參加多少次的人大會議、人大常務會議、政協會議、最高國務會議，以及各種各樣的會議和座談會，你難道連蘇聯對我們的貸款是幫助我國的建設，利率很低，甚至沒有利息，這一點還不

知道麼？蘇軍幫助我們解放東北時，美國正幫助蔣介石大舉空運軍隊到東北，要使東北成為美國的軍事基地，那些工業裝備如果不搬走，不是直接地幫助了美蔣，大大地阻礙全國的解放麼？而且，你難道不知道，解放以來，蘇聯政府供給我們的工業裝備，不論在數量上和技術上，不知要超過那些舊有的裝備多少倍麼？

在這篇書面發言中，錢俊瑞讚頌蘇聯說，蘇聯是一個真正的社會主義國家，在這個國家裏沒有壓迫、沒有剝削、沒有窮困，人民享有最大的自由，經濟文化可以有計劃地順暢地發展。它以平等對待各國人民、各個民族，它扶助弱小民族和被壓迫者。具體到中蘇關係，錢俊瑞說，中華人民共和國成立後，蘇聯第一個承認我國。1950 年 2 月 14 日就和我國簽訂中蘇友好同盟互助條約，從此蘇聯就開始了對我國長期的、全面的、無私的援助。蘇聯政府給我國以低利和無利貸款，幫助我國恢復和發展經濟；支援我們抗美援朝；派遣大批專家和通過技術合作來幫助我們建設。發展貿易，使美國對我國的禁運政策破產。從 1953 年我國開始了第一個五年計劃的建設後，蘇聯曾先後決定幫助我國新建和改建對我國工業化有決定意義的一百五十六項重要企業，他們幫助我國建設大規模的水庫和長江大鐵橋一類的大工程，幫助我們作黃河和長江的水利規劃。去年蘇聯派遣優秀的科學家，幫助我國科學家作出十二年科學發展的規劃，為我國建立原子反應堆和迴旋加速器；我國派遣幾千留學生到蘇聯，幫助我們培養大批專家，等等。蘇聯政府和人民長時期來對我國的革命和建設這樣真誠無私的幫助，真像天一般大，難道右派分子果真是一手遮天麼？(7 月 16 日《人民日報》) 錢俊瑞沒有料想到的是，這些派遣專家等等事情，會要有始無終。如果他不把話說得這麼具體，少說幾個項目，就要更好些。

這些批評不知道是不是真能叫龍雲心服，反正是他先在小組會上作了檢討，後來又到大會上去作了檢討，承認他當初發言的動機雖然自以為是狹隘的愛國主義，實際的客觀效果卻是反蘇、反社會主義、反黨、反人民的。(7 月 14 日《人民日報》) 龍雲的大不幸，是在 1962 年就死了，沒有能看到 1964 年出現的一些文件。例如 1964 年 2 月 29 日中共中央給蘇共中央的信，其中說：「我們不能不指出：蘇聯對中國的援助，不是單方面的，更不是無償的，並且主要是通過貿易的形式進行的。…… 還應該提到，我們從蘇聯進口的東西，比起國際市場價格來說，是貴得多的。…… 至於對中國的貸款，必須指出，其中的最大部分，是我國用來從蘇聯購進軍事物

資的。這些軍事物資的大部分，都已使用和消耗於抗美援朝戰爭中。⋯⋯
長期以來，我們每年都在為蘇聯的這些貸款償付本息，它佔去我國對蘇聯
出口的一個相當份額。這就是說，連在抗美援朝戰爭中向中國提供的軍事
物資，也不是無償援助。」龍雲泉下有知，當會把這看作一種平反吧。

因為「反蘇」這個罪名被打成右派分子的遠不止龍雲一人。像文化部
社會文化事業管理局副局長李英敏，他被劃為右派分子的罪狀裏有這樣一
條：「散佈破壞中蘇友誼的言論。匈牙利事件發生後，他說：『大國沙文
主義與干涉內政提法不同，實質是一樣的。』『中蘇共管中長鐵路，蘇聯
在旅大駐軍以及新疆合營有色金屬公司等，事實說明蘇聯干涉了中國的內
政。』」（見中共中央監察委員會辦公廳編，《關於清除黨內右派分子的決
議彙編》第三輯）

人代會進行期間，7月1日，《人民日報》發表毛澤東撰寫的社論〈文
匯報的資產階級方向應當批判〉，會上反右派鬥爭的氣氛進一步升溫升級。
社論中第一次出現了「章羅同盟」這個提法。一時間章伯鈞、羅隆基、中
國民主同盟，以及同時被社論點名的農工民主黨，成了眾矢之的，受到最
大的壓力。

前面已經解釋過，這篇社論裏的「章羅同盟」一詞，是「以章伯鈞羅
隆基為主要代表的中國民主同盟」的縮寫。這裏的「同盟」二字對民盟的
壓力太大，所以民盟中央秘書長胡愈之7月10日在大會發言就悄悄的改為
「聯盟」了。《人民日報》發表他發言時用的題目就是〈章羅聯盟的透視〉，
似乎只是這兩個人的事。

胡愈之從章羅二人的政治歷史談起。抗日戰爭以前，抗日戰爭之中，
抗日戰爭結束以後，說他們在政治上一直走中間路線，七分反蔣三分反
共，或者六分反蔣四分反共。他們夢想着要按照資本主義的型式來改造中
國社會。

據胡愈之說，在蘇共二十大之後，章伯鈞在農工民主黨內說過這樣的
話：「現在很多人說資本主義不好，事實上資本主義也還有生命力。為什
麼有生命力，就因為有多黨制度，有民主制度，有上下院，有在朝黨和在
野黨。資本主義的辦法是：你不行，我來；我不行，你來。在朝的罵在野
的，在野的罵在朝的，這就有生命力。」「社會主義民主還要發展變化，現
在正在繼續變化。形勢還要變，我們大家的責任很重大。」胡愈之給作了

注釋：章伯鈞所謂「變」就是變社會主義為資本主義，所謂「責任」就是要向工人階級和共產黨進攻，奪取黨的領導權，破壞社會主義制度。

胡愈之悄悄地把毛澤東提出的章羅同盟一詞改為章羅聯盟，但是他明白，而且知道別人也明白，「章羅兩人是有矛盾的」，為了把這兩個有矛盾的人說成聯盟，得找出一個說法。胡愈之的說法是：要幹這樣的一件大事，——就是前面說的向共產黨進攻、奪取領導權、破壞社會主義制度這些大事——就得要一個強大的隊伍，於是章伯鈞、羅隆基的反共、反社會主義的聯盟就結合起來了。(7月11日《人民日報》)

民盟初創時以自己的住所特園供給民盟作為活動場所的鮮英，大會發言的題目就是〈斥民盟敗類章伯鈞羅隆基〉，斥責之中也說到了一些掌故，他說，他們彼此之間更是水火不相容，羅罵章是馬路政客，章罵羅是右派分子，各搞小集團，互相詆毀，那時使故張瀾主席最感頭痛的就是他們兩個。(7月14日《人民日報》)

民盟北京市主任委員吳晗7月6日的大會發言也是講這件事。有意思的是他沒有採用章羅聯盟這個說法，還是說的章羅同盟。這大約是因為他發言比胡愈之要早幾天吧。吳晗說，章伯鈞、羅隆基的反黨反社會主義的活動是一貫的，有組織、有計劃、有部署、有策略、有最終目的，並且，還和各方面的反共分子有配合，異曲同工，互相呼應，妄想鑽幫助黨整風的空子，奪取黨的領導權，把今日人民的天下，變為章羅同盟的天下。章羅怎樣從不和變成同盟的關係，吳晗說，章羅兩人原來是兩個把頭，爭權奪利，勾心鬥角，互不相下。過去，他們之間有不可調和的矛盾，在盟內爭地位，爭各自黨羽的安排，建國以來，章羅在民盟中央，除了鬧人事糾紛以外，從來也沒有想到要替人民辦點好事。突然一年多以前，在蘇共二十次代表大會之後，在匈牙利事件之後，在世界各國反共高潮之後，在長期共存、互相監督的口號提出之後，他們對國際和國內的形勢的估計，以為要變天了，共產黨站不長了，民主黨派大有可為了。章羅兩個多年冤家突然變成章羅同盟了。(7月7日《人民日報》) 這裏吳晗說得很對，這兩人是多年的冤家，所以這「章羅同盟」是一個政治概念，而不是着眼於這兩人的私交。提出「章羅同盟」一說的背景，吳晗又說對了。正是蘇共二十大之後國際國內形勢發展到今天，特別是整風鳴放中出現的形勢，才有必要提出「章羅同盟」這個說法來。吳晗的這篇大會發言，在控訴章羅的時候也為自己作了一點表白，他說：北京的盟組織一向堅持盟的各級組

織必須接受同級黨的領導的基本原則。這個原則章羅在表面上敷衍，在實際行動上恰好相反。他們異口同聲，多年來惡意攻擊北京盟組織，雖然我們一貫執行盟中央的指示，但是卻因為不接受他們陰謀反共、反社會主義、反人民的指示，就説我們「只聽中共北京市委的話」，不聽他們的話，説民盟市委反領導，無組織，無紀律，是獨立王國。説我們接受黨的領導，「腰斬民盟」。吳晗在這裏表白了他對共產黨的一片忠愛之心。這「腰斬」二字，毛澤東聽進去了，記住了，後來還引用了。他要的正是吳晗説的這種做法。

對章羅的批判，在大會小會上都熱烈進行。甘肅省代表楊子恒説，今年有一次他到北京，就聽章伯鈞説過馬克思主義已經過時了。北京市代表華羅庚説，他聽章伯鈞説過，馬列主義不值得學，學了也只是增加些教條，還不如學學《曾國藩家書》。江蘇省代表史良説，匈牙利事件發生後，章伯鈞經常説，你看，三年之內（有時説二年之內或一年之內）中國一定要有變化。（7 月 4 日《人民日報》）安徽省代表周新民還揭露了這樣一件事：1946 年 11 月間，青年黨和章伯鈞等以第三勢力方面的名義寫信給蔣介石，説假如與中共和談不能達成協議，即希望蔣介石召開偽國大。在他們寫信給蔣介石的當天上午，第三勢力的代表見到了當時中共代表周恩來，但他們沒有向周恩來談到他們寫信給蔣介石的事情。周新民説，章伯鈞就是以這種兩面手法欺騙中國共產黨，和青年黨一起進行破壞舊政協決議的陰謀活動。（7 月 3 日《人民日報》）

關於寫信給蔣介石這件事，周新民説的與事實有一點出入。第三方面為建議國大延期一個月繼續和談寫給蔣介石的這封信，後來葉篤義在他的回憶錄中是這樣説的：「沈鈞儒、章伯鈞、張申府離開交通銀行（引者注：當時第三方面人士經常碰頭的地方，那封信就是在這裏討論定稿的）後，立刻到梅園新村中共代表團告知此事。當他們得悉此事可能是一個大圈套之後，便立刻找到莫德惠，在已經簽好名的信件上把自己的名字塗掉了。」（葉篤義，《雖九死其猶未悔》，第 39 頁）只是這時葉篤義也已經是右派分子，他不可能來澄清事實了。

章伯鈞羅隆基之外，章乃器也是在會上遭到集中批判的一個。山西河北安徽湖南等省工商聯的主任委員宋子純、吳蘊山、潘鍔鏱、向德，民主建國會副主任委員孫起孟，北京農業大學校長孫曉村，濟南市副市長、工

商業者張東木，工商業者朱繼聖等都發言批判了他。這些發言只不過是重複報紙上的批判文章，並無新內容，目的不外造成聲勢。

更大的聲勢來自工農兵代表所作的表示態度的發言。

遼寧省七位農業勞動模範聯合發言的題目是〈右派小丑們太不自量力了〉，說右派分子硬要把自己裝成代表農民利益的樣子，好像他比共產黨還關心農民。那麼請問：打倒封建統治，分給農民土地是你領導的嗎？搞合作化運動是你領導的嗎？（7月4日《人民日報》）

十九位來自軍隊的代表聯合發言的題目是〈人民的子弟兵，永遠忠於人民〉，其中說，資產階級右派的先生們，難道這些烈士用鮮血結成的勝利果實能夠讓你們篡奪嗎？不能，絕對不能。你們簡直是在白天作夢。我們中國人民解放軍和中國人民志願軍永遠是社會主義的衛士，如果有人膽敢破壞我們神聖的社會主義事業，我們將和過去對付一切反革命一樣，徹底地打垮它，消滅它。這篇發言中還摘引了一名機關槍射手寫給右派分子的信：我敢向你作保證，我是個優等機槍射手，到時候我一定會對準那些反黨、反人民、破壞社會主義的傢伙，不高不低，不左不右，準準確確地打中他那聰明而又糊塗的腦袋瓜。（7月11日《人民日報》）不要把這看作虛聲恫嚇，後來真有一些右派分子的腦袋瓜吃了槍子。

來自東北地區工業部門的勞動模範馬恒昌、王崇倫、孟泰等十六位代表聯合發言的題目是〈我們工人天生和共產黨一個根子〉，說右派分子的言論激起了全體工友的憤怒。他們想要請右派先生們到他們工廠看看，這樣也許在他們今後考慮問題，發表言論的時候，會增加點工人的觀念。聯合發言者還以戲弄的態度說，有些火氣暴的工友可能發火，但是我們可以負責保證他們的人身安全。（7月14日《人民日報》）

醫學家和醫學教育家林巧稚、吳英愷、黃家駟、諸福棠等十六位代表聯合發言，說，有人認為這幾年的醫學教育事業沒有成績，說是教學改革改壞了，學習蘇聯學錯了，學生的品質降低了，還有人狂妄的喊叫「黨不能領導高等教育」、「黨不能領導科學」、「外行不能領導內行」等等，這是完全和事實不符合的，是右派分子反黨、反社會主義的惡意中傷，想把我們的醫學教育事業拉回資本主義老路上去。（7月9日《人民日報》）

來自雲南省的十五位少數民族代表，包括傣族、彝族、拉祜族、哈尼族、納西族、佤佤族、白族、傈傈族、景頗族、回族、苗族和儂人（壯族），作了聯合發言，批判龍雲。（7月13日《人民日報》）

蟻美厚、吳桓興等十位華僑代表聯合發言，説右派分子章伯鈞、羅隆基、章乃器、儲安平、龍雲、黃紹竑、陳銘樞等進行反黨、反社會主義，甚至破壞中蘇團結的罪惡活動，引起了我們無比的憤恨。（7月13日《人民日報》）

這些各行各業各界的人大代表的聯合發言，當然使會場上反右派的氣氛更濃，聲勢更大，可是更有分量的批判還是要由更有身份的人來作。中共中央政治局候補委員、宣傳部長陸定一以〈我們同資產階級右派的根本分歧〉為題發言，說是有四個根本分歧，那就是要不要社會主義、要不要工人階級領導、要不要人民民主專政和民主集中制，要不要聯合蘇聯。陸定一說，我們同資產階級右派在這些根本問題上進行鬥爭，已經有多年的歷史。1953年，就有人發表所謂「工人與農民的生活，是九天九地之差」的謬論，來反對社會主義改造和社會主義建設。這說的是梁漱溟，儘管他這一回並沒有參與章羅同盟的猖狂進攻，陸定一還是沒有忘記他，似乎還要把他算作右派的先驅者。

陸定一一點也沒有低估他的批判對象。他說，這些右派分子是不可輕視的，他們有財產，有知識，有一定的管理和組織的能力，同國內外反動派有千絲萬縷的聯繫，有進行政治鬥爭甚至武裝鬥爭的經驗。問題的嚴重性，他認為，右派的主張，就是要我們亡國，就是要我們人頭落地。

周恩來的政府工作報告批判了右派的論點，卻並沒有點出右派分子的姓名。陸定一的發言卻點了章伯鈞、羅隆基、章乃器、儲安平的名。在談到6月6日章伯鈞等同六教授談話這事，陸定一說，值得注意的是，在六教授中，有高等教育部副部長曾昭掄在內，他就是向章伯鈞獻計，說什麼學生問題一觸即發的。一個高等教育部的副部長，惟恐學校不亂，究竟居心何在？我們不能不問。（7月12日《人民日報》）

這次大會最大的勝利，還不是上自總理和宣傳部長，下至來自工農兵和各地各界的人大代表眾口一詞聲討右派，而是大會臨近結束的這四五天裏，人大代表中的右派分子一個接一個走上講台聲淚俱下地斥責自己。小組會上的自責不用說了，在大會上作了自責的發言的有：

7 月 12 日

葉篤義:〈揭露羅隆基的本來面貌,並檢討我自己的錯誤〉

韓兆鶚:〈愧恨交集〉

王毅齋:〈對我的錯誤言論的初步檢討〉

楊子恒:〈揭發章伯鈞羅隆基的陰謀並檢查他們對我的影響〉

7 月 13 日

畢鳴岐:〈我是一個犯了嚴重錯誤的人〉

費孝通:〈向人民伏罪〉

黃琪翔:〈請求人民的寬恕〉

儲安平:〈向人民投降〉

龍雲:〈思想檢討〉

7 月 15 日

章伯鈞:〈向人民低頭認罪〉

羅隆基:〈我的初步交代〉

章乃器:〈我的檢討〉

黃紹竑:〈我的錯誤和罪行的檢討〉

陳銘樞:〈自我檢討〉

譚惕吾:〈我為什麼犯了嚴重的錯誤〉

張雲川:〈我恨自己是一個右派分子〉

潘大逵:〈我承認錯誤〉

李伯球:〈我痛恨自己給章伯鈞利用作點火的工具,支持了黃琪翔在農工民主黨執行章伯鈞的道路〉

馬哲民：〈我要從新做人〉

黃藥眠：〈我的檢討〉

宋雲彬：〈我辜負了人民給我的信任和榮譽〉

錢孫卿：〈我做了人民的罪人〉

曾子說的，鳥之將死，其鳴也哀；人之將死，其言也善。戴上一頂右派分子的帽子，意味著他們的政治生命將死，人們從他們作的檢討中聽到的聲音，用「其鳴也哀」這話來描寫，卻是頗為切貼的。

章伯鈞說：「我恨自己的醜惡，要把舊的反動的我徹底打垮，不再讓他還魂，我要同全國人民一道來參加反右派分子的嚴肅鬥爭，包括對我自己的鬥爭在內。偉大的中國共產黨過去救了我，今天黨又重新救我一次，我希望在黨和毛主席的領導和教育下，獲得新的生命，使我重新回到愛黨愛國愛社會主義的立場，痛改前非，全心全意為社會主義服務。」

羅隆基說：「幾年來，我自己政治地位日漸提高，我自己的日常生活極為安定，儘管我的資產階級思想沒有改造，但我自問絕對沒有推翻黨推翻社會主義的野心和陰謀。即令我是一個萬分自私自利的人，推翻黨，推翻社會主義這對我沒有什麼好處。……我沒有懂得黨的領導的真實意義，我低估了知識分子的進步。因此，我就一貫想討好知識分子，特別舊知識分子，我以為這樣就可以擴大民盟的影響，擴大民盟的組織，提高民盟的地位，能夠在國事的決策上取得較多較大的權力來解決這些問題。我的妄想亦只此而已，絕對沒有推翻黨、推翻社會主義、恢復資本主義的陰謀。」

潘大逵說：「最近我的兒子、侄女（一個是團員、一個是黨員）都分別由東北和武漢來信，一面表示惋惜，一面表示憤慨，都說黨和人民對我不薄，生活比過去國民黨時代不知道好了多少倍（我自己也知道要不是在1949年得解放，不但生活不下去，就是性命也難保），真想不到過去參加民主革命的人而今天竟會如此地反黨、反人民、反社會主義。最近我的兩個小兒子（都還在成都讀小學）聽見說我是右派分子，他們又弄不清這個名詞的含義，到處向人家打聽，損傷了他們幼小天真的心靈，我想起他們不禁使我非常悲痛。」

黃琪翔說：「自從1927年大革命失敗以後，二十年間，我逃亡，我投蔣，我反蔣，我抗日，行動表現動搖，但思想上沒有一時一刻離開共產

黨，即令在最艱難的日子裏我也從來不忍離開共產黨；只有共產黨才能救中國，這是我始終深信不疑的。解放八年以來，我滿足於人民和我自己所得到的一切。如果說我思想上還有問題的話，那就是我的地位過高，生活過優，而對人民的貢獻太少。我有善良的願望，而決無反共之心；我有愛國的熱情，而決無反社會主義，自搞一套的『雄才大略』。我愛共產黨，我愛社會主義；我願意永遠為祖國的富強繁榮事業而奮鬥；我願意永遠生活在美麗溫暖的社會主義祖國的可愛的懷抱裏。除了一心一意永遠跟着共產黨走以外，我還有什麼路可走呢？代表們，我是犯了錯誤的，任何批評，我都接受，特別是對於當前的錯誤的批評。我只有正視自己的錯誤，堅決改正錯誤。只是我犯錯誤的原因是由於失足而不是由於自願，因此我有勇氣來請求你們，不要遺棄我這曾經迷失道路的浪子（引者按：黃琪翔此時五十九歲），並且請求你們寬恕。最近以來，我的心情沉重難以語言刻畫的；我覺得自己受到冤屈，因此我彷徨、悲觀、失望、痛苦，我幾乎失掉了對於人間一切的信心。我羞愧到不敢在我的親愛的人：我的年老的母親、我的賢良的妻子、我的天真活潑的女兒的面前睜開眼睛。我怕他們懷疑我，憎恨我，最後離開我。」

儲安平說：「我內心感到無比沉痛，感到無地自容。每天郵差同志送報紙信件到我門口，我自己都沒有臉到門口去拿。上上星期我因病去看醫生的時候，我都不敢說我姓儲，深恐醫生懷疑我就是那個右派分子儲安平。」

這樣的發言，有些是由衷的悔恨，有些是違心的自誣。希望以這樣的態度求得一點諒解，得到一點寬恕。後來的事實表明，他們的這種努力並沒有達到所希冀的目的。後來，該怎麼處理的還是怎麼處理了。

也有一些右派分子的檢討只不過是為了應付過關，並沒有說真心話。像葉篤義，他在中共中央統戰部召開的座談會上，曾經建議將民盟、民進、農工民主黨和九三學社這四個都是以知識分子為工作對象的黨派解散，另組一個知識分子的政黨。他的這個意見在會上就立刻得到了回應，民進的中央常委嚴景耀不但表示了贊同，甚至考慮了合併組成的新黨的名稱，他以為可以叫「社會主義同盟」。關於這件事，葉篤義在檢討的時候是怎麼說的呢？他不敢提出是周恩來 1949 年說過要將性質相近的民主黨派合併的話，只說他自己的發言錯了。他是這樣說的：關於四個黨派合併的意見，這完全是不實際的主觀主義想法。四個黨派在發展組織上的交叉碰頭現象只有通過彼此協商來解決。解散合併是削足適履的想法。各個黨派都

有他的人事關係和歷史淵源。誰也不能強迫他們解散，誰也不能強迫他們合併。葉篤義如此檢討，顯然是一種遁詞。他這建議當然是大錯特錯大犯忌諱，但是並不是錯在要去強迫誰，事實是不必去強迫就已經有人出來響應了。葉篤義意見的要害之處，是想到現有的民主黨派太弱小，太無力，太少發言權，才產生合併的想法的。如果合併成一個統一的獨立的知識分子政黨，真正成了值得一顧的政治力量，就可以追求更大的發言權，直到要求分享權力，這當然是決不能容許的。他應該明白，軟弱無力，正是長期共存的前提。強大了，有力了，共存的前提也就不存在了。事實上，葉篤義嚴景耀想像過的合併並未實施，僅僅像 1956 年到 1957 年那樣發展了一陣子，活躍了一陣子，就被認為「黨要擴大，政要平權」，就被認為猖狂進攻，必須予以反擊了。作檢討的時候，這道理葉篤義應該是想清楚了，對於他的意見錯在何處應該是有所認識了，他是故意不說破這一點，想用裝一回糊塗的辦法來避重就輕吧。

也有右派分子在大會作的檢討中間夾帶一點辯解。像羅隆基，也就不肯承認「章羅聯盟」一說：

> 我同章伯鈞合作的事件，今天只能交代這些。他是《光明日報》的社長，對《光明日報》的事情，三、四年來我從沒有過問過。他是農工民主黨的主席，對農工民主黨的事情我不可能過問。他在政治上有什麼野心，對知識分子有什麼野心，他從來沒有和我談過。對他日常許多言論和主張，例如兩院制，以及民主黨派發展幾百萬等等，我不同意，我向高崇民和盟中其他人批評過，但從來沒有向他說過。我在政治上有什麼野心或願望，我亦從來未同他談過。這就是章羅兩人一年來的真實關係。我絕不隱瞞，我絕不捏造。現在報紙上和許多人的交代中，都提出「章羅聯盟」這樣一個名詞，都認為這是這次右派分子猖狂向黨進攻的最高的指揮領導機關，是有組織、有計劃、有步驟、有綱領的中心陰謀機關。今天我不辯解。我同章伯鈞合作了的罪過行為，我據實交代。我還要請領導黨和全國人民切實調查，認真追究。如果將來發現我同章伯鈞的合作行為中我還有故意隱瞞某種陰謀，我願受我應得的懲處。……我堅決相信中國共產黨是有真是真非的。不會冤枉任何人的。將來真是真非自然會水落石出的。（7月16 日《人民日報》）

　　章乃器的檢討發言，第一句就是「我是一個犯錯誤的人」，能這樣認識就好。可是接着的第二句是「我的錯誤的性質，是資產階級的個人主義的思想和作風」，這就是説，他不承認自己是反黨反社會主義的右派分子。他就是在自己劃定的這個界限之內，一方面作檢討，一方面作辯解。例如：

　　　　官僚主義是比資本主義更危險的敵人──我並沒有説，社會主義必然帶來官僚主義。恰恰相反，我認為「只要肅清三害，就成為標準的社會主義的企業、機關」。但某些右派分子已經把社會主義與官僚主義甚至「三害」之間畫上了等號，我的説法容易同他們的説法混淆起來。我應該否定我的説法。

更多的是更加正面的辯白。他説：

　　　　哪能設想，一個在黑暗時代，在敵人千方百計的威逼利誘之下，都不肯表示反共的人，今天反而要反黨？哪能設想，一個在資本主義的泥坑裏就追求社會主義的人，在今天社會主義事業已經取得如此輝煌勝利的時候，反而要反社會主義？

章乃器説：

　　　　八年來，我的言論和行動同那些反黨、反社會主義的右派分子的確毫無相同之處的。……我的問題只是思想的問題；我的錯誤只是理論上的錯誤。

　　在這篇發言中，章乃器還為自己澄清了一件事情，關於恢復救國會的事情。7月1日上海《新聞日報》揭發批判陸詒的時候，陸詒提到他前些時候在北京，同顧執中、王造時等人在全聚德談起恢復救國會的想法。《新聞日報》的這篇報導中説章乃器也表示要在恢復後的救國會擔任職務。章乃器説沒有這回事。他説：

　　　　居然有人説我參加了章伯鈞、羅隆基在全聚德召開的會議，而且答應在他們所策動的未來的反動組織中擔任職務。我必須聲明，這是完全沒有根據的。近兩年來，我一共只到過四次全聚德餐館，都是有關方面宴請外賓的場合。我的行動是眾目共見的，是可以調查的。王造時上次來京的時候，我曾和他談過一次話。當他提到要恢復救國會，徵求我的同意的時候，我即一口回絕。我説，第一，我在重慶時就離開了救國會，救國會解散我也沒有

與聞，今天沒有資格主張恢復它；第二，我對民主黨派工作沒有興趣，參加了一個民建已經嫌多，屢次想退出，哪有心情再搞第二個？第三，我和救國會的某些同志過去合作得不好，今後也不能希望合作得好。哪能談得到什麼擔任職務呢？

這一次全國人大代表大會會議，從小組討論到大會發言，都充滿了反右派的內容。已經劃為右派分子的代表愧恨交集地作檢討，不用說了；沒有劃為（包括此時還沒有被劃為）右派分子的代表慷慨激昂地批判……氣氛極為濃烈。

然而，這些只是一眼望去能夠看到的現象。當時，代表們（至少，一部分代表）的真實心態究竟是怎樣的呢？四川省代表巴金事後回憶說：

> 在這一屆的會上開始了對所謂「右派」的批判，不僅在我們的大會小會上，在會場以外，在各個單位，在整個社會中都掀起了「熱火朝天」的「反右」活動。這情況是我們完全沒有料想到的，前一段時期，到處都在舉行座談會，邀請大家「大鳴大放」，我們都分別出席了有關的會，發表了意見，各人都寫了文章。我到了北京，就感覺到風向改變，嚴冬逼近，坐臥不安，不知怎樣才好。沒有想到，我剛在前門飯店住下，上海《文匯報》駐京辦事處的一位女記者就來找我，要我寫一篇「反擊右派」的短文。我當然一口答應，我正需要用這種表態文章來保護自己。她催得急，說是要用電報把文稿發到上海去。反正文章不長，可以摘抄大報上的言論，我當天就寫成了，記者拿去，第二天見報，我的心也安定了些。我還記得短文的題目是〈中國人民一定要走社會主義的路〉。走社會主義道路是我多年的心願，但文章裏的句子則全是別人常用的空話。我當時還不知道「反右」究竟是怎麼一回事，只是我看見來勢兇猛，熟人一個個落網，一個個給點名示眾；更奇怪的是那位來找我寫「反右」文章的女記者，不久就給揪出來，作為「右派」受了批判。

> 在會議期間我的心情十分複雜。我一方面感謝「領導」終於沒有把我劃為右派，讓我參加各種「反右」活動，另一方面又覺得左右的界限並不分明，有些人成為反右對象實在冤枉，特別是幾個平日跟我往來較多的朋友，他們的見解並不比我更「右」，可是在批判會我不敢出來替他們說一句公道話，而且時時擔心讓人當場揪出來。（《巴金全集》第十六卷，第595-596頁）

　　恐怕不是只有巴金一人是這樣。會場上一千多代表中還有不少也是這樣一種心態吧。有的代表在大會上慷慨激昂地作了批判右派分子的發言（例如前面提到過的四川代表鮮英），可是不久之後自己也被劃為右派分子了。而這正是巴金時刻提心吊膽害怕發生的事。

　　7月7日晚上，鄧小平審閱《人民日報》社論稿〈鬥爭正在開始深入〉，批示：「可用。退喬木同志。」（《鄧小平年譜》下冊，中央文獻出版社2009年版，第1378頁）這一篇7月8日見報的社論說：

> 　　有一部分處在中間狀態的人們，對於反對右派的鬥爭還在將信將疑，還在抱着觀望態度。他們在心裏盤算着：欲知後事如何，且聽下回分解。有一些人甚至以為：這是不是共產黨受不了批評，不想再整風了，因而轉移了目標呢？

> 　　……對於右派分子的溫情主義……竭力原諒右派分子，把右派分子描寫成為中間分子，把他們的錯誤的言論行動描寫成為偶然的疏忽、修辭上的誇張、被人利用等等，不願意同他們分清界限，更不願意對他們進行堅決的鬥爭。

　　社論提出了一個「對於右派分子的溫情主義」問題。也就是7月8日這一天，鄧小平在中共中央書記處召開的各省、市、自治區黨委負責人電話會議作關於整風反右問題的報告，在談到如何開展下一階段整風反右運動時提出：

> 　　現在要注意兩個方面的問題，一方面對右派要狠，來不得溫情主義；另一方面必須充分揭露事實，堅持說理原則，防止簡單粗暴的方法。所謂「狠」，就是要有充分的論點和事實。用簡單粗暴的方法達不到這個目的。反對溫情主義同反對粗暴是一致的，「狠」同說理的原則是一致的。（同上書，第1378-1379頁）

　　7月6日南京《新華日報》社論的題目就是〈反擊右派不能溫情主義〉。第二天，《人民日報》將這篇摘要轉載。

　　這種對右派分子的溫情主義，實際上就是對反右派鬥爭持消極抵觸的態度，就是在這一次如火如荼的人民代表大會上也不是沒有反映的。並不是所有沒有劃為右派的代表（和這時還沒有劃為右派的代表）都表現了對右派分子的極端憤慨。像葉聖陶的書面發言，標題是〈公文寫得含糊草率的現象應當改變〉，全文三千餘字，無一字涉及反右派鬥爭。就好像毛澤東

沒有講過人民內部矛盾，陸定一沒有講過百家爭鳴，共產黨中央沒有宣佈過整風，整風並沒有變成反右。周恩來的政府工作報告和大會小會上的發言他也似乎都沒有聽到，甚至似乎世上並無章伯鈞羅隆基章乃器儲安平其人一樣。此時無聲勝有聲。這樣的書面發言，能不能認為是反映出它的作者對反右派鬥爭的態度呢？

葉聖陶持這種態度是可以理解的。他多年共事的老友宋雲彬已經被劃為右派分子了，他的好兒子葉至誠在江蘇正為了「探求者」小集團受到衝擊，是不是會劃右派還在未定之天。如果這樣的人就叫做右派分子，那他就太了解右派分子了。你教他怎麼去隨聲附和批判右派呢？

代表們在大會發言或書面發言中，江蘇省副省長冷遹談長江下游的整治，黃河水利委員會副主任李賦都談水土保持，水產部部長許德珩談水產事業，山東省政協副主席王祝晨談學制和課程問題、談地方誌工作，他們也都同葉聖陶一樣，沒一句話跟反右派鬥爭有關。

朱學範大會發言的題目是〈全國職工一定要把反對右派分子的鬥爭進行到底〉，全文五千多字，專講反右派這一個問題，看來是緊跟形勢了。可是他只是從 1949 年以來全國職工各方面狀況的改善講起，以反駁右派分子否定成績的論點，那些已經在報紙上被一駁再駁了的論點。可是，全文沒有出現一個右派分子的姓名。不但在全國範圍內批判的大右派他沒有提，而且，他這位郵電部部長，對郵電部劃出來的右派分子也沒有提，他壓根兒沒有提到郵電部反右派的情況。應該說，這正是他更不願意提的。過去中國勞動協會的戰友，他找到郵電部來做勞動工資處處長的周穎，也劃成右派分子了。1948 年在哈爾濱開的第六次全國勞動大會上，朱學範作國民黨統治區職工運動的報告，深情地談到，國民黨特務「將勞協福利社主任周穎同志及幹部三十八人拘捕，用美式吉普車押解警察局偵緝隊私刑逼供」（見《中國工會歷次代表大會文獻》第一卷，工人出版社 1984 年版，第 447 頁）的事。有過這些事情，他當然不願意在此種情況下提到她了。這種避實就虛的聲討文章，是不是反映出了某種不得已呢？(7 月 11 日《人民日報》)

老科學家梁希的發言，題為〈地球離不開太陽，人民離不開共產黨〉，列舉了一連串數字以說明幾年來工農業生產的發展，只在最後輕描淡寫地提了一下「少數知識分子得隴望蜀，貪心不足，要和中國共產黨爭領導

權，……先生休矣！」他只説「少數知識分子」，沒有採用「右派分子」
這個標準的稱呼。（7月11日《人民日報》）

不採用「右派分子」一詞的還不只是梁希一人。宋慶齡在7月13日
《人民日報》發表〈團結就是我們的力量〉一文，表示了對共產黨的擁護，
對整風運動的擁護，對雙百方針的擁護，譴責了「有少數人……要利用這
個運動來使我們的新的政治制度和我們的國家基礎發生動搖」，甚至提到了
「有人倡議『政治設計院』」，譴責了寫匿名信的反動分子，所有這些，當
然都是很符合當時氣候的。費解的是她也是沒有採用「右派分子」這個當
時最為流行的用語，在五千多字的長文中，一次也沒有出現過。這現象應
該怎樣解釋呢？事實上，宋慶齡對這場反右派鬥爭確是「很不理解」。當時
她在寫給中共中央的信中説：「黨中央號召大鳴大放，怎麼又收了？共產黨
不怕國民黨八百萬大軍，不怕美帝國主義，怎麼會擔心人民推翻黨的領導
和人民政府？共產黨敢於接受各界人士的批評，批評的人士多是愛國愛黨
的，一些民主黨派人士為新中國的解放，作出了家庭、個人名利的犧牲；
一些二三十歲的青年知識分子又怎麼可能一天就變成了反黨反社會主義分
子？我很不理解這個運動，我想了兩個月，還是想不通。有這麼多黨內黨
外純粹的人會站在共產黨和人民政府的對立面，要推翻共產黨？」（轉引自
吳江，《政治滄桑六十年》，蘭州大學出版社2005年版，第69-70頁）

這種對右派分子的溫情主義是令人失望的。7月7日是盧溝橋事變二十
周年紀念日，郭沫若在《人民日報》上發表了兩首詩作為紀念。第二首是：

> 右派猖狂蠢動時，溫情那許一絲絲！已將率士成公物，竟有
> 幺魔倒大旗。毒草必須成糞壤，爭鳴方好詠新詩。勿忘二十年前
> 事，起舞中宵共振衣。

右派分子大約就相當二十年前入侵的日本人，當然一絲絲溫情主義都
是容不得的了。不過，不論是《人民日報》的社論，還是郭沫若的七律，
對於肅清溫情主義似乎都收效甚微。到了9月份，《人民日報》還在呼籲克
服溫情主義。這一次出面呼籲的，是對反右派鬥爭頗為起勁的史良，9月
13日她在民盟全國整風工作會議上作報告，説，「現在基層還有不少右派
分子沒有被揪出來。有些人説，別的地方有右派，我們的單位中間不會有
右派，用不着進行鬥爭。這種想法是十分有害的。也有一些人害怕打擊右
派的面太廣，時間拖得太久，主張草率收兵。」她號召：「必須認識，對右
派分子姑息寬容，對鬥爭採取旁觀或保留態度，就是右傾思想的表現。我

們必須克服右傾思想，克服一切溫情主義，積極地勇敢地投到戰鬥中去。」
（9月16日《人民日報》）

　　《人民日報》連篇累牘地批判溫情主義，甚至出動郭沫若史良這些名
人，或者做詩，或者呼籲，清楚地反映出公眾對這場反右派鬥爭並沒有多
少熱情。這實際上也就是證明了這樣一個事實；當時揭露出來的數以十萬
計的右派分子只是《人民日報》宣佈的敵人，並不是人民心目中的敵人；
而這場反右派鬥爭只是社會主義的需要，並不是社會的需要。

第二十四章

戰場既在黨外，又在黨內

反右派鬥爭，是反擊資產階級右派分子向共產黨的猖狂進攻。按理說，進攻的一方即右派分子是在黨外，黨內即反擊的一方是沒有右派分子的。毛澤東的想法卻並不是這樣。他在 6 月 8 日寫的宣佈反右派鬥爭開始的那個黨內指示中，就說了「這是一場大戰（戰場既在黨內，又在黨外），不打勝這一仗，社會主義是建不成的，並且有出『匈牙利事件』的某些危險。」（《毛澤東選集》第五卷，第 432 頁）不久他又在公開發表的文章裏說明了這意思。他 7 月 1 日發表的〈文匯報的資產階級方向應當批判〉一文中說：

> 資產階級右派就是前面說的反共反人民反社會主義的資產階級反動派，這是科學的合乎實際情況的說明。這一小撮人，民主黨派、知識分子、資本家、青年學生裏都有，共產黨、青年團裏面也有。（同上書，第 438 頁）

7 月 1 日，就在發表社論〈文匯報的資產階級方向應當批判〉的當天上午，毛澤東乘飛機到了杭州，7 月 6 日毛澤東從杭州到了上海。7 月 7 日晚，他在上海中蘇友好大廈接見了上海科學、教育、文學、藝術和工商界人士三十六人，圍桌閒話約兩小時，翻譯家羅稷南問他：「要是魯迅今天還活着，他會怎麼樣？」在反右派鬥爭白熱化的高潮之中提出這樣一個問題，意思顯然是問魯迅如果活着，會不會劃右派分子，毛澤東回答說：「要麼被關在牢裏繼續寫他的，要麼一句話也不說。」（黃宗英，〈我親聆毛澤東與羅稷南對話〉，見 2002 年 12 月 5 日《南方週末》）他趁這個機會明確地告訴在場的和不在場的知識分子：即使是魯迅，也不能保證不劃為右派分子，何去何從，你看着辦吧。

7 月 9 日，毛澤東在上海幹部會議上的講話，這篇以〈打退資產階級右派的進攻〉為題的講話就突出地提出了「共產黨、青年團裏的右派問題」。他說：

> 右派進攻的時候，我們的政策是這樣，就是只聽不說。有那麼幾個星期，硬着頭皮，把耳朵扯長一點，就聽，話是一句不說。而且不通知團員，不通知黨員，也不通知支部書記，不通知支部委員會，讓他們混戰一場，各人自己打主意。學校的黨委、總支裏頭混進來一些敵人，清華大學黨委的委員裏就有敵人。你這裏一開會，他就告訴敵人了，這叫做「起義分子」。（同上書，第 444 頁）

這裏說的是清華大學黨委常委（上屆黨委第一書記）、校長助理袁永熙。他是昆明西南聯合大學的學生運動領袖，1939年入黨的共產黨員。他的妻子陳璉是陳布雷的女兒，也是共產黨員。他大約是反右派鬥爭中最早被點名的黨內右派分子。

在這篇講話中，毛還具體提出了在黨團員中間要劃多少右派的問題。他說，「北京學校的黨員大概是崩潰了百分之五，團員崩潰得多一點，也許百分之十，或者還多一點。」

7月9日下午，毛從上海到了南京，想在這裏召開各省市黨委書記會議。據當時江蘇省委第一書記江渭清說：

> 當時的情況是，反擊右派的高潮過去了，一些開展反右鬥爭的單位，普遍出現了厭倦情緒。7月上旬，毛主席來南京召開政治局常委會議和政治局擴大會議，並和部分省、市委第一書記談話，了解整風、反右情況。由於南京天氣太熱，會議開到中途停了下來，中央決定移會青島。毛主席於7月12日從南京乘專機抵達青島，並在那裏撰寫了〈1957年夏季的形勢〉，印發到會同志。我們在學習和討論中，比較突出的感覺是文章對右派的定性又升了級，定為「反動派、反革命」。文章強調反右派鬥爭「還需要幾個月深入挖掘」，「決不可以草率收兵」。（江渭清回憶錄，《七十年征程》，江蘇人民出版社1996年版，第410頁）

可以推知：假若那時中國已經有了空調設備，也許就不必移會青島，這次會議就叫南京會議了。

〈1957年夏季的形勢〉一文對於這一場反右派鬥爭的意義，作了這樣的估計：

> 資產階級右派和人民的矛盾是敵我矛盾，是對抗性的不可調和的你死我活的矛盾。（《毛澤東選集》第五卷，第456頁）

> 這一次批判資產階級右派的意義，不要估計小了。這是一個在政治戰線上和思想戰線上的偉大的社會主義革命。單有1956年在經濟戰線上（在生產資料所有制上）的社會主義革命，是不夠的，並且是不鞏固的。匈牙利事件就是證明。必須還有一個政治戰線上和一個思想戰線上的徹底的社會主義革命。（同上書，第461頁）

　　　　第一個決定性的戰鬥，在過去幾個月，主要是最近兩個月內，我們已經勝利了。但是還需要幾個月深入挖掘的時間，取得全勝，決不可以草率收兵。要知道，如果這一仗不打勝，社會主義是沒有希望的。（同上書，第 461-462 頁）

黨內反右，是這次會議的一項重點議程。這篇文章說：

　　　　這裏所說的資產階級右派，包括混入共產黨內和青年團內的一些同黨外團外右派分子政治面貌完全相同的人，他們背叛無產階級革命事業，向黨猖狂進攻，因此必須充分揭露；並把他們開除出去，藉以純潔黨團組織。（同上書，第 457 頁）

　　7 月 28 日，《人民日報》根據這個精神發表社論，這篇題為〈反右派鬥爭是對於每個黨員的重大考驗〉的社論說：

　　　　有一些好心的同志似乎認為右派分子只有黨外才有，只有在資產階級、民主黨派和沒有經過改造的知識分子的隊伍中才有，而在共產黨內部是不會有的。可是這個看法不符合事實。

在當前這一場反右派鬥爭中，社論說：

　　　　有一部分黨員的立場卻並不是明確的堅定的，他們在這樣嚴重的鬥爭中認識模糊，態度軟弱；還有極少數的人雖然掛着「共產黨員」的招牌，實際上卻站在反動的資產階級立場上，當資產階級右派向黨進攻的時候，他們成了可恥的內應。

　　　　他們在整風運動中，利用黨的生活和國家生活中個別的、局部的缺點、錯誤，同黨外右派分子聯成一氣，向黨實行了內外夾攻。

既然是這樣，社論當然要提出：「必須對黨內外的右派分子『一視同仁』地展開鬥爭。」

　　9 月 2 日，中共中央發出《關於嚴肅對待黨內右派分子問題的指示》。指示全文是這樣的：

　　　　隨着反右派鬥爭在全國各地、各界的深入發展，黨內的右派分子也更多地暴露出來了。根據目前的統計，已經發現出來的黨內右派分子約有三千餘人。黨內的右派分子，多數是解放前後入

黨的，也有不少是一二十年以上黨齡的老黨員。應該看到，從黨內發現出這些右派分子，是這次反右派鬥爭的很大成績，這對於我們黨的鞏固和純潔，具有重大的意義。

但是，現在還有一些同志，在反對黨內右派分子的鬥爭中，存在着比較嚴重的溫情主義。特別是在中央肯定了右派的性質和對黨內右派分子的黨籍採取從嚴的方針之後，他們對於同黨外右派分子政治面貌完全相同的「黨員」，往往姑息寬容，不願意把他們劃為右派，特別是對於一些應該劃為右派的老黨員，更加惋惜，心軟，下不了手。有的單位甚至因此影響了反右派鬥爭的深入和開展。顯然，這是完全錯誤的。

應該指出，在運動中，對於一個黨員應否劃為右派分子，應該同黨外人士應否劃為右派分子一樣，採取非常慎重的態度，對於黨齡較老的黨員尤其應該如此。但是，既然他們的言行同黨外的右派分子一樣，就沒有理由不根據一視同仁的原則，把他們同樣地劃為右派分子，並與之進行堅決的鬥爭。必須了解，黨內右派分子有着「共產黨員」的招牌，有較多的政治資本，因而也就容易欺騙、蒙蔽和影響群眾。同時，他們又和黨外的右派分子相呼應，相配合，從堡壘內部向黨進攻，因而對黨的危害就更加嚴重。這種黨內右派分子，他們的黨齡愈長，職位愈高，對黨的危害就愈大。因此，對於那些同黨外右派分子政治面貌完全相同的人，決不應該因為他們是黨員而有所寬容，決不應該漏掉真正的黨內右派分子。因為這樣，不但對於開展反右派鬥爭是不利的，而且對於純潔黨的隊伍和提高黨的戰鬥力，是尤其有害的。

這個《指示》，已經不只是一般地提出黨內也要劃右派分子，而且明確地將劃右派的範圍擴大到「有不少是一、二十年黨齡的老黨員」中去。並且提出：「他們的黨齡愈長，職位愈高，對黨的危害就愈大。」9 月 11 日，《人民日報》以〈嚴肅對待黨內的右派分子〉為題發表社論。社論根據這個《指示》的精神宣稱：「在反對黨內右派分子的鬥爭中，也有一些同志存在着比較嚴重的溫情主義。」社論說：「要知道，我們黨是一個革命的戰鬥的組織，不是溫情主義的小集團；溫情主義是資產階級小資產階級的東西，對於我們黨只能起腐蝕和瓦解的作用。」

反右派鬥爭的黨內戰場就這樣開闢了。

最早以「黨內右派分子」的身份登報的是人民出版社副社長兼副總編輯曾彥修。1957 年 7 月 13 日《人民日報》登出〈黨內也有右派分子，曾彥修蛻化變質了──人民出版社和世界知識出版社聯合舉行批判會〉這條新聞，在標題上就突出了「黨內也有右派分子」。説的是「7 月 11 日，人民出版社和世界知識出版社舉行座談會，揭露和駁斥身為共產黨員的人民出版社副社長兼副總編輯的曾彥修的反黨、反社會主義的惡毒言論」。這件事在第十七章已經詳細説過了。

7 月 23 日《人民日報》又公佈了對外貿易部行情研究所歐美研究室主任嚴文傑的材料。以為他是與黨外右派分子政治面貌完全相同的，據報載：

> （他向黨中央提交的長篇意見書中）不僅一般地反對黨在政治上、組織上、思想上的領導，而且對黨的領導和組織形式提出了荒謬的主張。他把黨的領導局限於「應是社會主義方向和道路和重大方針政策問題」。他認為「只有黨中央各省（市）黨的委員會才能起這個作用，而地委、縣委、區鄉黨委、機關與企業學校黨委是不能起這個作用的」，「同時黨政各有一套系統，同級政法、監察、團體、企業又聽同級黨的，造成重複」，這就形成了「以黨代政或黨政不分」。他要求省委以下黨委和機關、企業、學校黨委「不作為起黨的領導作用的部門，只是通常黨務部門」，「它對國家工作，機關企業事務，對社會人民無任何權力」，「機關企業地方政權只受政府和人民代表會議的領導」。

> 嚴文傑認為相當多的中下層黨員幹部（包括相當於中央局長級幹部）不稱職，他們是靠黨籍吃飯的。他把黨的中下層幹部醜化為「無知的庸才」。污衊説：「職位在人之上的人，論起工作，瞠目結舌，甚至胡亂來一場。」「這些人最好的是不起作用，而一般的是起反作用。」另一方面，他認為「我們的業務都掌握在舊人員和青年知識分子手裏，這些人又由於歷史和家庭社會關係而不能得到提拔」。他説這種情況已達到「使人難忍」的地步。他主張把第一次國內革命戰爭時期、抗日戰爭時期、解放戰爭時期培養起來的這些中下層黨員「拿開」，用包下來的辦法，給他們終生生活保證金，再按情況要他們退休和下鄉，或擔任簡單的工作。嚴文傑把黨過去執行的幹部政策説成是「德亂才廢」。他説，「到中下層『才』被廢棄了，而『德』往往成了輩數、年資、領

導歡心的排隊。」只要是黨員，級別高，就可得到重用。他認為
人事部門的幹部農村出身者多，知識水準低，狹窄，有宗派主義
思想。他說：「管人的根本不知道什麼是人，不承認別人的知識
和才能。」「兒戲別人的前途和名譽。」「黨的威信會在此賠光」，
「結果很可能弄到個天怒人怨的地步」。

　　嚴文傑對三反、五反、肅反等運動大肆誣衊。他說：「親身
經歷過這些運動的人，想起來就感到心驚肉縮，毛骨悚然。」「一
到此時，真是人人自危，社會大恐怖。」「傷人不謂不深。」「不
管什麼人，只要領導手指一下，就可以鬥的。」「鬥爭場面，比
坐牢難受多了。」「想想看，在反惡霸鬥地主的時候，一個受害的
農民起來鬥的時候，那些如瘋似狂的氣勢，當以後有一個變化的
時候，那些受過傷的人會怎樣對付我們！」「我覺得，反會把一
些本不一定是反革命的人逼着去反革命。」「不管成績怎樣，這
種運動不能再搞了！」「要求政府規定：除非檢察院同意，並由
法院接受和主持外，一般機關、團體不得開鬥爭會。」他還公然
提出要對領導肅反鬥爭的同志進行報復，說什麼「冤死人者死」，
「冤人坐牢者囚」。露骨地表現了他仇視革命的情緒。

這篇報導還說嚴文傑「對人們闡釋領袖著作的文章，他惡毒地誹謗說：『好
似一篇文章足以解決天下一切學說和工作問題。』『好似當今天下，除此之
外就再無學問了。』」又說：「我真不知何必如此？若一個人寫了東西，要
這麼多解說人家才能懂，則本來那個東西便大可休矣！」

　　6月8日以後，嚴文傑反對《人民日報》反右派的宣傳。據這篇報導，
他說，「《人民日報》的做法十分拙劣」，「如果說人家粗暴，《人民日報》
比人家粗暴得多，厲害百倍」。《人民日報》的標題：〈人民沒有委託葛佩
琦說這樣的話〉，嚴文傑說：「這是否經過公民投票了？我看葛佩琦也代表
社會上的一部分人。葛佩琦說要殺共產黨人並沒有說現在就殺啊！如果共
產黨真不好，為什麼不允許別人殺你呢？」

　　這篇報導還說：對外貿易部的黑板報宣佈李泰華是右派分子。嚴文傑
即以中國共產黨員的名義向黑板報提出強硬抗議，質問這是誰的主意，為
什麼。當他因此受到攻擊的時候，還說，「對不同意的事抗議一下也不可
以，我要問成什麼世界。」

與黨外右派分子政治面貌完全相同的黨內的右派分子，還應該說到地質部辦公廳政策研究室主任薛毅。6月8日，他向黨中央寫了一份長達一萬四千多字的《改革幹部選拔使用制度芻議》的報告，其中有這樣一些意見：

> 我認為，我國社會生活中的新形勢提出來的新要求，與目前國家的各種領導環節中的幹部領導水準之間，與他們還存在着比較嚴重的官僚主義、宗派主義、主觀主義的歪風之間不能適應的矛盾。

他說，「不可能希望經過一次整風運動把這一矛盾根本消滅。還需要有另外的方法作為補充。還要通過領導成分的合理更替和調整，以使那些最優秀的分子能不斷補充到各種領導崗位上來，進行必要的新陳代謝。」說得直率一點，就是要換人，把「那些領導成員的水準極不稱職，官僚主義、宗派主義、主觀主義十分嚴重而又短期不能得到改進的」領導幹部換下來。他以為「在中國革命的領導核心——中國共產黨的領導權被教條主義分子所把持的時代，如果僅僅限於要求教條主義分子改造思想，而不進行領導成分的合理更替和調整」是不行的。

他認為：

> 現行幹部選拔使用制度中存在的根本缺陷，在幹部的選拔制度方面，「才德兼備」的選拔標準在執行中，常常容易只從資歷着眼，形成資歷觀點。又由於沒有規定出走群眾路線的具體程序，使幹部選拔的權力完全被少數人所掌握，以致神秘化，群眾根本不能予以監督。

> 由於幹部選拔上的不合理，也容易產生幹部之間的互不服氣，互不團結現象以及對領導不滿的離心傾向；由於只是少數領導人掌握幹部的命運，也常常容易助長某些品質不端的幹部專門在領導者面前獻媚、鑽營等各種歪風發展，甚至形成嚴重的宗派主義。這些惡果是不勝枚舉的。

> 更值得警惕的是，按照這種本來存在着缺陷的制度來選拔幹部已然使上述的惡果不可避免；而且目前還流行着一種不准下級幹部對存在着的不合理現象進行批評的風氣。這樣，就常常掩蓋了在選拔幹部問題上的最嚴重的官僚主義、宗派主義和主觀主義。

　　在幹部使用制度方面，他認為「最大缺陷是在國家行政機關中，幹部的職務沒有規定任期，幾乎是終身職。尤其在中央發出要幹部基本上按現有職務一輩子穩定下來的號召以後，則更使幹部的現任職務具有了終身職的性質」。在列舉了這樣做的種種嚴重的惡果之後，他提出了改革幹部選拔使用制度的基本意見，包括讓人民群眾通過一定的途徑選擇稱職的幹部充任國家各級行政機關的領導職務；並對國家幹部實行經常的考核監督；建立評定幹部銜級的制度；實行有任期的國家委任制度等等專案。他認為「通過這些制度，人民群眾對國家行政機關的領導幹部，行使了一定的選擇權力和監督權力。從而也就結束了在選拔幹部上缺乏民主程序的局面。這樣不僅可以進一步增強人民群眾的主人翁的感覺；而且可以增強國家行政機關各級領導幹部的「人民公僕」的感覺。也正因為如此，在人民群眾中以及在國家行政機關的工作人員中，民主生活、批評與自我批評也必然會更加活躍起來。而民主生活、批評與自我批評的活躍所帶來的積極因素，則將會是無窮的」。

　　除這些基本意見外，他還提出來了一個自由選擇職業問題，他說：

　　　　這個問題是我從轉業幹部的立場上考慮到的。如果實行前面所說的新的幹部選拔使用制度，就必然會形成幹部之間的競賽，而要在現任崗位上競賽，就會使某些轉業老幹部面臨著這樣的問題：由於自己原來的基礎不同，在業務方面勢必形成以自己之「短」賽人家之「長」，當然非落伍不可。這個問題應怎樣解決呢？我認為，解決的辦法應該是允許人們自由選擇職業，讓他們在自己所擅長的職業中去展開競賽。

　　　　黨和國家在前幾年調動一批經過革命鬥爭鍛煉的老幹部轉業到工業技術部門領導建設工作，是完全必要的和正確的。他們在轉業後的新崗位上已經作了很多有意義的工作，完成了很大的歷史性使命，其作用是不可抹煞的。但是，今天的情況變化了，各種建設事業日益步入正軌了，人民和國家對於擔任這些事業的領導者的要求也愈來愈高了，因而有不少的轉業幹部日益感到其現有水準與其所任職務的要求不相稱了。在這種新的情況下，我認為可以放手地讓比較熟悉業務的人才（包括黨內外的新、老專家以及一部分鑽懂了業務的轉業幹部）來領導這些事業，而對那些由於原有的文化基礎不足等原因而未能鑽懂業務的轉業幹部，則可以允許他們自行選擇其所擅長和所愛好的職業。這樣將有利於

幹部充分發揮其專長和積極性，因而，無論對他們個人或是對國家，將都是有利的。

這個允許自由選擇職業的原則，當然不僅適用於轉業老幹部，而且應適用於由於分配不當而致「用非所學」的其他幹部。

為了使人們在選擇職業時能符合國家建設的需要，避免比例失調，國家可以將各種職業的職工盈、缺情況以及工資標準等公佈於社會。

與「自由選擇職業」這一概念相聯繫的，是國家對幹部的分配使用方法上，也應作適當的改善。我認為，在國家分配幹部的工作的時候，除應考慮國家的需要以外，還應適當地結合幹部的自願。這樣將使幹部在工作中能產生更多的興趣、積極性和創造性。（據《整風簡報》，地質部整風辦公室第 12 期，1957 年 6 月 22 日編）

有了這篇文章，薛毅就成了地質部的黨內右派分子。據新華社報導：「地質部從 7 月 8 日開始連續舉行座談會，揭發並痛斥黨內右派分子——辦公廳政策研究室主任薛毅等人反黨、反社會主義的荒謬言論。」這篇報導說：

全國人民開展反右派鬥爭以後，薛毅又大放毒箭，竭力支持右派分子的反動言行。他把工人階級保衛社會主義的反擊右派的鬥爭，說成是「以勢壓人」，是「圍剿」，是「言者有罪了」。「對發出錯誤言論者這樣搞，比判幾年徒刑還厲害。」他還公然詆毀社會主義建設的成就。說右派的這些錯誤言論「如果對社會上已產生了很大影響，那就說明過去渲染的成績成問題」。他為了替儲安平打抱不平，曾徹夜不眠寫稿子向人民日報挑戰，並恬不知恥地說「我要是領袖的話，我就出來制止人民日報發表反擊右派的社論」，「中央應把我這樣一個幹部作為溫度計來測定政治氣候」。同時，他還表揚章乃器狡猾抵賴不肯向人民低頭是「獨立思考」「有骨氣」。

座談會上，人們揭發了薛毅以上的反動言論後，還指出薛毅雖然已經入黨十八年，但卻一再拒絕黨對他的教育改造，從而逐漸蛻化變質。他在抗日戰爭時期和土改、肅反等激烈的階級鬥爭中，一貫表現右傾，他同情地主，反對進行肅反，為此曾多次受

到黨的批評和處分。解放以後，他的野心勃勃，總認為黨對他是大材小用，對黨極為不滿。大家指出他必須徹底交代，向人民低頭認罪，以免自絕於人民。（7月24日《人民日報》）

還有地質部資源計劃司副司長劉韻，她是 1937 年 9 月入黨的共產黨員。據 1958 年 2 月中共地質部機關委員會《關於開除右派分子劉韻黨籍的決定》説她「整風運動開始，劉即積極點火，煽動群眾，並且帶領其他右派分子向黨進攻。」「極力地攻擊黨組，醜化部的領導，進行改組黨組的反黨活動。」「攻擊肅反發表叛賣言論，她在群眾大會上所作的『啟發性』發言，即將肅反運動列為當前的五大矛盾之一，攻擊『部領導肅反運動是有毛病的』，她説：『被肅的人如果不是（反革命），當然會有意見』，她説地礦司肅反鬥了半年多，沒有一個反革命，部裏沒有交代，司裏對肅反究竟應該怎樣估計？』」（據《關於清除黨內右派分子的決定彙編（四）》，中共中央監察委員會辦公廳編，1959 年 12 月）

在地質部，比薛毅、劉韻地位更高的黨內右派分子，是地質部辦公廳主任劉毅。他是 1936 年 10 月參加中國共產黨的老黨員，1937 年 12 月參加工作。擔任過縣委書記、地委書記等職。據 1958 年 5 月 29 日中共地質部機關委員會《關於開除右派分子劉毅黨籍的決定》説：

在這次黨的整風運動初期，劉毅趁社會上資產階級右派向黨猖狂進攻的時候，利用黨所給他的部領導小組成員和辦公廳領導小組長的職務，大肆煽風點火，向黨進攻。劉毅一再在群眾大會上攻擊黨組整風沒有決心，説黨組對整風的認識「有天上地下之別」。向群眾煽動「因領導太不自覺，不尖銳、不刻薄、不解決問題」。還説「威是威信，不是威勢，幾天來大家發言完全證實，大家愈來愈失望，（領導上）這又有何威信呢？」露骨地打擊領導威信。在黨員司局長大會上，劉毅更進一步根據自己的反黨觀點把辦公廳放出來的一些醜化、謾罵領導和攻擊黨組的右派言論和錯誤言論加以系統化，向黨組進行攻擊。事後，還在群眾大會上誇耀他的發言「震動很大」。

在小組會上，劉毅也不止一次地鼓動「有些同志發言尖銳一些，刻薄一些，我認為沒有什麼」。他還為有錯誤言論、右派言論的黑板報辯護説：「那不是謾罵，是反映了大家的願望。」公開支持攻擊領導「不學無術」的謬論，説領導「連這一點都不承

認還行！」當其他右派分子攻擊領導是經驗主義，高唱「不調整領導成分不能改進工作」的濫調時，劉毅還嫌攻擊得不夠，他認為「這個估計過高」，而是黨員副部長「連個主意也沒有」。誣衊「黨員副部長是『有職，有權，無責』，非黨員部長（注：李四光是 1958 年 11 月才入黨的）是『有職，無權，有責』」。右派分子薛毅發表反黨的〈改革幹部選拔使用制度的芻議〉以後，徵求劉毅的意見，劉毅表示部分同意，並以提拔某副部長為例，來支持〈芻議〉中所謂「選拔幹部沒有群眾路線，標準籠統」的謬論。他還主動找物探局右派分子錢寧談過話，鼓勵錢寧「鳴放」。

早在學習八大文件的時候，劉毅便有過醞釀改組黨組的活動，在這次整風初期他又和某些同志談部領導需要改組，並說：「這不一定不是和風細雨。」對待肅反的問題上，劉毅是附和肅反對象對黨不滿的情緒，一再強調黨對肅反中被審查的人傷了感情，要黨向他們「消除隔閡」。在群眾大會上公開說「肅反有偏差，有錯誤，應該作為『無產階級專政的歷史經驗』來吸取，這些偏差和錯誤應由部領導負責」，並將此說成和某部長等個別人的作風有關。在支部會議上要肅反運動中的積極分子作思想準備，使他們感到壓力很大。在辦公廳兩次討論肅反問題的支部大會上（他是支部書記），吸收非黨肅反對象參加，並一再鼓勵肅反對象發言。因此，這些人在會上向黨進行了猖狂的攻擊，否定肅反成績，誣衊積極分子，也有少數「積極分子」在會上表現動搖，甚至洩密。劉毅對這些有嚴重錯誤的言論不組織批判，正確的意見沒有發表，實際上把黨的支部大會變成了反黨的「控訴會」，變成了肅反對象向黨進攻的工具。

辦公廳的反右派鬥爭，在劉毅擔任領導小組長期間，實際上只是批判了薛毅的〈芻議〉，而對右派分子醜化、誣衊領導的言論，沒有組織揭發批判，當領導小組其他成員提出這個問題時，劉毅反說「不要再批判了吧！再批判一次等於把領導又醜化一次」。鳴放初期，辦公廳黑板報登出了不少有明顯右派性質的言論，劉毅不進行追查。整風初期，專家工作室有些翻譯醞釀鬧大民主；鳴放期間，也有不少人發表了右派言論和錯誤言論，劉毅置若罔聞。在張華同志對此提出意見後，他也只是非正式地和專家工作室主任何棟同志談了一下，而對何棟同志提出的具體意見又不採納。在反右傾情緒時，劉毅違背部領導小組和國家機關黨委的指示，不聽取辦公廳領導小組其他成員的意見，提出「不追

不批」的錯誤口號。劉毅在反右派鬥爭中的錯誤作法，使辦公廳的右派分子漏了網，中間群眾沒有受到應有的教育。

這個《決定》最後說：「在這次黨的整風運動中，趁右派分子向黨進攻的時機，他一方面背着黨組進行醞釀改組黨組的活動，一方面大肆攻擊黨，醜化領導，煽動和率領右派向黨進攻，企圖攻垮黨組，篡奪領導，實現他個人的政治野心，並利用其領導小組長職權歪曲上級黨組織的指示，使辦公廳運動搞得不深不透。以上充分說明，劉毅是混入黨內的資產階級個人主義野心家，是反黨反社會主義的右派分子。為純潔黨的隊伍，決定開除其黨籍。」（據《關於清除黨內右派分子的決定彙編（四）》，中共中央監察委員會辦公廳編，1959 年 12 月）

地質部的黨內右派分子還有地質部教育局第二副局長馬冰山，廣東省汕頭人（其父母僑居柬埔寨王國），1938 年入黨的共產黨員，曾經在冀魯豫地區當記者，新聞組長，通訊科長，編輯主任。後來南下至大別山任區委書記，縣委宣傳部長，湖北省委研究室組長，廣州市人民政府秘書處長、行政處長、辦公廳副主任，教育局長等職。1954 年調來地質部。據1958 年 2 月 12 日中共地質部機關委員會關於開除馬冰山黨籍的決定說他在整風運動中的反動言行事實：

> 1. 惡毒地攻擊黨的領導，與儲安平一唱一合向黨展開猖狂的進攻。以「鑽探」的別名，發表了極端反動的「有無黨天下」反動大字報，惡毒地污衊「黨天下」是存在的，對上至黨員部長下至黨員科長進行了謾罵和攻擊說：「地質部部長名義上是黨外人士、科學家李四光，而實際上是以共產黨員何長工等副部長當家作主，而何等既不懂技術又不鑽研業務怎能領導地質科學呢！」又進一步污衊攻擊黨員的局長、處長、科長是「頭痛醫頭，腳痛醫腳的萬金油幹部」，是「佔着廁所不拉屎」，「霸佔領導地位」等等。並公然污衊部黨組的領導是「以黨代政」，說「他們不懂業務而黨又要他們來領導，把好事弄成壞事，在實際工作中以黨代政的現象很嚴重，動不動就是黨組如何如何，這不是黨天下嗎？」為了正定幹校事件，在司局鳴放會上說：「要撤校長的職，就應首先撤你們部長的職。」並提議要非黨副部長（民盟盟員）來領導幹部工作。在飯廳還散播說：「可以召開職工代表大會選舉部長。」等等極其惡毒的攻擊。

2. 煽風點火，企圖發動大民主搞垮黨的領導。整風開始時，何副部長在中山公園作整風動員報告後，在回部的路上，馬即煽動右派分子于純仁說：「這個場面很好！你們可以寫詩、寫小品文、畫漫畫。」回局後，于純仁寫成書面的東西，中技處部分人欲將該文投報社，馬即慷慨激昂地說：「好！我支持你們。」教育局右派分子于純仁、唐嗣陶提出「民意測驗」向黨進攻時，馬冰山曾動員黨員也來參加填表測驗，並說「不參加會脫離群眾」，並在其〈有無黨天下〉大字報的標題上提出「再來一次民意測驗」，企圖煽起大民主搞垮黨的領導。

3. 提出了「民主辦學」、「文人治校」、「同仁治學」等反動主張。企圖以資本主義的文教政策來代替社會主義的文教政策。馬冰山在整風開始前，既不經局務會議研究，更不經部黨組批准，擅自將「民主辦學」作為方針列入了教育局1957的任務中。並在1957年4月份，當光明日報積極準備向黨進攻之際，馬冰山又擅自將「民主辦學」的反動主張對光明日報記者發表談話，企圖在光明日報登載，以便使其反黨主張實現。

4. 陰謀實現個人的政治野心，企圖在教育局建立獨立王國。1956年11月，既不經局務會議研究、更未經部黨組批准，馬冰山在教育局所領導的中技校，實行了所謂「視導員分片負責制的單線領導」。並通知各校，凡有關問題直接請示分工的視導員進行解決，各視導員在局長的領導下可以直接指導各中技校的工作等陰謀活動。早在「八大」學習時，馬就曾提出「以革命的精神取消處一級機構」。企圖以他為首從上到下抓住一些所謂積極分子，在教育局建立獨立王國。馬對身居副職甚為不滿，曾多次提意見，讓孫雲鑄不再兼教育局長。當黨組派袁牧華同志來局後馬又多方排擠，以圖獨霸教育局。

5. 惡毒地攻擊選舉制度是「形式主義」，是「共產黨出主意，共產黨作決定」，「所謂走群眾路線，不過是形式而已，是真主意、假商量。」

6. 污衊肅反運動，反對人民民主專政。鳴放一開始，馬和右派分子陳電如一唱一合地攻擊肅反運動。陳電如發表了反動透頂的《沁園春》一詞。攻擊肅反運動是「忍把嫌隙當血海仇」，是「覓絲牽頭，行監坐守」。惡毒地攻擊黨說：「定解裙帶、立平山

丘」，是「驕矜從來不到頭」。在這樣惡毒進攻的面前，馬也和陳《沁園春》的詞一首，竭力安慰陳說「愁無奈，問當年硬揣，君思來由」，並進而攻擊肅反運動為「漫天彌霧」。

7. 嚴重地洩露黨反右派鬥爭的機密。反右派鬥爭初期，在右派分子仍猖狂向黨進攻之際，馬冰山不經領導小組批准，擅自將〈事情正在起變化〉一文（中央文件）的基本內容和劃分左中右的一些標準，在團支部大會上（有右派分子二人參加）作了傳達。給黨造成無法彌補的損失。

8. 在揭發批判過程中，馬冰山的態度是極端惡劣的。他發表了「有無黨天下」的反動大字報後，當引起群眾注意、開始批判時，馬即有意識引導群眾批判其他反動言論，而避開批判「黨天下」。並瞞上欺下嫁禍於人，找一黨員副科長田余非同志作贖罪羔羊，該陰謀被部領導發覺後，曾再三令其檢討，馬拒不交代。在批判的過程中頑強的狡辯是「工作方法上的錯誤」。始終堅持是為了「引毒草」。並要了許多花招，如裝病不參加會、不上班、對記錄本子進行加工等等。在與其對證事實時耍皮氣、摔本子，狡猾抵賴，毫無悔改之意，反而污衊領導和群眾「給他捏造事實，有意把他打成右派」，態度蠻橫無理，拒不交代反黨罪行。

馬冰山的反黨、反社會主義不是偶然的，是有其階級根源與歷史根源的。馬出身於資產階級家庭，參加革命以來資產階級思想長期未受到改造，對黨離心離德。（直到現在還與其資產階級家庭保持經濟上的聯繫）。所以在工作順利時即表現得驕傲自大，盛氣凌人，自作主張，獨斷獨行，以感情代替政策，爭名譽、鬧地位甚至發展到獨立王國思想。在黨的利益與其個人欲望發生矛盾時即對黨不滿，對抗組織。在抗日戰爭中曾因右傾動搖，對抗領導，受過兩次黨內當眾警告處分而沒有接受改造。馬冰山的資產階級個人野心在整風運動之前就發展到登峰造極。故在整風運動開始時就完全暴露了他反動的階級本質。

根據他惡毒地攻擊黨的領導，反對無產階級專政、攻擊肅反運動，而成為黨的敵人，墮落成為右派分子，而且態度翻覆無常極為惡劣。為了嚴肅黨紀、純潔黨的隊伍，經教育局支部大會討論通過，決定開除馬冰山的黨籍。（原載《關於清除黨內右派分子的決定彙編》，中共中央監察委員會辦公廳編，1959 年 12 月）

黨內的右派分子還有石油工業部計劃司司長楊海鵬。他 1936 年參加中國共產黨，曾任菏澤地委書記，新鄉市委書記，中央燃料工業部計劃司司長等職，據 1958 年 9 月 25 日中共石油工業部機關委員會《關於開除右派分子楊海鵬黨籍的決定》説：

> 1955 年楊海鵬調任石油工業部計劃司司長後，就開始進行反黨活動，與張美璠、蘇風結成右派反黨集團（楊是這個反黨集團的為首分子），在整風期間，明目張膽地向黨進攻，反對中央和石油工業部黨組，進行了一系列的罪惡活動，力圖篡奪領導權，妄圖以資產階級的面目來改造黨。

> 楊海鵬在群眾中製造反黨輿論，在高級幹部哲學自修小組中他提出軍人不能領導石油工業的反動論調，公開叫囂要「轉業軍人回去」。這和社會上右派分子所説的「外行不能領導內行」的反動論調如出一轍，其目的就是要搞垮石油工業部黨組，要共產黨下台。（引者注：余秋里是 1958 年 2 月由人民解放軍總後勤部政治委員調任石油工業部部長、黨組書記的，以前都是在軍隊中任職）

還有建築材料部地質局副局長陳新，1938 年入黨的共產黨員，被劃為極右分子。據 1958 年 4 月 11 日中共建築材料部機關委員會《關於開除右派分子陳新黨籍的決定》宣佈他的材料有這樣一些：

> 擴大宣傳肅反的缺點，否定地質局肅反成績，同意成立「平反委員會」的反動言論。

> 誣衊黨的歷次運動「都是左的開始，右的結束，糊里糊塗的下台，這就是我們（指黨）運動的規律」。

> 反對黨的幹部政策，説：「一百個工農幹部，也不如一個知識分子。」幾年來一貫無原則地信賴舊知識分子，輕視和排斥工農幹部。

還有國家建設委員會燃料局副局長羅維。他是 1938 年入黨的共產黨員。據 1958 年 2 月 21 日中華人民共和國國家建設委員會整風領導小組《對於右派分子羅維的結論》宣佈：

> 羅維的主要反動言行：

1. 攻擊黨的幹部政策、人事制度和肅反等運動。

（1）大肆攻擊人事工作，在全局鳴放大會上，羅維說：「人事科長有些是負責同志的愛人，這種情況很多，做人事工作往往也是提升的捷徑，有時為了工作，有時是為了湊數，就把自己愛人填上。能力又不強，分配工作上不懂業務，亂點鴛鴦譜，有時濫用黨的威信，給你念上個金箍咒。」並說：「我發下狠心，我的愛人決不讓她做人事工作，要她憑本事吃飯。」會後佈置局內幹部摘錄上述內容在委內張貼「羅局長鳴」大字報，影響很壞。

（2）攻擊肅反路線，否定肅反成績，並同情肅反對象。在6月11日燃材局黨支部大會上，羅說：「我們用群眾運動的辦法搞肅反，亦有問題，打中的命中率不高，我認為應以科學的辦法來搞。」又說：「肅反對象是否一律要搜查，我們不是公安人員，前去搜查是否合法？」並在會上要別人為肅反審查對象羅新說情。

（3）在鳴放期間，當局內其他右派分子大肆攻擊老幹部時，羅亦說：「老幹部不稱職是有的，有的身體壞，有的文化低，有的擺得不當，不能擔任工作。」又說：「職與級合一是耽誤工作的，因此職與行政級別應分開。」

還有水產部黨委書記、供銷司司長劉樂川。他是1938年7月入黨的共產黨員。擔任過山東第三支隊司務長，渤海軍區二團供應處長，渤海行署工商局副局長、進出口管理局長，山東省貿易總公司副經理、商業廳副廳長，中國油脂公司經理，中國水產供銷公司經理，這時還是中共八屆全國代表大會山東代表。據1959年1月9日中共水產部機關委員會《關於開除極右分子劉樂川黨籍的決定》宣佈，他的主要右派反黨事實有：

> 整風鳴放中，向黨猖狂進攻，有組織地在群眾中散佈反黨和污衊領導的言論。宣揚外行不能領導內行，說高副部長是搞輕工業的，張副部長（引者注：高副部長指黨組書記高文華，張副部長指張雨帆。水產部部長是九三學社主席許德珩）是搞政治工作的，不懂商業，他把供銷局與部的關係看成是「主要矛盾」，以煽動群眾。

最後他被劃為極右分子，開除黨籍，按二類處理，監督勞動，並建議撤銷其中共「八大」代表資格。

還有農業部農業機械局局長張子敬，他是 1935 年入黨的共產黨員。據 1958 年 5 月 6 日中共農業部機關委員會《關於開除右派分子張子敬黨籍的決定》宣佈，他的主要反黨反社會主義言行有：

> 張子敬在右派分子向黨猖狂進攻時，附和並支持右派分子關於成立平反委員會、撤銷黨委書記、副書記的整風領導小組成員職務的主張，並且認為「部長聽黨中央農村工作部的，司局長聽部長的，這樣農業部是否需要存在？」他在幕後為其他右派分子出謀劃策，煽風點火，公開向右派分子表示志願當「參謀」。包庇右派分子楊錦湖，打擊積極分子，阻止反右派鬥爭。平常一貫對黨不滿，向黨鬧獨立性，經常在非黨人士面前散佈他過去在「湖西肅托事件」中曾受冤屈，從而說明黨在肅反中的錯誤，影響很壞，在局整風動員會上說：「八大」後階級鬥爭消滅了，資產階級是階級兄弟，民主黨派是兄弟黨派。在反右鬥爭中態度不好。

他說的「湖西肅托事件」是指 1939 年 8 月山東微山湖西地區進行的肅托鬥爭，蘇魯豫區黨委下屬的湖邊地委幹校青訓班畢業分配時，學員中出現了一些思想問題，地委組織部長王須仁誣指幹校有「托派」活動，在八路軍蘇魯豫支隊第四大隊政委王鳳鳴支持下，亂捕濫殺，非刑拷打、指名問供、有供即捕等誣陷手段，當地黨政軍幹部五六百人被殘酷迫害，區委統戰部長王文彬、軍事部長張如、宣傳部長馬霄鵬、社會部長趙萬慶等三百多人被冤殺。1941 年 2 月中共中央發出《關於湖西邊區鋤奸錯誤的決定》糾正這個案件。

農業部的黨內的右派分子還有人事司司長，黨委副書記孫森甫。據 1958 年 9 月 2 日中共農業部機關委員會《關於開除右派分子孫森甫黨籍的決定》宣佈：

> 孫森甫雖入黨多年，但始終感到自己曾經在歷史上自首變節，平時總懷疑黨對他不信任，因而，離心離德，對黨不滿、面目灰色陰暗。在人事司工作期間，與司內一些政治不純、歷史不清的人形成小宗派，互相吹捧，對領導陽奉陰違，在執行幹部政策中表現了「不問政治」的資產階級傾向。他曾說：「老幹部不行了，不能擔當建設任務，應大力提拔青年大學生來代替。」又說：「半封建半殖民地的人，誰還沒點問題！」所以，用人不看

檔案，不加審查。俄文翻譯史珊因其父親是軍統特務，未被批准出國，孫不滿意地說：「人家父親是軍統，女兒也是軍統嗎？就不讓人家出國！」對於保衛部門提出的將不適合在要害部門工作而需要調出四十餘人的意見，也一再拖延，不予處理。

此次整風期間，孫森甫又利用大鳴大放的機會，縱容右派分子點火向黨進攻，當部內大量出現反黨大字報的時候，孫仍在司內提出「大鳴大放，迎頭趕上」的口號，並暗中煽動寫醜化黨員的大字報；讚許右派分子要求撤銷黨委書記左葉和副書記謝文景的整風領導小組成員的職務的主張；他身為農業部黨委副書記與統戰委員，竟然同意農業部四個民主黨派要求成立平反委員會及民革支部要求參加整風領導的荒謬建議。

4 月 30 日在民主黨派聯席會上，右派分子說：共產黨有「三付鏡子」（看近不看遠的近視鏡，看人一團黑的墨鏡，找小毛病的顯微鏡）和使用黨外人士的「三個頭」（用時磕頭，不用搖頭，用完後殺頭）。孫說：「三付鏡子」、「三個頭」使我們很清醒，教育意義很大。反右派鬥爭開始後，孫又違背黨的指示，按兵不動，推遲和阻礙了人事司內的反右派鬥爭。

以上事實說明，孫森甫已經由平時的對黨懷疑不滿和在執行幹部政策中的一貫右傾而墮落成為反黨的資產階級右派分子。

黨內的右派分子還有財政部國防司司長齊佩軒。據 1958 年 2 月 25 日中華人民共和國財政部整風領導小組《對右派分子齊佩軒的處理結論》宣佈，他的右派言論有這樣一些：

他說：「國務院副總理那麼多，沒有一個民主人士，應該增加黨外副總理。」稱讚右派分子章乃器「有本錢」。說：「林希翎不是反革命，根據我們的經驗，反革命不會這樣！」

他看了右派分子張軫對賀龍同志的攻擊後，就把我黨的高級幹部和黨組織的作風概括為「盛氣凌人，宗派主義」；他還借黨在肅反中對傅鷹的處理來攻擊我黨的基層組織。

否認黨領導農業社會主義改造的正確性和成就，懷疑糧食增產、農民生活提高、黨能代表農民利益。他說：「合作化以後，農村問題嚴重：統購統銷有副作用；合作化冒進；社大幹部弱，當不了家；工農待遇懸殊，農民生活苦，有病看不起，上不起

學」;「從農民那裏拿的多了些，農村老百姓普遍不滿」;「農村不太平，我們專政是不容太平的，如不警惕，有流血的可能……」。

他認為現在應該有一個全國性的農民團體，好替農民說話。

他認為 1956 年糧食增產數字不實，連一百億斤也達不到，他說:「下邊隨便報上來的數目，領導上輕易相信了。」並要追查數目不確的責任。

他說:「工業化快了些，預算上積累多了些。」

還有郭超，1927 年入黨的共產黨員，擔任過中央貿易部人事司副司長，反右派鬥爭前任中國畜產公司副經理。他被劃為右派分子主要是因為他為農民講話。據 1958 年 1 月 6 日中共對外貿易部機關委員會《關於開除右派分子郭超黨籍的決定》宣佈他反黨反社會主義的主要言行有:

公開誣衊和破壞黨的農業合作化政策和統購統銷政策。說:「據我了解，目前農村中沒飯吃的農民佔了五分之四。其原因一是定量太高;二是留糧不合理;三是農業承辦快了。」「農民在搞互助組的時候，勁頭都很大，生活也過得富裕，搞了合作化，生活下降了」,「入社家家沒飯吃，單幹年年有餘糧」,「合作社搞得太性急了，有些冒進」。郭超還瘋狂地向中央建議:「從目前起，對農村糧食一定要放寬些，保證大家吃飽飯」,「對那些要求退社的可以進行慎重的客觀的審查……可以視情節批准個別人暫時退社」。

去年 4 月，郭超返回湖南岳陽老家探親期間，曾接見了四、五百個農民，其中不少人是地主富農和上中農，郭超對五戶不滿合作化的富裕農戶說:「可以退社，如不讓你們退社，就可請願喊冤，他們也不能把你怎樣。」郭超曾為他表弟李巨清寫信給鄉人民委員會要求退社。他寫道:「我同意李巨清退社，是否鄉政府同意。」郭超還為地主劣紳李正國寫信向鄉人民委員會要回房子。由於郭超的慫恿和煽動，地富分子頓時耀武揚威地鬧起來了，要求退社，要回房子。當地主李正國沒有達到要求時，曾經煽動了七、八個落後農民企圖鬧事，並揚言不給房子就要打。

還有中共陝西省委統戰部副部長王文良，他是 1928 年入黨的共產黨員。在中共中央高級黨校普通班第四支部被劃為右派分子了。據中共中央

高級黨校委員會《關於開除右派分子王文良黨籍的決定》宣佈他的主要錯誤事實有：

第一，對三反運動進行攻擊。

（1）否定三反成績。王文良説：「三反是偉大的嗎？我是挨過整的，我認為是錯的。」又説：「西北軍區是以官僚主義反貪污，以官僚主義反官僚主義。」

（2）對於三反中某些規定和方法不滿，並聯繫到對肅反運動進行攻擊。他認為「三反百分之十、肅反百分之五的規定不科學，三反百分之十真害死人！」對於大膽懷疑，他認為是錯誤的，至今還有保留意見。

（3）對於三反善後工作亦極為怨恨。他説：「三反報紙上公佈了的貪污分子，搞錯了的為什麼不給平反？外國搞錯了死了的還給恢復名譽，我被公佈好幾次，打過了，公佈過了，就這麼算了？」又説：「別人受委屈不管，收拾人的中央保護他，説是忠心耿耿，不要難為他，難道受委屈的就不忠心耿耿，為什麼不應該受到黨的愛護？」尤其是他借此狂妄地提出：「為了國法，中央應進一步地注意善後工作」，並攻擊黨的歷次運動「都有違法現象」。要中央檢查。

此外還有，例如「當中央公佈了廣西平樂地區虛報產量的情形以後，他便推論到全國都可能有虛報產量現象，從而懷疑全國1956年糧食增產的可靠性。」

還有中央水產部群眾漁業司副司長蓬荊，他是1936年3月加入中國共產黨的。據新華社報導：

廣東省水產部門在開展廣東歷史問題大辯論中，揭發出一個以中央水產部漁業司副司長蓬荊為首的反黨集團。蓬荊於解放初期在廣東擔任水產企業公司經理、水產局局長等職，1953年上調北京。幾年來他雖身在北京，但仍集結廣東地方主義勢力，攻擊黨中央和中共廣東省委。今年6月，他又利用黨整風的機會，藉故回廣州，組織了以他和廣東水產部門擔任局長、經理等職務的負責幹部溫盛湘、鍾傑明、謝平（均是地方主義老骨幹）為領導核心，以他的老部下、老親信的一部分（一批極右分子、右派分

子、歷史特務、反革命）為基礎的反黨集團，有綱領、有計劃、有步驟地向黨進攻，又煽動一大批歷次運動中的鬥爭對象、不滿分子向黨反攻，陰謀篡奪廣東水產部門的領導權。（1957年12月9日新華社《內部參考》）

還有廣州市文化局副局長李鷹航，他是1938年入黨的共產黨員。據報導：

> 廣州市文化藝術界揭露了一個以黨內右派分子李鷹航為首的反黨集團。李鷹航是廣州市文化局副局長、音協副主席，他勾結民主促進會廣州市候補委員蔡曲旦，勾結譚林、趙本等向黨開火，他們擬定了具體綱領，想先攻倒市文化局，再攻省文化局和省委文教部；李鷹航還指示他的爪牙，要省的幹部攻擊市的領導，市的幹部攻擊省的領導，要他們建議省文化局應由音樂家擔任副局長（即是由李鷹航擔任副局長）。現在，在廣州藝術界的反擊下，這個反黨集團暴露了真面目。蔡曲旦對這個反黨集團的情況做了初步的交代。（1957年9月12日《文匯報》）

還有廣州市人委財貿辦公室副主任古念良，他是1939年2月參加共產黨的。據宣佈，他的主要反動言行有：

> 污衊社會主義制度和社會主義建設方針。1957年在北京黨校時說：「我國建設重工業片面了，全國農業產品一共只值四百億元，拿這樣農產品的產值來建設重工業，不成比例。匈、波的經驗教訓值得我們注意。」「財政不平衡，信貸不平衡，使購買力向生產資料突擊，目前已到了農產品了。」他說：「我在香港時，看到有些大洋行，機構小，人少，工作效率高，這是因為他們是私有制，大家都好好幹。我們的社會主義，總的說是有優越性，但具體說，機構大、人員多、工農幹部多，憑資格吃飯，沒有能力，工作效率不高。由於我們有些幹部對公有財產的愛護，不如資本家對他的私有財產愛護。」
>
> 否定肅反運動成績和誣衊黨對知識分子的政策。在黨校時說：「在肅反運動中，我是小頭頭，鬥爭時拍桌子。開始把一個肅反對象判了兩年徒刑，最後定下來是勞動教養，這是否可以說成績是主要的呢？」「如果多講成績少講缺點，就不是實事求是，這種說法有危險性。」「我們有些同志對肅反缺點認識不足，不去認真賠禮道歉，被鬥者對我們很不滿。」

廣州區海運管理局局長吳英民和副局長張玉華都被劃為右派分子了。據宣佈，他們的主要反動言行有：

> 鳴放初期，吳英民授意他人寫大字報，說：「有人說海運局不如民生公司，民生公司不如盧作孚（舊民生公司資本家），我認為真是一針見血，我們機構龐大，人浮於事，效率很低，官僚主義嚴重，歸根到底是企業黨委制的問題……企業是政府的，是六億人民的，並不僅僅是共產黨和一千二百萬黨員的。……今天企業的工作全部都給黨包辦光了。……究竟企業的最高領導是局長呢？還是黨委？如果是黨委乾脆取消局長一職好了……這實質上是一黨專政，那有什麼共存，有誰能夠監督共產黨呢？……」。

> 張玉華誣衊「三反」運動說：「運動中領導身上受的壓力是很大的，好像運動期間規定我局打虎數字，我說哪裏有那麼多老虎，方方同志當眾點過我的名說我右傾思想嚴重，我不管，我沒有違背我的良心亂搞。」

> 他讚揚資本主義企業說：「太古公司（英商）四十多人管三十萬噸船，船比我們好，秩序井然」，「招商局在社會上存在七十多年，當然也有其優點才能如此。」

還有廣州市勞動局副局長李愛農，1938 年 5 月入黨的共產黨員。據宣佈，主要錯誤事實有：

> 他還以領導小組會議形式與右派分子黃煥旋聯盟策劃，化名「大放」，放出一篇〈勞動局本身就是黨天下〉的惡毒透頂的大字報，說「儲安平黨天下不一定錯」。並別出心裁的用勞動局的「事實」來說明黨天下謬論是正確的。最後還公然向黨提出質問：「難道這些黨員都應提拔的嗎？都信任嗎？非黨人員都那麼分文不值嗎？」當群眾起來反擊以及市委檢查發現以後，不但不向市委報告，而且還多方設法替右派分子黃煥旋打掩護，企圖蒙上欺下，性質非常惡劣。

還有中共汕頭地委副書記莊明瑞。據宣佈：其右派言行是：「積極組織地方主義宗派集團，並猖狂地進行地方主義活動。莊是汕頭地方主義集團的頭子。這個集團在全國解放後，一貫地排斥、打擊外來幹部，積極培植私人勢力，企圖變政法部門為其獨立王國。」中共廣東省委批准，劃莊明瑞為一般右派分子，開除黨籍。

在高等教育部，副部長曾昭掄是全國知名的右派分子。他是民盟中央常委，是以民主黨派領導人的身份安排的。黨內右派分子有孫運仁，他擔任過黨支部書記，市委（地下）統戰部部長，華中局統戰部秘書科長，解放後曾任中南區教育部高教處副處長、處長，中南高教局秘書主任等職，1954 年調高等教育部任教學指導司副司長。據《中共高等教育部委員會關於開除孫運仁黨籍的決定》（1958 年 3 月 2 日）宣佈：

> 他在這次整風大鳴大放時，更從思想上的右傾發展到政治上的投降。和社會上的右派相呼應，向黨向社會主義進行了猖狂的攻擊。他為《高等教育》撰寫的題為〈提高自覺、爭取主動——敬向高等教育領導同志們進一言〉的評論，不僅集中和宣揚了右派分子攻擊高等教育工作，否定解放後幾年來高等教育改革的一切成績，而且誣衊高等事業的領導者走的不是「群眾路線而是黨員路線」。説「牆和溝形成主要是由黨員同志們不自覺、甚至是自覺的宗派主義作風造成的」。孫運仁對右派分子的進攻稱頌備至，説他們的反黨反社會主義的言論是「誠懇」而「正確」，説他們的向黨進攻是「懇切地要求靠攏黨」。並以諷刺的口吻説「在這鳴放和批評聲中，我們領導同志的心情，當然不會無動於衷的」，無恥地以「提高自覺爭取主動」的口號勸領導者向右派投降。這篇評論實際是孫運仁在高等教育方面反黨反社會主義的綱領性的文件。

> 孫運仁並不是偶然寫了這個評論，而他在日常也散佈一些類似言論，如説「三錢（錢三強、錢學森、錢偉長）定天下」，「二十年黨委制都不能在高等學校實行」等。根據上述情況，孫運仁已完全墮落為資產階級右派分子，在反右鬥爭中，對孫的反黨反社會主義的言論給了嚴正的揭發和批判，並做出了「右派分子孫運仁反黨反社會主義的結論」。為純潔黨的隊伍，鞏固黨的組織，增強黨的戰鬥力，經黨委討論決定，給予孫運仁以開除黨籍的處分。（原載《關於清除黨內右派分子的決定彙編》，中共中央監察委員會辦公廳編，1959 年 12 月）

還有《高等教育》雜誌的副總編輯郭蕻生。他是 1937 年入黨的共產黨員。入黨之後擔任過區委書記、縣委組織部長、縣委書記這樣一些職務；在教育系統，擔任過東北行政學院系主任，東北人民大學教務處長，副教

務長，東北局組織部辦公室副主任等職務；後來調到北京，在中共中央組織部審幹辦公室工作。1956 年 6 月，他調到高等教育部，先是在教學指導司任研究員，後到《高等教育》任副總編輯。他被劃為右派分子的材料，據《中共高等教育部黨委關於開除郭葓生黨籍的決定》（1958 年 3 月 22 日）說的，是「在這次大鳴大放時，復與社會上的右派相呼應，向黨向社會主義發起了猖狂的進攻」，主要事實列舉了以下幾項：

（一）去年 5 月間當資產階級向黨向社會主義猖狂進攻的時候，郭瞞着高教部的領導，篡改了部的機關刊物《高等教育》的政治方向，主持並親自參與編出了反黨反社會主義的八、九兩期（八期經領導發覺後收回，九期已付排未出版），企圖在全國高等教育界煽風點火，使高等教育重新走上資本主義的道路。

（二）郭也同社會上的右派一樣，也打着反宗派主義的幌子，挑撥黨群關係，攻擊黨的領導，否定高等教育工作中存在資本主義和社會主義兩條路線的敵我矛盾。如說什麼「目前三個壞主義、宗派主義應放在第一位」「有些共產黨員飛揚跋扈特殊成風」「有些人一入黨就變了樣」等。

（三）郭還打着反教條主義的招牌，反對學習蘇聯，反對馬列主義對高等教育工作的思想領導。他誣衊「蘇聯的東西乾乾巴巴的，很多教條，沒有意思」，並宣揚右派分子許孟雄攻擊「人民大學像個教條主義的大蜂窩」的發言。

（四）郭還打着反官僚主義的幌子，把高等教育工作說成一團漆黑，抹煞高等教育的一切成績。同情右派分子王恒守誣衊高等教育事業「亂、糟、偏」的濫調，並稱讚說「這對於改進我國高等教育工作有極大的意義」。此外，郭還指示編輯人員下學校時要「找宗派主義典型」，「挖死角，找李景漢第二」，注意收集座談會上的「生動言論」準備作標題，注意座談會的「高峰」，這說明郭葓生不僅是自己反黨，還組織人收集向黨進攻的材料。此外郭還藉口「鼓勵鳴放」，挑撥編輯室人員對黨不滿，鼓勵大家向黨進攻，同時不僅將報上所載右派分子的文章，自己劃線批語，大加讚揚外，並且還積極推薦給編輯室的人員看。（原載《關於清除黨內右派分子的決定彙編》，中共中央監察委員會辦公廳編，1959 年 12 月）

就這樣，郭薁生被劃為資產階級右派分子，受到了開除黨籍的處分，被送到北大荒 850 農場勞動改造。

黨內右派分子還要說到城市建設部公用局副局長牟宜之（1909-1975），山東省日照市人。抗日戰爭時期任國民政府樂陵縣縣長。他即以縣長的身份，接應八路軍一一五師三四三旅進駐樂陵，建立冀魯邊軍政委員會和八路軍東進抗日挺進縱隊，牟宜之傾其縣政府財糧積蓄支援，並將縣武裝改編為八路軍泰山支隊。解放戰爭時期牟宜之歷任遼東軍區司令部秘書長兼敵工部長。全國解放後，先後任北京市建設局副局長、林業部經營司司長等職。1955 年任城市建設部公用局局長。他就在這裏遇上了反右派鬥爭，被劃為右派分子。在定案請示時，康生說：「就憑牟宜之在國民黨內複雜的社會關係，他也是右派。」

中共城市建設部機關委員會《關於開除右派分子牟宜之黨籍的決定》羅列了他一些這樣的罪狀：誣衊毛主席；誣衊人民代表大會，說人代大會是對共產黨歌功頌德；誣衊我們的工作，說成績是次要的，缺點是主要的；說農業合作化後產量降低了，農民生活仍然很苦；誣衊蘇聯，說波匈事件是因為大國欺負小國，蘇聯駐軍軍費就地籌給，軍紀不好，引起人民不滿的結果。此外他還否定歷次政治運動的成績。這一份材料報上去，中共中央批示：「同意中央國家機關黨委開除右派分子牟宜之的黨籍，行政上降職降級降薪的處理意見。」他被送到北大荒去勞動改造。可是他在勞動之餘作有大量詩篇，就寫在紙片上、煙盒上，甚至火柴盒上。這些當時無法公開發表的詩，2009 年 1 月在人民出版社以《牟宜之詩》的書名正式出版。識者以為以詩存史，頗受重視。

農墾部部長助理，黨組委員，黨委書記劉培植也被劃為右派分子。他是陝西省宜君縣人，家庭出身貧農，本人成分學生。1933 年參加共產黨。全國解放後曾擔任東北人民政府林業部副部長，代理部長，農業部國營農場管理總局局長。他被劃為右派分子的材料，據 1958 年 6 月 3 日中共農墾部機關委員會《關於開除劉培植黨籍的決議》宣佈如下：

（一）在大鳴大放時期，向民主黨派的右派投降，答應他們發展組織和參與領導的要求。

關於發展組織的問題，他在 6 月的民主黨派座談會上說「各黨派要發展獨立組織，黨同情、支援、幫助」，會後又分別指定

人出大字報和通知民主黨派成立支部，在給部領導小組彙報時說「要尊重他們民主黨派發展組織的要求」，在 9 月的鬥爭會上幾次地說：「民主黨派大發展是客觀趨勢，答應他們發展，到現在我還不認為是錯。」

關於答應右派分子要求參與領導的問題，他在去年 6 月的民主黨派座談會上說：「黨領導民主黨派，參與發動群眾」，「領導決定，難免主觀」；當右派提出「對部的大問題，要參與共同研究，不是形式的。要從彩排到表演，從設計到施工，都要參與」時，他馬上補充說「還應當加上驗收」，並說「每時期的中心工作，中心任務，全面性的，關鍵性的，群眾性的，政治、經濟問題，都要大家研究」，「各民主黨派參與領導，達到團結」；在給部領導小組彙報時說「在兩次會議上，已解決了如何建立制度來經常聯繫他們來參與領導」，並建議部領導上考慮讓民主黨派參加某些部分會議和黨內的會議，在鬥爭會結束後的 10 月，他還堅持地爭辯說：「我始終認為，凡屬方針政策性的大問題，都應當和民主黨派共同決定。」

（二）在歷次運動中的思想和言論：在「三反」運動中，他揚言要「保護好人」，「為黨保存幹部」；在肅反運動中，他為對人民有血債的歷史反革命分子、肅反對象馬宗援辯護，說馬是「殺人未遂」罪，並說「如果把馬宗援算做壞人，那麼 95% 裏就沒有好人」，又說：「要知道，在運動中保護好人是多麼不容易啊！」在反右派鬥爭初期他說「農墾部沒有右派」，鬥爭他的過程中他一再辯護說「當時我就沒有感到右派的進攻」，甚至狂妄自得地說：「我在歷次運動中，總是自己定一個弦。」

（三）由極端個人主義野心發展至反農墾部黨的領導：長期以來就想當副部長，1953 年由東北調北京後，向中央組織部提出要求當副部長。在農業部當局長和在農墾部當部長助理期間，散佈了不少詆毀領導的壞話。整風開始後，醜化王震部長的歷史，說王部長在革命戰爭中被國民黨軍隊打得「丟盔撩甲」；攻擊王部長親自領導的密山墾荒工作，不讓別人支援密山，專門搜集密山工作中的缺點，散佈密山墾荒計劃註定要失敗的空氣；大鳴大放中，力圖把整風的鋒芒引向王部長，以若隱若現的手法在群眾中煽風點火，企圖趕王部長下台，背後罵王部長說：「這樣的人又怎麼能當部長，還不趕快滾蛋。」

（四）目無組織、目無紀律。妄改和詆毀黨的方針政策。如關於國營農場的方針，中央早已規定是「提高產量，降低成本，積累資金，示範農民」四項，但他卻因若干農場不賺錢而提出「少辦、小辦、辦好」的所謂「方針」。並把農場不賺錢歸咎於農業合作化，說「農場成本高是農業合作化高潮帶來的」等。

這個文件最後宣佈：「根據中央三中全會關於處理黨內右派分子的原則，經支部大會及部黨委通過，開除劉培植的黨籍。」

貴陽師範學院院長康健也被劃為右派分子了。他是一個有二十年黨齡的共產黨員，這時還擔任中國共產黨貴州省委委員、貴州省教育工會主席。他被劃為右派分子的材料，據 1958 年 2 月 12 日中國共產黨貴州省委全體委員會議《關於開除康健出黨的決議》宣佈：

在重大的國際問題上，一貫堅持資產階級民族主義的立場和修正主義的觀點，對於蘇聯、對於匈牙利十月反革命暴亂事件、對於中蘇關係以及各社會主義國家之間的關係，進行歪曲和誹謗性的宣傳。在這種宣傳中，康健完全否定了蘇聯在社會主義革命和社會主義建設中所取得的偉大成就和先進經驗，否定了蘇聯在保衛和發展全世界的社會主義事業和和平事業中所作的巨大貢獻，歪曲了蘇聯共產黨內的政治生活，誣衊了蘇聯的外交政策和蘇聯對於其他社會主義國家的正義支援；他把匈牙利十月反革命暴亂事件說成是「匈牙利領導人教條主義地學習蘇聯和蘇聯的大國沙文主義造成的」，說「納吉是對的」，把中國人民學習蘇聯的先進經驗和成就說成是「迷信蘇聯」，把各社會主義國家之間的關係作了庸俗的和挑撥性的宣傳、解釋。康健在有關國際問題上的宣傳，不是有利於社會主義的國際團結和全世界愛好和平人民的國際團結，而是有損於這些團結。康健的這種宣傳，嚴重地違反了黨的紀律，並且已經在貴陽師範學院的教師和學生中造成了很壞的影響。

在 1957 年的「大放大鳴」和反右派鬥爭中，同情和支持右派的反動言論，鼓動右派集團向黨進攻。在「大放大鳴」時，康健對於貴陽師範學院的右派分子張汝舟所寫的「三化」論（旨在醜化黨團員和積極分子）、朱厚錕等在省委宣傳工作會議和師範學院教師座談會上的發言（旨在攻擊黨的知識分子政策、知識分子的思想改造和「三反」、「肅反」等運動）、汪升富所張貼的大

字報（旨在誣衊省委的主要負責同志），對於某些右派分子在文匯報上所提出的「黨委應退出高等學校」、「教授治校」等謬論，都認為「很有道理」，大加讚揚。當貴陽師範學院的反右派鬥爭即將開始、康健已經了解了關於開展反右派鬥爭的精神以後，學生中的右派分子納志良、劉智祥等在該院發起成立「爭取提高教師政治地位與物質待遇發啟委員會」，企圖製造當前教師的政治地位和經濟待遇「太低」和「遭到冷漠」的輿論，煽動全院的教師和學生、乃至全省和全國的學校教師起來鬧「大民主」，以遂行其反黨、反社會主義的陰謀；對於這一右派集團的陰謀活動，康健不只同情他們的反動言論，而且積極地為他們出計獻策，支持和贊助他們的行動。康健的這種叛逆行為，使黨在貴陽師範學院的威信受到了嚴重的損害。

北京地質學院黨委書記、副院長陳子谷（1917–1987），早年留學日本的時候參加過「左聯」日本分部的活動。1937 年他到了延安，入陝北公學學習。不久分配到新四軍軍部工作。在 1941 年 1 月的皖南事變中被俘後，在上饒集中營裏堅持鬥爭。1942 年 5 月在茅家嶺監獄暴動越獄，千辛萬苦回到新四軍軍部。他是在北京地質學院黨委書記、副院長的任上被打成右派分子的。據季音〈獄友陳子谷〉一文說，經過是這樣的：1957 年春天，「共產黨提出要開展整風運動，反對黨內官僚主義、主觀主義等不正之風，號召知識分子向黨提意見，大鳴大放，幫助黨整風。地質學院也同其他單位一樣，經過一再的動員和號召，不少教職員工紛紛對領導的某些不正之風提出批評。前幾年地質學院在肅反運動中曾經出現過某些擴大化情況，整錯了一些知識分子，後來雖然都得到平反，但他們心裏有些怨氣，這些人意見就比較尖銳。作為黨委書記的子谷，以為黨提出的整風號召是真心實意的，完全不知道『引蛇出洞』的陽謀，在整風會上，他虛心聽取教職員工的各種批評建議，認為有些教師意見比較激烈，是由於過去受了委屈，也應當諒解。在一次職工大會上，他說：『過去我們在運動中整錯了一些好同志，我雖然不知情，也應對此承擔責任，現在我代表黨委向他們致歉，希望這些同志今後振作精神，把教學工作做得更好。』說到這裏，會場上響起熱烈的掌聲。」「1958 年子谷被劃為右派分子，他的罪名是『賣黨求榮』，結論上說，一個黨委書記居然當眾向對黨不滿分子賠禮道歉，而且自己推諉責任，這不是『賣黨』嗎？……儘管子谷拒絕在結論上簽字，也無濟於事。……地質學院黨組織受北京市委領導，陳子谷的右派問題是北京市委定的案，絕對不可改變。」（《炎黃春秋》2009 年第 2 期）

還有四川大學副校長、校黨委常委謝文炳。據中共四川省委《批准開除右派分子謝文炳的黨籍》的文件宣佈，他的主要反動言行有：

> 攻擊黨對知識分子的政策，反對黨對知識分子進行思想改造。謝在學習《關於正確處理人民內部矛盾的問題》時，認為「從舊社會來的知識分子就其本質說仍然是資產階級的說法已經過時了」，在 1957 年 4 月省委宣傳工作會議的發言中，惡毒地攻擊黨對知識分子的政策，反對黨對知識分子進行思想改造，他說「我國的知識分子，特別是高級知識分子，到了現階段，即社會主義建設的階段，一般不僅在政治上起了根本的變化，就是在思想上也基本上具備了社會主義思想」，「思想改造在提法上不能老一套，說知識分子個人主義根深蒂固等等提法，都不恰當。」

> 在大鳴大放時期，夥同校內校外的右派分子李景清和四川的右派頭目潘大逵等人向黨進攻。1957 年 5 月潘大逵在謝家中與謝進行密談，潘告訴謝「羅隆基說黨和知識分子的矛盾是黨的小知識分子和黨外大知識分子的矛盾」，謝說「這話有道理」，並認為川大黨員校長外行多內行少。

還有安徽師範學院院長、黨委書記方向明。據 1958 年 10 月 5 日黨中共安徽師範學院委員會《對於右派分子方向明的處分決定》公佈的材料，他是 1938 年入黨的共產黨員。他的主要反黨罪行如下：

> 方向明經常以黨內的「教育家」自居，吹噓自己最懂得知識分子的心理，懂得教學，是「內行」，並以此來反對黨的領導。他認為黨委不能領導教學，主張「教授治學」。在大鳴大放時，他說：「報上已登大專學校黨委制不合適，要加強院務委員會的領導，黨委制要考慮。」同時，他積極地改組院務委員會，並把黨員幹部從院務委員會中排擠出去。甚至公開要求當時擔任黨委副書記的高峰同志退出院務委員會。方向明非常討厭別人說黨偉大、英明等話，他公然說這是「八股調」。他在審閱科學研究和函授工作計劃時，硬要把「在黨委領導下進行」等字樣刪去，公然說：「在黨和政府的領導下等字樣，是『黨八股』，應當取消。」方向明一向否認黨組織的領導作用，在他擔任黨委書記職務時經常說：「黨支部能做什麼，人家對黨支部的意見不少，黨支部有些代替行政，會得罪知識分子。」因此，他堅決不同意支部書記參加有關系科室主任會議。同時還提出「要在黨內佈置，

要支部書記不要在系科裏當領導。」方向明極力反對依靠黨的力量進行工作，他不僅很少接近黨員幹部，而且還害怕黨員幹部，他公開對人説「我怕黨員幹部難纏」，因而他反對向省委請求派黨員幹部來院工作，但又誣衊説：「省委宣傳部，沒派一個好幹部給我。」

在大鳴大放時，嚴重喪失立場，縱容和支持右派分子向黨進攻，當右派分子猖狂向黨進攻時，方向明縱容和支持藝術科右派分子鬧事，同意藝術科右派分子提出的關於「藝術科留在安師是省委本位主義」的謬論，方在藝術科學生代表會上煽動説：「你們的意見是合理的，我們支援你們。你們應當多寫稿子，要好好寫，寫出道理來，送到各個報社，特別是《安徽日報》，以引起各界人士的重視，造成社會輿論。」在方向明的幾次煽動和催促之下，藝術科的學生果然寫了〈我們的意見〉一稿分送到各報社，並寫了〈請願書〉送到省委。在方向明的支持和煽動下，藝術科的右派分子還寫了〈為要求迅速籌組華東藝術師範學院而呼籲〉的呼籲書，當這份反動的〈呼籲書〉在蕪湖新華印刷廠印出時，被市委書記鄭家琪同志發覺，當即打電話給我院黨委，不要讓他們發出，並將反動的〈呼籲書〉送交我院黨委處理。當時，方向明堅不接受，並説「這樣會造成被動」，因而這份帶有極大煽動性的反動〈呼籲書〉就被散發到全國各高等學校去了。

方向明還極力支持右派向黨進攻。化學系右派分子李晟的極其反動的「十六條大綱」貼出後，方向明讚揚説：「很好，你這個不錯，最好能把它寫得更具體一些。」當右派分子王國斌、吳琅高藉口沒有發「請柬」，搗散了鳴放座談會後，方向明則千方百計地安慰右派分子，並曾兩次責令黨委辦公室秘書向右派分子檢討、道歉。當右派學生要求停課鳴放，方向明不僅鼓動學生貼出「要求停課鳴放」的大字報，同時還拒絕經過黨委決定，在院務委員會上通過的鳴放與學習工作兩不誤的佈告上簽署院長的名字。他甚至把右派分子的猖狂進攻，與在歷史上黨領導下的革命的學生運動相提並論。

在反右派鬥爭開始後，方向明當時身為黨委書記、院長，不但拒絕參加鬥爭，整日關門睡覺，不聞不問，連電話都不接，而且還千方百計地破壞反右派鬥爭。他曾經對別人説：「反右派我很耽心，不要把人家説幾句話，就當成右派，我院知識分子都

是教書的，哪裏能造反呢，他們（指黨委）又在搞什麼反右派鬥爭，將來一定又像肅反那樣糟。」同時，他還經常刮陰風，散佈一些「鬥爭過火了」，「鬥不好，放下來算了」等冷言冷語，企圖使右派逃避鬥爭。

方向明不僅包庇右派，拒絕參加反右鬥爭，而且還極力趁機吹噓自己，打擊別人。當右派分子猖狂進攻時，方向明則幸災樂禍地打長途電話向省委報告說：「現在學生鬧得很兇，學生對他們（指其他黨委）提的意見很多，就是對我個人還好些，沒有什麼意見。」在反右派鬥爭取得了偉大勝利以後，他不僅不檢查自己支持縱容右派向黨進攻和破壞反右鬥爭的錯誤言行，反而恬不知恥地在省委領導面前假報功勞說：「在右派進攻時，只有我挺身而出，×××縮頭了。」其實真正縮了頭的，支持和縱容右派分子向黨進攻的正是方向明自己。

方向明身為黨委書記、又是五人小組組長，反而有意誇大肅反缺點，他對一教授說：「肅反搞得過火了，當時我就想不通，不過當時我不敢講，講了會不得了。」方向明在政治上一貫右傾，不參加歷次的政治運動，堅持資產階級辦學觀點，反對作政治思想工作。一向主張辦學要「安安靜靜，不要人為地忙亂」。他說「學校裏主要應當是靜，一個接着一個（指政治運動）怎麼能行」。解放後歷次政治運動在實際上他都沒參加。同時他還經常說：「在運動中做積極分子容易，在工作中做積極分子難。」

劃為右派分子的還有合肥師範專科學校校長、黨委第一書記張兆甲。他是 1939 年入黨的共產黨員。中共合肥師範學院委員會《關於開除右派分子張兆甲黨籍的決定》公佈的材料說：

學校開始鳴放後，田連城（學生、右派分子）貼大字報罵「共產黨一黨專政，共產黨不民主」。張兆甲說：「詞句有毛病，精神是好的」。6 月 3 日批准王容、王順禧（助教）寫信要教育廳長來師專聽意見，發動教職員簽名。6 月 4 日張兆甲帶着簽名信誆騙教育廳副廳長居薈明同志到校挨鬥，並曾企圖誆騙省委負責同志到校未成。朱建華（黨員、右派分子）帶領學生去省委和教育廳請願，張不加阻止，張批准了右派學生組織的「呼籲委員會」印發呼籲書，還說：「大民主、小民主目的都是為了學校，在小民

主不能解決問題的情況下，只有允許大民主。」造成學生罷課一
天半。

還有中央民族學院分院（注：即原來的中南民族學院）副院長、院黨
委副書記張文藻。據中共中央民族學院分院委員會《關於開除右派分子張
文藻黨籍的決定》宣佈，他在整風和反右派鬥爭期間的反黨罪行主要事實
有這樣一些：

> 在大鳴大放期間，張文藻惟恐天下不亂，還從黨內製造混
> 亂，如在鳴放內容上抗拒上級指示。關於黨內機密不能拿到群眾
> 中去放，省委文教部在 1957 年 4 月 19 日就作了指示，但他否認
> 黨內有機密，強調黨員和黨委委員帶頭放，什麼都可以放，並在
> 群眾動員會上煽動說：「要注意國內外的政治問題。」有的黨委
> 委員提出「帶機密性的問題要慎重」，他立即反對說：「黨內機密
> 交代下去，不放是不合適的，若向下面交代，顧慮多了放不開，
> 故不操作機密規定。」並說：「肅反中對黨委提的意見也可以放，
> 這些問題不必限制，我們不要為官僚主義辯護，肅反沒有什麼機
> 密，什麼都可以放。」

> 在反右派鬥爭開始時，張文藻不但不揭發右派分子的反黨言
> 行，組織批判，相反地他極力叫囂，不解決所謂肅反遺留問題，
> 不能進行反右，為肅反對象翻案，向黨進攻，致使反右鬥爭遲遲
> 不能開展。

> 張文藻除了阻撓制止群眾對右派分子的罪行進行揭發批判
> 外，並支持、鼓勵右派分子繼續向黨進攻。如右派分子崔蘇在群
> 眾揭發和批判他以後，幾次找張文藻談話，張文藻不是責其低頭
> 認罪，而是鼓勵崔蘇說：「應實事求是，你以為對的不要猶猶豫
> 豫，要堅持原則，對有些問題的看法，思想通了就是通了，不通
> 就是不通，問題弄通也要有個過程。」崔蘇經過幾次批判後又去
> 找張，並將批判的問題告訴了張，張說：「知識分子政策，李院
> 長存在不少的問題，你不一定是攻擊黨的知識分子政策，有時反
> 對個人不一定是反對黨。」

中蘇友好協會黨組副書記、駐會實際負責領導工作的第一副秘書長廖
經天，因為和黨組書記、秘書長錢俊瑞工作中的意見分歧也被劃為右派分
子。他的簡歷，據中共中蘇友好協會總支委員會《關於開除右派分子廖經

天黨籍的決定》是這樣：1938 年 5 月入黨，1939 年在延安中央黨校學習。1940 年到 1949 年 11 月間，歷任延安《解放日報》研究員，《群眾日報》（原《冀熱遼日報》）副總編輯，北京市委宣傳部編審科長，長沙《新湖南報》副總編輯，1950 年任《廣西日報》社長，1952 年任《人民日報》副總編輯。1953 年 5 月調中蘇友好協會總會任黨組副書記、第一副秘書長。

他的回憶錄《晦明錄》中記下了他在反右派鬥爭中的遭遇：

> 周總理曾對錢俊瑞明確指示過：他的秘書長只是掛名，只管對外聯絡，機關內部問題由廖經天負責請示中宣部解決。因此，錢對機關內部事務採取了「又管又不管」的態度。

可是事實上錢對機關內部事務並不放手，廖經天管也管不了，不管也不行，工作很是為難。蘇共「二十大」之後，中國發表了〈關於無產階級專政的歷史經驗〉和〈再論〉，廖經天感到中蘇之間開始出現了分歧，得考慮考慮中蘇友協今後的工作了。於是他和錢俊瑞工作中的分歧就尖銳地發生了。他回憶說：

> 在這種情況下，我認為中蘇友協有必要改變過去那樣在全國範圍建立自上而下的龐大的機構搞宣傳蘇聯學習蘇聯的做法。

> 錢俊瑞等領導同志不同意我的意見，有的領導同志甚至說：「我們這樣做給蘇聯知道了不得了！」他們不同意我的意見，我不願意繼續執行過去的方針。這種意見分歧和不滿意他們的領導方法結合起來，消極情緒就更嚴重，只想一走了之。我向中宣部黨委崔毅同志和組織處長張海同志提出調動工作，得到他們的同意並給我聯繫了一些單位，後來黨委會明確表示要我到中央黨校學習，結業後不再回友協工作。從此，我就更加消極。

友協總會的整風反右派鬥爭原來是由廖經天負責的。一天，中共中央宣傳部通知中蘇友好協會總會黨組成員去開會。他回憶說：

> 我帶着經過黨組討論通過的總結提綱，和全體黨組成員一起到了中宣部。黨組另一位副書記、代表中蘇友協領導俄文《友好報》工作的林朗也來了。中宣部分工，原來是由張磐石副部長領導友協工作，平常研究友協工作的會議都是由他主持的，但這次卻由陸定一部長親自主持，說明這次會議的分量和平常的會議是不一樣的。

陸定一部長宣佈開會後，由我根據黨組討論通過的提綱彙報友協總會由整風轉入反右派鬥爭的經過，劃了多少右派分子，他們主要的罪狀是……剛彙報到這裏，陸部長突然打住我的話，叫我不要説下去了。他説：「友協總會的反右派任務進行得很不好，只抓了幾個蝦兵蟹將，『大鯊魚』沒有抓出來。廖經天，你以後不要再負責反右派鬥爭了……」。

陸部長的眼睛看着另一位黨組副書記林朗説：「林朗，友協總會的反右派鬥爭以後由你負責，要你把『大鯊魚』抓出來。你有沒有信心把這責任擔負起來？」

林朗用堅定的口氣回答：「我有這信心。」

陸部長繼續説：廖經天，你以後不再參加黨組的工作了，好好做檢查。當時我還沒有意識到，這個「大鯊魚」指的就是我！（見《〈廣西文史〉選二集》下冊，廣西師範大學出版社 2012 年版，第 303 頁）

可是林朗是個正直的人，他到友協總會機關詢問了各種意見的許多人，查閱了過去的會議記錄以及相關材料之後，向中宣部彙報説：如果把廖經天劃為右派，在群眾中通不過，而且將產生不良影響。林朗有負使命，於是中宣部派國際宣傳處處長胡韋德來中蘇友協總會完成抓「大鯊魚」任務。這樣，廖經天和林朗兩人都被劃為右派分子了。

中共中蘇友好協會總支委員會《關於開除右派分子廖經天黨籍的決定》還説：

本人在鬥爭中的態度：廖經天的問題，早在 1957 年 10 月便已提出來要他檢討，但在將近十個月的鬥爭過程中，他的態度一直極不老實，不願真誠交代自己的反黨陰謀活動。1958 年 7 月 30 日總會整風領導小組宣佈經中宣部批准的決定，將他劃為右派分子，他毫無沉痛表現，反而輕鬆愉快。

為了寫這本書，反右文件我看得很多。説當事人「毫無沉痛表現，反而輕鬆愉快」的，還不曾看見第二件。寫到這裏，我忍不住要説幾句和自己有關的事情。1949 年 9 月，我考入新湖南報新聞幹部訓練班，受訓兩個月。我們的班主任就是當時擔任新湖南報副總編輯的廖經天，我是他的學生。

關於林朗，中共中央宣傳部機關委員會《關於開除右派分子林朗黨籍的決定》宣佈：「第三屆機關黨委全體同志一致同意中蘇友好協會總會對右派分子林朗的鬥爭（林朗已經中央宣傳部批准劃為右派分子），決定撤銷右派分子林朗現任機關黨委委員職務並開除其黨籍。」這個文件還寫下了他的簡歷：

> 林朗，原名姜國忠，男，家庭出身地主兼商人，本人成分學生。1937年參加工作，1938年入黨。歷任延安解放日報記者、編輯、採通部科長，延安新華社解放區部副主任，新華社西北總分社社長，西北群眾日報總編輯，西北行政委員會新聞局副局長，新華社總社副總編輯兼國內部主任，俄文友好報總編輯，1957年5月任中蘇友協總會副秘書長，黨內任中宣部機關黨委委員。

這個文件還寫下了他的現實表現：

> 反右派鬥爭開始後，林朗頑強地抗拒中宣部和錢俊瑞同志提出應把廖經天劃成右派分子的指示，並且千方百計破壞與阻撓反右派鬥爭，包庇其他右派分子。在總會，林朗特別頑強地包庇右派分子廖經天、李林；在《友好報》，林朗自始至終包庇由莊方掛帥的林璋、尤錫麒、宮以仁右派反黨小集團。對總會及《友好報》的所有右派分子，林朗給予極大的同情和關懷。他甚至在陳璋被劃為右派分子後不到半年的時間就策動他翻案。右派分子對林朗表示了無限的感激和推崇。極右分子辛秋水逢人便說，他最欽佩兩個人：一個是李之璉，一個是林朗。

還有輕工業部造紙設計院院長李平。據1958年6月5日中共輕工業部造紙設計院總支委員會《關於開除右派分子李平黨籍的決定》說，他1936年入黨，1952年任廣東省汕頭市市委副書記，1955年調輕工業部設計公司任副經理，1956年任輕工業部造紙設計院院長、部黨委委員、監委委員、院黨總支書記。《決定》列舉他主要的反黨事實有：

> 他在任院長期間，反對不懂技術的黨員當科處領導人。1957年他在全院科長以上及工程技術人員會議上公開宣佈：黨過去對工程技術人員不信任，現在要大量提拔。國務院有規定，將來要派資本家當司局長，不要黨員當「政委」。他主張取消專職總支副書記，削弱黨員副院長的職權，一切以技術人員作為領導

核心，並宣揚：凡生產部門都要懂生產技術人來掌握領導，這是個基本轉變，是幾年來的經驗。又說：「資產階級已成為勞動人民右翼，工人階級成為勞動人民左翼。」整風開始他不顧總支委員的反對，以個人代替總支委員會狂妄地向全體職工宣佈「設計院的主要問題是黨的宗派主義」，煽動資產階級右派分子向黨進攻，充當了右派向黨進攻的先鋒。

公開進行煽動點火。當右派分子猖狂進攻時，李平在 1957 年 5 月 4 日的一次技術人員會議上公開叫囂：「過去黨員整你們（指三反、肅反運動），今天你們要整整黨員。」當右派猖狂的向黨要領導權時，李平向右派宣稱：「這次我一定解決有職無權的問題。」在水管科號召大家「吐苦水」，並與黨外人士說：「設計院是科學技術部門，不要黨的領導行不行？」

還有建築工程部計劃司司長陳永清。他還是部黨委常委、部整風領導小組成員兼整風辦公室主任。據 1958 年 8 月 20 日中共建築工程部機關委員會《關於開除右派分子陳永清黨籍的決定》說他的主要反動言行有：

反對黨中央建設社會主義的總路線，和其他右派一樣，堅決否定建築工程部幾年來的工作成績。

說 1956 年盲目冒進，而盲目冒進的根源是由於領導特別劉部長好大喜功。當 1958 年 1 月南寧會議上毛主席批評了反「冒進」的錯誤，提出鼓足幹勁……多快好省總路線、在最高國務會議上毛主席又批評了「好大喜功」的說法之後，陳仍頑固地堅持說：1956 年是「冒」了，攤子這麼大，還說沒有「冒進」。又說：「建築工業化速度快了，規模大了，現在不是方向。」陳還說：「不能說社會主義的好大喜功就是好的！」

反對無產階級專政，攻擊肅反運動，包庇反革命分子，打擊好人。

整風開始時，正當右派分子向黨進攻，肅反對象喊冤時，他煽動說：「大家不要有顧慮，什麼都可以講，罵也可以！」又說：「辦公廳肅反鬥了七個人，結果一個也不是反革命，還說成績是主要的。」支持右派分子和企圖翻案的人向黨進攻，否定肅反的偉大成績。

還有貴州省郵電管理局局長，黨組書記白晶五，據中共貴州省郵電管理局黨組《關於右派分子白晶五的組織結論》宣佈，他的反黨反社會主義的言行主要是：

> 在歷次對敵鬥爭中，一貫以嚴重右傾的觀點認為郵電部門沒有問題，但事實上，肅反中查出了二十二個反革命，整風中出現了二十九個右派分子。他對糧食統購統銷也有不滿情緒，1954年他從山東家鄉回局後，把實行統購統銷後的農民生活，描寫得很緊張，很苦。

> 白晶五否認波匈事件的原因是由於國內外反革命分子的暴亂，而認為是「由於波匈兩國黨的領導人有嚴重的錯誤，長期不改，人民生活苦，連煤都沒燒的，所以人民起來暴亂」。對於1953年的柏林事件，也同樣散佈這種論點，認為「主要是由於民主德國只注意發展工業，使糧食成問題，所以群眾暴動」。白晶五這種論點是和國際修正主義者，帝國主義走狗鐵托一腔一調的。

他說的「1953年的柏林事件」，是指1953年6月16日東柏林三萬名工人遊行示威，呼喊反政府口號，要求舉行總罷工。6月17日蘇聯派出坦克和軍隊對付東德騷亂者。6月22日東德的共產黨政府在繼續逮捕的同時，提出十點改革計劃，包括增加工資、減少工作時間和改善生活條件等項規定。這是斯大林死後東歐社會主義國家發生的第一場反政府騷亂。

共產黨內的右派分子，前面已經說過了毛澤東親自點過名的清華大學黨委常委袁永熙。他其實是衷心擁護毛澤東的「新方針」的。據郭道暉（電機系畢業班的學生，任清華大學黨委委員兼宣傳部副部長）說，聽了毛澤東在最高國務會議上的講話錄音之後，記得當時清華大學原黨委書記袁永熙曾對我說：看來毛主席是想在他有生之年，做一個像唐太宗那樣的「明君」，在他領導下，開闢一個超越「貞觀之治」的開明盛世。（郭道暉，〈從我的經歷看反右〉，見《炎黃春秋》2009年第5期）袁永熙按照自己最好的願望去理解毛澤東的講話，結果卻使自己成為一名欽定的右派分子。

報紙公佈了他的材料：

> 袁永熙在整風運動中，利用自己的領導身份販運私貨，別有用心地歪曲和誣衊黨中央的方針……袁永熙直接領導的馬列主義

政治理論課教研組的黨支部，在嚴重的階級鬥爭中，他們竟不是去保衛馬列主義的思想陣地，堅持黨的立場，相反，卻站在資產階級右派分子方面，成為向黨進攻的急先鋒。……馬列主義政治理論課教研組的右派分子接連對黨發動猖狂進攻，反對馬列主義政治理論課程作為學校必修課程，反對黨委領導政治理論課，貼大字報攻擊黨委整風無決心，誣衊黨委壓制鳴放，要求將團委書記阮銘撤職。對於這些烏煙瘴氣的行動，袁永熙卻表示欣賞和無保留的支持。他對政治教研組黨支部一再指示：「你們的情況基本正常，放得好，就這樣做下去！」

在人民日報發表了反擊右派的社論以後，他還別有用心地歪曲和誣衊黨中央的方針，他對接近他的幾位同志說：毛主席受到很大的壓力，國內告急，電報雪片飛來，都要求收。袁永熙的這個觀點，同北京大學右派分子所發出的反動傳單〈我們的憂慮和呼籲〉的基本思想如出一轍。（7月22日《人民日報》）

袁永熙的結局，據郭道暉的這篇文章說，是「由市委派一位領導人來清華，在清華召開的緊急黨委會上宣佈市委的決定（而不是事先經清華相關黨支部和黨委討論通過）：開除袁永熙出黨和『停止』十一個黨委委員和黨總支幹部的黨籍（我也忝列其中）！緊接着就在《人民日報》第二版頭條和《北京日報》第一版上發表專題報導，『揭批』所謂以袁永熙為首的清華大學黨內反黨右派集團（我也被點名陪批），同時發表社論，號召開展反擊黨內右派的大鬥爭。這樣，清華就成為毛澤東和北京市委推動反右運動的『先進』樣板。」

在《人民日報》的這篇材料裏，提到了「接受他的思想影響的黨委宣傳部長郭道暉」，郭道暉又是怎樣成為一名黨內右派分子的呢，他回憶說：

6月7日，即反右前一天，蔣南翔校長找我到他家裏談話，其他五位副書記也在座，他們是黨委領導核心。把我一個人找去，是因為第二天《人民日報》要發表〈這是為什麼？〉的社論，拉開聲勢浩大的反右大潮。他們要求校刊立即緊跟，爭取主動，轉入對「右派」的反擊。蔣南翔說：「這次鳴放，是一場階級鬥爭。」說錢偉長等人的「理工合校」、「教授治校」等主張，意在奪取黨對教育的領導權，物理系何成鈞教授說「毛主席的太陽沒照到清華園」，這些都是反黨反社會主義的右派言論，《新清華》應該開始反擊。

我卻說，明明是我們自己發動群眾、動員群眾幫助黨進行整風，一下子怎麼變成階級鬥爭了？錢偉長、何成鈞等教授的言論是人民內部矛盾，怎麼就是反黨呢？我想不通。書記們輪流發言，做我的工作，批駁我的觀點，從上午十時辯論到下午二時，午飯也顧不上吃，還是沒有作通。最後我還明確堅持提出兩點意見和一點聲明：一是不應當把整風鳴放定性為階級鬥爭；二是「雙管齊下」，首先應該是整風，應該接受群眾合理的意見，「邊整邊改」，才能表明我們整風是有誠意的，才能團結大部分中間群眾；而不應該以反右為主。一點聲明是：錢偉長、何成鈞等教授在「一二·九運動」中是愛國的積極分子，解放前後也是進步的，劃他們為「右派」，我保留意見。四個小時的辯論，以一對六，頗有「舌戰群儒」的味道，這就成了我被劃為黨內右派分子的第二大罪狀：「頑固堅持反黨右派立場」。這也多少反映了黨內並非都是一味緊跟毛澤東的陽謀的。（郭道暉，〈從我的經歷看反右〉，見《炎黃春秋》2009 年第 5 期）

毛澤東在〈1957 年夏季的形勢〉一文中說黨內右派分子是「一些同黨外團外右派分子政治面貌完全相同的人」，強調了兩者相同的一面，其實黨內的反右派鬥爭還有它特殊的背景，還有它的特殊性。這個背景就是 1956 年發生的所謂「反『冒進』」事件。當毛澤東決心反右派的時候，他是把「反『冒進』」同「右派進攻」聯繫起來考慮了。反對黨內右派，正好算一算反「冒進」這筆賬。1956 年 6 月 20 日《人民日報》發表社論〈要反對保守主義，也要反對急躁冒進〉，引起毛澤東惱怒的事，本書前面第三章已經詳細說過了。在反右派鬥爭中，有些地方把反對黨內右派的鬥爭直接同反冒進一事聯繫了起來。

中共甘肅省委第一書記張仲良 1958 年 2 月 9 日在中共甘肅省第二屆代表大會第二次會議上作了個《鼓足幹勁，苦戰三年，為改變甘肅面貌而鬥爭》的報告，其中有一萬多字是講「孫殿才、陳成義、梁大鈞右派集團」的。列舉了他們許多罪狀：「孫殿才視察銀川、吳忠地區時，只聽地主、富農和一些右派分子的反映，代表那些人把合作化污衊得一無是處。」「這個集團的其他成員則說：『五百萬畝水地是六百條人命換來的。』」「梁大鈞則罵別的專區增產是『吹牛』，並且四次壓低銀川專區的產量，不完成省人民委員會分配的糧食徵購任務。」「這個右派集團利用在省人民委員會的據點，採取種種手段刁難抗拒省人民委員會黨組書記執行黨的決議，企圖奪取黨組的領導權，把省人民委員會變成他們的反黨司令部。」他們「在政

法工作中，以『無罪推定論』，『任何人在法律面前一律平等』的資產階級法律觀，為敵人開脫罪責。」張仲良在這篇報告裏還指控了已經調離甘肅的孫作賓。他說：「這個集團的首領和思想奠基人，是曾任甘肅省委副書記的孫作賓。遠在解放以前，以孫作賓為首，包括陳成義、劉餘生等人，就開始形成了一個地方主義小集團。」1958 年 2 月，中共甘肅省第二屆代表大會第二次會議通過開除省委常委、副省長孫殿才，前副省長陳成義（已死），省委委員、銀川地委第一書記梁大鈞，省人民委員會秘書長陸為公，民政廳副廳長劉餘生，司法廳副廳長王新潮，銀川專員曹又參，交通廳副廳長林里，商業廳副廳長梁克忠，原文化局局長馬濟川等人黨籍的決定，宣佈他們是一個右派集團。(1958 年 8 月 16 日《甘肅日報》)

在 1958 年 5 月舉行的中共第八次全國代表大會第二次會議上，張仲良又在大會發言中談到甘肅省委反右派的情況，他說：

> 黨內外的右派分子便利用我們工作中的個別缺點，大肆向黨攻擊。說「五百萬畝水地是人命換來的」，是「秦始皇磨民」；說1956 年的各項工作都「冒進」了，「技術改革措施搞壞了」，這些「都是領導上腦袋發熱造成的」；說批判「甘肅落後論」是「無的放矢」；說 1956 年春季召開的區委書記會議是一個「冒進」會等等。……經過全民整風運動和反右派鬥爭，特別是經過了傳達八屆三中全會的精神，在黨內清除了以孫殿才（原省委常委、副省長）、陳成義（原政法黨組書記、副省長）、梁大均（原省委委員、銀川地委第一書記）為首的右派反黨集團，情況大變。一個波瀾壯闊的社會主義建設高潮，一日千里地向前邁進。1958 年的水利工程六個多月的成績就等於 1957 年的十倍。原來準備十年基本上擺脫乾旱威脅的願望，現在看來，只要苦戰三年就可以實現。(1958 年 5 月 17 日《人民日報》)

從甘肅的事例可以知道，反右派鬥爭，特別是反對黨內右派的鬥爭，為接踵而來的大躍進掃清了道路。

也許就是因為表現出了反對「反冒進」，反對黨內右派和大躍進的積極性，張仲良在這八大二次會議上被增選為候補中央委員。這裏順便講一下這人後來的一件事。《邱會作回憶錄》裏講了這樣一件事：

> 1961 年冬，空軍作為一個社情，報告了甘肅河西走廊玉門地區的災情很嚴重。周總理又叫我立即去看一下，並當面交代由

軍糧撥出五萬斤，調幾台汽車，把糧食直接送到村子裏去。總理説：「爭取時間，實行緊急救災，把口糧早一天送到，就要少死好多人。」我把周總理的命令直接下到兵站去了，並要他們星夜兼程把糧食送到安西敦煌去，由汽車團派副團長帶隊，在二十四小時以內就到達了指定地區，對此，周總理非常滿意。

　　玉門、酒泉地區發生了這樣嚴重的災情，死人估計上萬。對此，甘肅省委一個字的報告也沒有，周總理追問也回答不出一個所以然。總理是不愛生氣的人也生氣了，在忍無可忍的情況下，周總理向毛主席作了比較詳細的報告，毛主席立即調省委書記到北京，向中央報告全省的災情，為了此事，張仲良也就下台了。（上冊，香港新世紀出版社 2011 年版，第 320–321 頁）

這裏，邱會作説「張仲良也就下台了」，是説得簡單了一點。當時他大約少不了要聽幾句批評，卻並沒有「下台」。我查閲了《中國共產黨組織史資料》，1961 年 1 月，張仲良只是由中共甘肅省委第一書記改任第三書記，第一書記改由汪鋒擔任，他為這件事受到的影響不過如此。張仲良後來是調到江蘇省做大官，他是在江蘇省人大常委會副主任的任上病死的。邱會作説這件事是在「1961 年冬」，恐怕是「1960 年冬」之誤。

　　黨內的反右派鬥爭也涉及到農業合作化問題。毛澤東 1957 年 1 月在省市自治區黨委書記會議上的講話中説：「農業合作化究竟是有希望，還是沒有希望？是合作社好，還是個體經濟好？這個問題也重新提出來了。」（《毛澤東選集》第五卷，第 331 頁）這件事，在杜潤生著《中國農村體制變革重大決策紀事》一書中説得要具體一些：「農民對合作化的不滿，最早是『鬧退社』。大約在 1956–1957 年曾有過一次拉牛退社風潮。當時有遼寧、安徽、浙江、江西、四川、陝西、河南、河北等八個省的農村工作部反映存在退社和鬧社的問題。」（人民出版社 2005 年版，第 84 頁）書中他舉例説：

　　浙江省溫州地區永嘉縣委書記和農工部戴浩天於 1956 年，在永嘉進行了包產到戶的試驗。不久，推廣到全縣二百多個農業社實行。溫州地區各縣也紛紛效仿，推廣到一千多個農業社，包括十七、八萬戶社員（約佔入社農戶的百分之十五）。溫州成為當時包產到戶最多的地區。（同上書，第 85 頁）

　　這裏説的戴浩天當年只是中共永嘉縣委員會農村工作部的一名幹事。在包產到戶這件事情上，起了更大作用的是永嘉縣委分管農業的副書記李

雲河，他寫了一篇〈「專管制」和「包產到戶」是解決社內主要矛盾的好辦法〉。到了反右派鬥爭中，他被說成是「手持雙刀大砍社會主義」的右派分子。據《人民日報》（10月13日）所載〈溫州糾正包產到戶錯誤做法〉一文中說：「在9月下旬召開的中共永嘉縣代表大會上嚴厲地批評了李雲河的錯誤，李雲河在會上作了檢討。」除了他之外，縣委農村工作部的部長韓洪昌、副部長呂克熙和周祥千，幹事戴浩天，縣農業局局長胡宣哲都被劃為右派分子。（見徐勇著，《包產到戶沉浮錄》，珠海出版社1998年版，第50頁）當年《劃分右派分子的標準》第一條就規定：「反對城市和農村中的社會主義革命」的就要劃為右派分子，李雲河等人主張包產到戶，就是反對合作化，反對農村中的社會主義革命，當然要劃右派了。

　　反對黨內右派還有利於解決黨內的矛盾。有的單位黨員領導幹部正副職之間長期不和，關係很僵，無法解決，黨內開展反右派鬥爭，就為解決這一矛盾提供了方便。一些領導幹部只要能把他的副手在工作上的不同意見都算作反黨反社會主義，就能把他劃為右派分子，在權力鬥爭中取勝了。浙江省委第一書記江華就把他所不滿意的浙江省省長沙文漢劃為右派分子了。沙文漢是1925年入黨的共產黨員，他和他的妻子陳修良長期從事地下工作。反右派鬥爭開始，江華決定把沙文漢和副省長楊思一打成一個右派集團，就動員彭瑞林寫他們的材料，彭瑞林是省人民檢察院檢察長，他不肯落井下石，拒絕作偽證，因而也成了右派集團的一員。後來彭瑞林在回憶錄中說了這件事：

　　　　省委江華等四位領導把我請到大華飯店老房子江華住處，他們要我揭發沙、楊的反黨罪行，說我在黨代會上提沙文漢為候選人，說在某些方面沙比江好，說我與沙、楊關係密切，以不同方式向黨進攻，但是他們說我的問題同沙楊性質上有不同，只要能揭發他們，仍能得到黨的信任和重用。我再三說明：「沙楊有錯誤，但沒有反黨言行。」兩天後，江和另一位副書記又找我談話，一再逼我揭發沙、楊問題，這時，我已看出他們的目的是要我昧着良心陷害人，我很氣憤，什麼話也沒有說，最後指着江華說：「沙文漢作風比你民主，沒有像你這樣粗暴。」江華非常惱火。我二話沒講，拎起皮包就走。

　　最後是用什麼罪名把他們打成右派集團的呢？江華在八大二次會議上談到了一點：

在整風和反右派鬥爭中，取得了思想戰線和政治戰線上社會主義革命的偉大勝利。同時，比較徹底地整頓了一次黨的組織和幹部隊伍，揭露出一批右派分子，特別是揭露出像沙文漢、楊思一、彭瑞林、孫章祿等隱藏在省委內部的右派分子。這些人是階級異己分子和叛徒，是極端個人主義者。他們與黨外右派分子互相呼應，進行地方主義、修正主義和其他反黨反社會主義的活動。他們為了實現篡奪黨的領導的野心，在黨內製造混亂。到處找岔子，拿大棒敲人。使黨內的一部分人產生一種「多做多犯錯誤，少做少犯錯誤，不做不犯錯誤」的錯覺，使浙江黨組織在貫徹黨的各項方針、任務上遇到了很大的困難。（1958 年 5 月 19 日《人民日報》）

罪名說得頗為抽象，連甘肅那幾位似的反冒進的材料也沒有。他這一案是毛澤東在杭州直接定下來的。毛死後一周年，以中共浙江省委員會名義發表的紀念文章〈毛主席的偉大旗幟永遠指引浙江人民勝利前進〉中說：

在反右派鬥爭中，毛主席親自指揮我們戰鬥。右派分子宋雲彬，以權威自居，公然同省委分庭抗禮，咒罵黨的領導，在報上發表了〈這難道不是宗派主義嗎？〉等毒汁四濺的黑文。毛主席明確指出，這就是右派。毛主席聽了省委關於沙、楊、彭、孫問題的彙報，作了許多指示。經黨中央批准，給他們戴上右派分子帽子。（1977 年 9 月 8 日《浙江日報》）

從這裏可以知道：民盟浙江省委副主任委員宋雲彬，中共浙江省委內部的沙文漢、楊思一、彭瑞林、孫章祿，這些浙江省黨內外的最大右派，都是毛親自定下來的。這篇文章說沙文漢「他們叫嚷黨政分工，反對黨委對政府工作的領導。他們攻擊黨的幹部路線，畫圈圈，搞分裂，搞陰謀詭計，搞地方主義。他們誣衊黨內沒有民主，要搞資產階級自由化。」說得也頗抽象。不過從「他們叫嚷黨政分工，反對黨委對政府工作的領導」這些話裏，不難看出一點真相。沙文漢當時是浙江省省長，這些說法明顯地反映出了省委第一書記和省長的矛盾。

中共浙江省第二屆代表大會第三次會議《關於開除右派分子沙文漢、楊思一、彭瑞林、孫章祿黨籍的決議》（1957 年 12 月 13 日）宣佈他們的材料是：

中共浙江省第二屆代表大會第二次會議、全省四級幹部會議和省委第七次全體會議，遵照黨中央的整風方針，採用大鳴大放大爭的方法，徹底地揭發和批判了省委常委、浙江省省長沙文漢，省委常委、浙江省副省長楊思一，省委常委、浙江省人民檢察院檢察長彭瑞林，省委委員、省委財貿部部長孫章祿的反黨反社會主義罪惡活動。代表大會一致認為：這是浙江黨組織內一場兩條道路的原則鬥爭。這場鬥爭的勝利，對於鞏固和純潔黨的組織，加強全省各級黨組織在中央統一領導之下的堅強團結，增強黨的戰鬥力，具有極為重大的歷史意義。

會議揭發的材料說明：沙文漢和楊思一兩人已經完全墮落成為資產階級在黨內的代理人。在今年春天大鳴大放期間，沙、楊兩人和黨內外的右派分子一唱一和，互相支持，親如兄弟。沙文漢積極支持右派分子宋雲彬、李士豪、陳修良等對黨的猖狂進攻。楊思一同李士豪的關係極為密切，多方掩飾李士豪的反動面貌。在反右派鬥爭中，沙文漢、楊思一兩人又狂妄地抗拒中央的方針和省委的指示，千方百計地包庇宋雲彬和李士豪，破壞反右派鬥爭，並且在事後還多方掩飾，拒不交代。會上揭發的材料說明：沙文漢、楊思一進行反黨反社會主義活動不是偶然的，而是一貫的。在 1956 年浙江省第二屆黨代表大會第一次會議期間，他們就結合在一起，惡毒地向黨進攻。沙文漢在那次大會上宣揚資產階級的政權觀點，誣衊我國的人民民主制度，反對黨對政權工作的領導，並且支持以黃源為首的文藝界反黨集團的資產階級文藝路線。楊思一除了積極支持沙文漢的反動的政權觀點以外，還捏造事實，惡毒地否定全省幾年來的工作成績，歪曲黨內生活真相，自吹一貫正確，冒充群眾代表，攻擊黨的領導。在肅反運動中，沙、楊兩人對黨的肅反政策也心懷不滿，楊思一並誣衊肅反五人小組違反黨的組織原則。

他們被劃為右派分子的真正原因，多年之後，在沙文漢的妻子陳修良寫了一篇〈反右鬥爭的前因後果〉，就說得詳細明白了：

在這次反右鬥爭中，我與沙文漢都成為主要的鬥爭對象。在全國五十五萬右派分子中，沙文漢的職別最高，這樣老的黨員都被劃為右派分子，震動很大。沙文漢為什麼被劃為右派，主要是 1956 年浙江省第二次黨代大會上的發言被認為是反黨反社會主義言論，現在把他的發言的主要內容摘幾段如下：

「我們各級人民委員會多數都不健全，很形式，甚至連它應該怎樣在黨委領導下工作的問題也沒有得到解決。就以省人民委員會的情況來講吧，差不多每次開會都只能勉強湊足達半數的法定人數，討論問題，幾乎完全是做做樣子。」關於政府工作問題，他又說：「至於人民委員會所屬的各廳局工作是不少的，但幾乎所有的事情都非請示黨委的有關部門不行。稍大一些事情，還得由省委書記處決定，工作很少有獨立思考的餘地，政府機關應辦的工作，多半是黨委的部門與分工的常委辦的。這樣不但使黨委應做什麼，政府應做什麼的責任界限分不清楚。更加嚴重的是，使黨委行政事務過多，在日常行政事務的壓力下，不能不放鬆政治思想領導，使行政機關不能不有等待、依賴心理，不能充分發揮他們的積極性，而人民委員會也就等於空架子，沒有事情可以討論，敢做決定。」

關於怎樣發揮人民民主專政作用問題，他說：

「怎樣體現人民民主專政，讓它具有憲法所規定的完整形式和內容，使能按照黨的意志和方法去動員領導人民，進行社會主義建設與對反動勢力的鬥爭，另一方面是黨怎樣去運用政府機關發揮這個龐大的機器的作用，從而使黨委本身能在政治思想和重大方針政策，工作步驟上的領導有所加強。」

沙文漢同志認為這問題是「當前對政權機關的觀念和實際工作上最根本、最需要解決的問題」，接著他又提出了自己的建議：「政府機關應有獨立的形式和自己平衡統一領導組織，這是否是鬧獨立分散，妨礙黨委工作，可以進行認真的研究討論。」

「黨委各部門應按中組部規定的四條（即黨委對政府工作提出方針、政策、政治思想、監督等）加強對政府工作的監督，黨政同種性質的部門負責人，應儘可能不兩面兼職。黨委與政府部門的關係如何擺法，並使之少重複，少扯皮，而能各盡其職責，發揮他們的作用。」

「省政府中應成立總黨組，各廳局設立分黨組。」

這些意見確是切中時弊的好主張，當然他還沒有具體提出黨政分工的原則性與重要性，這是有局限性的，但無論如何，在當時條件下，沙文漢同志能從實際出發，要求實行黨政分工，反對

以黨代政，發揮人民政權的作用，是完全必要的，正是黨內外應展開討論與解決的問題，但卻不幸被指責是什麼「反對黨對政權的領導」，是什麼「資產階級政權觀點」，「與省委唱對台戲」，「陰謀篡黨奪權」等等。

他在這次發言中還批評了「黨內民主太少」，「每屆省委存在嚴重的驕傲自滿和主觀主義的思想方法」，同時他也進行了自我批評。由此可知，以上問題的爭論是重大的原則分歧，涉及到黨怎樣領導政府的問題，根本不是什麼「資產階級政權觀點」，而是正確的黨政分開的理論。（陳修良，〈反右鬥爭的前因後果〉，《往事微痕》2009 年 8 月 5 日，第 27 期）

這個右派集團的第二號人物楊思一是十年內戰時期加入共產黨的，抗日戰爭時期擔任過新四軍的師政治部主任。這時是中共浙江省委常委、副省長。他身體一直不好，血壓很高，經過大會小會批判鬥爭，11 月 17 日半夜腦溢血發病，家裏的電話也打不出去了，要不到車，拖延到天亮才送醫院。在昏迷中拖了兩天，於 20 日去世。按說人都死了，總可以不再批鬥了吧，可是不成，當時並沒有宣佈他的死亡，在批鬥沙楊彭孫右派集團的時候還是照樣批判他。

沙文漢的四弟沙文威（時任全國政協副秘書長）於 1979 年 2 月 20 日給中共中央組織部寫信（本信署名「史永」），申請為沙文漢 1957 年在浙江省被劃為右派分子進行覆查，並催浙江省委給予改正。這封信說：

沙文漢同志，1957 年是中共浙江省委常委、省長。他是我的三哥。1957 年 11 月因在浙江省黨代會上發言，被劃為右派分子，開除黨籍。1964 年 1 月，在他臨死前一天，由浙江省委摘掉他的右派分子帽子。

沙文漢被劃為右派分子的「罪狀」是：「沙文漢和楊思一已經完全墮落成為資產階級在黨內的代理人。在去年全省黨代表大會期間，他們互相配合向黨進攻，沙文漢在那次大會公然宣揚資產階級的政權觀點，鼓吹政權獨立的資產階級反動思想，污衊我國人民民主制度完全是形式主義，公開反對黨對政權工作的領導」（見 1957 年 12 月《浙江省第二屆全省黨代表大會的決議》；楊思一，當時任副省長）。

　　自黨中央於去年通知要對 1957 年右派分子進行覆查，有的
應給改正以來，我找到了 1956 年 7 月 23 日沙文漢在浙江省第二
次黨代會上的發言稿（另抄附），他的發言的要點是關於健全黨
內民主生活和在常委領導下發揮國家機關的作用，即關於黨政分
工問題。從沙文漢的那次發言的精神看來，並不是什麼反黨、反
社會主義的言論，是黨內正常的批評和自我批評，而且是建設性
的建議。現將他的要點引述如下：

　　關於健全黨的生活制度的要點：他提出「為健全我們黨的生
活制度──民主集中制，發揚我們黨內的民主生活」；認為：「我
們的馬列主義水準不高，這確實也是我們過去犯錯誤的原因，但
如果我們黨有健全的民主生活，能夠充分地交流意見，反覆研究
黨的方針政策和浙江的具體情況，很好地發揮集體智慧，那麼在
中央正確的領導下，我們的缺點和錯誤是可以大大減少的。」這怎
麼如《決議》指的「誣衊我國的人民民主制度完全是形式主義」？
　　……

　　關於加強黨內民主生活和發揮國家機關在黨領導下的作用問
題，這是我黨一貫地強調並再三教育黨、政幹部認真重視的政治
原則。毛澤東同志早年在江西為建立紅色政權而鬥爭中就批評我
們同志：「不喜歡麻煩的民主制度」和「黨在那裏直接做了，把
政權機關擱在一邊」的錯誤，並指出這種錯誤的性質是國民黨作
風。（見〈井岡山的鬥爭〉文章中「政權問題」部分）。毛澤東同
志那時關於加強黨內民主生活和加強政府機關工作的指示，迄今
仍有現實意義，特別在建立全國政權以後，通過人民代表大會制
度已制定了國家憲法。除了林彪、「四人幫」一度篡奪了黨和國
家的權力、實行法西斯專政以來，什麼時候曾經廢除這方面的傳
統和制度？現在，黨中央十一屆三中全會為了加速實現國民經濟
的四個現代化，又向全黨號召：「在黨的生活和國家政治生活中
加強民主」；又指出：「認真解決黨政不分，以黨代政，以政代企
的現象，實行分級分人負責」……。而沙文漢同志於 1956 年在浙
江省黨代會上就這些問題作了發言，竟被戴上反黨、反社會主義
的右派分子的帽子。

　　關於沙文漢的發言是否恰如其分地反映了當時浙江黨、政問
題的實際情況，我是不了解的。但是可以斷定，這些問題是帶普

遍性的，在浙江省，過去和現在都存在着，只是表現的形式和程度的不同而已。因此，如果沙文漢當時在黨的會議上的發言把問題提得尖銳些、高一些，怎麼是犯了原則性的政治錯誤？

根本的問題是沙文漢的發言是為了增強黨的戰鬥力，還是削弱黨的戰鬥力。肯定屬於前者。沙文漢是在 1956 年 7 月浙江省第二次黨代會上發言的，到了 1957 年 11 月才被鬥爭並戴上右派分子帽子。這樣，黨內民主有什麼保證！這樣做只能為以後一度彌漫全黨、全國的極「左」思潮和「一言堂」的領導作風創造條件。

沙文漢於 1925 年入黨，到 1957 年，他參加革命工作和受黨的教育已三十餘年，即使他在黨代會上的發言有某些錯誤，不考慮本人的申辯，也不給批評、教育，更不應在一年之後突然揪出鬥爭並給他戴上右派分子帽子，使他過着六年多極孤立的政治生活，含冤而死。

1956 年，浙江省第二次黨代會時期，浙江省委在沙文漢發言引起討論之後，就宣佈沙文漢：「有政治歷史問題。」這個問題至今尚無正式結論。據我所知：沙文漢在歷史上雖然幾次遇險，沒有被捕過，他長期改姓換名參加革命工作，沒有參加過共產黨以外的任何黨派。經過黨多次整風，審幹，包括十年之久的「文化大革命」，更可證明他並沒有「政治歷史問題」。我不知當時浙江省委指沙文漢「有政治歷史問題」的根據是什麼？不經過慎重地調查研究就向黨代會宣佈，太輕率了！

當時，為了打倒沙文漢，還給他加上許多罪狀：「沙、楊、彭、孫一直進行着公開和秘密的反黨活動」；「地方主義」（彭、孫不是浙江人）；「安插反革命分子」；「生活腐化，完全喪失革命意志」……，甚至有人揚言：「浙江有第二個潘漢年」！所有這種指責，有的是無中生有，有的是無限上綱，我們黨和黨員吃了這種不實事求是的虧還不夠嗎？

自沙文漢被劃為右派分子以來，直到 1977 年 9 月 8 日，《浙江日報》凡是提到浙江省黨內鬥爭和同反革命勢力作鬥爭時，常以沙文漢作「反面教員」。這就使許多不明真相的人習慣地把沙文漢當作魔鬼。我相信黨、浙江省委一定會根據黨中央落實幹部政策原則，對沙文漢的問題進行覆查並實事求是地改正。以恢復

他的共產黨員的本來面貌。但是也應看到，浙江黨內正有相當大的阻力，如：有人認為讓沙文漢問題改正，「就是砍掉反右派鬥爭的偉大紅旗」；「沙、楊、彭、孫的『反黨聯盟』與翁森鶴之流是一脈相承的」；甚至說：「浙江省的反右派鬥爭沒有擴大化」……在「文化大革命」前浙江省委在貫徹執行黨中央的革命路線是主要的，但不等於在反右派鬥爭這樣複雜的問題上以及其他工作上是完整無缺和十全十美的。在揭批林彪、「四人幫」的鬥爭已二年多的今天，這些同志的歷史唯心主義的形式邏輯難道還不應該覺悟嗎？這就是浙江省至今還不能為沙文漢問題做出改正的原因。

為了堅決貫徹黨中央十一屆三中全會的精神，為了健全黨內民主生活和人民民主，為了劃清國家機關、工礦企業和學校等單位的「黨政不分，以黨代政，以政代企」的分工作用，從而進一步調動一切積極因素向四個現代化進行新的長征，應該根據黨中央的政策，對沙文漢同志被劃為右派分子問題儘快地覆查並給改正。

可是沙文漢的右派問題卻還是拖着遲遲不能改正的。全國大多數右派分子大都是 1979 年、1980 年改正的。而這時把沙文漢打成右派分子的浙江省委第一書記江華正是政治上能量很大的紅人，擔任最高人民法院的院長，而且還兼任審判林彪江青反革命集團案主犯特別法庭的庭長，因此中共中央組織部對沙文威這一封材料具體理由充分的申訴信不能作出回應，中共浙江省委不敢受理陳修良一次再次的申訴，一口咬定沙文漢的右派問題不是錯劃，不應改正。直到 1982 年 1 月 24 日陳修良給譚震林寫信，在譚震林的過問下，到了 1982 年 8 月 10 日才給沙文漢徹底改正錯劃右派問題。這時沙文漢已經去世十八年了。（據《炎黃春秋》2010 年第 3 期所載〈「右派」省長沙文漢〉一文）

《浙江日報》1982 年 11 月 7 日關於給沙文漢平反的報導：

> 【本報訊】經中共浙江省委覆查，黨中央批准，原中共浙江省委常委、省長沙文漢同志被錯劃為右派分子的問題已得到徹底改正，恢復黨籍，恢復政治名譽。
>
> 沙文漢同志，浙江省鄞縣人，生於 1908 年。1925 年 3 月加入中國共產黨，曾任鄞奉中心縣委書記、共青團（上海）法南區

委書記、團江蘇省委青工部長。1933年2月去日本，1935年10月回國。回國後，在上海救國會工作。1937年任中共上海臨時工作委員會委員、江蘇省委宣傳部長。1943年在淮南根據地工作，任華中局黨校教務長、華中分局城工部長、上海局宣傳部長。全國解放後，歷任華東局台灣工作委員會副書記、浙江省委宣傳部長、浙江省人民委員會副主席、省委常委、省長等職。1957年12月，在反右派鬥爭擴大化的影響下，沙文漢同志被錯劃為右派分子，開除了黨籍。1963年底摘掉右派分子帽子。1964年1月病故。

黨的十一屆三中全會以後，省委根據中央的指示，對沙文漢同志被劃為右派分子的問題進行了覆查。覆查結論認為：1957年12月13日，中共浙江省第二屆代表大會第二次會議通過的關於開除沙文漢同志黨籍的決議所認定的，他和當時的省委常委、副省長楊思一，省委常委、省檢察長彭瑞林，省委委員、省委財貿部長孫章祿等同志「共同反黨」的問題是不存在的，作出的決議也是錯誤的；沙文漢同志在省第二屆黨代表大會上，就黨政分工問題所作的發言，基本上是正確的，而且是在黨的會議上講的。沙文漢同志一生沒有被捕過，政治歷史清楚，沒有問題。省委再次覆議認為，1957年將沙文漢同志劃為右派分子是錯誤的，應當徹底改正。並撤銷中共浙江省第二屆代表大會第二次會議關於開除沙文漢同志黨籍的決議，恢復黨籍，恢復政治名譽。對因沙文漢同志錯案而受株連的同志，應一律予以徹底平反，消除影響。

浙江省反出的黨內右派分子還有中共浙江省商業廳黨組成員、商業廳副廳長黎立堅；中共浙江省輕工業廳黨組副書記、副廳長張光；浙江省農業廳副廳長、黨組成員張俊升；浙江大學黨委副書記李成浩等人。

安徽省反出了一個以李世農為首的右派集團。李世農是省委書記處書記、副省長，分管政法工作。這個集團有楊效椿（省委委員、省委組織部副部長、省檢察長）、李銳（省委委員、省副檢察長）、陳仁剛（省司法廳黨組書記、副廳長）這些人，都是安徽省政法方面的領導幹部。據報紙上公佈的中共安徽省委開除他們黨籍的決議說，「李世農是這個反黨集團的首腦，他夥同他的爪牙，利用職權，寬縱了大批反革命分子、壞分子。他還經常散佈取消肅反鬥爭、為反革命開脫罪責的謬論，說什麼『殘餘反革命保險一個也找不到』、『反革命分子有兩面性』、『反革命分子在我機關多做

一年工作，等於多贖一年罪』。他甚至親手制定一些該判不判、重罪輕判的案例，令各地仿行。據初步統計，經過李世農罪惡指導，全省放掉的反革命分子和其他壞分子達二千餘名之多。」（1958 年 3 月 10 日《人民日報》）

關於李世農其人，中共安徽省委第一書記曾希聖在一篇報告中是這樣說的：「李世農貌似忠厚，偽裝樸素，如果我們只看到他的這種假象，就會認為他是一個『正人君子』。但透過假象去看他的本質，就會了解他是內懷奸詐、居心叵測、抬高自己、打擊別人的野心分子。又如：李世農向中央多要救濟款，如光從這一問題的表面現象來看，可能認為他是關心災民，也可能認為他是在救災問題上有依賴思想。但實際上他是有意誇大災情，借此否定合作化的成績和攻擊省委對災情的正確估計。」（1958 年 3 月 10 日《人民日報》）忠厚是貌似的，樸素是偽裝的，這正好是他奸詐的證據。這固然是修身方面的大毛病，卻還只關係一個人的榮辱。至於說，省委的正確估計是災情不大，而他卻要有意誇大，這事就要關係若干人的生死了。後來在 1960 年到 1962 年的三年大饑荒（所謂「三年自然災害」）中，據相當保守的統計，安徽全省餓死四百三十萬人，甚至發生人相食的慘事。安徽成為當時全國餓死人最多的幾個省之一。就是因為在 1962 年 1 月的「七千人大會」上揭露了曾希聖隱瞞餓死人問題，他被撤銷了安徽省委第一書記的職務。

李世農集團的其他成員，據報紙上說，「楊效椿親自寬縱了反革命分子和其他壞分子一百餘名，錯誤地釋放了大批被勞動教養的人，並且誣衊 1955 年的肅反運動是『犯了擴大化的錯誤』。」（1958 年 3 月 10 日《人民日報》）

關於陳仁剛，據報紙上說，「安徽省委曾指示各地批判右傾思想，堅決打擊反革命分子和壞分子的各種破壞活動。但是，省負司法領導責任的陳仁剛，卻抗拒省委指示，竟在蚌埠召開的縣人民法院院長會議上佈置反『左』的任務，要求司法幹部不要『腦子發熱』『盲目附和』，說『省委今春提出在政法部門批判右傾是錯誤的，與中央文件精神不符，與下面情況不符』。」這篇報導還說「今年 3 月間在皖南的時候，陳仁剛要歙縣、績溪、寧國、屯溪四個縣市覆查 1955 年早經多次檢查並據實判決的案件。他還親手檢查兩個案件，企圖把因造謠污衊人民政府、破壞統購統銷而判罪的原被管制的反革命分子俞伯淵改判『教育釋放』，把不法地主分子汪碧玉『免於刑事處分』。陳仁剛還把他這種包庇反革命分子和壞分子作為『榜樣』，要這些縣市的司法幹部仿效，企圖為犯罪分子開脫罪責。」

據這篇報導說，陳仁剛還有一個大錯誤，就是同廳長李湘若的關係。李湘若是農工民主黨的成員，曾經對國民黨軍隊進行策反活動，解放後被安排當了安徽省司法廳長。陳仁剛在名義上是李湘若的副手，但作為司法廳的黨組書記，是事實上的領導人。可是呢，「整風運動開始以後，陳仁剛和黨外右派分子、安徽省司法廳廳長李湘若裏應外合向黨進攻。李湘若為人奸詐，一貫對黨不滿，陳仁剛是知道的。但陳卻毫無原則地吸收李參加不必要參加的黨的重要會議，把黨內機密文件給李湘若看，並將他自己下鄉收集的那些反動的所謂『調查』材料，告訴李湘若。李湘若在向黨進攻時，就運用了不少上述材料。」（9月7日《人民日報》）假如他同李湘若關係緊張，李湘若攻擊他有官僚主義、宗派主義等等，那就好了。

關於李世農一案，關於安徽省的反右派鬥爭，尹曙生的〈讀曾希聖給中央的檢查〉一文提供了一些背景材料：

> 安徽的反右派鬥爭，在曾希聖的主持下，共劃出右派分子三萬一千四百七十二人，是劃右派最多的省份之一，使全省黨內、外精英受到重創。因為曾希聖獨出心裁，花樣翻新，他將中央劃右派的六條標準擴大為十二條，增加六條，即：醜化黨的領導，醜化積極分子，挑撥黨群關係，挑撥群眾關係，反對農業「三改」，反對河網化。這十二條標準，可以隨意把一個人打成右派分子。安徽的反右派鬥爭是從文教界開始的。首先是中共安徽省委文教部副部長、安徽省文聯黨組書記兼主席戴岳為首的十六人被打成「文聯右派反黨集團」；接着，安徽文聯黨組成員、《江淮文學》副主編王影和文聯黨組成員、《江淮文學》副主編石青被打成右派反黨集團；省文化局以陳仲、張熙才、余建民為主要成員被打成反黨集團。緊接着反右派鬥爭在教育、衛生、科技部門展開，所劃右派愈來愈多，鬥爭愈來愈殘酷。僅省立醫院和安徽醫科大學及其附屬醫院，副主任醫師以上高級職稱被打成右派的就有五十八人。在三萬多右派中，有二萬五千一百三十七人是文、教、衛和科研單位的知識精英、科研骨幹。

> 就在反右派鬥爭如火如荼之際，1957年11月21日至24日，中共安徽省委召開一屆四次全體會議，12月15日省委召開一屆六次擴大會議，專門對李世農、楊效椿、李銳等人開展批判，以解決省委內部的「右傾」問題。12月25日，省委報經中央同意，決定延長會議時間，並將會議擴大到省、地（市）、縣

三級幹部會議，共一千五百多人參加，還有一千八百多人列席會議，共有二百六十一人大會發言或書面發言，口誅筆伐，揭發、批判李世農等人的所謂右派反黨罪行。會議通過《關於開除右派分子李世農、楊效椿、李銳黨籍，撤銷黨內外一切職務的決議》，並定性為「右派反黨集團」。1958 年 3 月 10 日，省委向全省發佈公告稱：「這是安徽政治思想戰線上的一次巨大勝利，是安徽反右派鬥爭的最重大成果。」同一天，《人民日報》為此專門發表社論。社論是根據省委的報告和曾希聖在批判李世農等人大會上指控的「罪行」基礎上寫出的，社論「祝賀安徽省委這次會議的成功，祝賀他們在這一巨大勝利基礎上乘勝前進。」

李世農等人被指控的主要「罪行」是：「千方百計地阻撓公安機關對反革命活動的打擊，包庇和縱容了大批反革命分子、自首叛變分子和其他壞分子，為他們開脫罪責，為他們免刑減刑，為他們翻案 —— 他們對人民犯下了不可饒恕的罪行。」（社論原文 —— 筆者）

這樣的指控完全是顛倒黑白。從 1949 年解放到 1957 年底，安徽在鎮反、肅反中不存在包庇和縱容反革命的問題，而是嚴重擴大化的問題，尤其是從 1954 年以後，在農業合作化和工商業社會主義改造過程中，把幾十萬不滿意合作化的農民和工商業者打成新生的反革命、壞分子，造成了極為嚴重的後果。（《炎黃春秋》2013 年第 1 期）

尹曙生的這篇文章還告訴人們：李世農等人受到的指控，實際情形是怎樣的：

1956 年，在內部肅反中有一千七百多人未經檢察院批准公安機關擅自逮捕的。為此省檢察院向公安廳提出，今後捕人應先辦批捕手續，後捕人。這就成了李世農、楊效春、李銳「右派反黨集團」包庇、縱容反革命罪狀之一。

另一件事發生在 1955 年第二次大規模的社會鎮反中間：

全年逮捕二萬七千六百十一名反革命，超額完成任務。其中一千四百十九人沒有任何反革命罪行，有的只是家庭成分不好，有的對合作化有意見說過牢騷話而被逮捕，且沒有任何批准手續，檢察機關提出補辦手續，公安機關不得已將他們當中大部分

人釋放。為此曾經遭到李世農的批評。這就成了李世農「右派反
黨集團」的又一罪狀。

李世農一案是當年著名的大案，全國省級以上報紙都作了詳細報導，
公佈了中共安徽省委開除他們黨籍的決議，刊登了省委第一書記曾希聖評
論此案的長篇講話，《人民日報》還配發了社論，輿論造得很足。可是他不
像別的右派分子一樣要等到 1979 年才「改正」，到 1962 年 7 月，也就是在
擴大的中央工作會議（即「七千人大會」）之後，李葆華接替曾希聖擔任
中共安徽省委第一書記，在那短暫的政治空氣比較寬鬆的時候，即對李世
農的問題進行甄別，給他平了反，算是少數幸運者之一。這個右派集團的
成員楊效椿也是較早解決了右派分子的問題，1968 年 4 月 14 日中共中央、
國務院、中央軍委、中央文革《關於成立安徽省革命委員會的批示》中說：
中央「同意由李德生同志任革命委員會主任」，而楊效椿為副主任之一。

安徽省黨內右派分子還有省委委員、省委宣傳部副部長魏心一。1958
年 1 月 27 日中共安徽省委擴大的第六次全體會議《關於開除右派分子魏心
一黨籍的決議》宣佈的材料說：

> 會議揭發的大量事實證明：魏心一是省文聯右派集團反黨的
> 策劃人和指揮者，他和右派分子戴岳早已結成了反黨聯盟。省文
> 聯右派集團以林洛里〈什麼思想在領導《江淮文學》編輯部〉的
> 批評文章（編者按：這是林洛里同志寫的一篇批評《江淮文學》
> 編輯部資產階級思想作風的文章）作為反黨由頭，用修正主義
> 的觀點來曲解百花齊放，百家爭鳴的方針作為反黨的「理論」根
> 據，把黨的原則鬥爭誣衊為宗派鬥爭，作為反黨的策略手段，將
> 所謂「先剃自己的小辮子，後抓別人的小辮子」作為反黨的行動
> 步驟，都是出之於魏心一的策劃和指揮。魏心一在林洛里的批評
> 文章發表之前，即暗中作了反黨的佈置，他指使戴岳作假檢查報
> 告去蒙蔽省委，抵抗黨對他們的正確批評。林洛里文章發表時，
> 魏心一正在北京出席全國宣傳會議，他利用這個機會，一面向中
> 央宣傳部謊報省文聯情況，企圖騙取支援；一面電告戴岳，妄
> 稱「林洛里批評和中央宣傳會議精神不符」來煽動省文聯右派集
> 團的反黨氣焰。魏心一從北京回來後，又直接指揮和煽動他們在
> 省委召集的宣傳和文教部門的會議上，一次又一次地向黨猖狂進
> 攻，而他本人在這些反黨活動中則採取了兩面手法，會上一套，
> 會外一套，當面一套，背後一套，在這個人面前一套，在那個人

面前又一套，手段是極為陰險毒辣的，所造成的後果也是極其嚴重的。在相當長的一段時間內，魏心一戴岳反黨聯盟竊據了安徽文藝界的領導職位，篡改了黨的文藝方向，使黨的社會主義的文藝刊物《江淮文學》變成了反黨反社會主義的工具。當魏心一的反黨陰謀還未暴露以前，省委對他包庇右派分子戴岳的行為，曾多次批評，並責令其檢查和交代，他不僅一直拒不交代，反而變本加厲，要戴岳堅持反黨立場。由此可見，魏心一是一個堅決與黨對抗到底的右派分子。

還有安徽省教育廳副廳長、省中學教職員肅反委員會黨組副書記李微。他是 1939 年入黨的共產黨員，歷任區委書記、縣長、副專員、地委宣傳部長、市長、市委書記等職。據 1958 年 12 月 23 日中共安徽省委監察委員會《關於開除右派分子李微黨籍的決定》宣佈，其主要反動言行有：

1. 支持右派分子儲安平「黨天下」的謬論。他說：「儲安平的『黨天下』放得對，有道理，確實十二個副總理中沒有一個黨外人士。」

2. 攻擊肅反運動。他說：「肅反運動『逼追』『輕信口供』『主觀臆斷』『不實事求是』『搞左了』」，「造成不少冤案」。

3. 寬縱和放掉反、壞分子。他在肅反中親自放掉反、壞分子十四人，並規定「對反革命分子作結論，可以不戴反革命帽子」，「學校中的反革命分子要更加寬大處理，能教書的都放回去教書」，「普通反革命分子和有嚴重政治歷史問題的人只要鬥過、搜查過，都要賠禮道歉。」特別在鳴放時，他曾指使右派分子倪湘正寫信給反革命分子李瑞珠（右派分子李銳之兄）賠禮道歉，煽動其反攻翻案向黨進攻。對畏罪自殺的反革命分子李傳鼎關懷備至，派幹部陪其家屬上墳、立石碑，發給其家屬「撫恤」費七十餘元。

4. 反對黨的領導，污衊黨的幹部政策。他說：「工農幹部是土包子，沒有文化沒有理論，不能領導知識分子。」他在幹部中進行私人拉攏，封官許願，並提拔重用反革命分子陳肯和有嚴重政治歷史問題的張越。

5. 歪曲和污衊黨的工業建設和農業合作化的方針、政策。他在安慶市工作時對工業建設提出：要「抱守殘缺」，「維持住爛攤子就行了」，指示新華布廠「要搞少，搞小，搞了」。在幹部中

散佈説：「現在農村不如以前，才真是當牛馬，農民普遍沒有錢用，春天吃鹽菜，夏天吃南瓜，天天打長工，落得兩手空。」

6. 抗日時期反對對漢奸實行鎮壓政策。他説：「地主老財當漢奸是我們政策『左』了，硬逼着他當漢奸的」，主張團結漢奸，減輕地主老財負擔。解放後庇護其漢奸父親，接來奉養，並騙取了選民資格。

還有安徽省林業廳副廳長、黨組書記程明遠。他是 1927 年入黨、1937 年重新入黨的共產黨員。歷任縣委書記、中心縣委副書記、地委書記、行署農林處處長、華東農林部林業總局局長等職。據 1958 年 12 月 23 日中共安徽省委監察委員會《關於開除右派分子程明遠黨籍的決定》宣佈，其主要反動言行有：

1. 一貫與黨離心離德。污衊黨對他不信任，把他當「皮球幹部」，利用他，限制他；他認為黨不好處理他，而是有意在「三反」、「肅反」中搞他；他還惡毒地污衊黨對老幹部有兩個辦法：一是朱洪武火燒獨角樓的辦法，一是李世民養起來的辦法。

2. 攻擊和污衊各項運動。他捏造説：「鎮反時，含山縣殺人殺多了，超過比例，殺的人沒有名堂按，就按到『其他』這類。」「三反時省委硬性交代各地老虎任務，造成各地亂打一氣，蕪湖地委打死一千多人都是冤枉。」他又叫嚣「肅反錯誤很大，得不償失」，並惡毒污衊説「省委在肅反時準備三千五百人成立勞教指揮部，把沒有問題的人都想搞去湊數」。又説：「搞運動的人沒有好下場，搞運動的都是在黨內有後台的，黨內有一批人專靠搞小情報吃飯的。」

3. 攻擊省委領導，破壞黨的團結。他惡毒地污衊説：「有些領導人不如曹丕，」「三反時處理宣濟民（三反貪污分子，現為右派）是冤案。」又説：「省委有無為派、路西派、路東派、蘇北派、太行派，大別山派現在吃不開，倒楣了。」省黨代會選舉時不到會表示抵抗，選舉後，他對幾個省委負責同志進行惡毒的污衊、誹謗。

4. 反對農業合作化和生產改革。他叫嚣：「合作化搞快了」，「三改行不通」，「一九五六年災害是雙季稻造成的」，「現在農村餓得投水的投水，上吊的上吊，暴動的暴動，搶糧的搶糧。」

5. 組織反黨集團，進行反黨活動。他曾召集肅反被審查對象汪制均（副廳長，現為右派）、胡貢球（黃山林校校長，現為右派）、王文正（合肥林校校長，現為右派）、俞夢平（副處長，現為右派）、劉東屏（副處長，壞分子）等人開會計議反對林業廳肅反總結。他又經常地集聚郭崇毅、陶秉哲（均係反革命分子，現已捕）、徐曉天（叛變分子）、胡磊（壞分子）、宣醒民（現為右派）等人在一起議論攻擊肅反運動和肅反領導人員，醜化積極分子。他還暗地指使宣濟民、劉東屏等人在黨的「八大」開會前向中央誣告省委負責同志，蓄意搞垮省委核心領導。

這裏說到的汪制均，是安徽省林業廳副廳長。他是 1939 年入黨的共產黨員。入伍後，歷任班長、排長、連長、營長、團參謀長、科長、處長等職。據 1958 年 12 月 23 日中共安徽省委監察委員會《關於開除右派分子汪制均黨籍的決定》，他的主要反動言行如下：

1. 攻擊肅反運動。污衊肅反領導人員和積極分子。汪因在肅反中被審查，即對黨仇恨，他說：「不能拿全國和全省肅反成績是主要的，缺點和錯誤是不可避免的公式來套林業廳的肅反工作。」右派分子攻擊肅反對象住招待所省是違犯憲法，他贊同說：「招待所不是調幹部用的，是關人的，不好解釋。」污衊林業廳肅反領導人是「復興社分子」，利用「復興社分子」搞好人，是宗派鬥爭。並與右派分子程明遠（原林業廳副廳長）等人糾結在一起計議推翻林業廳肅反總結。

2. 與右派分子程明遠兩人為首，拉攏歷史上有問題的和對黨對領導不滿的人，在林業廳內結成反黨宗派集團。他平時對幹部採取拉攏一部分，打擊一部分，對他好的就加以重用，不好的就打擊排擠。肅反後，他負責廳裏工作期間，利用職權，與程明遠有計劃地排斥肅反骨幹。而肅反對象胡貢球、俞夢平（現均為右派分子）勞教釋放後，廳領導上要將他們調出，他不同意調，把他們留在廳裏，攻擊肅反領導同志。整風開始，他與程明遠商討好，將其反黨助手王文正（肅反對象，現為右派）安排為整風辦公室主任，上級組織派人參加該廳整風辦公室工作，他採取抗拒態度。

3. 鳴放時，煽動群眾向黨進攻，同情庇護右派分子。他在主持廳內鳴放座談會上，讚揚郭崇毅（原副處長，現查明是反革命

分子，已捕）的反動言論，並煽動說：「只有郭崇毅一個人提的尖銳，又大，又深刻，其他人都是提些『雞毛蒜皮』的小事。」當組織上劃郭崇毅、陶秉哲為右派分子（均係反革命分子，現已捕），他為其辯護說「郭只是對雙季稻有意見，並無壞意」，上級決定要他發動群眾對郭等開展鬥爭，他拒不執行。

4. 重用反、壞分子，鼓動壞分子無理取鬧。他不經廳領導研究，擅自提拔肅反中被審查出來的反革命分子徐連江（現已捕）任林業廳大別山研究站站長，鼓動壞分子盛誠（已開除勞教）與機關無理取鬧。

還有安徽省勞動局局長、黨組書記江誠。他是 1938 年入黨的共產黨員。擔任過區長、情報站長、區委書記、縣委部長、副書記、書記、市工會主席、市長（市委副書記）等職。據 1958 年 12 月 23 日中共安徽省委監察委員會《關於開除右派分子江誠黨籍的決定》，他的主要反動言行如下：

1. 反對黨的領導。他把黨對政府工作的領導污衊為「以黨代政」「干涉太多」，主張把黨和政府「統一」起來，解決「政府無事幹，黨委事情多」問題。他又說：「黨主要是從方針、政策上來領導，對於部門業務誰有能力就叫誰幹。」他污衊黨委專斷，說：「如果持有和黨委不同看法，往往容易遭受批評和打擊。」他惡毒攻擊省委說：「黨內亦有『牆』，要拆『牆』應從省委拆起。」

2. 否定社會主義建設成就，攻擊農業合作化，反對統購統銷。他說：「黨委把成績估計過大」「我總覺得工作上缺點講得愈多些，愈舒服些」「成績是基本的，缺點是存在的，已變成一種公式」。他歪曲事實說：「農業社問題多，是因為搞快了，搞大了」「統購統銷把老百姓、商人都統死了」「農民太苦了，糧食不夠吃，『三定』有問題」，叫囂農民生活不如過去，「現在連稀飯也吃不上」。

3. 鳴放中到處點火，煽動別人向黨進攻。他除在言論上稱讚右派分子儲安平「黨天下」反黨謬論外，還煽動對領導有意見的人「趁機會放」，他寫信給右派分子張笠（原省物資局副局長）和張伯鍔（原農業廳糧食生產局長）說：「現在已整風了，真正的內心話似乎報紙上發表不多，我們這些靠黨吃飯的⋯⋯一下要拿出真實的東西是困難的。」同時，他又鼓勵機關內的叛變分子黃安才等向黨進攻。

4. 一貫敵視黨的各項政治運動。他說 1942 年整風「是坑人」，把 1947 年淮海土改鬥爭地主和鎮壓惡霸說成是「亂打亂殺」，說「三反冤枉了很多好人」，叫囂「一九五五年肅反『打擊面寬了』『搞糟了』，把人搞的『不敢來往』」。他還責令肅反幹部向叛變分子賠禮道歉，擅自改變案件性質，強調對反、壞分子要「一視同仁」，並說：「他們（反、壞分子）在政治上已經吃了苦，在經濟上應照顧一點」，因而，機關內五個反、壞分子在他庇護下，得到了提職、提級。

這裏說到的安徽省物資供應局副局長張笠。他是 1938 年入黨的共產黨員，1940 年入伍。歷任縣府秘書、科長、黨訓班政指、縣委宣傳部長、副書記、旅政治部科長、後勤處長、縣委書記、校委書記、地委組織部長、副書記。他的反黨反社會主義主要言行及嚴重違法亂紀的事實，據 1958 年 12 月 23 日中共安徽省委監察委員會《關於開除右派分子張笠黨籍的決定》宣佈，有：

1. 反對農業合作化運動和糧食統購統銷政策。他任滁縣地委副書記時，說滁縣專區農業合作化運動「帶有幾分冒險性，如再勉強躍進一步，就有跌傷的危險」。在糧食統購問題上，他公開叫囂：「口糧標準過低，農民不夠吃的。」

2. 攻擊省委領導。他污衊我省公佈的糧食增產數字不實，並且有意找缺點，抹煞「三改」成績。去年春天，省委號召機關幹部借款支援農業社生產，他乘機捏造事實，公開指責省委。他對省委發下的農村購買力增長調查數字不滿，說：「沒有這麼高，不能替他當喇叭筒子，作宣傳員。」

3. 挑撥農民與黨和政府之間關係。他曾引用北宋張俞的蠶婦詩「昨日入城市，歸來淚滿襟，遍身羅綺者，不是養蠶人」來污衊今天城鄉人民之間關係。他誣衊我們國家機關工作人員同封建統治階級一樣，說什麼「大幹部穿呢衣，中級幹部穿嗶嘰，一般幹部穿線呢，農民穿個破簔衣，迎風吹來變成翻毛雞」，並在他所聯繫的農業社幹部會上公開煽動說「要減輕農民負擔」。

4. 鳴放期間，和其他右派分子一呼一應瘋狂地向黨進攻，並對局內右派分子進行包庇。右派分子江誠（原省勞動局局長）給他信中充滿反黨論調，他表示同情。右派分子王曉農（原物資供

應局代處長）叫嚷：「農村工作搞得這麼糟，這樣下去不得了，農民要革我們的命！」他點頭贊同。當王曉農誣衊和否認我省工業建設成就時，他公開支持王説：「工業工作搞得這樣，工業廳還有人當上部長呢！」王被劃為右派分子，他把黨內討論王的情況洩露給王曉農，並千方百計地對王進行庇護，説「王的反黨材料不確實，領導上有個人情緒」，又在全局幹部中進行活動，説「王是思想錯誤，不能一棍子打死」，直至王曉農已承認自己是反黨反社會主義的右派分子後，他還在大會上當着王曉農的面説「王不是右派分子」。

還有安徽省政協副主席、安徽省人民代表大會代表、安徽省人民委員會委員李雲鶴。他 1925 年參加黨。據 1958 年 12 月 23 日中共安徽省委監察委員會《關於開除右派分子李雲鶴黨籍的決定》宣佈其主要反動言行有：

1. 在大鳴大放期間，同情並支持右派分子向黨進攻。省政協機關批判章伯鈞、羅隆基的反黨謬論時，他為章、羅辯護説「他們不是處心積慮的」，「不能肯定他們有陰謀」。右派分子張東野惡毒攻擊「共產黨沒有人情味」，他説「張東野的話是有道理的」，又説：「張東野的話不是攻擊我們」。當左派王任之等反擊右派言行時，他深為不滿，並阻撓焦鳴鑾反擊右派。

2. 他經常散佈反對黨的根本路線的謬論。他常説「中國的問題，首先是農業問題，而不是工業」，「中國是農業國，安徽是農業區，應該先農後工，不然就要犯錯誤」。他誣衊安徽省的農業合作化「搞得太太快了」；初級社升高級社是「盲目地不從客觀實際出發，而以主觀願望出發」。他反對糧食統購統銷，説：「黨內外都有不滿情緒」。

3. 一貫反對省委推行農業「三改」的正確措施。1956 年下半年，他到處搜集農村工作中的缺點來攻擊省委，誣衊「雙季稻搞壞了」，淮北搞稻改是「庸人自擾之」，三改增產「事實上並不如此」，「農村幹部報喜不報憂，省委對災情沒有及時拿出辦法來」。

4. 他長期存在對黨不滿和對抗情緒，誹謗省委負責同志，並誣衊「黨內也有世態炎涼」。

這個《決定》所列李雲鶴的簡歷有點亂：歷任支隊副司令、特派員、副官處長、省委書記、省委特派員、中心縣委書記、特委書記、紅二十七

軍司令員、市委書記，1933 年在山東日照任中心縣委書記時，被捕判徒刑五年，1937 年由柏文蔚保釋後，歷任中心縣委書記、地委書記、華東聯絡部第二工委書記、皖北行署副主任兼區黨委統戰部長、省委統戰部副部長等職。

在安徽省，中共蚌埠市委員會好幾位領導人都被劃為右派分子。包括市委第二書記兼監委書記羅霞光、副書記王榮華、副書記兼市長杜宏本，被稱為「羅王杜反黨聯盟」。他們的錯誤，據宣佈，有這樣一些：

羅霞光在肅反工作中，夥同王榮華等反黨分子，除忠實地執行李世農的「寧右勿左」，「寧漏勿錯」，「只要從寬，不要從嚴」的反動方針外，還製造各種謬論，寬縱大批反、壞分子。

王榮華忠實執行了李世農關於「必須具備一兩條肯定反革命性質的材料，才能作為調查對象」，「調查經費平均每個肅反對象不得超過一百二十元」的反動規定，限制對反、壞分子進行調查。他還批准史堅吸收有嚴重政治歷史問題的人參加肅反領導工作。他在北京高級黨校鳴放時，誣衊肅反運動「犯了擴大化的錯誤」，並說這是「中央規定 5% 的比例」和省委反右傾造成的。

他公開聲稱「凡是經過鬥爭未定為反革命的都算鬥錯，都要賠禮道歉」，並威脅幹部說：「你們若思想不通，就是黨性不強，再不通，換換班子，看你們通不通。」他還誣衊「招待所控制太死太嚴，比拘留所還厲害」。

他與杜宏本一起誣衊農業合作化運動，他說農業合作化是「轟起來的，不好鞏固」，是「冒進」。他還攻擊郊區增產規劃「是硬向上吹的，根本不能實現」。

他說「糧食不夠吃是普遍存在的問題」，「農民流入城市的主要原因是沒有糧食吃」，「我路過邯鄲，如果遇不到熟人，連飯都吃不到」。今年 3 月，郊區正處在生產大躍進和社會主義大辯論之際，他卻親自去郊區佈置連夜普查糧食「不夠吃」的情況，大撥救濟糧款，不僅破壞了春耕生產，而且支持了地、富、反、壞分子攻擊統購統銷政策。

還有中共蚌埠地方委員會副書記郭永錫也被劃為右派分子。他的錯誤，據宣佈有這樣一條：

利用職權，反對合作化運動。1953 年原宿縣地委試辦了十個農業社，郭當時大叫辦社是「盲目擴大社會主義經濟成分，不照顧小農經濟的特點」。同年秋他又在地委擴大會上提出「要普遍地貫徹十大自由政策，保障私有制」，靈璧縣委試辦了十多個農業社，他也說是「冒進」，要縣委解散，1954 年春他主持開各縣農工部長會議，在會上說「自發社不是好現象，要立即解散」，在他直接佈置下，解散了許多合乎條件的自發社。1955 年春，五河縣試了二百多個農業社，即將試辦成功，郭勒令該縣解散。1956 年 8 月他在宿縣區書會議上污衊說「合作化後，衣、食、住、行四個字，連一個字也未搞好」。污衊合作化搞糟了，沒有一個社增產，污衊社幹部比過去地主、土匪還厲害。

河南省人民委員會人事局的局長同中玉和副局長李繼勝都被劃為右派分子了。同中玉，他是 1928 年入黨的共產黨員，1955 年以中共河南省委組織部副部長的職務兼任省人民委員會人事局局長的。李繼勝，他是 1938 年入黨的共產黨員，曾任中南行政委員會人事局辦公室主任，1954 年大行政區一級撤銷，調任河南省人事局副局長。據宣佈，他們都有破壞反右派鬥爭的罪名。

還有中共河南洛陽地委副書記巨和勤，他 1938 年參加中國共產黨，曾任縣長、縣委書記、專員、地委副書記等職。據宣佈，他的錯誤言論有：

> 「以黨代政從上到下，不是一天，是很長時間了。」

> 整風鳴放以後他回家（山西安澤縣）一趟，回來後認為合作化搞糟了，對李天堂同志說：「在我們那裏，過去是米糧川，現在是沒啥吃，我回去了解真實情況是這樣的。」

河北省反出的黨內右派分子有省委常委、省委統戰部部長劉洪濤、省委候補委員、省工會聯合會主席杜存訓等人。據報紙上說，「1957 年夏季，當資產階級右派向黨發動猖狂進攻的時候，劉洪濤和右派分子王葆真結成政治上、思想上的聯盟，向黨進行了猖狂的進攻。1957 年 3 月間，王葆真借水利問題向黨和人民政府發動了攻擊，否認黨和政府幾年來水利工作的巨大成就，污衊黨和政府『虛擲』水利經費，給河北人民造成了嚴重的災害。劉洪濤竟給王葆真出謀劃策，企圖借水利問題混淆視聽，製造混亂，以達到其反黨反社會主義的目的。在 1957 年 8 月省人民代表大會第六次會議期間以及會後，劉洪濤為了包庇王葆真，掩蓋他自己的反黨罪行，

進行了一系列的反黨活動：堅決反對在大會上對王葆真的徹底批判；隱瞞王葆真的反黨言行材料；以省委統戰部長身份，使用威脅手段，玩弄兩面手法，阻止對王葆真的批判」。(1958 年 7 月 12 日《人民日報》)

這裏提到的王葆真的情況，在第十二章已經説過。這時是第一屆全國人大代表。當然是省委統戰部部長劉洪濤重要的工作對象。

杜存訓的問題，據這篇報導説，「杜存訓打着維護工人階級利益的招牌，公開煽風點火，反對和破壞黨對工人運動的領導，利用少數人的不合理要求和狹隘的經濟利益，來破壞工人階級社會主義事業的根本利益，煽動和欺騙工人群眾；把鬥爭的矛頭引向黨，利用工人鬧事來反對黨，挑撥工會與政府對立，阻撓和抗拒執行政府的法令，企圖把工會凌駕於國家政權之上」(1958 年 7 月 12 日《人民日報》) 等等。

廣西反出的黨內右派集團，是以前廣西省委常委、廣西省副省長陳再勵為首，包括前省委常委王夢周，前省委委員廖原、駱明、王浩，候補委員廖聯原等人。1958 年 6 月 30 日中共廣西壯族自治區第一屆代表大會第三次會議《關於開除黨內右派分子陳再勵、王夢周、廖原、駱明、王浩、廖聯原黨籍的決議》宣佈的材料説：

> 從大會以及大會之前所揭發出的材料説明，這一右派集團進行反黨反社會主義活動，已經延續了一年之久。從 1956 年 6 月，中共廣西省第一屆代表大會第一次會議開始，他們就打着「反冒進」「反主觀」的旗號，極力詆毀農業合作化和農業生產所取得的巨大成就，攻擊黨的領導，進行破壞黨的團結的活動，到 1957 年 6 月，中央宣佈處理廣西因災餓死人事件時，他們的反黨反社會主義活動發展到了最高峰。在黨內檢查因災餓死人事件的會議上，他們直接違反了中央對這一事件的正確結論，橫生枝節，借題發揮，硬把因災餓死人事件説成是合作化和糧食統購統銷政策所帶來的惡果，並進而全盤否定廣西的工作，認為黨在農村工作上「犯了路線錯誤」，要求「重新估計農村工作」，要求省委「肯定錯誤」。

> 這一右派集團集中攻擊的首要目標，是 1955 年下半年到 1956 年上半年的農業合作化高潮和伴隨而來的農業生產高潮。他們根本否定我區廣大農民熱烈響應黨的號召，迅速實現社會主義農業合作化這一偉大的歷史行動，把農民群眾的社會主義積極性

說成是「強迫出來的」，「農業合作化太快了」。他們竭力攻擊合作社「只顧集體，不顧個人」，要求無限制地發展社員家庭副業，藉以瓦解合作社的集體生產。他們否認合作化的優越性，把合作社的生產說成一團糟。

廣西被反出的黨內右派分子還有自治區檢察院副檢察長徐江萍。據報紙上說，「當去年黨內外的資產階級右派向黨瘋狂進攻時，他惡毒地攻擊肅反成績，替地主、富農、壞分子和反革命分子『伸冤』叫囂，硬說所謂『冤案』、『錯案』佔百分之五十以上。」（1958 年 7 月 15 日《人民日報》）

廣西壯族自治區的黨內右派分子還有原廣西省婦聯副主任阮力。據 1958 年 10 月 1 日《中共廣西僮族自治區委員會整風領導小組關於右派分子阮力定案與處理決定》宣佈，她的主要反動言行有：

　　1. 攻擊統購統銷政策，她說：「在統購糧食問題上，不根據政策辦事，欺騙群眾亂宣傳，強迫命令違法亂紀，侵犯群眾利益十分嚴重。」污衊統購是「區幹用開除黨籍、捆綁、抄樓等辦法進行」，或用「拂曉包圍，天亮解決」，攻擊統購統銷搞糟了，說「造成不少人妻離子散，家破人亡，很多婦女兒童餓死了，很多婦女兒童變成了孤兒寡婦，很多婦女兒童至今與親人離散」。

　　2. 攻擊各級黨委，醜化各級黨委的負責幹部和污衊黨的幹部政策。他說「中央省委對全省餓死人事件，籠統總結為因災餓死人，值得進一步研究分析。」「死人事件的檢查是民主人士反映到中央後，中央才派人檢查處理的，這麼多共產黨員都在幹什麼呢？」又說「大幹部下去排場太大，真正接近深入群眾太少，在負責幹部中打圈子較多，不如舊社會的清官還化裝到民間私訪」，說省委「執行幹部政策沒有原則」，攻擊各級黨委不重視婦女工作，挑撥婦女幹部對黨不滿。還說婦女幹部搞中心工作是不務正業。

中共福建省委於 1957 年 12 月打出了一個「黃國璋、林汝楠、許集美、王一平反黨集團」。他們的職務是：黃國璋，原福州市委書記；林汝楠，原省教育廳長；許集美，原晉江專區專員；王一平，原福州市委書記，說他們進行了地方主義反黨活動。中共福建省委全體會議決定開除地方主義分子黃國璋、林汝楠、許集美、王一平的黨籍。黃國璋、林汝楠、許集美、王一平反黨集團的主要錯誤如下：

1. 否定老區工作的成績，否定黨的正確領導，攻擊省委在老區工作上有路線錯誤，說「老區工作只有缺點沒有成績」，叫囂「老區人民政治上沒有翻身」，說「解放後給老區群眾不是帶來幸福而是帶來禍害」。同時他們說「老區問題嚴重，新區問題也一樣，只是沒有人揭發罷了」。

2. 誣衊攻擊黨的幹部政策，反對依靠南下大軍、南下幹部，以南下幹部為骨幹團結培養地方幹部的方針。他們硬說黨與南下幹部有「宗派主義」，說黨對地下幹部的政策是「趕掉政策」，「排擠政策」「打擊政策」。說地下幹部是「童養媳」，「殖民地」，「有職無權」，「坐冷板凳」，「不如民主人士」。說解放後新培養的地方幹部都是些「唯唯諾諾」、「吹牛拍馬」的人物。說「南下幹部提拔快，地方幹部提拔慢」，「黨紀國法也是對南下幹部寬，對地下幹部嚴」等等。同時還大肆宣揚南下幹部「不了解本地歷史」，「不理解本地幹部和老區群眾的心情」，只有他們才是本地利益的代表者。

3. 攻擊黨的歷次政治運動，特別是攻擊黨的「三反」、「鎮反」、「肅反」、「審幹」等政策，攻擊人民民主專政。他們歪曲、誇大甚至捏造事實，來否定歷次政治運動的成績，替反革命分子、叛徒、勞改犯、被管制分子和壞分子叫冤翻案，並把這些都叫做「錯案」，都說成是南下幹部「有意地打擊、迫害、誣陷地下老革命」。此外，他們還攻擊了黨的其他一系列方針政策。如說「合作社大都減了產，一點勞動自由也沒有」，「定產太高，公糧負擔重，糧食不夠吃，天下烏鴉一般黑」，「上面官僚主義，下面不顧人民死活」，「土改四大錯：錯評成分、錯判、錯管、錯殺」，「體制不如美國好」，「無產階級專政容易產生個人崇拜」，「南斯拉夫工人權力大，⋯⋯我們小小合作社還要派二百五的主任」等等。

這個反黨集團的成員都是地下黨員，他們切身體會到了南下幹部與地下幹部的不同待遇，他們不知道的是，在全國解放以後，中共中央對於那些在白區出生入死幹革命的地下黨員有一個十六字方針：「降級安排，控制使用，就地消化，逐漸淘汰。」（見《炎黃春秋》2012年第8期第78頁〈南京解放前後的陳修良〉）總之是視為異類，不被信任。他們對此不滿，當然就是反黨、是地方主義了。

重慶市，中共重慶市委常委、市委宣傳部長張文澄被劃為右派分子了。據中共重慶市第一屆代表大會第二次會議《關於開除右派分子張文澄黨籍的決議》說：

> 張文澄還恬不知恥地以四川地下黨的「頭面人物」自居，一貫散播地方主義情緒。以虛偽的「關心過去四川地下黨的同志的利益」，「替地下黨的同志說話」的面孔，拉攏某些思想上不夠健康的人，在黨內劃小圈子，挑撥地下黨的同志和老區來的同志之間、本地幹部和外來幹部之間的關係。企圖利用這種地方主義情緒和宗派活動，挑起黨內的爭論和混亂，破壞黨的團結和統一，以實現其個人野心的目的。

看來，他的地下黨員的身份是他受到打擊的重要原因。這個《決議》還說到：

> 張文澄一方面對黨是這樣的刻骨仇恨，瘋狂進攻；另一方面對右派分子則情長誼深，愛護備至。他公然違抗組織決定，替右派分子劉盛亞在大張旗鼓鎮壓反革命時期所寫的、曾受文藝界嚴肅批判的、為反革命分子辯護的反動小說《再生記》翻案；並且批准報紙刊登解放前專寫反共文章的反動文人王向辰（老向）向黨進行新的進攻的文章，為其恢復「名譽」。直到反右派鬥爭期間，他還竭力替一些右派分子進行辯護、開脫。

他這個宣傳部長還是很開明的。

在重慶市打出的黨內右派分子還有：中共重慶市委候補委員、中共重慶市工會黨組書記、重慶市工會主席張顯儀，中共重慶市委文教部副部長陳孟汀，重慶市財政局局長、黨組書記戎占芳，重慶建築工程學院副院長、黨委委員張鐵民。

中共成都市委常委、市委宣傳部部長、成都市副市長葉石也被劃為右派分子。從中共成都市委《關於開除右派分子葉石黨籍的決定》看，他最大的錯誤是攻擊了省委書記李井泉：

> 去年3月，葉石在北京參加中央宣傳工作會議時，曾在有黨外人士參加的小組會上攻擊省委，他說：李井泉同志去年2月在省、市級機關黨員科長以上幹部會上，傳達省委召開的地、市委

書記會議的報告和主席的報告精神不一致，他認為李井泉同志過分強調了階級鬥爭，對去年知識分子思想亂不亂的估計過分了，他特別對李井泉同志報告中提到的把敵對思想搞臭很不滿意。由京回來後，他又召集中學黨員校長開會，進行學校政治工作會議的所謂「補課」，他在這個會上說「不能用粗暴的辦法一棍子打死，不能過分強調階級鬥爭」，「人民內部矛盾是主要矛盾，要正視我們的錯誤」，「總的說來，成績是主要的（否則與國民黨一樣），但那個具體單位則當具體分析」，「鬧事說明了有官僚主義」，「保護人民，不保護官僚主義」，「香花毒草是要分，但在某些時候，一時劃分不清，不要着急去劃」，「不能迷信經典著作，要考慮我們的民族特點，傳統要求」，「學蘇聯不結合實際，把凱洛夫、申別廖夫捧為聖旨」，「教育界的最大危險不是修正主義，是機械地學習蘇聯，一定要反對教條主義」。

葉石並在市委宣傳部部分科長幹事中間散佈「李井泉同志的報告和主席報告的精神不一致」的謬論，在他這種思想的影響下，宣傳部科長馬錫祿、吳其茂、李友竹等在座談杜心源同志準備在省委宣傳工作會議上的報告初稿的座談會上攻擊省委說：「省委在貫徹百花齊放、百家爭鳴方針的指導思想上有教條主義。」會後馬錫祿以市委宣傳部的名義向省委宣傳部寫報告，要省委從指導思想上檢查「教條主義」。

這個文件還說了葉石的另一個錯誤：

> 葉石對於省委宣傳部批評市話劇團演出的《雷雨》、《桃花扇》極端不滿，並借此事公開攻擊省委宣傳部。他明知話劇團演員對省委宣傳部的批評不滿，竟在市話劇團全體工作人員大會上說「演出《雷雨》、《桃花扇》外邊意見很多，為什麼不可以演？我是硬着頭皮，沒有表示態度。」並且說：「有兩種藝術，一種是能夠立刻產生教育效果的，如在老解放區，演出一出參軍的戲，台下的人就踴躍報名參軍；另一種藝術是曲曲折折為政治服務的，如《雷雨》、《桃花扇》就是。」他主張把話劇團固定下來，建立劇場藝術，不必下廠下鄉。這說明他和黨的文藝為政治服務和文藝為工農服務的方向是有嚴重分歧的。

江蘇省交通廳副廳長，黨組書記張鎮，是 1941 年入黨的共產黨員，也被劃為右派分子。據中共江蘇省交通廳支部委員會《關於開除右派分子張鎮黨籍的決定》說他：

一貫堅持地主階級立場，他在歷次政治運動中，都是以反
對者的面目出現，顛倒黑白，破壞運動。三反運動中，就曾為揪
倒領導進行了非組織活動；反右派鬥爭中同情和支持右派，提出
「不要擴大化」，要接受「肅反教訓」的論點，為右派分子辯護。

1958 年 3 月，中共青海省第二屆委員會第五次全體（擴大）會議，揭
發批判已經被打成右派分子的原省委書記、省長孫作賓，決定將他開除出
黨。會議揭發「孫作賓等人」不少的錯誤，例如，「孫作賓等還反對無產階
級專政，反對偉大的肅反運動和反右派鬥爭，污衊『肅反過火了』，『冤枉
了好人』，對於被寬大處理了的反革命分子，他們也要求黨和人民向其道
歉。孫作賓本人就曾向一個被錯釋的反革命分子當面道過歉。果洛地區至
今尚未進行肅反運動，孫作賓卻要在果洛『平反』。這就足以説明他對肅反
運動仇視到如何的程度。孫作賓等反黨分子還包庇反革命分子，重用反革
命分子，甚至還以什麼『無罪推定論』，『反革命陰謀未遂』等等荒謬論據，
平白無故地大量地改判和釋放犯人。對於反右派鬥爭，他們同樣也是仇視
的，竟敢公然阻撓反右派鬥爭，包庇右派分子。」（1958 年 3 月 11 日《青
海日報》）

1958 年 6 月 20 日中國共產黨青海省第二屆代表大會第二次會議《關於
同意清除右派分子孫作賓等出黨的決議》宣佈的材料説：

右派分子孫作賓，是竊據在省委領導核心內的資產階級個
人主義野心家，是資產階級、牧主階級在黨內的代理人。省委同
他的根本分歧是社會主義同資本主義兩條道路的鬥爭，是馬克思
主義原則同反馬克思主義原則的鬥爭，是黨的正確路線、方針同
反黨的路線、方針的鬥爭，是加強無產階級專政和黨的領導同取
消無產階級專政和黨的領導的鬥爭。孫作賓在青海的主要謬論和
罪惡活動是：反對畜牧業社會主義改造。説畜牧業社會主義改造
可以「不走合作化」，也「不要搞公私合營牧場」，所謂「辦法」
是依靠牧主階級「自動放棄剝削」，鼓吹「果洛地區兩年內大體
可以放棄舊制度」。他的資產階級路線是自上而下，依靠頭人，
説「抓過來上層，就會抓過來群眾」。誇大民族矛盾，根本否認
牧業區有階級存在，反對階級鬥爭。説牧業區「上層、宗教、群
眾是三位一體」。説上層人物和共產主義幹部是「父子關係」，
壓制勞動牧民反抗牧主剝削和壓迫的正義要求，窒息階級鬥爭力
量。他把一切問題都歸罪於「大漢族主義」，把漢族幹部醜化成

「大漢族主義者」。反對無產階級專政，反對肅反。到處污衊「肅反過火，冤枉了好人」，還指示根本沒有進行肅反的果洛地區也要「平反」，又積極破壞反右派鬥爭，他把右派分子看成是我們臆造的。公開包庇右派分子，糾合右派分子向黨進攻，並令右派分子潘光亞搜羅了五百五十一條「意見」，作為攻擊省委的毒箭。反對平息武裝叛亂的方針。說川北、川西及本省河南縣達參部落的叛亂是大漢族主義造成的，否定其反革命性質，說「不該打」。反對黨的領導。要民族上層人士當「司令員」，我們當「參謀長」，還要全體幹部團結在上層人物周圍，「他們同意什麼，就作什麼」，否則就是「強加於人」。

孫作賓的妻子劉傑，1937 年 2 月入黨的共產黨員，這時擔任青海省婦聯主任，全國婦聯執委，行政十級的高級幹部。同時也被劃為右派分子了。據中共青海省委員會《對右派分子劉傑的處理結論》說：「劉傑是孫作賓反黨集團的主要成員之一，夫唱婦隨，對孫作賓的反黨罪行，毫無揭發，這次會議中，一再包庇。」

還有中共青海省委統戰部副部長潘光亞，1938 年加入中國共產黨的，行政十級。也被宣佈為「孫作賓為首的反黨集團的主要骨幹」，劃為右派分子，開除了黨籍。

中共新疆維吾爾自治區委員會擴大會議反出了一些黨內右派分子、地方民族主義分子。他們是：孜牙・賽買提（自治區文化廳廳長、文化廳黨分組書記、自治區文聯主席、作家協會自治區分會主席）、依不拉音吐爾的（自治區民政廳廳長、民政廳黨分組書記、作家協會自治區分會副主席）、阿不都熱依木・艾沙（自治區黨委候補委員、伊犁哈薩克族自治州副州長）、阿・賽德（烏魯木齊市市長）、阿不列孜・卡里（自治區商業廳副廳長）。他們都被開除了黨籍。（1958 年 6 月 27 日《人民日報》）

1958 年 5 月 25 日《人民日報》報導中國共產黨第八屆全國代表大會第二次會議情況，有一段專門講反對黨內右派的鬥爭，列舉了各地的黨內大右派：

> 浙江、甘肅、安徽、雲南、廣西、青海、河北、廣東、新疆、河南、山東等省和自治區的代表，在大會發言中報告了本地區黨組織在整風運動中同黨內的右派分子以及地方主義分子、民族主義分子、右傾機會主義分子作鬥爭的經過。被這些地區黨組

織所揭發出來的重要右派分子有：原浙江省委常委沙文漢，楊思一、彭瑞林，省委委員孫章祿等右派分子，以原甘肅省委常委孫殿才、省委委員梁大均、副省長陳成義等人為首的右派反黨集團，以原安徽省委書記處書記李世農為首的右派集團，以原雲南省委常委鄭敦為首的反黨集團，以原廣西省委常委陳再勵為首的右派集團，原青海省委常委、反黨分子孫作賓，原河北省委常委、右派分子劉洪濤等人，這些右派分子都已被清除出黨。

這並不是最後的總結。八大二次會議之後還在繼續進行反對黨內右派的鬥爭。

在許多省裏，把一些省委常委乃至書記處書記這樣的高級幹部劃成了右派分子。為什麼會發生這樣的事情呢？江渭清的回憶錄中講的一件事，也許可以幫助我們了解這個問題。他說：

1957年7月上旬，毛主席在南京找部分省、市委第一書記談話時，曾嚴厲地批評了我。

毛主席問：「你們江蘇省委書記、常委裏頭，有沒有右派？為什麼不反？」

我回答說：「主席啊！哪個人沒有幾句錯話呢？您老人家說的嘛，十句話有九句講對，就打九十分；八句話講對，就打八十分⋯⋯」

毛主席大概沒料到我會這樣回答，頓時生氣起來。他拍着沙發邊的茶几，說：「你到底反不反右派！」

我想：自己是省委第一書記，是省委一班人的班長，如果書記、常委內有「右派」，那我就是「頭」。所以我秉公直言：「要反右派可以，請您老人家下令把我調開，另外派人來。因為是我先右嘛！您先撤了我，讓別人來反。」

聽我這麼表態，毛主席倒消了氣，說：「那好嘛，你就不要反嘛！」他還帶着幽默的口吻說：「渭清啊！你是捨得一身剮，敢把皇帝拉下馬。」

我回答說：「主席啊！我是捨得一身剮，要為你老人家護駕。」

因為江渭清採取了這樣的態度，所以最後的結局，如他自己說的，「我們江蘇反了右派，並且同樣出現了『擴大化』的錯誤；但就黨內來說還沒有因為反右而到過分『傷筋動骨』的地步。從省委常委起到地、市、縣委這幾級主要領導幹部，都沒有扣『右派』帽子，保護了下來。」（江渭清，《七十年征程》，第 415–417 頁）

毛澤東親臨前線督戰，他對江渭清說的這些話，想必也對江華、曾希聖等人說過的吧。只是他們不是像江渭清這樣回答的，於是沙文漢、李世農輩就不免了。也許，江華、曾希聖他們原來就已經對沙文漢、李世農輩很有些不滿了，現在正好趁着毛的督戰，解決這個問題。

中共中央高級黨校是培訓黨內高級幹部的最高學府。當時校內分普通班、新聞班、研究班、師資訓練部等單位，普通班學員全是司局級幹部，新聞班學員為各省市相當於廳局級的新聞單位負責人。反右派鬥爭開始，有的省市黨委向中央和黨校建議讓學員提前畢業，回去參加領導本單位的反右派鬥爭。可是毛澤東不同意。6 月 17 日晚上，他看了陸定一拿給他看的黨校出版的《整風簡報》，看到那上面登的學員們的一些言論，認為都是嚴重的右傾思想，對這些錯誤思想，一定要發動群眾，開展批評，明辨是非，不能讓他帶着這些錯誤觀點回去。

高級黨校校長楊獻珍（兼黨委第一書記）和副校長侯維煜（兼黨委第二書記）對普通班、新聞班這些老幹部還是想儘量保護的。7 月 22 日他們向中央書記處上報了四名學員的材料，其中初步確定劃為右派分子的只有兩人，一個入學前是《廣西日報》代理副總編輯的王譚，一個入學前是國務院宗教事務管理局的局長徐盈。王譚的右派言論，如說〈關於無產階級專政的歷史經驗〉一文「自我批評不足」，「蘇聯有個人崇拜，中國是否也有個人崇拜？」「毛主席有不對的地方也可以批判」等等。鳴放開始後，有學員評論林希翎、譚天榮的演講都是毒草，王譚說「也許幾萬年後會成為鮮花」。徐盈原是《大公報》的名記者，地下黨員。要劃他為右派，一是因為他同儲安平、浦熙修、徐鑄成等人的關係；一是他主張新聞自由，辦同人報。中共中央高級黨校普通班第七支部委員會《關於極右分子徐盈的政治結論》中說：「徐盈參與章、羅聯盟在新聞界的右派集團，充當新聞界右派向黨進攻的幕後『軍師』。徐盈與彭子岡（徐妻）兩人，跟儲安平、浦熙修、徐鑄成等人，互相串連活動，密謀篡改《光明日報》、《文匯報》的政治方向，並且『與王芸生勾結，對《大公報》也要撈一把』，奪取黨的領導

權。在『鳴放』期間，徐盈幾乎每個星期天都跟儲安平一起，對辦報方針、改版方案，派人到九大城市『點火』，成立小組織，以及排擠報社內全部共產黨員，重用右派分子等一系列反動的計劃與步驟，都進行了密謀。1957年6月8日人民日報發表了〈這是為什麼？〉的社論，當晚王芸生、浦熙修等又齊集徐盈家，共同研究了對策。」

除了王譚和徐盈這兩個人要劃為右派分子以外，還有兩名學員，同情社會上的某些右派言論，應當批判，但不劃為右派分子，一個是蕭魯，入學前是全國總工會海員工會國際部部長，另一個是王善玲（女），入學前是勞動部工資局副局長。鄧小平看了這個報告以後，對楊獻珍、侯維煜說：你們高級黨校學員中絕不會只有兩個右派分子。他提出蕭魯應劃為右派，如果這樣的人不劃為右派，黨內就沒有什麼右派了。在旁邊的彭真插話說，現在的問題不是蕭魯是不是右派，而是你們兩個是不是中右的問題。

鄧小平看了蕭魯的材料。中共中央高級黨校曾經把第十四支部委員會整理的有關蕭魯同志錯誤思想的材料印發給全校學員討論。這篇材料的內容如下：

（一）同意「教授治校」，同意撤出公方代表

5月下旬一次漫談「鳴放」觀感的小組會上，當有的同志提到最近報上不是和風細雨，有些意見是企圖不要黨的領導，否認黨的根本組織原則（如改變學校黨委制、撤出公方代表等）的時候，他認為：在新形勢新情現下，黨的基本組織制度是可以考慮改變的。如：

（1）大專學校可考慮改變黨委制，採用教授治校。因為大學教授對我們意見很多，我們管不了教學，我們某些領導幹部確實不行，既然我們不行他們行，就讓他們領導，搞不好再批評。況且上邊有教育部的領導，下邊有黨組織（支部）的保證，有些黨的指示又是公開的，黨員可根據這些指示，自下而上地監督。黨的領導可通過國家來實現，不要在具體環節上去爭。

同時他還談到像海員工會（蕭在海員工會工作）這樣的黨組，也是可以考慮取消的。他認為：海員工會黨組是全總下屬的一個分黨組，工運方針無權決定，並且下邊有機關支部的保證，

海員工會又是常委制，常委都是黨員，十幾個常委委員有七個是黨組成員，這樣機構重疊，實際是一套。

（2）他同意撤出公私合營企業裏的公方代表，認為有些公方代表就是不行，思想不好，能力不強，不行何必裝行。資本家內行有經驗，可讓他們去搞，搞好了當然好，搞不好再打他們的屁股；況且政策方針由我們制定，上邊有管理局等機構的領導，下邊有工會黨組織的監督，他們不敢搞不好。

（二）同意定息二十年

在同一次會上爭論到李康年提出的二十年定息的意見時，有的同志說：這是資產階級一種名利雙收的打算。蕭則說：這意見可以考慮。給他二十年，何必小氣，總是要給的，乾脆一點麼，反正一年就是那些錢。

（三）認為黨員叛黨也要黨委負責，
葛佩琦辱罵黨是因黨整了他。

（1）6月初，他去北大、清華參觀大字報，當看到黨員叛變的自白書時，有同志指出：這是叛黨行為，他卻說：「我看，黨委也有責任。」

（2）看了《人民日報》上葛佩琦極端仇視黨和公開辱罵黨的反動言論時，他不僅不憤慨，反說：「是否黨過去把他整了一下，搞凶了點，因而泄私憤，發牢騷。」

（四）認為《文匯報》、《光明日報》「政治上敏銳」，
大字報「沒有什麼不正常」。

（1）當《文匯報》、《光明日報》猖狂地向黨進攻的時候，他對這兩個報紙很感興趣，有時看到深夜，覺得合口味，說它們「政治上敏銳」，並且向別的同志推薦，同時還說：「《人民日報》落後了，《工人日報》跟不上。」

（2）他覺得6月初（鳴放期間）北大、清華的大字報「沒有什麼不正常」，認為大字報裏的意見都可考慮，並且勸別的同志要「冷靜些」。對大字報反映的內容，他總的感覺是「真觸目驚心」，「沒想到黨這樣脫離群眾，工作搞得這樣糟」。

（五）認為要駁倒羅蘭為胡風申辯的大字報是很費勁的

6月8日後的某次小組會上，討論右派的性質時，他說：右派肯定是反革命，胡風比右派是「小巫見大巫」。他一面說胡風是反革命，但又覺得要駁倒羅蘭的文章還是很費勁的（羅蘭文章的中心是說我們公佈的三批材料，不足以服人）。蕭還說過：胡風如果不是組織上的問題，他的理論是可通過百家爭鳴來解決的。

（六）讚賞〈難免論〉

對《人民日報》發表的〈難免論〉這篇文章，他很欣賞，覺得我們盡是說「成績是主要的，缺點是難免的」，似乎說不過去。認為黨在工作中的缺點是可以依靠發揮主觀能動作用來克服的。他對於批評我們工作中缺點錯誤的言論很感興趣，並喜歡看揭露缺點錯誤和諷刺性的雜文及小品文。他還經常強調要從反面來看問題，自稱「兩點論」。

某次小組會，他還說過：中國和外國一樣，總是把好東西給人家看，我領着外國人參觀我們好的東西時，心裏並不相信這是全面情況。

（七）同意公開人事檔案

6月初參觀清華大字報時，看到攻擊我們檔案制度和要求公開人事檔案的大字報，他表示可以公開，認為不公開有些被動，不是那麼「硬氣」。並說「聽聽彙報就當作材料，恐怕是有問題的」。當同去的同志不同意他的看法並且說明不能公開檔案的理由後，他又補充些公開檔案的好處。最後，他說：實在不能公開的部分就不公開，可另搞一套，不放在人事室。

（八）北大圖書館放置羅蒙諾索夫塑像是惹麻煩

北大有的大字報反對在學校圖書館放置羅蒙諾索夫的塑像，看後有同志提出：這是民族主義情緒，蕭接着說：中國科學家很多，何必放外國人像，惹麻煩！

（九）對陳叔通、黃炎培挽留主席的信妄自揣測

5月中，蕭持陳叔通、黃炎培挽留主席的信，去和另一同志交談陳、黃寫信的原因，他認為可能是陳、黃他們怕主席辭職後，少奇同志會給他們「穿小鞋」。

（十）鄙視黨的領導幹部

（1）他看不起海員工會的領導同志，說他們的主席雖是八級幹部，但水準很低，領導不了，並且把兩位主席間以及機關其他同志間的有些意見爭執，說成是「雞爭狗鬥」。

（2）參觀清華大字報，談到該校工作時，蕭說：蔣南翔同志以前在青年團工作時很好，現在搞得這樣糟，可能是驕傲了。

（3）對高級幹部的生活待遇，蕭亦有很多意見，經常表示不滿，曾把高級幹部說成是「大官」。

（十一）認為政治課考試是教條主義

6月初清華大字報中有人反對政治課考試，認為政治課考試是教條主義，蕭看後說：恐怕有教條主義，政治水準應看平日及運動中的表現，學幾條條，背幾條條，考幾條條有什麼意思。

除了上述錯誤思想言論以外，蕭魯同志平時在思想生活作風及學習方面還表現了：計較名位和生活待遇，認為自己的級別低，不願意見過去的熟人。

驕傲自大，看不起人，誇誇其談，強不知以為知。

學習上不認真，生活上自由散漫，作風比較庸俗。

附注：蕭魯同志現年三十六歲，河北靜海縣人，家庭出身破落地主，本人成分學生。1937年參加工作，1938年入黨，曾任太行區黨委青委委員，晉東南青救總會副主席，華北海員工會副主席等職。現任全總海員工會國際部長。父親係反革命分子，曾任國民黨區分部委員，靜海縣偽參議員，曾撰文謾罵我黨，鎮反時被判處徒刑，現尚在勞動改造。岳父係日特（原日偽天津警察局特高科長），1951年被我鎮壓。（中共中央高級黨校 校部辦

公室編印，《整風學習討論問題參考資料》第 6 期，1957 年 8 月 7 日）

鄧小平看了蕭魯的材料以後，提出蕭魯應劃為右派。他以為「如果這樣的人不劃為右派，黨內就沒有什麼右派了」。可見在這一位中共中央整風反右領導小組組長看來，這一份材料可以作為劃右派的樣板。本書也就不惜篇幅，全文錄入。

中央領導人找楊獻珍談黨校反右派鬥爭問題，給他施加壓力這事，李新在〈反右親歷記〉一文裏有一個大同小異的說法：

> 反右派初期，他（指楊獻珍）領導的高級黨校沒有打倒一個右派。於是劉少奇、鄧小平把楊獻珍等高級黨校黨委常委找去談話。劉鄧問他們高級黨校反右派沒有？楊說反了。又問：打倒多少右派？楊說，查了，一個也沒有。劉說：你站在右派的立場，怎麼能查得出右派呢？鄧說：我看你就像個右派。於是決定高級黨校要重新展開反右派鬥爭。常委們回去後，為展開鬥爭，就讓楊獻珍靠邊站了。劉鄧都認為楊的立場有問題，是否該把楊劃成右派呢？因為大家都一直在楊的領導下工作，而且都認為楊的為人不錯，所以沒有把楊劃成右派，而把他的秘書馬鴻模劃成了右派。（《我親歷過的政治運動》，中央編譯出版社 1998 年版，第 30 頁）

在劉鄧直接督戰之後，高級黨校的反右派鬥爭逐漸進入高潮。9 月 16 日，普通班學員丁景才自殺身死，他入學前原是江西省農業廳副廳長兼農科所所長，了解農村情況。他的右派言論如：解放以來工農業剪刀差擴大了，統購統銷卡得太緊，使農村副業萎縮；供銷社與民爭利，使農民收入減少，生活降低；農業合作化冒進了，如果合作化慢一些，規模小一些，增產就會多些，等等。在他自殺之後，接着還有師資訓練部的學員陳友偉和普通班學員楊賡相繼自殺。陳入學前是華東師範大學的講師，楊入學前是通俗讀物出版社副社長。這三個自殺者都被宣佈開除了黨籍。到年底，高級黨校的學員中共劃出了右派分子六十三人。教職員中也開展了反右派鬥爭，到年底，劃出了右派分子二十七名，在 1958 年春的反右補課中又劃出五名，劃右派分子共三十二人。（據杜光，〈中央高級黨校反右派內幕〉，載《炎黃春秋》2005 年第 9 期）

中共中央高級黨校普通班第二十五支部學員中劃出了右派分子楊成亮，他來校前任福建省郵電管理局副局長。據中共中央高級黨校普通班第二十五支部《關於右派分子楊成亮的政治結論》說，他的主要錯誤事實有：

1. 誣衊和歪曲中央的正確路線，否定三反、肅反等方面的成就：他認為：「中央從一九五三年到現在的路線」「是路正線不直」。他說：「路正指民主革命和社會主義革命，線不直指有不少缺點，有人為緊張。」他說：「方針政策是保證方向、保證路線的，中央在方針政策上則是有錯誤的。」他認為中央在三反、肅反、反右傾、規劃、糧食統購統銷等問題上犯有主觀主義錯誤：他說：「在三反中，中央向下分配任務指標根據是什麼，是否合乎實際情況，我看犯有主觀主義，擴大化了老虎面，傷害了一些幹部。」在肅反問題上，他認為：「不能以成績是主要的，錯誤是難免的，就放棄自我批評，自己原諒自己。」他還誣衊中央說「搞出個胡風，心血來潮就來肅反，缺乏準備工作，摸不清底就搞」，「從中央的指導上有檢查的必要」。他認為中央「在反右傾思想之後中央規劃是不切合實際的」。他說：「反右應該有度，有界限，在農村右是主要的，其他戰線上建設上是否右了呢？」並說：「制定規劃、實行一長制都是大家忙了好久成績不大，事倍功半，形成人為緊張。」他認為「統購統銷在分配數目上」，「購的數目多了」，犯有「主觀主義錯誤」。因此他對有些人誣衊中央時提出「中央在執行政策上有一陣風的說法」有同感。他並且說：「過去運動太多，一波未平，一波又起，自己不能鑽研業務。」

2. 在資產階級右派向黨猖狂進攻中，和右派分子共鳴，稱讚右派分子才華，為右派分子辯解。在反右派鬥爭進一步深入，黨內傳達了中央指示，報紙上也多次揭露了右派陰謀之後，在7月9日的小組會上他還認為對右派奪取領導權的口號提得過高，不「實事求是」。甚至他憤慨不平地說「現在資產階級臭了，有人認為愈罵得凶愈好」，他並且說「是不是他們有奪取領導權的危險呢」。他認為：「奪取領導權的可能不大，甚至沒有可能」。在7月6日小組會上他為右派分子辯解說：「這次社會上引起混亂，不能完全說是右派分子點火，而是我們若干政策缺點引起的。」他又說：「右派分子向黨進攻的言論，雖然是歪曲誇大，但誇大部分中總還有些事實。」他稱讚林希翎的才華，說林「懂的東西

真多，能在幾千人大會上作報告，真是有本領的」。當黨已經明確指出章伯鈞是右派分子，並揭露其罪行之後，他還很欣賞章伯鈞在 6 月 12 日《光明日報》上所寫的代社論的文章，並向別人宣揚說：「文章寫得好，很能說明問題。」但他認為這一時期報紙所登的反右派文章除毛主席關於正確處理人民內部矛盾文章外，都是說服力不大的。他認為「對右派應堅持團結──鬥爭──團結的方針，化消極因素為積極因素」，並說「這些人是有本領的，並不是飯桶」。他看了郵電部鳴放當中有右派分子誣衊「老幹部五不行」的說法，他表示有同感，並說自己有三不行，還說：「郵電部門有些老幹部什麼都不學，憑老資格吃飯。」

3. 錯誤地看待中蘇關係，誣衊蘇聯專家。他在聽到中蘇幣值折合上有些不合理的現象時，他認為「中國窮弱，蘇聯富強，中國只能佔便宜，不能吃虧」，他說：「解放後中國人民辛勤建設幾年了，國家還是很窮的，是不是蘇聯把我們剝削窮了。」他錯誤地認為郵電系統實行一長制，機構幾次變動，搞得不好是蘇聯專家搬了蘇聯的東西，毫無根據地說：「郵電系統的專家沒起好作用。」

中共中央高級黨校普通班二十支部學員，曾任二十支部支部書記的劉德焜是 1938 年 6 月入黨的共產黨員，入校前任中共寧波市委書記。據中共中央高級黨校普通班二十支部《關於右派分子劉德焜的政治結論》宣佈他的反動言行表現在以下幾點：

一、否定三反、新三反、肅反等運動和社會主義建設的偉大成績

他認為三反運動「有很大的缺點和錯誤」，「浙江省有百分之九十的假老虎」，「其他各地也是這樣」。原因是中央「對情況估計有偏差」，「將劉青山、張子善、宋德貴的典型作了一般，產生了擴大化」，是「由上而下規定打虎數字，要求過急，限期發動，打不出老虎來就撤職」。而打虎的方法，又「實際上是大規模的逼供信」。他還認為三反運動「在黨內思想準備不夠」，所以「不符合群眾路線」。劉德焜對新三反同樣認為中央把典型當作一般，新三反的根據是不足的。

劉德焜在 1955 年中央發佈肅反指示時，就懷疑肅反運動的必要性，他認為肅反運動又「是重複了三反的錯誤」。他說：「肅反對情況的估計擴大化，由於潘、楊事件、胡風集團又把典型當

作了一般。」百分之五的控制數，「是主觀的，不合乎實際的」，「對敵情估計不夠科學」。

劉德焜還反對黨在肅反運動中的群眾路線，說是「憑着群眾熱情去鬥、硬壓」。又說：「這次肅反搞出來的反革命分子多是歷史的，現行的很少，而且多是清理中層時露頭的，不用那個方法（運動）進一步查對也可以搞出來。」

他說我們的肅反「使知識分子傷了心，加深了黨和知識分子之間的牆和溝，……和知識分子的關係緊張，這是最主要的原因」。

他還同情社會上右派分子的意見，要求公審胡風、公佈材料。說：「群眾要求公佈為什麼不公佈？不公佈老壓着是否合乎憲法？」「胡風是文藝反革命，不同於五類反革命」，他認為：「三批材料不足以說服人。」

總之，劉德焜對肅反運動的客觀需要和偉大成績是完全否定的，因此，他不同意中央和主席對肅反運動的成績和缺點的估計。他惡意地質問：「只籠統說全國搞出八萬反革命是不夠的，是哪些方面？是新的還是老的？是歷史的還是現行的？鬥爭面有多少？」還說：「光說成績是基本的，缺點錯誤是難免的，實際上不能解決問題。」

劉德焜對社會主義建設也進行了攻擊。他把我國社會主義建設偉大躍進的 1956 年說成是緊張、混亂的一年，並且認為這種情況是由中央「反右傾」造成的，是由主席提出的「多、快、好、省」四字方針造成的。

二、攻擊黨中央的正確領導，污衊、誹謗黨的領袖

劉德焜認為中央在幾次運動中反右傾不實事求是，「矯枉過正也成了規律」，「要求過急」，說「限期發動是強迫命令，提到思想上就是主觀主義」。他說：「對幾次運動的領導，中央沒有提出過自己的責任是什麼。」

對馬克思列寧主義的經典著作，他認為黨校學習唯物主義與經驗批判主義和資本論就是教條主義。他說：「資本論是十九世

紀的東西，離現實太遠。」他認為學這些經典著作都是「離現實問題遠，費力很大，收穫不足」。

三、抗拒和阻撓整風反右派運動

劉德焜以上述對運動的態度來看待這次整風運動，他不同意中央對黨內思想情況的估計。他認為黨員的思想水準在逐年提高，三大主義不是多了而是少了，對中央提出三大主義有發展他有抵觸情緒。他認為中央在這次運動中又犯了「要求過急、限期發動」的錯誤，「三大主義年年反，要求過急，欲速則不達」。在社會上右派分子借着黨整風機會，對黨猖狂進攻的時候，劉德焜對右派絲毫沒有表現什麼仇恨，反而在小組裏傳播右派言論，如朗讀北大大字報〈儒林內史〉等。

校黨委決定學員留校整風後，他片面地強調「以學習文件為主，聯繫思想是為了領會文件」，企圖逃避思想檢查。他認為：校黨委所整理的錯誤思想彙集的材料，不是「科學抽象」，不能當作大家的思想情況。他又到處散佈自己小組和本支部都沒有什麼問題的氣氛。雖經領導小組再三啟發，他對自己的問題仍長期採取迴避、掩蓋的態度，企圖蒙混過關。

8月上旬，支部提出他的問題後，他仍不肯進行檢查，反而利用別人代他向小組探聽情況，進行摸底，以圖應付。在改選個別支委和支委分工時，他進行了一些非組織活動，來排斥反右派鬥爭積極的同志，企圖繼續操縱支部領導。

由於劉德焜身為支部書記，他的錯誤思想行為不但妨礙了他自己問題的解決，而且嚴重地阻礙了整個支部反右派鬥爭的開展。

8月中旬以來，支部對他進行了多次的個別談話和多次小組會、聯組會、支部大會的批判教育。他對同志們的幫助雖然在表面上表示接受，但一直拒絕徹底交代自己的問題。10月19日更發展到和支委公開對抗。最近，在10月底的聯支大會上，他雖然給自己戴上了反黨、反中央、反社會主義的帽子，但對自己具體的思想活動交代仍不徹底。

從歷史上看，劉德焜出身封建地主家庭，受過資產階級的學校教育，在抗日民族革命高潮中參加革命的，目的是為了尋找個

人出路，參加革命以後，忽視馬克思列寧主義學習，不努力改造自己，因此他犯上述錯誤，不是偶然的。

根據以上事實和分析可以看出，劉德焜是一個未經根本改造的地主資產階級知識分子，在深刻的社會主義革命運動中，他的立場、觀點和黨的路線方針發生了根本抵觸，由於嚴重的狂妄自大，他不肯認真學習黨的路線、政策，拋棄自己的錯誤立場，而是對黨心懷不滿。在這次資產階級右派對黨猖狂進攻中，他就暴露了自己長期以來和黨的的分歧，本能地配合了右派分子對黨的進攻，走上了反黨反社會主義的道路，成為黨內右派分子。

為了純潔黨的組織，嚴肅黨的紀律，支部大會一致通過開除劉德焜的黨籍。

中共中央高級黨校普通班第十八支部學員中劃出右派分子石天行，他是 1938 年 4 月入黨的共產黨員。歷任區委書記、縣委委員、縣委書記，《淮南日報》社社長兼總編輯，《大眾日報》社通訊部副部長，紡織廠廠長，省木材公司經理，省建築工程局局長等職。來校前任江西省委工業部第二副部長。據宣佈，他的主要錯誤事實有：

否定中央正確領導，污衊攻擊黨中央

石天行認為中央幾年來領導有「左傾」和「冒進」的錯誤。他指責說「幾年來發生的左右偏差，實在太大，損失太大」，「反右傾很徹底，反左傾不具體，無控制數字，所以往往冒進」。他說「風都是從上往下刮，一級比一級大」。並把責任推之於中央的「好大喜功」。他與社會上右派分子一樣認為：「成績是基本的，缺點是次要的，有些公式化，到處套用」。污衊「上邊缺點都是歸結為情況變化上，是辯證法」，據此指責中央及中央負責同志「自我批評精神不夠」。

他歪曲當前農民生活的真實面貌，他說「農民生活確實苦」，從而懷疑農民參加合作社的自願性及合作化後的增產數字，提出要「中央對農業增產應重新估價」。

他否定黨加強工業戰線幹部的正確性，他說：「轉工業把農業幹部抽空了，下面抽空，上面人浮於事」，「這是個帶路線性的錯誤，應追查責任」。

積極推崇右派分子言論，為右派分子辯護

在大鳴大放期間，他曾説「對黨外人士（右派分子在內）所提意見，基本符合整風精神」；「不能説你好，你就高興，説你不好，你就不高興」。甚至對葛佩琦也認為是黨整了他，才發表了堅決反黨言論。他特別讚賞費孝通的「江村調查」的文章，説是「硬是把道理説透了，小組同志都應看看」。當小組討論右派分子張宗麟的反黨錯誤時，他認為可能是黨「對張使用不當」。直到 8 月 30 日他還認為「百花齊放，百家爭鳴的政策與反右派鬥爭有矛盾」，並説「除了主席講的六條標準，還有什麼放的呢？就沒有人敢放了」。

教職員中劃出的右派分子有哲學教研室副主任陳仲平。據中共中央高級黨校哲學教研室支部大會《關於開除右派分子陳仲平黨籍的決定》説：

自 1956 年以來，陳仲平經常攻擊黨的某些基本政策，誣衊中直「三反」運動搞「左」了，誣衊統購統銷搞「糟」了。1957年鳴放期間，他更進一步配合社會上的右派分子，猖狂地向黨進攻，惡毒地誹謗、誣衊黨的領袖毛主席和中央的領導同志，惡毒地造謠、誹謗兄弟國家的領袖，公然為胡風辯護，包庇反黨壞分子古達。在反右派鬥爭中又同情、包庇右派分子，為他們的反黨罪行開脱、辯護。

他誣衊校黨委不能領導教學，攻擊黨的教學方針；反對「向學員學習，為學員服務」的口號；反對科學研究為教學服務，教學與科學研究相結合的方針，堅持資產階級的治學方向。他還造謠中傷，誹謗黨委第一書記楊獻珍同志，罵侯副校長「不學無術」，不能領導教學，抗拒黨委領導，不執行黨委決議。

黨組織為了挽救陳仲平，五個月來，一直耐心教育幫助，但陳直至開全校大會對他進行批判時仍不覺悟，態度很壞。據此，陳仲平已背叛了黨、背叛了無產階級的革命事業，完全蜕化成為一個黨內右派分子。支部大會決定開除陳仲平的黨籍，並建議行政撤銷他哲學教研室副主任的職務。

楊獻珍是一位馬列主義哲學家，而該校哲學教研室主任艾思奇的學術聲望比他高，他因而心存嫉妒。據吳江在《十年的路》一書中説，1956年，「艾思奇在一次講課中肯定了思維和存在同一性的命題。這當然觸犯了

楊獻珍的『唯物論』。承認思維和存在兩者具有同一性，在楊獻珍看來，是十足的黑格爾式唯心主義囈語。……他要求艾思奇放棄自己的觀點。但是艾思奇（還有哲學教研室老資格教員陳仲平）拒絕放棄自己的觀點。正在僵持之中，1957年反右派鬥爭來臨了。其時艾思奇正在青島養病，病尚未痊癒，就被召回北京參加運動。艾思奇回京不到十天，在楊獻珍組織動員下，有人就給艾思奇貼出了近二百張大字報，還開了幾次批判會。批判中竟然説，肯定思維與存在的同一性是右派觀點，右派言論。……艾思奇幾乎被扣上右派帽子，大概是因為艾思奇畢竟頗負盛名，楊獻珍有所顧忌，最後沒有給他扣上右派的帽子，只決定下放鍛煉，但為儆效尤起見，卻把那位堅持自己學術觀點的老資格教員陳仲平扣上了右派的帽子，下放勞動二十幾年。」（吳江，《十年的路》，香港鏡報文化企業有限公司1998年版，第159–160頁）

　　黨內右派分子還應該説到國家計委綜合處副處長朱鎔基，中共中央發佈關於整風運動的指示之後，他想起草一篇〈給官僚王國——國家計委來個重磅一擊〉，邀人簽名，沒有成功。1958年5月29日，他被宣佈劃為右派分子，右派罪行是：一、在黨內鼓吹所謂大鳴大放，帶頭對共產黨的領導和社會主義制度發洩個人的成見，醜化黨的領導，攻擊社會主義制度。二、攻擊計委黨組織是個資產階級官僚集團，把共產黨比擬為反動的國民黨。三、利用黨的組織生活會，以向黨交心、彙報思想的手段，攻擊黨和國家計委頭腦發熱、有冒進傾向；並煽動他人同流合污。四、以資產階級立場，對黨和國家計委工作上的缺點，加以渲染、誇大。五、拉攏他人狂妄地提出要改組國家計委，整頓燃動局、機械局黨委組織，要黨的領導讓賢，暴露了個人資產階級野心。朱不服，兩次向國家計委主任李富春寫信申辯，沒有結果。他只好寫信給陳雲，由於陳雲的過問，他不必到包頭鋼鐵廠去勞動，留在國家計委幹部業餘學校當教員。

　　共青團內也反出了一批右派分子。團中央委員、四川團省委副書記賀惠君就是一個。她1947年入黨，擔任過成都地下黨中學工作委員會委員、中學區委負責人。據中共四川省委《關於右派分子賀惠君的材料的批示》宣佈，她的第一項錯誤就是攻擊肅反運動：

　　　　賀惠君對黨審查她的歷史心懷不滿，到處散佈污衊肅反的反動言論。她説：「省委對敵情估計過高，採用的是胡適的實用主義『大膽假設，小心求證』，這次肅反，地下黨同志都沒有跑

脱⋯⋯，這完全是省委宗派主義情緒的錯誤，是擴大化。」還說：「省委把地下黨看得太糟了，總認為地下黨複雜，省委有宗派主義，整地下黨。」她對於去年 2 月李政委報告中所說的「肅反成績是主要的，缺點是不可避免的」很不滿意，並說：「說得那麼容易，把別人搞錯了，說個缺點是不可避免的就算了？」又說：「現在聽說民主人士要覆查肅反，才忙着修改結論。」

　　還有共青團中央候補委員、雲南團省委副書記董學隆。1948 年春天，董學隆在昆明師範學院國文系念書的時候，參加了黨的外圍組織民主青年聯盟（簡稱「民青」），於 1949 年 1 月吸收入黨。1957 年 5 月他出席了共青團第三次全國代表大會，聆聽了毛澤東接見時說的那一篇話。據報紙上公佈他的材料的報導，說「『三大』一開完，他就急急忙忙坐飛機趕回昆明。他利用吃飯、休息時間和打撲克等方式，去接近群眾，到處點火。他大力宣傳北大民主牆上向共產黨攻擊的大字報，把右派的進攻說成『真和解放前反美運動一樣』，是『青年思想活躍』的表現。他並把他認為對黨有意見的人找回來鳴放，煽動一些對肅反等運動不滿的人向黨『伸冤』，提出要黨組織在大會上公開向這些人道歉，並污衊肅反積極分子是『小公安局長』。」「他污衊我們新中國的教育和團的工作是把青年培養成『機器人』，『唯唯諾諾』的人，取笑那些服從祖國分配的人不敢『言志』。他到處作報告說：『孔夫子時代弟子可以言志，為什麼在有先進思想作為指導的今天不敢呢？』」（1957 年 8 月 28 日《中國青年報》）共青團雲南省委機關報《邊疆青年報》的副總編輯劉增羽也被劃為右派分子，並且和董學隆打成一個「董劉反黨集團」。（見《二十一年》，作家出版社 2005 年版，第 365 頁）

　　中央團校政治經濟教研室教師羅三都去參加了中國青年報社鬥爭劉賓雁的大會回來，他問別人：「無產階級內部的民主到底有多大？」「右派分子劉賓雁的文章如果換個人寫是不是也是右派？」別人讓他再講，他說，「我不說了，我如果再說可能又變成右派了。」不再說也不成，羅三都還是被劃為右派分子了。（1957 年 9 月 16 日《中國青年報》）

　　以上這些，大都摘自當年報紙，寫得簡略。中國青年出版社社長李庚，也是共青團系統的右派分子。他有一篇文章比較具體地談到自己劃右派的經過，這裏節錄一點：

　　　　1958 年，我以三件事獲罪，被劃為右派：（1）上書陸定一同志，表示不贊成建國以來照搬蘇聯出版體制，並主張要用適合精

神勞動特點的方法對待編輯人員的工作；（2）在中央美術學院領導整風反右時，不同意劃江豐同志為右派並上報文化部指出美院不存在反黨集團；（3）發表文章不同意將流沙河同志的小詩《草木篇》無限上綱，打成反黨反社會主義的大毒草。因此，我被定性為反對學習蘇聯，要搞資產階級自由化，包庇江豐反黨集團，和為毒草鳴冤。特別是第二條和第三條，因為毛主席在第一次視察浙江工作時，聽到當地反映江豐同志的作風問題，曾發話道「江豐究竟是共產黨還是國民黨要查一查」；第三條是因為毛主席在當時召開的全國宣傳工作會議講話中認定《草木篇》是大毒草，認為作者流沙河和我們黨有殺父之仇（流沙河的父親在解放初被鎮壓）。因此把我的兩條不同意見上綱到「反對毛主席」，這已經非常嚴重了，但是我被錯劃更直接的問題是，當時羅毅和邊春光在黨號召整風的前夕，私自召開會議否定我在中青社的全部工作，我憤而要求由文化部調到美術學院任整風領導小組組長，整風開始後，青年出版社黨內外眾多群眾和幹部認為我「是被羅毅和邊春光的宗派主義排擠、打擊走的」，立時大字報沸沸揚揚，以致邊春光、羅毅無法下台，遂由羅毅以團中央反右小組的名義將我調回中青社，要求我向群眾聲明是我要求調走的，並非打擊排擠。我堅決拒絕為保護他們過關而向群眾說謊，因此在調回中青社三天內就由羅毅召開批鬥大會，將我劃為右派分子。對此我思想不通，拒不承認，屢次要求平反，被認為是死不改悔。
（李庚：〈是非青史憑人閱〉，見《北京觀察》1998 年試刊第一期）

　　共青團系統劃出的右派分子還有共青團成都市委常委、宣傳部部長黃一龍。據 1957 年 12 月 25 日中共團（成都）市委支部關於處分黃一龍的決議宣佈：「黃一龍，男，現年二十四歲，四川省華陽縣人。家庭出身教員，本人成分學生，1951 年參加工作，1952 年 10 月入黨，現任團市委常委、宣傳部部長。由於黃一龍受資產階級思想影響很深，入黨後又存在嚴重的驕傲自滿情緒，思想上不但沒有得到根本改造，並且頑固地堅持着自己的資產階級觀點和立場。因此，在社會主義革命逐漸深入、國際修正主義大肆氾濫、國內資產階級右派大肆進攻的時候，黃一龍便失掉立場，逐步倒向了資產階級右派的陣營，向黨進攻。黃一龍的主要錯誤，是否認了今天階級鬥爭的存在，認為階級觀點已經過時。在宣傳工作上，對青年的估計和分析完全違背了階級觀點和階級分析方法，甚至發展到對李井泉同志傳達今年 2 月中央省、市委書記會議精神的報告進行攻擊，說『李政委報告有教條主義，應該檢查』。

錯誤地強調『獨立思考』和『創造精神』，在實際工作中對上級的指示和決定便往往採取了懷疑和否定的態度。在共青團工作上，認為『共青團保證黨的領導和代表青年利益有矛盾』，這種觀點曾經帶到了第三次全國團代表大會上，要求『三大』討論保證黨的領導與代表青年利益有矛盾、在新的歷史時期應如何解決此一問題。由於『三大』未接受他的這個錯誤意見，加上黃一龍濃厚的資產階級『民主』『自由』觀點，便說『三大』不民主，沒有解決工作中的具體問題，最後大會通過決議時，準備棄權，經其他同志勸阻後，始勉強舉了手。並且同意和支持右派分子王亞生向團中央、黨中央進攻的〈當前全國團代會和整風精神相去十萬八千里〉的反動文章。在大鳴大放中，在肅反和選派留學生等黨的重大政策上黃一龍思想上和右派發生了共鳴，也認為『有問題』、『搞錯了』。當右派分子倡狂向黨進攻的時候，黃一龍當時思想上卻認為是『群眾思想活躍』、『批評空氣形成了』、『政治積極性空前高漲』、『形勢是正常的。』」他所在的支部決定給予留黨察看兩年的處分，並且行政上撤銷了團市委委員、常委、宣傳部長職務，降職使用。這個支部決定上報市委以後，一直沒有得到批復，到他第二天即將隨同一批擬下放農村勞動的幹部離開機關以前，團市委的反右領導小組五位成員去求見市委第一書記廖井丹請示批文，廖說那個人反對李政委卻不當右派，成都誰當右派？這樣，對他的處分就加重成為開除黨籍，撤職降級，劃為右派，隨機關幹部下鄉監督勞動了。其實當時成都幹部對省委書記李井泉提出批評的並不是只有他一個人，像他的直接領導、市委宣傳部長葉石被劃右派的罪行裏，反李政委就是重要的一條。

相對地說，當年共青團系統劃出的右派分子不算太多。這裏有一個偶然性的因素在起作用：當時共青團中央第一書記是胡耀邦，他對這一類政治運動不甚積極。1957 年 7 月，他率中國青年代表團前往莫斯科參加世界青年聯歡節活動。他在國外的這兩個月，國內正是反右派鬥爭的高潮。共青團中央機關的反右派鬥爭是由團中央書記兼機關黨委書記羅毅主持。胡耀邦回國，剛到烏魯木齊就急於打電話詢問，當他聽到團中央已經打出一百多名右派分子的時候，他說：「損失慘重啊！」他叫羅毅馬上煞住，等他回京再說。他回來以後，儘量保護了一些人，幾乎要劃右派的團中央宣傳部長項南、中國青年報社社長張黎群，被他保了下來。中國青年報副總編輯陳模，他竭力保了一年，到 1958 年共青團三屆二中全會上，還是被劃了右派分子。胡耀邦當會有無力回天之恨吧。後來陳模寫了一篇〈耀邦同志二三事〉，其中談到中國青年報社反右派鬥爭的一些情況：

我當時兼着報社反右五人領導小組的組長。工作組（按：團中央機關黨委派來的工作組）認定某同志是「右派」，而且要將他的材料見報，開除他的黨籍。我在延安嘗過「搶救運動」的苦頭，見過康生這個大壞蛋，怎樣整了許多清白的黨員、幹部，把別人的政治生命當兒戲，在領導小組會上，我主張對某同志的問題，暫緩見報，請示上級黨委再說，他的黨籍問題，應留到運動後期去處理。這一下子，我成了反右鬥爭的阻力！原來工作組是有來頭的。第二天工作組就宣佈，撤銷我的領導小組組長職務。新的領導小組在工作組的督戰下，自然很得力了，抓某某人一個右派哪夠哩，為他的作品寫過評論的人是右派；搞過某部機構臃腫、人浮於事、工作效率低的報導的人是右派；揭露搞特殊化的「秘密商店」的記者是右派；在《辣椒》副刊上，寫過一篇反官僚主義小品文的編輯是右派；給人事科貼過一張〈用人唯賢〉大字報的幹部是右派；說過一句「報社哪有這許多右派分子」的人，也成了右派。不一而足，早已超過規定的打右派「指標」了。

下面說一說工會的反右派鬥爭。

這時擔任中華全國總工會主席的是賴若愚，他原本是中共山西省委書記，1951 年，在黨內關於農業互助合作問題的爭論中，山西省委提出把互助組提高為合作社，以逐步地「動搖」、「削弱」「直至否定」個體農民私有基礎的意見，受到劉少奇批評以後，卻受到毛澤東的賞識。正在這時，李立三受到毛澤東的批評，賴若愚被中央調任全總黨組幹事會成員，1953年 5 月 12 日在中國工會第七屆執行委員會第一次會議上被選為全總主席。1957 年 9 月 5 日至 15 日，中共全總黨組舉行第二次擴大會議，這時正是反右派鬥爭高潮中間。賴若愚在會上作了《關於當前工會工作的若干問題》的報告，其中特別說到：「對於工會工作問題的研究，必須和反對資產階級右派分子對黨的猖狂進攻嚴格區別開來。」這樣就把一些當時有可能打成右派的人保護了下來。

中華全國總工會被劃為右派分子的有高元，是辦公廳檔案處處長，有十六年黨齡的共產黨員。據報紙上說，他認為「工人並不是為了社會主義建設參加工會，也不是為了學習共產主義參加工會，而是為了保護自己的切身利益才參加工會的。因此工會的本性就是保護。至於共產主義學校作用，無產階級專政支柱作用，黨聯繫群眾紐帶作用，都不是工會的本性，而是黨強加於工會的。」高元認為，工會存在的客觀基礎，是國家有官僚

主義分子，違法亂紀分子，國家不可能不犯錯誤，國家可能會侵害工人的利益。資本主義對待工人的一套，在我們國家中都有，只是分散而不集中罷了。所以需要工會和政府唱對台戲，需要工會來保護。這篇報導說，「今年 4 月，國家調整某些高級消費品的物價，高元就在同志中間散佈他的謬論：國家對工人一方面增加工資，一方面又提高物價，這是國家對工人耍手腕。全國總工會應該對此發表聲明，表示遺憾。」高元還說：「黨只注意長遠利益，不能代表工人群眾的目前利益，或切身利益。有了黨的領導，工會就不能很好地保護工人群眾的切身利益，黨就成了礙手礙腳的東西了。」他還提出：「工會法規定全國只有一個工會，是否合適可以考慮。工人可以自己組織工會，不一定參加全國總工會。」（11 月 11 日《工人日報》）

還有鐵路工會全國委員會副主席王學增。據 1958 年 9 月 25 日中共鐵路工會全國委員會辦公室支部委員會《關於開除右派分子王學增黨籍的決定》說：

王學增，男，三十九歲，工人成分，1946 年入黨，歷任齊鐵檢車段長、鐵路工會錦州區委員會副主席、東北地區委員會副主席。原任鐵路工會全國委員會副主席，已於 1958 年 4 月第二屆第五次全體委員會上決議撤銷其副主席及委員的職務。

王學增的主要右派言行是：

攻擊社會主義制度，污衊我國建設事業。污衊我國建設鐵路用「人海戰術」，「趕節日通車造成工傷死亡多」。污衊對修路工人是用「半軍事化管制，吃飯還得喊口號」，是以「打、罵、捆、綁、扣政治帽子等手段整服工人」，並說：這和資本主義壓迫工人的手段，員警、棍棒和失業一樣。他還將我們社會主義的企業管理比作秦始皇的統制，他說：「過去孟姜女哭長城，現在鐵路工人家屬哭鐵路。」

他又說：「1951 年全總黨組擴大會議決議有問題，特別是在鐵路系統中貫徹這個決議──反經濟主義、反工團主義，不應該，搞糟了，副作用很大，一直沒有緩過氣來。來自黨內的壓力很大。」他還在西南第二工程區工會幹部大會上說「關心生活是工會刻不容緩的責任」，「生活改善是刺激生產的動力」，到處號

召工會幹部「要學習況鍾的精神，不要怕丟烏紗帽」，「不要怕天
下大亂」，並說「我同意讓工人鬧事，好教育教育官僚主義者。」

一個工人出身的工會幹部。他的主要右派言行只是說出了工人的真心話。
所謂「反經濟主義」，就是反對工人的物質福利；所謂「反工團主義」，就
是反對工會的政治權利。

當年一共劃出了多少黨內右派分子，我沒有找到直接的數字，卻有一
個可供推算的數字。中共中央組織部 1958 年 11 月 7 日的《關於今後接收
黨員工作的意見》中說：「在這一個時期內，黨員的品質有了很大的提高，
但是黨員的數量卻有所減少（1957 年 6 月底到 1958 年 6 月底，黨員總數
共減少二十七萬人）。」（《建國以來重要文獻選編》第十一冊，中央文獻
出版社 1995 年版，第 595 頁）對「二十七萬」這個數字，可以作以下的分
析：一、這一年裏，還發展了若干新黨員。比如 1957 年 6 月 28 日中共中
央就有一個《關於在一兩個月後吸收一批高級知識分子入黨的通知》（同上
書，第十冊，1994 年版，第 358 頁），將這些新吸收的人數抵銷一部分出
黨的人數，可知這一年間出黨的總人數必定大於二十七萬。二、黨員減少
的原因，還包括自然死亡、自動退黨，以及因為與反右派鬥爭無關的原因
而被開除黨籍。依慣例看，這幾項不會有一個很大數目，姑且以新發展的
人數與之相抵。那末，三、這二十七萬可以認為是因為劃為右派分子而被
開除黨籍的。這個數字大約佔右派分子總數五十五萬多人的一半。

附帶講一下歸口由黨委統戰部管理的少數民族和宗教界的反右派鬥爭。

1957 年 10 月 15 日中共中央發出了《關於在少數民族中進行整風和社
會主義教育的指示》，提出在「已經基本上實現了生產資料所有制的社會
主義改造的地區」，「適當地進行反右派鬥爭」。指示認為，「地方民族主義
者，實質上是資產階級右派的一部分，是披着民族外衣的右派分子，其中
某些人已經直接成了漢族資產階級右派分子的同盟者。」在鬥爭策略上，
「應當切實注意控制打擊面，不使過寬」，「條件較差，不宜於採用漢族地
區的方法的，可以適當從寬」。早在這個指示發出之前，在一些少數民族地
區已經開始了反右派鬥爭了。

少數民族的著名右派分子，有馬松亭，北京人，回族。他是全國政
協委員、中國伊斯蘭教協會副主任、中國回民文化協進會副主任和北京伊

斯蘭經學院副院長。據報紙上說，他說過回民文化協進會是同化回民的機關，說回民文化協進會的共產黨員幹部不懂回民的事。（8 月 19 日《新華社新聞稿》）1957 年 8 月間召開了「中國回民文化協進會第二屆代表會議，對披着宗教外衣的前中國回民文化協進會副主任、右派分子馬松亭的反動言行，進行了嚴肅的批判和鬥爭」，一年之後，1958 年 10 月的一次會上，中國回民文化協進會宣稱「所擔負的歷史任務已經完成」，「一致擁護結束回協的組織和工作」。（1958 年 11 月 1 日《今日新聞》）他的簡歷已經收入 1999 年版《辭海》：

> 馬松亭（1895-1992），中國伊斯蘭教經學家、教育家。北京人。生於伊斯蘭教世家，回族。自幼習阿拉伯語、波斯語和伊斯蘭教經典。二十六歲後歷任北京、河北、濟南、重慶、香港、台北等地清真寺教長。曾參與創立並主持北平（今北京）成達師範和北平回教經學院工作。創辦「月華出版部」，出版《月華》雜誌和伊斯蘭教經籍等。三十年代，曾出訪埃及、沙特等國。回國後，在北平發起成立「中國埃及文化協進會」、福德圖書館，並選派學生到埃及愛資哈爾大學深造。建國後，歷任中國回民文化協會副主任、中國伊斯蘭教經學院副院長和名譽院長、中國伊斯蘭教協會副主任、副會長等職，並為全國政協第二、五、六、七屆委員。著有《回教與人生》等。

《辭海》沒有說他被打成右派分子的事。他被安排為全國政協第五、六、七屆委員，已經是右派問題已經解決以後的事情了。

中國共產黨貴州省委員會候補委員、黔東南苗族侗族自治州州委書記處書記、副州長梁旺貴（侗族）也被劃為右派分子。據 1958 年 2 月 12 日中國共產黨貴州省委員會第五次全體會議《關於開除右派分子梁旺貴黨籍的決議》宣佈的材料：

> 揭發的材料說明，梁旺貴已經和馮興謨（侗族，黔東南自治州州委委員、州人民委員會秘書長）結成了反黨同盟。他們以資產階級民族主義作武器，進行破壞黨的團結和民族團結的活動。他們對待苗族黨員幹部，採取了打擊和排斥的態度。他們對待一些擔負領導工作的苗族黨員幹部，經常散佈流言蜚語，進行惡意的誹謗。並且，他們在一些侗族黨員幹部中，進行挑撥活動，離間各民族黨員幹部之間的關係。

揭發的材料説明，梁旺貴、馮興謨已經和王天錫右派集團結成了反黨反社會主義的同盟。這兩個右派集團的共同罪行，是以建立侗族自治州為名，進行反黨反社會主義、分裂民族團結的陰謀活動。在這一陰謀活動中，梁旺貴是主要策動者之一。早在1954年梁旺貴就背着黨同王天錫勾結在一起。梁旺貴和他的反黨夥伴馮興謨，同王天錫的關係十分密切，無所不談，對黨卻不講實話。去年1月，王天錫進行簽名活動時，曾派人通過馮興謨和梁旺貴聯繫，王天錫右派集團草擬的所謂申請建州的文件，也是經過馮興謨看過的。這些事實已經充分暴露了梁旺貴的政治面貌。他已經完全墮落成為一個披着民族外衣的右派分子了。

新疆維吾爾自治區把文化廳廳長孜牙・賽買提、民政廳廳長依不拉音吐爾的以及阿不都熱依木・艾沙、阿不列孜・卡里等人打成右派分子的事，前面已經説過了。還有民族出版社副社長翟宜地，維吾爾族，新疆吐魯番縣人，家庭出身貧農，1947年參加工作，1951年入黨。參加革命後任過縣長、新疆分局幹部學校副校長，當時擔任民族出版社副社長、黨總支委員。據1958年12月12日中共民族事務委員會機關委員會《關於開除極右分子翟宜地黨籍的決定》宣佈他的「主要反動言行」有這樣一些：

民族分裂主義的主要表現。翟宜地的民族分裂主義是極為嚴重的，早在1952年，中央公佈民族區域自治實施綱要時，翟就表示不滿，反對黨的區域自治政策，主張「建立維吾爾斯坦」，企圖分裂祖國的統一。

排斥漢族和歧視其他民族。對漢族人民在新疆所作的巨大幫助，抱排斥態度，污衊《人民日報》介紹新疆生產部隊的成績的文章不是事實，是「誇大」，並且要去質問《人民日報》編輯部，説「《人民日報》記者站在大漢族主義的立場上報導漢族的成績」。

翟的宗教觀念也很深。1956年維族幹部阿不都拉巴海逝世，翟宜地主張寫的挽詞是：「我們是屬於阿拉（即上帝）的，我們還同到阿拉那裏去」（引自古蘭經）。

維吾爾族幹部劃為右派分子的還有新疆維吾爾自治區供銷合作社副主任哈木提堯魯達西甫。據中共新疆維吾爾自治區委員會批准《開除右派分子哈木提堯魯達西甫的黨籍》的文件説他「反對祖國統一、破壞民族團結」，他説「新疆沒有漢族亦可建成社會主義」。

少數民族幹部劃為右派分子的還應該說到《內蒙古日報》社漢文編輯部民族部副主任色道爾吉（蒙古族）。據 1957 年 9 月 18 日新華社《內部參考》刊登的〈右派分子色道爾吉製造民族分裂的罪惡活動〉一文說：「他是一個一貫反黨反社會主義和製造民族分裂、破壞民族團結的陰謀家。」文章裏說他有一些這樣的主張：

> 色道爾吉主張劃分蒙古族聚居區。他主張蒙古族聚居區和蒙漢雜居區仍然保持盟、旗建制，適當調整民族雜居區的居住情況，使蒙古居民儘量集中居住。主張漢族居民較多的地區，恢復地方行署建制，將這些地區直接交由漢人領導；蒙漢雜居區和蒙古族聚居完全由蒙古人自己管理。他還主張撤銷內蒙古自治區的「內」字。

> 色道爾吉還主張把國內的蒙古民族集中起來。將自治區的蒙古族遷移到牧區去，將自治區外的蒙古族搬入內蒙古境內，東從額爾古納旗，西到阿拉善旗，連成一個蒙古族聚居的「陣線」。同時他極力反對國家的移民政策。他說：「既然西藏、新疆能夠得到國家那麼大的援助，我們就有理由向國家要求解放軍（因解放軍沒家眷）用拖拉機給我們開墾蒙古族聚居線內的可耕地；等他們開發好了以後，就請他們回去。」他說：「這比現在移進漢人有意義得多，我們可以一舉兩得⋯⋯」。他還估計：如果將來西藏問題解決得好（指帝國主義策動西藏獨立的陰謀得逞），就可以把沿着蒙古人民共和國邊境一帶開發起來，單獨成立一個「色道爾吉式的」蒙古國家。

> 對自治機關民族化的實施問題，色道爾吉也提出了他的荒謬主張，他說，現在內蒙古自治區的蒙古幹部太少了，調來換去還是這幾個人。要想「真正」實現機關民族化，必須把現有的漢族幹部輸送出去。他說，內蒙古自治區的決策人多數是漢族幹部，他們是實權掌握者，盡為漢人打算盤，不為蒙古人着想。他的方針是：必須在領導機關內大大增加蒙古族決策人，並且要求蒙古族幹部要佔多數。

> 色道爾吉說：內蒙古要有個鐵托就好了！

> 色道爾吉，利用民族部副主任的職位，在內蒙古日報民族工作專刊上大量放毒。他極力支持地方民族主義分子的分裂意見，內蒙古自治區工業廳地質局幹部哈達（蒙古族）寫的把內蒙古自

治區劃分為兩個單元（即一個純蒙古族區一個純漢族區，盡力縮小雜居區）的一稿，總編室不同意在報上發表，他竟置之不理，以編輯部民族部副主任的身份派民族部的人找哈達寫補充材料，準備再發表。他對於內蒙古自治區出版社社長特布信（蒙古族）在內蒙黨委宣傳會議上發表的不利於民族團結的談話，也主張在報上發表。

宗教界最重要的右派分子是天津教區主教趙振亞。1957 年 8 月 17 日新華通訊社編《內部參考》刊出〈天津教區主教趙振亞的反動面目開始暴露〉一文，全文如下：

新華社天津 15 日訊 曾參加天主教代表會議，並在會上幾次發言表示要擺脫梵蒂岡控制的天津教區主教趙振亞，今天公開變卦。他在有一千多教徒參加瞻禮（聖母升天）時說，「人有了罪就應該承認罪，有了錯就應該改錯。大家都看了報紙，我在北京說了一些不該說的話。我回來以後，心裏很不安。現在，在耶穌面前，在教友面前，我承認錯誤。」關於服從教宗（梵蒂岡）問題，趙振亞說：「我不服從教宗是不對的，我如不服從教宗，神甫和教友就都不服從我了。」對於會議通過的抗議梵蒂岡無理剝奪上海教區權利的抗議書，趙振亞說：「通過抗議書，我沒有表示反對是不對的。」他最後要求「教友們原諒我，寬免我，為我念經祈禱」。

趙振亞反對面目的突然暴露，是出乎意料的。趙是右派分子，在北京參加會議的初期，表示「思想接受不了」，並想逃會，後來怕反右派反到自己頭上，才表示「中國天主教要擺脫梵蒂岡的控制」。他在本月 7 日回到天津，8 日市人民委員會秘書長婁凝先和他談話，鼓勵他堅持下去，他當時還表示「在北京受到很大教育」，「過去不敢碰梵蒂岡，現在問題解決了」。他還說「教徒不見得都聽我的，估計到有些人會罵我，但是我不在乎，我有信心。」

據參加今天瞻禮的教徒隨守義（天津主教愛國會秘書組組長，進步分子）說，趙振亞今天的行動是有準備的。在瞻禮進行中間，趙曾講經，但沒有談到這個問題，等做完彌撒，講台上突然擺上了「麥克風」，趙就開門見山地講起來。隨守義說，主教這樣公開地在教徒面前承認錯誤，在天主教內叫「明補贖」，是一種處罰。實行這種處罰，需要由別的主教辦「神功」，否則是

自己「降罰」。因此，他懷疑趙振亞的變卦和其他教區的主教有串聯。(孟帆)

還有，天津市天主教教友愛國運動促進會副主任委員聶國屏、常務委員高慶琛都劃了右派。據報紙上說，聶國屏以天津市人大代表的身份視察肅反工作時說，天主教的案子不是政治問題，是信仰唯物論和唯心論問題。他還提出：判十年二十年徒刑的都應該宣判無罪。(8 月 24 日《人民日報》)

中國基督教三自愛國運動委員會公佈了一批右派分子名單，他們是：基督教刊物《田家》半月刊主編劉齡九、中華基督教會鼓浪嶼堂會牧師周清澤、中國佈道會上海教會基督教會堂牧師董鴻恩、中華基督教循道公會寧波教區主席范愛侍、上海靈糧堂長老兼上海市政協委員周福慶。據報紙上說，劉齡九說過：國民黨能夠保持統治二十二年，而共產黨取得政權只有八年就已經腐化。還說肅反運動傷害了高級知識分子的自尊心，打擊了他們的積極性，要求為基督教界的反革命分子平反。在主要是供農村基督教徒閱讀的《田家》半月刊上，劉齡九說農業合作社沒有辦好，減了產；農民寧願餓死不願累死。周清澤說今天人民內部的主要矛盾是人民要生活下去卻活不下去，人民要求自由一些卻得不到自由，全國百分之八十的農民都在埋怨。三自愛國運動極有損於教會的宗教生活。

前面說的王翰、沙文漢、李世農等等，就是當年最大的黨內右派分子。其中沒有一個省委第一書記和部黨組書記，更沒有一個中央委員和候補中央委員。不過，也還是有兩位候補中央委員在這場大風暴中受到了衝擊。那就是潘復生和古大存。擔任中共廣東省委書記的古大存，當時被認定犯了「進行地方主義活動錯誤」，受到撤銷職務處分。擔任中共河南省委第一書記的潘復生，從報紙上披露的材料看，他的言論：災區不搞生產救災，只搞合作化，人民流離失所，社會主義沒飯吃；農民過去不如牛馬，現在和牛馬一樣。統購統銷好比一根繩子，栓在農民脖子上。這樣一些言論，也足夠劃為右派了。可是他只是定為犯有「右傾機會主義錯誤」，受到撤銷職務處分。

如果說，「反冒進」是黨內右派的一種表現，那麼不但中央委員會裏有人反冒進，就是政治局常委裏面也有人反冒進的。只是毛澤東不為已甚，他不想把黨內所有反冒進的人都劃為右派分子。在 1958 年 1 月的南寧會議上，毛澤東突出地提出了「反冒進」問題。他當着眾人的面對周恩來說：

「你不是反冒進嗎？我是反反冒進的！」（見薄一波，《若干重大決策與事件的回顧》修訂本，下卷，第 662 頁）在這次會議上的發言中，毛澤東還說：「右派的進攻，把一些同志拋到和右派差不多的邊緣，只剩了五十米。」（轉引自《周恩來傳（1949-1976）》上冊，第 409 頁）他讓周恩來和右派分子保留了五十米的距離。在 1958 年的中共八大二次會議上，在談到為什麼「反冒進」一陣風吹遍全國大多數地方的時候，毛說，這是因為黨內除右派外，有一個觀潮派，又一個促退派。就這樣，他只把那些反冒進的人中的一部分劃為右派，而另外的一些僅僅給戴上觀潮派或促退派的帽子，網開一面，放了過去。毛的這種態度有利於黨內高層領導團結一致地去反右派。可以認為，反右派鬥爭是毛澤東時代中國共產黨最高領導層最後一次統一行動，這以後，從大躍進開始，人們就不再看到這樣的一致行動了。

毛澤東對周恩來的這一批評也影響到對右派分子的處理，據童小鵬在《風雨四十年》（第二部）中說：

> 在中央決定處理右派分子時，周恩來是主張「批判從嚴，處理從寬」的。他曾親自同大專院校、文藝、教育、民主黨派等方面的知識分子交談過，徵詢各界對右派分子處理的意見，主張對犯錯誤者只要有悔改表現，處理就要從寬，並且強調在科學、教育、出版方面還能做工作的，在藝術上還能登台表演的，只要態度好，還要注意使用他們。

> 1958 年 1 月中央在南寧召開的工作會上，毛澤東嚴厲批判反冒進者是「促退派」，「距離右派只差五十米」，是導致資產階級進攻，跟赫魯曉夫反斯大林一起來的一股風。這時周恩來對右派分子的處理也就不好再說什麼了，即使說了也無濟於事，只好盡其所能，採取一些不同的方法多保護一些人。（見第 258 頁）

第二十五章

解放軍內部的反右派鬥爭

人民解放軍內也和全國各行各業各系統一樣，開展了整風運動和反右派鬥爭。

據《中國人民解放軍軍史》第五卷第二章第三節的記載，在 6 月 8 日中共中央發出《關於組織力量準備反擊右派分子的進攻的指示》之後，6 月 14 日總政治部發出《關於進行反擊右派的教育和聲援反擊的指示》部署軍內的反右派鬥爭。7 月 6 日《解放軍報》發表了〈積極參加反右派鬥爭〉的社論，說明這場鬥爭不是一般工作上的爭論也不是在一般問題上的不同見解，而是社會主義和資本主義兩條道路的鬥爭，是鞏固社會主義制度消滅資本主義制度的鬥爭，是屬於敵我矛盾方面的鬥爭。9 月 12 日總政治部作出了《關於劃分右派分子的標準的規定》：1、公開發表或暗中散佈反黨、反社會主義言論，對黨和國家的重要政策，歷次政治運動進行惡毒攻擊的，應劃為右派分子；2、故意誇大黨和國家工作中的錯誤缺點，污衊黨的組織和領袖，醜化老幹部和黨、團員積極分子，企圖否定革命事業的成就，否定社會主義制度的優越性，否定黨的領導的，應劃為右派分子；3、在這次運動中組織串連，到處點火，挑撥煽動或者在幕後策劃，或者積極支持右派，為右派辯護的，均應劃為右派分子；4、肅反和其他政治運動中的鬥爭對象，對黨極端仇恨，利用整風積極向黨攻擊的，應劃為右派分子；5、歷史上的反革命分子和其他壞分子，或者他們的家屬被鎮壓、被管制的分子，平時表現不好，在這次運動中又有反動言行的，應劃為右派分子；6、在這次運動中，有意供給右派分子以黨的、國家的、軍事的機密材料，投靠右派，與右派一道向黨進攻的，應劃為右派分子；7、在這次整風「鳴放」中，雖未公開發表反動言論，但平時謬論甚多，政治立場一貫反動，屢教不改的，亦應劃為右派分子。（《中國人民解放軍軍史》第五卷，軍事科學出版社 2011 年 6 月第一版，第 137–140 頁）

就根據這個標準，人民解放軍內反出了一批右派分子。

軍銜最高的是總政治部文化部部長陳沂少將。如果照當時的解釋，左即教條主義，右即修正主義，此人可說是從來沒有右過，後來也沒有右過。2 月毛澤東在最高國務院會議上講人民內部矛盾，就說，幾位左派，就是我們軍委政治部文化部長陳沂，他的部下陳其通、馬寒冰等幾位同志，在 1 月 7 日《人民日報》上發表了一篇聲明，四個人署名，實際上是懷疑百花齊放，百家爭鳴這個方針。把陳沂和四個人的文章聯繫了起來，似乎他對四個部下的文章也要負點責任。不過這不要緊，雖說批評了幾

回，總還是肯定了忠心耿耿，為黨為國的嘛。可見在反右派鬥爭開始的時候還是把他算作左派的。據報紙上說，批判黨內右派分子陳沂的第一次會議，是 11 月 13 日開始的。這時反右派的高潮早已過去，為什麼還要反出他這個右派來呢。據報紙上刊登的材料說，「他目無組織，目無領導，唯我獨尊。他把他所領導的文化部當成一個獨立王國，當做他爭名奪利的工具，只准他向黨向上級要支援，要人要錢，不准黨和上級對他的工作進行監督和批評。」「在軍隊內部他以『文藝特點』同領導上對抗；而在軍隊外部則又以『軍隊特點』以『實力派』自居，企圖與黨的整個文藝工作分庭抗禮。」（1958 年 3 月 1 日《今日新聞》）在總政治部領導看來，他是一個不服提調的下屬，這大約就是陳沂被劃為右派的原因吧。

據 1958 年 1 月 4 日中國共產黨中國人民解放軍總政治部本部委員會《關於陳沂問題的決定》說，「1957 年 5 月 7、8 兩日，他在天津兩個學校的講話中發表了許多反動言論，惡毒地攻擊社會主義制度。」例如：

> 他說毛主席、黨中央所以提出「百花齊放百家爭鳴」和正確處理人民內部矛盾的問題，就是因為「這樣一個問題已經擺在黨的面前，很重要的問題，不這樣辦就不行了」。「問題不解決，就會發生斯大林的悲劇，就會發生像匈牙利這樣的事變！」他很惋惜地說：「根據毛主席自己講，他提得晚了一些。這事情本來就應該比現在早一點提出來，但是提晚了一點。」他又說：「現在提出來也很好，再不提這個問題就多了。」他說問題所以嚴重，是黨內絕大多數人現在還不願這樣做。他認為「人民內部矛盾，主要是講我們黨同人民之間的矛盾，我們黨同人民現在是隔了一道牆」，「這個牆如果不拆開，關係就搞不好」，「我們現在整風就是為了拆這個牆」！如何推倒這個牆呢？他說「不要強調和風細雨」，他認為強調和風細雨「那就是不讓人家來」，他說「和風細雨中間總要打打雷吧！總要有幾個閃電吧！哪有一來就是和風細雨，沒有這個事情！」「誰喜歡暴風雨，那就來吧！」「你就敞開門放就是！你愛怎麼進就怎麼進，窗子都打開，你們……隨便！」「百花齊放，百家爭鳴麼，不准附加任何條件！」他說「搞民主就要帶點強迫，你說一點強迫沒有，他民主不下來！」

> 關於匈牙利事件，他作了與黨完全相反的分析。他認為匈牙利事件主要的不是帝國主義和內部反革命長期陰謀活動的結果，而是人民內部的問題。他說：「如果那時匈牙利人民已經在街上

示威的時候，如果那時匈牙利的黨看到這個問題只是人民內部的問題而採取措施，也還是可以的，因為那時工人的口號就是這樣的，『示威生產兩不誤』，證明他還是要搞生產……就是因為那時黨的領導還是採取壓服的辦法，所以激起群眾的義憤，這時反革命在利用，當然也就發生了匈牙利的問題。」他的論點同納吉等同出一轍。

他咒罵我們的社會主義制度，公開號召要改朝換代。他說「我們國家社會制度有很多還要研究，這也是要鳴的」。他說：「匈牙利事件向我們提出一個問題，社會主義國家也會夭亡。」他又說：「社會主義經濟基礎是好的，而上層建築太壞了，就要改朝換代，不然，為什麼同是封建主義經濟基礎，而換了那麼多朝代呢？」他留戀私有財產制度，仇視農業合作化，他認為在我們的國家裏，由於社會制度不合理，軍人的命運是悲慘的，他說：「咱們這些當兵的，解甲歸田，無田可歸，告老還鄉，無鄉可還……。他回了家以後，成了高級合作社，他啥也沒有，房子沒有他的，什麼也沒有他的，……這就是矛盾。」

這些言論已經足夠劃他為右派分子了。而且他還有更加不能容許的言行。這份材料說：

他看不起領導，一貫地破壞領導威信，他認為領導上不懂文藝，不關心文藝，不愛護文藝幹部。他在文藝幹部中廣為散佈：「彭總只愛看斬馬謖，根本不懂新文藝！」「彭總說，文化工作少搞點，亡不了國！」藉以煽動文藝幹部對軍委的不滿。他十分蔑視總政的幾位主任，他經常說「主任不懂文藝特性」，「主任不懂裝懂！」「你不懂就放手讓別人幹嘛！」為破壞幾位主任的威信，他不惜製造謠言，把主任們描寫得十分無知。他罵譚主任「主觀、片面、狹隘，從不重視文藝工作」，罵傅副主任「老糊塗了」，罵蕭副主任「膽小怕事，他懂得什麼文藝？」罵甘副主任是「山溝裏出來的，無知！我連尿也不尿他！」他對中央宣傳部、國家體委的一些負責同志也是看不起的，他說周揚同志「搖搖擺擺，對貫徹中央的文藝方針不堅定！」罵蔡樹藩同志是「惡霸」、榮高棠同志是「流氓」等等。

他把譚政、傅鍾、蕭華、甘泗淇這些上級都得罪了，還能夠不劃為右派嗎？

《王力反思錄》說了陳沂劃右派的情況：「有一個老幹部叫陳沂，是軍委總政文化部長，當過東北野戰軍前線政治部副主任，後來當過四野後勤副政委，他被打成右派，堅持要把他打成右派的是彭德懷、譚政，後來他們兩都倒了，陳沂還是不能平反。陳沂打成右派，我就不同意，我一直為他奔走，找過羅榮桓同志，我說，陳沂毛病是有，毛病擺在臉上，他不是右派，打他右派的材料我全看了，我認為不能成立。……羅榮桓同志說，我同意你的意見，陳沂不是右派，不過我也沒有辦法。」（下冊，第 825 頁）

當年陳沂在總政治部文化部的部屬黎白，後來寫了一篇〈回顧總政創作室反右派運動〉，其中所說要比當年報紙上的報導要詳細一些。毛澤東多次公開批評了陳其通等四人的文章，並且點了陳沂的名，使他們震驚得無所適從。這篇文章說：

> 陳沂是直接受到毛澤東批評為阻礙鳴放的、當時黨內軍內的高級領導人，他檢討了自己的錯誤，並決心緊跟中央的步伐，親自到軍內幾座院校鼓勵鳴放。他在發言中曾說：我從 1927 年入黨，一直是跟着黨走的，沒有黨就沒有我，沒有黨，我就會是「解甲歸田無田可種，告老還鄉無鄉可歸」……我的文章阻礙了鳴放，與中央的精神相抵觸，犯了錯誤，我改正，希望大家鳴放，幫助黨整風（這是陳沂講話的大意）。更沒想到的是陳沂這個講話中的「解甲歸田無田可種，告老還鄉無鄉可歸」十六個字，成為他不久被劃為右派的「猖狂向黨進攻」的主要罪狀。（《荊棘路》，經濟日報出版社 1998 年版，第 412 頁）

這篇文章講的是「總政創作室」（全名是中國人民解放軍總政治部文學美術創編室）的反右派鬥爭。「創作室在編人員只有二十七人參加了運動，非在編人員六人中有五人參加運動。實際參加創作室反右的總計三十二人。被劃為右派分子的八人，受中右、黨內處分或遣回單位繼續批判的計有七人。也就是說，受處分的人數為十五人，佔整個創作室人員的近一半。」八名右派分子是：徐光耀、艾炎、公劉、何孔德、沈默君、白樺、樊斌和吳占一。

徐光耀，1938 年參加八路軍，做過隨軍記者和軍報編輯，出版過長篇小說《平原烈火》等。他為什麼劃成右派呢？黎白的這篇文章說：

> 徐光耀的「罪狀」主要是替丁玲翻案，經濟上支持陳企霞。這個罪名是毫無道理的。關於替丁玲翻案，是指 1956 年作協黨

組曾寫過一封公函，要求總政創作室黨組織讓徐光耀寫一份丁玲在主持文學研究所時期被揭發的幾個問題的看法和證明。我當時是組織委員，即將作協黨組的信面交徐光耀，請他寫一份材料。他當時表示沒有必要寫。我認為是作協黨組的要求，又是以組織對組織的來函，還是寫的為宜。他查閱了他的日記後，很認真地、實事求是地寫了一份材料。這怎麼能認為是徐光耀惡毒攻擊作協黨組，蓄意為丁玲「翻案」呢？而在經濟上支援陳企霞，也和右派罪行絲毫不沾邊。陳企霞在「肅反」中被隔離審查很久，1956 年後或 1957 年初被解除隔離後，有同學來找到徐光耀，說陳企霞生活很困難需要幫助，這種幫助還不能被陳企霞知道，否則，陳不會接受。徐光耀相信了這位同學的話，出於對老師的尊重和情感，他又剛剛有些稿費，就支援給陳企霞幾百元。（引者注：黎白此文前面說過，徐光耀曾經是原晉察冀邊區華北聯合大學文藝學院文學系學員，陳企霞是系主任）這兩條罪狀就將徐光耀劃為右派分子了。

公劉的情況，黎白的這篇文章說：

公劉被批判了幾次，定他為右派的「罪狀」並不複雜，一是他在鳴放中攻擊肅反，他確在鳴放會上發言對總政文化部蓮花池肅反提出過批評。這個會我參加了，但絕對不是攻擊全國的肅反運動。二是他發表過的幾首古體詩，被上綱為惡毒攻擊社會主義的祖國。這是無法理喻的。三是對他過去歷史的某些已經作過組織結論的問題舊事重提，很簡單地定為右派。

公劉（1927-2003），原名劉耿直，十二歲開始寫詩。1949 年 11 月參加人民解放軍，1955 年調總政治部創作室任創作員。劃為右派分子之後，他和吳占一被送到山西省太谷縣去修郭堡水庫。公劉在〈大難不死，尚待後福〉一文裏回憶：

吳占一本是老熟人，他當過文化部陳沂部長的秘書，後來調創作室，還是擔任秘書，不久便調走了。反右開始，算他倒楣，碰上了好領導，硬是將他從別的單位揪回來「批鬥」。據說，由於軍隊內部的派系鬥爭，某大將（引者注：指總政治部主任譚政大將）和陳沂部長有矛盾。某大將趁機堅決要拉陳沂下馬，硬把陳沂劃作右派。創作室主任虞棘原本是陳的左右膀，可到了這會兒，「大難臨頭各自飛」，但是「飛」也不容易，首先必須反戈一

擊；於是，虞棘一方面聲嘶力竭，大揭大批，一方面就在吳占一
身上做文章，一心想打開突破口，整出什麼致命的「材料」來，
充當「炮彈」，拿去轟炸昨天的頂頭上司。就這樣，吳占一在劫
難逃。批鬥會上，虞棘給了吳占一一個封號：陳氏家丁。另一位
積極分子乾脆接着喊「家奴」。我在批鬥會上敬陪末座，聽着，
想着如果吳占一是家丁、家奴，你豈不是同一類貨色麼？要說有
區別，也不過是你正得意，你可以笑，可以污辱人，有恃無恐而
已！其實，吳是個正派人，我是同情他的。（見公劉，《紙上聲》
上冊，作家出版社 2000 年版，第 359-360 頁）

沈默君是 1938 年參加新四軍的，寫過《南征北戰》、《渡江偵察記》等
電影劇本，他劃右派的情況，黎白的這篇文章説：

> 對他的揭發批判會議開了三四次。沈默君在鳴放會上沒有
> 過發言，找不到他有什麼攻擊言論。依他平時的作風及品質，幾
> 乎眾口一致地認為他應劃為右派分子。只有我一個人不識趣地在
> 會上發言表示這是反右派運動，他沒有右派言論就不應該劃為右
> 派。依其作風劃為壞分子也不能劃為右派。當然，他最後還是被
> 定為右派分子。

白樺的情況，黎白的這篇文章説：

> 他是被令回京在創作室參加反右的。他正在積極揭發批判別
> 人，昆明軍區黨委來電給總政治部揭發他在昆明軍區的「罪行」，
> 並要求劃他為右派，經過總政批准了。所以，白樺劃定為右派不
> 是創作室揭發出來的。

這篇文章也寫到了作者黎白本人在反右派鬥爭中的經歷：

> 創作室反右運動中後期，某作家批判我時說：我們對赫魯曉
> 夫同志的秘密報告也有意見，但是我們擁護蘇聯共產黨，擁護赫
> 魯曉夫同志，你根本不同，你對蘇共，對赫魯曉夫同志，對我們
> 黨都有刻骨仇恨，你反黨思想深入骨髓……儘管我和這位作家在
> 調到創作室之前彼此並不認識，只知道他發表的一些作品，對他
> 也有敬意。而他這個批判卻使我按捺不住，當場和他抗爭起來。
> 以前，他對我毫無了解，依當時對幹部的要求條件而論，我不是
> 剝削家庭出身，十四歲參加革命，十六歲入黨，在部隊一貫立功
> 受獎，沒有受過處分……說我對黨有刻骨仇恨、深入骨髓的根據

何在？為什麼在如此嚴酷的運動中如此惡毒地落井下石？若是為了「維護黨的利益」，我在鳴放中並沒有反黨言論，若是由於個人恩怨，我從來也沒有得罪過他。我實在想不通，為什麼他對赫魯曉夫有意見是對蘇共的擁護，我對赫魯曉夫有意見就變成對蘇共對黨有刻骨仇恨？這種「理直氣壯」的詭辯無非是他居於批判別人的位置，被批判的人只能低頭認罪吧？當時我實在無法忍下去，他拍桌子，我也拍桌子。

對我的定性有過反覆。最初，創作室主持運動的幾位同志並未都要把我劃為右派，而是定為中右分子，給予留黨察看兩年的黨內處分。但原總政文化部某副部長此前不久調到作協擔任書記，他向總政治部譚政主任提出：黎白是丁陳反黨集團在部隊的重要骨幹分子，必須劃為右派分子。而擔任總政紀委書記的聯絡部長張楨祥同志堅持不改變原來決定的處分，所以我仍按原處分處理，沒有被劃為右派分子。老實說，我當時根本不可能知道一旦被劃為右派分子，幾乎永世不得翻身。歷史證明，凡是被劃為右派分子的人，如果還能倖存下來，也是經歷了二十年的非人生活啊！我幾經反覆，最後沒有被定為右派分子，實在是不幸中之大幸。所以，至今我極為感謝我並不認識的張楨祥同志。

經過這一場反右派鬥爭，把大約半數的作家劃為右派分子或者給予其他處理，這創作室也就無法存在了。不久即被總政治部撤銷。

總政治部組織部助理員陳挺也被劃為右派分子了。陳挺，1927 年生，山東省招遠縣人。參加八路軍。歷任勤務員、學員、保衛幹事、團保衛股副股長、組織股長、師組織科副科長、科長。1946 年 5 月和 12 月兩次被評為模範工作者。淮海戰役中，他在營幫助工作。當營幹受傷之後，他自覺代理指揮，帶領作戰。朝鮮戰爭爆發，曾經到志願軍政治部工作。1953 年調來總政治部組織部，擔任助理員。工作中也曾受過表揚。1955 年授予少校軍銜。據他所在黨支部 1958 年 2 月 10 日寫給總政治部黨委的報告，他的「主要右派言行」就是攻擊肅反運動：

1. 宣稱 1955 年的國際國內形勢不是大敵當前，也不是火山爆發 —— 全國特務大暴動，何必那麼急呢？那正是自己給自己找麻煩。

　　2. 誣衊「遵循中央的方針與指示行事，作為運動健康的標準」是「不夠唯物，不夠科學」。

　　3. 誣衊軍隊肅反，是「機械套用百分之五的公式，愈高級機關，成分品質愈紅的單位，鬥錯的好人愈多」。軍隊幾萬人被鬥錯，好比「放火燒山」，值得痛心。

黨支部的這個報告還説：「他是肅反運動的骨幹，但在鳴放中卻將總政歷次指示，有關肅反鬥爭的策略，全盤托出，並以此作為攻擊肅反的武器。組織部長曾指出：不能揭底。他對支部副書記説：我知道是底，但是底錯了，我非揭不可。」「肅反運動代價太大，就像有些地方鬥地主一樣，大村有地主可鬥，就鬥真地主；中村就以富農來代替；小村連富農也沒有，只得鬥富裕中農。」「中國肅反受斯大林的社會主義愈勝利，階級鬥爭愈尖鋭的影響。」

　　他不但攻擊肅反運動，還懷疑馬克思主義的基本論點，説「馬克思的絕對貧困化不適宜於今天資本主義發展的現實情況」。1957 年領導派他去通訊兵一個工廠了解工人貼大字報的情況，他回來對人説那個煽動工人鬧事的右派分子是「一個正義的人道主義者」。總政治部黨委批准了黨支部的這個報告。陳挺被劃為右派分子，開除黨籍，開除軍籍，剝奪軍銜，撤銷原有職務。降二級，由副團降為正營級。被送到山西省太谷縣去修郭堡水庫。（《郭堡你可曾記得……》第二集，第 421–425 頁）

　　這裏説的送到山西省太谷縣去修建郭堡水庫的軍內右派分子，共有三百二十人。他們分別來自總政、總參、總後、海政、空政五大單位。其中有總政治部敵工部的英語翻譯周道和呂千飛，他們兩人都參加了板門店的朝鮮停戰談判的。（同上書，第 430 頁）

　　還有總參三部助理員徐永壽（1925–2003），浙江天台人。1946 年由浙江大學轉學到南京中央大學土木系橋樑專業。1949 年參加人民解放軍。在無線電通訊方面時有發明。劃為右派分子之後，也來到了郭堡水庫。1959 年大煉鋼鐵的時候，他幫平遙縣東關鐵廠解決了技術難題。在他的指導之下，平遙棉織廠的空調革新成功了；合紗機改卷緯機成功了；燈芯絨布機開口機革新成功了；斜紋底燈芯絨也試製成功。勞動生產率翻了一番還多。他還為棉織廠設計建成了全省第一座吊裝薄殼板廠房。當他還想做更多的事情的時候，文化大革命來了，徐永壽被無端關進了監獄。1973 年

平遙縣決定建立一座化肥廠，沒有高水準的技術力量，有人想起了他，才把關押了兩年多的他放了出來。他克服種種困難很好地完成了任務。右派問題解決之後，徐永壽回到了他的專業工作上來。1985 年 9 月，他以中華人民共和國建築結構工程師的身份，應邀出席了在莫斯科舉行的國際薄殼和空間結構年會，用一口流利的英語宣讀了自己的論文《有限元法在錐殼設計中的應用》，受到了各國同行的熱烈歡迎。（侯安君，《坦蕩人生徐永壽》，第 260–277 頁）

軍事學院軍事學術史教授會副主任、戰史教授會主任蔡鐵根也被劃為右派分子了。他是河北省蔚縣人，1936 年參加中國工農紅軍，1939 年加入中國共產黨。以前歷任宣傳幹事、科長、縣長、專署人民武裝部部長、旅政治部副主任、中央軍委軍訓部條令處處長、條令局副局長等職。大校軍銜，行政十一級。劃為右派分子之後，他被開除黨籍，開除軍籍，剝奪軍銜，撤銷職務，降低工資，分配到了江蘇常州。他不服，多次申訴，都沒有結果。到了文化大革命的「一打三反」中，1970 年 3 月 11 日，竟以反革命罪執行槍決。1979 年他的三個子女寫信向中共中央紀律檢查委員會提出申訴，胡耀邦作了批示。3 月 10 日，中共軍事學院委員會作出了《關於蔡鐵根錯劃為右派分子的改正決定》，接着又通過法律程序撤銷原判，「宣告蔡鐵根無罪」。（〈老紅軍蔡鐵根之死〉，見《春風化雨集》下冊，群眾出版社 1981 年出版，第 288–296 頁）

空軍的頭號右派是李凌。廣東省三水縣人，1925 年生。抗日戰爭時期在昆明西南聯大參加共產黨，擔任地下黨的支部書記。抗戰勝利後，他到北京大學，繼續從事黨的工作。後來進入解放區，在中央青委（即後來的共青團中央）工作。1949 年作為優秀幹部抽調到空軍，先是在哈爾濱第一航空學校擔任政治教員，並兼任政治部宣傳科、文化科副科長。後來調到軍委空軍政治部《人民空軍》雜誌社，擔任政治組組長。1957 年整風運動開始，空軍司令員劉亞樓作動員報告，號召大家「知無不言，言無不盡；言者無罪，聞者足戒」。他們政治組的同事們下到各單位去收集反應，回來湊成一張大字報〈向劉司令員吹些和風細雨〉，公推組長李凌署名。他就因此被劃為右派分子，發配到北大荒勞改。

空軍的右派分子還應該說到秦傳家、白起和何健生這幾個人。抗日戰爭期間，他們原是汪精衛偽政權的空軍人員，白起即汪偽航空局主任白景豐，何健生是汪偽空軍上校參贊，他們和飛行教官吉翔、周致和，飛行員

黃哲夫、趙乃強等人有心棄暗投明，通過秦傳家的關係找到了新四軍的遊擊隊，聯繫駕機起義的事。在《粟裕誕辰百年紀念文集》裏有一篇〈粟司令員為汪偽專機起義指航向〉詳細記下了這件事。粟裕兩次接見了這些有心起義的人員，幫助他們和延安取得了聯繫。1945 年 8 月 20 日，起義人員駕着汪精衛偽政府的「建國號」專機從揚州機場直飛延安，這是人民解放軍空軍接收的第一架起義敵機。9 月，十二名起義人員全部到了東北解放區，參與籌建人民解放軍航空學校，成為人民解放軍空軍第一代飛行教官。他們的學生裏有著名的空軍英雄劉玉堤、張積慧、王海等人。1946 年吉翔、周致和兩人在執行飛行教學中先後殉職；1957 年秦傳家、白起和何健生這三個人就都被劃為右派分子了。秦傳家、白起二人後來冤死獄中，何健生是活過來了，他修過水庫，從事過各種各樣的勞動，最後是澡堂的服務員。空軍司令員王海知道了這件事，才讓何健生成了空軍司令部的正團級離休幹部。（王書鏘，〈首批駕機起義者的人生落幕〉，見《郭堡你可曾記得……》第二集，第 405-406 頁）

　　起義軍人被劃為右派分子的有孫蘭峰（1895-1987），字畹九，山東滕縣人，他做過傅作義部的軍長、十二戰區騎兵總指揮、第十一兵團司令官、第九兵團上將司令、察哈爾省政府主席，抗日戰爭中參加過長城抗戰、綏遠抗戰。1949 年 9 月 19 日參加董其武的綏遠起義後被安排為綏遠省軍政委員會副主席，綏遠省軍區副司令員、綏遠省人民政府副主席。1954 年 3 月綏遠省併入內蒙古自治區，被安排為內蒙古自治區人民政府副主席。可是到了 1957 年 7 月，他就被打成右派分子了。中共中央辦公廳編印的《情況簡報（整風專輯）彙編》（七）（1957 年 7 月 13 日）據中共內蒙古自治區黨委辦公廳嘎斯彙報：

　　　　內蒙　目前內蒙反擊右派的鬥爭，主要是對以孫蘭峰為首的右派集團。對孫的鬥爭，是採用政協座談會的形式進行。政協座談會已於昨天（12 日）開始。座談會之前，作了如下幾項準備工作：(1) 各機關、學校、各族、各界召開了各種大小型座談會、聲討會，在這些會上，集中批判了右派集團中的孔慶臻和曾士先。7 月 9 日舉行的內蒙文藝界一千多人的聲討大會上，對孔的問題揭露很多，在會上曾有人質問孔的後台是誰？並側面點出了孫蘭峰。(2) 7 月 5 日和 8 日內蒙黨委召開了黨外人士中上層的座談會，吸收左派、中間派和中右分子參加，作了報告。會上情緒很高，參加這一座談會的有一百多人，有六十多人表示態度，

政協副主席陳炳謙也發了言，表了態。（3）動員直屬機關各黨組的同志，讓他們積極進行爭取、團結中間分子的工作。（4）召開了政協主席聯合辦公會和常委會，通過了邀請一百六十一人參加政協座談。這一百六十一人中，有共產黨員十六人，佔百分之十；左派十九人，佔百分之十一強；中間派一百零四人，佔百分之六十四；右派二十二人，佔百分之十四。經過上述一系列的工作後，準備工作就基本成熟，於是昨天正式開始了政協座談會。從昨天的會議看來，鬥爭情緒很高，發言踴躍，開始時，右派和中右分子發言多，今天上午左派也已開始發言。現在看來，右派集團似已有所準備，孫蘭峰原說不參加會，但昨天也參加了。會上孔慶瑧（孫的內弟，文化局副局長）發了言，避重就輕、裝模作樣地作了檢討，並且還掉了幾滴眼淚。另一右派分子盧健飛（政治學校教育長）發言，把其他中間分子都咬了一下。因起義人員大部有點歷史劣跡，企圖以此而阻撓中間分子對他的揭發批判。

鬥爭的方針，主要是打擊孫蘭峰的主要謀士孔、盧、曾等人，對孫不作正面鬥爭。但如果孫出席了會議，並且又發了言，這樣就會引起別人的批評，勢必把鬥爭引向孫本人。如果這樣，則擬對孫展開正面鬥爭，把他搞臭。

孫於6月間才從東部地區視察回來，回來前曾路過北京，看了傅作義。回來後即表示對反擊右派不滿意，對召開政協座談會也不滿。他說：「如政協開會罵人，就不像政協了。」前天內蒙報上側面點了孫的名，他也表示不滿，向一政協幹部說：「這是否要拖我下水。」估計孫會在會上發言。如大家對他展開批評，他可能要提出離開內蒙。如他不發言，即不正面批判他，只搞其周邊；如他捲進來，就轉而正面鬥他。這樣作是否合適？因內蒙起義人員多，對孫的政策必須慎重，故請中央就上述方針予以答覆指示。關於孫的言論已印送中央。

又《情況簡報（整風專輯）彙編》（八）（1957年7月26日）據嘎斯彙報：

（一）在7月12日至16日召開了政協座談會，向右派分子展開了鬥爭，情緒甚為高漲。採取的方針是，集中力量鬥爭、打擊以孫蘭峰為首的右派集團。鬥爭的具體對象是以該集團的骨幹分子孔慶瑧、曾士先、盧健飛三人為主。鬥爭的目的是爭取右派

內部起義投降，把他們內部的問題揭露出來，暴露他們的反動言行。幾天來揭發了右派分子的很多問題，打中了要害。經過激烈的鬥爭，右派內部個別分子已開始動搖。12 日開始鬥爭時，孔慶臻企圖以檢討蒙混過關，15 日又在會上表示要交代問題，16 日交代了一些問題，揭露孫蘭峰在綏遠起義以前的事情。從各方面發現的問題說明，以孫蘭峰為首的一群右派分子是一個反黨反人民的集團。

（二）幾天來，右派集團的情況是：會議開始時，孫蘭峰表示不參加會議，孔、盧、曾三人開始時搶先發言，盧在會上並咬了一些了解他們問題的中間派，企圖阻撓人家揭發他們的問題。孫在 12、13 日的會議上表現很緊張，原因是：我們提出他擁護什麼樣的黨的問題？他不知道我們對右派怎樣打法，不知道他們內部的骨幹分子能不能經得起鬥爭。15、16 日孫表現穩定了一些，由於會議是孫主持的，他在會上說：發言要簡短，不要重複，講了的就不要再講，他的骨幹分子是看孫的眼色發言的。會上海福龍遞條子，提意見把主席團內的孫和右派分子容祥（蒙族上層）撤下來，孫即拍桌子大罵，說會議不能這樣開，並說他如何如何，蔣介石回來先殺他，並對揭發他的人進行拉攏，會後的晚上，派他的小孩去告訴孔慶臻要吃的飽飽的，睡的好好的，該幹什麼就幹什麼，並叫他老婆以親屬關係去和孔談談話。右派分子非常狡猾，會前有準備，在會上，有的右派分子被追到緊要關鍵時，就有另一右派分子起來說：「他不交代我要交代」。用這樣的手段互相來解圍。

就這樣，1957 年 11 月孫蘭峰被免去了內蒙古自治區人民政府副主席的職務。好像也沒有進一步為難他，給他保留了全國政協委員的職務，1978 年 3 月還讓他當了第五屆全國人大代表。

起義軍人被劃為右派分子的，還有余建勳，雲南保山縣人，1947 年任雲南寧洱行政專員公署專員兼保安司令，1949 年任雲南保安第二旅少將旅長、大理陸軍七十四軍中將軍長。1949 年 12 月隨盧漢起義後任暫編十二軍軍長，改編後調任解放軍十四軍副軍長，1952 年被安排為雲南軍區參議室副主任，1955 年起被安排為雲南省體委副主任。

他被劃為右派分子的原因，據 1957 年 9 月 3 日中共雲南省委整風領導小組下發的《右派分子余建勳的反動言行》宣佈有：

在鳴放中，余建勳從根本制度上向黨的領導進攻，他要求省委、黨中央從「制度上」來「解決一黨專政，以黨代政的問題」。余建勳對黨的領導的仇視不僅在鳴放中才暴露出來，遠在匈牙利事件發生時，余建勳就對起義軍人散佈說：「這是一黨專政的結果。」

他認為，省委、軍區對待起義人員的政策「是完全錯誤的」。他說：雲南起義軍人名說有九萬，實際上也有六、七萬，軍大學習後轉業，每次運動，抓的抓，殺的殺，現在只有三萬多人。起義有功，既往不究，立功受獎，我幾個（即少數人）是這樣做了，但大多數沒有這樣做。

中國人民解放軍哈爾濱軍事工程學院是 1952 年成立的。建校之初，從全國各大學調集了許多拔尖的工科教授，是全國科技知識分子最集中的單位之一，也是黨（各級領導、軍人）群（不是黨員和軍人的專家）矛盾很突出的單位之一。在 1957 年反右派鬥爭中最先打擊的目標是機械原理與零件教授會主任楊仲樞，他不久以前還奉派到北京參加「五一」觀禮，上了天安門城樓。可是他在學院的整風座談會上說了這樣一些話：

三個主義都存在，不能把三個主義孤立起來，它們是互相聯繫，互相影響，同時也互為因果。我認為在我們學院裏以宗派主義為主，而官僚主義、主觀主義是由宗派主義而產生的。……因為有宗派主義，領導上就會只依賴一部分人，相信一部分人，結果就難免偏聽偏信，不依賴廣大的群眾，只愛聽信自己所相信的人的彙報，然後作出決定，命令執行。這又如何不犯官僚主義和主觀主義的毛病呢？殊不知這只算小群眾路線和小群眾的智慧……

不能說領導同志和許多中級以上的幹部不願意搞好與高級知識分子的團結。的確，與老教師的關係搞得不好是這些幹部感到最傷腦筋的一件事情。為什麼這個關係搞不好？我主觀的看法，這是一個思想問題。把黨對知識分子的政策當作一個手段，將知識分子當作商品，比如生產的母機，把知識分子當作僱來替我們做事情的，辦學校的。而沒有想到這些知識分子是一家人，都是兄弟姐妹，不過黨員只是當家作主而已。……既然犯了宗派主義的毛病，沒有把高級知識分子當做一家人，把他們當作客，當作

「西賓」，認為是催來的，不承認高級知識分子的進步，老是認為落後，以改造者和教育者出現。

楊仲樞還對鳴放中人們意見最大的肅反運動提出了批評，他說：

> 我院歷年來的運動也發生過不少的偏差，有自殺的，投江的，有在肅反中被鬥錯的，應該很好地做善後處理，使死者不致含冤於九泉之下，生者也能精神愉快，得到應有的安慰，發揮他們的積極性來從事社會主義建設。黨曾一再教育我們要實事求是，錯了就應該承認錯誤，我今天代表他們這些死的和生的含冤者向黨提出同樣的要求，想必我們黨的領導同志會採納我的請求的。

楊仲樞當然就被打成右派分子，批鬥多次。他在哈軍工圖書館工作的妻子王祿臻也被牽連劃為右派分子挨鬥。他們夫婦劃右派以後所受的例行苦難就不用說了。文化大革命當中又受到進一步的迫害。到了 1978 年全國通盤解決反右派這個歷史遺留問題的時候，這時哈軍工已經遷到長沙，改為中國人民解放軍國防科技大學了，這個大學的領導人還想抵制這個潮流，想把楊仲樞等五個右派分子不予改正，可是沒有能夠抵擋住，他們夫婦終於在 1979 年 1 月 26 日被改正這個錯劃右派的歷史問題。那天國防科技大學副校長到他家去宣佈這件事，老兩口不顧客人在旁，互相擁抱，嚎啕大哭了。這哭聲訴說了多少委屈多少苦難啊。

軍事工程學院科教部副部長張述祖教授在學院的整風座談會上說：

> 我同意楊仲樞同志的看法，三大主義在我院中，宗派主義是主要的，官僚主義和主觀主義是派生的。我院是軍事性工程學院，因此院內除黨與非黨的矛盾外，還有軍與非軍的矛盾。我院組織機構龐大，行政各級幹部絕大多數是黨員又是軍人，於是無形中就形成了工農幹部和知識分子尤其是和老知識分子間的矛盾。因為在工農幹部看來，知識分子代表着「落後」，而老知識分子代表着更落後，因此，宗派主義在我院就顯得比在其他院校特別突出。

說了這樣的話當然也被劃為右派分子。可是他只當了一年右派分子就有了轉機。1958 年夏天，在北京家中休養的學院院長陳賡聽人說張述祖劃右派了，馬上對人說：說他是右派，他算什麼右派？建立哈軍工他有功勞嘛！

因為陳賡不贊成劃張述祖為右派，學院黨委只好在 8 月 8 日打報告向總政治部請示，說他們要劃張述祖為右派的理由。哈軍工黨委整整等待了兩個多月，10 月 17 日，才收到總政治部的正式覆函：

> 軍事工程學院政治部：
>
> 　　經軍委 10 月 11 日 158 次會議討論批示，認為張述祖問題情節較輕。根據中央關於「自然科學方面反右派鬥爭」的指示中指出：對於情節輕微，右派言論不系統，可以寬大的精神，可不劃為右派分子，按犯有錯誤的人員處理。

因為總政治部也不同意，張述祖白當了一年多右派分子就解脫了。不久，哈軍工領導把張述祖送到北京社會主義學院學習，算是給自己找了一個下台階。

　　哈軍工政治部宣傳部部長穆欣在反右派鬥爭中殺氣騰騰。他出身於軍旅記者，內戰期間在陳賡兵團任隨軍記者，是陳賡欣賞的筆桿子。陳賡負責籌建哈爾濱軍事工程學院的時候，就把他帶來了。1955 年肅反運動中，他發表長篇討伐胡風的大文章，成為全院矚目的左派人物。在反右派鬥爭中他坐鎮指揮，羅織罪名，把學院院報《工學》的代理總編輯李航大尉以及編輯俞聲朗兩個打成黨內右派。

　　後來穆欣因為反右派的表現，擔任了《光明日報》的總編輯。到了 1966 年 5 月 28 日成立中央文化革命小組，他和姚文元、關鋒等人一樣，是小組成員之一，成了文化大革命前期能夠呼風喚雨的一人。而且他比姚文元、關鋒等人幸運的是，文化大革命結束以後，他還是做大官。這是反右派鬥爭為文化大革命準備了幹部的又一例。

　　哈爾濱軍事工程學院在反右派鬥爭中，全院師生總共打出右派分子 157 人，其中極右分子 20 人。除了在二十二年間折磨致死的和自殺的，後來都得到改正，並在各自的崗位上作出了自己的貢獻。

　　還有原國民黨工兵中將黃德馨，起義投共以後，被安排在中國人民解放軍哈爾濱軍事工程學院任教。1957 年 6 月他在學院整風座談會上說：「我穿便衣，照樣給學員上課，軍人教養，仍然嚴格要求自己，授不授軍銜，我倒不多考慮。我既是留洋生，又是國民黨的偽工兵中將。領導上給我個大尉，覺得不好，給個少校，我也覺得高了。授個啥？領導上有困

難。但是，教銜、職務應該確定。1953 年調我到五系工作，唐凱主任宣佈 501 教授會工作由我和宋耀華同志負責。大家叫我黃主任、黃教員、黃同志、老黃……叫啥算啥，朱德副主席來到學院，通知軍官在哪兒集合，有教銜的在哪兒集合，就是沒有我的行列，最後，讓我站在打字員、清潔員的隊伍裏。」「去年我的一個孩子被選上去蘇聯訪問，後來填表，因為我是舊軍人，不讓去了。我起義後是師級幹部待遇，三級教員，革命軍人。現在又什麼都不是了，這是執行政策的問題，希望學院確定我的地位，明確我的職務。」說了這樣的話，一般都會被劃為右派分子的，我卻沒有找到他被劃為右派分子的記錄，逃過了一劫難，是學院沒有劃，還是總政治部沒有批，就不知道了。(本書關於哈軍工的全部材料都引自滕敘兗著，《北大荒的哈軍工人──哈軍工反右派運動史話》，香港人文資料出版中心 2020 年版)

　　中共中央辦公廳編印的秘密文件《情況簡報(整風專輯)彙編》(十)(1957 年 7 月 31 日)登載了一篇 1957 年 7 月 16 日總政治部「簡訊」《第一軍醫大學揭發出反黨小集團》：

　　　　第一軍醫大學在反擊右派鬥爭繼續深入之後，揭發出李自然、史振望、高皆、潘祖禹、鄂征、楊桂貞、李卓軍等組成的反黨小集團。這個反黨小集團的成員都是共產黨員，大學畢業的知識分子，講師、助教一級的技術幹部，其中李自然曾留美，鄂征、楊桂貞(李自然的愛人)曾留蘇，多數人出身於資產階級和地富家庭。他們在「鳴放」時期特別活躍，到處收集材料，到處點火，煽動群眾，把鬥爭矛頭集中在攻擊黨的領導。這個反黨小集團以李自然的反黨言論為共同的綱領：(1)反對黨委領導，主張改組校黨委；(2)反對以馬列主義指導自然科學；(3)反對培養老幹部的建校方針；(4)敵視政治工作。反右派鬥爭開始後，他們連續召開秘密會議，討論對策，並規定了聯絡記號。他們的策略是：一方面到處散佈流言，說領導上公佈李自然的材料是斷章取義與原意不符，說李自然的動機是好的，意見是對的，只是措詞不當；另方面採取組織上的對抗，讓李自然裝病不參加會議。李自然(支部書記)裝病後，將支部工作交高皆(支委)臨時負責。高不執行總支反右派鬥爭的決議，擅自佈置黨員學習黨章，反對教條主義、反對貪污腐化等，企圖轉移鬥爭目標，並有意打擊積極分子。隨後，高也裝病，不參加會議。這期間，高曾給東北人民大學最反動的右派分子張汝楫(《吉林日報》曾點名

批判）寫信聯絡，讚揚張的反動言論，表示和張有同感，並曾數次去人民大學（尚未查清作什麼）。史振望曾參加一次校黨委擴大會議（討論佈署反右派，並指名李自然是右派），會後史即將鬥爭策略、打擊對象等全部內容向李自然等洩露。李、高、史並將周圍的人作了分析、估計，認為黃弘軒（右派分子）、張友會（中右）、劉樹錚（中右）、鄂征、潘祖禹等最可靠，將來發展他們做黨員。對宋書元（黨員積極分子）、陳守慶（總支委員）要「提高警惕」。他們說：「我們的一些活動方式和我們黨在敵佔區對付敵人的辦法完全一樣」。他們聲稱這是為了「正義」，「決不出賣朋友」，企圖堅持鬥爭到底。如史振望在小組會上曾說：「對李自然的問題，開除我的黨籍，槍斃我也是這樣看法。」並決心替李解圍，說：「打出來，打進去，打得頭破血流也在所不惜。」

7月4日這個反黨小集團開始被攻破，史振望、李自然都初步作了交代，高皆目前氣焰仍很囂張，其餘幾人震動很大，都表示願作交代。現正乘勝追擊中。

1949年11月9日，中國航空公司和中央航空公司起義，從香港飛回了十二架飛機。毛澤東給兩公司總經理劉敬宜、陳卓林以及兩公司全體員工同志們發了賀電，說「這是一個有重大意義的愛國舉動」。可是在這些參加起義的人員裏也劃出了右派分子。童駿在〈五十年歷程〉一文中回憶說：「1949年，我毅然參加兩航起義，一心一意想回到祖國為新中國民航事業施展抱負。1950年，在『革大』受了革命人生觀教育，入了團，服從組織分配到民航總局政治部教育科工作。同年，政治部領導讓教育科同志下去調查總局直屬機關兩航人員的思想狀況，由我執筆整理出一個報告。那時我還年輕幼稚，又喜歡『獨立思考』，感到兩航人員思想問題很多，除了其他因素外，是否和民航總局的政治思想工作方面存在『左』的傾向有關。報告交了上去後，萬沒想到埋下了禍根。1955年『肅反』，突然宣佈將我隔離審查，查了一年，不了了之。不久又來了『反右』，儘管我噤若寒蟬，還是難逃厄運，終以『不滿肅反，曾發表五點反黨意見書』的罪名，被打成『右派』。1958年，送至山西一個水庫勞動八個月，然後送到黃河邊十年九旱的偏僻的中陽縣，繼續在基層鍛煉，一下子鍛煉了十八年。」（見《郭堡你可曾記得……》，第120–121頁）

海軍的反右派鬥爭。據海軍軍械部中尉技術員龔定國的〈我的右派生涯〉一文中說，1958年4月，「海軍大院共留下十一名右派，組成一個班，

他們是：黃源洛、裘純堅、張豐、江平、胡甲年、余榮富、朱位誠、呂恩誼、沈蘇斐、沈力成，還有我。這十一個人中，黃源洛是大型歌劇《秋子》的作者，是中國新音樂開拓者之一；呂恩誼是十大元帥油畫像的作者，從小參加革命，由部隊培養出來的畫家；裘純堅是海軍修造部的金字招牌工程師，1946 年交通大學畢業；沈蘇斐是部隊培養的女高音歌手；張豐是醫師，從偽滿時期東北醫科大學畢業；江平是老革命的版畫家。其他幾個，是 1949 年到 1953 年期間畢業的大學生。」應該説明的是，這個「右派班」僅僅是海軍總部劃出的右派分子中的一小部分。像龔定國那個化驗室的技術員崔以軍，也是肅反運動的對象，也是右派分子，就沒有包括在內。據説，這個「右派班」起初是海軍黨委想留下的幾個有用之才，結果行不通。到了 9、10 月份，這個「右派班」就解散了。

龔定國，湖南長沙人，曾經就讀於武漢大學。1951 年入伍，先到海軍東海艦隊，1954 年當了防化學科化驗室主任。在 1955 年的肅反運動中，他因為和去了台灣的姑奶奶龔慕蘭的關係，他「被掛上『階級異己分子』牌子挨鬥」，「整天批鬥，審問，不准回家，不准外出，足足搞了半年多。」1957 年 5 月他被調到北京海軍軍械部，籌備全軍防化研究所。在反右派鬥爭中，因為他是肅反運動的對象，加上揭發出來的一些右派言論，例如「支持儲安平」，「説海軍政委蘇振華聽不進知識分子的意見，是宗派主義」等等，就被劃為右派分子了。(龔定國文見丁抒主編，《五十年重評「反右」：中國當代知識分子的命運》，田園書屋 2007 年版，第 495-501 頁)

中國人民解放軍陸軍第十三軍政治部副主任吳清卓也被劃為右派分子。他在〈如實地記下來〉一文裏寫下了自己的經歷：

> 我出身貧農，革命軍人成分，1939 年 8 月 1 日參加八路軍，1940 年 2 月參加共產黨。在革命軍隊中戰鬥、生活了二十年，沒犯過任何錯誤。1955 年任十三軍政治部副主任（上校正師職）時被打成右派。強加到我頭上的罪名是：「反對赫魯曉夫」、「反蘇」，其實主要是因為我和孔政委在工作上發生了分歧，孔政委借整風反右之機對我挾私報復。導火線是關於政治部的一個軍官杜秉仁該不該劃右的問題，孔政委認為杜秉仁該劃，我不同意劃，報到軍區，軍區見政委、主任意見都未統一起來，於是打了回來，命令十三軍重新討論。

　　　　1957 年 10 月，我因病住院。孔政委便乘機親自主持軍直幹
部大會，重鬥那個文化教員杜秉仁，讓其跪板凳、戴高帽、敲着
鑼鼓遊街。10 月底我轉院到昆明，見到原軍政治部胡榮貴主任，
我將自己知道的情況如實地告訴了他，胡聽後大怒，說：「軍隊
的反右鬥爭誰要他們這樣搞法！」之後胡在電話上批評了此事。
孔政委不但不聽胡主任的批評，反而又給我加了一條罪狀：到軍
區去替右派喊冤！

結果不僅吳清卓本人被劃為右派分子，軍政治部連他共有四名校級軍官也
被劃為右派分子，他們是原文化處處長許漢青（中校）、現任文化處處長吳
銳（少校，作家）和檢察長賈超（少校）。（見《二十一年》，第 338-339 頁）

　　中國人民志願軍二十兵團政治部《工作通訊》編輯徐孔（原志願軍
二十兵團新華社記者組前線記者）被劃為右派分子。先是在肅反運動中，
兵團政治部宣傳部長韓福賢認為他頂撞了自己，就把他列為肅反的審查
重點，隔離審查了半年，最後宣佈沒有問題，不作結論。1957 年 5 月上
旬，他輪換回到北京軍區宣傳部，分配到宣傳科。他直接找了他熟悉的司
令員楊成武請了四個月的創作假，準備寫一部反映朝鮮戰爭的小說。到了
反右派鬥爭中，他就以丁、陳反黨集團的走卒、攻擊偉大的肅反運動、資
產階級的成名成家思想等等罪名，被劃為右派分子了。（據徐孔，《直言無
悔──我的「右派」經歷》，新華出版社 2010 年版）

　　《中國人民解放軍軍史》第五卷有一條注釋，說：「1979 年經總政治部
覆查，全軍劃為右派分子的人數為 5885 人，其中屬於錯劃的 5799 人，佔
總數的 98.5%；不予改正的 29 人，佔 0.5%；下落不明或以後犯罪被判刑而
未予覆查的 57 人，佔 1%。」（《中國人民解放軍軍史》第五卷，軍事科學
出版社 2011 年 6 月第一版，第 141 頁）

　　這一部軍史說，「就軍隊而言，反右派鬥爭擴大化的錯誤同地方一樣嚴
重。只是由於這些錯誤主要發生在機關、院校、文化團體中，對於全軍來
說，仍然是局部性的問題。」（第 141-142 頁）事實上，在機關、院校、文
化團體之外，像西藏軍區第一副政治委員范明、軍政治部副主任吳清卓也
都被劃為右派分子了。

第二十六章

不採取極端的政策

第一屆全國人民代表大會第四次會議開了二十多天。從周恩來總理的政府工作報告直到大會小會的發言，多是慷慨激昂的批判右派分子；代表中的那些右派分子也都一個接一個走上講台，聲淚俱下地檢討自己反黨反社會主義的罪行。難怪《人民日報》的社論稱這次會議為「反右派鬥爭的一次偉大勝利」。以此次會議作為象徵或者標誌，可以說反右派鬥爭已經大獲全勝，現在是需要考慮怎麼處理這許多右派分子的時候了。

毛澤東出席了 1957 年 6 月 26 日人代會的開幕式。可是他不等大會閉幕就離開北京了。7 月 9 日，毛澤東在上海幹部會議上講了話，講反右派問題。他表示，對右派並不是要一棍子打死。他說，我們並不準備把他們拋到黃浦江裏頭去，還是用治病救人這樣的態度。他們是知識分子，有些是大知識分子，爭取過來，讓他們多少做一點事。（《毛澤東選集》第五卷，第 455 頁）這說明他已經在考慮對右派分子的處理問題了。

幾天之後，他又由南京到青島，在那裏召開了省市委書記會議，在這一次會議上，毛談了一些反右派鬥爭的政策和策略。對待民主黨派，毛說，打右派主要是打頭子，把頭子打了，就不好作怪了，以後採取剝筍政策。唐僧這個集團，豬八戒較簡單可以原諒，孫悟空沒有緊箍咒不行。他在這裏雖說是以神話小說作比喻，確實也說出了需不需要劃右派的一條分界線，如果像豬八戒一樣簡單，不必借助緊箍咒也可以領導得了，就沒有必要給戴上右派帽子；如果是沒有緊箍咒就不行的孫悟空，當然少不了給戴上一頂右派帽子使他就範了。

像這樣拿小說裏的人物來作比擬，據維特克（Roxane Witke）在她同江青多次談話以後寫的《紅都女皇》裏記述：江青在談到《紅樓夢》的時候說：「如果林黛玉和賈寶玉活到現在，也是大右派。」（星克爾出版有限公司 2005 年版）她顯然認為他們對於現實的叛逆態度不同於主流價值標準，就得劃為右派了。

毛澤東還提出：各省市的共產黨組織對當地民主黨派組織的領導，要不管其中央，予以腰斬。「腰斬」這話，是有出典的：據吳晗說，章伯鈞對於民盟北京市委接受中共北京市委的領導表示不滿，說是「腰斬民盟」（見 7 月 7 日《人民日報》），毛所要的正是這種辦法。

毛並提出：廣播、電話、電報、郵電要抓住，不讓民主黨派去發展。

對右派分子的處理，毛表示無意採取極端的政策。他說：

> 只要他們不當特務，不再進行破壞活動，也給他們一點事
> 做，也不剝奪他們的公民權。這是鑒於許多歷史事件採取了極端
> 政策的後果，並不良好。我們應當看得遠一些，在幾十年後看這
> 個事件，將會看到我們這樣對待資產階級右派分子，對於無產階
> 級革命事業，會有深遠影響和巨大利益的。（《毛澤東選集》第五
> 卷，第 456 頁）

具體地說，這將要採取的並不極端的政策是怎樣的呢？在青島，毛澤
東提出了對右派分子的處罰的上限：他說，要搞個勞動教養條例，除了少
數知名人士之外，把一些右派都搞去勞動教養。「勞動教養」這個辦法是兩
年前肅反運動中提出來的，1955 年 8 月 25 日中共中央《關於徹底肅清暗藏
的反革命分子的指示》中提出：

> 對這次運動清查出來的反革命分子和其他壞分子，除判處
> 死刑的和因為罪狀較輕、坦白徹底或因為立功而應繼續留用的以
> 外，分兩種辦法處理。一種辦法，是判刑後勞動改造。另一種辦
> 法，是不能判刑而政治上又不適於繼續留用，放到社會上去又會
> 增加失業的，則進行勞動教養，就是雖不判刑，雖不完全失去自
> 由，但亦應集中起來，替國家做工，由國家給與一定的工資。

接着，這個《指示》提出：

> 各省市應即自行籌備，分別建立這種勞動教養的場所。全國
> 性的勞動教養的場所，由內務部、公安部立即籌備設立。（《建國
> 以來重要文獻選編》第七冊，第 146 頁）

可見從那時起，各省市都已經普遍建立起這種勞動教養的場所，並且
已經有一些肅反對象在那裏接受勞動教養了。現在毛澤東決定用這個辦法
來處理右派分子。他說，要搞個勞動教養條例，除了少數知名人士之外，
把一些右派都搞去勞動教養。這話他是 7 月 18 日說的，8 月 3 日，國務院
就以命令公佈了《關於勞動教養問題的決定》。這個《決定》裏並沒有寫明
「右派」二字，但一看就明白，它的第一條第二款規定的，「罪行輕微，不
追究刑事責任的反革命分子、反社會主義的反動分子，受到機關、團體、
企業、學校等單位的開除處分，無生活出路的」，就是說的當前鬥爭中劃出
來的那一大批右派分子。這個《決定》宣稱：這些人都是「應當加以收容
實行勞動教養」的。

8月4日《人民日報》在公佈這個《決定》的時候配發了社論〈為什麼要實行勞動教養〉，對這一項措施作了這樣的解釋：

> 對於這些壞分子，一般地用說服教育的辦法是無效的；採取簡單的懲罰也不行；在機關、團體、企業內部也決不能繼續留用；讓他們另行就業又沒有人願意收留他們。因此，對於這些人，就需要有一個既能改造他們，又能保障其生活出路的妥善辦法。根據人民政府長期的研究和考慮，把他們收容起來，實行勞動教養，就是最適當的也是最好的辦法。

從這篇社論來看，原來的意圖是，凡是劃為右派分子了的，機關、團體、企業內部是決不繼續留用了，這也同毛提出來的除了少數知名人士之外，把一些右派都搞去勞動教養的意見相符。不過後來具體執行起來是更加寬大了，後來是只把問題最大最嚴重的那些右派分子和極右分子投入勞動教養，其中問題特別嚴重的，在投入勞動教養的同時宣佈開除其公職，作為對右派分子最重的處罰。這一部分人他日解除勞動教養也不能再擔任公職，大約就是以前所說的永不敘用的意思。另一方面，原來說的機關團體企業內部決不繼續留用，似乎後來也收回了成命，有些右派分子在降低工資若干級之後是在原單位留用了。至於說在原單位留用的右派分子是不是一定比投入勞動教養的要更舒服一些，更幸福一些，那卻是難說得很了。

這篇社論還說：「勞動教養同勞動改造罪犯是有區別的，它同救濟鰥寡孤獨的教養院也不相同。」劃了兩條分界線。後一條分界線顯然是陪襯。從那時直到現在，那種救濟鰥寡孤獨的教養院在中國也並不怎麼普遍。而在接受勞動教養的右派分子中，大約也不會有人糊塗到把自己看作被救濟的鰥寡孤獨。要真有這樣糊塗，那就比豬八戒還要簡單，也就不必劃為右派分子，不會投入勞動教養了。社論要着重強調的，是前一條分界線，即勞動教養和勞動改造罪犯的區別。強調這個區別，就表示沒有將右派分子當作罪犯，沒有給予刑事處分，也就是體現了「可以寬大為懷，不予辦罪」（《毛澤東選集》第五卷，第438頁）的精神。如果誤以為這兩者是沒有多少區別的，豈不辜負了上面寬厚仁慈的用心了麼。

這兩者究竟有怎樣的區別呢？1958年至1962年，本書作者根據這個《決定》被勞動教養；後來，1970年至1973年的「一打三反」運動中又被判刑勞動改造。兩者都親身經歷過，可以作一點簡單的說明。這篇社論在講這兩者區別的時候，是這樣說的：「勞動教養的管理機關必須制定一套帶

有強制性的行政制度和紀律，不能允許被勞動教養的人破壞這些制度和紀律。例如不准他們隨便離開農場和工廠而自由行動，不准破壞公共秩序，不准破壞生產，否則就要受到處分，情節嚴重的還要受到法律制裁。」這些，與勞動改造其實沒有多大差異，反正都是在剝奪了人身自由（即社論說的「不准他們隨便離開農場和工廠而自由行動」）的情況下，在警戒線之內，在槍兵的看管之下勞動。在這一點上，委實說不出這二者有多少區別。社論在緊接着這一段文字之後來了一個「但是」，這「但書」才是說出二者區別的所在（反過來正好證明「但是」之前是並無區別的）。「但是」什麼呢？社論說：這些被勞動教養的人，「在勞動生產中，對他們同樣實行按勞動成果給工資報酬的原則，具體地說就是多勞多得，少勞少得，不勞不得。」這裏，確實顯出了二者的區別。

這裏就來看一看這區別的具體情況。勞改犯是沒有工資報酬的。每個月只發很少一點零花錢，以供購買手紙、肥皂、煙捲等等之用。我當勞改犯的時候，開始時每個勞改犯每月零花錢是一元五角，後來提高為二元。可是，囚糧、囚服概不計價，真正實行了吃飯不要錢的制度。而且，夏季的蚊帳，冬季的棉被，誰要是缺了什麼，也都免費發給。而勞動教養呢，在勞動一兩個月之後，就根據實際表現出來的勞動力強弱評定工資等級，分甲乙丙丁四等，那時，甲等每月是二十八元，每等遞減四元。像我這樣低能的人只評得個等外，每月工資十四元。扣除伙食費十元，所餘也就無幾。就是評上甲等乙等的，如果他要登記購買一套棉衣棉被之類，也就頗感拮据了，就經濟狀況來看二者的區別，有人說笑話：勞動教養是按勞分配，勞動改造是按需分配。

作為身受者的感覺，勞動教養和勞動改造的這些區別其實並沒有太多的意義。那麼，有什麼必要在已有的勞動改造之外弄出一個其實區別不大的勞動教養來呢？決策者顯然是基於這樣一種考慮：《中華人民共和國憲法》第八十九條規定：「中華人民共和國公民的人身自由不受侵犯。任何公民，非經人民法院決定或者人民檢察院批准，不受逮捕。」要是要把一個公民弄去勞動改造，就得經過一定的法律程序。而國務院的這個《關於勞動教養問題的決定》第三項規定的則是：「需要實行勞動教養的人，由民政、公安部門、所在機關、團體、企業、學校等單位，或者家長、監護人提出申請，經省、直轄市、自治區人民委員會或者它們委託的機關批准。」什麼法律程序都是不需要的了。這裏甚至沒有出現人民法院，人民檢察院字樣。這樣就創造出了一種在法律程序之外剝奪公民人身自由的手段。

在當時，在身受者這一方面看，這勞動教養與勞動改造還有一個極重要的區別，是這篇社論所沒有說出來的。這是一個十分可怕的區別。如果是勞動改造，先得判刑，無期徒刑或者有期徒刑。有期徒刑，或者十年八年，或者三年五年，開始服刑之日即可以知道刑期終了之時，心裏有個底。而 1957 年 8 月公佈的這個《決定》，卻對勞動教養期限的長短沒有作出任何規定，它的第四條說：「被勞動教養的人，在勞動教養期間，表現良好而有就業條件的，經勞動教養機關批准，可以另行就業；原送請勞動教養的單位、家長、監護人請求領回自行負責管教的，勞動教養機關也可以酌情批准。」這就是這個《決定》對於解除勞動教養條件的全部說明。表現良好，酌情批准，這都是彈性極大的規定。那時，我們誰也不知道這條路還有多長。直到 1979 年 11 月 29 日國務院公佈的《關於勞動教養的補充規定》，才宣佈「勞動教養的期限為一年至三年。必要時得延長一年。節日、星期日休息。」我衷心讚美這個補充規定。我想，許多被勞動教養過的右派分子都會想：如果這時被勞動教養，就不會再有那麼多的懸念和失望了。

顯然，這個《關於勞動教養問題的決定》直接違反了《中華人民共和國憲法》第八十九條的規定。曾經不斷有法學界人士提出：這是沒有法律根據的剝奪和限制公民的人身自由，從而提出了勞動教養的存廢問題。這個問題多年之後才得到解決。2013 年 11 月 12 日中國共產黨第十八屆中央委員會第三次全體會議通過的《中共中央關於全面深化改革若干重大問題的決定》第九項「推進法治中國建設」第 (34) 節「完善人權司法保障制度」中，才明確宣佈了「廢止勞動教養制度」，距 1957 年國務院公佈《關於勞動教養問題的決定》已經五十六年了。

這裏順便講一個勞動教養的故事。因為國務院《關於勞動教養問題的決定》規定家長也可以送子弟勞動教養，當年，梅蘭芳因為兒子梅葆玖和師妹趙慧娟在梅家學戲發生了「婚外戀」，大怒，就以家長的身份把這一對戀人送去勞動教養了。趙文滔在〈話說「勞教」〉一文中說：「論京劇，梅蘭芳是『大師』，談『政治』，他絕對是外行，兒子和徒弟已婚相戀，屬於不正當感情，他看那『勞動教養』四字之中，有『教』，有『養』，被忽悠得以為是管飯的學校，把兩個年輕人送去接受教育。他更不懂政治上還有『區別對待』。因為他是『大師』，又有『蓄須明志』的愛國名聲，梅葆玖屬於『名家』之後，一年之後就回了家。女弟子趙慧娟是女性，有姿色，

沒後台，卻被梅蘭芳無意間送了她的命。到了農場，就被北京市公安局局長馮基平盯上了。接着馮就把被教養的女『教養人員』京劇演員趙慧娟包了二奶。不過辦法是：你不願被包也得包你。直到 1964 年馮調西安市副市長，還把趙帶到西安。1966 年，文革中馮被列入『61 人叛徒集團』而進了秦城。害得趙無奈之下懸樑自盡，淒慘地結束了她年輕的生命。」（趙文滔，《八六雜談》，香港五七學社出版公司 2013 年版，第 175 頁）

回頭再說 1957 年的事。當年所劃的右派分子究竟有多少被勞動教養，這裏沒有直接的數字，卻有一個可供推算的數字。李維漢說，「全國五十五萬餘被劃為右派分子的人半數以上失去了公職，相當多數被送勞動教養或監督勞動」。（李維漢，《回憶與研究》（下），第 839 頁）前面已經說過，勞動教養是對右派分子最重的處罰，其中問題尤其嚴重的才同時宣佈開除其公職。所以不問可知，凡是開除了公職的，必定是送勞動教養的。而且這只佔勞動教養人數的一部分，因為被勞動教養的右派分子中還有若干是保留公職的。如果李維漢所說的數目是有根據的話，五十五萬餘人半數以上失去了公職，即有二十七萬五千以上的人被開除公職送勞動教養。再加上未開除公職者。勞動教養的人數就比這更多了。

1957 年 9 月 20 日至 10 月 9 日舉行的中共八屆三中全會實際上是總結反右派鬥爭的會議。雖然還有另外幾項議程，但主要議題是反右派鬥爭。作為處理右派分子的前提，會議討論通過了劃分右派分子的標準。更重要的，會議對這一鬥爭作出了總結，把鬥爭中的一些做法和提法，提升到了「理論」的高度。

9 月 23 日，鄧小平在會上作了《關於整風運動的報告》，主要是講反右派鬥爭。這個報告沒有收入《鄧小平文選》，這裏是根據當年報紙引用的。從 6 月 8 日公開宣佈反右派開始，到這時剛好三個半月。鄧小平說，「經過三個多月的鬥爭，情況已經發生了極大的變化。在各民主黨派、高等學校、其他知識界和省市以上的機關，鬥爭一般已經取得了決定性的勝利。當前的任務是把反右派鬥爭進行到底。」

對於這一場鬥爭的性質和意義，這個報告接受了毛澤東〈1957 年夏季的形勢〉所作的估計。報告說：「這一次批判資產階級右派的意義，不要估計小了。這是一個在政治戰線上和思想戰線上的社會主義革命。」「在我國社會主義革命時期，資產階級反動右派和人民的矛盾是敵我矛盾，是對抗性的不可調和的你死我活的矛盾。」

關於知識分子，這個報告又有了新的提法。它説：「資產階級，特別是它的知識分子，是現在可以同無產階級較量的主要力量。」這就改變了周恩來在《關於知識分子問題的報告》中説知識分子「已經是工人階級的一部分」的論斷。

這個報告還説，「就我國目前的情況來説，多數的知識分子是資產階級和小資產階級家庭出身的，所受的教育也是資產階級式的。所以為方便起見，同資產階級放在一起説。」當這個報告在 10 月 19 日的報紙上全文發表時，一些知識分子看到這裏，説，你這樣説，是方便了，可我們就很不方便了。

1956 年 9 月 25 日李維漢在中共「八大」發言，談到執行對民族資產階級又團結又鬥爭的政策的幾點成功經驗，其中有一條就是「把民族資產階級的知識分子同民族資本家區別開來」。（《中國共產黨第八次全國代表大會文獻》，第 495 頁）在「八大」時候，這種區別被認為是一項成功的經驗；到了八屆三中全會上，為方便起見，這種區別不再是必要的了。

這種將知識分子定性為資產階級的知識分子，並不是反右派以後出現的新提法。3 月 12 日毛澤東在全國宣傳工作會議上就是這樣説的：

> 我們現在大多數的知識分子，是從舊社會過來的，是從非勞動人民家庭出身的。有些人即使是出身於工人農民的家庭，但是在解放以前受的是資產階級教育，世界觀基本上是資產階級的，他們還是屬於資產階級的知識分子。（《毛澤東文集》第七卷，第 273 頁）

開完宣傳工作會議，毛到天津、濟南、南京、上海、杭州，又把這意思説了幾遍。鄧小平以總書記和整風領導小組組長的身份來作這個報告，大約也不能有另外的提法。毛死後，他就表示了不同意這樣的提法。他在 1977 年和 1978 年説的是：

> 「四人幫」把知識分子一概稱為「臭老九」，並且還説這是毛主席説的。應該承認，毛澤東同志曾經把他們看作是資產階級的一部分。這樣的話我們現在不能繼續講。（《鄧小平文選》第二卷，第 43 頁）

> 「四人幫」把今天我們社會裏的腦力勞動與體力勞動的分工歪曲成為階級對立，正是為了打擊迫害知識分子，破壞工人、農

民和知識分子的聯盟，破壞社會生產力，破壞我們的社會主義革命和社會主義建設。（同上書，第 89 頁）

毛澤東的這篇報告認為，現有的幾百萬知識分子現在多數是中間派，「因此要用大力團結、爭取和教育他們，糾正他們的錯誤觀點，幫助他們實行自我改造」──完整地重新提出了「爭取、團結、教育、改造」的知識分子政策。

具體到當前的反右派鬥爭，什麼人應該劃為右派分子呢？這篇報告提出：

他們在政治上的主要論點是：1. 宣揚資產階級的經濟政治制度和資產階級文化，反對社會主義的經濟政治制度和社會主義文化。2. 反對國家的基本政策，如外交政策、統購統銷政策、知識分子政策、五大運動等。3. 否認人民民主革命、社會主義革命、社會主義建設的成績，否認黨和無產階級能夠領導國家建設。4. 反對黨對國家工作的領導，反對黨在各個部門（特別是文教科學技術部門）的領導，要求取消黨在若干基層單位（特別是高等學校和新聞出版機關）的領導。

右派在學術文化方面的主要論點是：外行不能領導內行。馬克思主義就是教條主義。社會主義國家沒有科學文化，有也不如資本主義國家。要求資產階級的社會學、經濟學、歷史學、唯心論哲學復辟。向黨和人民政府要求「獨立」和「自由」：「新聞自由」，「出版自由」，「文藝自由」等。

右派才有這樣一些論點。換句話說，有這樣一些論點的人就要劃為右派分子了。

這篇報告的另一處地方說：「黨的領導、無產階級專政、民主集中制絕對不容動搖。黨的各項基本政策，例如肅清反革命分子的政策、合作化政策、主要農產品的統購統銷政策等，絕對不容動搖。」反對了或者說動搖了這些的，都應劃為右派分子，是不用說的了。

顯然，所有這些規定，都是毛在《關於正確處理人民內部矛盾的問題》中增補的六條標準的具體化。

這個報告還提出了黨內反右派問題：

在反右派鬥爭中，必須像對待黨外右派分子一樣，一視同仁地嚴肅地對待黨內的右派分子。但是，現在還有一些同志，在反對黨內的右派分子的鬥爭中，表現了比較嚴重的溫情主義，特別是對一些應該劃為右派的老黨員更加惋惜、心軟、下不了手。這種情緒必須加以克服。

對於黨內的右派分子應該開除他們的黨籍。如果因為情節較輕，轉變較好而不開除，就可以摘掉他們的右派「帽子」。

這裏的一些字句，曾經出現在 9 月 2 日中共中央《關於嚴肅對待黨內右派分子問題的指示》和 9 月 11 日《人民日報》社論〈嚴肅對待黨內的右派分子〉之中。

這篇報告還提出「必須大力加強文教戰線的領導骨幹」，怎樣加強呢？8 月 1 日，中央組織部、宣傳部上呈了一個《關於為抽調幹部加強大、中學校及科學研究機關的領導向中央的報告》，8 月 5 日，中央將這個報告批給各省市委、自治區黨委，中央國家機關各黨組，黨中央各部門：「請你們依照執行，下決心抽調一批合格的優秀的同志到文教戰線上去工作。」具體執行的情況，據 10 月 22 日新華社報導：中共中央決定從中央一級黨政機關中抽調一千名高級、中級黨員幹部，派往大、中學校和若干科學、文教單位去工作，以加強黨對文教戰線的領導。各省市也都抽調了一批黨員幹部到文教戰線上工作。反右派鬥爭之後，黨外和黨內劃出了那麼多右派分子都不能再留在原來的崗位上，這許多空缺得有人填補才成。

有意思的是，中央組織部、宣傳部這個《關於為抽調幹部加強大、中學校及科學研究機關的領導向中央的報告》裏有一段談到當時文教戰線的情況：

高等學校的中層政治工作幹部也很弱，普遍的是文化程度很低，不能適應工作需要。馬列主義課程師資，則多係青年助教，只有少數講師，有極少數教授也是解放前的政治、文史教員，政治思想複雜。解放後我們派去的政治課教員中有的文化知識太少，極不稱職，講話中笑話百出。如南京大學馬列主義教研室副主任，原係警衛員出身，在講話中將「可歌可泣」說成「可歌可拉」，「莎士比亞」說成「莎土比亞」等等。這雖然是少數的情況，但一般地說水準都是不高的。（《建國以來重要文獻選編》第十冊，第 524 頁）

可見這些事情雖然不許別人說（誰說了誰就是右派分子），但是自己還是看見了的，也明白這太不像話，才下決心抽調幹部去加強大、中學校及科學研究機關領導的吧。

毛澤東在這次八屆三中全會上講話，是根據他對反右派鬥爭的看法重新考慮中共「八大」的路線。「八大」的提法是「我國社會主義和資本主義誰戰勝誰的問題，現在已經解決了」。經過了反右派鬥爭，就不好再這樣說了。10月7日，毛在全會組長會議上說，八大那時「對階級鬥爭強調得不夠」（據薄一波，《若干重大決策與事件的回顧》修訂本，下卷，第650頁），9日，他在全體會議上，更是正面提出：「無產階級和資產階級的矛盾，社會主義道路和資本主義道路的矛盾，毫無疑問，這是當前我國社會的主要矛盾。」並且批評說，「『八大』決議上有那麼一段，講主要矛盾是先進的社會制度同落後的社會生產力之間的矛盾。這種提法是不對的。」（《毛澤東選集》第五卷，第475頁）

在這篇講話中，毛澤東對反右派鬥爭採用的一些方法作了很高的評價，他說：

> 今年這一年，群眾創造了一種革命形式，群眾鬥爭的形式，就是大鳴，大放，大辯論，大字報。現在我們革命的內容找到了它的很適合的形式。……我們找到了這個形式，適合現在這個群眾鬥爭的內容，適合現在階級鬥爭的內容，適合正確處理人民內部矛盾的問題。抓住了這個形式，今後的事情好辦得多了。大是大非也好，小是小非也好，革命的問題也好，建設的問題也好，都可以用這個鳴放辯論的形式去解決，而且會解決得比較快。
> （同上書，第467頁）

他的着眼點，是今後的事情好辦得多了。反右派鬥爭在很短的時間裏就大獲全勝，足見這是個行之有效的方法，他以為可以用這個方法去解決今後的一切問題。他是這樣說了，也是這樣做了。例如他在1958年寫的《工作方法六十條》中，就有好幾條提到了「鳴放辯論」的妙用。比如像農業合作社的積累和消費的比例問題，他引述了「湖北同志」即王任重這樣的意見：

> 以1957年生產和分配的數字為基礎，以後的增產部分四六分（即以四成分配給社員，六成作為合作社積累）、對半分、倒

　　　　四六分（即以四成作為合作社積累，六成分配給社員）。如果生
　　　　產和收入已經達到當地富裕中農的水準的，可以在經過鳴放辯論
　　　　取得群眾同意後，增產的部分三七分（即以三成分配給社員，七
　　　　成作為合作社積累），或者一兩年內暫時不分，以便增加積累，
　　　　準備生產大躍進。（《毛澤東文集》第七卷，第 348 頁）

　　通常大概沒有人會願意減低自己的收入的，可是通過鳴放辯論就能夠
取得群眾的同意。他是這樣的喜愛這方法，後來修改《中華人民共和國憲
法》的時候，在規定公民基本權利那一條裏，在「公民有言論、通信、出
版、集會、結社、遊行、示威、罷工的自由」後面，添上了「有運用『大
鳴、大放、大辯論、大字報』的權利」這一句。

　　鄧小平在這次中央全會上作的關於整風運動的報告，也肯定了這種方
法。報告說：「實行大鳴大放大爭，擺事實，講道理，出大字報，開座談會
和辯論會，這是最廣泛的社會主義民主，是資產階級民主所不能夢想的。」
這恐怕應該認為是反映了毛澤東的意見。多年之後，鄧小平說，「『四
大』，即大鳴、大放、大字報、大辯論，這是載在憲法上的。現在把歷史
的經驗總結一下，不能不承認，這個『四大』的做法，作為一個整體來看，
從來沒有產生積極的作用。」（《鄧小平文選》第二卷，第 257 頁）他說的
是「從來」，這只能理解為他是說即使在反右派鬥爭中這「四大」也沒有產
生積極的作用。

　　本書前面已經說過，中共的「八大」接受了蘇共二十大批判斯大林、
擴大民主自由的新路線的影響。在「八大」之前和之後，提出百花齊放百
家爭鳴長期共存互相監督的新方針，決心開展一場反對官僚主義宗派主義
和主觀主義的整風運動處理人民內部矛盾，這些都可以看作是有意告別斯
大林的道路而跨出的試探性的一步。而一年之後的八屆三中全會宣告反右
派鬥爭的勝利，同時也就是宣告這一次對新路線的試探的失敗。這時就只
能回到「八大」以前的路線上去了。對於這一轉變的原因和後果，薄一波
是這樣說的：

　　　　毛主席和我們黨為什麼修改八大關於主要矛盾的論斷？有國
　　　　內原因，也有國際原因。從國際方面講，波匈事件，特別是匈牙
　　　　利事件，對毛主席和我們黨的影響和震動太大了，彷彿中國也存
　　　　在着這種現實的危險，再加上國內有極少數資產階級右派分子利
　　　　用幫助黨整風的機會發動進攻，就更加重了這種危機感。由於偏
　　　　重於從階級鬥爭的角度去觀察問題，於是就認為八大關於無產階

級和資產階級的矛盾已經基本解決的論斷不妥當了，重新提出無產階級和資產階級的矛盾是我國社會的主要矛盾。這種受國際事件和國內暫時情況的影響而修改黨的基本理論和實踐的做法，是一個很深刻的教訓。實踐證明，八屆三中全會修改黨的八大關於我國主要矛盾的論斷，動搖了八大路線的根基，從此開始了對八大路線的偏離，助長了「左」的指導思想的發展。（薄一波，《若干重大決策與事件的回顧》修訂本，下卷，第654頁）

這裏對於這一偏離的原因所作的分析，作為一種粗線條的描述來看，薄一波要這樣說也是可以的。如果要說得更細緻一點，不錯，匈牙利事件是發生在中共「八大」之後，可是這時並沒有下決心放棄「八大」的路線。〈再論無產階級專政的歷史經驗〉一文中第一次公開提出區分兩類不同性質的社會矛盾的問題，一方面可以看作是總結匈牙利事件的歷史教訓的結果，另一方面也可以看作是試探新路線時跨出新的一步，帶有中國特色或者說毛澤東特色的一步。毛在最高國務會議上關於人民內部矛盾的講話，在全國宣傳工作會議上的講話，都明白無誤地表明，直到這時，直到整風運動開始之時，他都無意回到「八大」以前的路線上去。當然，思想上的矛盾是有的。這種矛盾就反映在開完宣傳工作會議之後他在天津、濟南、南京、上海和杭州等地巡行時的講話中。但這些思想上的矛盾，並沒有妨礙他發動一場反對三個主義的整風運動。由此可見，反右派鬥爭才是促成這一轉變的真正原因。而總結反右派鬥爭的八屆三中全會，就是偏離「八大」路線的岔道口。反右派鬥爭在歷史上所起的作用，還不是幾十萬右派分子和他們的幾百萬家屬受到了多少苦難，而是從此扭轉了歷史發展的趨向，從這裏，就只能走到「以階級鬥爭為綱」，走到「文化大革命」去。鄧小平也是把反右派鬥爭當作歷史的分水嶺看的。他說，「1957年以前，毛澤東同志的領導是正確的，1957年反右派鬥爭以後，錯誤就愈來愈多了。」（《鄧小平文選》第二卷，第294–295頁）

八屆三中全會討論通過的《劃分右派分子的標準》對於反右派鬥爭來說，是一個十分重要的文件。這個文件的第一部分規定，凡言論、行動屬於下列性質者，應劃為右派分子：

　　1. 反對社會主義制度。反對城市和農村中的社會主義革命，反對共產黨和人民政府關於社會經濟的基本政策（如工業化、統購統銷等）；否定社會主義革命和社會主義建設的成就；堅持資本主義立場，宣揚資本主義制度和資產階級剝削。

2. 反對無產階級專政、反對民主集中制。攻擊反帝國主義的鬥爭和人民政府的外交政策；攻擊肅清反革命分子的鬥爭；否定「五大運動」的成就；反對對資產階級分子和資產階級知識分子的改造；攻擊共產黨和人民政府的人事制度和幹部政策；要求用資產階級的政治法律和文化教育代替社會主義的政治法律和文化教育。

3. 反對共產黨在國家政治生活中的領導地位。反對共產黨對於經濟事業和文化事業的領導；以反對社會主義和共產黨為目的而惡意地攻擊共產黨和人民政府的領導機關和領導人員、污衊工農幹部和革命積極分子，污衊共產黨的革命活動和組織原則。

4. 以反對社會主義和反對共產黨為目的而分裂人民的團結。煽動群眾反對共產黨和人民政府；煽動工人和農民的分裂；煽動各民族之間的分裂；污衊社會主義陣營，煽動社會主義陣營各國人民之間的分裂。

5. 組織和積極參加反對社會主義、反對共產黨的小集團；蓄謀推翻某一部門或者某一基層單位的共產黨的領導；煽動反對共產黨、反對人民政府的騷亂。

6. 為犯有上述罪行的右派分子出主意，拉關係，通情報，向他們報告革命組織的機密。

毛澤東在發表《關於正確處理人民內部矛盾的問題》的時候添上的六條標準，全都包括在這個《劃分右派分子的標準》裏面了。這裏的第一條關於社會主義制度的，即毛的第二條；這裏的第二條關於無產階級專政和民主集中制的，即毛的第三、第四條；這裏的第三條關於共產黨的領導地位的，即毛的第五條；這裏的第四條關於人民團結和社會主義陣營的，即毛的第一、第六條。毛只是提了個綱，這裏添上了目。

第一條裏提到工業化政策不容反對，當是指從蘇聯照搬過來的以發展重工業為中心的政策。可是兩年之後，毛澤東 1959 年 6 月 29 日在廬山會議前的談話中就把次序調整為農輕重了：「過去安排經濟計畫的秩序是重、輕、農，今後恐怕要倒過來。現在是否農、輕、重呢？也就是說，要強調把農業搞好，要把重、輕、農、商、交的秩序改為農、輕、重、交、商。「那時如果有誰說了農業應當重於工業，他就必定要劃為右派分子了。

例如毛的第六條說的「有利於社會主義的國際團結」，本書前面已經說過，這是寫給赫魯曉夫看的，這時中蘇分歧已經很深，在明知破裂不可避免的時候，又要將日後破裂的責任歸之於對方，就很有必要作出一個維持

團結的姿態。因此就有了這個《標準》裏的第四條中的不得「污衊社會主義陣營，煽動社會主義陣營各國人民之間的分裂」。

這裏的第五條說的是「某一部門或者某一基層單位」，在鄧小平的《關於整風運動的報告》中說得更加明確，是「特別是文教科學技術部門」和「特別是高等學校和新聞出版機關」。這裏就是重點所在。

這裏的第六條說的多是共產黨內部的右派分子，例如清華大學黨委常委袁永熙。他們才有條件將反右派的機密洩漏出去。

這個文件的第二部分規定，有下列情形之一者應劃為極右分子：

　　　1. 右派活動中的野心家、為首分子、主謀分子和骨幹分子。

　　　2. 提出反黨反社會主義的綱領性意見，並積極鼓吹這種意見的分子。

　　　3. 進行反黨反社會主義活動特別惡劣、特別堅決的分子。

　　　4. 在歷史上一貫反共反人民，在這次右派進攻中又積極進行反動活動的分子。

這裏第四條說的這些人，後來大多算做反革命分子，而不算做右派分子了，例如葛佩琦。

就是根據這個標準，全國劃出了幾十萬個右派分子。確數是多少呢？前面所引李維漢提供的數字是五十五萬餘人，這是個概數。叢進在《曲折發展的歲月》一書中說，「據中共十一屆三中全會後覆查統計，實際上全國共定了右派分子 552,877 人。」（河南人民出版社 1989 年版，第 61 頁）。在德國烏利‧弗朗茨的《鄧小平 —— 中國式的政治傳奇》中提出了另一個數字：「從 1957 年到 1958 年間，就有八十萬黨員和非黨人士被定為右派，據 1980 年透露有二百九十萬人受到株連。」（香港中原出版社 1990 年版，第 139 頁）他沒有說明材料來源。兩個數字相差約二十五萬人。不過，這兩個數字可能都是對的。因為前者是 1980 年覆查時的數字，這和當年實際所劃的數字有出入是很自然的事情。

除了這五十五萬多人之外，還應該提到另外一大批人。1979 年 8 月 29 日中共中央組織部、宣傳部、統戰部，以及國家公安部、民政部五部門《關於繼續執行中央 [1978] 55 號文件幾個問題的請示》中說：

　　　在反右派鬥爭中，被定為「中右分子」，或工人、民警等劃為反社會主義分子以及因右派問題受株連的家屬，數量很大。其

中，僅失去公職需要安置的，全國約有十六萬人。這些人員雖未戴右派帽子，但有的所受處分比右派還重，處境困難，社會上對他們很同情。

因為這些人有一個安置問題，需要請國家計委、國家勞動總局撥出專項勞動指標，先得有一個確數，這樣才得出十六萬這個數字，沒有失去公職的中右分子並不包括在內，其數目當比這更多一些。（因為，根據規定，對中右分子的處理比右派分子要輕些）只説十六萬，加上五十五萬多，就超過七十萬人了。再加上未失去公職的中右分子，一場反右派鬥爭下來，打擊的人，當是在七十萬至九十萬之間。

當年主持反右的鄧小平到 1980 年還在説：「1957 年的反右本身沒有錯，問題是擴大化了。」（《鄧小平文選》第二卷，第 244 頁）薄一波對這擴大化的情況作了這樣的説明：

> 反右派鬥爭中所劃的五十五萬人中，除極少數是真右派外，絕大多數或者説百分之九十九都是錯劃的。在這些被錯劃的人當中，有許多參加革命多年的黨的幹部，許多同黨長期合作共事的愛國人士和朋友，許多學有專長的知識分子和富有經營管理經驗的工商業者，以及許多政治上熱情但不成熟的青年學生。（薄一波，《若干重大決策與事件的回顧》修訂本，下卷，第 641 頁）

薄還提出了幾條為什麼會擴大化的原因，其一是：

> 對右派分子數字的估計，在很大程度上帶有主觀隨意性，並不是建立在嚴肅的事實基礎上的。6 月 29 日，毛主席估計需要在各種範圍內點名批判的右派，北京大約四百人，全國大約四千人。僅僅過了十天，即 7 月 10 日，新的估計又翻了一番。到 9 月八屆三中全會時，全國已劃右派達六萬二千多人，據會上的透「底」估計，全國大約有右派分子十五萬人。而到整個運動結束，全國共劃右派分子五十五萬人，比八屆三中全會的透「底」估計還多四十萬人。這説明，我們對右派的情況，並沒有一個確實可靠的估計，而基本上是跟着群眾運動走，整出多少算多少。（同上書，下卷，第 641-642 頁）

這種事先就確定打擊對象數目的主觀隨意性，並不是自反右派鬥爭才開始的。例如 1951 年「三反」運動時的編制「打虎預算」，也是在清查之

前就預算出貪污分子的數目，其主觀隨意性也並不見得比反右派鬥爭時小多少。只是在幾個月之後運動結束之時，那些錯打的「老虎」都得到了解脫。反右派鬥爭卻不同。黃秋耘在《風雨年華》中回憶說：

> 過去，每一次政治運動的後期，都有一個甄別定案的階段。但是在反右派鬥爭中，劃誰當右派，只要領導小組，甚至僅僅是領導小組的第一把手，三言兩語就定案了。由於每個單位都要完成一定的比例，只許超過，不許達不到。有些單位，例如中小學校，實在找不出幾個合適的對象，只好用抓鬮的辦法來決定「右派」的人選，或者像選舉代表一樣，提名投票表決，這樣的做法簡直如同兒戲，但一個人甚至一個家庭的命運就從此決定了。假如再來一個甄別定案，原定的任務肯定無法完成，所以這樣一道手續，就一律免掉了。（《黃秋耘文集》第四卷《風雨年華》，第159頁）

就毛澤東來說，他確定右派的數字，是從他對中國知識分子的總的估計出發的。〈事情正在起變化〉一文說：

> 社會上的中間派是大量的，他們大約佔全體黨外知識分子的百分之七十左右，而左派大約佔百分之二十左右，右派大約佔百分之一、百分之三、百分之五到百分之十，依情況而不同。（《毛澤東選集》第五卷，第424頁）

7月間的一次講話中，他對這數字作了更具體的分析：

> 像剛才講的北京大學，只有百分之一、二、三。這是講學生。講到教授、副教授，那就不同一些，大概有百分之十左右的右派。（同上書，第441頁）

10月13日他在最高國務會議上說：

> 現在，全國究竟有多少人不贊成社會主義？我和許多地方同志摸了這個底。在全國總人口中間，大概有百分之十的人，是不贊成或者反對社會主義的。這裏包括地主階級，富農，一部分富裕中農，一部分民族資產階級，一部分資產階級知識分子，一部分城市上層小資產階級，甚至個別的工人、貧下中農。六億人口的百分之十是多少呢？是六千萬人。這個數目不小，不要把它看小了。（同上書，第482頁）

在六億人口的國家裏，六千萬人即十分之一，這個數目當然「不要把它看小了」。對這六千萬人可以作這樣的分析：已經說明，在全人口中佔了一個相當大數量的工人和貧下中農，只有個別的不贊成或者反對社會主義，這一部分人肯定沒有達到百分之十，所以這六千萬人主要是由其他社會成分組成的。正像在高等學校右派的百分比教授副教授的要大大高於學生的一樣，在這六千萬人裏資產階級知識分子所佔的百分比就必定要高於其他社會成分的了。

各地的反右派鬥爭，看來就是按照毛澤東的這種估計確定劃右派的指標，最後的執行結果和這項預算非常接近。據毛澤東在全國宣傳工作會議的講話中提供的數字，中國各類知識分子，「包括高級知識分子和普通知識分子在內，大約有五百萬左右」（《毛澤東文集》第七卷，第 268 頁），五十五萬右派分子約佔各類知識分子總數的百分之十一稍強，與毛澤東的預算基本相符，不能說擴大化的。

還有另一種說法，說右派分子劃多了一些，即擴大化了，是因為「1957 年 10 月 15 日中共中央發出了《關於劃分右派分子的標準》的通知，……但是，由於種種原因，這個通知實際上沒得到貫徹執行。」（叢進，《曲折發展的歲月》，第 65 頁）這就是說，有一個很好的文件，可惜沒有得到貫徹執行。如果貫徹了，執行了，就不致劃出這麼多的右派，可免擴大化了吧。這個《劃分右派分子的標準》第一第二兩部分，已經在前面引用了。按照它的規定，要當一名右派分子是很容易的事情。比如第一項的「否定社會主義革命和社會主義建設的成就」，就是不承認「成績是主要的」這個公式，而指摘許多缺點的人，宣稱今不如昔的人，就得劃為右派分子了。反對了統購統銷政策的，也是右派了。比如第二項，攻擊肅反運動的，是右派，那一百三十多萬肅錯的人要訴說冤苦，大抵就夠劃為右派了。還有，攻擊人事制度和幹部政策的，也是右派。那些在前一段座談中就反對宗派主義發表過意見的人，大抵都犯了這一條。比如第三項，惡意地攻擊領導人員，污衊工農幹部和革命積極分子的，是右派分子。整風會上批評過單位領導的，大都可以套上這一條。第四項，關於社會主義陣營，這一條也不難闖上，湖南就有一個小學教師，只是因為不能從長期歌頌斯大林的氣氛中突然轉過彎來，表示不能接受赫魯曉夫對斯大林的批判，因此被劃為右派分子。此人後來在文化大革命中當了造反派，鬧得很凶，她的問題提得很尖銳：或是為她平反，或是為赫魯曉夫平反。又比如

第五項，蓄意推翻某一基層單位共產黨的是右派，基層單位共產黨的領導即黨支部書記，黨支部書記也是不能反對的。要說這個文件後來並沒有嚴格貫徹執行也可以，因為網開三面，讓不少可劃右派的人成了漏網之魚。如果嚴格執行起來，當年所劃右派必不止552877人。拿這些標準來覆查，當年所劃右派分子絕大多數都是罪有應得，很少有冤屈。魯迅之後最重要的雜文作家聶紺弩，就因為修改了妻子周穎的發言稿，周穎在郵電部被劃為右派分子的同時，他在人民文學出版社也被劃為右派分子了，他在一封信中説過：「我認我所經歷為罪有應得，平反為非分。」（《聶紺弩全集》第九卷，武漢出版社2004年版，第373頁）在他，這也許是雜文筆法，是忿激的反語。如果我們來一個「反面文章正讀法」，拿這《標準》來對照他的言行，未始不可將這話看作他認罪態度良好的表現的。可見用這個文件來逐個檢查，也不能説有什麼擴大化的。

這個《劃分右派分子的標準》還有個第三部分，規定有下列情形之一者，其錯誤應予批評糾正，但不應劃為右派分子：

1. 在根本立場上並不反對社會主義和黨的領導，而只是對於局部性的工作制度，局部性的不屬於根本原則的政策，工作中的問題，學術性的問題，共產黨的個別組織，個別工作人員表示不滿，提出批評的人，即使意見錯誤，措詞尖銳，也不應劃為右派分子；同樣，在根本立場上並不反對社會主義和黨的領導，而只是在思想意識上有某些錯誤的人，也不應劃為右派分子。

2. 有過類似右派的思想，但是並未發表過或散佈過，而且已經認識錯誤、自動檢討出來的人，或者偶然講過類似右派的話，現在已經承認錯誤，而在歷史上一貫不反黨反社會主義的人，不應劃為右派分子。

3. 對於社會主義的經濟政治制度或共產黨的領導發表了錯誤的言論，但是並未積極宣傳，事實證明不是出於敵意，經過指正表示願意轉變的人，不應劃為右派分子。

4. 一度盲目地附和了右派反黨反社會主義的言行，或者一度被蒙蔽參加了右派小集團，或者一度被右派利用，在了解右派錯誤以後，迅速地站在正確立場，同右派決裂的人，不應劃為右派分子。

　　5. 歷史上曾經站在反動立場，現在也沒有顯著的轉變，但是在右派進攻時期並未進行反動活動的人，不應劃為右派分子。

　　6. 凡是介乎右派分子和中右分子之間的疑似分子，在尚未查出足以確定為右派分子的充分材料之前，一概不劃為右派分子，並且不用鬥爭右派分子的方法來對待他們。

　　這裏規定了不應劃為右派分子的政策界限。有人說，如果嚴格遵守這些界限，就不至於有反右派的擴大化了。可是當年一再反對溫情主義和右傾情緒，怎麼可能遵守這些政策界限呢？薄一波在他的回憶錄中說，這個文件中規定的政策界限，「無疑是正確的，但在當時強調反對『右傾情緒』的氣氛下，卻是很難做到的，實際上很多這樣的人都被劃成了右派分子。如把說了幾句錯話，屬於認識上的問題，說成是反黨反社會主義；把幾個人在一起的自由議論，說成是反黨小集團；把對某個或某些領導人的正常批評，說成是向黨進攻；把向黨交心，檢查自己的錯誤思想，說成是惡毒攻擊，思想反動；把在理論問題研究中的不同見解，說成是反對馬列主義等等，這就不能不導致反右派的嚴重擴大化。」（薄一波，《若干重大決策與事件的回顧》修訂本，下卷，第 643-644 頁）

　　薄一波在這裏說的把交心材料、自我檢查作為劃右派的依據，是直接違反文件規定的第二條政策界限的。即並未發表過或散佈過的錯誤思想，自動檢討出來，是不應劃為右派分子的。事實上卻大量劃為右派了。甚至，這是當年打右派的一種十分常見的方法。即第一步，宣佈其為右派分子；第二步，責令其作深刻檢討；第三步，據檢討中所寫的定案。這是你親筆寫的，親自承認有這些反動思想，劃你為右派難道冤屈了嗎？

　　這裏舉兩個例。一個是王蒙。據黃秋耘說：

　　　　王蒙的〈組織部新來的年輕人〉是毛澤東同志親自表過態，認為沒有政治錯誤的，結果還是成為「右派」的罪證。事後中共北京東城區區委還反覆對人說明，王蒙之所以被劃為「右派」，不是由於他寫了這篇小說，而是根據他自己坦白交代出的「反動思想」定罪的；他上交給組織的日記中寫到，英國還有海德公園式的民主，中國連這個也沒有……等等，他們認為，這是反黨反社會主義的思想，王蒙定為右派，一點也不冤枉。其實他的最大錯誤在於得罪了東城區區委的領導，罵他們是官僚主義者。雖然

毛主席表過態，還是可以用別的罪名來給他定罪的。這真是「欲加之罪，何患無辭」！（《黃秋耘文集》第四卷《風雨年華》，花城出版社 1999 年版，第 161 頁）

另一個例子是舒蕪説的：

> 1957 年，黨中央決定整風，反對官僚主義、宗派主義、主觀主義，號召廣大群眾提意見幫助黨整風。人民文學出版社的多數同志覺得王任叔同志身上這三風都比較明顯，於是對他的批評比較集中，而這中間自然又是古典文學編輯室的同志提的最多，最尖鋭。不久，風雲突變，「反右」開始，王任叔同志代替馮雪峰同志領導人民文學出版社的運動，「右派」紛紛被揪出來，其中以古典文學編輯室的為最多，據説這是一個以我為首的「右派小集團」，差不多包括了古典文學編輯室的全部業務骨幹，我們的目的據説是要擁護「大右派馮雪峰」，打擊排斥正確體現黨的領導的王任叔同志，奪取黨在人民文學出版社的部分的領導權。在王任叔同志領導之下，對我們一直是按這個口徑反覆批判的，我們也一直是按這個口徑反覆檢討交代，一次比一次深刻，終於被允許過了關。可是 1958 年定案時，給我們每個人作的結論，卻完全不是按照這個口徑寫的，……直到 1978 年討論給我「改正」，重新看到我自己簽過字的結論，才大吃一驚。原來那上面一個字也沒有涉及那些事，根本沒有提「右派小集團」，寫上去的差不多全是當時我自己「挖反動思想」挖出來的，例如對社會主義商品供求關係的看法之類。顯然是寫結論的時候才發現運動中着重批判的那些事，個人之間的衝突的痕跡太明顯了，寫進結論，將來很可能翻案，不如寫上這些大題目，堂而皇之，難以翻案。然而，二十年後重看，就顯得特別空洞，有些年輕的同志説，真沒有想到當年的「右派」，就是憑這幾條空洞的罪名定的，這又是寫結論時未能料到的。（舒蕪，〈歷史需要我們作證〉，見《舒蕪集》第八卷，河北人民出版社 2001 年版，第 233–235 頁）

從這裏也就可以知道：一個人被劃為右派分子的真正原因，和寫在他的定案材料中的那些劃他為右派的依據，和在報紙刊物上公開揭露他的右派罪行，常常是不相干的三件事。劃一個人為右派，可能是為了湊人數，也可能是為了泄私憤，報私仇，也可能是為了明心跡，等等等等。這些事情當然心照不宣，不宜説穿，更不會寫入結論。寫入結論的，常常是已經

確定劃右派之後收集到的材料，主要是自我檢查的交心材料。而登報的材料呢，卻一般都不照結論來寫，因為這是一種宣傳文字，主要從宣傳效果這個角度來選材，儘量選用能夠使被寫者難堪的材料，以及生活上的隱私之類，這也就是讓他們「在公眾面前掃臉出醜」的意思。

就用諸如此類的辦法給這五十五萬餘名右派分子定了案，到了處理右派分子的時候了。討論了這些事情的中共八屆三中全會結束以後幾天，10月13日，毛澤東召集最高國務會議，他在講話中就提出了處理右派的問題。他說：反擊右派總要告一個段落嘛！比如，現在北京這個反右派的空氣，就比較不那麼濃厚了，因為反得差不多了，不過還沒有完結，不要鬆勁。現在有些右派死不投降，像羅隆基、章乃器就是死不投降。一部分死硬派，他永遠不肯改，那也就算了。擺他幾十年，聽他怎麼辦。

談到處理右派的方針，毛說，是不是要把右派分子丟到海裏頭去呢？我們一個也不丟。我們採取不捉人，又不剝奪選舉權的辦法，給他們一個轉彎的餘地以利於分化他們。具體到人，毛也作了一些考慮，他說，章伯鈞的部長恐怕當不成了。比如丁玲，就不能當人民代表了。比如錢偉長，恐怕教授還可以當，副校長就當不成了。還有一些人，教授恐怕暫時也不能當。對右派如何處理，如何安排，這個問題請諸位去議一下。

1958年1月的南寧會議，毛澤東又提到這問題。他考慮，大學生中右派如何處理，或者開除百分之二十，留下百分之八十；或者根本不開除，百分之三十勞動考察。

到了要給這許多右派分子處分的時候，中共中央1957年12月12日向各省市委、自治區黨委，西藏工委；在京中委、候補中委，中央各部委，國家機關和人民團體各黨組，軍事各部門發出絕密文件《關於在國家薪給人員、民主黨派、高等學校學生中的右派分子處理原則》，它規定：

（一）資產階級右派是反動派，是人民的敵人，在政治上和思想上必須把他們徹底鬥倒，使他們處於孤立。對於右派分子的處理，應當採取嚴肅和寬大相結合的方針。一方面不宜過分，以便爭取中間派，組織分化和孤立右派；另一方面也不能寬大無邊，以致混淆敵我界限和是非界限。一般地說，情節較輕的應當從寬，情節嚴重的應當從嚴；悔改較好的應當從寬，態度惡劣

的應當從嚴。此外，對於歷史上有過貢獻、在社會上影響較大的人，和知識分子中確有真才實學的、特別是從事自然科學和工程技術工作的人，在處理時也應當比一般人寬些。

（二）　對於國家薪給人員中的右派分子，按以下六類辦法處理：

（1）情節嚴重、態度惡劣的，開除公職，實行勞動教養。如本人不願接受勞動教養，亦可令其自謀生活，並由其家庭和所屬居民委員會負責在政治上加以監督。

（2）情節嚴重、但表示願意悔改，或情節雖十分嚴重、但態度惡劣，需要在體力勞動中加以改造的，撤銷原有職務，送農村或其他勞動場所實行監督勞動。對於實行監督勞動的人，在生活上可以按具體情況酌予補助。

（3）情況與第二類相似，但由於本人在學術、技術方面尚有專長，工作上對他還有相當需要，或者本人年長體弱，不能從事體力勞動的，撤銷原有職務實行留用察看，並降低原有待遇。

在上述第二類和第三類情況下，如本人既不願接受監督勞動，又不願接受留用察看，則應開除公職，令其自謀生活，並由其家庭和所屬居民委員會負責在政治上加以監督。

（4）情節較輕的，或情況雖與第一類第二類相似、但在社會上有相當影響、需要加以照顧，撤銷原有職務，另行分配待遇較低的工作。

（5）情節較輕、或情況與第一類第二類相似，而在社會上有較大影響，或在學術、技術方面有較高成就，需要特殊考慮的，實行降職降級降薪。如原有兼職較多，應撤銷其一部分或大部分職務。

（6）情節輕微，確已悔改的，可以作為中右分子處理，免予處分。

（三）　民主黨派中的右派分子，除行政處分依第二條所列各項規定外，其黨內職務和黨籍建議各黨派按下列原則處理：

（1）一般黨員應按罪行輕重，參照他們對罪行的態度、他們的過去表現和今後的作用，分別給予降職、撤銷黨內的一部分或全部、留黨察看直至開除黨籍的處分。

（2）凡在民主黨派內有較長的歷史、在中間分子中有相當聯繫和影響的人，一般應當留在民主黨派內處理和改造。

（3）凡在 1956 年社會主義改造高潮到來以後參加民主黨派的右派分子，除解放前對民主革命或解放後對國家工作有過相當貢獻，並確有悔改表現的，和在反右派鬥爭中立了功的以外，都應當開除出黨。

（4）凡因反動罪行服刑，受到勞動改造或者管制的處分，期滿之後加入民主黨派的，除確有轉變者外，都應當開除。

（四）高等學校學生中的右派分子，按下列辦法處理：

（1）右派分子一般應當開除學籍，但是應當選擇個別反面典型在開除學籍後留校監督勞動。

（2）右派分子中情節較輕，確有悔改表現的，可以留校察看，繼續學習。其中情節輕微，並積極參加反右鬥爭的，免予處分。

（3）國防、外交等機密性專業中的右派分子，一律開除學籍。其中情節較輕，確有悔改表現的，可令其轉學或轉系。

（4）被開除學籍的右派分子，可以回家謀生的，由家庭和所屬居民委員會或生產合作社負責在政治上加以監督；沒有生活出路的，實行勞動教養。

（五）對於科學技術人員、歸國華僑、少數民族人士和宗教界人士中的右派分子的處理，應當參照中央關於自然科學方面反右派鬥爭的指示、關於向華僑宣傳報導反右派鬥爭問題的指示、中央關於在少數民族中進行整風和社會主義教育的指示、中央統戰部關於在漢族宗教界進行社會主義教育的意見中的有關規定。

（六）按照上述各項原則實施的結果，在各個機關、企業、學校、團體和民主黨派中都將留下一部分右派分子。必須了解：留下這些右派分子，使大家經常保持警惕，在右派分子組織搗亂

的時候，組織同他們鬥爭，這雖然是一種負擔，但是這是有益的；反之，如果大家感覺太平無事，忘記了政治戰線和思想戰線上還有積極鬥爭，卻是極為有害的。同時還必須了解：右派分子無論留在本單位，還是實行勞動教養或監督勞動，我們都有責任組織教育和改造他們。右派分子中間的一部分人是有工作能力的，應當適當地使用他們，其中有些人，特別是年齡不大的，如果改造好了，還是能為人民服務的。這兩方面的道理，都必須向各單位的負責人和群眾說清楚。

（七）右派分子中有現行反革命活動的，犯有刑事罪的，隱瞞反革命歷史的，或者刑滿釋放解除管制和被寬大處理的反革命分子，在這次整風運動中又進行反黨反社會主義活動的，都應當按反革命分子或者刑事犯罪分子依法處理，不按右派分子處理。

（八）右派分子加入了學術團體、文藝團體、新聞團體的，除受刑事處分的以外，一般保留其會籍；右派分子加入了工會、學生會的，在被開除公職、學籍的時候應當同時開除其會籍；在受到監督勞動、留用察看和留校察看處分的時候應當同時停止其會員活動。

（九）共產黨員和共青團員中的右派分子，一律開除黨籍和團籍。如果情節較輕、悔改較好，無須開除黨籍團籍，應當摘掉右派帽子。

（十）對右派分子的處理，必須認真查清事實，經過群眾討論，然後作出決定。凡屬中央和各級黨委管理幹部名單中的人員或者在政治上有重要影響的人員的處理，必須報告中央或者相當的黨委批准。學校中的副教授以上人員的處理，必須經過省、市、自治區黨委批准。各級國家機關和人民團體中負責人員的處理，應當同有關方面協商，並須經過法定程序。

1958 年 1 月 30 日中共中央、國務院發佈的《關於在國家薪給人員和高等學校學生中的右派分子處理原則的規定》，內容和中共中央 1957 年 12 月 12 日的《關於在國家薪給人員、民主黨派、高等學校學生中的右派分子處理原則》大體相同。

周恩來在 1 月 29 日國務院第六十九次全體會議就這個《規定》所作的說明中指出，對學生中的右派分子處理辦法有所變動，過去大多數開除，

太嚴了。毛澤東主席説，對右派分子還寄予希望。右派處理以後，就要加緊改造工作，把學生中的右派分子擺在校內比推到社會上好，所以大部分不開除。（《周恩來年譜（1949-1976）》中卷，第 123 頁）於是就按這個規定對劃出的幾十萬右派分子進行處理。

毛澤東提出，各地要在處理之前開一次右派分子大會。1958 年 1 月 28 日他在最高國務會議上説，要開一個右派分子大會，在大會中，第一向他們致感謝，第二想幫助他們。所謂感謝他們，是指他們向工人和黨進攻，當了教員；幫助他們，是想在其中使五成或七成的人，經過五年或十年時間，逐漸變過來，為人民服務。總有不變的人，即使如此，也有用處，用處就是在他不變。容許社會上有一部分人，不變不強迫。對右派批判必須嚴肅、深刻、全面，處理要比較寬大，當然寬大無邊是不好的。要有處分，但要留一條路讓他們走。第一是為了許多思想上還未解決問題的中間分子，第二是為了這些右派本身，使他們有可能回到人民的隊伍裏來。當然首先要他們自己下決心，但是還要我們幫助。毛説，右派大會要開，哪一天開要研究，不只是北京開，各地也要開，先開小的，然後開大的。

1958 年 4 月 2 日，中共中央發出《關於整風運動的指示》的第七項就是：

> 為了有力地分化右派分子，各地區、各部門應當選擇適當時機，召開右派分子會議或者吸收右派分子參加的會議，由負責同志作報告，交代政策，指明出路，並且要組織右派分子加以討論。對於右派分子還應當注意分別進行工作，以便根據各人的不同情況，有拉有打，爭取分化他們，並且督促他們徹底悔改。（《建國以來重要文獻選編》第十一冊，第 233 頁）

最先開這樣的會的，是共青團中央機關。2 月 14 日、15 日兩天分批開了右派分子會議。團中央第一書記胡耀邦在兩天的會上都講了話，指出他們的錯誤是十分嚴重的，是從根本上反對黨、反對社會主義，是大是大非問題；但是，只要能真正地低頭認罪，決心悔改，前途仍然是光明的。還向他們宣讀中央關於處理右派分子的六條辦法，説明嚴肅與寬大相結合的政策，指出只要他們願意悔改，黨對他們是採取寬大政策的，可以一不按反革命處理，不殺不關；二不剝奪公民權；三大部分不開除公職，給飯吃，給工作做。而且組織上還準備誠懇地幫助他們改造，鼓勵他們要自己掌握自己的命運。並指出他們中的絕大多數人都很年輕，來日方長，只要願意繼續為人民服務，還可以取得人民的信任，不少人還可能變成好幹部。

　　前面所引李維漢的話，是「半數以上失去了公職」，這裏胡耀邦說的，是「大部分不開除公職」。二說之所以不同，一種可能是胡是在處理之前說的，說的是他的意願；李是多年之後的回憶，說的是實際的戰績。另一種可能是，李說的是全國的總數，而胡是就團中央機關的情況說的。青年團的幹部年紀輕，政治條件好，需要開除公職的相對說會少些。再說，當年胡耀邦對待右派就比較溫和，曾經竭力保護一些幹部，像團中央宣傳部長項南、中國青年報總編輯張黎群，就是他保護下來的。就說他在這次右派大會上，還說什麼來日方長，還以變成好幹部相期許，可以看出他的溫情主義，所以他要大部分不開除公職。

　　這五十五萬右派分子，一個個都按照這六類處理辦法受到了處罰。他們有的在勞動教養場所，有的在農村從事勞動。即使留在原單位的，一般也不能當作知識分子使用了，只能幹點粗笨活。不但不能當作知識分子使用，甚至還不當作普通人使用。例如 1958 年 12 月中共湖北省委（按：第一書記是王任重）《關於做好當前人民生活的幾項工作的規定》，其中有一條是：「不准地主分子、富農分子、反革命分子、壞分子、右派分子在公共食堂擔任任何職務。」（1958 年 12 月 20 日《人民日報》）在公共食堂裏都沒有右派分子的工作崗位，其他也就可以類推了。

　　右派分子成了不可接觸的賤民。這裏可以插上一個經常在李宗仁身邊的尹冰彥講的小故事：

> 　　李宗仁先生回國不久，郭德潔女士因癌症終於不治。她病死時，李也已經七十開外，垂垂老矣。但令尹冰彥想不到的是，李宗仁對擇偶的政治標準相當苛刻。有一位面貌姣好的女性，性格、職業、學歷和經歷均十分理想，尹冰彥和程思遠都認為這是一位值得推薦的對象。興致勃勃地報到李宗仁那裏，德公僅掃了一眼，便把材料原封不動地退回來了。否定的原因只有一個，這位女士的父親是個右派。（牛耕，〈聽尹冰彥談李宗仁〉，見《世紀》2008 年第 6 期）

李宗仁這樣做，想必也是為了表明自己的政治態度吧。

　　由於毛澤東無意採取極端的政策，右派分子最嚴重的只要勞動教養就夠了，沒有判徒刑。像葛佩琦被判無期徒刑，是算了他的國民黨軍隊少將的老賬，算是反革命分子了。右派分子當時也沒有處死刑的。像漢陽

縣第一中學「小匈牙利事件」一案處決的三個人，就不稱為右派分子而稱為反革命分子。後來，在文化大革命之前和之中，各地都有一些右派分子被判徒刑和死刑。當然除了反黨反社會主義右派這個「前科」之外，還添上了一些新的罪名。像被毛澤東提到過的北京航空學院的馬雲鳳，劃右派之後受不了那些折騰，逐漸變成一個阿爾志跋綏夫筆下的綏惠略夫式的人物，從受社會迫害一變而為向社會復仇，幾年之後竟要去製造一起交通事故，因而也被處決了。

對右派分子最重的處分是勞動教養，處分較輕的也有留在原單位的。這卻未必是一件好事，雷海宗劃了右派，工資大大降低之後，還讓他開了「外國史學史」這一門課，每次講完課後，都要組織一場「消毒」課，挖空心思地從講課內容中找出種種毒素。

各民主黨派中央都在 1958 年 1 月間先後開了會，宣佈撤銷右派分子在各黨派內擔任的領導職務，被宣佈撤銷職務的有：

中國國民黨革命委員會副主席龍雲，中央常委陳銘樞、黃紹竑、譚惕吾、李俊龍；

中國民主同盟中央委員會副主席章伯鈞、羅隆基，中央常務委員葉篤義、沈志遠、馬哲民、郭翹然、潘大逵、錢端升、韓兆鶚、曾昭掄、費孝通、黃藥眠、潘光旦，中央委員李伯球、陳仁炳、彭文應、黃琪翔、錢偉長；

中國民主建國會中央委員會副主任委員章乃器，中央常務委員畢鳴岐，中央委員錢孫卿；他們在全國工商聯擔任的領導職務同時也被撤銷；

中國民主促進會副主席林漢達；

中國農工民主黨主席章伯鈞、副主席黃琪翔，中央執行局委員李伯球、楊逸棠、王一帆、張雲川、李士豪；

九三學社中央常務委員陸侃如、董渭川、袁翰青、薛愚，中央委員儲安平，顧執中雖然只是個候補中央委員，卻列為榜首，並且是撤銷他「社內的一切職務」；

台灣民主自治同盟主席謝雪紅。（2 月 1 日《人民日報》）

第一屆全國人民代表大會第五次會議在 1958 年 2 月 1 日至 11 日舉行，會議的一項重要內容就是公開宣佈對右派分子頭面人物的處理。會前由原選舉單位正式撤銷代表資格的有：錢端升、沈志遠、楊逸棠、江豐、劉蘭畦、沙文漢、楊思一、王國松、李士豪、宋雲彬、姚順甫、馮雪峰、曾昭掄、向德、譚惕吾、雷天覺十六人。另外，代表資格審查委員會認為，章乃器、潘大逵、曾庶凡、黃紹竑、陳銘樞、黃現璠、費振東、喬傳珏、馬哲民、章伯鈞、葉篤義、程士范、潘鍔鏱、羅隆基、費孝通、儲安平、錢偉長、錢孫卿、歐百川、王天錫、韓兆鶚、丁玲、張東木、謝雪紅、楊子恒、鄭立齋、黃琪翔、李伯球、徐鑄成、黃藥眠、王毅齋、張軫、張雲川、朱君允、畢鳴岐、譚志清、龍雲、李琢庵三十八人，已經喪失繼續執行全國人民代表大會代表職務的合法根據，不應出席本次會議。

這次會議，罷免了黃紹竑、龍雲、陳銘樞全國人民代表大會常務委員的職務；罷免了費孝通、黃現璠、歐百川全國人民代表大會民族委員會委員的職務；罷免了張雲川、陳銘樞、黃紹竑、黃琪翔、謝雪紅、羅隆基全國人民代表大會法案委員會委員的職務；罷免了龍雲國防委員會副主席的職務；罷免了黃琪翔國防委員會委員的職務。

1 月 31 日，毛澤東主席根據全國人民代表大會常務委員會的決定簽署命令：撤銷章乃器糧食部部長職務，撤銷章伯鈞交通部部長職務，撤銷羅隆基森林工業部部長職務。2 月 11 日宣佈了新的部長人選。交通部是原任副部長的黨組書記王首道（中共中央委員）接任部長，黨組書記本來就是交通部的負責人了。糧食部是調原任輕工業部部長的沙千里出任部長。這時沙千里的共產黨員身份還沒有公開，人們只知道他也是當年救國會七君子之一，顯然是接替章乃器的理想人選。只是森林工業部沒有必要任命新部長了，因為，這次會議決定將這個森林工業部的建制撤銷，其業務重新併入林業部。這個部的存在，和羅隆基的部長生涯，是同始同終。

這三位部長撤銷職務的情況，我只看到章乃器留下的一點記錄。他在《七十自述》中回憶說：

> 大概是 1 月 28 日上午，周恩來總理召見我，我就乘車到西花廳去見他，當時在場的還有習仲勳、徐冰兩位秘書長。周總理對我說，要撤我和章伯鈞、羅隆基的職，馬上就要提出國務會議討論，已經告訴了伯鈞、隆基二人，而且不讓他們出席會議，但可以讓我出席會議申辯。我問，我寫的《根據事實，全面檢查》

的文件有沒有看過，他說沒有，我說，那是很遺憾的。我問，撤職的事情是否最後決定了。他說，黨中央決定了。我說，那還申辯什麼呢？我願意放棄出席權利。他說，那也好，辯論起來我們人多，你說不過我們的。他又說，也曾考慮過是否讓我們辭職，可是又何必那樣轉彎抹角呢？我說，撤職倒沒有什麼，但為什麼要扣上反黨、反人民、反社會主義的罪名呢？這是違反事實的，是寧死不能承認的。他說，那你可以保留思想，我們黨是准許保留思想的。於是，他談到和羅隆基談話的經過，他曾問羅作何打算，羅答要麼就自殺，否則便只好接受。總理說，你可以去美國。羅問，是否意味着驅逐出境？總理答，絕不是。總理問我作何打算？我說，我是全心全意，全力投向黨的，黨給我處分，我願積極接受下來，作為黨對我的鍛煉和考驗。我和黨共事已經三十年了，仍然沒有被了解，那就請再看五年吧，五年不夠，也可以看十年，到那時我也不過七十歲；我現在開始就好好地鍛煉體格，充實頭腦，準備那時再為黨工作十年。總理笑着說，你倒真樂觀呀。（《章乃器文集》下卷，第614頁）

不止在中央一級，在各省市，也同樣撤銷了右派分子的職務。例如1958年4月30日政協上海市第一屆委員會常務委員會第廿五次會議通過決議撤銷沈志遠等委員資格。據報載：「撤銷右派分子沈志遠、孫大雨、孫斯鳴、陳仁炳、彭文應、覃漢川、姜慶湘、夏高陽、王恒守、方子藩、毛嘯岑、楊延修、陳豐鎬、趙銘彝、許傑、張孟聞、吳承禧（已故）、余日宣（已故）、楊蔭溥、顧守熙、王造時、龍榆生、李小峰、陳子展、周福慶、羅家衡、連瑞琦、董任堅、潘序倫、薛映輝等三十人第一屆委員會委員的資格；右派分子沈志遠的政協副主席資格也相應地喪失；右派分子王造時、方子藩、夏高陽、許傑、彭文應、楊延修、羅家衡等七人的政協常務委員資格也相應地喪失。會議根據民革上海市委的建議，決定停止右派分子吳藝五政協常務委員的職務（仍保留其委員資格）。」（1958年5月1日《文匯報》）

第二十七章

反右補課

　　到這時，反右派鬥爭的任務應該說是圓滿完成了。可是 1958 年 6 月 18 日，中共中央發出關於整風第四階段的通知，認為「許多地方還有一些空白點，那裏的整風任務基本上沒有完成，群眾還沒有發動，敵我矛盾還沒有解決，甚至根本沒有進行整風（據重慶市覆查結果，這種單位約佔 1/4，有的還佔 1/3）。對於這些單位，必須抽調力量，加強領導，認真實行鳴放反右整改，達到消滅空白點的目的」。許多地方遵照中央這個指示進行了整風，實際內容就是「反右補課」，再把一批人「補」進了「右派」隊伍。

　　中共中央辦公廳秘書室在反右補課中發生了一個所謂「二王、八司馬事件」。在整風運動中，中央辦公廳秘書室有八個年輕的科級幹部貼出大字報，給主持工作的副主任何載和黨支部書記王文提意見，說他們群眾疾苦漠不關心，棘手問題繞道避開，還有一條更加犯忌諱的，是他們同情和支持林希翎。反右派鬥爭開始，中直機關黨委想要把這八個積極提意見的年輕人打成右派分子。由於楊尚昆的持重態度，結果何載和王文沒有劃為右派分子，林克、李公綽、戚本禹、呂澄、朱固、沈棟年、馬芷蓀和王象乾這八個年輕人也沒有劃為右派分子。到了 1958 年 3 月，中共中央發出《關於反浪費、反保守的指示》，全國又掀起「雙反」運動和整風補課。這時，這八個年輕人就面臨被打成反黨小集團的危險了。從 3 月到 4 月，兩個月的時間，開了多次大會小會批判鬥爭他們。後來林克回憶說：「當時我曾含着淚對妻子說，為了不牽連你和孩子，準備離婚，我準備去勞改，去坐牢。」正好這時候，在廣州的毛澤東叫林克立刻到他那去，毛澤東聽了林克彙報，事情發生了戲劇性的大變化。據《戚本禹回憶錄》說：

　　　　毛主席 5 月 3 日回到北京。他在回來之前，就已經看了所有抄去的材料了，回來後也不馬上表態，而是親自作調查，當晚就在他居住的菊香書屋親自召開了會議。參加會議的有：中直機關黨委書記、中央辦公廳主任楊尚昆，副書記曾三、劉華峰，中直機關人事處處長曉嵐；秘書室領導田家英、彭達彰；林克、李公綽等涉事的八個科長；還有鄧力群（中央辦公廳政治研究室主任）和李東冶（中南海黨總支書記）、王剛、閻草等人。

　　　　那是我第一次以會議成員的身份參加主席親自召開的會議，加上知道已被工作組定為是「反黨小集團」成員，心裏是七上八下的，很緊張。正式開會之前，毛主席對事件中一些不熟的人問一下情況。他先問李公綽是哪裏來的？什麼學校畢業？李公綽說他是東北大學畢業的。然後就問我。我有點不好意思，回答說：

「我沒上過大學，是個中學生。」不料，主席竟高興地說：「我和你一樣，也是中學生。師範畢業，還當過小學教員呢！」聽了主席的話，我原本七上八下的心一下子就平穩下來了，就覺得事情可能沒有那麼嚴重了。因為主席不會跟一個反黨集團的人這麼說話的。

主席讓工作組的人先講，王剛不吭聲，曉嵐就出來說話，她講述了我們如何進行非組織活動，如何揪住老幹部不放，如何寫大字報攻擊黨的的領導等等。她講完了，主席接下來就叫我們講。我知道他們在抓李公綽歷史上的把柄，李公綽講話可能底氣不硬，田家英、彭達彰又不便講，林克已經都跟主席講過了，不用再講了，剩下只有我講了。我就站起來說，我們是響應主席的號召，主席的 2 月講話（指毛主席 1957 年 2 月底在最高國務會議上的講話）是怎麼怎麼講的。毛主席一邊聽一邊點頭說：「我是這麼講的。」這樣一來，我就更有勇氣申辯了。我說，我們是響應黨的號召才給領導提意見的，目的是幫助領導改進作風，搞好工作。秘書室和中央辦公廳的一些領導高高在上，不肯接見群眾，就是官僚主義，肯接見群眾的是彭達彰，田家英那麼忙，可也接見過群眾（這時，田家英接過話頭，說自己也是有官僚主義的）。我們給他們提意見，他們就把我們說成是右派，是反黨，而真正的右派，像林希翎，他們倒不反對，還說她是「大膽、勇敢、有才華」，支持她。林希翎在北大作演講，他們還派了王文去參加。林希翎當場就講，中央辦公廳今天派了人來聽我的報告。這不是長右派志氣，滅左派威風麼（主席聽了頻頻點頭）。所以說，右派他們不反對，反右派的人他們倒說是右派，是反黨小集團。

主席聽了我講的這些，就問他們：「那麼，他們（指我們這些人）還有什麼反黨的事嗎？」楊尚昆、王剛他們都沒有說什麼。這時，曉嵐又講話了：「他們攻擊中直黨委，他們的大字報就是對着楊尚昆同志的，反對中央辦公廳楊尚昆主任。這還不是反黨嗎？」主席一聽，就說：「噢，反對楊尚昆就是反黨？」楊尚昆連忙說：「不對，不能這麼說，我是在主席領導下的，反對毛主席、反對黨中央才叫反黨」。

主席接着說：「你們是兩派，代表對立的兩派，左派和右派，一派打的是紅旗，一派打的是黑旗。我是站在左派一邊，是

支持左派，反對右派的，主張拔黑旗，插紅旗。」毛主席又問：
「誰是王剛？」王剛站起來，主席看了看他說「久仰大名」，緊
接着就毫不客氣批評說：「你是一派的領袖，包庇右派，打擊左
派，幹盡了壞事。上邊還有人支持你，總支、中直黨委都支持你
嘛！不然你也興不起那麼大的風浪。你們的錯誤，不是一般性錯
誤，而是方針路線的錯誤。你們繼續執行了何載的路線，按照何
載的《建議書》辦事。你們插的是什麼旗？是紅旗、灰旗還是黑
旗？我看不是紅旗，也不是灰旗，而是黑旗，道道地地的黑旗。
我的意見，今天立即召開秘書室全體工作人員大會，把我的意見
傳達下去，展開討論，揭蓋子。」——「八司馬事件」又叫做「黑
旗事件」，就是根據主席這一番講話來的。主席這裏所說的何載
建議書，是指前面交代過的何載曾向王剛、曉嵐工作組建議，說
他自己是有錯誤，但不是反黨，而我們這些人則是反黨。我們這
些人是利用他的認識上的錯誤來企圖打倒老幹部，反對黨的領
導。所以建議王剛、曉嵐對我們開展鬥爭。

　　主席還問楊尚昆知不知情。楊尚昆這個人相當有經驗，一
看到這個架勢，知道氣候不對，就說「這個事情，我一直忙於工
作，沒有時間，所以也沒抓，沒有很好了解」。彭達彰把方世郁
盯梢的事說了，主席聽了勃然大怒，說：「把對付敵人的手段拿
來對付人民群眾，在中南海搞法西斯、貝利亞，決不允許。」說
完他拿眼睛看着楊尚昆，楊尚昆低頭不語。（上冊，香港中國文
革歷史出版有限公司 2016 年版，第 162-164 頁）

　　有了毛澤東的這個表態，局面當然立刻翻了過來，「八司馬」進入整
風領導小組，而何載和王文被打成右派分子，開除黨籍，降級下放。熟讀
二十四史和《資治通鑒》的毛澤東，記得唐順宗時期王叔文、王伾以及劉
禹錫、柳宗元等人的「二王、八司馬事件」，這一回正好也是八個人，於是
就說是「八司馬事件」了。從毛澤東親自過問的這一個具體案例可以知道，
劃誰為右派分子，不劃誰為右派分子，是並沒有一個客觀的是非標準的，
最後起決定作用的是長官意志。

　　中共中央宣傳部機關的反右補課打出了一個「李之璉、黎辛、張海、
崔毅反黨集團」。李之璉是中共中央宣傳部秘書長兼機關黨委書記。他在辦
理「丁玲、陳企霞反黨集團案」的時候，態度客觀公正，實事求是，沒有
能夠完全按照領導的意圖辦案，也被劃為右派分子。李之璉在〈不該發生
的故事〉一文中回憶說：

中宣部領導人號召所有黨員對機關黨委、特別是對我進行揭發，翻遍了機關黨委的會議記錄，搜查了我個人保存的文件，只要一字一句同此案有關的材料，就決不放過，一律作為問題揭發。丁玲寄給黨委的申訴材料，就是從文件櫃裏搜查出來的。會議規模愈來愈擴大，從開始的幾個人到幾十人、幾百人，最後擴大到千多人。大會批，小會鬥，折騰了四個多月才結束。

由於在審查丁玲歷史問題時，在結論草稿第一稿上我加寫了：丁玲被捕後，同敵人作了種種鬥爭，終於回到黨的懷抱等話，被說成是「美化叛徒」；又在審查丁玲「反黨」問題時，丁玲寫給黨委的申訴沒有提交審查小組討論，而她提出的申辯又和調查的結果相一致，就被認定這是我同丁玲「合謀翻案」。根據這兩大「罪狀」就定我們幾個人為「反黨集團」，我是「首要分子」。其實，這兩件事都是根據實際情況，為着使審查小組的工作能正常地順利進行，經我提出和張際春同志同意的。張海和崔毅同志有的知道，有的並不知道。黎辛同志本來早已調去湖北工作。他是機關黨委的副書記兼作協機關黨總支書記，主要工作在作協，機關黨委的全面工作管得很少。在批判我們時，將他調回來揭發問題，因他無可揭發，就叫他檢查，給他戴了多頂「大帽子」，並被認定我們四人是一夥，互相包庇，充當右派和反黨分子的保護人。最後結果是我和黎辛定為「右派分子」，開除黨籍，張海和崔毅定為「反黨分子」，留黨察看。（《新文學史料》，1989年第 3 期）

1958 年 8 月 23 日中共中央宣傳部機關委員會《關於開除極右分子李之璉黨籍的決定》所附中共中央宣傳部整風領導小組《關於極右分子李之璉的政治結論》說：

李之璉的主要反動言行：

1. 反對黨對丁玲、陳企霞反黨集團的鬥爭，陰謀推翻中央 1955 年 12 月對作協黨組關於丁玲、陳企霞反黨集團報告的批示，策動丁、陳反黨集團向黨進攻。他首先以「根據不充分」、「手續不完備」為藉口，保持了陳企霞、李又然的黨籍。他掩蓋丁玲的叛黨歷史，把她美化成為一個革命戰士。在他提出的審查結論初稿中，不寫丁玲是「自首變節」，而寫成「是屬於在敵人面前犯了政治上的錯誤行為」。強調丁玲在被捕期間曾進行「對

敵鬥爭」，堅持要把丁玲在南京變節後三年多的歷史計算黨齡。幫助丁玲向黨提出有關她歷史結論的三點保留，以欺騙和愚弄組織。鼓勵和幫助丁玲、陳企霞翻案，唆使他們寫「申訴書」，並廣為印發陳企霞向黨進攻的「陳述書」。完全按照丁玲的意思對丁、陳問題進行所謂重新查對，力圖為丁、陳開脫。丁玲直接寄給他的一封為自己辯護、污衊周揚同志和作協黨組的信，要求不要給周揚同志和作協黨組負責同志傳閱，他完全照辦。他還散佈「一九五五年鬥爭丁、陳反黨集團搞錯了」，「丁、陳反黨集團案完全能否定掉」等流言，並在八大第一次會議的河南小組會議上說「丁、陳問題搞錯了」，企圖在八大會議上提出這個問題，為丁、陳反黨集團翻案。陳企霞給他的信中公然污衊黨對自己的鬥爭是「政治陷害」，李之璉予以默認；丁玲在給他的密信中竟說「翻身有日，有重見天日的可能」了。1957 年 5 月，他親自在「宣教動態」上一條關於文藝界情況的消息中加按語說「丁、陳問題自一九五五年作協黨組的報告通報全國後，直到現在還未做出結論」，企圖在全黨散佈丁、陳反黨集團不能成立、中央搞錯了的空氣，以配合右派的進攻，推翻黨對文藝工作的領導。

2. 否定肅反運動，執行保護壞人、打擊積極分子的惡毒政策。他認為肅反搞群眾運動是錯誤的。他片面地誇大肅反運動中的部分缺點錯誤，否定肅反運動的偉大成績，認為從反對胡風反革命集團的鬥爭發展到肅清一切暗藏的反革命分子的鬥爭，在「思想上組織上是缺乏準備的」，因而，普遍地發生了「盲目性」和「擴大化」。他同時還散佈謠言說「中央準備釋放胡風」。他特別集中反對作協的肅反，認為作協肅反工作有偏差是由於「黨委過分依賴了中央十人小組的直接領導」，這實際上是指責中央十人小組。他在甄別工作中，強調所謂避免同被審查者之間造成對立，對多數歷史反革命分子在結論上都不寫明是「歷史反革命分子」。他還特別強調對肅反對象的「賠禮道歉」。在他親自召集的對肅反對象的「賠禮道歉」會上，對參加會的肅反對象表示極大的同情，附和他們對肅反運動的攻擊。他在會上鼓勵他們「堅持真理」，要有「獨立見解」，要把反攻的鋒芒對著領導，他並且說：「在運動中一些同志受到一些不同的對待，事後同志們不滿，這種不滿是合理的……有些同志經不起考驗而自殺了，你們總算忍受過來了，這也是政治上的涵養。……忍受這種苦難是政治上的鍛煉。」

李之璉是一個混入黨內的階級異己分子和野心家，他是一個在黨內隱藏得很深的陰謀家，他的許多反黨活動都是背着部的領導，利用職權，採用兩面三刀的手法進行的。過去他曾經背叛過革命，1934 年他被捕後，喪失革命氣節，在供詞上和上訴書中提出「反對共產黨」，辱罵黨為「共匪」、「反動團體」，說：「強日侵於外，共匪擾於內」，「共黨固宜痛剿，不遺餘力」等。他在東北工作期間，反對當時的平分土地運動，認為如果發動群眾在 1948 年春耕前「又快又透」的搞完土改，東北幾百萬人就會有餓死的危險。並公開主張「右比左好」。他在文藝思想上也極為反動，他在延安發表的文藝作品中，對革命戰爭充分表露了恐懼、絕望和動搖的陰暗思想。1957 年春，他還寫了一首醜化和污衊轉業軍人的反動長詩《靈魂深處》，赤裸裸地表達了他對革命事業悲觀失望的心理。

鬥爭中的態度：極不老實，不肯交代，進行詭辯，尚未真心低頭認罪。

處理意見：劃為極右分子，開除黨籍，撤銷黨內、外一切職務（已經中央批准），降六級（由行政七級降為十三級），另行分配工作。

1951 年武漢市第二醫院發生了一起公款被盜案。醫院的黨支部書記、老幹部王清偷了保險櫃內的公款，卻誣陷該院文書、青年團員紀凱夫，把他拘留關押，還要查他的特務問題，說是特務陷害老幹部，一個簡單的盜竊案變成了一個複雜的陰謀陷害案。當時李之璉是中共中央中南局組織部副部長兼中南局紀律檢查委員會副書記，負責處理此案。他查明了真相，將偷盜公款的王清和對此案負責任有一定責任的武漢市副市長周季方判了徒刑，轟動一時。現在要打李之璉的右派，是不是可以在紀凱夫一案做點文章。李之璉在《紀凱夫事件始末》一書中回憶說：

周揚認為，「李之璉是因處理『紀凱夫事件』起家的」，如果查明這是一起錯案，那麼，就有利於把我整垮。於是他就積極企圖為紀案翻案。宋瑛等人看到這種形勢，也起來湊熱鬧。周揚找了一些人對此案作了了解，毫無所獲。但他不甘心，又親自出馬找錢瑛和張執一了解我和此案的關係。這兩位都是中南局委員，親身參加了中南局對此案的處理。張執一當時是中南局統戰部部長兼中南軍政委員會秘書長，他直接佈置並幫助司法機關執行對

周季方的拘留審訊。錢瑛則是親自吩咐我接待孫麥齡聽取他對此案的揭發，並批示同意交武漢市四區委處理此案的。他們都完全了解此案的處理經過和同我的關係。因此周揚找他們活動的結果，不但沒有得到支持和同情，反而碰了釘子。

張執一同志告訴他，這個案子處理得不錯，是中南局多次討論報中央批准的，並告訴他當時中央紀委和中央組織部派了兩位同志到中南局，參與討論此案並坐催處理結果的情況。當張執一同志勸周揚應慎重考慮，不要自找無趣，盲目進行翻案活動時，周揚氣得將電話機一摔，再不願聽下去了。

錢瑛則告訴周揚，李之璉在此案處理過程中只是根據中南局的討論和領導人的指示做了職責範圍內的工作。他被提為中南局組織部副部長和中南局紀律檢查委員會副書記是在此案處理前的決定，是根據本人的表現和工作需要經中央批准的，同處理此案毫無關係。

1958 年中南局雖然已經撤銷，但討論此案的主持者和參加者除錢瑛、張執一外，還有鄧子恢、李雪峰、趙毅敏、孔祥禎、杜潤生等同志都健在，並在中央各部門擔任負責的工作。他們都可證明此種情況。

周揚聽了這些介紹，不得不放棄他的翻案活動。所以在中宣部最後處理我在「丁、陳反黨小集團」問題上的所謂錯誤，只是誣衊我「美化叛徒」，「包庇反黨分子」，硬錯劃為右派，開除我黨籍時，沒有牽涉「紀凱夫事件」。（河南人民出版社 2000 年版，第 63-64 頁）

受到李之璉一案牽連的公木也被補課補上了。公木，河北束鹿人，原名張松如（1910-1998），又名張永年，筆名公木，作家，詩人。他在延安參加了中國共產黨，和作曲家鄭律成合作，創作了《八路軍進行曲》。反右派鬥爭開始的時候，他是中國作家協會文學講習所（魯迅文學院的前身）的副所長。最初上面並沒劃他為右派分子的意思，讓他在 1957 年 8 月 23 日的第二十次中國作家協會黨組擴大會議上作長篇發言，批判他文學講習所的同事李又然。他批判李又然的文章〈在虛偽的後面〉（署名公木）發表在 1957 年第二十四期《文藝報》上。這時他可以說是積極參加了反右派鬥爭。1958 年 4 月初開始，他和翻譯家孫用以中國作家協會特派代表的身

份，一起赴匈牙利、羅馬尼亞從事文化交流，主要目的是宣傳中國的「雙百方針」，介紹中國文藝戰線反右派鬥爭的情況。沒有料想到的是，最後張松如自己也被劃為右派分子了。李之璉在〈一場是非顛倒的批判鬧劇〉一文中細說了這事的原委。其中涉及張松如的一段是這樣：

> 周揚對於我了解他一些情況懷疑是來源於在作家協會工作的張松如（公木）提供給我的。他知道在延安時公木同我曾在一起學習過。1958 年批判了我後，又把出訪匈牙利和羅馬尼亞的張松如從國外催調回國批判，追究的主要問題就是讓他交代跟我的交往，曾向我反映了些什麼問題。他交代不出，最後也把他作為我的同夥，同「李、黎反黨集團」相呼應劃成右派，開除黨籍。

其實，這只是周揚的多心。李之璉並沒有從張松如那裏聽到過什麼有關周揚的小話。李之璉的這篇文章接着說：

> 我在中宣部工作時，他（指張松如）在作家協會。但從沒有個別談過話。他從沒有單獨向我反映過作家協會和周揚的任何情況。從我的接觸了解，公木是個忠誠老實，並仗義執言的人。他在作協黨組討論對丁、陳問題處理的座談會上，講過一些正確意見，當然就非得把他整倒不可。追究他和我的關係，則是借題發揮。（《新文學史料》1994 年第 3 期）

當在報紙上宣佈張松如右派罪狀的時候，卻不能去說那些查無實據的人事關係問題，而要說他發表了反黨反社會主義的毒草。據潘旭瀾編的《新中國文學詞典》（江蘇文藝出版社 1993 年版）說，公木是因為寫了一首諷刺詩《據說，開會就是工作，工作就是開會》劃成右派分子的。（見《新中國文學詞典》，第 218、1085 頁）

在中華全國總工會，主席賴若愚在 1958 年 5 月 5 日至 23 日舉行的中國共產黨第八次全國代表大會第二次會議上，受到很大的衝擊。這次八大二次會議是全面發動「大躍進」的動員會，它提出在國際方面必須堅決進行反對現代修正主義的鬥爭。在國內方面，提出我國現在有兩個剝削階級和兩個勞動階級。兩個剝削階級：一個是反對社會主義的資產階級右派、被打倒了的地主買辦階級和其他反動派；另一個是正在逐步地接受社會主義改造的民族資產階級和它的知識分子。兩個勞動階級：一個是農民和其他原先的個體勞動者。一個是工人階級。提出的十五年趕上和超過英國的口號，提出了鼓足幹勁、力爭上游、多快好省地建設社會主義的總路線。

總之是提出了一系列左得出奇的東西。要趕上和超過英國，要大躍進，這就要有錢。誰來買單？只有讓勞動者來買單。劉少奇的大會報告用「個人利益和目前利益」要服從「集體利益和長遠利益」、「幾年辛苦，萬年幸福」這些說法來欺騙勞動群眾，要他們自願作出犧牲，為了虛幻的所謂長遠利益放棄眼前的實際利益。「在生產發展和人民生活逐步改善的條件下，無論國營經濟和集體經濟，都應當適當地提高積累在國民收入中的比重，以便更多更快地進行社會主義建設。」實際上是要損害群眾的現實利益，這是任何一個有良心的工會工作者都難以接受的。賴若愚應該知道，他這個全總主席是沒法當了。他不遲不早在會期中間的 5 月 20 日死去，就不像正常死亡，四十八歲也不是容易病死的年紀。在中共黨史出版社 2004 年出版的《中國共產黨歷屆中央委員大辭典》裏「賴若愚」這個詞條說到他的死：「1958 年在全國總工會整風會議案中蒙受冤屈。1958 年 5 月 20 日在北京逝世。1979 年 9 月得到平反。」這樣的敍述就不能不使人覺得奇怪了。因為全國總工會整風會議即開了七十二天的全總黨組第三次擴大會議是 5 月 26 日開幕的，這時賴若愚已經死了六天了。在他生前，並沒有這個會議，他怎麼可能在這個會議上蒙受冤屈而死呢。事實上，恐怕正是因為他突然死去才決定開這個會議，來批判已經死了的他。這樣的敍述正好作為他非正常死亡的一個旁證，他是以死來抗議吧。

就在中共八大二次會議閉幕以後三天，5 月 26 日全總黨組第三次擴大會議開幕了。這次會議開了長長的七十二天，一直開到 8 月 5 日才完。《全總黨組第三次擴大會議向中央的報告》說了會議的情況：

> 黨組擴大會議，是按照中央的指示，根據黨的「八大」二次會議精神，插紅旗、拔白旗，破除迷信，發揚共產主義風格，肅清南斯拉夫影響，以及從我國實際情況出發，從便利各級黨委對工會的領導出發，來徹底解決工會和黨的關係問題。會議共分三個階段進行：第一個階段是拔掉右派分子陳用文這面白旗和反革命分子秦達遠這面黑旗；第二個階段是揭露和清算以賴若愚、董昕為首的右傾機會主義和宗派主義的錯誤，第三個階段是解決工會今後工作的問題。會議的各個階段都是採用大鳴大放、大字報、大辯論、大會小會相結合的方法進行的。會議開得很好，收穫很大。

> 緊接着會議即樹起了紅旗，提出了前工人日報社社長陳用文寫的兩篇文章：〈南斯拉夫工人自己管理制度〉和〈西行紀要〉。

〈南斯拉夫工人自己管理制度〉是在我國公開地全面地系統地吹噓南斯拉夫修正主義的唯一的一篇文章。〈西行紀要〉是陳用文和賴若愚一塊去西北檢查工作回來寫的，其中把工會和黨的關係完全放在對立的地位，並且把西北描寫得漆黑一團。到會同志一致認為陳用文是白旗，是右派分子，展開了對陳用文的深入批判。

這裏說到的《工人日報》社長陳用文就必須批判了。他同時還是工人日報分黨組書記，全國總工會執行委員會委員和主席團委員。他是 1938 年入黨的共產黨員。歷任中央職工運動委員會股長、研究員，晉察冀邊區總工會任執委、秘書長、中央政策研究室研究員，全國總工會政策研究室副主任、秘書處處長，辦公廳第二副主任等工作。1950 年調到工人日報社擔任領導職務。據 1958 年 8 月 3 日中國共產黨工人日報編輯部支部委員會《關於開除右派分子陳用文黨籍的決定》宣佈：

> 1956 年 10 月，當英美帝國主義和南斯拉夫鐵托集團製造匈牙利反革命叛亂，在世界上掀起反蘇反共反社會主義逆流的時候，陳用文正從南斯拉夫訪問回國。他於同年 11 月在工人日報上發表了〈南斯拉夫的「工人自己管理制度」〉的文章，在這篇文章中，他竭力宣揚鐵托的修正主義，美化南斯拉夫，宣揚南斯拉夫的工人理事會的作用，吹噓南斯拉夫的「工人自己管理制度」的成績，鼓吹南斯拉夫沒有官僚主義。此外，他還到處作報告，並在報社開座談會，全面地宣揚鐵托的道路。

> 1957 年春天，當國內右派分子向黨猖狂進攻的時候，陳用文於同年 5 月，發表了反動文章〈西行紀要〉，和右派分子裏應外合。在這篇文章中，陳用文大肆攻擊黨，把黨說成是社會前進的主要障礙，污衊黨干涉和破壞了工會的獨立性，公開宣揚工會和黨可以不一致，鼓動工會幹部可以用團結——鬥爭——團結的方式去克服黨的「片面性」，咒罵群眾在組織上服從黨是「宗派主義傾向」；他利用工人中的落後思想、利用監督，煽動群眾向行政作鬥爭；鼓動工人要求極端民主，他對工人階級極力醜化、污衊，把工人說成都是自私的。他誇大我們工作中的個別缺點，把整個西北地方說成漆黑一團。

> 陳用文的這兩篇文章和美化南斯拉夫的報告，成為上海、江蘇、山東、廣東、廣西、山西、安徽、河南等省市工會右派分子向黨進攻的炮彈，並且在廣大工會幹部當中引起了嚴重的思想混亂。

此外，陳用文還以工人日報社長的地位，八年來利用報紙進行了一系列的反黨活動。他利用報紙反對黨對工會的領導。遠在1950年，陳用文就在報紙上散佈黨不能領導工會的謬論；第一次全總黨組擴大會議的決議一直不在宣傳中認真貫徹；抓住機會就和《人民日報》唱對台戲；更嚴重的是：在工會「八大」以後，陳用文在「遵守工會章程」的社論裏，對中央規定的「中國工會是按照產業和地方相結合的原則組織起來的」工運方針，採取了公然抗拒的態度。說什麼「這和『七大』章程在實際工作中沒有什麼根本改變」。去年右派大舉向黨進攻時，陳用文不理中央「工人日報以生產宣傳為中心」的指示，除自己拋出反黨綱領〈西行紀要〉外，還要編輯部「對企業內部矛盾可以放手揭」，「工會工作要衝破圈子鳴」，此外，他還一貫利用落後群眾來信，加以集中誇大，惡毒攻擊黨和無產階級專政的國家政權。

這個《決定》最後說：「陳用文是一個混入黨內的階級異己分子，是反黨、反人民、反社會主義的政治野心家，是一個徹頭徹尾的修正主義者，他已經成為黨內的右派分子，成為反黨反社會主義兇惡的敵人。因此，支部大會於8月3日一致決定開除陳用文的黨籍，並撤銷其一切職務。」

這份《全總黨組第三次擴大會議向中央的報告》還透露一個情況：

董昕（全總書記處書記）和王榕（全總工資部部長），他們積極活動為賴若愚辯護，並動員一些同志在大會上發言，說賴若愚如何「正確」，實際上是借保護死人來掩護自己。有些好同志由於對賴有迷信思想，也就被他們利用了。

會場中出現了以趙鐵夫（武漢市工會主席）為代表認為「鬥死人沒意思」，要把好人壞人一鍋煮，仇恨積極參加鬥爭的同志，誣衊他們「以勝利者自居」，這是賴若愚陰魂不散的反映，是賴若愚思想的頑強反抗。會議對趙鐵夫的思想進行了批判，使到會同志進一步提高了認識。

這表明與會者裏還有人同情賴若愚。

在全國總工會黨組第三次擴大會議閉幕的前一天，黨中央書記處指定劉瀾濤發言。他說：原來全國總工會領導人李立三犯了的脫離黨的領導、脫離政治的工團主義和經濟主義錯誤，賴若愚接任之後，不僅重複了而且擴大了李立三在全總工作時期所犯的錯誤。他的這篇發言以及會議最後通

過的決議，歷數了賴若愚的種種不是。認為賴若愚、董昕等人都犯了「嚴重的右傾機會主義和宗派主義的錯誤」。而且這些錯誤屬於「反黨、反人民、反社會主義的性質」。

二十年過去，這事終於有了不同的説法，1979 年 6 月 18 日中華全國總工會黨組對中華全國總工會黨組第三次擴大會議的覆查結論説：

> 全總黨組第三次擴大會議，背離了實事求是的原則，嚴重地破壞了黨的民主生活準則。把賴若愚、董昕等同志定為「嚴重右傾機會主義、宗派主義」和「反黨、反人民、反社會主義的錯誤」，是沒有根據的，對他們的處分也是錯誤的。綜觀賴若愚、董昕等同志在全總工作期間的情況，主流是好的，是有成績的。在工作過程中賴若愚等同志能夠研究新情況提出新問題。實踐證明，他們的意見多數是對的；其中有些意見不確切、不完善，這是在前進過程中缺乏經驗、難以避免的。賴若愚同志也有自由主義的缺點。但是，所有這些，都不是嚴重右傾機會主義和宗派主義錯誤，更不是反黨、反人民、反社會主義的問題。會議所做的這些結論是錯誤的，應予徹底平反。

1979 年 9 月 27 日中共中央組織部給中共全國總工會黨組的通知：8 月 18 日報告收悉。同意你們關於陳用文、李修仁、吳平、劉永生、邵井蛙、陶泊等同志問題的結論，予以平反，恢復名譽。這就給當年全國總工會劃的這些右派分子都平反了。

賴若愚一案正好發生在反右派鬥爭還沒有收尾的時候，批判的顛倒是非強詞奪理也和反右派鬥爭相同，就附帶在這裏説一下。

人民日報社在 1958 年的反右補課中又補劃了十九個右派分子。這裏説一説原來駐上海記者站首席記者季音（原名谷斯欽、谷季音）和他妻子習平劃為右派分子的事情。1957 年，季音對反右派報導頗為盡職盡責，寫了好些新聞和通訊。像 7 月 17 日刊出的〈骯髒的一群——記上海右派集團幾個主要人物的一些「舊賬」〉，就拋出了王造時、楊兆龍、徐仲年、孫大雨這些人的歷史檔案材料。7 月 18 日刊出的〈上海民盟的背叛〉（這兩篇都是和張競合作的），就把民盟上海市委的負責人陳仁炳、彭文應竭力加以醜化。可是沒有料到的是，到了 1958 年 4 月，他被召回報社參加記者會議的時候，也被補劃為右派分子了。他在回憶錄《風雨伴我行》中説：

　　1958 年春，全國狂風暴雨式的反右派鬥爭已經基本結束，黨宣佈繼續整風。4 月間，《人民日報》記者部電話通知我，到北京參加記者會議。會議議程是兩項，一是繼續整風，主要是反對驕、嬌二氣；二是研究《人民日報》記者站與當地新華分社合併問題。我趕到北京。一天，記者部副主任汪×找到我，神秘地對我說：「新華社一個叫彭××的同志寄來一封檢舉信，揭發習平（我的妻子，和我同在上海記者站任記者）在她面前散佈過許多反黨言論，問題相當嚴重。」汪×隨即簡要敘述了習平的所謂反黨言論，什麼農村在推行統購統銷中，徵收農民的糧食過了頭，弄得農民成群擁到上海來買大餅；農村推廣雙輪雙鏵犁主觀主義，強迫命令，大批犁積壓銷不出去；特別尖銳的是，認為胡風不能算是反革命；等等。

　　我聽了，驚訝得說不出一句話。這彭××是習平一個很要好的朋友，在蘇北解放區時就在一個單位工作，新中國成立後一直過從甚密，平時無話不談，形同一對親姐妹。我心想，平時閒談中信口說了些什麼過頭的話，理應當面提出，幫助糾正，為什麼要等到政治運動來了，才出來檢舉揭發，背後捅一刀呢？太可怕了！

　　我對汪×說：「習平這些錯誤言論，應當給予批評，正好這次記者部整風，不妨利用這個機會幫助她一下。」

　　記者會議開始了。整風被放到一邊，大會主要由習平作交代檢討。現在看來，習平上述議論都沒有錯，都是符合實際的，可是那時絕無辯護權，只能檢討。習平對彭××所揭發的背後議論，一概認賬認錯。但這沒有用，人們認為她的檢討不深，態度還沒有端正。

　　「習平應當向黨交心，徹底交代自己的內心思想活動。」主持會議的汪×這樣提出。

　　「向黨交心！」這是多麼神聖的字眼，對一個共產黨員來說，無話不可對黨言，對黨組織是不應當有任何隱瞞的，這是黨歷來的教導。我鼓勵習平下決心向黨交心，以取得同志們的理解。

　　這天晚飯後，我和習平一起來到中山公園，邊走邊談，幫助她逐年逐月回憶往事，從蘇共二十大提出反對個人迷信，到匈牙

利事件，再聯繫到這幾年國內出現的種種問題，以及自己的思想變化。經過這樣深入的漫談，習平逐漸地理出了一條思想脈絡，認識到自己在這幾年的政治風浪裏思想上確實發生了動搖，她對彭××的背後議論不是偶然的。我鼓勵她把自己的思想活動在會上全盤托出，她同意了。我們這次談話很愉快，幾天來的沉重心情隨之消失。

第二天會上，習平真誠地向黨交心，説出了自己的全部思想活動。她的話剛説完，汪×立即站了起來，大聲説：「大家都聽見了吧？這不是個道地的右派又是什麼？她今天還在會上繼續放毒！」

聽了汪×的話，我真氣極了——名為向黨交心，實則設置圈套，這太卑鄙了！我起來發言説：「像汪×這樣對待一個同志的思想檢查，以後誰還敢再向黨交心呢？」

我的發言，招來了一片反駁。從此，對習平的批鬥升級，實際已定性為右派分子。

不幾天，鬥爭的矛頭開始轉向我。有人提出，季音是習平的黑後台，習平的反黨言論肯定是從季音那裏來的。我預感到，厄運正在向我走來。

記者部的會議繼續舉行。一天，會議剛開始，浙江記者站的劉×站起來説：「我要揭發季音。」接着他就從口袋裏掏出一個本子，説是他的日記本，隨即念了起來：「1957年6月某日，季音在三個記者站會議期間，為南京大學的右派分子劉敬坤鳴不平……」他聲明這是當天記下的日記。

我聽了不覺心往下沉。在那個政治生活極其不正常的年月，就是有那麼一些人，專門在背後記黑賬以整人的。但我並不慌張，我説，剛才劉×揭發的與事實有出入，我不是「為右派分子鳴不平」，我是看到劉敬坤的材料中某些事實有出入，我怕整錯了人，出發點是為了維護黨的利益。

我的説明遭到一片猛烈的譴責，説我至今還站在右派立場上，污蔑反右派運動過火，繼續向黨進攻。我當然不服氣，於是與反右積極分子們處於尖銳對立狀態。

　　一天，有人在會上又拋出一份揭發材料：「右派分子蔣元椿曾企圖改組人民日報編委會，在背地裏擬了一個新編委名單，其中就有季音，季音必須老實交代與蔣元椿的黑關係！」

　　好傢伙，居然想改組人民日報編委會，篡奪報社的最高領導權，那還了得！

　　我聽了不覺一愣，就如實回答：「我根本不知道這回事，蔣元椿要把我的名字列入新編委會名單，那我有什麼辦法！」我當時還以為這個揭發確有其事呢。

　　「想不到季音的覺悟程度這麼低，像這樣一件大事，他竟然回答得那樣輕鬆！」一位參加會議的報社領導同志說。領導人的話當然分量不同，於是又引起一片對我的聲討：「季音的態度太惡劣了！」

　　若干年後，我們的「右派」問題都已平反。我偶而問起蔣元椿，1958 年批鬥我的會上有人揭發，你要改組人民日報編委會，把我列入新編委的名單中，讓我大吃苦頭，你究竟是怎麼搞的？他苦笑着回答：「哪有這回事！全然是捏造。」他說，最後把他劃為右派的罪名中，根本沒有這一條。

　　以無中生有的手法嚇唬被鬥者，從對方嘴裏套出一些所謂「交代材料」，這就是當年一些「反右英雄」們的伎倆。他們只信奉一條：在政治鬥爭中無誠實可言。（河南人民出版社 2003 年版，第 166-169 頁）

　　人民日報農村部副主任劉曉晞是在中共中央高級黨校進修的時候被劃為右派分子的。中共中央高級黨校委員會 1957 年 10 月 25 日《關於劉曉晞同志的錯誤思想的一些材料》中說：「劉曉晞，男，四十一歲，家庭出身地主，個人成分學生，大學文化程度。1938 年 3 月參加工作，同年 9 月入黨，來校前任人民日報農村工作部副主任。1950 年土改時，父親被鎮壓，他因喪失立場，曾受當眾警告處分。」「劉曉晞是普通班第七支部學員。在大鳴大放和反右派鬥爭中，他在根本性的原則問題上，暴露了一系列的錯誤言論。校黨委和領導小組認為劉曉晞的錯誤是嚴重的，故決定將他的材料印發給全校學員討論批判。」這份材料有四項內容：一、攻擊黨、誣衊毛主席、毀謗高級幹部；二、懷疑胡風是不是反革命；三、攻擊社會主義制度，歪曲黨的政策；四、堅持右派的錯誤論點，為右派分子進行辯護。

黨校把他劃為右派，受到撤銷原有職務實行監督勞動的處分，每月發給個人生活費二十六元。劉曉晞在文化大革命中自殺身死。季音在《風雨伴我行》中說他是文化大革命中人民日報社第三個自殺的：

> 一天下午，辦公室裏的廣播喇叭響了：「明天下午兩點，在五樓會議室召開批鬥右派分子劉曉晞大會。」
>
> 劉曉晞聽了，臉上登時白得像張紙，兩眼發直。我看他的臉色不對，估計他肯定受不了這巨大的打擊，便走過去安慰他說：「老劉，你不要緊張，沒有什麼了不起的，事情總是可以說清楚的，你要想得開，別胡思亂想。」我和劉曉晞是同命運的人，有共同語言，平時我們兩人最談得攏。我以為我的勸說也許能起些作用。
>
> 劉曉晞聽了我的話，沒有吱聲，仍然兩眼呆滯。
>
> 當天晚上，他回到家裏，默默地喝下一瓶「敵敵畏」，結束了自己的生命。（第 190 頁）

反右補課中打出的一個重要的黨內的右派分子是謝雪紅。她是台灣彰化人，1925 年在上海參加中國共產黨，曾在蘇聯東方大學學習。1928 年參加建立日本共產黨台灣民族支部，任候補中央委員。1947 年參加台灣「二‧二八」起義，領導台中地區的武裝鬥爭。起義失敗後赴香港，重新加入中國共產黨。同年 11 月發起組織台灣民主自治同盟，任主席。1949 年 9月，代表台灣民主自治同盟出席宣告建立新中國的政協會議。反右派鬥爭的初期，似乎並沒有要將她劃為右派分子的意思。據報紙上說，「今年全國人民代表大會開會時，有一位代表要謝一道揭發章伯鈞，謝卻說：『不要落井下石，不要指名批判，放放空炮好了。』」（12 月 26 日《今日新聞》）可見在 7 月熱火朝天的反右派鬥爭期間，還有人邀她去一道批判右派。直到高潮早已過去的 11 月 10 日，才開了批鬥謝雪紅的第一次會議。劃她右派的材料，據這篇報導說的，有這樣一些：「她以『老革命』和『二‧二八女英雄』自居，目空一切，唯我獨尊」，「這次更利用黨整風機會放出許多毒箭，向黨進攻」，「煽動台盟幹部用寫大字報等辦法企圖趕走在台盟的共產黨員」，「當右派分子瘋狂地攻擊黨的肅反政策的時候，謝雪紅也不例外，她在今年 1 月 22 日政協工作座談會上提出一批案件，要求平反」，等等，最後給予她開除黨籍的處分。

　　不過在 1958 年 2 月 12 日的《中國共產黨台灣民主自治同盟黨組關於右派分子謝雪紅的政治結論》裏，可以了解到劃她為右派的更多也更重要的原因。這份材料説，她曾經在蘇聯東方大學日本班學習兩年。1928 年 4 月在上海成立台灣共產黨，即日本共產黨台灣民族支部。她被選為候補中央委員。屢次抗拒共產國際東方局關於台共犯了右傾機會主義路線錯誤的批評。曾經兩度被捕，起初表現尚好，但後公開聲明「轉向」（即自首變節）反對共產國際的綱領，主張在日本天皇制度下可以建立社會主義。據楊春松同志揭發，謝還在獄中出賣同志：指證楊春松同志為台共黨員。謝一直隱瞞這段歷史（這個問題尚無旁證）。1945 年日本投降後，謝在台中經營大華酒家，參加組織「人民協會」，進行政治活動。1946 年 1 月，由陳立夫、李翼中（國民黨台灣省黨部主任），介紹參加國民黨為特別黨員，曾任國民黨台灣省婦女運動委員會委員，台灣婦女會理事等職。1947 年台灣二二八起義中，謝在台中參加起義，當人民要求槍斃有血債的偽台中縣長劉存忠時，謝千方百計加以包庇（最近劉存忠向大陸廣播，感謝謝雪紅救命之恩）。在敵人反攻台中以前，謝攜走公款台幣十萬元，與楊克煌逃往埔里。敵人進攻埔里，人民武裝部隊主動出擊，回來時又找不到謝雪紅。謝與楊又逃跑了，逃到竹山，便寫信給蔣經國（當時報載蔣經國要去鎮壓二二八事件），説她是蔣經國的同學，是國民黨員；説二二八起義是反對陳儀，不是反對國民黨；要求蔣經國「寬大處理」。在政治上背棄人民起義，向蔣經國求饒。

　　這個《結論》列舉了她的「主要反動言行」，如説台灣人是一個「獨立民族」。因此她主張台灣「自治」，「高度自治」，「台人治台」。這種主張，實際上是要台灣成為一個獨立王國。説「自治是台灣人民幾十年來的要求，反對自治就是台灣人民和台灣歷史的罪人」（鬥爭會上説的）。這個文件説，她的所謂「自治」實際上就是台灣獨立。她的所謂「自治」是要求「省、縣，市長，都要選舉台灣人」（在黨組會上説的）。她還組織了一個文化企業公司，在籌備會上，她答應這個公司將來可以回台灣接收文化企業。1956 年 10 月，中共中央關於紀念中國政府在台灣受降十周年的指示中提到，在宣傳上就反對所謂「自治」。當李純青同志向她傳達時，她即表示反對。她還説「如果今天反對自治，在大陸上的台灣人也會覺得奇怪」，她在紀念會上竟避而不提反對自治。

　　文件還説她「對我黨過渡時期的許多基本政策採取敵對態度」。

　　文件説：謝在台盟總部叫群眾非法監視台盟中的黨員李純青、陳炳基、馬再光等人的行動，收買東單區公安局壞分子楊錫琨（最近已逮捕）調查黨員行動，搜集控告材料，並造謠説「陳炳基要殺謝雪紅」。據沈毅揭露，謝叫她抄寫材料誣告黨員和非黨人士十八名。黨員李純青、陳炳基、徐萌山、王錫珍、王天強、謝雪堂、吳克泰、李喬松、林良材等均被誣告為反革命分子或反革命嫌疑。

　　這個文件最後説：

　　　　謝雪紅的野心就是要做台灣「女皇帝」。為了滿足這個野心，她主張台灣「自治」，「台人治台」，實際即要台灣獨立。她把台盟當作達到自己野心的工具，以台盟代替黨。因此，她堅決地進行反黨反社會主義的各種罪惡活動。

　　　　謝雪紅這種野心，反映了台灣地主資產階級反動派的思想。台灣地主資產階級反動派是對帝國主義妥協的，現在是和蔣介石合作的。雖然所謂台灣「地方實力派」和美蔣也有矛盾，但是他們根本是反共、反人民、反社會主義的。他們的代表之一廖文毅，就主張台灣人是一個民族，應該獨立。在美國豢養下，廖文毅在東京組織所謂台灣共和國臨時政府，自任總統。謝雪紅是台灣地主資產階級反動派在我們黨內和中華人民共和國內部的代理人。

　　　　在目前解放台灣的鬥爭中，謝雪紅的政治主張，例如台灣人是一個「獨立民族」，台灣應該「自治」，台灣有特殊性等等，完全有利於美國帝國主義製造「兩個中國」的陰謀，在客觀上那就是不要台灣解放，不要台灣回到祖國的懷抱。在這點上，謝雪紅又是在我黨和我國內部的帝國主義的代言人。（原載《關於清除黨內右派分子的決定彙編（一）》，中共中央監察委員會辦公廳編，1958 年）

看來，正是謝雪紅的這種「台獨」主張是必須乘這次反右派鬥爭把她打倒的原因。當年各個民主黨派的領導人員被劃為右派分子的儘管不在少數，但主席被劃右派的，只有中國農工民主黨的章伯鈞和她謝雪紅了。

　　在教育部，就在反右補課中補劃了副部長柳湜為右派分子。柳湜（1903-1968），原名柳克立，湖南長沙人。家庭出身貧民，本人成分學生。他是 1928 年入黨的共產黨員。入黨以後在上海擔任過《讀書生活》編輯。

《生活星期刊》編輯；抗日戰爭爆發，他先後在漢口擔任《全民週刊》主編，重慶《全民抗戰》三日刊和週刊的主編。後來到了延安，擔任陝甘寧邊區政府教育廳長、冀中行署教育廳長。中央人民政府成立，他在教育部先後擔任視導司長、師範教育司長，《人民教育》總編輯，教育部副部長等職。有意思的是，在整風鳴放中，他也是受到右派分子攻擊的一人。南京師範學院副院長高覺敷在一篇投寄給《文匯報》的文稿中說：「在政治上有地位的人，不一定在學術上也有相應的地位。柳副部長把政治和學術混同起來。」「柳副部長到南師視察時，儼然一位大員⋯⋯對教師們講話採取了教訓人的口吻，因此教師們不願意和他談話。」（1957 年 7 月 1 日新華通訊社《內部參考》）可是到了 1958 年的反右補課中，柳湜也被劃為右派分子了。1958 年 10 月 1 日，中共教育部臨時黨組、教育部機關委員會《關於展開反對柳湜反黨反社會主義的罪行的報告》，突出地提出以下幾個方面。

一是反對黨的肅反運動、反右鬥爭及其他政治運動。《報告》說：

> 柳湜站在資產階級右派知識分子的立場，對黨的肅反運動非常抵觸和反對。在肅反運動期間，他不積極參加鬥爭，後來卻到各地對肅反進行惡意的攻擊，打擊群眾和幹部的積極性，為反革命分子「伸冤」、「平反」，甚至庇護他們。1956 年 5 月他到華東視察時，向華東師範大學民主黨派人士講話，說「三反、肅反傷害了一些人的感情，搞錯了，積極不起來，反革命分子只要努力，一樣可以當英雄模範」。同年 6 月他在華南師範學院視察時，更猖狂地進行了反對肅反運動的罪惡活動。他「批評」該院黨委搞肅反是「不務正業」，「批評」該院肅反面過寬，善後工作不好，執行知識分子政策粗暴。他很關心反革命分子廖鶯揚的自殺事件，向廖的弟弟說，此事已交由廣東省委負責處理，意在為廖伸冤。柳湜的這種行動，大大損害了學校黨組織的威信，助長了反動分子的囂張氣焰。到去年大鳴大放時，該院右派分子竟借廖鶯揚事件，要求法辦領導該院肅反工作的黨委正、副書記徐霽遠和楊友吾。1956 年 11 月，柳到廣西師範學院視察，在該院召開黨員大會時，柳指示要吸收所有系主任和民主黨派負責人參加大會。他當着肅反對象「批評」了學校的肅反工作有錯誤，善後工作不徹底，並要學校在原鬥爭場合向有歷史政治問題的賀祥麟（現為右派）、蕭厚德（現為壞分子）等道歉，進行「平反」。柳湜還庇護反革命分子。例如：反革命分子黃德安剛從監獄出來不久，他即以個人名義介紹黃到教師報社工作，並為黃吹噓。北京

師範大學的反革命分子謝昕，1950 年入校時被發現有嚴重的特務嫌疑，1953 年校方擬令謝休學，謝向柳申訴後，柳責成校方仍給予助學金，不使休學。

在反右派鬥爭中，柳湜的反黨言行也很突出。他採取兩面態度，抗拒黨的反右派鬥爭，堅決同黨對立。他一面藉口有病，迴避參加整風和反右派鬥爭；一面散佈不利於反右派鬥爭的言論，為右派分子鳴不平，並且支持包庇右派分子。中央在 1957 年 5 月 14 日和 5 月 16 日兩個指示中，已經明確指出，在大鳴大放中有少數帶有反共情緒的人企圖將解決人民內部矛盾的正確方向引導到錯誤方向去，應準備回擊右派。而柳看了這兩個指示以後，還一再把當時北京師範大學右派分子向黨猖狂進攻的情況說成是「正常的現象」。同年 6 月 7 日他還在原高等師範教育司全體幹部會上說「章乃器仍屬於人民內部矛盾的問題」。柳湜還為一些被劃為右派分子的人辯護。他說林漢達不應劃為右派；說有些被劃成右派的青年人向中央寫信提意見，縱然意見是錯誤的，也不應劃為右派。更嚴重的是他在反右鬥爭中支持原高等師範教育司領導小組的右傾思想，對右派分子張月加以保護。高師司在反右鬥爭中表現了嚴重的右傾，部領導小組曾給予批評。柳卻為高師司領導小組辯護，支持和助長了他們的右傾。高師司右派分子張月反黨反社會主義的思想很完整，在大鳴大放時對黨的人事制度進行攻擊。柳湜身為部領導小組成員，卻採取兩面態度，一面對部領導小組的其他個別成員表示應劃張月為右派，一面又在背後支援高師司領導小組，一再要他們堅持不劃張月為右派的意見，實際上是在破壞反右派鬥爭，對張月加以保護。北京師範大學反右派鬥爭取得了巨大的勝利以後，劉墉如、何錫麟同志向柳湜談到北京師範大學反右成績和《師大教學》（校刊）上有關駁斥右派分子的文章時，柳卻說：「這些文章，右派分子還不會心服吧！」這也反映了柳湜對反右派鬥爭抗拒和不服氣的心情。

柳湜對其他政治運動，也抱有不同程度的消極、反對態度。他反對對舊知識分子的思想改造，只強調知識分子的好處和作用，強調對知識分子團結和照顧，正如他自己所承認的：他是跟資產階級知識分子「站在同一立場，跟他們有共同的情感，當他們受到打擊，就好像痛在自己心上一樣」。他反對用運動的方法改造思想，認為這會傷害知識分子的自尊心，引起他們的反感，不能從根本上解決問題。他反對瀋陽高等學校在教師中舉行思想

展覽，告訴《教師報》、《人民教育》不要宣傳。他一再強調説，從今以後不搞運動了，反對把社會鬥爭、農村鬥爭、工廠鬥爭的領導方法搬到學校來。1955 年黨中央號召批判唯心主義，原教育部黨組決定批判杜威思想，指定柳湜負責，而柳湜則消極應付。他認為「杜威思想有可取之處」。對北京師範大學朱啟賢、陳友松（現在都是右派分子）在批判杜威的座談會上宣揚杜威的言論，絲毫未加批駁。在教育工作上，主張由民主黨派和資產階級專家領導，反對黨的領導。反對走社會主義教育的道路，主張走資本主義教育的道路。

這份報告還提出：

> 1956 年，當國際上出現反共高潮和修正主義思潮時，柳在各地通過座談、報告、寫文章，發表了一系列的反對黨領導教育工作的反動言論。他反對學校實行黨委制。他把學校黨組織看成為一般的社會團體，主張把黨組織放在院校長監督之下。主張黨委工作主要是保證教學，不是另搞一套。那麼，靠誰來領導學校呢？他先後在原教育部召開的高等師範教育會議上，在視察華南、江西等師範學院時，在與民主人士談話中，一再主張靠民主黨派和資產階級專家來領導。説「高師大多數教授是民主人士，這是高師的命根子」，「民主黨派應該監督學校內的黨」，並説「學院辦不好，民主黨派要負責任，這是任務」。他在章伯鈞主持的部分高師盟員院校長座談會上説，「高等師範院校的命脈就掌握在你們的手裏」。他又説「學校工作有陰暗面，主要是領導思想沒有明確依靠着老教授辦學」。在學校已經建立了黨的領導的地方，柳湜則惡毒地攻擊學校的黨組織，把學校產生矛盾的根源和學校工作中的缺點，都歸罪於學校黨的領導，歸根於黨委不懂辦教育和黨委負責人對黨外人士粗暴、不民主。他多次強調學校教育工作中的主要矛盾不是兩條道路的鬥爭，而是領導與被領導之間的矛盾。又説，學校內領導與被領導的矛盾是「生產關係妨礙了生產力」。即黨的領導（「生產關係」）妨礙了教授能力（「生產力」）的發展。這種惡毒的攻擊，目的在於要把已經建立了的黨的領導取消。

> 柳湜反對黨對教育工作的領導，不僅有言論，而且有行動。他到各地不斷進行了拔紅旗、插白旗的勾當。華南師範學院黨委書記工作有缺點，省委曾決定於適當時機調動他的工作。1956

年，柳到華南師院視察時，偏聽老教授的意見，激動地、誇大地
向廣東省委反映該院黨委書記壞透了，副書記作風也不好，主張
馬上撤黨委書記的職，並調動副書記的工作，說什麼「否則大家
都不願幹了，學校就無法再辦下去了」。那次視察結束時，他在
該院全體大會上作了總結講話。講話中對學校黨組織作了惡毒的
攻擊，嚴重地打擊了學校黨組織的威信，為資產階級知識分子和
一切不滿黨的人撐了腰。致使黨的工作同志和一些積極分子都抬
不起頭來，而反動分子的氣焰，則囂張到了極點。當以後省委派
人到該院宣佈院黨委書記撤職、副書記調動工作時，黃明慧（現
為右派）竟高舉拳頭大喊「今天是華南師院的校慶」，「是學校第
二次解放」，並要求把當天定為校慶日。後來該院黃明慧、廖華
揚（現皆為右派）到北京參觀時，柳湜竟對他們說：「如不把你
院兩塊大石頭搬掉，華南師範學院是辦不好的。」在福建，柳湜
聽信福建師範學院余寶笙（現為右派分子）等反映，先向院領導
提出將該院黨委副書記張立同志撤職的意見，後來又向省委建議
將張調離學校。柳湜聽信了鍾敬文、傅種孫（現皆為右派）等人
的反映，將北京師範大學黨員教務長丁浩川同志調走了；還多次
揚言，要將該校黨員副校長兼黨委書記何錫麟同志撤職。他極力
主張提拔黨外人士甚至右派分子作院校的領導人。

這份報告還給他扣了一頂大大的政治帽子：說他抗拒黨中央的方針政策和
批評，藐視地方黨委，進行分裂黨的活動：

　　　　由於柳湜堅持資產階級右派知識分子的立場，所以他對黨的
　　領導，對黨的方針政策，處處表現抵觸和反對。主席提出了「應
　　該使受教育者在德育、智育、體育幾方面都得到發展，成為有社
　　會主義覺悟的有文化的勞動者」的教育方針後，他說這個方針不
　　是什麼新的東西。他抗拒中央對教育部的批評。1957年春，董純
　　才同志在原教育部黨員大會上講話，傳達中央精簡節約指示和中
　　央對原教育部的批評，會後，柳湜對中央的批評置若罔聞，還在
　　支部大會上攻擊說「如果我不是黨員就聽不下去」，並責問董是
　　以什麼身份在黨員大會上講話的。他歪曲黨對知識分子的政策。
　　他為了遷就照顧資產階級知識分子而抵制黨的勤儉辦學的方針，
　　反對把師範院校內遷和反對把師範院校下放。他對資產階級知識
　　分子可以無話不談，甚至對華南師範學院老教授公開談論該院黨
　　委書記的檔案材料。正因為如此，柳湜得到了資產階級右派分子

的賞識和稱道。曾昭掄説「教育部只有柳湜這個人好些」。華南師範學院一個右派教授陳子明説：「柳副部長對我們很親切，甚至一些内部的話也和我們説了。柳這些話，在許多黨内負責同志都不易聽到的。」又該院講師盧天裕説：「這些年來，我僅聽過一個好報告，就是柳湜副部長的報告，大快人心，聽之忘倦。」

他藐視地方黨委，反對把學校置於地方黨委直接領導之下。他反對把師範院校下放，認為地方黨委領導不了高等院校，他捏造説：「江西師院學生鬧事，省委與學校黨委一籌莫展，風潮一直鬧了幾個月不能平息，我向學生作了一次報告才把學生説服了。」其實，事實並非如此。他到處批評學校的房子、設備不好，隨便許願；並慫恿教師到省委去爭吵，造成地方黨政工作上許多困難。他不通過地方黨委，就直接解決學校的問題，造成學校和教師對地方黨、政的不滿和不尊重。

柳湜對教育部黨組長期鬧分裂活動。在董純才同志未來部前，他召集三次會議，在部分司長幹部中散佈對董不利的話，並要黃嘯曾向習仲勳同志反映，以拒絕董來部。董來原教育部任黨組書記後，柳即工作消極，先後利用前辦公廳主任黃嘯曾、原高師司司長李實、原中學司司長侯俊岩等的對黨不滿和其他弱點，形成宗派，反對黨組和董純才同志的領導。柳又利用部內群眾對董不滿的情緒，通過支部會議等合法形式煽動群眾反對董純才同志，甚至説：「不要怕，鬧不出匈牙利事件來。」黨組副書記陳曾固同志初來教育部時，柳就背後散佈陳不懂業務，是外行。以後又造謠説陳對董不支持，説董受到中央批評，可能是陳向中央反映了董的問題。

柳湜自己檢討説，他在全國解放以後對自己的工作地位是不滿意的，對於解放初期未當上副部長，未當上人大代表，後來他的位置又被放在董純才同志之下，他都不滿意。所以，柳在原教育部的反黨分裂活動不僅反映了他的個人主義野心，也反映了他對中央的不滿。

根據這次揭發的全部材料看，柳湜的反黨罪行不是偶然的。他原來是一個資產階級知識分子，他的思想浸透了資產階級的世界觀和人生觀。他具有牢固的資產階級立場和觀點，具有嚴重的資產階級個人主義。入黨以後，長期沒有得到改造，所以，他長

期同黨有矛盾。民主革命一關，他就沒有過好。他在延安任邊區政府教育廳長時，以民主人士身份（柳湜當時是秘密黨員），向黨爭教育上的財權、人權獨立，未成，就掛冠而去；他審查課本，把「邊區好」、「八路軍好」、「孔二小姐」（揭露四大家族揮霍民脂民膏的糜爛生活）等課文刪掉，說是有礙抗戰工作；他叫人把美軍新聞處的材料散發各縣；聽信米脂某小學校長（土紳）的意見，堅決主張將該校黨員教導主任撤職；等等。但是當時在民主革命時期，他同黨的矛盾還未突出。到了社會主義革命和社會主義建設時期，資產階級同無產階級的矛盾已經成為主要矛盾，由於他還堅持資產階級立場，他同黨的矛盾就發展到顯明的對立。他對黨的方針政策處處抵觸，對新社會的新事物格格不入。1956年，在國際上出現了反共高潮和修正主義思潮，在國內他又從資產階級右派的立場觀點曲解了黨所提出的百家爭鳴、長期共存、團結知識分子和向科學進軍等方針政策，他覺得形勢對他有利，就積極起來，代表資產階級右派知識分子向黨反擊。首先是攻擊黨的肅反運動和對知識分子改造的政策。他到處去「視察」、講話，肆無忌憚地大放謬論。這是柳湜在 1956 年前後猖狂反黨的主要原因和背景。1957 年，當政治戰線和思想戰線上的社會主義革命展開以後，革命的鋒芒指向資產階級知識分子的時候，柳湜更感到切膚之痛，他同黨的對立就更加尖銳了。他一方面消極躲閃，不參加反右鬥爭，另一方面，卻積極抵抗，為右派分子辯護，支持和庇護右派分子。這些，是柳湜堅持資產階級立場的必然結果。柳湜長期保持着嚴重的資產階級個人主義，他把黨當作個人追逐名譽地位的工具。到延安時，他自以為在白區做文化工作有功，是一個高級知識分子，竟以民主人士自居，對黨分庭抗禮。全國勝利以後，他的個人主義野心更加發展。他對於黨所分配他的工作地位不滿足，同民主黨派負責人比地位，同曾任過陝甘寧邊區政府廳長的其他同志比地位。當個人願望一再得不到滿足的時候，他對黨的不滿就不斷增長。由於柳湜長期堅持資產階級立場和嚴重的資產階級個人主義，他同黨的關係長期矛盾，隨着革命的不斷深入而發展到同黨對立，最後就走上反黨反社會主義的可恥道路。

這份報告得到了中央的批准。中央批示：同意開除柳湜的黨籍，撤銷原有職務，降級，另行分配工作。（據《關於清除黨內右派分子的決定彙編（四）》，中共中央監察委員會辦公廳編，1959 年 12 月）

反右補課打出來的黨內右派分子還有中共上海市委委員、同濟大學校長，黨委書記薛尚實，他是 1928 年入黨的共產黨員，十年內戰時期曾任江蘇省委秘書處秘書，上海總工聯黨團書記，全總華北辦事處黨團書記等職。抗日戰爭期間曾任福建、浙江省委組織部長，阜東縣縣委書記，蘇北區黨委敵工部長等職。解放戰爭時期任蘇北鹽阜地委、膠東區黨委宣傳部長，青島市委副書記等職。反右派鬥爭開始的時候，上面並沒有要打擊他的意思。據 1957 年 9 月 3 日《文匯報》報導：「廿七年來一貫堅持資產階級右派立場反共反人民的右派骨幹分子孫大雨，在昨天上海市人代會會議上進一步顯了原形。陳建功、方令孺、張竹天、薛尚實、李國豪、鄔顯剛等十九位代表和列席代表先後發言，對他的罪惡言行作了系統的揭發批判。」可見這時候他還在批判右派分子孫大雨。可是到了 1959 年，中共上海市委把他打成右派分子了。據 1959 年 4 月 3 日中共同濟大學委員會《關於開除右派分子薛尚實黨籍的決定》公佈的材料，說他：

> 站在敵對立場，反對黨的各項基本方針、政策，否定歷次運動的成就。他經常叫囂「全面發展，因材施教的方針不明確，糊里糊塗，我們無法工作」。攻擊「三反是『反三』反黨、反團、反校長」。「肅反沒有政策，繼續了三反時的左傾冒險」，「肅反問題很嚴重，違反知識分子政策，搞得笑話百出，黨內混亂不堪。」在肅反運動開始時，領導強調要反右，而他卻堅持反左，在右派分子向黨猖狂進攻時，他又積極支援右派分子向肅反的同志「算賬」。此外，他還污衊黨的工資政策，說：「助教的生活無法過，小孩害病無處看，……工友生活不下去了。」

> 在鳴放期間，縱容支持右派分子向黨進行猖狂進攻。右派分子叫囂「外行不能領導內行」，他就積極主張要教授治校，並擬定了教授治校的具體方案（連人事處長、辦公室主任都要資產階級教授擔任）。右派分子煽動罷考政治課和肅反對象向黨反攻，要看肅反材料的時候，他都一概予以答應。當工農速成中學的學生反擊右派分子對教育向工農開門的方針的攻擊時，他卻公開加以阻撓說：「你們不要管，不會鬧到速中門上來。」在他的縱容、包庇下，同濟大學僅結構系、建築系漏劃的右派分子就有二十九名之多。

和薛尚實先後，中共上海市委到了 1959 年還打出了一批黨內右派分子。其中有中共上海市委婦女工作委員會書記、上海市婦聯主任趙先，上

海市稅務局局長朱如言，上海市電業管理局局長李中，上海人民廣播電台台長苗力沉。中共上海市長寧區區委第一書記、區長石濤，他在 1958 年 3 月已經調任中國科學院上海辦事處黨委副書記，還是被打成右派分子。

人民解放軍也進行了反右補課，劃出了一批右派分子。軍委總軍械部任中尉助理員楊崇道就是 1958 年的反右補課補劃為右派分子的。他 1933 年生，江蘇鎮江人。清華大學畢業。1955 年的肅反運動中，因為他的父親是基督教牧師，他就成了肅反對象挨整一年。1957 年整風運動開始的時候，他對自己被列為肅反對象很有意見，說「上面給總軍械部下達肅反運動指標百分之十七，結果連一個反革命分子都沒有」並且貼出大字報，標題是〈從狗屎裏提取維他命——評肅反指標〉。這樣他就足夠當上右派了。不過這時還沒有劃他右派分子。1958 年 1 月 21 日，總軍械部軍官參加十三陵水庫開工典禮，還讓楊崇道去參加勞動兼現場攝影，半個月輪換一次，他還去了兩次。3 月 3 日，中共中央發出《關於開展反浪費反保守運動的指示》總軍械部政治部指定楊崇道負責「反浪費展覽會」的籌備工作。可是就在這個時候，領導上做了反右補課報告，強調：「黨內黨外、軍內軍外一視同仁。」軍委各總部立即行動，突擊抓打「右派」。一夜之間，總軍械部辦公大樓貼滿了大字報，給楊崇道等十三人定性為「右派分子」。其中楊崇道、鄭克傑、王廣謀三個即送到雲山五棟房「五一水庫」勞動改造。2015 年他寫了一本回憶錄《陽謀擴大——軍隊「右派」流放北大荒》，在香港五七學社出版公司出版，我給它寫了一篇序言。

在北京大學，主持反右派鬥爭的黨委書記、副校長江隆基已經是夠左的了，可是在中共北京市委看來，他還太溫和了。1957 年 11 月 1 日，把鐵道部政治部主任陸平調來北京大學擔任黨委第一書記，江隆基改任第二書記。北京大學的反右派鬥爭就在陸平的領導下更加如火如荼地開展起來。據《聶元梓回憶錄》裏的材料，在江隆基手裏，北京大學已經在教職員裏打出右派分子九十人，在學生裏打出右派分子四百二十一人。陸平來了，就搞了一場三個月的反右補課，在教職員裏再打出二十人，在學生裏再打出一百六十八人。全校師生前後一共打出右派分子六百九十九人。佔全校總人數百分之七。這裏可以順便插說一下幾年以後的情況。1966 年文化大革命開始，陸平是全國第一批被點名打倒的人，身受了在政治運動中被批鬥的滋味。這時江隆基已經調任蘭州大學校長和黨委書記，也被宣佈犯有詆毀毛澤東思想的罪行，受到殘酷鬥爭，於 6 月 25 日的一次萬人大會之後

自殺。《聶元梓回憶錄》裏還説到，北京大學歷史系教授鄧廣銘説：江隆基無論如何也是教育家，不像陸平那樣不學無術。

教育部在反右補課中補劃的黨內右派分子還有高等師範教育司副司長李常青，他以前擔任過松江省委書記、哈爾濱市委書記，因為受到高崗一案的牽連被撤銷黨內職務，1957 年調教育部工作。據 1958 年 9 月 29 日教育部整風領導小組《決定開除反黨分子李常青的黨籍》的文件説，他「站在右派立場，包庇右派分子，破壞反右派鬥爭。為此，我們在 1958 年 9 月 5 日至 9 日召開了四次部整風領導小組擴大會議，對李常青進行了嚴肅的鬥爭。」有意思的是，他的兒子范政，是 1938 年入黨的共產黨員，本來擔任中共長春市委宣傳部部長，也在半年前被劃為極右分子了。據 1958 年 3 月 23 日中共長春市委員會《關於極右分子范政的結論》宣佈他的主要反動言行有這樣一些：

> 經常散佈對黨中央、黨的領袖和中央許多負責同志的誣衊性言論，製造和散佈流言蜚語，破壞中央威信，對於中央對高崗問題的處理，心懷不滿。對蘇共中央及蘇共領導同志也經常誣衊，極力貶低蘇聯成就。

> 常在反教條主義的藉口下，以修正主義的觀點來曲解和攻擊黨的某些重要的方針政策。如曲解和攻擊黨的文藝方針和向蘇聯學習的方針，實際上也反對黨向右派分子鬥爭的方針。反對黨的組織原則，反對黨的紀律，攻擊黨的幹部政策，醜化老幹部，要用文藝形式挖「老幹部的靈魂」。

> 進行反黨的宗派活動。早在瀋陽、哈爾濱等地工作期間就與右派分子劉賓雁、張震結成反黨集團，范是其中的骨幹，調動工作後仍不時來往，進行反黨活動。來長春後，又同部內幾個右派分子糾合一起散佈對黨不滿的言論，破壞市委領導威信。

據我所知，當年父子都被劃為右派分子的，這並不是僅有的一例，不過也並不很多。

補課補上的右派分子有：教育界在 1958 年反右補課中劃為右派分子的有雲南大學中文系教授張若名（1902-1958），河北清苑縣人。她在「五四」時期和周恩來等人組織「覺悟社」，後又一同赴法國勤工儉學。1930 年在里昂中法大學獲得博士學位。她的博士論文《紀德的態度》深獲好評，

紀德本人看了寫信給她說：「我確信自己從來沒有被別人這樣透徹地理解過。」1948 年昆明雲南大學熊慶來校長（留法學生）聘請張若名的丈夫楊堃去雲南大學任教授兼社會學系主任，張若名也應聘為雲大中文系教授。昆明解放後不久張若名即加入了「中國民主同盟」，在歷次政治運動中都是積極分子。1955 年 4 月 8 日，周恩來在前往印尼出席亞非會議的途中路過昆明，和陳毅一同去會見了張若名和楊堃夫婦，共進午餐，會談了五個多小時。1957 年反右派鬥爭中，張若名沒有事。到了 1958 年反右補課的時候，因為她做建築工程師的兒子楊在道已經被打成右派，送勞動教養去了，就把張若名補課補上了，1958 年 6 月 18 日上午中文系開了她的鬥爭會以後，趁大家午間休息的時候，她就跳進了校園外的小河自殺身死了。死前她說出的最後兩句話是：「現在比歐洲中古時代還要黑暗。」「你們想要對我實行專政，辦不到。」

衛生部在反右補課中反出了衛生部部長助理、衛生部黨組成員齊仲桓。1958 年 10 月 25 日《健康報》報導說：「衛生部在整風運動第四階段，挖掘出了長期混入黨內的階級異己分子、極右分子齊仲桓（前衛生部部長助理、衛生部黨組成員）。這是醫藥衛生戰線上的一個巨大勝利。」這篇報導公佈了齊仲桓的右派言行：「齊仲桓長期以來認為政治不能領導業務，要政治為業務服務，他經常宣揚『衛生部政治多了，業務少了』。他說黨組領導同志『既不懂業務，又不虛心聽取專家的意見。』因此他主張衛生部應請『專家』來擔任領導工作，依靠專家並使之『有職有權』。說什麼『搞好業務就是最好的政治。』」「右派分子向衛生部進攻時，攻擊衛生部『不重視預防為主的方針，防疫站搞愛國衛生運動是不務正業』，齊仲桓則大加讚揚說『提得太好了，給我們很多啟發』。」「1957 年注射腦炎疫苗發生了重大的死亡事故，黨組責成齊仲桓負責認真檢查處理。他未經黨組同意組織了一個七人檢查組，由生物製品研究所所長、右派分子湯飛凡（拒絕改造，已畏罪自殺）為組長進行檢查。目的是為他們開脫罪責。」「整風開始，齊仲桓認為時機到了，他借整風鳴放機會，煽風點火，與右派分子一起向黨組進攻。右派分子周尊芬向黨進攻說『黨是統治者』、『新社會是暴政』等，齊仲桓就說：『好哇！就照周大夫這樣來，像這個說法就行。』在整風大鳴大放初期，齊仲桓憑藉衛生部部長助理、黨組成員身份和職權，曾在北京及上海召集了兩次所謂『專家』座談會，支持右派言論，放任右派分子金寶善、范日新之流，肆無忌憚地向黨進攻。」

雖說中央指示，對於自然科學家有保護過關的意思，不過這種「保護」的作用也很有限。像剛才說到的湯飛凡，他是國際知名的微生物學家、病毒學家，大科學家了，可是最終還是以右派分子的身份「畏罪自殺」了。關於他，《辭海》和《不列顛百科全書》都有詞條。《不列顛百科全書》上的要詳細一點，照錄如下：

> 湯飛凡（1897-07-23 中國湖南醴陵 -1958-09-30）中國著名病毒學家。1914 年在長沙甲種工業學校求學，1921 年畢業於湖南湘雅醫學院，獲美國康乃狄克大學醫學博士學位。1925-1929 年，他與美國 H. 秦瑟研製出現代微濾膜的雛形醋酸火棉膠膜，用於測定病毒顆粒的相對大小。1929 年回國，協助創建中央大學醫學院。1929-1936 年他通過物理方法實驗，有力地支援了「濾過性病毒」是有生命的微生物的學說；他是最早研究菌質體科學家之一。1935 年他闡明菌質體的多形態性及其在宿主細胞內的發育週期；他證明日本人野口英世認為是沙眼致病菌的顆粒桿菌（Bacillus granulosis）不致病，推翻了沙眼的「細菌病原說」。1954 年進一步闡明沙眼包涵體的本質，1955 年分離培養出第一株沙眼衣原體（原名沙眼病毒）IE8，成為世界上發現重要病原體的第一個中國病毒專家。1958 年 9 月 30 日含冤自殺。1981 年國際沙眼防治組織向他頒發沙眼金質獎章。1940 年他在昆明改建了中國最早的生物製品生產研究機構；1943 年領導研究出第一批國產青黴素；1946 年在北平創立中國第一個抗生素研究室和青黴素車間。他還培養造就了一批微生物學、免疫學、和生物製品學人才。主要著作有：《超濾研究》（載美國《實驗醫學雜誌》）、《沙眼病原研究的最新進展》（載《中華醫學雜誌》外文版）、《沙眼病毒與沙眼病之研究》（與周誠滸合著）和《沙眼病原研究》（1-4，與張曉樓等合著）。（《大不列顛百科全書》第 16 卷，第 435 頁）

除了上面說的這些之外，他還是中國科學院生物學部委員、中國微生物學會理事長和衛生部生物製品委員會主任委員。他的妻子何鏈在〈回憶沙眼病原體發現者湯飛凡教授〉一文中記下了他經歷中的一次重要抉擇：

> 1949 年 4、5 月份，他的老師、前湘雅醫學院教務長、美國醫師胡美先生向他發出了邀請，要他偕夫人赴美工作，並許以優厚待遇。當時社會上謠傳很多，說什麼共產黨只要年輕人，不要

年老的。也因為我父親的社會關係，許多人都勸我們走，並且買好了兩張飛機票。那幾天，他坐臥不安，十分煩躁，脾氣也挺大。上飛機之前，他不斷擺弄着手頭的飛機票，沉思中浮出一臉苦笑。我問他為什麼。他説：「去為外國人做事，我精神上不愉快。」他還告訴我：「我是炎黃子孫，總不願背離自己的祖國，我相信共產黨會收留我們工作的，我要為自己的國家服務。」聽了他的肺腑之言，我説：「那好，我們不走了。」我們作出了最後的決斷，飛機票被撕成了紙屑。（《湖南文史資料選輯》第 23 輯）

　　他們當時大約並沒有意識到，他們作出的是一個生死攸關的抉擇。反右派鬥爭開始的時候，並沒有觸動他，也許有過保護他一下的考慮。他最後還是被宣佈為右派分子，可能與衛生部反出了黨內右派分子齊仲桓一事有牽連。顯然的一點是和當時提出的「拔白旗」的口號有關。湯飛凡當然是一面大白旗。1958 年 9 月 26 日，生物製品研究所開會聽取湯飛凡的自我檢查。第二天和第三天的會上，要湯飛凡繼續檢查和聽取群眾批判。組織上安排的發言者説他是資產階級學術權威，是插在社會主義陣地上的一面大白旗，是民族敗類，是國民黨反動派的忠實走狗，是美國特務、國際間諜。連他的妻子何鏈是國民黨高官何鍵的女兒也成了他的一條罪名。還攻擊他冒充大科學家，他向洋人討麵粉丟了中國人的骨氣，他把沙眼病毒送給外國人把分離方法告訴外國人、出賣國家利益。散會時，主持人對着規規矩矩站在那裏的湯飛凡咆哮：坦白交代低頭認罪才有出路，不然死路一條。我們説到做到，可以馬上把你這個國際間諜抓起來。並且宣佈明天繼續開會。就在這「明天」的清晨，人們發現湯飛凡已經自盡身亡。

　　醫藥界的右派分子還應該説到《希氏內科學》的中譯者王賢才。當他還是一個大學生的時候，就決心把這一部世界名著翻譯過來了。大學畢業了，分配到北京一所醫院當住院醫生，他就用第一個月的工資買回了第九版的《希氏內科學》，在查房、看病的餘暇，埋頭譯起書來。到了 1958 年的「反右補課」中，他被「補」成了一名右派分子。後來他在〈「未入流」右派和「幽靈」的故事〉一文中回憶説：「我怎麼成為了右派呢？除了『白專道路』『崇洋媚外』之外。主要『罪狀』就是：反對學習蘇聯先進醫學，胡説蘇聯醫學比不上西方，蘇聯專家甚至還不如中國專家、不應該只學蘇聯。……我原先上班之餘，是埋頭譯書的，當了右派以後，譯書的事被迫放下了，而且把已經譯成的四十萬字譯稿也忍痛燒掉了。」（《北京觀察》2002 年第 8 期）兩個月之後王賢才被調到內蒙古呼和浩特，在這裏

遇到了文化大革命。1968 年 4 月 27 日，他忽然被判處十二年徒刑。他的命運真是有一點奇怪。當他成為勞改隊的犯人醫生之後，得到幾個被他治好的病人的幫助，他竟能夠重新開始譯書了。一位回到上海的難友給他送來了第十三版的《希氏內科學》；勞改隊的李政委支持他翻譯這書，幫他找來了《英中醫學詞典》、《英漢詞典》這些工具書。他就在勞改隊這個奇特的環境裏把這書譯了出來。不過等到這書有了出版的機會的時候，卻並不是照這個譯稿付印的，而是找來最新出版的第十五版的《希氏內科學》重新譯出付印的。後來王賢才是第七、八、九屆全國政協委員，《江西醫學》主編。（孫引南，〈一個人與一部書的命運〉，見《人民文學》1986 年第 10 期）

醫藥界的右派分子還可以順便說到我認識的婁瘦萍（1904-1974），湘雅醫學院畢業。我小時候看見過他。抗日戰爭時期湖南省政府要在耒陽籌建一間省立中正醫院，從籌建的時候開始，一直到抗日戰爭勝利醫院復員長沙，我父親朱品瑀都是這間醫院的會計主任，婁瘦萍大夫是復員那時的院長，我叫他婁院長。回長沙以後不久，我父親調離醫院。1949 年人民解放軍進駐長沙，接管了中正醫院，改為人民解放軍 163 醫院。婁瘦萍是留下來當大夫呢，還是調到別的單位去了，我就不知道了。1957 年反右派鬥爭中婁瘦萍被打成右派分子，也不知道是哪個單位打的。據王友琴《文革受難者》（第 284–296 頁）的材料，1968 年他的更大的災難來臨了，他的內弟韓國遠，帶了他的在長沙第四中學讀初中的女兒婁玉芳逃到了北朝鮮，被遣送回國。內弟韓國遠以叛國投敵罪判處死刑，未成年的女兒婁玉芳被判處十年徒刑。婁瘦萍在家裏一步也沒有動，也被立即牽連關押，兩年之後，於 1970 年 9 月 27 日以現行反革命罪判處十五年徒刑。所謂現行反革命罪，就是幫助韓國遠和婁玉芳出逃。1974 年 1 月他死在勞改隊。

反右補課而成為右派分子的還有廣播事業局副局長、黨組幹事溫濟澤。這件事已經在本書第十七章說過了。

還有中國科學院經濟所副所長代理所長狄超白，他又是所內中共黨支部書記，整風領導小組組長。在 1957 年整風運動和反右派鬥爭中，狄超白領導所內的反右派鬥爭，由他把孫毓棠、顧準、章有義這些人打成右派分子，可是到了 1958 年反右補課的時候，他自己竟也被劃為右派分子了。1958 年 7 月 26 中共中國科學院機關委員會作出《關於開除反黨分子狄超白黨籍的決定》，說「狄超白在經濟研究所實行家長式領導，獨斷專行，唯我獨尊，把經濟研究所當做自己的獨立王國，拒絕黨的領導和監督。1956 年

肅反時，狄未經院黨委批准，擅自在所內群眾大會上公開宣佈十三個思想批判對象為假定反革命，事後抗拒院黨委、中央國家機關黨委等機關的檢查。」「他在近四年多來和右派分子林里夫，結成反黨宗派小集團，共同進行反黨活動。」「狄超白的生活也是腐化墮落、與一個共產黨員的品質不相容的。狄自來北京後玩弄婦女四人之多，他這種荒淫放蕩的資產階級生活方式，雖經過黨組織多次教育，但屢教不改，反認為組織的教育是『封建思想』。」「為嚴肅黨的紀律，保持黨的純潔性，根據經濟研究所黨支部大會的意見，黨委決定開除狄超白的黨籍。」在1999年版《辭海》裏有他的詞條，轉錄如下：

> 狄超白（1910-1978），中國經濟學家。江蘇溧陽人。1931年參加革命，同年加入中國共產黨。曾任中共溧陽縣特支書記、香港達德學院教授。所著《通俗經濟學講話》對在中國傳播馬克思主義政治經濟學起了一定作用。建國後，歷任國家統計局綜合處處長，經濟研究所代理所長等職。第一屆全國人大代表。中科院哲學社會科學部委員。著作還有《中國土地問題講話》、《政治經濟學講話》等。

中國人民銀行總行在反右補課中打出了黨內右派分子詹武和他的妻子夏鳴。他們兩夫妻都是1938年入黨的共產黨員。詹武，浙江溫嶺縣人，是中國人民銀行總行國外業務管理局局長，兼中國銀行副總經理；夏鳴，瀋陽人，在中國人民銀行總行國外業務管理局擔任副局長。1959年2月5日，中共中國人民銀行總行機關委員會作出了關於開除右派分子詹武黨籍和開除右派分子夏鳴黨籍的兩份決定，說：詹武和夏鳴在任國外業務管理局局長、副局長期間，嚴重右傾，重用有政治嫌疑的舊人員，一味庇護，不讓進行審查和改造，結成宗派集團，抗拒上級檢查，對批評者施行打擊報復，反黨反領導，曾經給予留黨察看的處分。在大鳴大放期間，他們又與右派分子裏應外合，向黨進攻。整風開始後，右派分子大肆向黨發動進攻，貼出了不少攻擊黨的大字報，說「詹武、夏鳴是共產黨內宗派主義的受害者」，說「肅反運動偏差是主要的」等，要黨限期答覆，否則上街鬧事。這時詹武等也利用右派進攻的時機，推波助瀾，與右派分子裏應外合，煽動群眾向黨進攻，詹武還在總支大會上帶頭攻擊中央國家機關黨委及其檢查組，誣衊檢查組是「逼供信」，是「捏造材料，欺騙中央」。接着黨內右派分子也一擁而上，替詹武叫「冤」，攻擊歷次政治運動，特別是肅反運動，氣焰十分囂張。就是這些材料，到了1959年初反右補課的時

候，他們夫妻二人都被劃為右派分子，開除黨籍，行政上按第二類處理，撤銷原有職務，監督勞動。（《關於清除黨內右派分子的決定彙編（四）》，中共中央監察委員會辦公廳編，1959 年 12 月）

1978 年 3 月，詹武從山東調回北京。5 月，中國社會科學院成立農業經濟研究所，詹武任所長、研究員。10 月，中國農業經濟學家協會成立，農業部副部長蔡子偉任理事長，詹武任常務副理事長。1978 年 12 月他寫了〈完整地執行農林牧副漁並舉的方針〉一文，經胡耀邦作了一些文字修改，在中央黨校校刊《理論研究》上發表後又在 1979 年 2 月 12 日《人民日報》發表。1979 年 9 月，詹武擔任中國代表團團長，一行五人到加拿大班夫出席國際農經協會年會。會上他用英語作了題為〈中國社會主義的農業〉的發言。此外詹武還擔任過財貿辦公室副主任，國家體制改革委員會委員，國務院經濟研究中心常務幹事，國務院學位委員會第一、二屆學科評議組成員，中國農村金融學會副會長等職務。他的著作有《中國的農業》、《當代的中國經濟體制改革》、《中國農業的現代化道路》等。

中國人民銀行總行反右補課劃出的黨內右派分子還有辦公廳主任尚明，他是河南人，1938 年入黨的共產黨員。據 1959 年 2 月 5 日《中共中國人民銀行總行機關委員會關於開除右派分子尚明黨籍的決定》說，他 1956 年為包庇國外局前局長詹武錯誤，受到撤銷黨內職務的處分。《決定》列舉他的主要反動言行有：

1. 攻擊歷次政治運動，反對思想改造。尚明在受處分後，對黨極為不滿。發現崔光企圖包庇詹武等翻案，就更加肆無忌憚地進行翻案活動。1957 年 1 月份，利用準備政治思想工作總結的時機，在黨內會議上大肆誣衊黨的歷次政治運動是「蠻不講理，仗勢欺人」。說：「運動是靠優勢和聲勢解決問題」；運動一來就「不能解釋」，「不允許解釋」。他說在國外局案件中對他的批評和處分是「落井下石」。他攻擊領導上領導運動都是為着應付上級，任務觀點，只顧當時交差，不管遺留問題。他認為歷次運動副作用很大，「被批評的人抬不起頭來」，「看的人也感到不知哪天算到自己頭上」。大鳴大放時右派分子朱紹文誣衊政治運動，大罵共產黨，他竟說：「我們過去鬥爭人家時，比人家現在罵得厲害得多。」2. 利用各種場合運用各種手法，散佈右派言論，向黨進攻。總行召開黨代表大會時他利用起草「統戰總結報告」和「總結發言」的機會，系統地散佈了大量右派言論。他誣衊歷次政治

運動滋長了黨內的宗派主義，嚴重地阻礙了資產階級知識分子積極性的發揮，並故意誣衊説：「為什麼對政治歷史上沒有懷疑的人政治上還不信任？為什麼相同的國家幹部，黨與非黨卻有不同的權力和權利？……答案只有一個，宗派主義。」

在黨代表小組長聯席會上，他還將從民主黨派座談會上收集來的大量右派言論，借向黨員「透氣」為名，向黨員大肆傳播，攻擊黨的歷次政治運動是：「過去社會地位愈高，社會關係愈複雜的知識分子，被鬥爭愈厲害」，他們的心情是：「欲哭不哀，雖笑不樂」，他們本來是「資產」，將他們當「負債」。將知識分子當「弼馬溫」，免不了要大鬧天宮。誣衊黨群關係是解放後不如解放前，三反後不如三反前，肅反後不如肅反前，他還在辦公廳支部大會上動員鳴放時，宣傳這種反動言論，並説：「你不讓人家説，人家就會到街上去説，就會造成匈牙利事件。」他威脅黨員幹部説：「如果誰聽了這些群眾的話睡不着覺的時候，就請他吃點安眠藥。」

他是總行整風領導小組成員，分工領導國外局整風運動。在反右鬥爭中，他為了堅持翻案抗拒上級黨委，在他和崔光、喬培新、尹志海等反黨分子的庇護下，國外局漏掉了成批右派分子。但是，對反對包庇詹武翻案的積極分子蘇世銘，則利用右派分子對蘇進攻的機會（蘇離婚後與一女黨員顧肇墀戀愛，婚前懷孕），進行打擊陷害。他和國外局被反黨分子所把持的領導小組共謀，在鬥爭蘇世銘的群眾大會上，公然摘掉右派分子胡元民的右派帽子，來發動右派向蘇世銘進攻。為了打擊蘇、顧，製造罪名，國外局反黨分子尹志海等還強迫蘇與前妻葉秀梅重婚，重婚後因感情無法恢復，又去西四法院申請離婚。在西四法院正在審理的過程中，尹志海等又慫恿葉秀梅向東單法院誣告蘇、顧破壞婚姻法，妨害家庭。當西四法院已經弄清過去強迫蘇與葉重婚不對，準備判處離婚，來行徵求組織意見時，尚明和尹志海、王彬等共同策劃，要西四法院從緩判離，候東單法院對蘇、顧判刑後再處理蘇、葉離婚問題，以免在鬥爭蘇、顧過程中陷於被動。蘇世銘被陷害開除黨籍、東單法院判處拘役緩期執行後，尚明還説：「蘇如悔改不好，黨票下了，再下他的飯票。」（據《關於清除黨內右派分子的決定彙編（四）》，中共中央監察委員會辦公廳編，1959 年 12 月）

就這樣，尚明被劃為右派分子，開除黨籍，行政上並按第五類處理，降職、降級、降薪。

在各地，也都在進行反右補課。1958 年 6 月 24 日至 10 月 13 日舉行的中共遼寧省委擴大會議，中心議題就是反對黨內右派。中央總書記鄧小平和中央書記處書記李富春到會作了報告。會議反出了一個反對省委第一書記黃歐東的反黨集團。他們是：王錚（原省委書記）、宋黎（原省委委員、旅大市委書記兼市長）、杜者蘅（原省委書記兼省長）、李濤（原省委書記、副省長）、張烈（原省委常委、省工會主席）、吳鐸（原省委常委、秘書長）。據報紙報導，他們的錯誤很多。例如「王錚、李濤、杜者蘅支持和包庇張烈的反黨反社會主義的右派罪惡活動。張烈以工會為陣地，反對黨的領導，反對社會主義制度。」「對中央關於偉大的肅反運動和若干肅反政策的確定，王錚和宋黎都表示過懷疑和抵制。王錚懷疑第一批肅反運動成績是主要的，宋黎對旅大市 1955 年社會鎮反運動成績是主要的，也不予肯定，並且拒不執行中央關於鎮反的某些指示。」（10 月 31 日《遼寧日報》）

據宣佈，當時遼寧省婦聯第一副主任李立「自始至終積極地參加了以張烈為首的反黨宗派活動，是張烈反黨集團中的骨幹分子」。（見 1958 年 12 月 7 日中共遼寧省婦聯支部委員會《關於開除右派分子李立黨籍的決定》）

山東省在 1958 年的「整風補課」中反出了一個以王卓如（原省委常委、副省長）和袁子揚（原副省長）為首的反黨宗派集團。（10 月 23 日《人民日報》）中共山東省委第一書記舒同在一篇文章裏說：「由於右派分子王卓如、袁子揚等的錯誤影響，我們的政府工作和財貿工作受到了一定的損失。在這次整風補課中，對於這些錯誤必須予以徹底揭發，徹底批判，堅決糾正過來。」（《新華半月刊》1958 年第 23 期）

據 1958 年 8 月 23 日山東省人委整風領導小組《關於以王卓如為首的右派反黨集團的報告》宣佈：

> 山東省人委整風領導小組根據山東省委指示，自 1958 年 4 月下旬以來，連續召開了各廳、局黨組書記參加的整風會議，各廳、局同時召開了黨員幹部參加的整風會議，以大揭蓋的方式對領導幹部實行整風重點補課。通過大鳴大放，大字報，大辯論的方法，從揭發批判王卓如包庇極右分子郭士毅問題開始，進而揭

發了以王卓如（省委常委、省人委常務副省長）為首的右派反黨集團。這個反黨集團除王卓如以外，還有袁子揚（省委委員、副省長）、張耀曾（省委候補委員、財貿部副部長）、郭士毅（省計委副主任）、續中一（財政廳廳長）、曹戎（省計委副主任、物資供應局局長）等五人為骨幹分子。

這個右派反黨集團的為首分子王卓如，他的反黨活動由來已久。遠在向明領導時期，王卓如是反黨反中央鬧獨立王國的一員勇將，王卓如自己也承認他是「向明錯誤的積極支持者和執行者」，「特別在財經方面曾供給了向明不少反黨反中央的炮彈」，因而取得了向明的信任和重用。

當 1956 年秋合作社出現一些缺點，農村中出現反合作化颱風時，這個反黨集團就成為刮颱風的窩子，王卓如、袁子揚、張耀曾、郭士毅等公開叫囂「合作化速度快了，社辦大了」，「生產關係跑到生產力的前面去了」，「合作化後農民窮了，連買油鹽的錢都沒有了」，「農民吃不上糧食，穿不上衣服，混身露上露下」，並惡毒地污衊「一切惡果都是合作化帶來的災難」。總之他們主張開倒車，分小社，維持單幹戶。

王卓如的情況，據他的女兒寫的〈難以忘懷的記憶──憶一九五八年「反右鬥爭」中的父親王卓如〉（載《中國改革》2011 年第 7 期，2011 年 7 月 1 日）一文說：

自 1955 年起，王卓如擔任山東省常務副省長兼計委主任，主持全省經濟工作。1957 年底，中共山東省委在討論第二個五年計劃時，提出了糧食年產量四百四十億斤的冒進指標（此前的最高產量是二百七十五億斤）。父親認為辦不到。當時山東農業仍是靠天吃飯，即使經過五年努力，變平年為豐年，至多也只能達到四百億斤。這一相對冷靜客觀的意見，卻成了他「右傾保守、反對省委、反對大躍進」的重要罪狀。

他的另一罪狀是，認為「不能將合作社的優越性估計過高」，他還在會議上指出了農村減產減收，引起群眾不滿，使一些人對合作化的優越性發生懷疑。這些講話被斷章取義改編，在省委的反右材料中變成「王卓如……惡毒地污衊『一切惡果都是合作化帶來的災難』」，並且定性為他「反對合作化」、反黨、反對社會主義的罪證。

有人要把省計委的一位負責人郭士毅打成右派。王卓如在處理此案時，召開計委黨組擴大會議核對事實，進行討論。會上，不少人不同意郭是右派。他將討論情況報告省委，認為根據現有材料，不能證明郭是右派。因而他被指責為「包庇右派分子郭士毅」，他成了「右派反黨集團首領」，郭則成了他的「反黨集團成員」。

他如實反映財政赤字狀況，不同意違反財政制度用預算外資金沖抵賬面赤字，被指為「製造假赤字，謊報財政『三空一赤』，反對省委」。

不過，他至少還有一條重要的「罪證」看來沒有列入省委的反右材料。那就是當時省委主要負責人打算挪用本已緊張的財政資金，修建一座專供領導幹部消遣的南郊賓館，他主管財經工作，堅決不同意。他說，財政就像一杯水，有人多喝了，就會有人少喝；並不客氣地說：「誰出主意誰拿錢。」此事令某些人極為惱火。只是在他被打倒之後，就在農村發生嚴重饑荒的三年困難時期，兩個村莊被拆遷，環境優美的南郊賓館順利建成，並被稱為「打倒王卓如右派反黨集團的勝利成果」。因此，不難理解，為什麼會給父親羅織了「搞獨立王國」「反對省委」「一杯水主義」等罪名。

山東省的這一場「整風補課」中還反出了山東省交通廳副廳長、廳黨組代理書記、廳整風領導小組組長王翰西，山東省婦聯主席、中共山東省委委員王月村，中共山東省委統戰部副部長兼省政協副主席、省政協黨組書記、山東省民族事務委員會主任、政治學校校長趙篤生和山東省民族事務委員會副主任花經熬，山東省教育廳副廳長劉健飛，山東省文化局副局長、黨組書記兼省文聯副主席、黨組書記馮毅之，山東省統計局局長、黨組副書記、省計委黨組委員王夢玉，山東省勞動局副局長侯林翼等人都被打成右派分子。

在山東省的反右補課中，中國共產黨青島市委的七個高級幹部也被打成了一個右派反黨集團。他們是：市委書記處書記孫漢卿，市委書記處書記矯楓，青島市副市長崔介，市委委員、宣傳部長孫樸風，市委文教部副部長余光前，國棉一廠黨委書記王偉、青島日報社總編輯顧膺。據1958年8月27日中共山東省委《關於開除右派分子孫漢卿、矯楓、崔介等七人黨籍的報告》說：「今年春天，青島市委在整風運動中徹底揭發了市委書記處

書記孫漢卿（省委委員）、矯楓，副市長崔介，市委委員，宣傳部長孫樸風，文教部副部長余光前，國棉一廠黨委書記王偉等人右派反黨集團的罪惡活動。同時並揭發了青島日報社總編輯顧膺陰謀篡改黨報性質、與黨外右派分互相勾結向黨進攻的罪行。」

　　具體一些的材料，據 1958 年 4 月 23 日中國共產黨青島市第一屆代表大會第二次會議《關於開除矯楓、崔介、孫樸風、余光前、王偉、顧膺黨籍及建議省委開除孫漢卿黨籍的決議》宣佈的是：

　　　　會議揭發的材料證明：孫漢卿和矯楓是這個右派反黨集團的頭子，他們進行了一系列的反黨反社會主義罪惡活動，他們已經完全墮落成黨內右派分子，他們是黨的叛徒，是資產階級在黨內的代理人。孫漢卿和矯楓勾結在一起，堅決地反對和破壞在政治戰線上和思想戰線上的社會主義革命。在大鳴大放時，他們積極鼓勵和支持黨內外右派分子並親自出馬向黨向社會主義猖狂進攻。孫漢卿鼓勵支援建築工程學校朱秉逸等右派分子和山東大學的右派分子趙儷生向黨向社會主義猖狂進攻，他們對山東大學部分學生在右派分子煽動下鬧青島日報社的事件，採取觀火看熱鬧的態度。在反右派鬥爭展開以後，孫漢卿和矯楓勾結起來，利用職權，施用卑鄙的手段，保護黨內外的右派分子過關。他們共同地保護和包庇他們的同夥黨內右派分子崔介、孫樸風、王偉。孫漢卿並保護和包庇黨外右派分子孫儷生。他們為了保護和包庇右派分子，就採取了極其卑鄙的手段，進行非法活動，陰謀推翻市委關於對右派分子崔介、孫樸風、王偉開展鬥爭的決議；造謠陷害黨的好同志，攻擊市委，陰謀從市委內部製造混亂，以達到他們保護右派分子過關的目的。孫漢卿不僅積極鼓勵和支持黨內外右派分子向黨向社會主義進攻，竭力保護和包庇右派分子過關。他自己也利用職權親自出馬，散佈右派言論，向黨向社會主義進攻。他散佈反右派鬥爭是人民內部矛盾的謬論；他借市委召開佈置整風會議的機會，鼓動對黨不滿分子向黨「吐苦水」；他讚賞取消學校黨委制的反動主張。孫漢卿和矯楓為了實現其反黨反社會主義目的，千方百計地分裂黨的團結和統一，陰謀奪取黨的領導權，以便按照他們的資產階級面貌來改造我們的黨。他們在奪取市委領導權的資產階級個人野心的支配下，上下左右到處散佈流言蜚語，污衊攻擊市委與市人委的領導；利用基層選舉的機會，施展陰謀手法，企圖使市委領導同志落選；利用市第一屆第

一次黨代表大會，巧作安排，造謠陷害黨的好同志，陰謀把他們的同夥安插到市委及市委常委會中；第一次黨代表大會之後，他們千方百計地為難市委和市人委的領導同志，反對市委領導；他們「另立門戶」，搞了一個反黨中心。在反右派鬥爭中，他們為了保護右派過關，攻擊市委領導，再三地陰謀破壞市委關於向竊取了黨的重要領導職位的右派分子崔介、孫樸風、王偉開展鬥爭的決議。孫漢卿和矯楓，為了實現其卑鄙的資產階級個人野心，千方百計地抗拒中央的方針政策路線和省委的指示。他們反對貫徹毛主席調動一切積極因素為社會主義事業服務的方針，反對中央大鳴大放、大爭大辯的方針，反對中央和省委關於反右派鬥爭的指示。企圖用他們的資產階級主張代替黨的方針政策路線。

會議揭發的材料證明：青島市副市長崔介是右派反黨集團的骨幹分子，是黨內的右派分子。他平日與青島民建副主委、資產階級右派分子葛慎修稱兄道弟，親如家人。大鳴大放時，他鼓勵和支持葛慎修向黨向社會主義進攻，反右派時，他為葛出主意，改文章，以掩蓋葛慎修的右派面目，陰謀保護葛慎修過關。他鼓勵支持青島民革主委、資產階級右派分子徐一貫向黨進攻，稱讚徐一貫攻擊黨的領導、攻擊肅反運動的反對謬論，支持徐一貫提出為反革命翻案的四項反動主張。在向右派分子孫樸風開展鬥爭的市委全體（擴大）會議上，他不揭發鬥爭右派分子孫樸風，反而攻擊市委，陰謀從市委內部製造混亂，救出孫樸風。崔介同右派反黨集團頭子孫漢卿、矯楓結合在一起，進行奪取市委和市人委領導權的反黨活動。他經常散佈流言蜚語，攻擊市委和市人委的領導，他同孫漢卿，矯楓結合在一起在市委和市人委搞了一個反黨中心。崔介的反黨活動早就開始了，土改時包庇地主，入城後成了向明等人進行反黨活動的幫兇，並繼承了向明的右傾投降主義路線，包庇反革命，生活腐化，道德敗壞，完全喪失了革命意志。

會議前揭發的材料證明：市委委員、市委宣傳部長孫樸風是右派反黨集團的骨幹分子，是黨內右派分子。他在大鳴大放時，積極的支持和宣揚儲安平的「黨天下」謬論，稱讚儲安平的謬論是「挖到老根了」。他在1957年市一屆三次政協會議上公開的背叛黨和黨外資產階級右派分子一起向黨進攻。他在1957年4月省委宣傳會議上，與資產階級右派分子互相勾結，一唱一和的向黨進攻。他極力支持十七中學的右派分子召開大會向黨進攻，並

讚揚右派分子對黨的攻擊是「馬列主義」。他積極宣揚《草木篇》「藝術性很高」、「表達頑強性突出」。並仿《草木篇》作詩污衊黨，頌揚右派分子。他污衊黨的肅反運動「違犯憲法」，污衊黨的幹部「和國民黨一樣」。他利用黨的思想工作陣地散佈人與人的關係「沒有以經濟為基礎的階級界限了」的階級鬥爭熄滅論；反對黨的根本組織原則——民主集中制，把黨的在民主基礎上的集中，同官僚主義混為一談；他散佈「壟斷資本集團本身的矛盾也是戰爭與和平的矛盾，是為了利潤要戰爭與為了利潤不贊成戰爭的矛盾」的謬論。在反右派鬥爭時，他極力反對中央關於開展反右派鬥爭的指示。他同右派反黨集團頭子孫漢卿、矯楓結合在一起搞了個反黨中心，企圖篡奪市委的領導。

會議揭發的材料證明：市委文教部副部長余光前是右派反黨集團的成員，是黨內的右派分子。她平日為孫漢卿、矯楓、崔介奪取黨、政領導權積極活動，散佈流言蜚語，攻擊市委領導。她為右派分子孫樸風打掩護。在一屆二次黨代表大會預備會議上，她蠻橫地數次打斷別人的大會發言，阻止對右派反黨集團的揭發。她為右派反黨集團訂立攻守同盟，為右派反黨集團拉攏同情人，為右派反黨集團打掩護，她造謠污衊黨代表大會預備會議。在會議揭發批判她的反黨言行時，她拒不到會，並蠻橫地說要砸倒牆打死組織上派去要她交代問題的同志。她平日生活腐化，道德敗壞，狂妄跋扈，毫無共產黨員氣味。

會議前揭發的材料證明：國棉一廠黨委書記王偉是右派反黨集團的成員，是黨內的右派分子。他參加了一個反黨地下組織「文友社」。他與資產階級右派分子緊密配合向黨向社會主義進攻，他對山東大學部分學生在右派分子煽動下鬧青島日報社興高采烈，他在右派向黨進攻時積極配合指示在全廠廣播「民盟發展史和在革命中的作用」。他造謠污衊黨的、中國人民的領袖。他讚揚匈牙利反革命事件。他竭力宣傳資產階級生活方式。他與右派反黨集團頭子孫漢卿結合起來進行反黨宗派活動，散佈流言蜚語，污衊和攻擊市委的領導，陰謀使市委負責同志從基層選舉中落選。在一屆一次黨代表大會上他積極支持孫漢卿、矯楓打擊排除異己、安插親信的陰謀活動，造謠陷害黨的好同志。

上述材料證明：孫漢卿、矯楓、崔介、孫樸風、余光前、王偉等人，都是黨內右派分子。他們結成了右派反黨集團，進行了

一系列的反黨反社會主義罪惡活動。這個右派反黨集團，以孫漢卿、矯楓為首，他們對黨對人民犯下了不可饒恕的罪行。但是他們一直拒絕黨對他們的批評教育，至今沒有悔改的誠意，不肯向黨向人民低頭認罪，特別是孫漢卿的態度尤為惡劣，自絕於黨，自絕於人民。

代表大會一致指出：孫漢卿、矯楓、崔介、孫樸風、余光前、王偉等人是竊居了黨的重要領導職位的右派分子，他們所進行的反黨反社會主義罪惡活動，對黨的事業的危害是極大的。也必須指出：由於黨中央和省委的正確領導，由於市委和各級黨組織堅決地、忠實地貫徹執行了中央的方針政策路線和省委的指示，由於青島市各級黨組織基本上是團結的並團結了全市人民，青島市一年半來的工作是有很大成績的。但是由於孫漢卿、矯楓、崔介、孫樸風、余光前、王偉等右派分子進行了一系列的反黨反黨的團結，妨礙了黨的統一集中領導，削弱了黨的戰鬥力。因此，必須把他們清除出黨。

根據會前揭發的材材證明：市委委員、青島日報社總編輯顧膺是黨內右派分子。他陰謀篡改黨報的性質，從根本上否定黨報是階級鬥爭工具，散佈「報紙是商品」，「要像公共汽車那樣，不論誰上都行，不論誰的文章都登」的反動謬論。污蔑在我們國家裏沒有新聞自由，「記者遭遇到種種困難」。他陰謀奪取黨對報紙的領導權，主張「再成立一個編委會與黨報編委會共存、監督、爭鳴之」，主張「辦兩種報紙」與黨報「唱對台戲」。他極力反對、攻擊省委和市委對黨報的領導。並同以孫漢卿、矯楓為首的右派反黨集團分子有聯合的反黨活動。他污蔑黨的肅反運動「違犯憲法」。在黨外資產階級右派向黨進攻時，他興高采烈的稱讚為「真是大好時光」。他與黨外右派分子勾結一起向黨進攻，他要「動員輿論」，「轟出一個全市性的反黨反社會主義浪潮」。在1957年市一屆三次政協會議上，他明目張膽的和黨外右派分子陳仰之勾結起來，向黨進攻，陰謀迫使黨承認右派分子在政協會上對黨的進攻是「正確」的。

代表大會一致決議：撤銷顧膺黨內一切職務，開除黨籍，並建議有關方面撤銷其黨外一切行政職務。

在濟南市，中共山東省委常委、濟南市委第一書記王路賓也被補課劃為右派分子了。據 1958 年 12 月中共濟南市委《關於右派分子王路賓主要錯誤事實的報告》宣佈，王路賓的主要錯誤事實有：

積極支持和維護向明進行反黨活動。在向明時期，王路賓積極維護向明的領導，忠實地執行向明的指示。如在 1954 年向明主持的山東統購統銷工作中死了一些人，公安廳據實向中央公安部寫報告，並經當時分管政法工作的分局委員、副省長李士英同志審閱簽發，而王路賓卻認為「報告與向明指示不符」硬壓住不發。王路賓積極參加向明所發動的錯誤的反分散鬥爭，排斥打擊黨的好同志。對於中央和省委關於清算向明錯誤影響的指示有抵觸，在省第一次黨代表大會上公然為向明辯護，攻擊省委「好像成績是反向明得來的」，「不要拿向明當擋箭牌」等。

從右傾機會主義觀點出發，王路賓在一系列的問題上，反對黨的方針路線政策。早在 1955 年和 1956 年他就是山東反「冒進」逆流的代言人，他曾同右派分子王卓如等在農業增產和合作化問題上攻擊過省委「急躁冒進」。對濟南郊區實現高級農業合作化他不同意，在郊區區委一次幹部會議上強調「初級社也能增產」。在省第一次黨代表大會上，王路賓同情和支持當時反「冒進」的颱風，認為「精神還是好的」，要省委接受下來「本着這個精神再修改工作報告」，甚至還狂妄地說「根據市的經驗，聽聽就清醒了」。在傳達省黨代表大會的決議時，王路賓又強調提出了省委「在農業生產上主要存在着急躁冒進，盲目增定增產計劃給工作造成了不少損失。」「工業生產追求數量以及改造中的缺點，都與省委的指導思想有直接關係」等。從反「冒進」的指導思想出發，王路賓擅自否定了濟南市根據全國農業發展綱要四十條的精神所制定的、並經市黨代大會和人代大會討論通過的全市各項建設事業長遠規劃，說「過去是頭腦發熱了。」1957 年 5 月王路賓參加了一次中央召集關於整風反右的重要會議，回來後他先在市委作了傳達，而後才向省委作傳達回報。

王路賓還與右派分子、原副省長王卓如、袁子揚等人一起散佈對省委的不滿，製造流言蜚語，對省委進行破壞活動。他們經常在一起議論省委負責同志，挑撥省委負責同志之間的關係。王路賓還在省四級幹部會議上，袒護和支持反黨分子前惠民地委代

理第一書記李峰，説李峰反黨反中央的言論「還是值得考慮的」，要大家對李峰批判「不要太尖鋭了」，並與王卓如一起背着省委動員出席會議的幹部選舉李峰、王月村參加大會主席團，違背省委對大會的領導意圖。

王路賓對南斯拉夫的工人委員會很為讚揚，在討論中央關於調查工人階級問題指示的試點工作中，他主張民主選舉廠長。同時王路賓還極力散佈「階級鬥爭熄滅論」，在市政協會上説「大規模的階級鬥爭已經過去」「階級鬥爭已經基本結束、階級矛盾已經基本消滅」，並在傳達二中全會精神時説「當前最根本的問題是民主化的問題」。在市委直屬機關黨員大會上説「反右鬥爭也是人民內部矛盾」，要大家對右派分子在批判上「不能對人，而只是對其右派言行」等等。此外，王路賓還在政協會議上借動員整風鳴放，對黨進行攻擊。甚至歪曲説「過去粗風暴雨不僅在黨外，黨內也很厲害，1943 年在延安整風我也被審查過」。他把公私共事和知識分子改造中的問題，説成是「黨的領導要負主要責任」，「是由於我們嚴重脱離群眾、清規戒律所致」，「政法部門與群眾有溝有牆」，因此他一再號召「各民主黨派、各界人士」大家一起來拆牆填溝，真正做到「親密無間」，而對右派分子猖狂向黨進攻的言論，説成是「對我們幫助很大，使我們吃了一付清涼劑」，認為這是「監督」的必要性。

王路賓還在一系列的問題上敵我不分，與極右分子李士釗、竹山、姜子修等人來往密切。李士釗原為省人委參事，在大鳴大放中惡毒向黨進攻，把共產黨員分為「三八式」與「勝利號」，污衊積極分子和進步人士是「製造溝和牆的能手」，攻擊「肅反運動是殺人不見血」等等。這篇「發言稿」是經過王路賓看過的，王既沒有批判李的錯誤，相反地還為李出主意説「發言可以，但要注意分寸」，直到李士釗被劃為右派分子進行鬥爭後，王路賓還三次接見與他談話。極右分子竹山在大鳴大放期間找王談話，王不但不拒絕，反而熱情相待，在談話中，王從自己在延安整風時受審查的歷史，暗示竹山要繼續堅持反動立場。對竹山在三反中的處理問題，則要市人委副市長向竹山道歉。並交代「如果解決不了再來找我」。當竹山把以他為首的反黨集團所寫的反動文章〈爭鳴一個無人爭鳴的問題 —— 隨着社會主義的發展，階級鬥爭日益尖鋭化的錯誤理論在我國的影響〉大意告訴了王路賓時，王對這篇惡毒攻擊偉大鎮反、三反運動的反動文章沒有回擊，反

説「可以研究，可以鳴」。極右分子姜子修與王路賓也很密切，在姜被鬥爭以後，王路賓還三次接見、安慰他，並對姜許願説「以後沒大事作也有小事作」。對歷史反革命分子沙延祥，王路賓曾五次寫信給公安局為沙提前恢復公民權和安排職業。

濟南市劃出的黨內右派分子還有 1938 年入黨的張毅，市委工業部副部長、秘書長、書記處書記；1941 年入黨的張成傑，市委工業部長，市委委員；1946 年入黨的苗豐羽，柴油機廠黨委書記，濟南市委委員，山東省黨代表；1930 年入黨的叢林，市委紀律檢查委員會副書記、市委書記處書記兼監委書記、濟南國棉一廠黨委書記。1938 年入黨的段德甫，山東造紙廠廠長、黨委常委、濟南市委委員。

中共山東省菏澤地委打出了一個右派反黨集團，他們的成員是扈國華（地委副書記兼專員）、杜湘（地委常委委員、宣傳部長）、王魯光（地委常委委員、財貿部長）、褚連捷（地委委員、宣傳部副部長），申雲璞（地委委員、單縣縣委第一書記）等人。

中共南陽地委農村工作部秘書丁林在得到了地委辦公室副主任范廣峻、地委機關黨總支副書記馬百川和共青團地委秘書張用璋等人的贊同或認可之後，於 1957 年 6 月 5 日向北京發了一份電報：「中央政治局並請轉呈毛主席：河南省委的官僚主義造成南陽專區糧食徵購任務過重，加之連年受災，以至於南陽農村缺糧情況相當嚴重。截至 5 月底，全區外出逃荒要飯的農民已達 28914 戶計 61457 人，10 萬頭大牲畜瘦餓而死。望黨中央、毛主席直接派人來宛調查處理此事。南陽地委機關全體（246 名）黨員。」大家以為這件事一定會引起毛主席重視，起碼會引起中央書記處重視。電報發出去的第二天，他們就叫人分頭搜集材料，以便中央來人時做好彙報事宜。卻不料在「糧食問題上的大是大非」和「合作和優越性」大討論之後，地委領導在「深入反右的會議」上宣佈：「『電報事件』是一次背着地委領導，借整風運動之機，污衊大好形勢，攻擊合作化運動和糧食政策的反黨事件。」參與「電報事件」的所有黨員人人都要交代自己簽名的思想動機，寫出深刻的檢查。發起組織者當然就是「右派分子」，積極串聯此事後又堅持自己沒錯的沈靜賓、蘇繼泉及宣傳部的鄒慧賢等被劃為右派，受到開除黨籍、開除公職的處分，發配到農村勞動改造多年；丁林是副處級幹部，他的右派帽子地委需報省委批准。而主管右派審批的常務副書記楊玨兩次來南陽時，都是丁林鞍前馬後服務，留下了很好的印象，特

地手下留情，即使如此，也難逃厄運，改劃為「中右」，開除黨籍，行政降三級，發配到方城縣邊遠農村監督勞動。

大躍進發動之後，在一些對大躍進持抵制態度的幹部裏，也有人在1958 年的「整風補課」裏被劃為右派分子。中共雲南省蒙自縣縣委書記毛光書就是一個。田啟昌的〈趙沛談毛光書〉一文中說了他的事情。趙沛原來是蒙自專署財政科科長，劃為右派分子之後和毛光書一同在紅河州勞教所勞動教養。他告訴田啟昌：

> 毛光書原是蒙自縣委書記。大躍進開始後，上級要求蒙自縣一個月內實現滾珠軸承化，毛光書說根本做不到。派他去貴州某縣參觀畝產一萬多少斤糧食的高產田，他回來後不傳達不宣傳。問他為什麼？他說那是假的。上級要求蒙自實現水利化，他也說這不是一下子就可以實現的。反正凡是大躍進中的虛報浮誇、盲目冒進他都不信、不幹。於是，他就被認定為反對大躍進的反黨右派分子。

> 毛光書自始至終不認錯，不服批鬥。到勞教所後，繁重的勞動，長期饑餓的折磨，很快就全身浮腫。不久他的身體已經完全垮了，下不了床，更說不上出工勞動。（見《二十一年》，作家出版社 2005 年版，第 68-69 頁）

不久毛光書就死於紅河州醫院。

少數民族幹部的反右補課補上了馬震武。馬震武是「哲海林耶」教派沙溝門宦教主，原來安排他擔任西北軍政委員會民族事務委員會委員、固原回族自治州州長、政協全國委員會委員、中國伊斯蘭教協會副主任等職務，是個上層統戰人物。1958 年 6 月 4 日和 7 日在青島開的回族伊斯蘭教問題座談會上，中共中央統戰部部長李維漢在講話中說：「例如馬震武，原來並沒有準備馬上就鬥，我們在蘭州的時候，曾研究過這個問題，設想要把馬震武這個反動大樹搬倒。但是沒有作決定，準備建議寧夏自治區工委考慮決定。但是甘肅省的人民代表大會一開，從辯論張家川事件開始，就搞起來了，形勢逼得非搞不行。」1958 年 8 月 10 日中央統戰部關於回族伊斯蘭教問題座談會情況向中共中央的報告說：

> 會議彙報了伊斯蘭教方面整風和反右派鬥爭的情況。從去年10 月開始，各地在回族伊斯蘭教方面進行了社會主義教育，批判

了地方民族主義。並且先後開展了反右派鬥爭。根據各地彙報材料，全國約有阿訇一萬人以上（加上其他宗教職業者，人數更多）估計右派分子可能達到 10% 左右。各地在反右派鬥爭中已經揭發出右派分子 179 人，還破獲了一些反革命組織，特別是有些地方鬥爭了過去是群眾最迷信的偶像，如河南的謝錫山、山東的丁文豪、甘肅的馬震武（現在未戴右派帽子）等人。這對於解決回族的宗教問題有很大的意義。現在，在北京、天津、武漢、上海、南京、河南、河北、山東江蘇等省、市，伊斯蘭教方面的反右派鬥爭已經大體結束；其餘地區正在進行或者開始進行。已經大體結束的地方，目前正在開展交心運動，進一步加強對伊斯蘭教宗教職業者的改造工作。

於是到了 8、9 月間銀川就開了幾次回民座談會批判「伊斯蘭教界中的極右分子馬震武」。1958 年 10 月 17 日《人民日報》以〈中國伊斯蘭教協會召開回民座談會，徹底清算馬震武禍國殃教罪行〉為題刊登了發自銀川的電訊：

> 中國伊斯蘭教協會從 8 月 17 日至 9 月 6 日在寧夏銀川市召開了回民座談會，在會上用擺事實、講道理、大鳴大放、大字報的方法徹底揭露和批判了伊斯蘭教界中的極右分子馬震武的反共反人民反社會主義的罪行。

> 出席這次會議的有中國伊斯蘭教協會副主任達浦生、張玉珍和部分委員，還有陝西、甘肅、青海、雲南、吉林、河北、新疆、寧夏等省（區）的回民代表四百零七人。

> 據與會代表的揭發，馬震武利用自己「哲海林耶」教派沙溝門宦教主的地位，長期披着宗教外衣，依靠宗教特權和某些不利於社會主義和回族民族發展的宗教制度，進行着反共反人民的罪惡活動。

這篇文章歷數了他「解放前殘害群眾，無惡不作，血債累累」，「解放後收買反革命分子，組織四次叛亂」，「利用宗教特權，殘酷剝削回民群眾」，都是算他的歷史老賬，並沒有說他現在有什麼反黨反社會主義的右派言論。不過這篇文章說了：「今年 4 月間，正當醞釀成立寧夏回族自治區時，馬震武又妄想篡奪寧夏回族自治區的領導權。」已經安排為自治州的州長了，還不滿足，還要想當自治區的副主席嗎？這可不行。因此，把他

劃為極右分子，就是為 10 月 25 日建立寧夏回族自治區的一項必不可少的準備。

同一天的《人民日報》還發表專門攻擊馬震武的社論〈堅決肅清伊斯蘭教界中的敗類〉。

人民解放軍將軍在反右補課中被劃為右派分子的，有中國人民解放軍西藏軍區第一副政治委員少將范明。范明原名郝克勇（1914–2010），陝西省臨潼縣人，曾經在上海復旦大學就讀。1932 年 5 月參加共青團，1938 年初，由共青團轉入共產黨，黨派他到第三十八軍去做兵運工作。後來出現險情，他就在 1942 年 12 月調回延安了。在延安，毛澤東多次召見他，並且給他改名范明，說是「做秘密工作的同志回到延安，都應該改名換姓」。解放戰爭期間，范明擔任中國人民解放軍第一野戰軍政治部秘書長兼聯絡部長。彭德懷將爭取班禪的任務交給了他。1951 年 1 月，他被任命為中共西北西藏工委書記、中國人民解放軍西北軍區進藏部隊司令員兼政委、西北軍政委員會駐班禪行轅代表。7 月他就率領所部護送班禪行轅入藏。12 月 1 日，在拉薩，同率領中國人民解放軍第十八軍先期入藏的張國華會師。張國華擔任中共西藏地區工作委員會書記，范明任副書記。他還擔任中國人民解放軍西藏軍區第一副政治委員，1955 年授予少將軍銜。在全國反右派鬥爭的高潮已經過去之後，1958 年 4 月，西藏開始反右，范明被打成極右分子了，同時還打出一個以范明為首的「反黨集團」，包括中共西藏自治區黨委組織部長白雲峰和范明的妻子、擔任西藏自治區共青團委員會書記的梁楓。夫妻兩個右派分子都被押解到陝西省大荔勞改農場勞動改造。1962 年 9 月 19 日又以「彭德懷反黨集團」的牽連被捕，在秦城監獄關押了十多年。不但本人入獄，他的兒子和親屬都受到牽連，二哥郝伯雄在文化大革命中被迫害致死，兩個兒子都被判處了幾年有期徒刑。（據李敏傑、趙仕樞，〈「六多」將軍范明〉，《炎黃春秋》2007 年第 3 期）

1958 年 8 月 23 日的中共西藏工委擴大會議《關於開除反黨集團頭子范明的黨籍和軍籍的決議》說了他許多不是，如：

> 范明始終堅持其反黨立場毫無悔過之心；繼續用陽奉陰違的兩面派態度，更猖狂地進行反黨活動，並且把他對黨的滿腔仇恨和他的資產階級個人野心家的政治、組織觀點，寫成一個徹頭徹尾反黨的《新西遊記》小說提綱。范明反黨陰謀活動的全面大暴露，就是從揭發「新西遊記」小說提綱開始的。

寫出了徹頭徹尾的反黨綱領——《新西遊記》小説提綱。這個提綱系統地集中地表現了他的反黨面目。在「丙、解放後的西藏」的全部六十條材料中，有五十條是歪曲、捏造的。他一開始就「打算把這個作品作為楊雄的太玄法言……壓根兒沒有想掩蓋衝突，掩蓋矛盾，避開權貴」，實現他「死以前把人罵完」的誓言，準備這個作品像太玄法言一樣，在他死後的若干年才被人刊印、流傳。為了寫這部小説形成了以范明為首的有吳健禮、黃琳、李宗清參加的所謂「四君子協定」，提出了「保密」，「不當逃兵」的要求。這裏應該指出：李宗清同志在抄寫提綱時，發現其中有問題，並且在幹部會議開始後就勇敢地予以揭發，是正確的，是應該表揚的。約四萬字的《新西遊記》小説提綱，是個徹頭徹尾的反黨綱領，反對黨的民族平等、團結、合作政策。組織上醜化黨，醜化黨的領導，醜化黨的幹部，美化自己，美化自己的親信，美化自己的姘頭。范明為了寫他的反黨的《新西遊記》小説，未經工委領導同志任何人的許可，利用職權私自調走工委辦公廳、統戰部、研究室和軍區的絕密、機密文件、資料三百份，將其中二百五十一份帶到西安交給工委西安辦事處的一個舊人員保管。

整個會議過程，范明的態度始終是極端惡劣的。在大量的事實面前，狡辯、抵賴、抗拒交代。經過一百〇四天大會、小會的揭發，逐條查證和批判之後，還在最後的交代中説：「我的反黨事實雖然鐵證如山，但思想動機上沒有反黨的影子。」

根據范明上述罪惡事實，工委決定：開除范明的黨籍和軍籍；建議撤銷其全國人民代表大會代表、西藏自治區籌備委員會常務委員等一切職務；收回國家和人民所給予他的勳章、獎狀等一切榮譽品。

反右補課把部隊作家周良沛補為右派分子了。周良沛，1933年生，江西永新縣人。1949年4月人民解放軍橫渡長江，他立刻參軍了。1952年開始發表作品，1953年調入西南軍區入藏創作組，隨康藏公路築路部隊到拉薩。1955年調任昆明軍區文化部創作員。1957年整風鳴放期間，他沒有講過一句可以説是「鳴」或者「放」性質的話。反右派鬥爭起來，開始他並沒有事。可是到了「反右補課」的時候，他被從天津召回昆明，審查他同雲南文化界一個所謂「反黨集團」的關係，就這樣被「補」劃為右派分子，1958年4月19日被送到勞改隊。文藝界還有一種説法，説他是因為發表了《給我，草葉》（紀念《草葉集》出版百年）這首詩而被劃為右派分子的。

詭異的是，在周良沛以右派分子的罪名受了二十一年折磨之後，到了中央通盤解決反右派鬥爭這個歷史遺留問題的時候，要為他落實政策了，才發現檔案中竟然沒有申報、批復他為右派分子的任何一個字！這樣所有落實關於右派的政策都與他無關了。勞改隊只能按照「清理監獄」中的「無罪釋放」處理。如果這樣辦理，那他就要開始新的受難了。幸好軍委總政治部劉志堅將軍直接過問，通知昆明軍區處理右派問題時，首批要考慮周良沛的問題。這件事才得到最後解決。（以上據周良沛《寫給自己的悼文》）我和周良沛因為 1982 年同為人民文學出版社招待所的房客而成為朋友的，至今還有往來。

司法界被反右補課補上的有司法部黨組成員、部長助理兼普通法院司司長王懷安，他是四川省自貢市人，1937 年參加救亡工作，1938 年入黨。1940 年到延安後曾任延安市青年聯合會主任、陝甘寧邊區法院審判員，1943 年至 1945 年在陝甘寧邊區保衛處被審查。1946 年到東北後任過哈爾濱市法院院長、東北司法部秘書長，1949 年調司法部任辦公廳主任，黨內任黨組副書記。據 1958 年 11 月 15 日中共司法部機關委員會《關於極右分子王懷安的結論及處理決定》說，王懷安是個徹頭徹尾的資產階級右派分子，是「司法部反黨集團」的「軍師」。其主要右派言行：

一、全面地一貫地反對無產階級專政，篡改人民法院的性質和任務。他在起草法院組織法過程中把法院是「階級壓迫的工具」篡改為「與一切違法現象作鬥爭的工具」，把專政的矛頭指向了黨和人民事業的幹部。在他所寫的《當前農村犯罪情況的報告》中，歪曲和擴大事實，說「站在法庭面前受審制的對象——刑事被告已由敵對階級分子舊社會渣滓佔絕大多數的情況一變而為勞動人民佔絕大多數的情況了」，企圖把敵人當人民加以寬縱。他把黨對刑事罪犯的「懲辦與寬大相結合」的政策篡改為「教育與懲辦相結合」。他還把少奇同志 1950 年對律師工作「為工農兵服務」的明確指示，篡改為「為被告服務」。強調律師防止錯案的作用。提倡律師以辦刑事案件為重點，主張院長不能干涉律師辦案，到處宣揚律師是檢察院的「反對派」。在律師組織建設上積極主張一下鋪開。

二、強調「審判獨立」，惡毒地攻擊黨的領導，污衊黨有「懲辦情緒」。他說：「黨自執政以來，就濫用專政武器，亂打一起，將已低頭的人拿來再打；也將有歷史污點的人、甚至思想落後的

人拿來狠打，有專政過頭的。」在他寫的《當前農村犯罪情況的報告》中，公然煽動「司法機關必須堅持原則，依法辦事」，「對來自某些幹部和某些部門的懲辦情緒的要求不要遷就」。他污衊「黨委對業務不夠熟悉」，並利用講課和檢查工作的機會到處煽動法院幹部「不能當豆腐院長」，「要有包拯、況鍾精神」，律師要「骨頭硬」「有膽量」。王懷安對黨委審批案件非常反對，為了尋找反黨根據，擬制調查表調查黨委錯批的案件。在四川大邑檢查工作時，他污衊大邑縣委領導的鎮反運動是一團糟，「拒絕壞人向善，樹敵過多」「坦白不從寬」「立功不折罪」。攻擊審判人員不執行法院組織法規定的「合議庭」，瘋狂地辱罵司法幹部「不守法」「無法無天」「獨裁」「野蠻」剝奪被告辯護權，「品質惡劣」「加油添醋」「為了戴穩自己的烏紗帽，求得一時的安寧，不惜讓別人坐牢」。他還污衊黨委統一領導下的公、檢、法統一對敵的作法是「一杆子打到底」。

　　三、狂妄地攻擊黨中央。他惡毒地說「錯案是普遍的，如非來自中央那才是怪了哩」。他攻擊鎮反「運動指導有問題」，是「主觀佈置數字，擴大敵情，致下邊有的為了湊數，硬找專政對象」。

這樣，王懷安被劃為極右分子，受到開除黨籍，撤銷原有職務，監督勞動的處分。（據《關於清除黨內右派分子的決定彙編（四）》，中共中央監察委員會辦公廳編，1959 年 12 月）

　　還有北京市高級人民法院院長王斐然，1923 年入黨，1927 年脫黨，1937 年重新入黨，北京解放後任北京市人民法院院長。可是他堅持舊法觀點，如「無罪推定」、「有利被告」等；還依靠重用舊法人員和其他政治歷史上有嚴重問題的人。1957 年反右派鬥爭開始，院黨組要劃他為右派分子。只是他和中共北京市委書記彭真相識多年，私交甚篤。彭真就把他保護下來了。到了要補課的指示下來，彭真也不能保護了，1958 年 9 月 23 日中共北京市高級人民法院、司法局支部委員會作出了《關於開除右派分子王斐然黨籍的決定》。

　　1958 年 4 月，中共雲南省委擴大會議反出了一個以省委常委、省委組織部部長鄭敦、副部長王鏡如為首的「反黨集團」。鄭敦，廣東揭陽市人，1938 年加入中國共產黨，曾經在延安中央黨校學習。解放戰爭期間到雲南建立遊擊根據地，擔任滇桂黔邊區黨委常委，宣傳部長。據這次省委擴大

會議揭發：鄭敦這個「出身於官僚地主家庭的階級異己分子」「以雲南地方幹部的『領袖』自居，竭力利用地方主義的遺留影響，培植個人勢力，堅持反黨活動。1956 年社會主義革命高潮時，與由嚴重資產階級個人主義發展而墮落的蛻化變質分子王鏡如，結成反黨集團。」「在 1956 年匈牙利事件以後和右派分子向黨進攻之時，鄭、王反黨集團一方面利用全省取得高級合作化勝利後的個別缺點，誇大所謂『陰暗面』，率領親信，調派『骨幹』，到處搜羅所謂農村的『黑暗』，污衊社會主義革命為黑漆一團。」（5 月 26 日《人民日報》）

還有省委組織部副部長謝加林。據中共雲南省委《批准開除右派分子謝加林的黨籍》的文件宣佈：謝加林，1943 年 4 月入黨。歷任縣委書記，地委組織部副部長，省委組織部處長等職，1956 年任省委組織部副部長。是鄭敦、王鏡如反黨集團的骨幹分子：

> 整風開始，謝加林在鄭、王反黨頭子指使下把省委的反右派重點，當成了反黨的據點。鄭敦到廣播電台，王鏡如控制黨群大口，謝加林則分掌人民出版社，謝在出版社等地完全按照鄭、王意圖進行反黨活動。謝煽動出版社的右派向黨進攻說，「現在是大變動時期，階級鬥爭已基本結束，內部矛盾突出了」，「大家不要顧慮，要抱著主人翁的態度。國家和黨有錯誤，應該提出意見」，「我們沒有什麼根本利益不一致的地方，希望大家開誠佈公，決不報復」。到處找右派談話，鼓勵右派，頗得右派的信任和尊敬。組織部出現了反黨大字報後，鄭敦、王鏡如、謝加林、臧野農開了秘密會議，謝等堅決主張不批判，要保護右派的積極性。以後謝又將出版社右派的言論加以總結和提高，提出了黨和知識分子的「關係問題」，猖狂向黨進攻。反右派以後，謝又以沒有右派，挑撥離間，人人過關，組織幹部下鄉，混淆大是大非，為右派辯護等陰險的手法，以圖保存右派實力，破壞反右派鬥爭。謝離開出版社後才反出了右派，右派分子還來找謝保護。謝到昭通後，仍抗不執行地委關於反右派的指示，使右派反不下去。

還有雲南省玉溪地委副書記全明，也被宣佈是鄭敦、王鏡如反黨集團中的骨幹分子之一。中共雲南省委《批准開除右派分子全明的黨籍》的文件說他：

反對農業合作化。全明主張合作化運動要少、慢、小，理由是「合作化快了，多了，大了，會影響生產」。強調自願入社，並且說「為什麼要速度這樣快，是劉世傑搞個人突出」。實際工作中，他極力反對一鄉一社，並且當合作化基本實現後，到處搜集材料，否定成績，大肆攻擊「合作化不如單幹戶」「副業管理不如單幹時好」，同時他也進行反「冒進」的活動，痛罵搞合作化是「主觀主義，是小資產階級的劣根性，盲目性，瘋狂性，片面性」。

支持同情和讚揚右派言論，破壞反右派鬥爭。全在外貿局主張把反黨大字報轉到各單位去交流，看到攻擊謝政委（引者注：指中共雲南省委書記謝富治）是「官僚主義」的大字報，就說「把它標出來」，另一方面，他極力讚賞極右分子黃中流「有能力，可以當科長」，當幹部彙報資產階級的進攻情況時，全反問「資產階級是否有點好事」，又說「人家業務熟悉」。劃右派時，不同意將曹珍、葉琳劃為右派，說「他們不是根本上反對黨反對社會主義，只是對黨組領導不滿」。

據原大姚縣縣委副書記、縣長董安國寫的回憶文章〈「鄭、王反黨集團」的「一條腿」〉透露：

鄭敦是怎樣成為「反黨集團的右派分子」的呢？其實鄭敦只不過是張子齋和孫康的替罪羊。1958 年 3 月，（省委第一書記）謝富治去成都參加中共中央（西南局）反右深挖補課會議，回到昆明後說：「某某省有『地方主義』，難道雲南就沒有？」矛頭直指雲南地下黨和「邊縱」。謝富治等人採用先做帽子再找人的辦法，首先把時任省政府秘書長的張子齋（原任「邊縱」政治部主任）和省委統戰部副部長孫康（原任「邊縱」領導人之一）定為打擊對象擬報中央。不料報告轉到周恩來總理和中央統戰部部長李維漢那裏，他們考慮到張子齋是白族，孫康是孫中山的姪孫，因此中央沒有批准。接着謝富治就將目標轉到了時任省委常委、省委組織部部長鄭敦的頭上。（魏光鄴編，《命運的祭壇》下卷，作家出版社 2008 年版，第 957 頁）

不過，這篇文章裏所說的，有一點與事實不符。黃一龍兄來信指出：

1. 中共建政以後建立的中共中央西南局和各中央局，均已於 1954 年 11 月撤銷；再次建立已是 1960 年 9 月的事了。所以

1958 年謝富治到成都去不可能是出席西南局的會議。2. 1958 年 3
月在成都召開的中央會議（也是迄今唯一的一次），是 3 月 8 日
至 26 日的中央工作會議。會議制定的三十七個文件似無「反右
深挖補課」的內容。但董安國文章所指的，大約應該是在此成都
會議會上或這期間發生的事。

王鏡如是中共雲南省委組織部第一副部長，據董安國的這篇文章說，
「在 4 月 11 日批判鄭敦的會議上，省委領導要王鏡如揭發鄭敦，王鏡如本
着實事求是精神拒不亂批亂揭。省委就認為王與鄭劃不清界線，同流合污，
決定給王鏡如也戴上右派帽子，因為王鏡如是老區來的幹部，又給他戴上一
頂『蛻化變質分子』的帽子。」（同上書，第 956 頁）接着，報紙上公佈了
「反黨集團」的材料，說鄭敦「出身於官僚地主家庭」，「他的野心活動早在
1948 年雲南地下武裝鬥爭時期即已開始」，「以雲南地方幹部的『領袖』自
居」。據這篇報導說，鄭敦王鏡如「他們宣稱老幹部『沒有文化』，應該採
取贖買政策讓其退休，『進博物館』。」（1958 年 5 月 26 日《人民日報》）

董安國的這篇文章還說到，因為此案的牽連，「省委組織部四分之一的
幹部跟着被劃為右派。廣通縣因鄭敦帶着省委工作組在那裏工作，縣委書
記仇開明、縣長丁鈞等縣委領導班子大多數被打成『反黨集團成員』。二百
多名南下和地下黨『邊縱』幹部幾乎淘汰殆盡。」（同上書，第 958 頁）董
安國本人也受到牽連，中共大姚縣縣委書記于剛說董安國是「鄭、王反黨
集團」的「一條腿」，把他和前來大姚縣檢查工作的鄭敦一點工作上的接觸
說成是「和鄭敦一鼻孔出氣」，製造出了一個「董安國反黨集團」。把縣政
府十多個科局長打成「董安國反黨集團」骨幹分子統統劃為右派分子，大
多數被開除公職，送勞動教養。（同上書，第 951–952 頁）

在雲南省，受到這一案波及的，還有中共思茅地委第一書記梁家。「梁
家反黨集團」包括地委委員、組織部副部長王堅，宣傳部副部長尹宜公。
並且在所屬各縣的領導班子裏劃出一批「梁家反黨集團」成員，也就是右
派分子。此外昭通地區也挖出了四個「反黨集團」，如以鹽津縣委書記瞿增
偉、縣委組織部長何浩正為首的「反黨集團」；以魯甸縣委書記李春仁為首
的「反黨集團」；以威信縣委委員、組織部長楊曙，縣委委員、縣長吳之伯
為首的「反黨集團」；以昭通縣委書記陳季伯為首的「反黨集團」。（同上
書，第 959–960 頁）

受到這一案波及的，還有曲靖縣縣委書記呂華民，據他的妻子張景雯的回憶文章〈歷盡磨難，無怨無悔〉一文中説：「一夜之間，呂華民從『思想右傾』突然被誣陷為『鄭、王反黨集團』安在曲靖地區的釘子，變成『敵我矛盾』，掉進無底深淵。隨之而來的批鬥株連，他工作過的瀘西、曲靖兩縣的知識分子幹部、地下黨幹部有一大批被扣上呂華民的『親信』『爪牙』『鬍鬚根』等罪名，被劃為『右派』。曲靖縣從縣長、科局長、兩個公安局長等無一倖免。我更是首當其衝，在劫難逃。」（《二十一年》下冊，作家出版社 2005 年版，第 438 頁）

時間過了二十多年之後，1979 年 1 月 11 至 24 日，中共雲南省委召開全省縣委書記會議，貫徹中共十一屆三中全會精神。會上，省委決定妥善處理十六個重大歷史遺留問題。其中第十五個是「對 1958 年反右補課中所謂的『鄭、王反黨集團』，經查明鄭敦、王鏡如和其他所謂『集團成員』，沒有不正常的政治關係。省委向中央的報告是錯誤的，應予堅決改正。凡是因該案而受牽連的其他人員，要實事求是地進行覆查，搞錯了的，也應糾正。」

雲南省的反右派鬥爭中還有一件可以注意的事情。解放戰爭中，雲南省有一支共產黨組織的很活躍的遊擊隊滇桂黔邊區縱隊（簡稱「邊縱」），在牽制國民黨的兵力，擴大共產黨的影響方面起了很大的作用。解放後對「邊縱」的幹部雖然作了安排，卻不像隨軍南下的幹部那樣受到重視。到了反右派鬥爭中，「邊縱」的好些幹部就被打成右派分子了。像黃平，1938 年入黨的共產黨員，「邊縱」的領導人之一。解放後，擔任過保山專區專員、省農協秘書長，反右派鬥爭時擔任雲南省衛生廳副廳長。姜必德，雲南彌勒縣人，1940 年 12 月入黨，曾任邊縱排長、指導員、教導員，解放後任副縣長、地委組織部長、省委組織部辦公室主任，地委委員、縣委書記、市委常委委員，箇舊市長。這兩個人就都被打成右派分子了。

謝富治在反右派鬥爭中表現很突出。1959 年 9 月從中共雲南省委第一書記的任上調任公安部部長、黨組書記。後來不斷升官。到 1972 年他死的時候的官職是：中共中央政治局委員、國務院副總理、中共北京市委第一書記、北京軍區政治委員，真是紅極一時。死後幾年報應來了。1980 年 10 月中共中央宣佈開除其黨籍，説他「參與了一系列篡奪黨和國家最高領導權的反革命陰謀活動，犯下許多重大罪行，造成嚴重惡果，民憤很大」。

1981 年 1 月被中華人民共和國最高人民法院特別法庭確認為「林彪、江青反革命集團案」的主犯之一。

當年中共雲南省委第二書記于一川對於製造「鄭、王反黨集團」十分賣力，還有挾私報復的動機。他妻子王靜在省委組織部擔任副部長，他以為受到了鄭敦的排擠。可是他的報應來得很快，在他打過鄭敦王鏡如之後不久，就被打成「于（一川）梁（誥）反黨集團」了。前面說到的梁家、仇開明也像他一樣，在反右派鬥爭初期，都是反右的積極領導者，也傷害了不少人，卻不料自己也落得如此下場。（《命運的祭壇》下卷，作家出版社 2008 年版，第 960 頁）

著名書畫家、北京師範大學中文系教授啟功也是 1958 年「補課」的時候劃為右派分子的。整風鳴放期間，他沒有說過一句右派言論，所以在師大中文系那一場猛烈的反右派鬥爭中他沒有事。可是到了 1958 年「補課」的時候，他業餘參加的中國畫院卻決定要把他補劃為右派分子了。找不到材料，經過多方搜集挖掘，終於找到了這樣一條罪狀：他曾稱讚過畫家徐燕蓀的畫有個性風格，並引用了「春色滿園關不住，一枝紅杏出牆來」的詩句來形容稱讚他代表的這一派畫風在新時代中會有新希望。於是中國畫院的領導就根據這句話無限上綱，說啟功不滿當時的大好形勢，意欲脫離黨的領導，大搞個人主義。就在朝陽門內文化部禮堂開批判會，宣佈他是右派分子。這樣，北京師範大學也將他由教授降級為副教授，工資也降了級。

作家汪曾祺的〈隨遇而安〉一文中說：「我不是 1957 年打成右派的，是 1958 年『補課』補上的，因為本系統指標不夠。劃右派還要有『指標』，這也有點奇怪。這指標不知是一個什麼人規定的。」

反右補課中劃出的右派分子還有中共中央高級黨校校部秘書科副科長杜光。

第二十八章

餘韻

對右派分子的處理，不論是六類中的哪一類，有一點是大致相同的，就是都得脫離原來的專業工作，到體力勞動中去「脫胎換骨，重新做人」，不過因為某種需要，「廢物利用」，讓他們從事一點專業工作的事也是有的。作家冰心的丈夫吳文藻是中央民族學院劃出的右派分子。冰心在《關於男人》一書中說：

> 文藻被劃成右派後，受到了撤銷研究室主任的處分，並剝奪了教書權，送社會主義學院學習。1959 年以後，文藻基本上是從事內部文字工作。他的著作大部分沒有發表，發表了也不署名，例如從 1959 年到 1966 年期間與費孝通（他已先被劃為右派！）共同校訂少數民族史志「三套叢書」，為中宣部提供西方社會學新書名著，為《辭海》第一版民族類詞目撰寫釋文等，多次為外交部交辦的邊界問題提供資料和意見，以及校訂英文漢譯的社會學名著工作。他還與費孝通共同搜集有關帕米爾及其附近地區歷史、地理、民族情況的英文參考資料等，十年動亂中這些資料都散失了！

> 1971 年 8 月，因為美國總統尼克松將有訪華之行，文藻和我以及費孝通、鄺平章等八人，先被從沙洋幹校調回北京民族學院，成立了研究部的編譯室。我們共同翻譯校訂了尼克松的《六次危機》的下半部分，接著又翻譯了美國海斯·穆恩、韋蘭合著的《世界史》，最後又合譯了英國大文豪威爾斯著的《世界史綱》，這是一部以文論史的「生物和人類的簡明史」的大作！那時中國作家協會還沒有恢復，我很高興地參加了這本巨著的翻譯工作，從攻讀原文和參考書籍裏，我得到了不少學問和知識。那幾年我們的翻譯工作，是十年動亂的歲月中，最寧靜，最愜意的日子！我們都在民院研究室的三樓上，伏案疾書，我和文藻的書桌是相對的，其餘的人都在我們的隔壁或旁邊。文藻和我每天早起八點到辦公室，十二時回家午飯，飯後二時又回到辦公室，下午六時才回家。那時我們的生活規律極了，大家都感到安定而沒有虛度了光陰！現在回想起來，也虧得那時是「百舉俱廢」的時候，否則把我們這幾個後來都是很忙的人召集在一起，來翻譯這一部洋洋數百萬言的大書，也不是一件容易的事。（據《清華校友通訊叢書》第 17 冊，1988 年 4 月出版）

在五十五萬多右派分子中，能夠有這樣的機會的只是少數，大多數都是通過體力勞動去改造思想了。

　　政協全國委員會舉辦了一個社會主義學院，作為那些知名的右派分子
學習改造的場地。據 1958 年 5 月 19 日新華社《內部參考》刊登的〈社會
主義學院吸收右派分子入學交心〉一文報導了他們在這裏改造思想的情況：

　　　　本刊訊　　政協全國委員會舉辦的社會主義學院在 3 月中旬
　　吸收了五十多個右派分子參加學習改造。他們都是章羅聯盟的大
　　右派。章伯鈞、羅隆基、儲安平、浦熙修、費孝通、張軫、陳銘
　　樞、黃紹竑等都在其內。

　　　　他們單獨劃分為三個右派小組，在閱讀和座談了《人民日報》
　　有關反右派鬥爭的社論和陸定一同志的報告《我們同資產階級右
　　派的根本分歧》等文件之後，於 4 月 11 日開始交心。交心的內
　　容主要是交代過去沒有交代過的反黨反社會主義的言行，交代對
　　自己被處理的反映（即對被劃為右派服不服）。到 5 月 5 日為止，
　　他們共交出問題八千八百四十條，平均每人一百七十條。其中以
　　黃紹竑、顧執中、駱介子、劉瑤章等四人交的最多。顧執中交了
　　三百三十二條；張軫、羅隆基、儲安平等十四人每人交了二百多
　　條；章伯鈞、浦熙修、葉恭綽等十三人每人交了不到一百條。目
　　前他們正在互相看材料，準備進行全面分析、批判，「梳辮子」。

　　　　這些右派分子對集中交心一般反映比較滿意。多數人認為
　　這樣作對他們自我改造有促進作用，表示勁頭足、決心大。他
　　們認為交心是自覺自願向黨靠攏，與鳴放中向黨進攻不同，故感
　　到比在反右鬥爭中被迫交代時，心情愉快。雖然普遍反映願意交
　　心，大部分人在數量上也確實作了努力，程度不同地交出了一些
　　問題，也有少數人交得較真較好，但一般說來品質上並不高，
　　特別是有少數人交代問題比較隨便，有應付差使、湊條湊數的
　　傾向。

　　　　關於定為右派分子是否心悅誠服的問題，每個人都表示了
　　心服口服或心悅誠服的態度，並舉出許多誠服的理由。但實際上
　　除個別人是心悅誠服和部分人基本上服氣外，絕大部分人是不服
　　的。他們在交心過程中還在以「說錯了話」，「六條政治標準發表
　　太晚啦」，「骨幹可劃為右派，偷偷摸摸的或鳴放不多的可不劃
　　右派」，「愛黨之心」，「沒有構成犯罪」等來替自己開脫罪責。
　　右派分子謝白寒並利用交心機會大肆發洩其反黨反社會主義的情
　　緒，同時對反右積極分子惡毒地進行人身攻擊。周穎說：「肅反

時未定反革命，反右派我倒成了反革命。」王葆真認為民革秦德君對他「誣衊」，是他成為右派的原因之一，他「自責」熱心太過，學習不夠，正宜受到這一教訓。盧蔚乾在被鬥爭後曾去找卜士看相。卜士説：「一開春就解決了，沒有什麼了不起的災禍。」又説「遠聽如雷，近聽如蚊，是個虛聲，不用着急」，也曾去前門外觀音寺抽籤，抽了一個「上吉」，藉以自慰。

右派分子們在交心過程中還是有不少顧慮的：

1. 怕別人説他繼續放毒怕再被鬥爭。如葉篤義説「我很難辦，我的交心都是毒，是否該交」，經和愛人商量後（愛人未表示態度），還是表示要交出來。

2. 怕交得太多了領導上不相信或加重處分。如薛愚曾表示「交心後領導上是否相信，會不會加重處分」。張紀域提出「交心材料以後是否裝入檔案袋？」章伯鈞在回答薛愚提出的疑問時説：「你們是右派分子，説什麼話大家都不會相信。」

3. 怕交得太多太醜以後梳辮子時困難，批判時麻煩。有些人對交心材料反覆修改，也可看出顧慮很多。

4. 交代問題少的怕別人説交得不好，所以見人便解釋原因。如浦熙修交了七十多條。解釋説：「我交得不好，原因之一是在搬家，未很好考慮問題。」陸高誼交了六十多條，解釋説：「我們在黨派內已交了，所以這次交得不多。」章伯鈞交了三十一條，解釋説：「我已交代過的和別人揭發的這次不再交代，我的指標是一百條。」陳銘樞説：「我有三不交：（1）已揭發的不交，（2）和朋友有關係的問題不交，零碎的事情不交，（3）歷史上的事不交。」

5. 聯繫到別人的問題不能很痛快地交代出來，怕別人説他翻案，「打擊報復」。如周穎關於胡風問題經過劇烈的思想鬥爭，有時成夜失眠。最近才交代出來（她認為在胡風問題上，肅反問題上有宗派主義因素）。又如顧執中、傅振倫在組內以檢查思想的方式暴露自己不敢大膽聯繫別人的問題。

凡來學院學習的右派都是在黨派內表現比較好的，個別的是經過幾次申請才入學的，所以入學後一般行政領導方面問題不

大，但從交心材料和學習要求看，他們入學動機和對自我改造的態度多半是不正確的（個別人架子還未放下）。

1. 不願和非右派在一起，覺得右派和右派在一起能無話不談。許多人都表示不願和非右派學習組合併。

2. 對中間分子、左派分子不服。鳴放中，中間分子在大是大非問題上也有些錯誤言論，個別人的錯誤還很嚴重，右派分子聽到他們向黨交心的典型發言後，部分人覺得定為右派有「幸與不幸」之感。如王葆真聽了丁貴堂、張克明的典型發言後，感到他們還不如自己，認為凌勉之是「外左內右」（鳴放中凌曾說「黨員是特殊材料製成的」是宗派主義的根源）。有的右派分子公開提出「對中間分子的錯誤言論是否可以提意見」。章伯鈞說：「鄧初民、高崇民很可能不如我交的好，我知道他們問題很多，我不相信他們都能交出來。」薛愚表示「黨員幹部見了右派還說話，非黨幹部見我們右派不理，我也不理他」。

3. 把學院看作醫院。認為自己是個住院的病號，病人能否恢復健康決定於醫院和醫生的治療。如 5 月 3 日座談學習期限時，陶大鏞希望延長到兩年，把右派帽子摘掉後再出院。宣寧也提出「什麼時候恢復健康，什麼時候出院」。浦熙修、費孝通主張整風可到暑假，9 月份搞搞理論，然後再下放勞動。陳銘樞談：「我們已經來啦，改造好了後再出去，要改造得像個樣再結束。」

4. 強調輔導幫助。座談學習方式時，許多人提出劃分互助小組，強調外力幫助。張雲川提出找人民大學，馬列學院的學員來幫助他們改造，一個幫一個。譚志清提出每組配備一個輔導員，要理論高的。羅隆基希望能調一到二個理論高的來從理論上幫助他從頭學起。

在這些頭面人物之外的右派分子，大量的都是在勞動場地改造了。他們的情況，1958 年 9 月 4 日新華社《內部參考》報導了北京市右派分子下放勞動後的表現：

新華社北京 8 月 29 日訊　右派分子下放勞動改造後的表現如何？據有關部門對四百八十七個右派分子的了解，其中表現好的和表現壞的都約各佔百分之二十，其餘的人表現一般。這四百八十七個右派分子下放在通用機械廠、北京鋼廠、理療機械

廠、玻璃工廠、燕京造紙廠和金星、齊堂等八個鄉的農業社；其中大學生二百六十三名，教授、講師、助教、教員九十二名，一般幹部一百二十九名。絕大多數是今年3月間下放勞動。

為了加強對右派分子的監督改造，工廠和鄉的黨委對這項工作都很重視，抓得緊，一般的做法是：（1）黨委領導專人負責、依靠基層，分工包乾；（2）向職工和社員公佈右派分子，講明黨對右派分子的政策和應注意的問題，發動群眾監督改造；（3）組織右派分子參加體力勞動，與職工和下放幹部同吃、同住、同勞動、同時讓他們訂立自我改造計劃，每半月或一月進行一次檢查，每季一次總結或鑒定，及時鼓勵好的，批評壞的。對於表現反動的，有的工廠還組織鬥爭，有的還在右派分子中開展了交心運動。黨的社會主義建設總路線公佈後，各單位都組織他們進行了學習和討論，通過當前大躍進的新形勢進行了深入的社會主義教育，這些作法都是很有成效的。

經過這一時期的工作，多數右派分子都有了不同程度的轉變，他們在初到工廠和農業社時，大部分人精神緊張，心有疑懼，悲觀失望，怕受工人農民歧視，怕被鬥爭，認為「一失足千古恨，這一輩子算完了」。另一方面右派分子並不認罪，對參加勞動有抵觸，甚至公開對抗，右派分子張金轉，工人問他姓什麼時，他說「姓右」，並指着其他右派分子說：「他們也姓右。」根據齊堂等七個鄉對右派分子的了解，當時願意接受改造的只佔右派分子總數的百分之六到百分之七，迫於形勢不得不參加勞動的佔百分之八十，消極怠工，軟泡硬搞的約佔百分之十三到百分之十四。幾個月來，由於實際的勞動教育、特別是黨的建設總路線和全面大躍進的新形勢的深刻影響，右派分子的情況已經開始發生了新的變化，根據調查，這四百八十七個右派分子大體可分為三類：

第一類表現較好的一百名，佔百分之二十點五，這些人多是右派情節較輕或原來是共產黨員或家庭出身於非剝削階級，經過反右派鬥爭和這一時期的勞動教育，對自己的反黨罪行有比較深刻的認識，表示決心改造自己，能夠經常地彙報自己思想情況，反映其他右派分子的情況，對表現不好的右派分子開展鬥爭，同時勞動積極主動，完成任務較好，有的還主動研究改進工具，如右派分子王景源，到農業社的當天即下地勞動，抗旱時通宵打

水，白天還照常幹活，並主動向群眾說明自己的反黨罪行，要求大家對他進行監督改造。右派分子夏振鵬，不僅經常向生產小組長彙報思想情況，定期進行檢查，而且一直積極勞動，專挑重活幹，他並提出一年內改進工具十二種，現已與工人一起研究改進七種。有一次為改進鍋爐漲管器，一夜沒睡覺把圖紙劃出來，第二天仍繼續堅持勞動。老師傅都願要他當輔助工。

第二類表現一般的二百九十五名，佔百分之六十點六，這些人雖表示低頭認罪，但沒有明顯的轉變，思想不夠穩定，時起波動，有時甚至流露不滿情緒，有些人還沒有完全放下資產階級知識分子的臭架子，不主動接近工人、農民，勞動表現平常，不艱苦，勁頭不足。這些人實際上處於動搖分化狀態，繼續反動沒有出路，接受改造又經不起勞動的考驗，因此情緒不定，時好時壞，從右派分子張永經寫的《歸途詩》中最能說明這些人的心情，當他「煩悶」的時候寫道：「我每天拖着疲乏的步子，從水渠走回桑峪。有時候看見晚霞，有時候星月照地。我一步一步往前走，不想看過去的痕跡。假如有人問，你在想什麼？我自己也不知道底細。」當他的情緒好轉的時候，又改寫道：「我今天邁着愉快的步子，從水渠走回桑峪。看前面紅霞滿天，不像昨日星雲覆地。我一步緊跟一步，希望留下深深的痕跡。假如有人問：你這是為什麼？我高興地回答，要腳踏實地向前。」

第三類表現壞的九十二名，佔百分之十八點九，這些人一般是反動思想較深，在反右派鬥爭中表現就壞，下放勞動後仍然堅持反動立場，拒不認罪，有的繼續散佈反動言論，甚至進行破壞活動。如右派分子李祖興，至今不承認他是右派，公開抗拒改造說：「改造我二十年也還是這樣。」並在右派分子中散佈生活費不夠吃，故意賣衣服被子，背地裏卻吃小館，抽前門煙。對於表現較好的右派分子進行諷刺打擊，說：「你甭積極，國務院不下命令，你的右派帽子也摘不下來。」右派分子王介相，在航空學院時曾企圖自殺、逃跑，至今拒不認罪。叫他寫思想檢查，他說「沒的寫」，叫他在會上檢查，他公開拒絕，工人給他貼大字報、也不檢查，還暗地給航空學院另一個右派分子寫信，說他「現在不自由」，約那個右派分子到西郊公園會談。右派分子史大中（史東山的兒子），情緒一直對立，認為他父親死得有問題，勞動態度很壞，在上車床時，故意用力砸，兩小時內連續砸壞三個油盅。右派分子袁振昆，竟冒充北大學生混進北大，偷竊衣服，茶

缸、書籍等物，被抓獲後，還拒不認罪，聲稱偷衣服因為沒有穿的，偷書是為了紅專。

以上情況說明，雖然右派分子內部已經發生了新的分化，但絕不可估計過高，許多人從表面看來似乎已低頭認罪，實際上思想深處卻隱藏着十分嚴重的不滿情緒和反動思想，因此對右派分子的改造工作是一個長期艱巨任務。

據了解，在對右派分子的監督改造工作上也存在一些問題，主要是，有些單位只組織右派分子勞動，對思想情況了解不夠，對改造工作抓得不緊，甚至對氣勢囂張的右派分子沒有及時組織鬥爭。有些單位沒有把監督右派分子的工作向群眾交代清楚，因此有不少工人、社員不知道應該怎麼辦，也有的敵我不分，政治界限不清。有些右派分子原工作的單位對下放的右派分子不加過問，使右派分子勞動所在單位感到有些問題不好解決。

右派分子並不總是順從接受改造的。據宣佈有不同形式不同程度的反改造表現。1958 年 8 月 4 日新華社《內部參考》就報導了一個昆明師範學院破獲了一個由右派分子組成的反革命集團的案例：

本刊訊　昆明師範學院留校的右派學生共二十七人，交心運動中，通過組織右派分子座談學習，揭發了以丁光榮為首的十個右派分子組成的反革命集團。早在今年 2 月間修檢槽河時，右派分子丁光榮、彭鐵生、吳欲東等三人就秘密集會，策劃組織反革命集團，要「推翻共產黨」，建立反動政權。會後相繼發展了右派分子陳紹炳等七人參加。這些反革命分子極端仇視黨和人民，對國內外形勢作了荒謬的分析：「目前國際形勢很緊張，第三次世界大戰不可避免要爆發。國內人民在高壓政策的壓迫下敢怒而不敢言，表面上像水一樣地平，但終有一天要像火山一樣爆發；農民生活很苦，因而各地都有暴動，將來一定還有一次大暴動。解放軍官兵大部分都是農民出身，一旦農民暴動了，一定會得到軍隊的支援。」我們認為右派是「被一棍子打死了，很多人心裏不服，因而矛盾更加深了」。在密謀中，他們強調吸取反革命組織採取建立「無形」組織的對策，並採取了陰險毒辣的反革命活動和手段：

1. 進行造謠、誹謗，爭取有消極抵觸情緒的右派分子，打擊接受改造，向黨彙報情況的右派分子。散佈「共產黨把人整得太

傷心了」,「反右是宗派鬥爭」,「右派現在是吃人飯、做牛活」,
來加深右派對黨的仇恨,從而達到發展反革命集團成員的目的。

2. 在檢舉揭發壞人壞事立功贖罪的幌子下,利用一切機會,
特別是在雙反、交心運動中,採取擴大事實、陷害好人的手法,
製造混亂,妄圖達到「多搞幾個右派壯大我們的隊伍」「分散共
產黨的注意力,便於今後工作」的目的。

3. 主張「目前不急於決定組織名稱,擬制綱領、章程,以防
破獲。主要是通過各種合法機會,積極培養對象,在思想上形成
一個無形的組織,以備時機成熟,一呼即應、一舉而起」。這夥
反革命分子想對抗到底,還考慮了「失敗就逃往緬甸」。

4. 為了不暴露組織,他們採取單線聯繫和使用代號。

這個反革命陰謀集團的活動是十分囂張的,他們散佈「馬列
主義發展的最高階段 —— 新型的法西斯化」的反共言論。今年
五一節還準備在街上散發反革命傳單,後因未能參加遊行,集團
內部思想不統一,而未行動。緬甸學生友好訪問團來該院參觀,
他們企圖寫信給緬甸學生友好訪問團帶到聯合國安理會上控告
「共產黨中國的鐵幕」。

又據 1958 年 12 月 15 日新華社《內部參考》報導:滁縣、蚌埠市兩個
右派分子逃往香港:

> 新華社合肥 15 日訊　安徽省滁縣、蚌埠市右派分子丁承
> 華、丁崇鼎於 11 月中旬逃往香港投敵。丁承華,男,二十四
> 歲,學生出身,江蘇淮陰縣人,1950 年參加工作,1954 年任滁
> 縣公安局政保股幹事,在反右派鬥爭中劃為右派分子,後在該縣
> 鐵廠勞動。丁崇鼎是丁承華的哥哥,原在蚌埠三中教書,解放前
> 曾任國民黨少校軍需,反右派鬥爭中劃為極右分子,逮捕判刑,
> 在螞蟻山勞改隊勞動改造。

> 右派分子丁承華是滁縣公安局右派小集團成員之一。這個小
> 集團的顏錦培(原滁縣公安局治安股幹事)在去年反右派鬥爭期
> 間,就提出要去香港,當即被關押審查。最近據這個集團的成員
> 陳學平(原縣局政保股副股長)、朱成華(原縣局秘書股副股長)
> 的供認:丁承華早已作了投敵準備,在反右派鬥爭前,丁即盜竊
> 了縣公安局蓋了公章的空白介紹信三張,並從《安徽公安》上登

載的〈香港與澳門〉的文章中抄下了有關出入邊境的材料。反右派鬥爭後，這個集團的成員分散在各處勞動，但他們仍然有聯繫，尤其是丁承華與朱成華聯繫更為密切。今年 10 月 2 日，朱在給丁的一封信中鼓勵丁承華逃港投敵。此後，丁、朱二人又研究了逃跑時如何偽裝，走哪一條路線，以後如何聯繫等等具體問題。並決定：丁帶其哥哥丁崇鼎一道逃走。朱因只有一條腿，不便逃走，留下來先發展反革命組織，待丁到香港與特務機關接上關係後再派人來與朱聯繫。10 月間，丁承華偽裝生盲腸炎，要請假一個月，經該縣辦公室批准，於 11 月 7 日提前領取了三十元生活費。11 月 8 日丁持滁縣公安局的公函（事先盜的蓋了印的空白信紙而後填寫的）到當地駐軍〇二〇〇部隊政治部保衛科，藉口要偵察一個潛特案子，要化裝一個青年軍官，騙得了一套上尉軍服和一個軍官證。11 月 11 日，丁持盜蓋公章的介紹信去蚌埠市公安局，自稱是〇一四四部隊的，要提審丁崇鼎，經該局負責人批示同意後，即去螞蟻山將其哥哥丁崇鼎提出，兩人當即逃往上海。12 日，丁承華持滁縣公安局的介紹信（也是事先盜的蓋公章的空白紙而後填寫的，化名李維良、陳順平）到上海市委組織部，說要找上海市動力學校的張善余了解魯德衡的材料，市委組織部即介紹丁到動力學校。不久，丁等又回市委組織部，說張已調到廣東寶安縣某小學當教員，市委組織部又介紹他們到寶安縣委。15 日上午，兩人到達廣東寶案縣委組織部，說要到沙頭角找小學教員張善余了解材料，縣委組織部開了介紹信，並介紹到縣公安局取得了邊防證。15 日下午，丁二人即到達沙頭角，到小學去了一趟，還在飯店吃了一頓飯，飯後即越過邊界，與英國員警講話，聲稱要求「保護」，不久，一輛吉普車把他們接走了。

丁承華等二人逃港投敵後，台灣的《中央日報》、《新聲報》等均發表了這一消息，報導了他們的投敵經過，並乘機對我進行大肆誣衊。

又據 1958 年 9 月 4 日新華社《內部參考》報導：

廣東部分右派分子氣焰囂張繼續進行反黨活動。

新華社廣州 1 日訊　記者從廣東省公安廳獲得的材料說明，最近一個時期，部分右派分子氣焰囂張，繼續進行反黨活動。

（一）不少右派分子認為時機已到，大肆叫囂，公開進行反攻倒算，企圖翻案。四會縣右派分子邵景成（以前是教師）在處理定案後，最近又公開反攻，罵曾鬥爭過他的學生是「世界上最無恥的人」。當再次組織學生與他進行辯論時，他猖狂地說，他在「暴風雨面前毫不畏懼，頭可斷，志不可辱」，並惡毒地攻擊人民民主專政，他說：「中國的自由是綁着四肢的自由，我今天的處境充分表現了社會主義的所謂民主自由，是綁着人的四肢的自由。中國的知識分子沒有自由，今天幾十萬、幾百萬右派分子正是中國式的言論自由所給予的錯誤。」還攻擊毛主席所講的六項標準「是一個圈套」。又說什麼「政權掌握在你們手上，你們想如何就如何，正如一塊肥豬肉放在砧板上一樣」，但是，「任何做法都不能使我屈服」等等。博羅縣鐵場小學校右派分子李進超最近也猖狂地進行翻案，叫囂說他「沒有殺過人，又沒有在國民黨做過事，僅在縣的宣傳會議上講幾句話就被劃為右派」，而且還挑撥其他右派分子也進行翻案和抗拒改造。

（二）部分右派分子乘機放毒，繼續進行反黨活動。龍門縣糧食局被留用的右派分子宋權看到毛主席和赫魯曉夫會談公報後，在群眾中大肆污衊說：「以前反對斯大林個人崇拜，現在又提倡學習毛澤東思想，這不是個人崇拜嗎？」有些右派分子還給海外親人寫信，歪曲和污衊反右派鬥爭。瓊山縣一右派分子在寫給香港親人的信中歪曲說他「因說了兩句話就被兩個壞黨員扣上右派帽子，進行鬥爭，自被開除回家監督勞動後，生活很痛苦」。並污衊說：「現在凡是知識分子，只要有一些錯誤就被鬥爭、開除、勞改。」一個省級機關下放海南勞動的右派分子寫給香港親人說「一天勞動幾小時，如刑法一樣」，並表示在監督勞動期滿後逃往香港。

（三）有的右派分子經常糾集一起，互相煽動，陰謀與黨對抗到底。紫金縣商業局右派分子李超明等五人經常糾集一起，吃飯下棋，蓄謀反攻。廣州市得生藥材店右派分子李順溪在勞動時煽動說：「你們不要太偷懶呀，如果遇到捉蛇佬（對我幹部的誣稱）連命都會沒有的。不過不用怕，如果逼到無路可走時，就起來造反。」普寧縣華僑農場二十多個右派分子自國際局勢緊張後，生活逍遙自在，唱歌作樂，並暗地進行糾集活動。

個別右派分子還乘機進行報復活動，毆打幹部。潮安縣鐵鋪鄉右派分子陳家河因毆打學生被拘留，在進行拘留時又當場拒絕，毆打我民兵隊長，用刀割斷繩子進行反抗。有的右派分子在暗中收聽「美國之音」，陰謀活動。

（四）特別值得注意的情況是，最近已陸續發現有些右派分子積極與海外敵特機關進行勾結，企圖進行反革命活動。如北海市有一右派分子積極與海外敵特秘密通訊聯繫，湛江市也發現有右派分子通過逃港的反革命分子與敵特搭線。有的右派分子積極設法越境逃往港澳。如石岐市（靠近港澳）右派分子肖聯（原工商聯執委，已捕）以金錢女色誘買我公安幹部，企圖竊取出境通行證，逃往港澳。江門市一右派分子逃至台山縣廣海，企圖偷渡逃港，被我捕獲。

與此同時，海外特務機關在最近加強了對右派分子的策反和爭取活動，不斷給內地的右派分子投寄反動傳單、小冊子和信件、黑函等，並積極派遣特務和通過橋樑潛入內地了解和試探右派分子的動態，相機進行策反和引渡右派分子逃港投敵等活動。廣州市已發現這樣的活動。

省公安廳已密切注意到右派分子的猖狂活動，正在採取措施，打擊其囂張氣焰和粉碎其反革命陰謀。

又據 1958 年 8 月 4 日新華社《內部參考》報導：上海第一醫學院一右派分子想逃往印度：

本刊訊　上海第一醫學院醫療系三年級一班右派分子史滋沁，地主階級出身，一貫表現惡劣。在大鳴大放時，他惡意攻擊蘇聯和黨的領導，支持北京大學的「新九品圖」等，在該院第二次反右時被定為右派，受留校察看處分。史滋沁一直不服。曾先後寫信給學校黨委、市委、中央衛生部及毛主席（未寄出），企圖翻案。

最近，史滋沁竟寫信給印度駐滬領事館，請求幫助他逃亡印度。這封信已由印度駐滬領事館轉給我市公安局。內容如下：

「我是一個正直的人，由於政治上幼稚，周圍人不了解我，都給我硬加罪名，要講也講不清楚，曾經想自殺……。

「我希望能得到你們的幫助，願意在你們國家做任何低微的工作，我曾讀過 3 年醫藥，到國外後可以做一個最起碼的、最低級的醫生助手，……熱烈地希望能達到願望……，現在我英文的書寫程度不好，但在短時期內，一定能學會英文會話……。」

現在這個右派分子被開除學籍，送去勞動教養。

又據 1958 年 11 月 6 日新華社《內部參考》報導：在建甌縣農村勞動改造的右派分子繼續散佈反黨反社會主義的右派言論：

新華社福州訊　福建省委宣傳系統的十一個在建甌縣農村進行勞動改造的右派分子，表現有悔改之意的是極個別的，大部分不服罪，繼續散佈大量的右派言論。

1. 繼續惡毒誣衊反右派鬥爭。有的誣衊反右派鬥爭是「共產黨沒有事找事幹」，是「學曹操借頭顧以平民憤」，「把好人搞成壞人」。有的說，反右派使她夫離子散，「在大鳴大放時太相信黨了，多說了幾句話，就給劃成右派」「革命不如不革命，自己革了八、九年命，落得成為個右派」。右派分子戚慧之繼續玩弄她慣用的伎倆，把反右派鬥爭說成是人事關係問題，以此來掩蓋她的右派面目。她說，她之所以會成為右派，「是因為我丈夫反對領導，我反對領導的老婆」，並造謠說：「宣傳部對我們的問題正在重新考慮」，以此來欺騙群眾和煽動其他右派分子翻案。有的說，「劃不劃為右派，只不過是領導的一句話而已」，「平時得罪領導了，所以成為右派，鳴放時沒有攻擊領導，就不會成為右派」。有的右派分子繼續流露了對黨對社會主義的刻骨仇視。認為反右派是「是是非非，無是無非，今天非的焉知以後不是『是』呢？」他們對把右派和地、富、反、壞列在一起，是帝國主義、蔣介石國民黨的代理人心中不服，說我們「對待右派好像蘇聯當時對待托派一樣」，認為對他們的處理「太重」。有的說：「小右派不如大右派，大右派還可以不下來勞動。」

不少右派分子還處心積慮地準備翻案。右派分子湯均幻想黨中央分裂，他說：「最好反右派僅是中央某些領導人的決定，以後會有人起來反對這一次運動，重新作出估計。」右派分子邢航川開始勞動時就準備翻案的「材料」，要利用幾個月的時間寫翻案的控告書，並說：「如果省委解決不了，要到中央去控告。」

據揭發，這個右派分子還糾集其他右派分子，準備向黨進行一次總翻案總反攻。

2. 誣衊社會主義。右派分子湯均把社會主義誣衊為「像封建王朝一樣」，說什麼「每個王朝的統治者一旦掌握了政權，就殺功臣」，並拿李白的詩「功成還退皆殞身」作為引證，說什麼「一將功成萬骨枯」，「勞動改造並不是共產黨發明的，而是歷代的王朝就有了，現在的右派比封建王朝裏的流放犯還不如。」說「共產黨的膽量狹窄，容納不下人民的意見」。大部分右派分子都說：「右派分子都是有骨頭的，唯唯諾諾的都成為左派。」右派分子湯均說：「要是今天魯迅還在，也會成為右派。」

3. 誣衊社會主義建設。這些右派分子對社會主義建設的飛躍發展是仇視的。對辦人民公社，辦食堂，生產軍事化進行了一系列惡毒的攻擊。說「大躍進是迫出來的」，他們認為把「農民搞得太苦了」，「農民束着肚子去勞動」，應讓「農民休養生息」。右派分子湯均說：「秦始皇建長城，隋煬帝修運河，也是為了建設，但卻是勞民傷財的，現在建設也很難免不是這樣。」還說什麼「這樣下去，很難說農民不起來反抗」。大躍進給右派分子的感覺是「壓力愈來愈大」，右派分子劉泓說：「壓力大，反壓力更大。」他們還認為「生產軍事化，是很難避免不會走上命令主義的道路的，是跟說服教育的政策相違背的」。右派分子龔在左對人民公社設立軍法處大為反感說：「除了法院之外，還有個軍法處，這是不合法的。」廣大農民歡欣鼓舞地在大食堂裏進餐，這些右派分子卻說：「農民不自由，失去了在南瓜棚下一家人共同吃飯的天倫之樂了。」

4. 不少右派分子逃避勞動，抗拒改造，有的連續二十天不出工。有的想逃跑，有的想另找出路，或退職回家去。右派分子湯均還想糾集其他地方一些右派分子，回家找職業或者隱居，準備「東山再起」。人家問他為什麼不很好改造，他說「要壞就壞到底」。右派分子劉泓還煽動個別覺悟不高的下放幹部做革命逃兵，為着掩飾自己的右派身份，逃避群眾對她的監督，在群眾面前還把自己說成是下放幹部。

5. 為鐵托捧場，為納吉喊冤。當黨對南斯拉夫修正主義進行批判的時候，右派分子湯均說：「結論不要下得太早，過去斯大

林已經犯過這樣的錯誤，現在不要再重犯了。」在批判南共時，他很希望「各國共產黨出現不同的態度」。對南共的工人委員會他很欣賞，認為「南共有獨創性」，他幻想「國際工人運動分裂」，「多出現幾個不同的社會主義國家；各國走社會主義要有各國不同的道路」。匈牙利處決叛國罪犯納吉時，右派分子龔在左認為「這是不合國際法的」。

國際局勢較為緊張時，有的右派分子就宣揚原子彈的威力，並以物理學的原理論證，認為可以毀滅地球，一切同歸於盡。右派分子劉泓還說：「美國原子彈的威力在廣島已經看見了，蘇聯雖說也有，但是還沒有看到。」（意即美國強於蘇聯）

右派分子改造總的情況，據 1959 年 9 月 23 日新華社《內部參考》〈目前全國右派分子的改造情況〉說：

本刊訊　據各省、市公安機關的初步統計，全國在反右派鬥爭中，共揭發出右派分子 463812 名（不包括軍事系統）。對他們的處理情況是：逮捕 11997 名，佔總數的 2.7％；勞動教養 53684 名，佔 11.15％；留在機關、學校、工廠、企業內部監督改造的 197497 名，佔 42.62％；下放勞動 68346 名，佔 14.73％；在社會上監督改造的 59568 名，佔 12.63％；其他（包括自殺、逃跑和一部分無職業的右派頭面人物）32423 名；不明情況的 40297 名。右派分子中原是共產黨員的 42714 名；省、市職工代表人物 909 名。

兩年來，這些右派分子在廣大群眾的監督改造下，絕大多數都有不同程度的轉變。據 15 個省、市對 31751 名右派分子改造情況的調查，大致可分為四類：（一）表現較好的佔 20–30％ 左右。他們一般認罪較好，願意接受監督改造，遵守政府法令，工作勞動積極，思想比較穩定。（二）表現一般的佔 45–60％。他們基本上認罪，也表示願意接受改造，但在改造中有抵觸情緒，平時沉默謹慎，勞動不夠積極。（三）表現壞的佔 15–20％。他們不認罪服法，繼續叫冤叫屈，有嚴重的抵觸情緒，不願接受改造，故意逃避勞動和學習，繼續發表謬論。（四）有破壞活動的不足 5％。他們堅持反動立場，拒絕接受改造，或公開或秘密地進行各種現行破壞活動。

資産階級代表人物中的右派，據湖北、湖南、江西、四川、貴州、浙江、江蘇、山東、陝西、甘肅、山西、吉林、上海、北京等 14 個省、市統計，他們那裏共有省會市以上的資産階級代表人物 936 名，除已經逮捕、勞動教養、逃跑、自殺的 126 名以外，其餘 810 名，目前表現較好的有 199 名，佔 24.57%；表現中間的 398 名，佔 49.13%；表現壞的 213 名，佔 26.3%。

對幾十萬右派分子作出了處理，他們在勞動教養場所、在農村，或是留在原單位，從事體力勞動，爭取脱胎換骨，重新做人。其中名氣大的，也都已經在公眾面前掃臉出醜。作為一個歷史事件來説，反右派鬥爭是結束了。歷史又要揭開新的一葉，寫上新的事件了。可是這事又還沒有完，它像一個擺脱不開的鬼魂，不時在歷史的新葉上投下自己的陰影。

毛澤東的〈1957 年夏季的形勢〉一文主要是講反右派的。除此之外，其中還説到：「十年至十五年以後的任務，則是進一步發展生產力，進一步擴大工人階級知識分子的隊伍，準備着逐步地由社會主義過渡到共產主義的必要條件，準備以八個至十個五年計劃在經濟上趕上並超過美國。」（《毛澤東選集》第五卷，第 462-463 頁）向共產主義過渡，趕上並超過美國的口號，都提出具體的時限來了。

實際上是為反右派鬥爭作總結的中共八屆三中全會，批評了 1956 年的「反冒進」，提出了「多快好省」，提出要恢復「促進委員會」，基本通過了農業發展綱要四十條。這就揭開了大躍進的序幕。

敍述大躍進的過程和情況，不是本書的任務。這裏只説一下反右派鬥爭與大躍進的關係。1958 年 9 月 5 日毛澤東在最高國務會議上説：「幾億勞動群眾，工人農民，他們現在感覺得心裏通暢，搞大躍進。這就是整風反右的結果。」1959 年 2 月 1 日下午他在各省、市、自治局黨委書記會議上講話，談到搞大躍進的幾個條件，頭一條就是群眾的幹勁、勞動熱情，這是過去幾年特別是整風、反右替我們準備下的。周恩來在全國人大二屆一次會議作的政府工作報告中説，「在政治戰線思想戰線沒有取得革命性的勝利以前，也不可能發生 1958 年式的大躍進。」（1959 年 4 月 18 日）前面一章已經引用過，毛澤東在〈1957 年夏季的形勢〉中説反右派鬥爭「是一個在政治戰線上和思想戰線上的偉大的社會主義革命」，所以周恩來的這句話，直截了當地説就是「在反右派鬥爭勝利以前，不可能發生 1958 年式的大躍進」。事實也確實同毛澤東周恩來説的一樣：大躍進是反右派鬥爭

的直接結果。能看出點問題、敢提點批評意見的人，這時多已被劃為右派分子，被剝奪了發言權。那些沒有被劃為右派分子的知識分子和幹部，眼看到不久前別人是怎樣成為右派，落得怎樣的境地，當然不敢再多說一句話。土法煉鋼，打麻雀，高產衛星田，吃飯不要錢，對於這種種層出不窮的新事物，沒有誰敢說一個不字。大躍進也就沒有遇到一點抵抗，開展起來了。

右派分子被排除在正常社會生活之外。他們在旁邊看着大躍進，看法還是有的。有一種材料說，「章伯鈞、羅隆基、龍雲等，發表了許多尖銳的、諷刺性的意見，即許多『右派反動言論』。章伯鈞說，1958 年搞錯了，煉鋼失敗了，食堂辦不起來了，大辦水利是瞎來。羅隆基說，物資供應緊張是社會制度造成的。私營工商改造有毛病。現在人民怨憤已達極點。共產黨說唯物，實際上最唯心。龍雲說，解放後只是整人，人心喪盡。內政還不如台灣。全國幹部數量，比蔣介石時代成百倍增加。陳銘樞說，供求相差驚人，幾年之內也難恢復正常供應。要是過去發生這種情況，早就該『下詔引咎』了。他們實行的不是列寧主義，而是斯大林主義。于學忠說，共產黨的政策忽冷忽熱，大躍進的成績全是假話。天安門的工程，像秦始皇修萬里長城。」（李銳，《廬山會議實錄》，香港天地圖書有限公司 1993 年版，第 51–52 頁）這樣一些議論，已經起不到什麼作用了。這時能夠引起重視的批評意見，只能是來自共產黨內，特別是黨內高層，像彭德懷、張聞天了。

1959 年 7 月 23 日，毛澤東在廬山會議上批評彭德懷，說他們重複了 1956 年下半年、1957 年上半年犯錯誤同志的道路，他們不是右派，但是他們把自己拋到右派邊緣去了。距離右派不過還有三十公里。26 日，他又在〈對於一封信的評論〉中批評右傾情緒、右傾思想、右傾活動，說是大有猖狂進攻之勢。不過，他說，「這種情況遠沒有達到 1957 年黨內外右派猖狂進攻那種程度」。廬山會議通過的《為保衛黨的總路線、反對右傾機會主義而鬥爭》的決議也作了這種區別，說「但是這種矛盾現在還是人民內部的矛盾，不是如同 1957 年資產階級反動右派猖狂進攻那樣的敵我矛盾」。

廬山會議之後，全國開展了反對右傾機會主義的鬥爭。1959 年 11 月 13 日中共中央統戰部寫了一個《關於在民主黨派、資產階級分子和資產階級知識分子中不進行反右傾鬥爭的整風運動的意見》，其中提出：資產階級分子、資產階級知識分子和各民主黨派成員在 1957 至 1958 年的反右派

鬥爭和整風運動中多數人受到了相當深刻的教育，在政治上和工作上都有不同程度的進步，這證明，黨對於他們的社會主義改造的政策是完全正確和成功的。我們必須明確認識，現在不同於 1957 年資產階級右派猖狂進攻的那種形勢。根據毛主席 9 月 15 日在黨派座談會上提出的對黨外不搞運動的指示，我們這次在各民主黨派、資產階級分子、和資產階級知識分子中間不採取大鳴、大放、大字報、大辯論等群眾性的鬥爭，不進行反右派運動，不進行重點批判，不搞交心運動。因為這樣做，會造成緊張局勢，對於資產階級根本改造是不利的。中共中央批准了這個意見，並且指出：這次反右整風運動，不要在民主人士中進行，即不要在各民主黨派、工商界和老的高級知識分子中進行。這樣做，不僅是因為自 1957 年以來，在他們中間已經連續地進行過兩年多的思想改造，更主要的是因為這次問題的中心，不在他們；這次掛帥、點火、反對總路線、反對人民公社、反對大躍進的也不是他們，而主要是黨內的右傾機會主義分子，其中並有一部分是高級的領導幹部。

1959 年 8 月 24 日，毛澤東寫了一封信給劉少奇。其中說：

> 關於全國 45 萬右派分子分期分批摘帽子的問題，據江西省委楊尚奎同志說，是一個重要的政策問題。他說，已經向你說過了，你答應回北京統一考慮此問題。我認為，積以時日，至少可以爭取 70％ 的右派分子改變過來。例如說，在今後七年中（或更多時間），每年爭取轉變和摘掉帽子 10％ 左右，是有可能的，請你提向常委和書記處討論一次，由中央發一個指示，在國慶十周年時機，根據確有改變的情況，給第一批改好了的右派分子，摘掉 45000 人左右的帽子，即 10％，對於教育右派分子，一般資產階級、知識分子，民主黨派成員，將大有作用，他們會感到確有前途。對於目前反右傾、鼓幹勁也甚有利。摘去帽子後，舊病復發，再次、三次……右傾，也不要緊，給他再帶上右派帽子就是了。（《建國以來重要文獻選編》第十二冊，第 528 頁）

根據毛的這個提議，中共中央於 9 月 17 日下發了《關於摘掉確實悔改的右派分子的帽子的指示》，11 月 2 日又下發了《關於摘掉右派帽子的人員的工作分配和生活待遇的規定》。12 月 5 日，報紙公佈了中央國家機關和民主黨派中央機關摘掉一批確已改好了的右派分子帽子的消息，共一百四十二人，他們是黃琪翔、費孝通、葉恭綽、林漢達、潘光旦、向達、薛愚、袁翰青、陶大鏞、陳銘德、謝家榮、費振東、譚志清、金芝

軒、吳文藻、劉瑤章、曾彥修、王曼碩、范澄川、雷天覺、彥涵、董守義、陳明昭、裴祖源、沈志遠、徐鑄成、浦熙修等等（1959年12月5日《人民日報》）。各地也都這樣摘掉一些右派分子的帽子。

《關於摘掉右派帽子的人員的工作分配和生活待遇的規定》有些這樣的內容：在國家薪給人員中，「凡是摘掉右派帽子的人，過去沒有開除公職，實行勞動教養和監督勞動的，一般地都應該根據工作的需要和他們的工作能力、技術專長，分配以適當的工作。現在分配的工作職務，一般要低於他們受處分以前所擔任的職務，並且不要讓他們擔任機要部門、要害部門的工作。」「原來受降職、降級、降薪處分的，現在工資級別一般不動」，「所有摘掉右派帽子的人，不經過相當長時期的考驗，一律不得提拔使用。」高等學校學生中的右派分子摘掉帽子以後，「凡已開除學籍、實行勞動教養的右派分子，在摘掉右派帽子以後，學籍一律不予恢復」，「原來學習國防、外交、尖端技術等機密性專業的右派分子，在摘掉右派帽子以後，一律不再學習原專業，可以轉學別的專業和其他學校，或分配適當的工作。」一些希望摘掉右派帽子以後待遇會有所改善的人，希望就落空了。

據1960年1月3日新華社報導，各地第一批宣佈摘掉右派分子帽子的人有吳茵、吳藝五、連瑞琦、陳子展、陸晶清、連闊如、王雪濤、萬福恩、沈慧儒、馬品芳、王海亭、晏道剛、厲無咎、蘇先勤、林孔湘、葉啟芳、白施恩、李紫翔、黃憲章、張雪岩、羅筱元、李述禮、孫殿才、苗復生、何善周、武百祥、葉喜扎布、王卓如、陸侃如、高覺敷、倪鶴笙、駱明、李克鴻、陳新民等二萬五千多人。

那時正是反對彭德懷的廬山會議剛開過不多久，正是階級鬥爭更進一步加緊之時。這時摘掉一批右派分子的帽子，以及同時特赦一批在押犯人，都不是政治空氣趨向緩和的表現，而是為了國慶十周年做的應景文章。就說這個《中共中央關於摘掉確實悔改的右派分子的帽子的指示》，它的第六部分就說：

> 現在，資產階級分子、資產階級知識分子和民主黨派成員中，還有少數人繼續散佈右派言論，惡毒地向黨、向社會主義總路線、向大躍進、向人民公社進行攻擊，表現得十分惡劣。對於這些人的言行，應該進行調查研究，準備充分的材料和證據，在國慶日以後，選擇適當的時機，在他們所在單位用擺事實、講

道理的方法，在群眾中進行鬥爭，給他們戴上右派分子的帽子。（《建國以來重要文獻選編》第十二冊，第 575 頁）

你看，這個關於摘帽子的指示還提出劃出一些新的右派分子來呢！不過它接着說：「各地黨委應該注意掌握，打擊面不要寬。現在，不進行像 1957 年那樣規模的反右派鬥爭。」這裏，「那樣規模」算是鄧小平後來承認的「擴大化」的另一種說法吧。後來打擊的人一般都沒有被稱為右派分子，而是被稱為右傾機會主義分子了。

執行這個關於摘帽子的指示的情況，我記得，和我同在一處勞動教養的幾百名右派分子，這一次也有幾十個被宣佈為確已改好的，摘掉了帽子。按說，摘帽之後，即不再存在當初送勞動教養的前提，該可獲釋回家了吧？可是不成。他們只不過是把稱號由勞教人員改變為新工人，從宣佈摘帽之日起即換到新辦起來的「新工人食堂」（不是原來的「職工食堂」）吃飯，每月工資也比勞教人員的多了幾塊錢了。後來才知道，這是因為當時有一個「多留少放」的政策。（尹曙生，〈勞動教養和反右派鬥爭〉，見《炎黃春秋》2010 年第四期，第 9 頁）這些人就是摘帽之後也不能回家了。

對於這些摘掉帽子的右派分子，上面還是時刻注視着他的政治態度、政治表現。《徐鑄成回憶錄》裏就講了他自己摘帽之後的情況：

> 1959 年 10 月，出版局黨委開會，宣讀中央文件，宣佈第一批「已經改造好了的右派分子」，摘去「帽子」，我亦在其列，又一次當場被稱為同志。
>
> 我兩年前「戴帽」時，受降職降薪的「寬大」處分，撤去《文匯報》社長兼總編輯職務，並撤銷全國人大代表等公職，薪給被降低六級。時我母親尚健在，每月收入，輒賴出售舊衣補貼。後由石西民批准，為港報寫稿，得以幫助。「摘帽」後，滿以為可以稍加調整，不想載入「另冊」如昔。有一次，市委統戰部曾找我「交心」（彙報真實思想），我坦白說：「摘帽後別無所求，但望薪給略加恢復，因實際生活困難纏人。」結果待遇如故，政治上受歧視如故，原來很熟的朋友，相見若不相識如故。因此，有「脫帽」而「帽」痕宛在之歎。（三聯書店 2010 年版，第 263 頁）

接着他就講了和他同在第一批摘帽的沈志遠摘帽之後的情況：

　　我的好友沈志遠先生，「帽子」剛摘去，統戰部的人即找他「交心」，要他彙報真實思想感情，他天真地說，他只有兩點想不通：一、為什麼天安門一定要掛斯大林的像，使中蘇關係更多了一個疙瘩！二、目前農業生產還容許保留自留地，為什麼分配上不容許有自由市場的流通管道？真是禍從口出，「一言既出，駟馬難追」。上海那位「一言堂」（按：指中共上海市委書記柯慶施）就認為這兩點，都是對外對內的要害問題。從此以後，正如上面所提到的那位馬列主義專家所說的，對沈暗中念念有詞，並假借別的「罪名」，又狠批了他達半年之久，緊箍咒念得他滾地、翻騰、抓頭、抓耳，實在無法忍受了。後來，他終於在「文革」前一年就仰藥而與世長辭了。哀哉！這是後話。（同上書，第 264-265 頁）

沈志遠是 1965 年 1 月 26 日服毒自殺的。

　　徐鑄成在摘掉右派分子帽子之後，還按照上海市政協副秘書長江華的佈置，去收集一些高級知識分子（包括右派分子和並沒有劃為右派分子的）的思想動態。他 1968 年 2 月 7 日寫的〈交代我的社會關係〉這篇材料中說：

　　　　1960 年，我摘帽不久，江華（引者按：他是中共上海市委統戰部管理右派分子的專職幹部）就去動員我去做一些「高知」的所謂「思想工作」，並且說：「這是對你的考驗，看你能否打消顧慮，為黨做些工作。」我問：「像我這樣一個犯過大罪的人如何去做工作？」江華說：「正因為你犯過錯誤，他們可能對你談些真話。」（《徐鑄成自述：運動檔案彙編》，三聯書店 2012 年版，第 51 頁）

　　就這樣，徐鑄成「為黨做些工作」了。他奉命去收集思想動態的對象，有歷史學家李平心、翻譯家傅東華等人。「每次談話後，我都把交談內容詳細地寫成書面送交統戰部。」據徐鑄成這篇材料說的，沈志遠也接受過這樣的指派：

　　　　1961 年冬，江華還叫我和沈志遠做過一批從北京出來視察的全國人大、政協委員的「工作」，他們之中有大右派費孝通、浦熙修、宋雲彬、潘光旦。江華指派沈志遠找費和潘，叫我找浦和宋，並關照要請他們吃飯，和他們多談談，我就請浦熙修和宋

雲彬在文化俱樂部吃飯。以後，也把詳細的談話內容書面彙報。（同上書，第 52 頁）

大約沈志遠對於這種改造的考驗很覺得厭倦，在文化大革命爆發之前就自殺了。

對於這第一批摘掉右派分子帽子一事，顧準在他的日記裏作了這樣的評論：

所謂右派分子的摘帽子，無非是一種政治上的勒索。

北京宣佈了一百四十餘人，都是為了照顧政治影響。潘光旦、浦熙修之類都是。對廣大的右派分子，是絕不放心的。局勢愈緊張，防範愈嚴。

所以，我的改造表現再好，不過求苟全性命而已。什麼摘帽子，摘了帽子能如何改善環境，都是采秀（按：指他的妻子方采秀）式的空想。

不見此間摘帽的人依然在勞動隊不往外放嗎？（1959 年 12 月 8 日，見《顧準日記》，經濟日報出版社 1997 年版，第 40 頁）

顧準在當時就能夠看得這樣透徹，識力真不可及。

到了 1960 年秋天，要第二批摘掉右派分子的帽子了。10 月 14 日，中共中央組織部、統戰部將當年擬摘掉屬於中央審批的右派分子的帽子的名單呈報中共中央和毛澤東，請示報告中說：黃紹竑從劃為右派分子後，沒有發現什麼反動言論。劉王立明劃為右派分子後，學習積極，承認自己的思想感情有問題。反右前（1956 年 8 月）她在世界婦女節制會上抵制過台灣代表，駁斥帝國主義污衊「中國販賣鴉片」的讕言。我們反覆考慮似以摘掉他們的右派帽子為有利。是否摘掉，請中央決定。10 月 26 日，毛澤東批示：「黃紹竑、劉王立明二人以摘掉右派帽子較為有利。請總理、富春最後確定。如今後發現他們又有嚴重反動，甚或反革命行為，那時酌情再處，我們仍有主動。」

1960 年 11 月 25 日《人民日報》刊出新華社電訊，說中央國家機關和各民主黨派中央機關最近又摘掉一批確有改悔的右派分子的帽子，他們是：黃紹竑、劉王立明、錢偉長、王葆真、董渭川、宋雲彬、李俊龍、李

伯球、譚惕吾、鄧季惺、樓邦彥、葉篤義、徐誦明、崔敬伯、王寄一、周穎、金寶善、駱介子、萬枚子等二百六十多人。

這一回黃紹竑和劉王立明雖蒙毛澤東恩准摘掉了右派帽子，可是他們的最後結局都頗為悲慘。黃紹竑在文化大革命開始以後，就被多次抄家、罰跪、毆辱，他不堪忍受，在 1966 年 8 月 31 日自殺了。1966 年 9 月劉王立明被上海交通大學「代代紅紅衛兵」揪走「鬥爭」了三天，就被送到上海第二看守所，以「美國特務」的罪名關押了三年八個月之後，口頭通知她女兒，說劉王立明已經於 1970 年 4 月 15 日死在監獄裏，沒有正式的死亡證明書，也沒有骨灰。（王友琴，《文革受難者》，香港開放雜誌出版社 2004 年版，第 276–277 頁）

這時，由於大躍進對農業的巨大破壞，造成了遍及全國的大饑荒，各地都出現了大批餓死人的慘象。「紅旗」舉得最高的省份餓死人最多。當時只有一千二三百萬人口的甘肅省，餓死的就有上百萬人。（1998 年 1 月 7 日《甘肅經濟日報》）對於被剝奪了人身自由的勞改犯和勞教人員來說，連外出逃荒的可能也沒有，大饑荒對於他們更是雪上加霜，餓死的比例就更高了。據新華社的右派分子戴煌寫的《九死一生——我的「右派」歷程》中提供的材料：錦西煤礦一千二百多名勞改犯中就餓死了一千人，約佔百分之八十。（中央編譯出版社，第 266 頁）甘肅日報右派分子和鳳鳴寫的《經歷——我的一九五七年》一書中透露：甘肅酒泉夾邊溝農場原來有勞教人員兩千八百多人，活着回來的只有六七百人，餓死的也接近百分之八十了。她的丈夫王景超也是甘肅日報的右派分子，就是在這裏餓死的，終年才三十六歲。（敦煌文藝出版社，第 429 頁）在這裏餓死的人還有傅作恭（1920–1960），他是傅作義的叔伯弟弟，1941 到 1945 年 5 月，在成都金陵大學森林專業學習。畢業後擔任過綏遠省立林業試驗場場長。1952 年他到北京看望二哥傅作義，遇到了擔任甘肅省人民政府主席的鄧寶珊，鄧寶珊介紹他到甘肅省農林廳林業局工作。在反右派鬥爭中，他被劃為右派分子，保留公職，1958 年 3 月被押送到酒泉夾邊溝農場勞動教養。他在夾邊溝農場 1958 年 7 月 12 日的檢查中寫道：

> 當被批准勞動教養之時，林業局黨組曾徵求我的意見，願意自謀生活也可以，而我覺得這是兩條道路之爭，我應當跟着共產黨走，所以黨總書記劉德珍同志很滿意的，再三表示，家中生活完全由黨負責，兩個月後，並把家給我送來，我提出我素來體

弱多病，恐對勞動力太強之工作不堪勝任，劉書記再三表示，可以把我體質太差之情況，向此間組織反映，可給予餵豬、養羊之輕勞動，我到場後編入基建隊，我之情緒很不正常，覺得力不勝任，每日疲乏不堪，雖盡最大之努力，而同志們之意見非常之多。1960 年 5 月，傅作恭承受不了饑餓和勞累，就死在這裏了。（趙旭，《反右運動 夾邊溝慘案 倖存者證言》，台灣秀威版，第 481–487 頁）

他曾經將這裏饑餓的情況寫信告訴傅作義，傅作義不能相信有這樣的事，反而在覆信中批評他。後來傅作義參加中央的一個檢查團到甘肅來檢查，才知道實際情況比弟弟信中說的嚴重得多。可是這時他弟弟已經餓死有半年了。（和鳳鳴，《經歷──我的一九五七年》，第 363 頁）

北大荒有大批右派分子凍餓而死的慘事引起了周恩來的關注，他對來北京參加農墾工作會議的牡丹江農墾局局長王景坤說：「你們不要因為這些同志 1957 年出了點事，是所謂『右派』，就可以不把他們當人看待了！他們之中的絕大多數人都是國家的有用之才，國家將來還是要用他們的，你們怎麼能夠這樣對待他們？你們應該趕快說明他們各個人的死因，不然這個責任是值得追究追究的！」（見上引戴煌書，第 267 頁）周恩來的過問，使那些右派分子的處境有了一點改善。

西南師範學院教育系的董時光的情形，在前面第十章已經說過了。他被劃為右派分子，受到勞動教養的處分，去修內（江）昆（明）鐵路了。同在這裏修鐵路的右派分子有作家劉盛亞，畫家汪子美，中共重慶市委宣傳部副部長王匡時，民盟重慶市委宣傳部長李康和組織部長蘇軍，諧劇專家王永梭等。由於大躍進帶來了大饑荒，工地上很多人因為饑餓和過重的體力勞動，患了水腫。1959 年 10 月，內昆鐵路停工下馬，他們又被轉移到涼山去修成昆鐵路。1960 年月，成昆鐵路也下馬停工，他們被送到雷波、屏山、馬邊三縣交界的「雷馬屏勞改農場」，董時光在那裏當了養馬的馬倌。當時大饑荒席捲勞改農場，董時光也全身浮腫，饑餓和勞累已經把他折磨得完全脫了人形，嚴重時走路都摔跟頭。一天他發現在馬糞蛋中，竟有一兩顆沒消化了的胡豆！他趕緊動手，在一堆堆馬糞找胡豆，然後淘洗乾淨拿來充饑。一天被別人發現，立即向幹部彙報，說大右派董時光偷吃馬糧。於是立即組織了批鬥會，會上幹部安排的「改造積極分子」帶頭，其他犯人一擁而上，將他當場打斷三根肋骨，口吐血沫。送農場勞改醫院後，不治而死。

　　時間進入了 1962 年，已經漸漸從大躍進的失敗所造成的困難中走了出來，可以冷靜地總結一下這幾年的經驗教訓了。年初，中共中央在北京舉行擴大的工作會議（即七千人大會），劉少奇在會上的講話中承認：當前經濟困難的原因，除了由於自然災害造成農業歉收外，還有一條，就是從 1958 年以來，我們工作中的缺點和錯誤。毛澤東在會上也表示了自我批評的意思，他說，「凡是中央犯的錯誤，直接的歸我負責，間接的我也有份，因為我是中央主席。」在這篇講話中，毛對知識分子還很說了些溫和的話，他說，「對於知識分子，是不是只有革命的我們才去團結呢？不是的。只要他們愛國，我們就要團結他們，並且要讓他們好好工作。工人，農民，城市小資產階級分子，愛國的知識分子，愛國的資本家和其他愛國的民主人士，這些人佔了全人口的百分之九十五以上。這些人，在我們人民民主專政下面，都屬於人民的範圍。」他這樣說，知識分子聽了，會覺得舒服的。不過，他並沒有把已經被劃為右派分子的知識分子包括在內，接着他說的是：「人民民主專政要壓迫的是地主、富農、反革命分子、壞分子和反共的右派分子。」到了後來文化大革命中間，這些就被統稱為「地富反壞右五類分子」，簡稱「五類分子」了。

　　不論怎麼說，在這七千人大會前後一段不很長的時間裏，政治空氣還是顯得比較寬鬆，對於 1957 年的一些提法不再堅持了。例如周恩來向全國人大二屆三次會議作的政府工作報告中，又說中國知識分子的絕大多數是「屬於勞動人民的知識分子」（1962 年 4 月 27 日），而不再說是「同無產階級較量的主要力量」了。

　　1962 年 3 月 2 日，周恩來對在廣州召開的全國科學工作、戲劇創作兩個會議的代表的講話中，對於當年批判右派分子的一些論點重新作了說明。例如關於共產黨的領導，周恩來說：

　　　　我們說黨領導一切，是說黨要管大政方針、政策、計劃，是說黨對各部門都可以領導，不是說一切事情都要黨去管。至於具體業務，黨不要干涉。黨的領導不是黨員個人領導。黨是一個集體，是有組織的。黨的領導是組織領導，不是個人領導。黨員個人怎麼能領導？一個單位的個別黨員，怎麼能說他就是黨的領導？黨章沒有規定黨員有這樣的權利，實際上也不可能有這樣的本事。例如一個學校，黨的領導是指學校黨委的領導，有些事情學校黨委也不能解決，要請示上級黨委決定。至於支部，如系支

部、劇團支部、車間支部，只是起保證監督作用，不是指揮，下命令還得要行政首長才行。行政上的事由行政決定，書記也無必要去干涉。（《周恩來選集》下卷，第 365-366 頁）

如果當初就是這種提法，1957 年黃紹竑、譚惕吾輩也就可以少提許多意見了。

又如外行領導內行的問題，周恩來說：

外行領導內行要有個範圍。以前我們講過外行能領導內行，這是講的政治上思想上組織上的領導。黨委書記、委員有些不懂專業，但可以超脫專業，看到全局，通過黨委集體研究作出貫徹黨的方針政策的決定或貫徹上級指示的決議。我們說外行能夠領導內行，不是要外行去干涉業務，對業務確實不懂嘛。外行變成內行，要經過學習，就是學會了，也要尊重專家，尊重群眾意見。（同上書，第 365-366 頁）

他提出了「不是要外行去干涉業務」，如果當初就是這樣解釋，整風鳴放當中人們也就不會去提許多意見了。

這時，陳毅也在廣州，他也在全國科學工作會議和戲劇創作座談會上講了話，戲劇性地向與會人員行了「脫帽禮」。他說：「工人、農民、知識分子，是我們國家勞動人民中間的三個組成部分，他們是主人翁。不能夠經過十二年的改造、考驗，還把資產階級知識分子這頂帽子戴在所有知識分子的頭上，因為那樣做不符合實際情況。」陳毅批評說，「過去沒有從團結他們、體諒他們出發，有很多事情做得太粗暴、太生硬。」（轉引自薄一波，《若干重大決策與事件的回顧》修訂本，下卷，第 1031 頁）不知道陳毅說的太粗暴太生硬的事情裏是不是包括反右派鬥爭。毛澤東發動的政治運動，是一個比一個更粗暴更生硬，不過在陳毅說這話之前，也沒有什麼比這場反右派鬥爭更粗暴更生硬的事情了。

4 月 9 日，毛澤東在最高國務會議第十八次會議的第二次會議上講話，講話中在談到要認真實行民主集中制的時候，毛澤東還回顧了幾年前的反右派鬥爭。他說：

民主集中制是一種制度，也是一種方法，就是要讓人家講話，要聽不同的意見，還是從前講過的，叫作不戴帽子、不抓辮子、不打棍子。現在我們黨內黨外都實行這三條，講錯話不要

緊。從前老是講言者無罪，聞者足戒，事實上沒有實行，言者還是有罪。右派猖狂進攻，不得不反，你不反怎麼辦呀？但是帶來一個缺點，就是人家不敢講話了。（《毛澤東年譜（1949–1976）》第 5 卷，中央文獻出版社 2013 年版，第 97 頁）

他看到了：反右派鬥爭之後，「人家不敢講話了」。

中共中央統戰部在 1962 年 4 月 23 日至 5 月 21 日召開了全國統戰工作會議。會議也討論了「做好對摘了右派帽子的人和右派分子的安置工作」問題，提出：

在當前精簡人員和壓縮城鎮人口的情況下，摘了右派帽子的人和右派分子的工作和生活，發生了很多新的問題：正在勞動或者休整學習、等待處理的，無法安置，有些單位對他們乾脆推出不管，有的被遣返其他地區，報不上戶口，生活無著。這些問題如果不及時解決，勢必影響社會秩序，並且在統一戰線內部，也會產生不良影響。各級統戰部應當迅速協同有關部門做好這項工作。

（1）對目前正在休整學習一時無法安置的，可延長休整學習時間。目前仍在勞動的，應該停止勞動，休整學習，或者改為半學習半勞動，主要是要和對待其他同等的工作人員一樣，保證他們必要的物質生活和勞逸適當結合。休整學習期間所需費用，可以列入國家開支，專款報銷。對摘了右派帽子的人和右派分子，已經分配了工作的，如果認為需要精簡時，暫時不動。對他們的工作和生活的安置辦法，由中央統戰部研究後報中央批准實行。

（2）對於已經解除勞動教養和需要遣返其他城市的摘了右派帽子的人和右派分子，應當暫留原地，設法維持他們的生活，等候處理。建議以公安部為主，組織部、統戰部和勞動部參加，迅速共同擬定對他們的處理辦法，報中央審批。

對已經遣返回城市的，應該准許他們報上戶口。

（3）對右派分子的家屬和子女，應該根據中央原有的規定，按照他們本人的情況對待，不要稱為「右派家屬」、「右派子女」，在就學、就業、生活等方面，不要歧視。（《建國以來重要文獻選編》第十五冊，中央文獻出版社 1997 年版，第 491–492 頁）

6月14日中共中央將中央統戰部這個《關於全國統戰工作會議的報告》批轉給各中央局，各省、市、自治區黨委，西藏工委，中央各部委，國家機關和人民團體各黨組，軍委總政：「現在把中央統戰部關於全國統戰工作會議的報告發給你們，望對其中有關的規定貫徹執行。」（同上書，第485頁）批准了統戰部的這個報告。

只是這寬鬆的政治空氣持續的時間並不長。到這年9月的中共八屆十中全會上，毛又提出階級鬥爭必須年年講，月月講，天天講了。作為這次中央全會的準備，先在北戴河開了一個月的中央工作會議。薄一波回憶說：

> 1962年8月9日，當有人在北戴河中央工作會議中心小組會上提出「摘掉資產階級知識分子的帽子是否合適」時，毛主席便說：「資產階級知識分子有些陽魂過來了，但是陰魂未散，有的連陽魂也沒有過來。」這表明毛主席對摘掉資產階級知識分子帽子的做法是不同意的。……陳毅同志9月11日談到他在廣州着重批評了知識分子問題上的「左」的傾向時，小平同志明確表示「陳總講的是對的」。而毛主席卻表示了不同看法，他說：人家請你講話總是有目的的，總要沾點光，沒有利益他不幹。我對總司令講過，你到處講話要注意。（同上書，第1040頁）

也是在1962年，中共中央統戰部提出了給右派分子進行甄別的問題。李維漢回憶說，

> 1962年，我們在《關於在右派分子工作中幾個問題的報告》中進一步提出：如果領導上認為需要和右派本人或家屬申請甄別的，可以甄別。對於確實劃錯的，予以平反；對於可劃可不劃而劃了的，可以從寬摘掉他們的右派帽子。由於「左」的影響，這一案當時未能解決，以後又經過十年「文化大革命」，一拖就是十六年。（李維漢，《回憶與研究》（下），第839頁）

李維漢說的這件事，薄一波的回憶錄講得更詳細。他說：

> 統戰部曾幾次提出對劃成右派的本人及其家屬要求甄別的，應該進行甄別。他們1962年7月26日給中央的報告，再次提出這個意見。可是8月17日《中央關於右派分子工作的幾個問題的覆示》，雖然同意「對於其中個別確實完全搞錯了的即確實

不曾有過右派言論、行動的，才作為個別人的問題，實事求是地予以改正」，但是明確表示「對右派分子不應當一般地提出甄別平反問題」，認為統戰部報告中所說如果右派分子本人和其家屬要求甄別的（包括已摘掉右派帽子的人員）應該進行甄別的意見「是不妥當的」，「這樣做起來，實際上會搞成一種對資產階級右派分子普遍的甄別，或者對很多右派分子進行甄別。這是沒有必要的，也是對黨和人民不利的。」當國家機關黨委確定以馮雪峰等人為右派甄別試點對象，進行甄別試點工作時，毛主席9月29日在反映這一情況的中央宣傳部《宣教動態》增刊第六十三期上做了如下嚴厲的批示：「劉、周、鄧三同志閱。請鄧查一下此事是誰佈置的？是組織部，中直黨委，還是國家機關黨委自己？此事出在中央機關內部，右派分子本人不要求甄別，而上級硬要試點，以便取得經驗，加以推廣。事件出在6、7月。其性質可謂猖狂之至。閱後付還。查後告我。」這樣，對右派分子的甄別工作就不可能再進行下去了。（薄一波，《若干重大決策與事件的回顧》修訂本，下卷，第1041-1042頁）

9月24日中共八屆十中全會開幕，毛澤東在會上講了話。「在講話中，毛澤東還談到了右派分子平反的問題。他說：右派分子如果真正改正了錯誤，就摘掉帽子。不過近來有一股平反之風，無論什麼都要平反，那是不行的。我們的方針應當是：真正搞錯了的，要平反；部分搞錯的，部分平反；沒有搞錯搞對了的，不能平反。」（《毛澤東年譜（1949-1976）》第五卷，中央文獻出版社2013年版，第153頁）

在毛澤東嚴令制止之前，在那短暫的寬鬆裏，只有安徽省為右派分子進行了甄別。這是「七千人大會」之後，曾希聖被免職，李葆華去接任中共安徽省委第一書記的時候才有的事情。人民日報所劃的右派分子劉衡在她的回憶文〈只因我對黨說了老實話〉中談到了這事：

　　1962年初，李大釗的兒子李葆華調安徽當省委書記。臨行前，劉少奇曾暗示他，在為右傾機會主義分子平反時，也可以為右派分子平反。李葆華到任後，就大刀闊斧地對右派分子進行甄別。等到中央下令不甄別，安徽已有數千右派平反了……這是全國唯一的一個搞甄別的省，其他各省（包括人民日報社）因動作遲緩，沒有趕上趟，李葆華為人民做了一件好事。（見《荊棘路》，經濟日報出版社1998年版，第177頁）

當年轟動全國的李世農一案，也就是在這時解決的。1962 年 7 月，安徽省對此案進行了甄別，並報中共中央監察委員會同意，撤銷了開除他黨籍的決議，恢復了他的黨籍、名譽、職務和級別。

這時候平反的還有李世農右派集團的楊效椿，1962 年 5 月 18 日中共安徽省委第十二次會議作出的《對楊效椿問題的甄別平反結論》說：

> 楊效椿被劃為右派分子，主要是由於他在批判李世農時，採取了實事求是的態度，沒有偽造材料按照曾希聖同志的意圖進行檢舉，便認為他不能和李世農劃清界限，把他定為「李世農反黨集團」主將，並以右派分子論處。這種做法混淆了黨內是非，違背了黨在當時反右的正確方針和政策，是完全錯誤的。在批判時，還曾強迫楊效椿在所謂的「罪惡材料」上簽字；在認定楊效椿為右派分子後，剝奪楊向上級組織申訴的權利，兩次搜去他的申訴信，捕押代寄申訴信的人員，並沒收他個人的筆記和文件，這更是違反黨的紀律與國家法律的行為。

> 黨中央批准了這個結論，撤銷了開除他黨籍的處分，恢復黨籍、恢復名譽、恢復職務和級別。後來擔任過中共安徽省委常委、中共合肥市委第一書記等職務。（據《炎黃春秋》2014 年第 2 期，董忠義文）

類似這樣的事情，在安徽省之外，雖然不多，也還是有的。中央軍委五院基建處助理員王新林正好考上了天津南開大學，報到才三天，就被揪回原單位來參加反右派鬥爭，被劃為右派分子，和軍內一批三百二十個右派分子一起送到山西省太谷縣去修郭堡水庫。他不服，不斷申訴。他原來的領導原軍委五院黨委副書記劉秉彥了解他同情他，接受了他的申訴，督促五院黨委抓緊連開幾次會議，主動承擔了當年錯劃他為右派的責任。於是，五院黨委於 1962 年 7 月作出了對王新林右派問題平反的決定。立即通知太谷縣委，把王新林接回原單位，恢復黨籍、軍籍、級別，重新分配了工作。他這事情辦得順利，還有一個原因，那就是軍委五院這樣高級單位，對於王新林這樣的尉官，本身就有批准權。如果他級別高些，要報請總參批准，耽誤了時間，很可能就辦不成了。（王新林，〈黨性，民心──我的平反歷程〉，見《郭堡你可曾記得……》第二集，第 45–57 頁）

當時解放軍總政治部也作為全國右派平反試點單位，在北戴河會議前夕，總政治部機關黨委已經通過將總政機關的部分右派──文化部陳沂、

保衛部周宏達、組織部陳挺、解放軍報洪卓民等四人，作為總政首批平反對象。當時萬事俱備，只待軍委直屬機關黨委最後批准。不料北戴河會議召開，一時風雲突變，毛澤東在會上大批翻案風，並強調右派一般不給平反。其時總政治部主任蕭華正參加會議，他連夜打電話給北京主持工作的同志，要求立即停止給右派平反，凡在北京等待平反的右派全都返回本單位繼續接受改造。於是希望成為泡影。（陳挺，〈右派三百二，平反僅一人〉，見《郭堡你可曾記得……》第二集，第 407–409 頁）

這樣說起甄別又忽然中止的事，黃秋耘的回憶錄中也舉了一例。他說：

> 順便提一下，在三年國民經濟暫時困難時期的後期，大概是1962 年年初，中共中央曾經非正式地提出覆查甄別右派案件。北京中直機關打算以馮雪峰、曾彥修、武經天等人作為試點。中國作家協會打算以楊覺一案作為試點，進行覆議。楊覺一案確實是一椿根本不能成立的假案。楊覺是《文藝學習》的一個編輯，請假到他的愛人潘漪的娘家河北省雄縣去探親。潘漪所在的生產隊是一個富隊，他們認為跟鄰近的窮隊合併成一個生產隊，吃大鍋飯，未免吃虧太大，要求分開來獨立核算，按照當時的農業政策規定，這也是可以允許的，至少是可以考慮的。那個生產隊的幹部寫了一份請求「分隊」的報告，一式兩份，托楊覺替他們送交中共河北省委農村工作部和人民日報社讀者來信部。不管這個請求本身的是非曲直如何，都與楊覺本人並無關係。他唯一的行動就是代人家送出了兩份既非出自他的手筆又與他並無直接利害關係的報告。可是當時作協的領導小組為了多湊幾個右派（其實早已超過指標），就以「反對農業集體化」為名，把他劃為「右派分子」，行政處分是降了五級，調到河北省張家口地區懷安縣廣播站工作。第一次甄別覆議時大多數人（包括原來《文藝學習》的主要領導人韋君宜和我）都主張給楊覺平反改正。只有經辦這一案件的同志投了反對票，理由是楊覺很難說完全沒有錯誤，他介入了一椿跟他毫無關係的事，可能是由於偏袒他的愛人所在的富隊。隔了幾天舉行第二次覆議時，會議一開始，作協黨總支副書記王翔雲就宣讀了一個中共中央文件，聲稱所有右派案件今後一律不准再甄別覆議，還是維持原來的決定，即使處分過重，至多早點給當事人摘帽子就算了，黨籍不准恢復。這一件假案直到

　　　　1979 年才獲得改正。（《黃秋耘文集》第四卷《風雨年華》，第
　　　　159-160 頁）

　　黃秋耘文集回憶錄《風雨年華》裏說到的武經天（按：應該是武競
天），1949 年 1 月中央軍委成立鐵道部，他就擔任副部長。後來一直擔任
中華人民共和國鐵道部副部長，直到文化大革命。他劃為右派分子受到的
處分很輕，沒有撤銷鐵道部副部長的職務。後來還讓他兼任北京地下鐵道
領導小組副組長（組長是楊勇、另一個副組長是萬里）。不過這時中直機關
黨委提出的要為他覆查甄別這件事還是被制止了。

　　甄別的話雖然不能再說了，可是給確已改好了的右派分子摘掉帽子的
工作還是一年一度進行。薄一波提供的數目是：「1959、1960 年 7 月年兩
批摘掉約 9.9 萬人的『右派分子』帽子的基礎上，從 1961 年起，又分批摘
掉了一部分『右派分子』的帽子。到 1964 年，已先後五批共摘掉約三十多
萬人（其中主要是知識分子）的『右派分子』帽子」。（薄一波，《若干重
大決策與事件的回顧》修訂本，下卷，第 1034 頁）

　　中共八屆十中全會把階級鬥爭強調到前所未有的高度。通向文化大革
命的道路打開了。

　　1966 年 8 月舉行的中共八屆十一中全會通過了《關於無產階級文化大
革命的決定》。這個文件中不止一次出現了「右派分子」一詞，例如關於幹
部問題，就說在幹部中有「少量的反黨反社會主義的右派分子」。說是「對
反黨反社會主義的右派分子，要充分揭露，要鬥倒、鬥垮、鬥臭，肅清他
們的影響，同時給以出路，讓他們重新做人」。又如，這文件說，「不許用
任何藉口，去挑動群眾鬥群眾，挑動學生鬥學生，即使是真正的右派分子，
也要放到運動的後期酌情處理。」這些地方說的，似乎不大像是 1957 年劃
出的五十五萬右派分子。那年所劃出來的右派分子，少有留在幹部隊伍裏的
了。時間已經過去九年，更不會有留在學生隊伍裏的了。那麼，這裏所說的
似乎是這次運動中新劃出來的一批右派分子了。總之，沒有說明白。

　　在文化大革命開始以後打出來的右派分子，這裏可以舉前國家機關
黨委第一書記龔子榮為例。在 1966 年 9 月 28 日上呈李先念並轉中共中央
的《關於龔子榮右派集團反黨反社會主義罪行的報告》中說：「中國人民銀
行總行機關廣大革命職工，在無產階級文化大革命中，挖出了一個反黨反
社會主義的右派集團。這個集團的首要分子，是前國家機關黨委第一書記

龔子榮。十幾年來，龔子榮、鄭思遠、劉旭、王銳、王福慶等人，在總行招降納叛，結黨營私，進行了一系列的反黨反社會主義的反毛澤東思想的破壞活動。」這份《報告》從 1953 年到 1956 年，龔子榮等人在檢查處理詹武、夏鳴、閔一民問題說起，羅列了幾年間中國人民銀行總行機關發生的一些事件，歸結為都是「他們為了搞垮總行黨組，篡奪銀行的黨政領導權」的罪行。《報告》說：「這夥右派分子，在總行飛揚跋扈，為所欲為，踐踏了黨的原則，破壞了民主生活，正氣受到壓抑，使廣大職工不敢講真心話。在這場無產階級文化大革命中，長期壓在人們心中的怒火，一觸即發，十幾天功夫，貼出了上萬張大字報，集中地揭露了這個右派集團的滔天罪行。群情激憤，鬥志昂揚，一致歡呼這是毛澤東思想的偉大勝利。」

八屆十一中全會通過的《關於無產階級文化大革命的決定》這個文件中有這樣一段：

> 有些學校、有些單位、有些工作組的負責人，對給他們貼大字報的群眾，組織反擊，甚至提出所謂反對本單位或工作組領導人就是反對黨中央，就是反黨反社會主義，就是反革命等類口號。他們這樣做，必然要打擊到一些真正革命的積極分子。這是方向的錯誤，路線的錯誤，決不允許這樣做。

這個意思，1966 年 8 月 23 日《人民日報》社論〈工農兵要堅決支持革命學生〉說得更加明白：

> 那些走資本主義道路的頑固派，荒謬地把自己本單位的領導，同黨中央，同整個黨等同起來。……如有革命學生批評他們，起來造他們的反，就被說成是什麼「反黨」，「反黨中央」，說成是什麼「反革命」。

> 任何一個地區，任何一個單位的黨組織，都必須無條件地走群眾路線，接受群眾的監督和批評，決不允許以任何藉口拒絕和壓制群眾的批評，更絕對不允許把批評自己的群眾打成「反黨」，「反黨中央」的「反革命分子」。黨中央就是黨中央。一個地區，一個單位的黨組織，就是一個地區，一個單位的黨組織。任何一個地區，一個單位的黨組織，如果違背了以毛澤東同志為首的黨中央的正確領導，違背了毛澤東思想，為什麼批評不得？為什麼反對不得？為什麼人家一批評，就叫做「反黨」，「反黨中央」，「反革命」？

這就正好同 1957 年的說法相反了。1957 年的說法，黨不是一個抽象的概念，而是由一個一個具體的基層組織組成的，因此，凡是「蓄謀推翻某一部門或者某一基層單位的共產黨的領導」的，就應劃為右派分子了。這差別是因為 1957 年是全黨一致地要在右派猖狂進攻面前保衛黨的領導；而 1966 年卻是要從走資本主義道路的當權派手中奪權，就惟恐天下不亂了。同樣的言行，在 1957 年要劃右派，在 1966 年卻被看成是革命行動。右派分子也不必悲歎自己生不逢辰，不該「超前」了幾年。因為「文化大革命」初期頗為風光的造反派，到了 1983 年整黨中，不少人都屬於受到清查和處理的「三種人」了，其中也有判刑坐牢的。

文化大革命是一場奪權鬥爭，主要的衝擊目標是所謂走資本主義道路的當權派，即當時還掌握權力的人。可是早已失去權力和從來沒有掌握過權力的右派分子也未能倖免。橫掃一切牛鬼蛇神，右派分子自在必掃之列。1967 年 1 月 13 日中共中央、國務院發佈了一個《關於在無產階級文化大革命中加強公安工作的若干規定》，簡稱《公安六條》。其中規定：有二十一種人是必須加強專政的對象，那就是：地、富、反、壞、右分子，勞動教養人員和刑滿留場（廠）就業人員，反動黨團骨幹分子，反動會道門的中小道首和職業辦道人員，敵偽的軍（連長以上）、政（保長以上）、警（警長以上）、憲（憲兵）、特（特務）分子，刑滿釋放、解除勞動教養但改造得不好的分子，投機倒把分子，和被殺、被關、被管制、外逃的反革命分子的堅持反動立場的家屬。這二十一種人裏面的右派分子同地主分子、富農分子、反革命分子、壞分子更特別稱為五類分子，是尤其要經常加以打擊的對象。

一些右派分子在文化大革命初起的大風暴中就被迫害致死了。北京大學英語教授吳興華（1921–1966），原為燕京大學的英語教授，1952 年北京大學從市內搬到燕京大學的校址，吞併了燕京大學之後，吳興華一度擔任北京大學西語系主任。1957 年，吳興華被打成右派分子，降了兩級工資。五年以後，1962 年他被摘了帽子，仍在西語系工作。1966 年文化大革命開始了，7 月 27 日，北京大學最先建立了校園勞改隊，把被揪出來的牛鬼蛇神送入其中強迫勞改，吳興華被投入校園勞改隊，並被紅衛兵毆打和抄家。吳興華家住在北京大學的教工宿舍中關園的平房裏。西語系的紅衛兵到吳興華家抄家，把他的手稿和書籍，就在門口的空地上點火燒掉。手稿中，有他已經基本完成的但丁的《神曲》的譯稿，有他已經近於完成的

一部關於唐朝詩人柳宗元的小說，還有他翻譯的一本希臘文藝理論，是本來計劃要出版的一套外國文學理論叢書中的一本。像吳興華這樣的懂希臘文的人很少，這本書是特別要他翻譯的。這些稿子統統被燒成了灰燼。他家的門上和窗上，都被貼了寫有「大右派」「反革命」的大字報，他家的住房被封了，只給他們留下一間房間。8 月 3 日，吳興華和西語系其他被勞改的教授一起清理校園裏的雜草。當時校園裏有一條小溝，寬度是小學生也能跳過。學校旁邊一家化工廠的污水就從那裏流過來。天氣十分炎熱。當吳興華口渴要找水喝的時候，有紅衛兵學生按他的頭強迫他喝溝裏的污水，還有紅衛兵按他的頭在刷大字報用的漿糊桶裏。吳興華很快就非常難受，接着就昏倒了。在場的紅衛兵說他是裝死，不准送學校醫務所。等到天晚，看他還不能起來，才送校醫院，校醫院醫生又把他送到北醫三院。半夜，他的妻子謝微一被叫到醫院，那時，吳興華已經死了。他是死於急性痢疾。北大的紅衛兵卻說，吳興華是自殺的，對抗文化大革命，罪大惡極。他們命令醫生解剖屍體以證實這一點。吳興華的妻子再三解釋，說吳興華不是自殺的，請求不要解剖屍體，可是沒有用。吳興華的屍體被解剖。自殺也能變成罪名，解剖屍體不是為了醫學研究而是為了證明自殺這一罪名。(據王友琴，《文革受難者》，香港開放雜誌出版社 2004 年版，第430–432 頁)

在吳興華死去五十年之後，2017 年 1 月廣西師範大學出版社出版了五卷本的《吳興華全集》(包括翻譯的《亨利四世》)。溫天一寫了〈打撈吳興華：一個被遺忘的天才〉一文報導他全集出版這件事。文章說到了他的經歷：

> 自上世紀五十年代中後期開始，吳興華的日子已經不太好過。1957 年，他因為在「大鳴大放」運動中，提出「蘇聯專家的英文教學方法不一定適合中國」而成了北大西語系第一批右派，隨後便被從書齋中連根拔起，在各種運動與衝擊中經歷九蒸九焙的歷練。幾年之後，由於認錯態度誠懇，被恢復了一部分工作，但一時的平靜並沒有維持多久，1966 年真正的大風暴便又來臨了。

> 但即便是被剝奪了教學與學術研究的工作，吳興華依然保持着每天閱讀十本書的習慣。那段時間裏，他在改造之餘，還編撰了北大西語系的教材《英語常用詞用法詞典》，並承擔現在中國所流行通用的以 1954 年出版朱生豪譯《莎士比亞戲劇集》為基礎的《莎士比亞全集》編輯出版的大量勘誤校訂工作。

文章寫到了對他的評價：

> 他精通英、法、德文，熟悉拉丁、意大利、西班牙文等多種語言，中國傳統文學的素養也浸淫極深，莎士比亞、但丁、詹姆斯‧喬伊斯、里爾克、柳宗元……他曾經在精神世界中無比靠近他們，並且留下了處處靈光閃現的文字。

> 「繼陳寅恪、錢鍾書之後第三代兼通中西之大儒」，這句文學評論家夏志清對於吳興華的評價也被印在了全集的腰封上，作為如今對於他蓋棺定論的總結。（《中國新聞週刊》2017 年第 11 期）

他的著譯許多都毀於文化大革命之中，最後終於能夠把剩餘的編成一部全集出版，並且得到應有的評價，也算是不幸中的幸事了。

右派分子在文化大革命中受到怎樣的衝擊，下面節錄章乃器〈七十自述〉中的一些記述：

> 1966 年 8 月 24 日的災禍。這是我有生以來所遇到的最大的災禍，是對我一次最嚴峻的鍛煉和考驗。從 24 日到 31 日，整整八個晝夜，我在絕食中受到百般的拷打、凌辱和威脅。後來看到北京六中「勞改所」的材料，那裏面所用的酷刑，十分之八九都已在我的身上預演過了。

> 我已經體驗到，正面用毛主席的話去對抗他們，是會招到邪惡分子的反感的；而在無統一組織、無統一紀律的情況下，邪惡分子是可以致個別人的死命的。於是，我就用婉委的規勸方式，這樣，既可爭取善良分子的同情，也使邪惡分子無所藉口。如我問：毛主席會不會打人、罵人？解放軍八項注意中的第五項是什麼？打人、罵人，罰跪是什麼時代的風俗習慣？毛主席的優待俘虜政策是為俘虜治傷、治病，現在怎麼可以不為我的愛人治病，不為我治傷？這一系列問題的提出，是起到應有功效的。

> 我這時除了遍體鱗傷之外，右目的拳傷特重。看出去有個紅色的外圍帶鋸齒形的橢圓圈，經常在眼前閃現，可能是瘀血所致。內傷也相當重，右胸、背、股、尾閭和膝部均經常疼痛。

> 8 月 25 日以後七天的遭受，是每天總有幾批人來拷打、凌辱我。門是開着的，又沒有人管，拷打和凌辱的自由是很充分的。值得記述的，是有人用鋼絲包橡皮的鞭子打我，所得的傷腫特別

不容易消退。還有人劃了火柴燒我的手,更有人用汽槍射擊我的頭面。此外,如用冷水澆頭,如用水壺灌鼻孔,如硬要我吃骯髒的食物,等等,就算是輕微的了。可怕的是居然有人主張用辣椒水灌我的鼻腔。大概是因為我家裏找不到辣椒,所以沒有實現。但到最後我們要遷出之前,竟有人在用油彩塗抹我的面部之後,用氨水灌我的鼻孔,我真不知道這些壞人是怎樣教育出來的。

在遇難前,我因為看到《續孽海花》對於魏伯陽的《參同契》評價甚高,特取幾年前所作摘記重加研究。結合中醫陰陽五行的學說,我看懂了那中間的許多隱語遁辭,理解了它的理論體系。我正在另寫一篇破除迷信、揭發真理的有關氣功的文章,而災禍已突然襲來,我所收集的資料、寫下的筆記和未完的文稿統統散失了。

柳老(亞子)寫的一個立軸,已裝幀收藏,8 月 24 日事變中被毀了。(《章乃器文集》下卷,第 616–626 頁)

1974 年 12 月毛澤東在長沙就召開四屆人大的人事安排問題和周恩來談話的時候,毛澤東問:章乃器、梁漱溟,人大代表沒有他們啊?周恩來說:梁漱溟是政協委員,章乃器的右派帽子還戴着。毛澤東說:不要戴了。因為毛澤東這樣說了,1975 年 2 月中共中央決定給章乃器摘掉右派分子帽子。周恩來另外向他提出兩條具體意見:(一)摘帽後願在國內可以,願出去也可以,由章自己選擇;(二)願在國內,給予安排,如堅持原觀點也可以。(《周恩來年譜》下卷,中央文獻出版社 1997 年版,第 687 頁)

這件事,他的兒子章立凡在〈章乃器與中共領袖們〉一文裏也說到了:

經過文化大革命的衝擊和磨難,父親在 1975 年致函毛澤東,反映自己的處境。中共中央準備為他落實政策,考慮到陳雲與父親的歷史關係,毛澤東、周恩來指示由陳雲出面約父親談話。這樣,兩位老朋友在睽違多年之後,總算有了一次來之不易的見面機會。

同年 4 月間的一天,父親被接到人民大會堂,由陳雲代表黨中央與他談話。當時在座的有財政部部長張勁夫和中央統戰部負責人劉友法、李金德。陳雲告訴父親,中央要給他摘帽,要他認真吸取教訓,並準備安排他擔任全國政協委員、財政部顧問。據當時參與談話的張勁夫回憶,談話是在大會堂南門的一個小房間

裏進行的：「章先生聽了之後沒有講感謝的話，只講我過去講的
意見沒有錯」，「我和陳雲兩個懂得他的意思，是你把我搞錯了，
我不是右派……」父親就這樣摘掉了右派分子帽子。（見青田縣
章乃器研究會、青田縣文聯編，《青田名賢章乃器》，2014年印
製，第98頁）

章乃器含垢忍辱，熬過了十年文化大革命。也有熬不過來的，像傅
雷，1957年參加全國宣傳工作會議時候是何等興奮，對毛澤東真是五體投
地的敬佩。可他回到上海之後不過幾個月就劃成了右派分子，屈辱地過了
幾年。到了文化大革命開始，他受不了那種凌辱，就夫妻雙雙自殺了。

還有田保生。凌其翰在他的回憶錄中說：

田保生是我在國民黨外交部同事多年的老友。他青年時代
肄業於清華大學，為錢端升教授的高足，後來應第一屆高等文
官外交官的考試，錄取後分配在國民黨外交部歐美司。當時在國
民黨政府駐聯合國辦事處工作。他為人質樸誠實，素為我所器
重。……新中國誕生了，當時錢端升教授去美國，暗中勸田回
國，他毅然辭去了聯合國辦事處的職務，奔歸新中國。先在華北
革命大學政治研究院第二期學習了馬列主義和毛澤東思想的基本
知識，繼就分配在中國人民外交學會擔任國際法的編譯工作，埋
首苦幹，舉凡奧本海國際法巨著，希金斯和哥倫伯斯合著海上國
際法等英文原著譯成中文，都有他的一份辛勞。不幸1957年他
被錯劃為右派，十年浩劫初期，又遭受嚴重的衝擊，1966年8月
28日，他因不堪「造反派」的百般凌辱，與夫人雙雙含冤而死。
1979年8月28日才獲昭雪。（凌其翰，《我的外交官生涯》，中
國文史出版社1993年版，第202-203頁）

勸他回國的錢端升教授也劃了右派，前面已經說過了。記述這事的凌
其翰本人，在擔任國民黨政府駐法大使館公使的時候，於1949年10月帶
領使館和駐巴黎總領事館的九名館員，發表擁護中華人民共和國的宣言，
轟動一時。1957年也被劃成了右派。

化學家曾昭掄是在文化大革命中1967年12月8日自殺的。他的妻
子，北京大學西語系教授俞大絪先於1966年8月25日文化大革命剛開始
的時候就被「紅衛兵」毒打後自殺了。

北京師範大學俄語系教授胡明，被劃為右派分子以後，撤銷了系主任職務。文化大革命開始，又遭到批鬥。1966 年 9 月 5 日，他從北師大主樓北邊的宿舍樓上跳樓自殺。

清華大學土木建築系講師程應銓（1919–1968），專門研究城市規劃，兼任北京市都市計劃委員會委員，因為主張保存舊北京城和北京城牆，被劃為右派分子。他被劃為右派分子以後，妻離子散。文化大革命中，在清理階級隊伍運動中受到迫害，於 1968 年 12 月 13 日投水自盡。（王友琴，《文革受難者》，第 61 頁）

上海市復興中學歷史教師金志雄，被劃為右派分子以後，貶為圖書館管理員，文化大革命開始，多次遭到紅衛兵學生毆打侮辱，有學生拿很鈍的剪子給她剪「陰陽頭」，把她的頭皮撕下一片。最後一次，她被嚴重打傷，回家不久，打手們又到家裏來揪她。她聽到砸門聲，立即上吊，自殺身亡。（同上書，第 186 頁）

在文化大革命中人民日報社的右派分子自殺的有三人：國際部編輯胡平被流放到貴州省晴隆縣，分配在農水局勞動改造。文化大革命中受到迫害，於 1968 年自殺身亡。圖書管理員林安乾（共青團員）被流放到安徽省白湖農場，文化大革命之前已經摘了右派分子帽子，成了「摘帽右派」。在文化大革命中依然受到迫害，他就投湖自盡了。還有一個文革中自殺的是農村部副主任劉曉晞，他是在中共中央高級黨校進修的時候劃為右派分子的。（錢江，〈人民日報是怎樣改正錯劃右派的〉，見《炎黃春秋》2009 年第 3 期）

北京大學西語系德文專業四年級學生賀詠增，是西語系「三害」控訴會的策劃人。也因為「百花學社」一案，在全校大會上宣佈逮捕，判了五年徒刑，在北京郊外某勞改場所勞改。文化大革命一來，他爬上高煙囱，面對許多圍觀者大呼口號之後跳下，自殺身亡。

自殺而死的右派學生，北京師範大學有由靜林、沈巧珍。由靜林是一位復員軍人，在反右派鬥爭中挨鬥了，他就懷石自沉昆明湖了。自殺之後，宣佈他是極右分子。（見《不肯沉睡的記憶》，第 48 頁）沈巧珍（1934–1966），江西人，是中文系五七屆的學生。整風鳴放期間，她給「苦藥社」的大字報寫了一則〈新今古奇觀〉，因而被劃為右派分子。受到考查一年的處分，每月發給生活費二十元。1960 年 11 月摘掉右派分子帽子，分

配到四川省自貢市大安區第七中學，教兩個高中班語文。1964 年她在這裏結了婚，先後生下一女一子。文化大革命來了，她這平靜的小日子過不下去了。1966 年 7 月 23 日她被隔離，失去了行動自由，甚至不准許她回家給才三個月的兒子餵奶。第三天她趁大家午休，溜出校門投河自殺了。（見同上書，第 19–20、286 頁）

山東大學中文系的右派學生周維勝，和鄭介農（下面就要説到）同班，後來分配到臨沂地區一個偏僻的山區中學教書，文化大革命中又受到迫害，在學校的後山上上吊自盡。當人們發現的時候，他的遺體已經被野狗咬過，慘不忍睹。（李昌玉，〈被槍殺的山東大學右派學生鄭介農〉，見《往事微痕》第 49 期，2005 年 6 月 5 日）

在《二十一年》（作家出版社 2005 年版）這一部許多雲南省的右派分子回憶文章的合集裏，寫到了好些右派分子的自殺，這裏選錄四個：

> 馬亨，長沙中南礦冶學院採礦系 1956 年畢業，在箇舊市老礦勝利坑擔任生產技術股副股長。反右派鬥爭中他受到衝擊，1958 年 7 月的一天上中班不久，他就在七區負 42 米的廢坑場，用一包炸藥捆在身上，自爆了。（上冊，第 118–119 頁）

> 劉澤榮，湖南長沙人，1949 年隨西南服務團進軍雲南，任河口縣人民政府財委及統計科負責人。1955 年的肅反運動中成為肅反對象，肅反以後調到縣供銷社工作。1958 年 3 月的反右補課把他補為右派分子了。要開他的鬥爭會的時候卻不見他來，去找他的時候發現他已經自縊身亡了。（下冊，第 453 頁）

> 曾太階，四川人，蒙自縣第一中學體育教師，劃為右派分子以後，被送到石屏縣燕子洞礦山勞動教養，不堪忍受，就逃跑出來，在昆明街頭一眼看見礦山來追捕他的幹警，匆忙間便一頭撞向疾馳而來的汽車。當時沒有壓死，把他弄回礦山，拖了三天才死。（下冊，第 485–486 頁）

> 還有北京大學物理系氣象專業二年級學生黃茂蘭被劃為右派分子，送到北京玻璃廠拉絲車間勞動，不久有人誣賴他偷了一把雨傘。他委屈不過，就在廣渠門外鐵道上臥軌自殺了。他是湖南人，才二十歲。（張效政，〈下廠不久就有人祭天〉，見《抹不掉的一頁校史》，第 199 頁）

有自殺的，還有被殺的。前面已經説到北京航空學院的馬雲鳳被處死的事。還有一些右派分子在文化大革命中被處決了。當然加上了一些新的罪名，例如惡毒攻擊文化大革命，惡毒攻擊無產階級司令部之類。

上海市第一速成師範學校副校長朱守忠（1920-1970），上海人，復旦大學政治經濟系畢業。被劃為右派分子之後，開除了中國共產黨黨籍，撤銷了職務，下放到寧夏回族自治區中衛中學擔任數學教師。1968 年又被押解到寧夏回族自治區賀蘭縣勞改農場勞改，説了一些犯忌諱的話。1970 年 2 月 11 日，作為現行反革命分子判處死刑執行槍決。（王友琴，《文革受難者》，第 500 頁；又見《春風化雨集》下冊，群眾出版社 1981 年版，第 179-188 頁）

上海文化出版社第四編輯室主任黃嘉音被劃成右派分子之後，送到青海勞動改造。他最後的結局，據丁抒著《陽謀》一書説：「黃在獄中總是受流氓犯的氣。有一次吃飯時，一個流氓又欺負他，他忍無可忍，將飯碗朝那流氓扔去，雖未擊中那人，但監獄當局卻説他『蓄意殺人』，槍斃了他。」（香港開放雜誌社 2006 年出版，第 342 頁）

右派被殺的，如北京農機學院學生陸魯山、北京工業大學學生孫本喬、外貿部英文翻譯姚祖彝、中共中央馬恩列斯著作編譯局俄文翻譯王桐竹，他們幾個都是 1957 年被劃為右派分子，都被處以勞動教養。文革中 1970 年新年前後他們幾個人在南京一起閒談，被以企圖偷越國境，煽動知青回城的罪名槍斃。當時還組織了知青到每個街道控訴他們「毒害青年的罪行」。（王友琴，《文革受難者》，第 300、356、409、463 頁）

還有毛應星，祖籍江西，出生在福建，西南農學院畢業之後到蘭州農校任教，在那裏遇上了反右派鬥爭，她被劃為極右分子。發配到夾邊溝勞動教養三年多。解除勞動教養後，到了靜寧縣農牧站，致力於培育小麥新品種。文化大革命來了，她對文化大革命中的種種胡作非為和倒行逆施公開表示反對。別人批判她，她説：「到底是我的世界觀應該改造，還是你們的世界觀應該改造，只有歷史會做出科學的結論。」開她的鬥爭會，她説：「這樣鬥爭我，我是很痛心的，不是為我自己痛心，我痛心的是：導演這樣的活劇，只是説明弄權者的愚蠢。」她決心上北京去找黨中央，陳述自己對許多重大問題的看法。她兩次悄悄地出走，都被抓了回來。1969 年，根據靜寧縣農牧站報送的材料，她被判了五年徒刑，關押在甘肅省第四監獄服刑。在獄中，她不斷在自己訂的小本子上寫下批判文化大革命的文字，

一共寫了三十多萬字。「一打三反」運動來了，1970 年 4 月 14 日，她被作為現行反革命分子執行槍決。1980 年 9 月 24 日中華人民共和國民政部發出（80）民優字第一七○號文件，批准毛應星同志為革命烈士。（見劉玉，〈疾風知勁草〉，收《春風化雨集》下冊，第 197–206 頁）

據 1979 年 2 月 3 日《人民日報》所載〈調動一切積極因素為四個現代化服務 北京市一批錯劃為右派的同志得到改正〉一文提供的數目，北京大學師生共劃出右派分子七百一十五名。就我看到過的材料說，被判處死刑執行槍決的，至少有八人，他們是教師任大熊和七個學生：黃宗奇、林昭、顧文選、沈元、吳思慧、黃立眾和張錫琨。

任大熊，浙江省杭州市人，1956 年北京大學數學力學系畢業，留校當助教。1957 年整風時，從圖書館借出刊有赫魯曉夫蘇共二十大秘密報告的英國《工人日報》，與兩位學生共同翻譯後張貼在校園裏供同學們閱讀。結果反右時三人均被打成右派分子。1960 年他又參與組織了一個「青年共產主義者同盟」，被判處無期徒刑。在 1967 年的「一打三反」運動裏，他在山西省大同市被判處死刑，立即執行，處死時先被割斷喉管。（據廖亦武，《中國冤案錄》）

學生右派中最早被處死的是所謂「右派殺人犯」黃宗奇。據陳奉孝的《北大反右運動中的遇難者》，他是河北省樂亭縣人，貧僱農出身，1948 年加入共產黨，北大哲學系調幹生。在反右運動前期，他曾是反右領導小組成員。隨着反右運動的激烈化，對右派分子的批判會由說理批判變成了鬥爭大會，由只動嘴不動手，變成了手嘴並用，對被批鬥的右派分子推推搡搡，而且往被鬥爭的右派分子身上潑髒水，搞人身攻擊，被批鬥的人被剝奪了發言權。黃宗奇反對這樣做。他說批判右派分子的錯誤言論應該是說理鬥爭，不能搞人身攻擊，更不應該動手動腳，既然是說理鬥爭，被批判的人也應該有發言權。這下壞了！被認為是立場不穩，同情右派。他因為覺得自己是貧僱農出身，又有八年黨齡，不服氣，跟反右領導小組的其他人發生了爭執，於是被清除出反右領導小組，並把他關進一間屋子叫他反省，而且派一個同學看着他。他氣不過要跳樓自殺，被看管他的那位同學拉了下來，兩人動了手，看管他的那位同學是校籃球隊員，身強力壯。他當然不是對手，於是便拿出一把隨身帶的水果刀，將那位看管他的同學臉上劃了一條小口子，這下可好，以「右派現行反革命殺人罪」被判了死刑，五八年被槍決，並且向各大學發表了公報。臨上刑場，允許他跟老婆見最

後一面。見面時他跟老婆說：「我死後你不要守著，要另找一個家，好好教育孩子，永遠跟著黨，跟著毛主席走社會主義道路。」

林昭原名彭令昭（1932-1968），蘇州人，1954 年，她以江蘇省文科最高考分的成績考入北京大學中文系編輯專業（後改為新聞專業）。在 1957 年春天北大學生民主運動（他們自豪地稱之為「五一九運動」）中，她很活躍，是詩刊《紅樓》編輯部成員之一。反右派鬥爭開始，前一段很活躍的學生遭到猛烈的攻擊。林昭一時還在頑抗，她在大會上說：

> 我們不是號召黨外的人提意見嗎？人家不提，還要一次一次地動員人家提！人家真提了，怎麼又勃然大怒了呢？就以張元勳說吧，他不是黨員，連個團員也不是，他寫了那麼一首詩，就值得這些人的這麼惱怒、群起而攻之嗎？今晚在這兒群體討伐的小分隊個個我都認識！所以，自整風以來我一直沒有說話，也沒有寫過什麼，為什麼？我料到：一旦說話也就會遭到像今晚這樣的討伐！我一直覺得組織性與良心在矛盾著！（許覺民編，《林昭，不再被遺忘》，長江文藝出版社 2000 年版，第 84 頁）

這就足夠她劃為右派分子了。到了 1960 年春天，她咯血加劇，她母親就把她接回上海家中治病。可是到 10 月，她就被捕了。那是因為她看到了一本《南斯拉夫共產主義者聯盟綱領》，覺得其中一些意見值得中國參考，就寫信向北京建議。上面對這信的答覆是：以反革命罪將她逮捕入獄。在這一刺激之下，她父親自殺了。

1962 年初政治形勢較為寬鬆之時，讓她「保外就醫」，回到家中。到了下半年，階級鬥爭又要年年講月月講天天講了，她又一次被捕入獄，判處有期徒刑二十年。彭令範在〈我的姐姐林昭〉一文中說：「林昭在獄中以呼口號、寫血書、蔑視法庭來表達良心的抗議，她不惜付出任何代價，這就出現了她在獄中的一場『制服與反制服』的鬥爭。獄警們一再警告她：『我不制服你這黃毛丫頭我們就不相信！』林昭在日記中寫道：『原來你們還有一條黃毛丫頭必須制服的條例，那也好，黃毛丫頭除了奉陪以外，還有什麼其他辦法？』」（前引書，第 56 頁）

她是 1968 年 4 月 29 日被槍決的，就刑前留下的遺書是：「歷史將宣告我無罪！」她是被從病床上直接拖到刑場的，一瓶正在輸液的葡萄糖還沒有吊完。殺了她之後，還去向她那年邁的母親收取了五分錢的子彈費！

1979 年 1 月，北京大學黨委發出了關於林昭錯劃右派的改正通知。1980 年 8 月 22 日，上海市高級人民法院以滬高刑複字第 435 號判決書宣告林昭無罪，說「這是一次冤殺無辜」。（前引書，第 115 頁）

西語系右派學生顧文選在 5 月 25 日在西語系辦公樓禮堂舉行的反「三害」控訴會上發言，引起聽眾為他流淚。到了 1957 年末他就以「現行反革命」罪被捕，判處有期徒刑五年，在團河勞改農場服刑。1962 年刑滿，強迫留場就業。後來他逃到了朝鮮，被引渡回來。1970 年 3 月 5 日，在北京工人體育場開的一個有幾十萬人參加的公開宣判大會上，他以偷越國境罪被判處死刑，即被押赴刑場執行槍決。（見陳奉孝，《北大反右運動中的遇難者》）同在這個大會上以各種各樣不同的罪名宣判處死的，還有北京大學歷史系的學生右派沈元，《出身論》的作者遇羅克，以及田樹雲、孫秀珍、王文滿、宋惠民、索家麟、王濤等一批人。（張郎郎，〈寧靜的地平線〉，見北島、李陀主編，《七十年代》，三聯書店 2009 年 7 月版，第 137 頁）

關於歷史系沈元被殺的情況，在《黎澍十年祭》（中國社會科學出版社 1998 年版）一書中有兩篇文章都寫到了，現在節錄如下：

戴逸作的〈睿智的學者，勇猛的鬥士〉一文說：

> 談到黎澍愛護青年，不能不想起當年的沈元事件。沈元是北京大學歷史系的學生，聰穎好學，很有才華，1957 年被劃為右派，勒令退學。他在家中自學，寫了有關〈急就篇〉的文章，此文很多學者均甚讚賞，郭沫若見了此文，稱沈元為「神童」，黎澍將此文刊載於《歷史研究》，並將沈元調到近代史研究所工作，希冀他日後成才。沈元到了近代史所，就得研究近代史，他寫了一篇〈論洪秀全〉，文章很長，擬在《歷史研究》刊登。人民日報編輯部看到此文甚為稱譽，要沈元縮寫該文，仍長達二萬字，由《人民日報》兩天連載。《人民日報》從無連載長文之例，沈元的事引起學術界的轟動，也招來了許多非議。沈元是摘帽右派，培養和重用沈元被認為是政治上的重大失誤，許多人寫信告狀，竊竊私議，黎澍同志因此招到重大壓力。沈元本人的性格確有弱點，恃才傲物，盛氣凌人，但確有才學，且十分勤苦用功。……後來在批判歷史學家劉節的歷史觀時，史學界拿不出什麼像樣的文章。《歷史研究》發表了署名張玉樓的文章，大家認為這篇文章寫得不錯，具有理論色彩，比較說道理。周揚同志還打電話

詢問黎澍：「張玉樓是誰？」原來張玉樓就是沈元。他用本名發表了兩篇文章，引起眾多非議，此時只好改用筆名了。但此事仍引起了風波，此後，上級命令不許再刊載沈元的文章。……「文革」期間，沈元遭受批鬥，心懷不忿，竟化了裝想逃到外國大使館中避難，被我公安部門抓獲，開了公審大會。……結果被宣判死刑，立即執行。沈元性情孤傲，思想上有缺點，但罪不至死，「文革」後得到了平反。

丁守和作的〈科學是為了真理而鬥爭的事業〉一文說：

沈元原是北大學生，因為議論赫魯曉夫秘密報告，1957年被打成右派，到農村改造三年，摘掉右派帽子後，住在史家胡同他姑母家（其姑父母均是醫學專家），在街道辦事處幫助工作。1962年初，學部副主任劉導生把他推薦給黎澍，說這個人不錯，有點才華，並拿來他寫的〈《急就篇》研究〉，黎澍同意，同劉大年商量，他也贊成。我看了文章，認為從一本類似蒙學的讀本上研究出漢代社會狀況，很不錯，經人事處審查，沈元調來近代史所，原說要幫助黎澍做些事，而黎澍卻不願讓別人查資料起草初稿，他修改後發表，他寧肯幫助別人，特別是青年。所以沈元除幫助《歷史研究》做些校對等事外，主要是他自己研究或寫東西。他對前四史較熟，對兩漢有些研究。黎澍認為在近代史所工作，不能只搞古代史，還應該研究近代史問題，於是他研究起太平天國。

《歷史研究》發表沈元四篇文章，造成很大風波。1962年第三期發表他的〈《急就篇》研究〉，就有人寫信反對，說不該發「右派」的文章。1963年第一期發其〈洪秀全與太平天國革命〉長文，是一篇有分量的學術論文，《人民日報》要他壓縮成〈論洪秀全〉，整版發表，引起更大責難，說吹捧「右派」等。不久他又寫了〈馬克思主義階級分析方法和歷史研究〉，是他看到劉節〈怎樣研究歷史才能為當前政治服務〉後，自己寫的一篇評論性文章，以正面論述為主。黎澍要我提出意見。我看後認為思路清楚，評論適當，講了些道理，建議發表。黎澍仍有顧慮，認為文章本身是好的，但就怕對人不對事，寫得再好也會有人反對。拖了半年多，談過幾次，確定用筆名發，黎澍家裏的辦公室有一對條幅，便從中選出玉樓二字，加個張姓，即以「張玉樓」名發表，《人民日報》又全文轉載，反映相當好。某些人很快知道張玉樓即是沈元，便這裏反映，那裏告狀，中宣部派人來調查，田家

英給黎澍來電話，説有人聯名寫信告到毛主席那裏，要注意些。一時沸沸揚揚，沈元成為「白專」道路的典型，黎澍受到很大的壓力。1964 年初，中宣部發出通知，以後要注意影響，少發表沈元的文章。故此以後只發過他一篇尺度史概論，他寫的有關歷史主義的文章未發表。

後來，黎澍多次與我談起沈元問題的教訓。他説，我們重視人才，培養人才，決不埋沒人才，我們對青年愛護、教育、鼓勵是對的。但我們不顧社會環境，不理解某些人的心態，連續發表他的文章，引起不滿，幫了倒忙。還説，你重視人才也是好意，把文章送給《人民日報》，何況（該報理論部主任）這個人也愛才，在報上整版發他的文章，令人側目！從文章本身找不到問題，便算歷史賬，在「摘帽右派」還是「右派」上費心思，做文章。這樣的邏輯與心態，真是可怕可悲可歎的。

知識分子有一個致命的弱點，就是太熱愛自己的專業了。沈元也就不免有這個通病。這一位才華橫溢的青年史學家，他是多麼熱切地希望他的研究成果儘早地成為社會公有的財富，雖殞身而不惜，這真是學術戰線上的戰鬥英雄。但願有有心人輯印他的遺著，這不但是對這一位早逝的英雄的紀念，這些作品本身也自有它在學術史上的地位。

物理系的學生吳思慧。他 1948 年考入清華大學物理系。他的父親吳祖楠是黃埔軍校第四期步科第一團步兵第五連的學生，1949 年隨國民黨政府去了台灣，1951 年十八歲的吳思慧參加中國人民解放軍，1953 年復員。因為清華大學物理系已經在 1952 年被取消，併入北京大學了，他復員後到北大物理系繼續讀書，畢業後在北大讀研究生。在反右派鬥爭高潮過去之後，於 1958 年 2 月補劃為右派分子，1959 年分派到洛陽工學院，12 月以抗拒改造的罪名被送勞動教養，解除勞教後在洛陽街頭以修鞋為生，1965年又被指控「盜竊」判刑十年。1970 年「一打三反」運動中，他被「揭發」和同牢的人説了咒罵毛澤東和其妻子江青的話，被河南省革命委員會「判處死刑、立即執行」。1981 年河南省高級人民法院覆查了此案，撤銷了原判。覆查報告説，原判認定的「惡毒攻擊我黨和社會主義制度，污衊誹謗無產階級司令部」和「越獄投敵叛國」兩項的事實，「均構不成反革命罪」。他們也同時撤銷了 1965 年的判決。（詳見香港《開放》雜誌 2010 年 2 月號王友琴文章〈第七個死刑：吳思慧〉和〈北大精神 五七綻放〉，香港五七學社出版公司 2010 年 12 月版，第 236–237 頁）

哲學系學生黃立眾（1936-1970），又名黃美琦，安徽省無為縣人，出身農家，因為講述農民生活困苦的真相，被劃為右派分子，開除團籍，留校察看。1960 年又說他「堅持反動立場」，開除學籍，遣送回鄉。這時正趕上三年大饑荒，眼看鄉親們一個個餓死，深感絕望和悲憤。他希望自己有所作為，就秘密發起建立一個中國勞動黨的組織，寫了篇〈致全國同胞書〉，說明宗旨。這是當年一件反革命大案。黃立眾被判處死緩，關在無為縣監獄裏，1970 年 7 月，在「一打三反」運動中被殺。（蕭蒙，〈北京大學第八名被處決者——黃立眾〉，見《往事微痕》第 49 期，2010 年 6 月 5 日）

張錫琨是化學系三年級學生，在北京大學「五一九運動」中以〈三害根源〉為題寫了一張大字報，明確指出「三害」（官僚主義、宗派主義、主觀主義）的根源在於制度。本書第九章介紹了其中部分內容。他受到勞動教養的處罰。起初是在北京，後來轉移到四川北部一個勞動教養單位。具體細節不詳，只知道他已經在 1977 年以「企圖越獄」的罪名被處死。（見陳奉孝，《北大反右運動中的遇難者》）。

除了這幾個飲彈刑場的之外，北京大學學生右派還有死於獄中的。物理系四年級學生劉奇弟，因為「百花學社」被定性為反革命小集團，劉奇弟被判處有期徒刑十五年，先被送到團河勞改隊，後轉到黑龍江省密山縣興凱湖勞改農場五分場勞改。他因為不認罪，多次被吊起來拷打，後來瘋了，被塞進了一個像狗洞子一樣的小號裏，疾病加凍餓，1961 年死在小號裏。

化學系四年級學生袁植芬，是香港歸僑學生。父親是香港富商（殼牌石油香港代理）。反右派鬥爭時，他正在香港探親。他以為自己不過在一張大字報上簽了個名，不知道自己已經被劃為右派，就自投羅網回學校來了，結果以反革命罪判處死刑緩期兩年執行。後來病死獄中。（見張強華，《煉獄人生》，第 58 頁）

還應該說到清華大學建築系學生蔣維泓。據郭道暉〈從我的經歷看反右〉一文說：

> 1957 年 1 月，時任中共中央總書記的鄧小平奉毛澤東的指派來清華大學作關於學習〈再論無產階級專政的歷史經驗〉的報告。此前，我作為清華大學黨委委員兼宣傳部長，曾隨黨委書記、校長蔣南翔及黨委副書記艾知生和團委書記阮銘一道去中南

海，向鄧小平彙報清華師生在學習〈再論〉中的提出的諸多問題，為他來校作報告的準備。當我彙報到清華建築系一個叫蔣維泓的學生寫了「萬言書」，讚賞南斯拉夫的工人自治和鐵托在拉普的演說時，小平同志插話說：「我看了他寫的東西，觀點是錯誤的；但他的文章有邏輯思維，文筆也好，這個年輕人有頭腦，有才氣、你們要好好幫助他，將來是可以成為對國家有用的人才的。」顯然，這時鄧對蔣維泓問題還只是當作思想認識問題，屬人民內部矛盾，是比較實事求是地對待的，更沒有把他當右派，而且還讚賞這個青年學生的才華。我對小平這種寬容和惜才的風格，十分感動。從中南海出來時，蔣南翔還對我們說了一句：「看來中央對基層群眾情況還是很了解的。」大家對小平很體察下情，頗感欣慰。蔣當時對學生中的混亂思想是有些不放心的，聽了小平的談話，也感到有底了。他作為候補中央委員，當時也並不知道、也不認為毛主席和黨中央有什麼「陽謀」。（可是，後來反右時蔣維泓卻沒有逃過劃右派的命運，被流放到北大荒勞改多年。在文化大革命中又再次被專政，最後在建工部設在河南的五七幹校勞改時出走，從此「活不見人，死不見屍」）。

被處死的右派分子，全國各地都有。雲南省瀘西師範學校附屬小學教師陳學詩，朝鮮戰爭中擔任過中國人民志願軍某部偵察兵排長。整風鳴放期間，他寫了一些批評領導的大字報，因而被劃為極右分子。又因為他家庭出身被定為工商業兼地主，還罵過人事科長，就再加上一頂「階級報復分子」帽子，判了他五年徒刑。服刑期間，他不服，不斷申訴，於是又成了一名反改造分子。1959 年，大饑餓開始了。一天深夜，他忍受不了饑餓的痛苦，悄悄地摸進管教人員食堂抓飯吃，吃了出來的時候，有人發現了，即用槍上的刺刀朝着他的大腿刺了一刀。他被當做重刑犯押解到曲靖專區監獄關押。1959 年末，大雪之後的一天，二十四歲的陳學詩被押解到陸東煤礦執行槍決。這一天還把在附近改造的右派分子都叫來觀看，實際上是來陪斬的性質。（據沈迎春，〈沉痛的悲劇〉，見《二十一年》，第392-394 頁）

山東大學中文系畢業班學生鄭介農（1935-1969），浙江省黃岩縣人，念三年級的時候就在《光明日報》副刊「文學遺產」上發表〈也談李後主詞〉一文，讓老師和同學都為之一驚。因為這篇文章，是班上的高材生，他在 1957 年 6 月 5 日的校報《新山大》上發表了一篇兩千字的雜文〈千士之諾諾，不如一士之諤諤〉，文章對畢業生的分配工作提出了這樣一些意

見：（一）明白交代什麼是政治標準。我看，熱愛祖國，願意貢獻畢生精力為祖國和人民服務，就是。是否對領導唯唯諾諾，應不在標準之列。「奔走權門」，不屑！每一個團員都比群眾好，「事出有因，查無實據」，未必見得。（二）鑒別業務水準，應充分依靠教授，依靠每一位任課教授，不能偏聽，在中文系，考試的成績「優良」，太容易了，記分冊並不可靠。（三）分配工作的過程，自始至終完全公開。不要像過去那樣煞是神秘，大家都疑神疑鬼，而是少數的「特別人士」可以左右。分配哪一個人做哪樣工作，應坦率地講清理由，「以理服人」。不要心裏是不信任，不讓某人做某種工作，嘴上卻說：「我們是信任你的，你的工作也是光榮的。」就因為這篇文章，他被劃為極右分子。他患有肺結核病，給了他留校察看的處分，放在圖書館勞動。這時，有人檢舉他為首組織反革命集團，於 1960 年 10 月 28 日由濟南市歷下區人民法院判處有期徒刑十年，被送到廣饒縣五一勞改農場勞改。在這裏他再次被人檢舉為首組織反革命集團，就在他十年刑期快要服滿之時，被判處死刑，於 1969 年 12 月 4 日執行槍決。十一年之後，1981 年 1 月 22 日，廣饒縣人民法院發佈（81）廣法刑再字第一號《刑事判決書》，內稱：「案經本院再審查明：被告人前科反革命罪，濟南市歷下區人民法院已於 1980 年 12 月 31 日改判宣告無罪。其在五一農場服刑期間，曾策劃建立反革命集團。被查處後再無活動，不應再予追究。原以組織領導反革命集團是錯誤的。因此，判決如下：一、撤銷中國人民解放軍山東省廣饒縣公安機關軍事管制小組（69）廣公管刑字第十四號對鄭介農之判決。二、宣告鄭介農無罪。」（李昌玉，〈被槍殺的山東大學右派學生鄭介農〉，見《往事微痕》第 49 期，2005 年 6 月 5 日）

還有四川大學生物系四年級學生馮元春，四川青神縣人，出身農村貧苦人家。1950 年後即參加工作。在整風鳴放前後，她特愛看報紙，受到了當時發表的安娜·路易絲·斯特朗撰寫的《斯大林時代》一書的影響，因而產生了一些新的思考，對「胡風反革反革命集團」一案、對「統購統銷」、「農業合作化」也都有了自己的看法。據新華社記者宋禾、王世晉的〈四川大學學生「放」、「鳴」中幾個值得注意的新情況〉一文報導：

> 生物系四年級女學生馮元春 9 日貼出一張大字報，聲言她將在 12 日以下列題目作公開講演：〈毛主席是偽馬列主義者，共產黨是三大主義武裝起來的更巧妙、更殘酷的剝削集團──馮元春站到農民立場上發言〉，歡迎同學們和她辯論。據了解馮元春的基本「論點」如下：

1. 毛主席的特權思想和個人崇拜——從高崗——胡風——毛主席兒媳婦留學談起。她認為，真正的馬列主義者，別人用暴力，自己才用暴力，而不用暴力對付沒有用暴力的人。高饒是黨中央委員，不滿中央總有理由，反黨集團有理由有事實，應由群眾評論，高饒沒有以暴力對中央，不應逮捕。胡風是文人，只因為對馬列主義看法和毛主席不同，就逮捕別人，不管正確與否，應讓大家討論，為什麼以暴力對人？這是個人崇拜，個人特權，就許他一個人當領導。她又說，馬列主義按勞取酬，共產黨是按集團取酬。黨中央要人和大小幹部，超出人民生活太遠。是國民黨腐朽制度，高官享特權。毛主席兒媳留學，更表現了特權思想。

2. 毛主席和朱德是中國再次出現的劉邦！她認為，土改是正確的，但土改後農村稅收太多了，徵收太重，中農生活下降很多，貧農生活改善很小。她說她親眼看見農民沒糧吃。行政幹部對農民壓制、不講理，農民叫，就說是地主叫的，黨中央也說是富農叫的。毛主席自稱是農民，但他們爬上高高的位置後，不關心農民，像劉邦一樣，世襲了上一個剝削制度，來對待農民。

3. 黨的剝削事實。她提三點，第一是臃腫的官僚寄生機構，不從事生產，專門監督人。第二是黨團員能力差待遇高，非黨團員能力高待遇低，黨團員高出的收入是剝削別人的勞動。第三是奴才論，上諂下驕的都爬上了高位置，黨員一入黨身價就高了，這是奴才，從黨的剝削意識裏來的。第四黨團員是便衣員警，在言論方面監視非黨團員。

4. 黨沒有面向生產和發展科學。她認為，黨剝削農民很重，農業生產發展很慢。農民沒有糧吃，把母豬都殺了，誰還發展副業？許多青年遭到失學失業的恐怖，主要是生產太慢了。監督腦力勞動的寄生機構，壓制了科學的發展，把官僚機構撤銷就可用來解決科學研究的條件。

5. 對發展工農業生產的我見。她說中國大，人口多，目前應以更大的注意發展農業，六億人沒有維持生存的最低條件，沒有糧食，不能發展工業。

6. 對人類發展的希望。

7. 對目前爭鳴運動的看法。

8. 要求發揮每個青年的美好理想。

馮元春的大字報貼出後，馬上有同學在她的大字報周圍貼出很多大字報，願和她進行辯論。數學系四年級王傑以〈為農民抗辯〉為題寫的大字報駁斥馮元春說「你是站在地主富農立場對廣大群眾的污蔑」，他要求和她一道去訪問學校附近的農民，讓農民自己來作結論。物理系學生唐毅的大字報說，毛主席是偉大的馬列主義者，但並非從無錯誤，黨是堅決消滅階級的政黨。他以中央提出反對以領袖名字來命名街道工廠，毛主席不讓祝壽來說明毛主席無個人崇拜。

馮元春，三十歲，四川灌縣人，家庭成分下中農，解放前高中畢業，三青團員，後和一偽軍官（地主）結婚。解放後當小學教師，因偽軍官未工作，關係不好，但未離婚，暗中和別人通姦，生下一小孩，被偽軍官告到法院，判馮兩年徒刑，緩期執行，她對此極不滿意政府，後要求離婚，因偽軍官堅持要馮扶養孩子和負擔他五年進修計劃的經費，又未成，考入川大後，因申請助學金開初未准，大鬧人事處，受過警告處分（後准了她助學金），在肅反中她被審查過，五一遊行，未允許她參加，由於以上原因，她對政府和黨非常懷恨。（1957 年 6 月 13 日新華社《內部參考》）

1957 年 7 月 29 日，川大校黨委組織了一場全校師生批鬥馮元春的大會。不久，她即以「反革命罪」被逮捕，關押在省公安廳梓童巷看守所，在關押中拒不認罪，堅持自己的觀點，被判處有期徒刑十五年，先在簡陽平泉勞改農場勞改，「文革」中她繼續批評毛澤東，又被加刑五年，轉送南充地區省第一監獄。她在獄中繼續書寫批毛文章，「一打三反」運動中以「惡攻罪」處以極刑。1970 年 7 月 1 日，南充市召開了聲勢浩大的公判大會，公審槍斃了三個「現行反革命分子」，其中之一就是馮元春。（據鐵流，《第二個林昭似的女英雄——四川大學生物系學生馮元春》）

亡友劉鳳翔和我同時被劃為右派分子，同在一處勞動教養。1970 年 4 月 4 日以反革命集團案處死。同案還有幾個同時被處死的，是其他一些機關劃出的右派分子，我不認識，現在也記不起他們的姓名了。1985 年我收到湖南日報社務委員會寄來的一份文件，照抄如下：

湖南日報編委會文件

湘社發（1985）028 號

關於劉鳳翔同志被錯劃右派的改正決定

劉鳳翔同志原為湖南農民報編委。1949 年 10 月參加工作，1952 年 11 月加入中國共產黨，1957 年被劃為右派，受到開除黨籍、開除公職、送勞動教養的處分。根據中央〔1978〕55 號文件精神進行覆查，劉鳳翔同志原被劃為右派屬於錯劃，應予改正。經研究決定，恢復其黨籍，恢復一切政治名譽。鑒於劉鳳翔同志 1970 年 4 月被判處死刑，1984 年 11 月，經省高級人民法院覆查，決定「撤銷原判，宣告劉鳳翔無罪」，其善後問題按職工死亡對待。

劉鳳翔同志在農民報工作期間，兢兢業業為黨報工作，為辦好《湖南農民報》作了一定的貢獻。他熱愛黨，熱愛社會主義事業，為人忠誠耿直，是一位好幹部，過去強加於他的一切不實之詞，應予徹底否定。

湖南日報社務委員會（印）

1985 年 8 月 5 日

沒有遺骨安葬儀式。正如分不清他遭遇的究竟是個人的災禍還是民族的災禍一樣，在一叢死刑犯的白骨中也無法鑒別哪些是他的遺骨了。一切都混成一團了。他已經化解、溶合在歷史之中。

這是明正典刑的，至少在形式上經過一些法律程序。還有完全無法無天的。亡友蔣養毅，在湖南省航運局子弟學校擔任語文教師的時候被劃為右派分子，和我同在一處勞動教養。1962 年解除勞動教養以後湊巧住處鄰近，同屬長沙市城東區文藝路派出所管轄，編在同一個右派分子學習小組，每星期和節假日集中「學習」一次。文化大革命開始之後，被遣送回原籍道縣。不久，道縣發生了「貧下中農最高法庭」處死全縣階級敵人的事件，所有地主分子、富農分子、反革命分子、壞分子、右派分子等等階級敵人，包括他們家裏的老人和嬰兒，悉數處死，靡有孑遺。後來我聽說，蔣養毅是被扁擔打死的，那就比槍決更加慘苦了。

今天我用我的筆記下這一頁歷史；而他們卻早已經用他們的血記下這一頁歷史了。

願他們的靈魂得到安息。

也有歷盡千辛萬苦逃過了這一厄的人。上海第一醫學院的一名調幹生徐洪慈，地下黨員。他被打成右派分子的材料，據1957年6月8日新華通訊社編《內部參考》〈上海高校的「鳴放」〉說：

> 昨天第一醫學院黨支部委員徐洪慈（九年黨齡的調幹生）帶頭和十二個學生聯名以大字報形式提出五十一條意見，其中帶政治性的問題有：「普選不民主，要求取消等額選舉」、「反對大學生做政治鑒定」、「取消黨員特權」、「中共『八大』報喜不報憂缺乏自我批評精神」、「毛主席視察太秘密，希多和群眾見面」、「大學畢業生應自由選擇職業」、「派遣留學生到資本主義國家學習」、「請世界其他先進國家教授來中國講學」、「反對巴甫洛夫學說庸俗化教條化」、「反對謾罵魏爾嘯」等。大字報貼出所有的同學讚揚說：「勇敢、夠勁，真是英雄。」

1957年8月2日的《人民日報》更刊出了〈上海醫學院三千同學 聲討叛徒徐洪慈〉一文，說：

> 本報訊：上海第一醫學院全體同學，連日冒着酷暑集會，聲討和揭發右派分子徐洪慈的反黨言行。
>
> 徐洪慈是醫療系三年級學生，原來是共產黨員。他在整風運動中，糾合一些認識不清的同學，貼出第一張大字報，提出了五十一條荒謬的主張，如「取消黨團員特權」、「普選不民主」、「肅反肅錯了，要平反」等等。當這張大字報受到黨支部的批評時，他就大叫：「黨支部孤立我！」當受到同學們的反駁時，他又貼出所謂「忠告」的大字報，謾罵某些同學是「兩面派」。接着，他又煽動醫療系三年級十一、十二兩班同學舉行了兩次所謂「掃除障礙」的座談會。他對同學們說：「黨委虛偽，口頭上講鳴放，實際上不支持。」煽動同學仇視黨。
>
> 徐洪慈的叛黨行為，得到了該院另一右派分子范日新的支持，范日新當眾稱讚徐是「模範黨員」。范日新又對徐說：「你不

要怕，要堅持，事情鬧得愈大愈好；你年輕，我年紀比你大，經驗比你多。」他準備宣佈退出共產黨，並準備鼓動「最起勁的」共青團員退團，單獨成立政治組織，保衛「五十一條」，號召全校同學繼續大鳴大放，派代表團到各大學去演講，妄想達到進一步搞垮黨的目的。

徐洪慈的反黨言行，受到了全校同學的駁斥。一時被他矇騙的少數同學，也清醒起來，作了檢討和揭發。全校三千多同學，表示要堅決把反右派鬥爭進到底。

徐洪慈被劃為右派分子之後，在雲南省一家勞改工廠的鉗工車間一蹲就是十五年。在文化大革命的「一打三反」運動中，他看到勞改工廠裏也有人被加上什麼罪名拉去槍決了。感覺到危險在逼近他。於是他越獄逃到了鄰國。其間的驚險萬狀就不用細說了。鄰國邊防軍的軍官審訊他，要他交代潛入該國的任務，嚇唬說要槍斃他。他怎麼說人家都不相信。最後，他請他們去查閱 1957 年某日《人民日報》，這樣才證實了自己的身份。於是他以非法入境罪被判了兩年徒刑，在異國服刑。刑滿之後，在當地醫院裏找到了一個電工活。後來還是地下時代的領導人幫他在一位高層領導人面前說了話。1984 年 4 月，他終於洗雪了身負的反革命分子、右派分子、叛逃者這些惡名，回歸祖國了。醫學院黨委恢復了他的黨籍，學校補發了他畢業證書。(見俞明，《故雨新知》，福建人民出版社 2002 年版)

北京大學物理系的沈迪克在劃他為右派分子之後不久，就成功地偷越國境，在國外繼續從事科學研究。後來還曾經以學者身份回北大講學。(見張強華，《煉獄人生》，第 59 頁)

至於被折磨至死的，比起被處死的，數目就更要多得不成比例。如果把能夠得到的材料都寫下來，可以寫成一部多卷本的《錄鬼簿》，這裏只講一個人，講蕭也牧之死。

蕭也牧，原名吳小武（1918-1970），浙江吳興人。抗日戰爭時期在晉察冀邊區工作。1950 年 1 月發表短篇小說《我們夫婦之間》，一時受到廣泛的歡迎，並被拍攝成電影，不久卻又受到嚴厲的批判。反右派鬥爭中，他在中國青年出版社被劃為右派分子，1962 年摘掉了右派分子帽子。可是，摘帽右派還是過不了文化大革命這一關。下面，是他的同事張羽〈蕭也牧之死〉一文的節錄：

　　進入 1970 年，團中央「五七」幹校「階級鬥爭」更加激烈。……中國青年出版社為第七連。由於這個單位清理出的「牛鬼蛇神」最多，武鬥最兇狠，鎮壓最殘酷，被封為以階級鬥爭為綱、綱舉目張的「四好連隊」。……大人小孩見到「牛鬼蛇神」，都可隨意毒打。蕭也牧由於手腳不靈、行動不便，挨打最多，走路時被打倒在水坑裏，打飯時飯碗被打翻在地上。8 月 9 日的評審會上，對蕭也牧進行了重點批判。……說蕭也牧抗拒改造，說蕭也牧裝死、欺騙，既是對他加重新的壓力，也是要進一步整他的訊號。……

　　9 月 4 日，蕭也牧被住在隔壁的 ×× 毒打。……從這天起，小便嚴重失禁。……連長認為蕭也牧「極不老實」，「要加重勞動，以示懲戒」，把蕭也牧從牛組調到勞動量較大的菜組去種菜。蕭也牧腰背發僵，四肢乏力，間苗薅草只得跪在菜地裏爬行，把拔下的草和苗放在一堆，準備下工時帶走。不料一陣風吹來，把草和苗吹得散落各處，監工的人認為他有意搗鬼，又把他狠打一頓，打得他在地上直翻滾。……

　　在沉疴折磨和新的政治壓力下，蕭也牧境況日趨淒慘。……10 月 3 日大會批鬥。「群眾專政」小組對蕭也牧推推搡搡，拳打腳踢，會後又罰他去挑糞。……群專小組組長跟在後邊，用竹棍不斷抽打他的屁股。……蕭也牧勉強把桶挑到菜園地頭，就再也幹不動了。連長認為蕭也牧是裝病對抗，決定把他從菜組調到農活最重的大田班，由排長從嚴監督勞動。……

　　10 月 6 日下午，我們在柳樹塘前的一號田裏曬草，同時在地頭碼草上垛。蕭也牧吃力地推了兩車草，又被喊來挑草上垛。這本來是強勞力幹的活。對久病無力的蕭也牧來說，僅僅一柄木杈就像有千斤重。他只挑了幾根稻草，可杈子還未舉起，稻草已經簌簌地掉了下來。場上的「紅哨兵」在一旁嘟嘟囔囔罵他「磨洋工」、「裝蒜」。但沒有敢動手。排長動了邪火，從旁邊走過來，朝蕭也牧腿上橫掃了一杈，接着罵道：「吳小武，你以為離開你，地球就不轉了？」現場最高指揮者一動手，群專小組組長也撲了過來，厲聲喝道：「旁人不敢打你，我敢打！」原先只是咋咋唬唬的「紅哨兵」也趕上來辟哩辟啦地追打起來。蕭也牧邊退邊躲，從一個老實人身邊逃過時，那個老實人為了表示和蕭也牧劃清政治界線，也在背後抽了他一杈。群專組長「紅哨兵」跟

着追打，用木杈抽打蕭也牧的屁股和小腿。蕭也牧又跑了幾步，就被打倒在地，再也爬不起來。追打者連聲喊叫：「起來！不要裝蒜！再不起來，我還要打！」蕭也牧趴在地上，想站，站不起來，看着他們兩人舉着杈還要打，就拄着杈柄，掙扎着，顫巍巍地撐了起來。這時，除草垛旁的人以外，遠處運草的人也圍了過來。打人的人只好停手了。不大一會兒，收工了。排長下令說：「我們走，不要管他！」所有的人都走了。偌大的一號田裏，只有蕭也牧一個人孤零零地拄着杈站在那兒。他走不動了。當暮色晦暝、田野已空無人跡時，只有他一個人直挺挺地站在那裏。直到深夜十點以後，他的兒子吳家剛（這時在團中央「五七」幹校附設的中學讀書）才找到地頭，把他扶了回來。

……當蕭也牧被兒子扶回來時，誰也沒有說話，所有人的臉色都像夜色那樣陰沉。空氣像凝固了的冰塊。蕭也牧被扶上床後，長吁了一聲，就躺下，一動不動了。接連數日，除兒子偶爾來看看他以外，無人照料，病情在迅速惡化。一天，他看見房裏只我一人，就把我喊到床頭，滿懷傷感地對我說：「我完了，奄奄一息，眾叛親離。如今又把我交到這個人（指排長）的手下，他已經帶了頭，我算活不下去了。」

我從他的話裏，聽到了他的絕望的哀歎。在嚴酷的政治壓力和身體摧殘中，他「回到人民懷抱」的最後希望破滅了。我感到有責任立即把他的絕望情緒向連部彙報，希望引起注意，以防不測。但我沒有彙報他後邊的那幾句話，未去觸及蕭和排長的芥蒂：蕭也牧過去對工作有過議論，排長非常反感；蕭在文藝界有影響，作家來求教時，對蕭表示尊重，而領導受到冷落，就感到蕭礙手礙腳，所以會出現排長打蕭時那句意味深長的話──「你以為離開你，地球就不轉了嗎？」在蕭也牧臥床等死的時候，這句話一直在我的耳旁迴響。

10月15日凌晨，我們一批強勞力乘上卡車，到黃寺崗去搶收花生。傍晚，拖着疲倦的身子返回「牛棚」時，房子裏闃無聲息。進門一看，蕭也牧的位子上，只剩下一張空床。原來，在這天中午，他已溘然長逝，遺體被抬了出去。（見《新文學史料》1993年第4期，總第61期，第164頁）

當年「五七」幹校中戴帽右派和摘帽右派不少，多數熬到活着回來了。結局不像蕭也牧這樣悲慘。蕭的遭遇，也許可以說有一點特殊性，就是他

不幸落到一位公報私仇的排長手裏。不過，因為過人的才能、成績、聲望、影響，而遭人嫉恨，劃右派之後因此多吃許多苦頭，卻決不止蕭也牧一人，而是並不少見的了。

右派分子在勞動教養中的遭遇，不能不說到甘肅酒泉夾邊溝農場。甘肅日報社反出的右派分子和鳳鳴的《經歷──我的一九五七年》一書（敦煌文藝出版社，2006 年第二版），記下了她丈夫王景超在夾邊溝農場和她自己在另外的改造場所的經歷。下面摘要介紹一點書中的材料。

甘肅日報社的右派分子王景超被送到這裏勞動教養。關於這個農場，他的妻子和鳳鳴説：「在反右派鬥爭之後，從省上到地區領導，他們對於在全省新出現的開除了公職的極右分子的懲罰與改造，是選擇了一個在全省首屈一指嚴酷與艱苦的所在，以夾邊溝的土地面積、氣候與生產條件，是否能讓極右分子們憑靠勞動作到養活自己，並無人想及。夾邊溝的極右分子從未吃飽過飯，貧瘠而嚴重鹽鹼化的土地其收穫物無法使終年勞動的人果腹。饑餓，成為對他們的主要懲罰手段。」

在右派分子投入改造之後不久，「大躍進」又發動了。大躍進對農業的大破壞，造成了遍及全國持續三年的大饑荒。各地都出現了成批餓死人的慘案。遇上荒年，災區的農民常常是扶老攜幼外出逃荒，以圖逃出一條活命。被改造的右派分子卻是剝奪了人身自由的，沒有外出逃荒的可能，面對饑荒，就毫無躲閃的餘地了。和鳳鳴的《經歷──我的一九五七年》用很大的篇幅記錄了右派分子在饑餓中掙扎求生的情形。他們想盡一切方法尋找任何可以吃的東西。有的人把手錶、好一點的衣服賣掉，高價向農民買點吃的；有的人尋些野果野菜，或者抓些老鼠昆蟲來吃；有的人趁機偷一點菜，如果被發現那可不得了，就有人因為偷一點菜被吊打致死的。一些管教幹部，不但不為這些人提供維持生存最起碼的口糧，還不許他們自己動手尋找可以吃的東西。甘肅日報財貿組組長羅舒群，這時也以右派分子身份在夾邊溝勞動教養，一次，饑餓的他偷吃了一個胡蘿蔔，被批鬥了一頓，還被關進了「嚴管班」。王景超卻不肯放棄一些過去的人生準則來適應一下這個太不正常的環境，決不去偷點吃的。結果是羅舒群得以生還，而王景超卻以三十六歲的壯年活活餓死了。和鳳鳴可不像她丈夫這樣迂。為了求生，她和石天愛、徐福蓮合作，偷棉子、偷麵粉弄來吃了。一個難友對她説：「現在，我們要為自己的生存而鬥爭！」和鳳鳴補充了一句：「應該説，威脅我們大家生存的那一切才是最大的犯罪。」

在夾邊溝農場勞動教養的右派分子們，為了生存，什麼東西都找來吃，連從來沒有出現在人類食譜中的東西都見到就吃了。有人吃了貼標語用剩下的骯髒的漿糊，有人把一桶清漆誤以為是可以吃的東西，搶着吃了，中毒死了兩個人！更說明他們饑餓程度的，還不是他們吃了些什麼，而是他們是怎樣吃的，一些蔬果，例如蘿蔔胡蘿蔔之類，本來是可以生吃的，可是沒有聽說過牛肉也可以生吃的，而杜紹宇和一個難友方正儒一次在半夜裏偷了農家的一頭小牛犢，方正儒先是生吃了牛腦，再分吃牛脊椎上的里脊肉，杜紹宇覺得鮮嫩非常，略帶鹹味，十分可口。和鳳鳴、石天愛她們，也是把偷來的麵粉拌到從伙房打來的飯菜中生吃的，煮熟吃怕被發現啊。在人類文明史上，發明用火是一大關鍵，使人類最終地脫離了動物界，而現在，這些右派分子們，放着火不用，倒退到茹毛飲血的野蠻時代了。

一批又一批的人餓得不能動彈了，於是把他們送到農場設立的「醫院」中去。和鳳鳴被派到「醫院」去燒炕。她在書中說，「我沒有見到醫生進病房，也沒見到給哪個病號吃藥，病號們的真正需要是吃飯而不是吃藥。」所謂「醫院」，只不過是把那些餓得垂死的人集中起來等死罷了。在這裏，她每天都看見死亡，那個請她把炕燒得熱一點的年輕人，那個請她幫忙把滿是蝨子的絨褲曬一曬的老頭⋯⋯都一個接一個地死了。在這裏，她還知道了慘絕人寰的慘事：一些死者大腿上的肉、心肝，都被饑餓的難友割去、挖去吃了。那個吃人心肝的難友被批鬥了一場，過了兩天，他自己也餓死了。夾邊溝農場原來有勞教人員兩千八百多人，生還的只有六七百人，是個零頭。（第 308 頁）

前面，我們講了馬雲鳳、傅雷、田保生、林昭、沈元、劉鳳翔、蔣養毅、蕭也牧、王景超這些人，或者自殺，或者被殺，或者折磨至死，這些不得善終的都是右派分子本人。他們的親屬也因而走上絕路的，講了傅雷的夫人、田保生的夫人、林昭的老母。這裏再舉一例，就是韋君宜在她的回憶錄中說的陳璉：

> 前述的袁永熙，妻子是國民黨要人陳布雷的女兒陳璉。她曾經勇敢地背叛家庭，獨自在北平貝滿中學教書，參加共產黨幹革命，後來被捕，鬧得國民黨報紙都競相登載。她有這樣的勇氣。但是到 1957 年，她卻沒有勇氣去對抗當時如大山一樣壓下來的政治壓力，她和袁永熙（「一二・九」運動的戰友）離了婚，後

來一直沒有再結婚，獨身，至「文化大革命」又遭批鬥，終至自
殺。（韋君宜，《思痛錄》，人民文學出版社 2013 年版，第 47 頁）

陳璉是 1967 年 11 月 19 日在上海泰興大樓十一樓跳樓的。離了婚了，
該可以說是劃清了政治界線了吧，可是還是落得如此下場。陳璉還有個弟
弟陳遂，上海交大畢業、在上海建設中學任教時被劃為右派分子，送到寧
夏去勞改。1962 年大饑荒，勞改隊讓這些勞改犯自己去挖野菜充饑，他誤
食毒草，不治身亡，得年三十六歲。

凡事都有例外。作為整體來說，這五十五萬右派分子都是已經打入社
會底層的政治賤民，可是其中的極少數人，由於某種機遇，被某權勢者認
為有加以利用的必要，因而處境還不是太壞，甚至受到禮遇，也是有的。
例如作家汪曾祺（1920–1997），江蘇高郵人。反右派補課中，在中國民間
文藝研究會被劃為右派分子，被送到張家口農業科學研究所勞動。1960 年
摘掉右派分子的帽子，後來到北京市京劇團當了專職編劇。江青到這裏抓
她的「樣板戲」，很賞識汪的文筆，說他的唱詞寫得挺好。江青調閱了他的
檔案，指示：此人控制使用。他就在控制之下，先後參加了改編滬劇《蘆
蕩火種》（即後來的《沙家浜》）、《紅燈記》，寫作《杜鵑山》等。文化大
革命中間，是江青決定把他從「牛棚」解放出來，重新參加樣板戲創作組。
江青還將一部特印本《毛選》簽名送給他，有一回，還叫他陪自己看戲。
最令人側目的事情是：1970 年 5 月 20 日在天安門廣場開群眾大會，毛澤東
發表「五二〇聲明」：《全世界人民團結起來，打敗美國侵略者及其一切走
狗！》，這天，汪曾祺同幾百個各方面的頭面人物一起上了天安門。第二
天的報紙上登出了這名單，汪的姓名赫然在內。他大約是五十五萬右派分
子中受到這種禮遇的唯一的一人。這當然是一種十分難得的異數。在他自
己，卻並不因此有多少興奮之感，更是如臨深淵、如履薄冰。這是另外一
種困難和痛苦。當年北京京劇團副團長蕭甲後來對採訪者這樣說他：「汪曾
祺依舊那麼兢兢業業，在階級鬥爭高度壓力下，他過得很本份。談不上重
用，就是被使用而已。」（本書有關汪曾祺材料，全部根據陳徒手的〈汪曾
祺的文革十年〉，載所著《人有病　天知否》，人民文學出版社 2000 年版）
可是，到了後來清查「四人幫」罪行的時候，汪曾祺又被文化部列為重點
審查對象，一掛就是兩年。同事回憶說，「他有時一言不發，眼神悲淒，心
中有事。」終於也沒有查出在控制使用的範圍之外還有什麼事情。於是這
審查也就不了了之。他的這些經歷，反映出了右派分子，更廣些說，中國
知識分子另一種可憐的遭遇。現在八卷本的《汪曾祺全集》已經出版，第

八卷比前面幾卷要薄些。我以為可以把他在審查期間所寫的十幾萬字的交代材料編入，這對於研究文化大革命史、樣板戲史、江青傳，對於研究中國知識分子在屈辱中的生存狀態和心態，都是極有價值的材料。

還有幾個右派分子因為毛澤東的過問，處境有所改善。例如北京醫學院的學生右派胡芷芸，原來只是給予保留學籍勞動察看的處分，可是她不認罪，就於 1959 年被開除學籍送勞動教養。到 1963 年 11 月，根據黨的政策和她的改造表現，本應給她摘掉右派帽子，解除勞動教養了。但是，北苑勞改化工廠領導和北京市公安局勞改處卻根據刪掉了胡自我批判內容的片面摘抄的材料，把她的坦白說成是散佈修正主義，堅持反動立場，決定延長她一年勞動教養期限。有人把這情況反映到毛澤東那裏，他要求公安部調查。調查的結果是情況完全屬實。由於毛的過問，市公安局勞改處和化工廠的領導作了自我批評，並對胡芷芸的問題作了重新處理，宣佈撤銷原來延長勞教的決定，摘掉右派帽子，同時解除勞動教養。

更有名的一例是作家姚雪垠。在反右派鬥爭中，他被劃為極右分子。1975 年 1 月，他給毛澤東寫信說：我是長篇歷史小說《李自成》的作者。該書第一卷在 1963 年出版後，我曾給主席寄過一部。1966 年夏，得知主席看過此書，曾指示說這部書雖然有些問題，但應該讓作者繼續寫下去，將全書寫完。我對主席的關懷和鼓勵十分感動，下決心以實際工作成果報答主席。這部書共有五卷，寫成後估計有二百五十萬至三百萬字，其中第二卷稿子寫成已近兩年，約七十萬字，至今還沒有地方出版。但我已是六十六歲的人了，不能不有任重道遠之感。倘若在一切方便的條件下，我能夠專心致志地工作，大概用三年的時間可以寫成一卷。待五卷出齊後統改一遍，才算完成。在晚年完成這樣大的寫作計劃，不僅需要我自己加緊刻苦努力，更需要黨的切實領導和具體幫助。因此請求您將此書的出版問題（包括第一卷的修改本重印）批交中央主管部門解決，或直接批交人民文學出版社處理。對於這一請求，毛澤東的批語是：我同意他寫《李自成》小說二卷、三卷至五卷。由於毛的過問，姚雪垠的寫作條件不斷改善，1976 年出版了《李自成》第二卷，1981 年出版了第三卷。

當然，這些都只是極個別的特例，對於整個的反右派鬥爭一案卻並沒有任何鬆動。1975 年 7 月，毛澤東在同江青的談話中還說：「我們怕什麼？1957 年右派猖狂進攻，我們把他們罵我們的話登在報上，最後還是被

我們打退了。」這次談話之後只一年多，他就死了。據我所見到的材料來
説，這是毛澤東這一生最後一次談到反右派鬥爭。可見他的態度至死也沒
有變化。

　　被打成了右派分子之後經歷最奇特的一例是馮亦代。他留下了一本
獨一無二的著作《悔餘日錄》(河南人民出版社 2000 年 6 月版，李輝主編
「滄桑文叢」之一)，包含了他 1958 年 7 月 15 日到 1962 年 4 月 18 日的
將近四年的日記。這本奇書是友人董苗（董每戡之子）發現的，馮亦代在
這書中詳細地記載了自己被某機關招募安插到章伯鈞家裏臥底的事。董苗
買來這書送給我看，我隨後將他送來的複本寄了一本給章伯鈞的女兒章詒
和，她看後大哭，為此寫了文章。事實是這樣的：反右之前，馮亦代和章
伯鈞的妻子李健生在民盟北京市委同事，劃右之後，李健生幾次邀請他到
她家作客，這樣他就有了去她家臥底的條件。下面，我們將要摘引這本日
記中的一些材料。在引文後面的括弧裏用六個阿拉伯數字表示日期，例如
（590128）就是 1959 年 1 月 28 日的意思。從這本日記中可以看到，馮亦代
在被劃為右派分子之後，痛悔自己的「右派罪行」，真誠地認罪悔罪，決心
改造自己，爭取早日摘掉右派帽子，重新做人。例如，日記中説：

　　　　我衷心感謝黨給我的援救，沒有這次反右，我的發展如何，
　　不能預料，但自絕於人民一途則是有其必然性的，因為參加革命
　　以來不努力改造自己，堅持資產階級的立場，罪惡之被揭露是遲
　　早間事，愈遲危害愈大，後果更不堪設想了，現在懸崖勒馬，及
　　早回頭，真是禍中得福。（580731）

　　　　我深自痛恨去年的向黨瘋狂進攻，從而自絕於人民。我今日
　　所得的處理完全是咎由自取。另一方面，我還是感激黨的，因為
　　黨給我的寬大處理，使我還能在工作中向人民贖罪，因此我應該
　　抓緊這個機會，好好工作。（580818）

　　　　由於我在過去九年來思想不進步，甚至墮落成為右派，今
　　日就成為社會的罪人，這個教訓是顯明的，不改造自己，真不得
　　了。（580918）

　　當時《北京日報》社論〈共產黨員應有什麼樣的志願〉發出了做黨的
馴服工具的號召。馮亦代把社論中的一段話抄在日記本上，「以幫助我的隨
時反省」。在這一年的除夕，他在日記中自勵説：

亦代，努力呀，又是一年了，你贖了多少罪？你立場改變了多少？你自我改造了多少？必須永遠保持住黨給你的清醒的頭腦，回到人民的隊伍中來，跟着黨走，做黨的馴服的工具，為人民真正地忠實地服務。（581231）

有了這樣一個思想基礎，馮亦代就被某機關招募為秘密保衛工作者了。反右之前，他已經是一個知名的文化人了。劃右之後，他就正好以這個身份在上層右派分子群中間活動，以幫助這個機關隨時都能夠掌握這些右派頭面人物的思想、言論、交往和行動。在他這本日記中出現的右派分子，有章伯鈞、李健生夫婦，有羅隆基、葉篤義、費孝通、潘光旦、浦熙修、陳銘德、鄧季惺夫婦、儲安平、丁聰、吳祖光、黃苗子、董樂山、劉王立明、陶大鏞、李景漢、吳景超、張志和、譚惕吾、錢端升等等許多人。而他的重點對象是住在地安門的章伯鈞和住在大佛寺的劉某。

看來，他的工作是很有成效的。他和章伯鈞一家建立了相當密切的關係。例如，「十時半到了章家，一直到三時半才離開，看了他的日本畫的收藏，都是複製品，但印刷是十分精緻的。他收藏了一本歌德的《浮士德》，是十九世紀印刷的，所有的插版，都是腐蝕銅版印的，畫得十分樸素，但刻工十分精細，看了使人愛不釋手。」（590321）可以想見，這天他是在章家共進午餐之後，又一同欣賞主人珍貴的藏品。又，「接到章的電話，上他家去吃午飯，二時回。」（590504）「上午十時去章家，一直坐到五時才回來，中間還在沙發上打了一個多鐘點的午睡，真是奇怪的生活。」（590509）「上午和小愚去故宮看敦煌藝術展覽，十分精彩。」（600903）「小愚」是章伯鈞的女兒章詒和在家裏的昵稱。「小愚已經來過電話，約同去看京劇四團的《滿江紅》，戲演得十分精彩，導演的手法，尤其值得稱讚。」（600910）「下午去地安門（指章伯鈞李健生家），即在章家吃晚飯，借得一百二十回《水滸傳》下冊回，並歸還刻本《隨園詩話》一部。」（600927）「晚上李（健生）章（伯鈞）請看北昆劇院的《吳越春秋》，並不如我理想的好。」（610506）「晚上去看小愚，她們明天去海拉爾，托帶信一封致李。」（610810）「晚去李（健生）章（伯鈞）處喝蛤蚧酒，這是好酒，一杯下肚周身發熱。」（611224）「晚去地安門，喝咖啡。昨晚和他們去長安（劇院）看甬劇《天要落雨娘要嫁》，徐鳳仙演得十分出色。」（620414）

想來馮亦代也得說一些章伯鈞願意聽的話，才好去吃飯，喝酒，看戲，借書。可是心裏對章的敵意是很深的。例如，他和章同在社會主義學

院學習的時候,他在日記中說:章「見了我寒暄一番,說『都怪我沒有領導好,使你們出了偏差』,還是當時副主席的派頭!」(581216)「下午去章家,聽了一下午的廢話。」(590218)「晚上去章家,聽他的廢話,到十時半才回家。」(590424)「上午十一時去章家,一直到下午五時才回來,我真討厭他的資產階級面目,但為了工作,我必須處理得好,同時這也是給我的反面教材,對我改造有好處。立場黨性就是在這種方面得到考驗。」(600126)「晚去地安門,瞎談一氣。」(600902)對其他一些右派分子,馮亦代也是敵視和鄙視的。日記中說,羅隆基是個「資產階級右派的典型代表人物」。(581213)「譚惕吾這一類的預備帶着花崗岩腦子進墳墓的人」。(590204)「張志和很糟,他對敵我矛盾和人民内部矛盾沒有區別清楚。老油子是做不得的,對自己沒有好處」。(590223)李景漢「一腦子資產階級的教養阻礙了他,雖說是社會問題的所謂調查專家,那真是鑽在雲霧裏看人間,若有所得,實則莫名其妙」。(590303)「下午看了李景漢,關於他寫的那本北京附近農村調查,我提出了意見,全書的基本立場是反黨反社會主義。所謂超階級的客觀主義立場,事實上就是反動的立場。不用階級分析,不提黨的領導,抽象讚揚社會主義制度,卻在缺點方面攻其一點不及其餘,實質上反對社會主義制度」。(590323)

他每次從章家出來,都立刻把談話的内容寫出來,向機關彙報。困難的是對象漫無條理的瞎談又不能當場作記錄,事後的追記,又怕記不清楚。他日記中說:「下午去章家,遇到陳銘德,談了一下才回來,寫了封信給老彭。必須練習自己的記憶力,而且在記憶言語中能夠有所分辨,這是做好工作的關鍵。」(590210)「從上午九時半出門,十時到達,一直到下午,全在章家,聽他談話,要記住這些話真困難,是前後不連貫,但也有一根無形的條,那就是不滿意。但不是那麼明顯的。」(590303)這也真難為他了。幸虧他是個長於驅遣文字的著名作家,任務還是很好地完成了,多次受到上級的表揚。這也怪那時技術條件落後,五十年之後的今天,答錄機只有打火機一般大小了。

為了提高自己的專業水準,馮亦代很注意研讀相關的書籍。日記中說:「去東安市場逛書店,買了一本《一個肅反工作者的手記》,回來即一口氣讀完,十分有興趣。」(590406)「看了一本好書,是索菲諾夫的《捷爾任斯基生活的片段》,值得重看,對於契卡一段,更須好好研究,從中吸取教育自己的材料。」(610313)

馮亦代很為自己所從事的新工作感到自豪。他說：「今天我已經消除了那種腐朽的感傷的情緒，我覺得在保衛黨的工作中，我的生命正日益豐富起來。」（600803）這時，他已經將自己定位為「一個保衛工作者」（600817），他認為自己「是在第一線作戰」了。（601207）「我這一行工作要有一天發給一個勳章報上刊登出來是不可能的，這樣不啻是告訴別人自己是個什麼人，而且以後就不用再想幹這一行了，想到解放前地下工作的同志們為了保衛黨的利益而犧牲一切幸福，甚至生命，則今天在極端順利條件下工作，又怎能把個人利益提高到黨的利益之上呢！想到這些，我也就釋然了。」（610819）「我想今後的時間應當這樣安排，首先是家裏的工作，其次是盟，有多餘的時間，就是文學，包括翻譯和研究兩方面。」（610920）這裏要作一點名詞解釋：「盟」指中國民主同盟，這時他已經調到民盟當專職幹部了，「家裏」指他所服務的某機關。這也是中外古今一切情報機構的通例，都是提出「組織如家庭」的口號的。不知底細的公眾只知道這是一位知名的文學家，而在他本人，卻是以保衛工作為重，「行有餘力，則以學文」，把文學排在最末的位置。

在工作中，他也不斷得到上級的指導，一位同志「代表組織」對他說：「工作中要放得開，不要畏首畏尾，正義在我們這一方面，沒有顧慮的必要。有事要造成緩衝機會，和家裏多商量，同時要使工作更為深入。」（600123）一次上級和他「談了工作，給我最大的啟發，就是對方以進步面目出現時，也要從中發現問題，因為談話中不能不透露他真實的思想，我以前總覺得一聽了正面話之後，工作就只能到此為止，這唯一能說明的，就是我的工作的不深入。而從任何一句話，一種思想的表現中去發現問題，只能開動腦筋，深入地去思索，才會得到結果。這一點的提出，給我的啟發極大，也就是給我一個有效的工作方法。」（600403）「做工作一定要抓住一個時期的特徵，特別要善於辨別政治風向。敵人所不喜歡的，咒罵的，正是我們做對了的地方。同時在工作中，必須每次掛好下一次的鉤，不能造成無事不登三寶殿的印象，也不要每次必有所獲，而且要從生活上去接近，真正做到『朋友』的關係。這些指示都是正確的，必須記住，而且要善於運用。」（600508）

某機關並沒有讓馮亦代做無償勞動。他日記中說：「晚上和老劉同志談了將近二小時，把工作研究了一番，家裏給了我一些費用，老劉同志說有什麼個人的花費，也可以用。不過我總覺得能夠不用家裏的錢最好。」

（610807）不知道這一回給他的經費是多少。我倒以為，他並不是為了這些錢才來幹這些活的。他是完全相信了那些說教，認罪悔罪，才這樣努力立功贖罪的吧。

看了這本日記，我不禁為章伯鈞捏一把汗。如果在反右派鬥爭之後，他有什麼出格的言行，出格的交往，那就會落到幾年前張東蓀那樣的境地了。

招募右派分子到右派分子群中去活動，以收集情況，恐怕各地都有這樣的需要吧。馮亦代未必是僅有的一例。南開大學的學生右派汪正章的回憶文〈被「陽謀」鍛造的抗爭鬥士〉就寫到有兩個右派同學奉命暗中監視他的事情。（陳生璽、張鎮強編，《抹不去的歷史記憶 —— 南開「五七」回憶》，香港中國國際文化藝術出版社 2015 年版，第 120 頁）

1976 年 9 月，毛澤東死了。中國政治形勢發生了很大變化。對一些歷史積案逐漸有了新的說法。關於 1957 年反右派鬥爭一案，李維漢回憶說：

> 1978 年 4 月，中央統戰部協同公安部、中組部等有關部門召開了煙台會議，產生了中央第五十五號文件，決定全部摘掉右派分子的帽子。我看到文件後感到不解決問題。因此寫信給胡耀邦同志，主張對錯劃為右派分子的人要覆查平反，並提到 1962 年中央統戰部當時的意見。中央採納了我的建議。當年 9 月 17 日，中央又批發了《關於全部摘掉右派分子帽子決定的實施方案》，指出：對過去錯劃的人，要做好改正工作，恢復政治名譽，恢復原來的工資待遇。現在全國被劃為右派分子的五十五萬餘人中，已改正的有五十四萬餘人（其中有些是從寬處理的），維持原案不予改正的只五千人，而且還在陸續甄別。（李維漢，《回憶與研究》（下），第 839-840 頁）

這裏，李維漢有一點小小的誤記。1978 年 4 月的文件，是第十一號文件，即中央統戰部、公安部關於摘掉全部右派分子帽子的請示報告和中共中央的批復。他說的 9 月 17 日中共中央批發的《貫徹中央關於全部摘掉右派分子帽子的決定的實施方案》才是第五十五號文件。

第十一號文件提出：從 1959 年到 1964 年，先後已有五批摘掉了右派帽子。右派分子中的上層分子，絕大多數都已摘掉右派帽子，尚未摘帽子的，主要是原中下層幹部、中小學教員和一部分大學生。他們多數都在農

村、街道或勞教場所勞動，有的被管制，有的原來工作的，取消了工作和工資，生活發生困難。自從 1975 年特赦釋放全部在押戰犯和寬大釋放國民黨縣、團以上人員以來，特別是粉碎「四人幫」以後，各項政策逐步得到落實，右派分子和他們的家屬迫切要求摘掉右派分子帽子。我們認為，全部摘掉右派分子的帽子的條件已經成熟。

這個文件規定：被遣送到農村的右派分子，摘掉其右派帽子後，一般不再返回城市，但工作有需要的或確屬年老病殘，在農村無依靠，而在城市有親屬贍養的，可准其返回城鎮落戶。

文件還規定：遵照中央 1962 年的規定，對於右派分子一般不搞甄別平反，只是對於其中個別確實完全搞錯了的，才作為個別人的問題，實事求是地予以改正。

這樣一個文件，李維漢看了，當然會感到不解決問題。採納他的建議，中共中央於 9 月 17 日批發了那個《實施方案》即第五十五號文件。這個文件有了很大的進步。它提出了受理要求改正的申訴，凡不應劃右派而被錯劃的，應實事求是地予以改正。貫徹執行這個文件的結果，用薄一波提供的數字，是百分之九十九的右派分子都得到了改正。

李維漢說的這過程比較簡單了一點。在煙台會議上，中共中央組織部副部長楊士傑主張：對過去定的右派，凡是搞錯了的，都應該予以改正，不能說只有個別確實搞錯了的才可以改正。這個意見沒有被與會的多數人接受。會後楊士傑向中央統戰部提交了一份材料，說明煙台會議上意見的分歧。中央統戰部有關人員看了這個材料，問：這是楊士傑個人意見呢，還是中央組織部的意見？中央組織部部長胡耀邦表示：我完全贊成。胡耀邦並且讓組織部政策研究室寫了一個報告呈送中央。幾個月之後，參加煙台會議的五個單位：中共中央組織部、中共中央宣傳部、中共中央統戰部、公安部、民政部，在北京民族飯店重新集會，終於克服了意見的分歧。9 月 17 日中共中央批發了這次會議的成果《貫徹中央關於全部摘掉右派分子帽子的決定的實施方案》，就是第五十五號文件。（戴煌，《胡耀邦與平反冤假錯案》，中國文聯出版公司 1998 年版，第 9–10 頁）

據 1980 年 5 月 8 日中共中央統戰部《關於愛國人士的右派覆查問題的請示報告》透露：在二十七名最知名的右派分子中，改正了二十二人：章乃器（故）、陳銘樞（故）、黃紹竑（故）、龍雲（故）、曾昭掄（故）、

吳景超（故）、浦熙修（故）、劉王立明（故）、沈志遠（故）、彭一湖（故）、畢鳴岐（故）、黃琪翔（故）、張雲川（故）、謝雪紅（故）、王造時（故）、費孝通、錢偉長、黃藥眠、陶大鏞、徐鑄成、馬哲民（故）、潘大逵。不予改正的五人：章伯鈞（故）、羅隆基（故）、彭文應（故）、儲安平（故）、陳仁炳。

統戰部的這個文件還透露：「在覆查章伯鈞、羅隆基的右派問題的過程中，民盟的一些負責人曾提出對他們二人也應予改正。我們認為，他們二人在1957年的言行從根本立場上反對黨反對社會主義，是資產階級右派的主要代表人物，在右派向黨猖狂進攻中起了極為惡劣的作用。現已摘掉右派分子帽子了，但並非錯劃，不應改正。」文件沒有寫出這些主張章伯鈞、羅隆基的右派問題也應予改正的民盟負責人的姓名，人們知道，這時中國民主同盟的主席是史良，副主席是胡愈之、鄧初民、楚圖南、蘇步青、華羅庚、彭迪先、薩空了、李文宜、費孝通、聞家駟等十人。也許這些人中間有人認為章伯鈞、羅隆基的右派也是錯劃，也是冤案，也應改正吧。

一些右派分子風聞中共中央有一個第十一號文件，又有一個第五十五號文件，以為有了平反的希望，於是提出申訴。黎辛在〈我常想起安子文〉一文中說到一件事：

> 中共十一屆三中全會後，我請假去北京申訴。這時，安子文等「六十一人叛徒案」已經解決。我去前門飯店看他，他身體健壯，往事記憶清楚。安子文說，1957年劃右派的權力已經下放給省、部黨組織了，雖然你作為右派是錯劃的，我們也不能過問。現在中組部與中宣部聯合覆查，你們的問題一定會很快解決的。（《黨史博覽》2011年第5期）

安子文向黎辛透露了「1957年劃右派的權力已經下放給省、部黨組織了」這個情況，在作家協會黨組把黎辛劃為右派之後，他即使想幫他，也無此權力。

改正右派分子這事，在具體操作過程中也是頗有曲折的。這裏以公安部的情況為例：

> 新華社北京1979年1月12日電 公安部堅決貫徹執行中央關於對錯劃右派分子進行改正的指示，實事求是，解放思想，這

項工作做得又快又好；經過覆查，原劃的六十三名右派分子都屬於錯劃，在去年年底前已經全部進行改正。

錯劃右派的改正工作剛開始時，有些同志顧慮這樣做會否定反右派鬥爭的成績；有的辦案同志怕將來被扣上「右傾」、「一風吹」的帽子。經過反覆學習中央有關文件，大家認識到，在任何時候、任何情況下都應當堅持實事求是這一黨的根本原則。不能認為對錯劃的右派進行改正就是否定反右鬥爭的成績。專門負責這項工作的覆查小組還提出，要設身處地為被錯劃的同志着想。二十一年來，這些同志背着沉重的思想包袱，時刻盼望着黨對他們落實政策。早一天解決他們的問題，就可以早一天調動他們及其親屬的社會主義積極性，進一步發展安定團結的大好形勢。

在對被錯劃為右派的同志進行改正的工作中，公安部堅持在弄清事實的基礎上，以中央關於劃分右派分子的標準為準繩，依靠各單位群眾討論，分清大是大非。凡錯劃的就堅決改正，不附加任何條件，不糾纏具體問題。對屬於給本部門的領導和工作提意見，改正結論就寫上「沒有右派言論」；對說過一些錯話，但不是從根本上反黨反社會主義的，結論就寫為「不是右派言論」，而不再糾纏具體錯誤問題，不搞煩瑣哲學；對確有類似右派言論而當時很快作了深刻檢查的，結論就寫為「有錯誤，但不應定為右派分子」。對於一些全部聞名的、難度較大的案件，由部領導同志主持召開有各局負責同志參加的典型案例討論會，引導大家不要僅僅憑當事人幾句尖銳的話下定論，而要分析他通篇言論的基本思想，嚴格按照劃分右派分子的標準辦事。有一個幹部對在肅反中自己被審查有意見，1957年整風鳴放時曾寫文章批評本單位的肅反運動是「無反也肅，有錯不糾，言者有罪，聞者不戒」，因而被錯劃為右派。有的同志認為這個人出身剝削階級家庭，社會關係複雜，他的上述言論是階級本能的反映，他被劃為右派的問題不能改正。經過典型案例討論會和本單位黨支部會、群眾會上下多次討論；大家統一了思想，認為這位幹部的文章是在充分肯定全國肅反運動的成績的前提下，對本單位的肅反工作提出批評，言詞雖然尖銳一些，但按「標準」衡量，仍屬於錯劃；不能以他出身不好作為附加條件而不予改正。還有一位幹部被錯劃為右派，前幾年「四人幫」在公安部的親信曾利用這一錯案整老幹部。有人擔心改正這個錯案會使問題複雜化。但大家認為，這個

同志既屬錯劃，就不能因為「四人幫」的親信曾經插手而放棄實事求是的原則，因此，也堅決改正了錯劃他為右派的結論。

公安部對待被錯劃為右派的同志滿腔熱忱，改正的結論批准後，就立即通過口頭或打電報、電話通知他們本人。部裏還派出專人到這個部被錯劃為右派的同志居住比較集中的青海省，向他們當面宣佈改正結論，和他們談心，並對經濟困難的同志給予了補助。這些同志對這次改正的決定都表示滿意，特別為黨恢復、發揚了實事求是的光榮傳統而歡呼，表示要為實現四個現代化出力。

目前，公安部正根據這些同志的專長、健康狀況、本人要求和工作需要，着手安排他們的工作。有一個懂三種外文的同志，已經上班工作。對於過去家屬受到株連和影響的問題，公安部正根據本人提出的名單，分別發函到有關單位，消除影響。

有一種傳聞，說公安部的右派改正工作，最後是在胡耀邦直接過問之後才這樣解決的，並以此為範例，由新華社詳細報導。看了這一例，也就可以知道各地右派改正工作是如何進行的了。

在 1979 年 2 月 3 日的《人民日報》上接着報導了北京市改正錯劃右派工作的消息。這篇題為〈調動一切積極因素為四個現代化服務 北京市一批錯劃為右派的同志得到改正〉的報導說：

本報訊 北京市各部門在各級黨委領導下，認真貫徹執行中央關於對錯劃右派進行改正的指示。經過覆查，到春節前，全市已有二千五百三十一名被錯劃為右派的同志得到了改正。其中，原市、區、局級領導幹部和知名的教授、副教授王斐然、賀生高、羅青、錢端升、向達、陳達、薛愚、金寶善、孟昭英、王重民、王鐵崖、張岱年、孫念增、劉思職、于振鵬、張天麟、林傳鼎、沈啟無等三十五位同志都已得到改正。黨的政策的落實，受到了廣大群眾的擁護，對發展安定團結的大好形勢起了積極作用。

中共北京市委在切實貫徹執行中央有關指示的同時，結合本市情況，對改正和安置工作作了一些具體規定。許多單位以 1957 年中央關於《劃分右派分子的標準》為準則，參照市委的具體規定，依靠本單位的覆審人員和群眾進行討論分析，分清大是大非，凡屬錯劃的，堅決改正；凡應該安置的，妥善安置。北京大

學對錯劃右派的改正工作抓得較緊，他們的主要經驗是發動群眾辦案。北大在 1957 年反右運動中劃右派分子七百一十五名，還有未戴右派帽子受各種處分的人八百四十二名，需要覆審的面相當大，光靠少數人關門搞專案是不行的。他們採取層層發動的辦法，從校黨委、系總支到黨支部和每個黨員，都動員起來，大家暢所欲言，提出審改意見。他們採取先易後難的辦法，抓住集團性案件，解決一個，改正一批人的問題。同時，做過細的思想工作，使覆審人員和所有同志都能深刻理解中央文件精神，對當時定案情況分析有個準繩，做到既積極又慎重，堅持實事求是。市法院在文化大革命中先後把九名右派分子開除、強迫退職退休、遣送回鄉。這些年來，他們雖然不斷申訴，但問題一直得不到解決。中央文件下達以後，院黨委從去年 9 月初開始，對這些人的改正、安置問題多次研究，並迅速派人到河北、山東、江蘇、浙江等地，給他們認真落實政策。在當地黨委協助下，給這九位同志恢復了公職，並對他們的工作、生活作了妥善安排。市公安局對錯劃為右派的民警，做到了一個不漏地全部改正，千方百計找到他們的下落，把改正結論通知到本人。

據市委有關部門介紹說：北京市這項工作與中央一些機關相比，還是落後的。因此，市委要求各級黨組織要繼續解放思想，提高認識，打破條條、框框，堅決落實黨的政策，繼續抓好這項工作。力求在較短時間內做好這項工作，把各方面的積極因素調動起來，投入社會主義現代化的建設事業中去。

中央廣播事業局黨組錯定溫濟澤為右派的問題，到了 1978 年胡耀邦擔任中共中央組織部部長的時候終於得以解決，1978 年 5 月 26 日中共中央組織部作出了《關於糾正溫濟澤右派問題的決定》：

中國社會科學院黨組：

同意你們 5 月 5 日關於溫濟澤同志問題的報告。根據廖承志、胡喬木、吳冷西、熊復等有關同志的證明，並徵求了中央廣播事業局黨組意見，一致認為 1958 年定溫濟澤同志為右派分子的主要依據是不正當的，溫在思想工作上有錯誤，但不屬反黨反社會主義性質。因此，按照中發（78）十一號文件精神，對廣播局機關黨委原《關於開除右派分子溫濟澤黨籍的決定》應給予糾正，恢復溫濟澤同志的黨籍和組織生活，恢復原級別。

《工人日報》社長陳用文的右派問題也解決了。據 1979 年 6 月 18 日對中華全國總工會黨組第三次擴大會議的覆查報告：

> 經查證：《八千里走馬觀花記》是李修仁同志隨同劉少奇沿京漢線視察了十來個城市後向新華社記者的談話。〈工會怎樣對待人民內部矛盾〉是工人日報發表的賴若愚同志答工人日報問。〈西行紀要〉是陳用文同志隨賴若愚同志去西北視察後寫的。主要內容是記述了賴若愚同志的一些講話。這幾篇文章都是反映了當時在提出正確處理人民內部矛盾問題前後，工會工作和職工群眾中存在的一些問題和解決問題的意見。即使這些意見中有不確切、不全面的提法，也不應作為反黨反社會主義的根據。

並不是所有的右派分子都能夠得到順利的覆查改正，有一些是經過多次申訴才改正的。例如胡顯中，1932 年出生，江西省南昌人。中學時代開始參加中共地下黨的活動，1953 年入東北人民大學經濟系學習。於 1957 年 5 月下旬發表在東北人民大學的校刊《東北人大》上發表〈胡風等人是反革命嗎？〉一文，詳細論證了：「根據已經公佈的材料看來，胡風等人不是反革命集團。」認為給胡風定罪，「這個理論是蘇聯維辛斯基在斯大林關於『階級鬥爭尖銳化』錯誤原理指導下制定和運用的。」文章很有說服力。可是作者就因此劃為右派分子了。在 1957 年 9 月 27 日新華社《內部參考》上的〈目前吉林地區部分右派分子動態〉中說：「人大學生右派骨幹分子胡顯中，在暑假時曾到北京英國代辦處，向該處三等秘書敍述了他在中國的『痛苦』，請求幫助他去英國。」到了 1979 年全國通盤解決右派分子問題的時候，卻遲遲不給他解決。他沒有辦法，只好直接寫信給鄧小平。鄧小平沒有給他回信，但是可能給下面打了個招呼，於是 1980 年 5 月 20 日中共吉林大學委員會《關於胡顯中同志右派問題的覆查決定》：

> 胡顯中同志原是我校經濟系 1957 年畢業生，於 1957 年 9 月被定為極右分子。同年 11 月在查清其投靠英國駐中國代辦處，企圖逃往英國的問題後，被司法機關依法判處有期徒刑十年（後加刑三年），刑滿就業。

> 經覆查，胡顯中在 1957 年鳴放期間，發表過〈縱論國是兼評鳴放〉、〈胡風等人是反革命嗎？〉、〈再論胡風問題〉等文章及〈致打手〉等大字報，受到學校多次批判。批判後於 7 月中旬去北京英國駐中國代辦處，詢問去英國的一些情況，企圖逃往英國。

胡顯中的錯誤是嚴重的。但考慮到：他參加革命較早；他在鳴放期間的言論，雖有嚴重錯誤，尚不屬於從根本上反黨反社會主義；他去英國駐中國代辦處的問題，錯誤的性質是嚴重的，但其目的基本上還是為了謀求生活出路，事後經組織教育，還能比較老實地交代問題，並且為此又服了十幾年的刑期；鑒於上述情況，本着調動一切積極因素的精神，對胡顯中的右派問題從寬處理，予以改正。

這樣的改正決定，胡顯中當然不能接受，他在自傳《陽謀下的人生》裏說：「這份決定根本沒有承認是『錯劃』，只是『從寬處理』才予以改正。我當然不能接受」，於是他再向吉林大學黨委寫申訴，「大約一個月以後，黨委辦公室來電話，要我去一趟。他們給我看了一個新決定的草稿，徵求我的意見。這個新決定明確承認：當年是錯劃，並恢復名譽……等等，其他用詞也做了大幅度的修改。我看了以後表示同意，他們才打字作為正式文件給我。這樣，我又得到一份改正決定。在五十五萬被改正的右派當中，得到兩份改正決定的，恐怕我是唯一的吧？」（華盛頓勞改基金會 2008年版，第 228、233 頁）不過他並不是唯一一個得到兩份改正決定的，還有好些右派分子也先後得到兩份改正決定，前面的一個留有一些尾巴，後面的不再留尾巴了。

當年所劃的右派分子，宣佈改正之後，回到了正常的社會生活中，多數都能重新從事自己的專業工作，有些人甚至得到比反右派鬥爭前更高的地位。像王蒙，就成了中共十二屆中央候補委員，十三屆中央委員，還當了一任文化部長，是沈雁冰之後唯一以作家身份擔任這一職務的人。還有朱鎔基，反右派鬥爭之前的職務是國家計委機械局綜合處副處長，劃為右派分子之後去當了國家計委幹部業餘學校的教員。後來是中共十三屆中央候補委員，十四屆、十五屆中央委員、中央政治局委員、常委。1998 年 3月成為中華人民共和國第五位國務院總理。

說到朱鎔基，順便說一個小故事。這是周良沛在〈寫給自己的悼文〉這篇文章裏說到他偶然遇到的一件小事：

> 有一次，一位計程車司機在車上告我：他夫婦都是下崗工人，並大罵賣了國有企業的政策，直指一些頂級領導人。說到某位時，出口則是：「我們還不知道他的『底』，他就是 1957 年的

右派嘛，對我們工人階級當然是這樣！」（見周良沛著，《挽歌五重奏》，第 80 頁）

我想，1957 年反右派鬥爭那時，這一位計程車司機應該還沒有出生吧。可是他接受了「右派分子是人民的敵人」、「右派分子是工人階級的敵人」的說教，因為朱鎔基實行出賣國有企業的政策，使許多工人下崗，他就認為右派分子對於工人階級做不出什麼好事，認為所有自己受到的損害都是右派分子的責任。可見反右派鬥爭的宣傳的深入人心了。

右派分子改正之後的作為，還不能不說到楊維駿。他是雲南昆明人。雲南大學政治系畢業。1945 年加入民盟，被選為民盟滇支部支委。解放後擔任民盟雲南省委常委、省委秘書長。1956 年 9、10 月間，民盟中常委、國務院專家局副局長費孝通來到昆明，民盟雲南省委派楊維駿和方仲伯（中共黨員）負責接待。後來費孝通交代在昆明利用盟組織所進行的活動中說：

我以幫助雲南盟省委進行知識分子工作的名義，在昆明進行了一系列反黨反社會主義的活動，和我經常接觸和商量的是省委秘書長楊維駿。

我找盟省委楊維駿和方仲伯幫助，寫了一篇〈對於昆明高等學校如何發揮高級知識分子潛力，提高教學品質的問題的意見〉，作為我個人意見向各校和雲南黨省委提出。

我還建議雲南盟省委繼續在中小學活動，提出調查教學品質的計劃，我從昆明回京後曾去信給楊維駿要他重視這項活動。（《揭露和批判章羅聯盟的軍師──費孝通》，中央民族學院整風辦公室編印，1957 年 8 月）

1957 年 6 月 8 日反右派鬥爭開始。6 月 18 日民盟中央常委會發出《為號召全盟展開反右派鬥爭並開始盟內整風的決定》，宣佈：「本盟立即開始在盟內進行整風。對章伯鈞、羅隆基、儲安平等錯誤言論和行動的揭發批判，事實上已經是盟內整風的開始。」民盟雲南省委常委於 15 日晚舉行會議，決議在雲南的民盟組織內立即開始整風，組成領導小組並成立整風辦公室。楊維駿是領導小組的一員，並且擔任整風辦公室主任。7 月 18 日民盟雲南省常委整風領導小組於舉行擴大會議，揭露費孝通在雲南的陰謀活動，楊維駿作了發言。他說：「去年費孝通以專家局局長的身份來調查大、

中、小學及醫務界、文藝界知識分子政策執行情況，要民盟省委進行協助。當時，由於我自己在思想觀點上也有問題，只以為他是進步分子，是上級派來的領導同志，喪失警惕，被其利用。」接着他説了他所了解的費孝通在昆明活動的一些情況。儘管他把每一件事都儘量往壞處分析，往反黨反社會主義方面分析，上綱上線了，（見 1957 年 7 月 21 日《雲南日報》第一版）可是還沒有達到運動的要求。中共雲南省委（第一書記謝富治）授意他揭發和交代費孝通如何和他策劃於密室進行反黨活動的。並且許諾他：這樣做了，就可以不戴右派帽子。他不肯説沒有的事情，不肯落井下石，拒絕了。拖到 1958 年 11 月，就把他劃為右派分子了，留在機關監督改造。

　　楊維駿與眾不同的地方，卻是在他的右派問題解決之後。1979 年 10 月他當選民盟第四屆中央委員；1983 年他當選第六屆全國人民代表大會代表；還被安排為雲南省政協副主席，成為一位副省級幹部。這一年 12 月他又當選民盟第五屆中央委員；1988 年 10 月他又當選民盟第六屆中央委員。在這些年裏，他忠實履行諍友的職責，堅持不懈地反對腐敗。最引起轟動的是他將白恩培拉下馬這件事。《南方週末》記者劉炎迅寫的〈白恩培舉報者楊維駿：叫板省委書記的黨外高官〉一文詳細報導了他的事蹟。下面摘錄其中的一些材料：

　　　　楊維駿和白恩培沒共事過。2001 年 10 月，五十五歲的白恩培從青海省委書記轉任雲南時，楊維駿已經離休快三年。

　　　　2009 年，楊維駿得到一個線索：省內的蘭坪鉛鋅礦被四川老闆劉漢以十億人民幣控制了近六成股權。而據他了解，這是亞洲最大的鉛鋅礦，曾被估值價值五千億人民幣。楊維駿將這問題整理成材料，並指出可能跟白恩培有關，交給了彼時正在雲南進行巡視的中央紀委、中組部第二巡視組負責人。

　　　　2010 年 12 月的「公車上書」事件，將楊維駿推向了輿論高潮。那一次，他開車帶着十二個上訪的失地農民，去省政協上訪，一間一間辦公室去敲門，卻一個人都找不到，「明顯都在躲」。後來，省政協一名處長找到楊維駿説，你開着政府配車帶農民上訪，不太合適，楊維駿反問：「難道政府配車只能用於遊山玩水，不能為民請命？」

2012 年，昆明下轄的晉寧縣廣濟村等十三個村委會因為征地問題的維權畫面在網上流傳，2013 年，更曾有過一次村民「萬人集會」。村民代表王春雲告訴南方週末記者，2013 年 3 月，楊維駿主動打電話聲援，並告訴他們，要依法依規維權。此後每次聯繫，楊維駿會將他獲得的最新的政策法規告訴這些農民。後來楊維駿親自參加了農民們的一次集會。據媒體公開報導，時任晉寧縣委書記一早來到楊維駿家，希望他不要去，但楊維駿反駁，「作為公民，我為什麼不能參加？」最終，縣委書記的態度從勸阻變為「多去指導」。楊維駿要從家中趕往約三十公里外的廣濟村時，被告知「不能送他」，政協給他配的公務車只能在昆明市區跑，不得出城。不過楊維駿最後還是設法從友人處借得一輛車趕到了會場。省部級老幹部的到場，讓農民們士氣大振。後來，村民帶了些農副產品上門拜訪，楊維駿堅決不收，稱這是共產黨的作風，不拿群眾一針一線。這樣略顯古板的語言，讓王春雲等人十分佩服。

2013 年楊維駿將舉報白恩培的信寄給中紀委和王岐山書記。並且將這一封實名舉報信交給媒體記者，在記者的博客上公開發表，一時引起各方關注。在這封信裏，楊維駿指出雲南有六大案件，而曾經的省委書記白恩培不能逃脫關係。

2014 年 6 月，《財經》雜誌報導了「六大案件之一」的蘭坪鉛鋅礦案。不久，8 月 29 日，中紀委發佈消息，白恩培落馬。在大同小異的報導裏，這位雲南省政協前副主席成了「憑藉一己之力拉下大貪官」的鬥士。而老人只是淡淡地表示樂觀其成，「這才開始」。

「我就是一個異類，常常不合時宜。」這位「曾與蔣介石鬥爭到底」的老革命說，「現在這個世道完全變了，是非觀念顛倒了，好像是幹不好的事才是正常的，幹好事反而變成奇怪的了。」（2014 年 9 月 4 日《南方週末》）

楊維駿向中紀委實名舉報中共雲南省委書記白恩培，終於使白恩培落馬受到查處這件事，中紀委的工作人員給他總結為三個「最」：在許多上訪者之中年齡最大，職務最高，反映的問題不為自己而最為群眾着想。（據《中國新聞週刊》2014 年第 33 期，9 月 8 日出版）

　　據報載：2016 年 10 月 9 日河南安陽市中級人民法院審判白恩培一案。白恩培受賄 2.46 億元，判處死刑，緩期兩年執行。

　　1981 年的中共十一屆六中全會通過了一個《關於建國以來黨的若干歷史問題的決議》，其中關於反右派鬥爭作了這樣的敍述和評價：

> 　　這一年在全黨開展整風運動，發動群眾向黨提出批評建議，是發揚社會主義民主的正常步驟。在整風過程中，極少數資產階級右派分子乘機鼓吹所謂「大鳴大放」，向黨和新生的社會主義制度放肆地發動進攻，妄圖取代共產黨的領導，對這種進攻進行堅決的反擊是完全正確和必要的。但是反右派鬥爭被嚴重地擴大化了，把一批知識分子、愛國人士和黨內幹部錯劃為「右派分子」，造成了不幸的後果。

這是反映了鄧小平的意見。在這決議起草的過程中，他就提出：

> 　　1957 年反右派鬥爭還是要肯定。三大改造完成以後，確實有一股勢力、一股思潮是反社會主義的，是資產階級性質的。反擊這股思潮是必要的。我多次說過，那時候有人確實殺氣騰騰，想要否定共產黨的領導，扭轉社會主義的方向，不反擊，我們就不能前進。錯誤在於擴大化。統戰部寫了個報告給中央，提出錯劃的都要改正，沒有錯劃的不能改正。但是，對於沒有錯劃的那幾個原來民主黨派中的著名人士，在他們的結論中也要說幾句：在反右派鬥爭前，特別是在民主革命時期，他們曾經做過好事，對他們的家屬應該一視同仁，在生活上、工作上、政治上加以妥善照顧。（《鄧小平文選》第二卷，第 294 頁）

> 　　《決議》通過之後，再談到反右派鬥爭，就「要在這個統一的口徑下來講話。思想不通，組織服從。」（同上書，第 383 頁）

　　閒雲潭影日悠悠，物換星移幾度秋。到了 1986 年 11 月，許良英、劉賓雁、方勵之三人聯名發起召開「反右運動歷史學術討論會」。這三個人，許良英和劉賓雁都是右派分子，方勵之的妻子李淑嫻是北京大學物理系的學生右派。他們三個人的邀請信（方勵之執筆）說：

> 先生：

> 　　1957 年的反右運動，即將滿三十周年了，反右運動是值得研究的，因為，不了解反右運動，就不能全面地了解三十年來的歷

史，也就很難認識中共十一屆三中全會以來黨中央撥亂反正和推行改革的歷史性意義，也就很難深刻認識目前我們面臨的問題和我國社會中蘊藏的蓬勃生機。

反右運動的許多當事人，已年過花甲，應該及時把有關史料收集和保存下來，前事不忘，後事之師。使這一段歷史變成留給青年一代的有用知識。為此，我們發起舉行學術討論會，開始這一歷史研究，其主題應包括：

1. 史料的收集，當事者的經歷或見聞，統計資料；

2. 反右運動的國內和國際背景；

3. 反右與大躍進、反右傾、文化大革命等運動的關係；

4. 反右對政治道德的影響；

5. 反右運動的歷史、社會根源；

6. 反右之後「左」及右派的運動軌跡；

7. 反右與今天的開放、改革、現代化。

我們邀請您參加討論會，歡迎提出自己的報告，請告知您的報告題目，每個報告限在一小時左右，會後將根據報告，選編成文集出版。

會議時間：1987 年 2 月 3 日至 5 日。

會議地點：北京（具體地點待定）

費用：全部自理，確有困難者請來信告知，以便為您籌措。

收到通知後，請您於 1986 年 12 月 31 日以前回信，告知您是否能夠參加，以及您參加會議的報告題目。

聯繫地址：北京中關村某樓某號許良英

發起人：許良英、劉賓雁、方勵之 1986 年 11 月

許良英回憶說：

> 我們發出了大約四十封信，除費孝通、錢偉長外，都立即回覆，而且都充滿熱情。給我印象最深刻的回信者有：化學家袁翰青，水利學家黃萬里，電影評論家鍾惦棐，雜文家曾彥修，翻譯家劉尊棋，老報人徐鑄成，文學家白樺、陳學昭、邵燕祥，數學家曾肯成，浙江所謂「沙楊反黨集團」骨幹孫章祿和沙文漢夫人陳修良。有不少我們並沒有邀請的右派，也主動來信要求參加會議。有一個原來不知其名的浙江右派，來信教訓我，說反右問題中央已有結論，我們只能在此框框內討論。（許良英，《科學，民主，理性》，第346-347頁）

合肥工業大學的陸正亞是收到邀請的一人。他建議討論會增加一個「憲法與陽謀」的主題。許良英在12月14日回信說：

> 你建議增補個主題，作為個人發言，這樣的題目當然可以。但作為討論會的主題，似不妥，因會招來不必要的非難。這個會只要能夠開起來，就已是心滿意足了。目前不宜存更多的奢望。

> 會議我們只邀請了四五十人，多數是學術界的。

> 方勵之同志現在科大，如有事，不妨就近找他。（據收件人提供的原件影本）

可見他們為了開成這個會，已經夠謹小慎微了。

> 費孝通的反應是，在1987年1月初舉行的一次民盟的會上，他要求民盟全體成員不要參與劉賓雁等人發起的反右三十周年紀念活動，說是「要吸取1957年的教訓」。並且把這份邀請書呈交中共中央。錢偉長的反應是，把邀請函送交當局，「並附了這樣的意見：方勵之是一個政治野心家（？），他自稱是中國的瓦文薩（？）；我的問題雖然沒有完全解決（指尚未恢復清華大學副校長的官職），但與他們是不同的。」（許良英，《科學，民主，理性》，第347頁）

這會開不成了。1987年1月1日三個發起人通知應邀的各位：

同志

新年好！很高興收到您的回信。

　　許多同志建議，原訂的「反右運動歷史學術討論會」，目前以不舉行為宜。我們接受這一建議。至於有關這個專題的學術研究，如有準備發表或已發表的論文和其他有關文稿，仍歡迎您寄贈。

　　「反右運動歷史學術討論會」沒有開成。大型文學刊物《花城》計劃要搞的一個「反右專輯」也胎死腹中，大小報刊都奉令不得發表這方面的文章。反右派鬥爭的三十周年就這樣寂靜地平安地度過了。

　　莫非這樣就可以叫史冊上不留一點痕跡了嗎？

　　費孝通在 1987 年還說是「要吸取 1957 年的教訓」。確實也有一些當年的右派分子吸取了 1957 年的教訓。1997 年 2 月 19 日鄧小平死了，王蒙發表了悼文。這篇題為〈小平同志改變了我們的命運〉的文章中說：

> 　　在 1988 年秋黨的十三屆三中全會上。在會議即將結束、通過會議文件時，有一位老中顧委委員（引者按：指陸定一）對「反對資產階級自由化」的措辭提出了一些意見。小平同志即席講話，他講得特別明確，一再強調「反對資產階級自由化是我提出來的，而且我最堅持」，在重大的原則問題上，他毫不含糊，寸步不讓，他的政治敏感，政治判斷力與政治上的堅持性頑強性，都給人留下了深刻的，應該說是凜然肅然的印象。（見《王蒙文存》第 15 卷，人民文學出版社 2003 年 9 月版，第 163 頁）

這篇文章明白無誤的表明這時王蒙是擁護「反對資產階級自由化」的，鄧小平在十三屆三中全會上反駁陸定一，他認為這是鄧小平堅持原則，是「政治敏感，政治判斷力與政治上的堅持性頑強性」超強的表現，而大加讚頌。可見王蒙這個右派分子真正改造好了，「確有事實表現」。只是改造得這樣好的右派分子，我沒有看到許多。我驚奇的是，他不但能夠寫、還能夠把這篇文章收入《文存》，讓它永遠留下來。

結束語

在將當年和事後書報上有關反右派鬥爭的一些材料摘抄排比之後，對這一事件的始末當有一個粗略的印象了。敍事既畢，簡單説一點我對這一事件的思考。

一、1957 年的反右派鬥爭，雖然只沸反盈天地鬧了幾個月，卻是國內外許多矛盾交叉的必然結果。斯大林對蘇聯和國際共產主義運動的長期統治，形成了一套定型的模式。不管怎樣不斷自我吹噓，不斷努力去作種種粉飾和美化，日子久了，還是愈來愈顯出這一模式對內對外的弊端。到 1953 年他離開歷史舞台的時候，已經不可能按照舊有模式繼續運轉下去了。赫魯曉夫召開蘇共第二十次代表大會，毛澤東提出論十大關係，這同時發生在 1956 年初的兩件事，都是反映了探索一條與斯大林模式有所不同的新路的努力。毛提出了百花齊放百家爭鳴的方針，可以認為是有意在意識形態領域實行比過去較為寬鬆的政策；提出長期共存互相監督的方針，可以認為是有意讓民主黨派即共產黨之外的政治力量有較多的發言權和活動空間。這種寬鬆一點的傾向，在中共第八次全國代表大會的文件中有明顯的反映。

鑒於斯大林把一切矛盾都歸於階級矛盾之失，毛提出了區分兩類不同性質社會矛盾的思想、接着又發動了以正確處理人民內部矛盾為主題的整風運動，以清除他認為是當時主要弊病的官僚主義、宗派主義和主觀主義。他看到，匈牙利的拉科西，堅持舊模式，拒絕作任何改變，結果釀成大禍。他要把人們要求有所更張的願望置於他的倡導、疏導和控制之下，以避免重演匈牙利事件。他是很為自己的這個決策感到自負的。

當時存在的弊端，毛澤東是把它概括為官僚主義、宗派主義和主觀主義。往深一層看，這三者不過是表現出來的形式，其實它們只是不受制約的權力的必然產物。陳新桂等人説，無產階級專政是這三個主義的根源。這話説得很難聽，可是接觸到了問題的實質的。如果説得更客觀一些，也可以説這並不是無產階級專政獨有的特性，因為任何一種對權力的壟斷，不論以什麼名義，也不論是一個集團或一個人對權力的壟斷，都不可避免會出現如此等等的弊端。只要無意放棄對權力的壟斷，就決不可能消除比方説這三個主義。後來的歷史更進一步證明了這一點：緊接在反右派鬥爭之後來到的「大躍進」，以及「文化大革命」，就更不是輕描淡寫的三個主義所能夠解釋的了。

可是，在 1957 年，不論從哪個方面說，都還不具備解決這個問題的條件。這百花齊放百家爭鳴長期共存互相監督的方針是毛澤東提出來的，可是，首先，毛本人對這個新方針的理解就有一個範圍並不怎麼寬廣的邊界：百家爭鳴即兩家爭鳴；長期共存即廢物利用；認為「沒有參加打天下的就沒有資格監督」的這種說法是「有道理」的，等等。明確地表示了權力不容他人染指的態度。所以當出現了儲安平的「黨天下」論之類的意見，就必須堅決反擊了。

1957 年 7 月 23 日《人民日報》發表了一篇胡喬木撰寫的反右派的社論〈用人可以不問政治嗎？〉，其中說：

> 列寧在〈國家與革命〉一文中曾經這樣來描寫無產階級專政的實質：「馬克思所運用到國家和社會主義革命問題上的階級鬥爭學說，必然要歸結於承認無產階級的政治統治，無產階級專政，即不與任何人分掌而直接憑藉群眾武裝力量的政權。為要實現推倒資產階級，就只有使無產階級變為統治階級，變為能夠鎮壓資產階級所必然進行的拚命反抗，並能夠組織一切被剝削勞動群眾來建設新經濟制度的這樣的統治階級，才能夠做到。」當然，這裏所說的不與任何人分掌政權，並不是說無產階級在國家政權中不與廣大的非無產階級群眾聯合，並不是說無產階級不需要在經濟文化工作中充分地使用一切在舊社會受教育的，但是願意同勞動人民一道建設社會主義的專家和技術人員，而是說不與任何人分掌政權的領導。在我國，由於具體的歷史條件，參加無產階級領導的政權的，不僅有廣大的農民和革命知識分子，而且有資產階級分子和資產階級的政治活動家。

這裏說得很清楚：革命知識分子、資產階級分子，甚至資產階級的政治活動家，可以「參加無產階級領導的政權」，卻決不可以「分掌政權的領導」。這一條界線說得夠明白了，儲安平說的，「不論大小單位，甚至一個科一個組，都要安排一個黨員做頭兒」，一些參加政權工作的黨外人士抱怨有職無權，其實正是題中應有之義，一點也沒有錯的。認了這一點，沒有染指領導權的非分之想，也就可以相安無事，長期共存；一些人卻認為這是整風運動所要整掉的宗派主義，這篇社論明白無誤地澄清了這種誤解。

這篇社論所引據的是列寧的著作，這裏就順便說幾句列寧。赫魯曉夫在蘇共二十大反斯大林的時候，有一個提法，叫做「恢復黨內生活的列寧

主義準則」。意思是説斯大林違背了列寧。從前托洛茨基派反斯大林，也是稱自己為列寧主義左派反對派。都是強調了斯大林不同於列寧。確實，斯大林改變了列寧的許多政策，消滅了列寧的許多同事。但這只是事情的一方面。在蘇聯和蘇共都已成為歷史陳跡的今天，人們就很容易發現，斯大林現象其實是列寧主義合乎邏輯的發展結果。二月革命推翻沙皇的統治，俄國各個社會主義政黨社會民主工黨（包括布爾什維克和孟什維克）、社會革命黨都作出了貢獻。十月革命之後立即取締其他社會主義政黨、實現布爾什維克獨掌權力的，是列寧。在俄共第十次代表大會上反對「工人反對派」，從而為壓制黨內持不同政見者創立一個先例的，又是列寧。就這篇引據列寧的社論來説，説反右派鬥爭繼承了列寧的遺產，似乎也不為過。

二、如果説，毛澤東對他提出的百花齊放百家爭鳴等等新方針有着諸如此類的考慮的話，那麼，其他的人對這個方針的抵觸就更大一些。陳其通等四人的文章，只不過是最早一個明白表明態度的代表。毛澤東不只一次説過，部長以上的幹部，十個有九個不贊成新方針。可以想像，在或大或小的機構擔任領導職務的黨員幹部，歡迎這個新方針的，大約不會很多。他們，在戰爭、土地改革、各種秘密工作中獲得了足夠的革命資歷，革命就把這一定級別領導職務當作對他過去功績的酬勞，卻並不認為必須給予領導經濟建設文化建設的專業知識的訓練。因此幾年來的問題不少。一個領導人應該懂得他所領導的專業，這應該説是常識範圍內的事情。可是當拿不出足夠數量懂得專業的黨員去擔任領導幹部的時候，也就只好拿一些不夠條件的去充數了。在反右派鬥爭中，提出外行領導問題的就等於反黨，道理就在這裏。外行領導必定造成工作中的錯誤和缺點，因此諱言缺點，凡事都要先肯定成績，道理也在這裏。揭露工作中的缺點就被認為是對共產黨領導地位提出質疑乃至挑戰了。這些領導幹部怎麼會歡迎下屬提出批評性的意見呢。1957 年 5 月 19 日《人民日報》社論〈繼續爭鳴，結合整風〉中準確地説：「有一些同志對於黨在黨外『爭鳴』的同時進行整風，並且要黨外人士幫助我們整風，思想上還有點搞不通。他們聽到各種意見大放大鳴，並且有的意見是針對着自己的，於是在思想上就放不開，覺得岌岌不可終日，認為這樣就『使領導陷於被動』了。」

黨內高層對這新方針的態度是不是也有分歧，現在還沒有看到直接的材料，但間接的材料是有的。1957 年 7 月 16 中國科學院召集在京科學家一百多人舉行座談會，批判民盟科學綱領。會上，清華大學副校長「張維

揭露錢（偉長）還對黨中央的負責人進行過惡毒的攻擊，錢說：『鳴放搞不好，因為劉少奇到彭真這一條線是不主張鳴放的』」。（7月17日《人民日報》）劉、彭這二位歷來重視意識形態的純潔性，從來沒有過某種程度的自由化傾向，看來此說也不見得是空穴來風。劉在政治局常委中排第二，彭在中央書記處排第二，如果錢偉長此說多少有點根據，可見當時不贊成新方針的力量是很大的。鄧小平也說過，「1957 年反右派，我們是積極分子，反右派擴大化我就有責任，我是總書記呀。」（《鄧小平文選》第二卷，第 277 頁）這是不是也可以認為是透露了他當年的態度呢？毛澤東決定放棄新方針而轉為反右，實際上是向劉、彭一線靠攏，當然立即實現了全黨一致的反右派鬥爭。

三、在知識分子這一方面，羅隆基大約可以算是當年最熱衷政治活動的一個代表人物。1949 年以前，在和國民黨的鬥爭中，他是把他的民主同盟看成和共產黨一家的，他把自己的全部力量無保留地投放在共產黨這一方面。趕走了國民黨之後，民主同盟發現，幾年來的奮鬥目標，想要在國家政治生活中發揮較大的作用的願望只不過是不切實際的幻想。它剩下的，只有在同國民黨鬥爭時似乎舉足輕重的一點可以感到自得的回憶。你不是一種力量，當然不能要求人家把你當作一種力量來尊重。這當然是他很不甘心的。羅隆基說，這時他所希望的，只不過是「擴大民盟的影響，擴大民盟的組織，提高民盟的地位，能夠在國事的決策上取得較多較大的權力來解決這些問題。我的妄想亦只此而已，絕對沒有推翻黨、推翻社會主義、恢復資本主義的陰謀。」（7月16日《人民日報》）所以，在毛提出長期共存互相監督的方針，他們就興奮雀躍，一轉為反右派，就立刻陷於毫無抵抗能力的地位。「趙孟之所貴，趙孟能賤之」，古人早已說過了。中國知識分子的軟弱無力，也是〈1957 年夏季的形勢〉得以出現的一個重要因素。

四、還有國外的影響。赫魯曉夫是不贊成百花齊放這個方針的。毛澤東在中共八屆三中全會上委婉地說到這一點：「對百花齊放、百家爭鳴這個方針，蘇聯同志不理解。」1958 年 3 月的成都會議上，毛澤東講了一大段中蘇關係，他說：「我們革命勝利了，斯大林又懷疑我們不是真正的革命，我們也不辯護。抗美援朝戰爭一打，這種懷疑才消除了。可是到我們提出正確處理人民內部矛盾問題的時候，我們講這個問題，他們不講，還說我們是搞自由主義，好像又不是真革命了。這個講話發表後，《紐約

時報》全文登載，杜勒斯說要看一看。講話是 6 月 19 日在《人民日報》發表的，6 月 21 日至 23 日他就看到了，並在 23 日作結論，說是『中國要自由化』。當時蘇聯給了我們一個『備忘錄』，怕我們向右轉。資產階級要滅亡，見了蘆葦當渡船。半個月後杜勒斯說：中國壞透了，蘇聯還好些。反右派一起，當然『自由化』沒有了。」（《毛澤東文集》第七卷，第 371 頁）如此說來，反右派鬥爭竟起了向赫魯曉夫表明心跡的作用。如果當時毛澤東不反右派，甚至當真搞自由化，當然也不一定會發生後來勃列日涅夫派兵進駐捷克斯洛伐克去撲滅布拉格之春那樣的事件，但總會有不少麻煩的了。

綜合當時國內外諸因素來考慮，反右派鬥爭的發生都是不可避免的。當時是不是存在另一種選擇的可能性？不搞反右派鬥爭行不行？抽象地來探討，也許可以說有另外一種選擇。這就是說，假如沒有反右派鬥爭的話，共產黨的第一大黨的地位，執政黨的地位，雖然沒有任何力量能夠動搖，但是卻不再享有不受制約的權力。在它還有力量維護自己這種不受制約的權力的時候，是決不會接受這種要求的。換句話說，社會還不要求解決這個問題。歷史僅僅提出能夠解決的任務。

五、有一種意見，認為毛澤東早已有了引蛇出洞的預謀，整風鳴放不過是為計劃中的反右派鬥爭作準備。赫魯曉夫就是這樣說的。他說：「百花齊放這個口號是個激將法。毛假裝把民主和自由發表意見的閘門開得大大的。他想唆使人們把自己內心深處的想法用口頭或書面的形式發表出來，以便他能夠把那些他認為具有有害思想的人搞掉。」這當然只是一種懷着敵意的情緒化的評論，把本來很複雜的事情看得過於簡單了。他抹煞了毛確實有消除一些弊端的願望。

國內一些研究者也有類似的說法。他們的理由是：1957 年 1 月毛在省市自治區黨委書記會議上的講話中，就已經出現了後來反右派鬥爭一些辯論的題目、一些政策和策略。例如，他講了有些民主人士和教授的怪議論，涉及共產黨能不能管科學，社會主義有沒有優越性，成績是不是基本的，對肅反動的估計，對統購統銷的估計，對合作化的估計。毛還談到同民主黨派、民主人士唱對台戲的問題，以為他們講的話愈錯愈好，犯的錯誤愈大愈好。這裏的一些提法後來都出現在反右派鬥爭之中。不過，我以為並不能因此就認為這時他就已經決心開展那樣一場反右派鬥爭了。

反右派鬥爭要打擊什麼，要維護什麼，這些在毛的思慮中當然不會是一時靈感忽然出現的。他不但在這次省市自治區黨委書記會議上相當完整地闡述了這些意見，更早像在幾個月之前的八屆二中全會上，也就講過要足夠估計成績等等問題。但是這些都僅僅說明他的思想中有發動一場反右派鬥爭的因素，卻不能說這時他已經在計劃開展這場鬥爭了。就在這次省市委書記會上，在談到民主人士和知識分子的時候，毛說，我們要把他們的政治資本剝奪乾淨，沒有剝奪乾淨的還要剝。剝的方法，一個是出錢買，一個是安排，給他們事做。可見這時他還沒有想到可以採用更加爽快的第三個辦法，即給戴上右派分子帽子。可以說在八屆二中全會上，在1957 年初的省市省治區黨委書記會議上，毛都想到了反右派（事實上還可以追溯到更早），可是不能說，這時他已經在具體計劃開展一場如同後來實際進行的那樣的反右派鬥爭。所以，把他確定「引蛇出洞」策略的時間定在此時，似乎是稍早了一點。

毛澤東 1957 年 2 月 27 日在最高國務會議上說了「《真理報》就不登陸定一那篇〈百花齊放，百家爭鳴〉，就喜歡陳其通、馬寒冰四位同志的」。他明白：蘇共中央並不贊成他的「百花齊放，百家爭鳴」方針。這是確實的。現在人們可以在俄羅斯解密檔案裏看到，《蘇斯洛夫致蘇共中央主席團函：呈送蘇聯黨政代表團訪華報告》（1959 年 12 月 18 日）裏面，蘇斯洛夫說：

> 在意識形態領域，中國同志們提出的「百花齊放，百家爭鳴」的口號引起了我們深刻的懷疑。中國共產黨 1956 年提出的這種思想工作方針，尤其是在知識分子當中，實際上意味着放棄黨領導文學、科學和藝術發展的原則。按照這一口號，資產階級思想的代表獲得了宣傳自己的觀點的廣泛可能性。在幾個月的時間裏，中國的反動派在文學、藝術領域裏，在學校講壇上，公開反對無產階級專政，反對共產黨的領導，反對社會主義，反對馬克思列寧主義的基本原則。

> 實際上，「百花齊放」的理論導致了文化領域反社會主義傾向的活躍，導致了 1957 年中國資產階級右派公開的反革命進攻。看到這種情況，中國的同志們開始改變對「百花齊放」口號的初始解釋，開始限制「百花齊放」這一口號，宣佈將只支援促進社會主義建設的那些觀點和學說的發展。結果，中國的同志們被迫又回到唯一正確的領導意識形態工作的方法上來——在科

學和文化上實施黨性原則，但並沒有公開放棄「百花齊放」的口號。（《俄羅斯解密檔案選編‧中蘇關係》第九卷，東方出版中心2015年1月版，第68頁）

蘇斯洛夫說出了蘇聯反對的理由。同時他也看出來了：在反右派鬥爭之後，中國共產黨已經對「百花齊放，百家爭鳴」的方針，重新作了解釋，從而回到唯一正確的領導意識形態工作的老路上即黨性原則上來了，事實上已經放棄了這個方針。

六、關於「右派」這頂帽子。6月8日，也就是《人民日報》發表〈這是為什麼？〉社論這一天，後來劃為右派分子的老報人顧執中在九三學社中央常務委員會召開的座談會上說：參加了許多座談會，感覺有兩種偏差：群眾有些左，《人民日報》又有些右。（6月9日《光明日報》）6月29日《人民日報》社論〈再論立場問題〉嘲笑他說：「顧執中先生的兩句話特別有意思：『群眾有些左，《人民日報》又有些右。』這兩句話所以特別有意思，因為其中所說的『群眾』，所說的『左』和『右』，意義都同一般人的了解截然相反。在這裏，真可以說是沒有共同的語言了。」

「左」和「右」作為政治的分野，最初是在1789年的法國國民議會裏，從來社會地位很高的貴族坐在議長右邊的榮譽席上，而激進派則自然而然地坐到遠離他們的左邊。坐在中間席位上的多是態度比較溫和的人。從這時開始，那些政治傾向比較保守的，願意同政府合作的，就被稱為右派；而政治傾向激進的、要求改變現狀的，就被稱為左派。顧執中正是在這個意義上說「群眾有些左，《人民日報》又有些右」的，他在這裏同一般人的了解並無不同。這種將「左」「右」兩個字顛倒起來使用，並不是從這時候開始的。比方說對蘇聯的態度，巴比塞給斯大林寫了一本讚頌備至的傳記，這就是左翼作家；紀德在《從蘇聯歸來》一書中寫了些批評的意見，這就是轉到了右翼。如果不這樣顛倒起來使用，當年的右派大都就該叫做左派，而被認為左派的其實是右派。當年的反右派鬥爭其實是反左派鬥爭。

有趣的是，當年這樣來解釋「左」和「右」的，還不只一個顧執中。北京大學的那些學生右派們，那些「五一九」運動的積極分子，也是把自己算作左派的。嚴仲強的〈壓制不了的呼聲〉一文中說：「站在民主運動潮流中的人，要求在現存的社會制度中作種種改革，從而爭取一個更完善的社會制度，和更正確的領導，他們絕不是要回復到資本主義，按照派別最初的定義，這種勢力應當稱為左派勢力，中共是中間勢力，還有資產階級

的右派勢力。」對於一場反右派鬥爭，這篇文章認為是中共將他所説的左右兩種力量混為一談，「湊成一個所謂『右』派，從而對右派展開進攻」。這種論點，可以看作是「確實有右派，不過反右派的時候有點擴大化」這個公式的最初表現。

七、當年使用「右派分子」這頂帽子其實是頗為吝惜頗為克制的。1957 年 9 月 4 日中共中央發出《關於在工人、農民中不劃右派分子的通知》；在農村中，對於地主、富農、反革命分子和其他壞分子，不要叫右派分子。富裕中農的資本主義思想應為批判，不要戴右派分子的帽子。工廠中科室以上的幹部和技術人員可以劃右派分子，在工人中則只定先進、中間、落後的界限，不作左中右的劃分。是階級異己分子、反革命分子、流氓分子、壞分子的，可按各人具體情況加以確定，但一律不用右派分子的名稱。工人、農民中已經劃了右派分子的，應當改正。由此可見，劃右派僅僅限於知識分子之內。似乎可以認為，從一開始就有意把右派分子的問題作為整個知識分子問題的一部分通盤考慮通盤解決的。

八、有一種説法，説反右派鬥爭是「開了以言定罪的先例」（叢進，《曲折發展的歲月》，第 65 頁）。一些人就是因為在座談會上的發言不中聽而被劃成了右派分子，受到了勞動教養之類的處罰，似乎也可以説是以言治罪吧。至於説開例，卻並不是的。肅清胡風反革命集團難道不就是以言治罪嗎？更早，王實味因為一篇〈野百合花〉終於送掉了頭顱。這些都在反右派鬥爭之前。在〈文匯報的資產階級反向應當批判〉一文中，毛澤東對此作過這樣的解釋：「這種人不但有言論，而且有行動，他們是有罪的，『言者無罪』對他們不適用。他們不但是言者，而且是行者。」當然，發言也是一種行為，這樣解釋起來，言與行之間相對的區別也不承認了。右派分子也只能這樣想才能夠説服自己。例如沈志遠，「他在自我檢查中説：大概所謂言，只能私下説説，如果公之為言論，影響到別人，就變成了『行』而不僅是『言』了。」（見徐鑄成，〈懷念沈志遠〉，載所著《舊聞雜憶續編》，四川人民出版社 1982 年版，第 152 頁）他認識到了：只有講一點對別人毫無影響的話才可以免於罪戾吧。一場鬥爭下來，知識分子大都有了這樣的認識。1958 年 1 月，中共中央宣傳部長陸定一召集上海市新聞、出版、文學、電影等單位黨內負責幹部座談之後，寫了一份《上海新聞出版和文學藝術部門黨內負責幹部的一些意見》，其中説：「在新聞界座談會上，有人反映：有些同志謹小慎微，不敢説話。左派不願替報紙寫稿，有

點躊躇。中中和中右，不敢沾報紙的邊。版面上也沒有生氣。」毛澤東看了這材料，表示了不滿，批示説：「此件可一看，然後談一下。為什麼知識分子不敢講、不敢寫呢？我們人民的自由已被壓死了嗎？」（《建國以來毛澤東文稿》第七冊，第 133 頁）

沒有人再提意見。

通向大躍進的道路打開了。

通向文化大革命的道路打開了。

九、對於這一場反右派鬥爭的評價，官方的説法是：這反右派鬥爭雖説是完全正確和必要的，不過也有缺點，缺點就是被嚴重的擴大化了，把一批知識分子、愛國人士和黨內幹部錯劃為「右派分子」，造成了不幸的後果。着眼點在錯劃了多少右派分子。如果僅僅着眼於誤傷了多少人，那麼，在反右派鬥爭之前，1951 年的「三反」運動，1955 年的肅反運動，豈不同樣有嚴重的擴大化嗎？「三反」運動中，把被打為貪污犯的人稱為「老虎」，各個機關團體企業學校，在沒有任何調查線索的情況下，事先都被要求編制「打虎預算」，「三反」運動即據這種毫無根據的「預算」，把一大批無辜者打成貪污犯（即老虎），當年究竟打出了多少老虎，其中又打錯了多少，我沒有掌握具體數字，在印象中，錯案率很高，這是可以斷言的。肅反運動的情況是有數目的，前面已經引用過胡喬木寫的那篇社論宣佈，立案列入肅反對象的有一百四十餘萬人，肅錯的一百三十餘萬人，錯案率百分之九十四強。因此，可以説，三反也好，肅反也好，也無一不同反右派鬥爭一樣，是嚴重的擴大化了。所以，擴大化並不是反右派鬥爭獨有的缺點或者錯誤。那麼，反右派鬥爭有什麼不同於三反肅反這些運動的特點呢？顯而易見的一點是，三反肅反在運動行將結束之際都有一個覆查程序，一隻老虎當他經過內查外調批鬥逼供之後，仍然無法證實他有貪污行為或政治歷史問題，他經過幾個月到一年左右的折騰之後，也就解脱了。而反右派鬥爭的這個覆查程序，直到二十二年之後的 1979 年才姍姍來遲，這樣才有「多年受了委屈」一説。這還不是反右派鬥爭最重要的特色。更加重要的分別是：三反也好，肅反也好，不過是打擊人而已，並沒有同時進行大規模的思想批判，更談不上理論和路線的批判。而反右派鬥爭則不同，把一個人劃為右派分子加以打擊，通常是同批判他的思想、見解聯繫起來進行的。批判了些什麼呢？反了些什麼呢？本書已經舉出了若干有

代表性的意見。當把這些有助於促進國家法治化和民主化建設的意見當作反動言論加以批判之後，事實上就只能從建設法治國家的目標後退了一大步。要總結歷史經驗，就要從這個角度來總結，而不要只着眼於打擊了多少人。

反右派鬥爭在歷史上所起的作用，還不能不指出的一點是，它中斷了中國共產黨第八次全國代表大會的路線。鄧小平在「十二大」開幕詞中說：「八大的路線是正確的。但是，由於當時黨對於全面建設社會主義的思想準備不足，八大提出的路線和許多正確意見沒有能夠在實踐中堅持下去。」坦率些說，這沒有堅持下去的原因就是因為發生了這一場反右派鬥爭。1987年鄧小平在同匈牙利的卡達爾的談話裏實際上說出了這個意思：「從1957年下半年開始，實際上違背了八大的路線」。對此，薄一波說得更加具體，他說：「八屆三中全會修改黨的八大關於我國主要矛盾的論斷，動搖了八大路線的根基，從此開始了對八大路線的偏離，助長了『左』的指導思想的發展。」大家都知道，八屆三中全會是總結反右派鬥爭的會議，正是這次全會，把反右派鬥爭中的一些做法和提法，「提升」到「理論」和路線的高度。所以，要談反右派鬥爭在歷史上所起的作用，首先要談到這一點，談它改變了黨的八大路線。

還應該提到反右派鬥爭在敗壞社會道德方面所起的作用。阿諛奉承，說假話，做應聲蟲，出賣朋友，告密，落井下石這一些，受到鼓勵和獎賞；敢於直言，堅持信念，正義感，忠於友誼這一些，卻要受到打擊。這給社會風氣所造成的破壞其實是很大的。

就這樣，反右派鬥爭改變了中共八大的路線，進一步破壞了民主和法治，敗壞了社會道德，從而為文化大革命準備好了舞台；還為它準備好了姚文元、關鋒等等幾個主要角色。而這一場文化大革命，可說是一場大大擴大了的反右派鬥爭。反右當中的「群眾創造」：大字報、大辯論，到了文化大革命中更是氾濫全國。當年右派分子攻擊的集權、特權等等這些東西更發展到登峰造極的地步。文化大革命宣佈要堅持、要保衛的那些論點，也正是反右派鬥爭宣佈要堅持要保衛的論點。只有一點不同：在反右派鬥爭中，任何一個共產黨員特別是領導幹部都是不能攻擊的，文化大革命中間，卻是可以去攻擊走資本主義道路的當權派了。大體上說，反右派鬥爭就是文化大革命的彩排。要總結反右派鬥爭就要這樣來總結。

　　在對 1957 年發生的這一事件作總結的時候，人們不應該只看上面說的
這些令人心情無比沉重的事情。還應該看看當年右派分子說了些什麼，寫
了些什麼。這些被錢理群稱做「不容抹煞的思想遺產」的，這些以它的作
者以二十二年的受難為代價，有的甚至是以生命為代價而留下的遺產，經
過時間之流的淘洗，是更加光彩奪目了。他們當年的願望和要求，有一些
已經實現，有一些將要實現。有一部分，此刻還不具備實現的條件，我相
信日後遲早會要實現的，我有這個信心。

附　錄

本書初稿，是用鋼筆寫在稿紙上的（現在還保存着），這個新版卻是電腦完成的了。

從 1993 年開始做反右這個題目，最重要的憑仗是自己的經歷和思考……好不容易到 1998 年初版才得以問世。以後它又在幾個地方用不同的書名出版過每一次出版，我都作了一些增補，字數有所增加。

這本書中，我把各版的序言和後記都附錄在下冊卷末，連同幾頁手寫初稿，都一併附上，好讓讀者知道這本書演變的過程。

附錄一

1998 年鄭州河南人民出版社版
《1957 年的夏季 —— 從百家爭鳴到兩家爭鳴》序

邵燕祥

史無前例的無產階級文化大革命，從 1966 年發動到 1976 年結束，長達十年之久。其間不止一次地宣告取得了重大勝利、取得了決定性的勝利，它也確實在一定的階段，部分地達到了某些既定的戰術目的，打倒了所要打倒的政敵；然而，歷史最後宣告它以總體的失敗告終。

那末，先它九年發動的轟轟烈烈的反右派鬥爭，是不是取得了如當時所說的「偉大勝利」呢？

在 1957 年下半年的運動中和 1958 年的反右「補課」中劃定的資產階級右派分子，據有關部門公佈的數字為五十三萬多人，有人說實際上大大超過此數。即以五十三萬來說，這個佔了當時估計總數五百萬知識分子的十分之一的右派，作為反右派鬥爭的對象，經過批判、鬥爭、處分，已經趕出了歷史舞台，分別到各種基層單位接受勞動教養、監督勞動或控制使用；他們受到政治上的孤立，在知識分子中間更不用說在工人農民面前，是「反面教員」，談不到什麼政治影響了。右派以外的廣大知識分子，也都按照運動部署，向黨「交心」，表白從此對黨全心全意，不是半心半意，更不是「兩條心」。在這個意義上，反右派鬥爭是勝利了。毛澤東當時就是這樣估計的：「在我國，1957 年才在全國範圍內舉行一次最徹底的思想戰線上和政治戰線上的社會主義大革命，給資產階級反動思想以致命的打擊」，他說，「在這以前，這個歷史任務是沒有完成的。」

在完成了資本主義所有制的社會主義改造即經濟戰線上的社會主義革命，剝奪了資產階級以後，毛澤東認為必須有一個政治戰線上和思想戰線上的社會主義革命，來鞏固共產黨的領導權，這是既定的戰略方針。

　　毛澤東一貫充分地認識到中國民族資產階級在經濟上、政治上的軟弱性。資本家們（甚至擴大到若干小業主）儘管未必情願，但還是在鑼鼓聲中交出自己的資產，接受贖買政策，迎接了「公方代表」。他們一般表現得聽話，守規矩。在國內，被認為還有資本同共產黨較量一下的，就剩下資產階級知識分子了，因為他們自恃有知識，而知識以及由此而來的思想政治影響是不能像浮財和生產資料那樣沒收的。這樣，知識界便成為政治戰線思想戰線上社會主義革命的主戰場。

　　反右派鬥爭，就是整個共產黨組織並主要依靠知識分子中的左派力量，起來革那些除左派以外的知識分子的命；當然，矛頭首先針對右派特別是其代表人物，但被叫作中間派的知識分子之同樣成為政治戰線思想戰線上社會主義革命的對象，是無庸置疑的。把中間派同右派加以某些區別，只是為了集中兵力打擊主要敵人所採取的分化瓦解敵人的政策和策略。

　　決策者對當時知識分子的政治狀況是怎樣估計的呢？

　　周恩來 1956 年 1 月在關於知識分子問題的報告中說：

　　　　在高級知識分子中間，積極擁護共產黨和人民政府、積極擁護社會主義、積極為人民服務的進步知識分子約佔百分之四十左右；擁護共產黨和人民政府，一般能夠完成任務，但是在政治上不夠積極的中間分子也約佔百分之四十左右；以上兩部分合佔百分之八十左右。在這百分之八十以外，缺乏政治覺悟或者在思想上反對社會主義的落後分子約佔百分之十幾，反革命分子和其他壞分子約佔百分之幾。

　　周恩來在這裏所說的進步分子、中間分子、落後分子，都是屬於人民內部的範疇，不是敵我問題，其中的落後分子也還不等於反革命。

　　毛澤東在 1957 年春則拋棄了進步、中間、落後的概念，採用左中右的劃分。3 月中旬，他在中共全國宣傳工作會議上指出，有一種頑固地要走資本主義路線，實際上是準備投降帝國主義、封建主義、官僚資本主義的人，「這種人在五百萬左右的人數中間，大約只佔百分之一、二、三。絕大部分的知識分子，佔五百萬總數的百分之九十以上的人，都是在各種不同的程度上擁護社會主義制度的。」到 5 月中旬他寫的〈事情正在起變化〉中，對敵情的估計也向嚴重方面變化：「有社會上的左派、中間派和右派。

社會上的中間派是大量的，他們大約佔全體黨外知識分子的百分之七十左右，而左派大約佔百分之二十左右，右派大約佔百分之一、百分之三、百分之五到百分之十，依情況而不同。」

後來劃定五十三萬右派分子，佔五百萬知識分子的十分之一，大約就是從這裏來的。

毛澤東在是否擁護共產黨、擁護社會主義兩條以外，又提出一個對待馬克思主義的態度的標準。他說：「五百萬左右的知識分子，如果拿他們對待馬克思主義的態度來看，似乎可以這樣說：大約有百分之十幾的人，包括共產黨員和黨外同情分子，是比較熟悉馬克思主義，並且站穩了腳跟，站穩了無產階級立場的。」這就是說，在大約佔百分之二十左右的左派中間，除了百分之十幾的人比較熟悉馬克思主義，還有百分之幾的左派也許並不那麼熟悉馬克思主義。不過這不要緊，毛澤東在四十年代就曾指示：「在擔負主要領導責任的觀點上說，如果我們黨有一百個至二百個系統地而不是零碎地、實際地而不是空洞地學會了馬克思列寧主義的同志，就會大大地提高了我們黨的戰鬥力量。」中共八大（1956）時黨員總數是七大（1945）時的九倍，按比例增長，有一千個到兩千個真正學會了馬克思主義的黨的幹部就已經夠用。現在五百萬知識分子中有百分之十幾，也就是五六十萬、六七十萬以至七八十萬黨內外「比較熟悉馬克思主義」、「站穩了無產階級立場」的左派，難道還不足以掌握反右派鬥爭的發展，保證取得一個又一個戰役的勝利嗎？

正是在反右派鬥爭節節勝利的基礎上，毛澤東以「不斷革命」的思想把全黨全國推向 1958 年的大躍進。他在 1958 年 3 月中央成都會議上，說冒進是「馬克思主義的」，反冒進是「非馬克思主義的」，這已經是針對高層的不同意見的批評。而全國知識分子命運攸關的，則是他提出並在後來中共八大二次會議上被認可的關於「當前還存在着兩個剝削階級、兩個勞動階級」的思想：兩個勞動階級是工人、農民；兩個剝削階級，一個是帝國主義、封建主義、官僚資本主義的殘餘和資產階級右派，另一個是民族資產階級及其知識分子。看來資產階級右派屬於敵對勢力，資產階級及其知識分子屬於對抗性矛盾轉化為非對抗性矛盾，可以按照人民內部矛盾處理；那些僥倖沒有劃歸右派的知識分子，也確定無疑地戴上了資產階級的帽子。從理論上說，這是不以經濟地位（是否有剝削，剝削量大小）、服務對象（是否為新政權服務），而以家庭出身、教育狀況和世界觀（是否

已改造為無產階級的共產主義的世界觀,即是否接受並擁護馬克思列寧主義)作為劃分階級成分的根據,所謂世界觀則要進一步落實到現實政治態度 —— 是否無條件地擁護黨的每一項具體現行政策以至每一個具體的基層組織或黨員幹部。

在這樣的政治氣氛和人際關係中,知識界除了出現少數政治貴族以外,右派固然是政治賤民,廣大的一般知識分子被稱為中間派的也自然成了二等公民;就連左派中的許多人,不能因緣時會、見風轉舵、虛誇欺瞞的,也難免往往陷於困惑和惶恐中。

從 1958 年開始揭櫫的「三面紅旗」—— 總路線、大躍進、人民公社經過一個短暫的狂熱期,導致了國民經濟的破壞,災鴻遍野。應該承認這是一次危及億萬人民生存的失敗。這個失敗同反右派鬥爭的偉大勝利,有沒有一些因果上的關聯呢?

隨着國內外形勢的發展,毛澤東自己從另一個角度否定了反右派鬥爭的勝利。他承認包括反右派鬥爭在內的各次政治運動都沒有「解決問題」。他要解決的依然是如他所說,把政權牢牢地掌握在馬克思主義者手裏的問題,堅持他認定的社會主義道路防止資本主義復辟的問題。因此他要發動無產階級文化大革命,後來說這樣的文化大革命還應該七、八年又來一次,不斷地搞下去。有人說反右派鬥爭是無產階級文化大革命的預演,我以為不如說是序幕。反右派以前黨與知識分子,黨與政治界、工商界、文化教育界、科學技術界、宗教界的關係中,逐漸積累了一些這樣那樣的矛盾,再加上國際國內許多因素(包括某些歷史偶然性)的影響,引起了 1957 年春夏之交「右派分子的猖狂進攻」,毛澤東及時地不失時機地發動反擊,實現了醞釀有年的「政治戰線思想戰線上的社會主義革命」。這場反右派鬥爭是歷次以資產階級知識分子為對象的政治運動(在兩次運動之間則是黨的政治工作)的狂飆式的繼續。毛澤東稱文化大革命實際上是一場「政治大革命」,那就不僅僅是反右派鬥爭的常態的繼續,而終於形成一場毀滅性的民族災難,直接株連的受害者達到一億人,還需要說因國民經濟瀕於崩潰而影響生計的更多的人們。知識分子問題不是文化大革命唯一的內容,但從「五‧一六通知」的指向,缺口的打開,「破除四舊(舊思想、舊文化、舊風俗、舊習慣)」的倡導和實施,到實行對整個上層建築包括文化領域的專政,在在又都是知識分子首當其衝的。

如果認為無產階級文化大革命是一次失敗的實驗，如果認為毛澤東發動文革是要解決過去政治戰線思想戰線上沒有解決的問題，那末，強調反右派鬥爭當時的勝利是沒有意義的。從歷史的高度看，即使不說它如文革一樣是一次一時看來似乎勝利而長遠看來是事與願違的實驗，不說它給知識分子、給文化建設、給國家民族以至給中國共產黨導致一系列惡果，也應該指出，後來實踐證明，其發動者毛澤東也認為它沒有達到預期的目標，因此不能算作是勝利。

而如上所述，右派和廣大知識分子肯定是反右派鬥爭的失敗者。

然則，反右派鬥爭是一次沒有勝利者的鬥爭。

據說，毛澤東晚年曾向身邊工作人員申說過：歷史是由勝利者書寫的。

一次沒有勝利者的反右派鬥爭的歷史該由誰來寫呢？

我的湖南籍朋友，在劃為右派分子後長年從事重體力勞動，仍然堅持魯迅研究，卓然有成，進而染指現代史研究的朱正，毅然擔當了這項工程。他不以曾淪為失敗者而自餒，由春及秋，日夜相繼，孜孜矻矻，數易其稿；廣搜博覽，嚴格依據已經公開發表的資料，事事有來歷，句句有出處，力求在最大程度上讓歷史得以本來面目出現，這是真正史家的風格，學者的態度。

著者囑為序，我借此機緣談一點粗淺的體會，不成熟的看法，附隨宏篇，一起請各方面讀者教正。

1993 年 12 月 26 日

附錄二

1998 年鄭州河南人民出版社版
《1957 年的夏季 —— 從百家爭鳴到兩家爭鳴》後記

這本書是 1993 年花了整整一年時間寫的。這以後的幾年裏，我又陸續把在書報中遇到的有關材料隨手增補進去。1996 年有幾位中共黨史方面的專家教授看了這部稿子，即根據他們的意見作了一次修改，將他們指出欠妥之處悉數刪除。幾經周折，現在算是得到出版的機會，於是將近年所寫幾篇有關這一公案的文章附於卷末，供讀者參看。

寫作此書，我與其說像個著作家，不如說更像一個節目主持人。我把當年這些人物，不論被認為左派還是右派的，都一個一個請來，讓他們走到前台，各自說各自的話。希望這樣能夠在一定程度上再現當年的場景。

在本書將要出版之際，我應該感謝許多朋友的幫助。從開始構思、收集資料、動手寫作、直到聯繫出版者，每一個環節都是朋友在幫忙。如果沒有朋友們的幫助，也就不會有這本書了。我將永遠銘記他們的友情。

我設想現在印出的只是個徵求意見本，希望讀者給我指出書中的錯誤和缺點。我想在數年之後能夠有一個補充修訂的機會，把一些現在未能用上的材料補進去。

1998 年 3 月 7 日，朱正於北京旅次

附錄三

2001 年台北允晨文化實業股份有限公司版
《兩家爭鳴 ── 反右派鬥爭》校後記

　　本書是 1993 年 12 月脫稿的。聯繫出版卻很不順利。直到 1998 年稍加刪節之後，才在河南人民出版社以《1957 年的夏季：從百家爭鳴到兩家爭鳴》的書名印了出來。不過，在這拖延的五年中，我也得以增補了一些新見到的材料。

　　現在諸位手中的這一本，卻是按初稿排印的。當初我將一份影本付託給李南央女士，幾經周折，終於得到蘇紹智先生的鼎力幫忙，得到允晨文化公司接受，使這個台北版得以問世。對於各位幫忙的女士和先生，我深深感謝。比起河南版來，沒有增補，也沒有刪節，算是保存了最初的原貌。利弊得失，讀者諸君自有評斷。

　　允晨公司楊家興先生的編輯工作做得很細心。為了減少錯誤，他將二校樣寄我看了一遍，我即趁機作了兩三處小的修改，改正原稿的錯誤。在校樣上當然不可能作更多的修改和增補。但願今後還有補過的機運。

2000 年 8 月 22 日　朱正於長沙

附錄四

2004 年香港明報出版社版
《反右派鬥爭始末》序言

邵燕祥

朱正兄這本寫「反右」的書將在香港出版,是一個「增訂本」。1998年河南版的問世,曾頗費周章,不得不作了若干刪節。1998年台北版的優點,是保持了書稿的原貌。現在的香港版,在台北版的基礎上,朱正補寫了「大學風暴」和「為了法治」兩章,刪去三篇附錄,又作了若干補充修訂,大約總計增加了十五萬字的篇幅;這裏不但匯入了一些原先未及用上的材料和新近發現的史料,更凝結着著者近年研究的心得,那往往是燭隱發微的點睛之筆!

「反右」云云,1957年當時稱為反右派鬥爭,後來也稱反右派運動,是1949年後針對知識分子的第一次規模最大、影響至深的群眾性「政治運動」,開其後造成民族大災難的文革之先河。為什麼叫反 —— 右?不但境外海外的朋友未必能懂,因為「左」「右」之辨,以「中國特色」而不同於國際慣例;即使是大陸上的年輕人,也對此感到陌生,因為此間視「反右」與「文革」話題為忌諱,乖巧的人遂諱莫如深,緘口不言久矣。文革較近,大家還知道是「(無產階級)文化大革命」的簡稱,但亦往往不知其詳,尤其不知其內裏的根由和沒有公之於眾的來龍去脈。在我們三十歲以下的青少年中,已經出現了「不知有漢,無論魏晉」—— 不知文革,無論反右的一代。過去人說,「欲滅其國,先滅其史」,指的是不同民族間的事情,殊不知在本民族中,也會如法炮製,非為滅其國,乃欲愚其民也。廣義地說,一國一族之史,是歷史文化傳統及其文字與口傳的記錄;狹義地說,那史,就實指歷史首先是政治史的真相。而為了「隱惡揚善」,剝奪人們的歷史知情權,壟斷歷史的闡釋權,其封殺的作用也是相當於焚書坑儒的吧。

但歷史畢竟無法割斷。世世代代的統治者和被統治者,無論願意不願意,都必得接受歷史的遺產。在我們當代,也不例外。朱正在這本書裏所

做的工作，他的工作的意義，就是清點反右派鬥爭這筆歷史遺產，讓我們看清，哪些遺產是應該繼承的，哪些遺產是應該拒絕的。

1957年我還年輕，沉迷於寫詩，缺乏政治敏感，並沒有格外積極參與實際政治，再加上忙於業務工作，說來很難讓人置信，那一春一夏我幾乎沒有認真地看報，對「大鳴大放」階段的各種言論不甚了了；到我忽然發現自己也陷身滅頂之災時，只顧尋找自救的稻草，更不暇去補讀各樣的「右派言論」了。所以，我是直到二十世紀九十年代，才從朱正的書和其他一些書刊中正經接觸那些獲罪的文字和思想，那是幾近堙沒四十年的了。

我是一個共產黨員——雖然1958年劃為右派分子就被開除，是1979年才在恢復名譽同時恢復黨籍的，——多年的思路總不免在黨的立場上為黨着想：如果1957年不搞一場反右派鬥爭，而是以現代政黨應有的風度，按照現代民主制度的慣例，為了加強執政的合法性合理性，對來自各民主黨派、各界大小知識分子包括黨政機關幹部和高校學生對黨組織特別是領導層所提的意見，認真聽取，好好消化，擇善而從，那末，不但可能避免黨與知識分子之間的斷裂，可以避免後來國內矛盾和黨內矛盾的激化，並且可以保證1956年黨的「八大」路線得以貫徹執行，把工作重點從階級鬥爭轉移到經濟建設上來，並加強集體領導，力避個人迷信，則今天國人的政治生活品質、經濟生活品質以至精神面貌、道德風尚都會大不相同。

歷史不容假設，這是人人皆知的常識。我要說的是，當年「大鳴大放」中揭示的問題和各方人士的批評意見，今天看來仍有現實針對性；不過許多舊日的「時弊」已成陳陳相因的積弊，需要從更根本處痛下針砭，才可望加以療救。尤其值得注意的是，那時不少在「言者無罪，聞者足戒」的許諾下發表的意見，不屬於淺層次的頭痛醫頭、腳痛醫腳，而富於思想含量，至今不失為改善以至改革國內政治方略和政治體制的思想資源，至少也可資參照吧。

是不是一次錯過，就永遠錯過？由於反右派鬥爭的毀滅性打擊，在其後二十年間，再也聽不到這樣的聲音。但這些記錄在案的「罪言」重現在我們面前時，並不像歷史博物館裏的陳列品，卻保鮮有如剛剛出爐；因為它是由「時弊」所激發，經過有眼光有感情有思想的頭腦所醞釀產生的，自然具有不可撲殺的生命力。這使我們回憶起當時的圍剿中，威權人士曾詭辯說，「言者無罪」對這些言者不適用；幫腔者更加注腳，說擁護黨擁護社會主義的言者無罪，反黨反社會主義的言者則有罪云云：而怎樣判斷何

者是擁護黨和社會主義，何者是反對黨和社會主義，有一條簡單的標準，在實際運用中得心應手，那就是，凡屬批評，即是反對，批評一個黨支部書記即是反對黨的領導，對一項具體的政策及其執行中的問題提出意見即是持不同政見，總之是心懷叵測，圖謀不軌，妄想分庭抗禮或篡黨奪權，要推翻「人民民主專政」。儘管你是按照中共整風指示出的題目，反對官僚主義、宗派主義、主觀主義這「三害」，但一句「以反對官僚主義……為名，實際上反對黨的領導和社會主義制度」，便可把你打翻。幾十萬「右派分子」就是這樣輕而易舉地「打」出來的。

在這以前，比如在五十年代初的知識分子思想改造運動中，在「忠誠老實學習」和肅反運動中，以至在「三反」「五反」運動中，對知識分子的政治觀點、學術觀點，階級出身、個人成分以至社會關係、經濟來源的審查，更早在解放區的整風、審幹，都早已出現了簡單粗暴的一套做法，但傾全黨全國之力發動的反右派鬥爭這一「政治思想戰線上的社會主義革命」，對「資產階級右派即反動派」實施了具有壓倒性的攻擊，這種簡單化，不合邏輯的邏輯推理，任意的武斷引申，「欲加之罪，何患無詞」乃達到了極致；對於被認為屬一般資產階級知識分子的「中間派」，他們同被召來參加不講理的「批判鬥爭」，看在眼裏，痛在心上，自然也收到了震懾之效。

反右派鬥爭的過程，就是在全黨全民面前樹立了一個黃牌，以不准批評為加強黨的地位和鞏固政權存續的唯一支點。其實這也確是「陽謀」。早在 1949 年 7 月，毛澤東就在〈論人民民主專政〉文中寫道：

> 「你們獨裁。」可愛的先生們，你們講對了，我們正是這樣。中國人民在幾十年中積累起來的一切經驗，都叫我們實行人民民主專政，或曰人民民主獨裁，總之是一樣，就是剝奪反動派的發言權，只讓人民有發言權。

在這篇文章和 1957 年〈關於正確處理人民內部矛盾的問題〉的講話中，毛澤東反覆闡明了同樣的意思，即在「人民內部」實行民主，人民有言論集會結社等自由權，而屏於「人民」外部的就是反動派，只許規規矩矩，不許亂說亂動，亦即對他們實行「專政」「獨裁」。不過，雖有各個不同時期因革命任務和革命對象不同而對「人民」階級構成的不同規定，但每一個體的人，是否屬於「人民內部」，則往往還須取決於當權者的判定。你以為你不屬於「帝國主義的走狗即地主階級和官僚資產階級以及代表這些階級

的國民黨反動派及其幫兇們」，便順理成章是「人民」之一分子，天然地享有發言權即言論自由權，怎麼說也是「言者無罪」的了；但你的話不中聽，不入耳，不是歌功頌德，而是語含批評，好了，你是「以幫助黨整風為名向黨進攻」，你就是反黨反社會主義，大逆不道，狼子野心，是蔣介石的內應，復辟資本主義的先鋒，要讓全國人民吃二遍苦，受二茬罪，簡直罪不容誅。你還想混跡在人民中間？你已排除在人民之外，你是反黨反社會主義即反動派，「人民大眾開心之日，就是反革命分子難受之時」，應該在政治上予以打擊、孤立，在組織上給予處分。你說你沒有觸犯刑律，那好，1957 年反右派鬥爭高潮中創建的勞動教養制度，就是針對不受刑事處分的人，刑事處分可有刑期，勞動教養並不實行確定的期限，所謂「三年」之期可以一再延長，解除教養後還須留場就業。在實際執行中，許多1958 年進入勞教場所的右派分子，是直到 1979 年甚至更晚才恢復人身自由的。

今天稍有現代政治和法治理念的人，或許會覺得發生在 1957 年前後的這些事為天大的荒唐，幾乎不可理解。其實親身體驗了此類「生活方式」的人們，遠遠不限於當年的「右派分子」們。因為在這裏，不像「公民」是具有法定的權利和義務的個體的人，「人民」則屬於政治範疇，是個群體的概念；而人民是要受共產黨領導的，理論上人民享有各樣的權利，以區別於「人民」以外的反動派：「選舉權，只給人民，不給反動派」，人民多麼榮幸啊！但像選舉權這樣的權利，是領導人民的黨「給」的，可以給你，也就可以不給，今天給你，明天也許收回了，不是嗎？因為不是法治，而是黨治，黨治也就是人治，首先是億萬人之上的「領袖」的人治，同時也可能在「大權獨攬，小權分散」的原則下，化為各級黨組織各級領導人的人治。魯迅曾說中國歷史上無非是兩種時代：一是做穩了奴隸的時代，一是欲做奴隸而不得的時代；然則在很長一個歷史時期內，大陸上普通的中國人，也無非欲做「人民」而不得，與暫時做穩了「人民」之別，為什麼說「暫時」？因為政治氣候變化無常，誰也不知道會在什麼時候「攤上」無妄之災，從「人民的隊伍」劃出歸入「另冊」，然後不得不像戴了「右派分子」政治帽子的人一樣，要為「回到人民隊伍」來而拚命爭取。沒有「免於恐懼的自由」，哪能不「萬馬齊喑」？

人們回顧反右派鬥爭的歷史，每每驚異於掌權者說話不算話、翻臉不認人以及縱橫捭闔，玩弄權術，始而呼籲各界人士幫助黨整風，「知無不言，言無不盡」，言猶在耳，霍然變臉，把提意見的人通通視同敵對；從

而扼腕曰：無信不立、大失人心！這樣的歎息是不錯的。從常理說，翻手為雲，覆手為雨，朝令夕改，食言自肥，是無以取信於民的。然而，這一切並不自反右始，只是 1957 年夏季的轉換過猛，反差太大。不少在反右中淪為階下囚的，曾在民主革命時期追隨過共產黨的主張，其時，中共和他們的領導人曾反覆向全國人民正式做出許諾，勝利後要建立一個自由、民主的新中國，實行新民主主義憲政，以取代蔣介石國民黨標榜「一個主義，一個黨，一個領袖」的獨裁政權。然而曾幾何時，廢棄《共同綱領》，繼提前結束新民主主義階段之後，匆匆轉入社會主義革命，宣佈人民民主專政「即」無產階級專政；隨之在理論上和實踐上重蹈了前人的覆轍。在1955 年至 1956 年「勝利實現了對農業、手工業和私營工商業的社會主義改造」，也就是通過生產資料交公的合作化實現了對農民和手工業者的剝奪，通過「公私合營」實現了對工商業者的剝奪；剩下的事情就是在 1957 年通過反右派鬥爭實現對知識分子的「政治資本」（指他們在科學技術文化教育和上層建築其他領域以知識、思想優勢而擁有的精神影響）的剝奪。其終極的目的，也就是要加強共產黨的絕對領導，鞏固「馬克思列寧主義」（實際上更多是斯大林主義）的無可爭議的指導地位，在這兩者之上，則是到後來文革中才公然號召的「捍衛毛主席的領袖地位」，包括毛澤東思想，毛自稱「馬克思＋秦始皇」（也許應是「斯大林＋秦始皇」，「總之是一樣」）的不容分享的權力和不可動搖的地位。讓全體知識分子，全體公職人員，全體共產黨員和全體人民，都成為「馴服工具」，一呼百應，不說「二話」，也就達到「統一思想」「統一行動」等「五個統一」了。

1980 年代，中共認定毛澤東晚年犯有錯誤，對這一「左」的錯誤又認定從 1957 年算起，直至發動文革，以迄於 1976 年去世。1978 年，時任中共中央組織部部長的胡耀邦等，以「我不下油鍋，誰下油鍋」的氣概，打破惟毛澤東之命是聽的「兩個凡是」的設限，從事平反冤假錯案的艱苦工作，其中包括為幾十萬「右派分子」平反（出於某種原因，這些案件不叫平反，而叫「改正（錯誤結論）」）；這是以實際行動糾正毛澤東的晚年錯誤，此舉一時大大改善了黨的形象。嗣後不斷出現了所謂共產黨能夠「自己改正自己的錯誤」的宣傳，則是出於思維定勢所造的有欠明智的「輿論」，不免弄巧成拙——正是苦苦等待中共「自己」來改正錯誤，從 1957到 1978，用了不止二十年；如果不是毛澤東在 1976 年去世，又不是恰好有像胡耀邦這樣仁勇兼備的人身當其任，不知還要虛耗多少年（蘇聯共產黨也是「自己改正自己的錯誤」，為布哈林平反等了整整五十年）。何況不

説還好，這樣誇口，反倒使人發問：自己改正自己的錯誤，很好，但改正得徹底嗎？官方的口徑是説，「反右派鬥爭是必要的，但是犯了擴大化的錯誤」云云，並為此在全國範圍留下了極少數人不予「改正」，在當時全國共討的所謂「頭面人物」中留下了章伯鈞、羅隆基、儲安平、彭文應、陳仁炳等五人，讓他們縱然身死也得戴着「右派帽子」，永世不得翻身；就算他們罪大惡極吧，由此五人而殃及官方數字承認的 55 萬人，卻名之曰「擴大化」，寧非玩笑？人們又不禁要問：文革中遭受迫害的所謂「走資本主義道路的當權派」，文革後平反，不但復職乃至升遷，還一律補發了原先扣發的工資；為什麼對「改正（錯誤結論）」的幾十萬「右派分子」在經濟上不予補償，據説只用一句「沒有錢」就打發了呢？為什麼對不同的受害群體採取雙重標準？而且，事情遠不止此，21 年過去了（至今則是 47 年過去了），領導層無論集體或個人，從沒有誰就反右派鬥爭而向所謂「擴大化」的受害者作一句正式的道歉（連非正式的道歉也一句沒有），有的是力求箝制對反右派鬥爭的回憶和學術探討。凡此，是一個鄭重的黨應取的政治姿態嗎？向人民負責云乎哉？向歷史負責云乎哉？

雖然如此，不管怎麼説，黨的十一屆三中會結束了文革的亂局，倡導思想解放，在此前後，組織真理標準討論，平反冤假錯案（包括為第一次天安門事件平反），關於建國後黨的若干歷史問題做出決議，初步評説了毛澤東的功過，打破了對毛只能歌功頌德的不成文法，這些舉措都是功不可沒的。其功，在於面對幾十年的歷史遺產，有所抉擇，這不失為一個良好的開端。可惜，一句「歷史問題宜粗不宜細」，就把反思歷史的好事半途打斷了。

然而，歷史是不能不面對的，歷史遺產是不能不有所繼承又有所擯棄的，問題是如何以理性的態度批判繼承，同時，對歷史的欠債有所承擔，這裏首先指的是政治債；在現代社會，賴賬不還就是誠信的破產。在清點歷史遺產，清償歷史債務的基礎上，才有真正向前看的希望。

2004 年 7 月 20 日，北京

附錄五

2004 年香港明報出版社版
《反右派鬥爭始末》後記

　　這本書是 1993 年用了一整年時間寫成的，聯繫出版社卻花了好幾年時間。直到 1998 年 5 月才以《1957 年的夏季：從百家爭鳴到兩家爭鳴》的書名在鄭州河南人民出版社出版。2001 年 1 月，又以《兩家爭鳴——反右派鬥爭》的書名在台北出版。台北版出得晚，可是它是按照初稿付印的。脫稿幾年後我不斷作的一些增補和修改都沒有在這一個版本中得到反映。這些在河南版中是得到反映了的，不過，令人洩氣的是，它是經過刪節之後才得以出版的。我曾經想出一個香港版，有幾位老友出力幫我聯繫，都沒有成功。現在承蒙潘耀明先生不棄，願意將它收入明報出版社所出的「二十一世紀文庫」，使我宿願得償，在我既是幸事也是快事。當年程千帆教授看了那個刪節的河南本之後表示，希望能夠像孫盛的《晉陽秋》一樣，別存一個「遼東本」。現在我的「遼東本」就要出來，而程千帆教授不能分享我的快樂了，真是悲哀的事。

　　我看到過一些評論，有贊同我的意見的，也有批評的。贊同者給我以鼓勵，我很感謝，這裏就不去說它了。批評的意見呢，有一些是無法回答也無須回答的，所謂道不同不相為謀是也。但是李慎之先生的批評我是很重視的。2001 年 4 月 15 日他致胡績偉信，後來加上〈對反右派鬥爭史實的一點補充〉這標題，編入自印本《李慎之文集》之中，其中有一段說：

　　　　幾年前出版的，頗得好評的朱正的《1957 年的夏季：從百家爭鳴到兩家爭鳴》就認為毛本來是好心好意地號召鳴放，沒有料到右派分子如此猖狂，他才不得不反擊。這是我完全不能同意的。我所以在 1997 年寫〈毛主席是什麼時候決定引蛇出洞的？〉實際上是對朱正的反駁。（上冊，第 196 頁）

　　我為河南本「結束語」增寫了第五條，就是回答這個意見的。李先生去世之後，我發表了〈君子和而不同〉紀念李先生，其中說：

　　當然，我也能夠理解，李先生的這種看法，是基於他對毛的基本評價。就這一點來說，他當然是對的，我也完全贊同他的這個評價。一個講誠信的政治家，剛剛信誓旦旦地宣佈「言者無罪」，怎麼能夠一下子就改口說「『言者無罪』對他們不適用」呢？根據他自己說過的「社會實踐及其效果是檢驗主觀願望或動機的標準」，人們豈不是有足夠多的理由來懷疑他原先的動機究竟有多少善意嗎？不過我以為這同他有時也想作一點改善形象的努力並不是不相容的。（《隨筆》2003 年第 5 期）

　　這一段寫在紀念文章裏的話，當然無法就正於李先生了。現在只好聽憑讀者的評判了。

2004 年 6 月 4 日朱正於北京

附錄六

2012 年台北秀威資訊科技股份有限公司版
《反右派鬥爭全史》自序

「這是為什麼？」1957 年 6 月 8 日《人民日報》社論就是這個標題。它宣佈了反右派鬥爭的開始。

「這是為什麼？」我從自己被劃為右派分子那一天開始，就不斷思考這個題目。我自有生以來的二十七年裏，或者說進入社會以來的七八年裏，自問沒有做過什麼壞事，也沒有過反黨反社會主義的意圖和行為，為什麼竟落得如此下場，淪落為反黨反社會主義的右派分子？這是為什麼？我為這個題目苦苦思考了幾十年。現在你手上拿着的這本書，就是我幾十年思考的結果。

這本書最初是以《1957 年的夏季：從百家爭鳴到兩家爭鳴》的書名於 1998 年 5 月在鄭州河南人民出版社出版的。出書之後，好些朋友寫信來給我鼓勵。程千帆的信說：「大作帶病讀之月餘，仍是匆匆，欲罷不能。若中國不亡，世界尚有是非，此書必當傳世。不虛美，不隱惡，是以謂之實錄。誅奸諛於既死，發潛德之幽光，古之良史，何以加焉。妙在既純是考據，又純是褒貶，佞人無如之何，正人大為之吐氣，一把刀割兩面也。」舒蕪的信說：「真佩服工夫之細，條理之清，思想家與學者之統一，史筆與文心之融會，我以為真乃信今傳後之作。」儘管朋友們以傳世相許，但它的不足之處我還是心中有數的，所謂得失寸心知是也。何況當時出的還是一個刪節本呢。我想要出一個更完整、更好的本子。於是我繼續不斷收集材料，不斷給它修訂補充。

到了 2004 年，本書以《反右派鬥爭始末》的書名在香港明報出版社出版的時候，我就將被刪節之處恢復了，並且作了多處增補。一共增加了十多萬字。其中〈北大民主牆〉一章是完全新寫的。那是我看了鄧九平主編的《思憶文叢·記憶中的反右派運動》裏的《原上草》那一本，其中收了當年北京大學「五一九運動」中的許多大字報，我這才有可能增寫這一章。

現在時間又過去了八年。在這八年裏，我又陸陸續續作了不少增補和修訂。只說字數，從原來的五十八萬增加到七十多萬；原來正文分為二十章，現在是二十五章，材料是更多，條理是更細密了。自以為比起以前的兩個本子來有了較大的改善。必須說明的是，這一版和以前的最大不同之處，是取材的範圍大大的擴大了。在本書的初版中，我的取材僅僅限於當年的報紙、期刊這些出版物，以及權威人士如毛澤東、陸定一、李維漢、薄一波等人的著作，都是公開的材料，無論何人只有願意都不難找到的材料。而在這一版中，在這些無論何人都不難得到的材料之外，我也用了不少許多人未必都有機會看到的材料：

第一，是近年來一些右派難友和知情者在境內和境外正式和非正式出版的相關的回憶文字。我的《1957年的夏季：從百家爭鳴到兩家爭鳴》出書之後，一些右派難友把我看做自己的朋友，把自己寫的書寄給我看，這些就成了我據以增補的一個材料來源。增加了更多的具體案例，這樣，讀者對於這一歷史事件就有比較多的感性的了解。

第二，我找到了一些文件。在這一方面應該特別感謝宋永毅先生主編的《中國反右運動資料庫》光碟，給了我很大的幫助。例如，原來我寫〈肅反與反右派鬥爭〉一章的時候，並沒有看到過佈置肅反運動的第一個文件《七一指示》全文，只能夠根據一些出版物中摘錄的片段來立論。現在我在這個光碟中找到了《七一指示》全文，就重新改寫了這一章的相關段落。還有，像對右派分子六個等級的處理辦法的具體條文，在我的書中當然是不能缺少的。我作為過來人，曾經在本單位宣佈處分決定的大會上親聆了這六條。可是在寫作此書的時候沒有找到文字根據，就只好根據自己當年的記憶來寫，不可能寫得很具體。舒蕪在給我的信中指出這個缺點，是十分中肯的。後來我在《周恩來年譜》中看到了1958年1月29日國務院第六十九次會議通過的中共中央和國務院《關於在國家薪給人員和高等學校學生中的右派分子處理原則的規定》這一文件的摘要，我即據以修訂了書稿。不過總覺得《周譜》裏的摘要轉述並不準確和完整。現在我也是在《中國反右運動數據庫》光碟裏直接找到了原始的文件。這一段敘述也就沒有遺憾了。此外我還從這個《數據庫》光碟裏引用了許多新華通訊社的內部參考材料，這樣就使本書的內容比原先單純引用公開報刊要充實得多了。

　　以我目前的條件，一個八十老翁也只能夠做到這個樣子了。如果在我有生之年還能夠看到相關檔案的解密，我或者會再作一些增補，但是估計不會有什麼需要更正的地方。如果竟不及見檔案的解密，那麼這本書就這樣子留給後世的讀者去批評了。

2012 年 4 月 30 日朱正於長沙

两家争鸣——反右派斗争本末

一 多事之秋

1957年的反右派斗争要从1956年讲起。

谈到1956年，毛泽东说：

"去年这一年是多事之秋，国际上是赫鲁晓夫、哥穆尔卡闹风潮的一年，国内是社会主义改造很激烈的一年。现在还是多事之秋，……"[1]

赫鲁晓夫闹风潮，是指1956年2月他主持召开苏联共产党第二十次代表大会，用"反对个人迷信"这个提法批评了斯大林，第一次揭露了斯大林对无辜者的大规模镇压。二十大路线的出现有其必然性。它是苏联国内外矛盾发展到那时的公开表露。赫鲁晓夫作为一个现实社会主义国家的领导人，第一个揭露出苏联模式社会主义的弊端，表示了必须有所变革的意思。二十大路线有着明显的民主化和自由化的倾向。这在国际共产主义运动中是一划时代的事件，其影响巨大而且深远。三十五年之后苏共的消亡和苏联的解体，都应该溯源到这一事件。

[1]《毛泽东选集》第五卷，第339页。

说起斯大林，其实毛泽东对他早就有自己的看法。使他感到切肤之痛的，是斯大林对待中国、对待中国共产党和对待他本人的态度。这方面的意见他说过不只一次。例如，他说：

斯大林对中国作了一些错事。第二次国内革命战争左期的王明"左"倾冒险主义，抗日战争初期的王明右倾机会主义，都是从斯大林那里来的。解放战争时期，先是不准革命，说是如果打内战，中华民族有毁灭的危险。仗打起来，对我们半信半疑。仗打胜了，又怀疑我们是铁托式的胜利，1949、1950两年对我们的压力很大。"[1]

对于苏联的国内政策，毛也有看法。例如，他说：

苏联的办法把农民挖得很苦。他们采取所谓义务交售制等项办法，把农民生产的东西拿去太多，给的代价又极低。他们这样来积累资金，使农民的生产积极性受到极大的损害。"[2]

斯大林在世，有看法也不敢讲。斯大林死后不多久，毛泽东就开始思考苏联模式的得失了。据薄一波说："在我的记忆里，毛主席是在1955年底就提出了'以苏为鉴'的问题。"他回忆说，"从斯大林逝世以后，苏联发生的

[1] [2] 《毛泽东选集》第五卷，第286页、第274页。

事情，包括贝利亚被揭露，一批重要的冤案错案被平反，对农业的加强，围绕以重工业为中心的方针发生的争论，对南斯拉夫态度的转变，斯大林物色的接班人很快被替换等，已使我党中央陆续觉察到斯大林和苏联经验中存在的一些问题。"而且，"也陆续发现苏联的某些经验并不适合我国实情。"[1] 作为一个有经验有眼力的大国领袖，毛泽东并不需要苏共二十大的启发，就已经在思考苏联的教训了。

　　世上也真有些碰巧的事。2月14日是苏共二十大开幕的日子，也正是从这一天开始，毛泽东逐日听取国务院财经方面34个部委的汇报，目的是探索一条不同于苏联的发展道路。同时在莫斯科和北京进行的这两个会有关系，薄一波回忆说："在继和苏共二十大批判斯大林信息后，我党中央除召开了政治局扩大会议，专门作了讨论外，汇报中同斯大林和苏联经验相关联的事也多了起来，'以苏联为鉴戒'的思想更加明确了。"[2]

　　毛泽东这次听取汇报的结果，是形成了《论十大关系》这篇报告。他说：

　　[1][2] 薄一波《若干重大决策与事件的回顾》上卷，中共中央党校出版社1991年版，第472页。

"最近苏联方面暴露了他们在建设社会主义过程中的一些缺点和错误，他们走过的弯路，你还想走？过去我们就是鉴于他们的经验教训，少走了一些弯路，现在当然更要引以为戒。"[1]

这篇《论十大关系》在毛泽东去世之后才公开发表。当时对苏共二十大公开表明态度的，是4月5日以人民日报编辑部名义发表的《关于无产阶级专政的历史经验》一文。这篇由陈伯达执笔起草的文章，经过毛泽东详细修改补充。文章表示了对二十大新路线的支持：

"二十次代表大会非常尖锐地揭露了个人迷信的流行，这种现象曾经在一个长时间内的苏联生活中，造成了许多工作上的错误和不良的后果。苏联共产党对于自己有过的错误所进行的这一个勇敢的自我批评，表现了党内生活的高度原则性和马克思列宁主义的伟大生命力。"

"中国共产党庆祝苏联共产党在反对个人迷信这一个有历史意义的斗争中所得到的重大成就。"

毛泽东审稿时加写了一些文字，既批评了斯大林，也在能够为之辩解的地方为他作了辩解。他说：

"他骄傲了，不谨慎了，他的思想里产生了主观主义，产生了片面性，对于某些重大问题做出了错误的决定，造

[1]《毛泽东选集》第五卷，第267页。

成了严重的不良后果。"

斯大林在他一生的后期，愈来愈误地欣赏个人崇拜，违反党的民主集中制，违反集体领导和个人负责相结合的制度，因而发生了例如以下的一些重大的错误：在肃反问题上扩大化；在反法西战争前夜缺乏必要的警惕；对于农业的进一步发展和农民的物质福利缺乏应有的注意；在国际共产主义运动中出了一些错误的主意，特别是在南斯拉夫问题上作了错误的决定。"

有些人认为斯大林完全错了，这是严重的误解。斯大林是一个伟大的马克思列宁主义者，但是也是一个犯了几个严重错误而不自觉其为错误的马克思列宁主义者。我们应当用历史的观点看斯大林，对于他的正确的地方和错误的地方作出全面的和适当的分析，从而吸取有益的教训。不论是他的正确的地方，或者错误的地方，都是国际共产主义运动的一种现象，带有时代的特点。"

这篇文章还把苏联发生的问题同中国的情况联系了起来。认为：

我们有不少的研究工作者至今仍然带着教条主义的习气，把自己的思想束缚在一条绳子上面，缺乏独立思考的能力和创造的精神，也在某些方面接受了对于斯大林个

人名索引

人名索引

（以漢語拼音排列）

*灰色欄人名是右派分子

馬恒昌	939
馬寒冰	49, 92, 102, 105, 114–115, 123–124, 235, 351, 1048, 1239
馬懷珍	895
馬蕙芳	448
馬赫	221
馬濟川	991
馬克昌	898
馬克思	6, 40, 53, 62, 93–94, 98–101, 103, 109–110, 112–113, 116–117, 120–121, 125, 133, 135, 137–138, 142–143, 157, 163, 166, 182, 196, 200–201, 209, 220, 225, 228, 234–245, 257, 262, 265, 288, 290–291, 323, 325, 334–336, 344, 351, 400–401, 438–439, 442, 513, 526–527, 546, 564, 575, 598, 711, 716, 733, 746, 756–757, 763, 786–788, 800–803, 809, 826–827, 829–830, 832–834, 840, 845–853, 858, 880, 938, 1019, 1031–1032, 1055, 1075, 1129, 1197, 1235, 1239, 1248, 1249, 1257
馬克·吐溫	778–779

馬昆山	908
馬亨	1192
馬連良	561
馬陵	820
馬敏行	793
馬品芳	1171
馬思聰	768
馬松亭	1040–1041
馬鐵丁	744
馬歇爾	14–15
馬賢成	810
馬錫祿	1018
馬敘倫	125, 431
馬霄鵬	968
馬毅	426
馬寅初	127, 159, 180–182, 207, 217, 352, 371, 615, 842–844
馬雅可夫斯基	228
馬雲鳳	99, 351, 1094, 1193, 1210
馬震武	1142–1144
馬哲民	338, 349, 476, 489, 490, 493, 495–496, 599–601, 942, 1094–1095, 1219
馬宗援	977
馬再光	1115
馬芷蓀	1098
瑪拉沁夫	743–744
毛伯浩	415
毛光書	1142
毛健吾	682
毛禮銳	273